DIE FRÜHEN RÖMISCHEN HISTORIKER

TEXTE ZUR FORSCHUNG

Band 76

Fabius Pictor in einem 'Bibliothekskatalog' aus Tauromenion (FRH 1 F 1)
[Foto: Archiv des Museums von Naxos/Sizilien]

DIE FRÜHEN RÖMISCHEN HISTORIKER

Band I
Von Fabius Pictor bis Cn. Gellius

Herausgegeben, übersetzt und kommentiert
von
HANS BECK und UWE WALTER

Wissenschaftliche Buchgesellschaft

Einbandgestaltung: Neil McBeath, Stuttgart.

Die Deutsche Bibliothek verzeichnet diese Publikation
in der Deutschen Nationalbibliografie;
detaillierte bibliografische Daten sind im Internet über
http://dnb.ddb.de abrufbar.

Das Werk ist in allen seinen Teilen urheberrechtlich geschützt.
Jede Verwertung ist ohne Zustimmung des Verlages unzulässig.
Das gilt insbesondere für Vervielfältigungen,
Übersetzungen, Mikroverfilmungen und die Einspeicherung in
und Verarbeitung durch elektronische Systeme.

2., vollständig überarbeitete Auflage 2005
© 2005 by Wissenschaftliche Buchgesellschaft, Darmstadt
1. Auflage 2001
Die Herausgabe des Werkes wurde durch
die Vereinsmitglieder der WBG ermöglicht.
Gedruckt auf säurefreiem und alterungsbeständigem Papier
Printed in Germany

Besuchen Sie uns im Internet: www.wbg-darmstadt.de

ISBN 3-534-19048-3

Inhaltsverzeichnis

Vorwort 7

Literaturverzeichnis 9

Die Frühen Römischen Historiker (I):
Selbstbewusstsein – Traditionsbildung – Experiment 17

Quintus Fabius Pictor (FRH 1) 55

Lucius Cincius Alimentus (FRH 2) 137

Marcus Porcius Cato, *Origines* (FRH 3) 148

Aulus Postumius Albinus (FRH 4) 225

Gaius Acilius (FRH 5) 232

Lucius Cassius Hemina (FRH 6) 242

Lucius Calpurnius Piso Frugi (FRH 7) 282

Gaius Sempronius Tuditanus (FRH 8) 330

Gaius Fannius (FRH 9) 340

Gnaeus Gellius (FRH 10) 347

Konkordanz 369

Register 373

Vorwort

Die römische Historiographie bildet nach wie vor einen zentralen Gegenstand altertumswissenschaftlicher Forschung und Lehre. Sie ist die wesentliche Grundlage jeder Rekonstruktion der römischen Geschichte, Exerzierfeld gelehrter quellenkritischer Studien, ferner natürlich eigenständige literarische Gattung, Mitgestalterin wie Produkt der römischen Geschichtskultur, schließlich auch Anschauungsobjekt der primär geschichtstheoretischen Frage, was Historiographie ausmacht und worin ihre Besonderheit gegenüber anderen – literarischen wie nicht-literarischen – Formen der Erinnerung besteht.

Die Anfänge dieser Gattung wissenschaftlich zu erschließen und sie in der akademischen Lehre zu vermitteln war bislang allerdings ein schwieriges Unterfangen. Die gesamte römische Historiographie vor Caesar und Sallust ist bekanntlich verloren, abgesehen von einer nicht geringen Zahl von Bezeugungen und wörtlichen Zitaten in Werken späterer Autoren. Für diese Fragmente war 'der Peter' (Hermann Peter, Historicorum Romanorum Reliquiae, I ²1914, bibliograph. ergänzter Nachdruck 1967) lange Zeit die verbindliche Sammlung. Das materialreiche und sorgfältig erarbeitete Werk ist jedoch nicht nur in vielen Details durch neuere Forschungen und Sichtweisen überholt, es ist vor allem sperrig zu benutzen: die Einleitungen in lateinischer Sprache, keine Übersetzung der Fragmente, ein nur rudimentärer Kommentar. Die neue Budé-Ausgabe von Martine Chassignet bietet zwar Texte auf dem Stand der philologischen Forschung sowie eine französische Übersetzung, die beigegebenen Erläuterungen sind jedoch durch die Vorgaben der Reihe von vornherein beschränkt. Die *Frühen Römischen Historiker* (FRH), deren erster von zwei Bänden hier vorgelegt wird, sollen diese Lücke ausfüllen und das Material auf der Basis einer verbesserten Textkonstitution durch Übersetzungen sowie historische und historiographische Kommentare erschließen. Die Einleitung zu diesem Band erläutert Voraussetzungen und Entwicklung der Gattung von Q. Fabius Pictor bis Cn. Gellius.

Hinweise zu Textgrundlage und Kommentierung stehen am Schluss der Einleitung. Uns bleibt die angenehme Pflicht, allen zu danken, die unser Unternehmen durch Expertise, Rat und Hilfe wesentlich unterstützt haben. Martin Jehne hat eine frühere Fassung des Manuskriptes gelesen und wertvolle Hinweise gegeben. Dieter Timpe ließ uns nach der Lektüre des gesamten Textes an seiner unvergleichlichen Kennerschaft der römischen

Historiographie teilhaben und ermutigte uns zugleich nachdrücklich, obwohl er gewiss nicht mit allem einverstanden ist, was in diesem Buch steht. Wolfgang Günther hat die Übersetzungen sorgfältig und mit unbestechlicher philologischer Kompetenz geprüft. Formale Korrekturen in verschiedenen Teilen des Manuskriptes verdanken wir Frank Bücher. Bei der Schlussredaktion hat Angela Kühr jede einzelne Seite gleich mehrmals gelesen; ohne ihre Sorgfalt wären gewiss noch mehr Versehen und Inkonsistenzen stehengeblieben, als das wohl auch jetzt noch leider der Fall ist.

Vor allem aber schulden wir Karl-Joachim Hölkeskamp in vielfacher Hinsicht Dank. Er hat unseren – zuerst noch etwas diffusen – Plan von Anfang an unterstützt, sodann Nachsicht gezeigt, als uns die anwachsende Arbeit von anderen drängenden Aufgaben abzuhalten drohte, und schließlich für die Fertigstellung des Buches in großzügiger Weise materielle Ressourcen gewährt. Seine kritischen Anmerkungen zum Manuskript und die vielen Diskussionen über Einzelprobleme wie über die politische Kultur der römischen Republik insgesamt waren uns eine große Hilfe.

Martina Erdmann hat das Projekt als Lektorin engagiert vertreten und kompetent betreut. Wir hoffen, ihr Vertrauen rechtfertigen zu können.

Köln, im März 2001   Hans Beck
                                                                                      Uwe Walter

Vorwort zur zweiten Auflage

Kurze Zeit nach dem Erscheinen des zweiten und abschließenden Bandes von FRH wurde eine Neuauflage des ersten erforderlich. Sie bietet die Gelegenheit, einige kleinere Versehen zu korrigieren und Aktualisierungen einzufügen. Eine durchgreifende Neubearbeitung erschien uns nach nur vier Jahren dagegen nicht sinnvoll. Die wenigen grundlegenden Arbeiten, die seit 2001 zum Thema erschienen sind, wurden ins Literaturverzeichnis integriert; Hinweise dazu stehen in einem Nachtrag auf Seite 50. Die Debatte um die historischen, historiographischen und kulturgeschichtlichen Phänomene und Probleme der römischen Republik, die durch FRH nun hoffentlich besser zugänglich geworden sind, wird auch künftig weitergehen.

Frankfurt a.M./Bielefeld, im Februar 2005   Hans Beck
                                                                                         Uwe Walter

Literaturverzeichnis

1. Abgekürzt zitierte Textsammlungen und Standardwerke

v. Albrecht GRL	M. von Albrecht, Geschichte der römischen Literatur. 2 Bände, München ²1994
Alföldi, Frühes Rom	A. Alföldi, Das frühe Rom und die Latiner, Darmstadt 1977 (zuerst engl. 1965)
Atti Urb.	Atti del Convegno 'Gli storiografi latini tramandati in frammenti', Urbino 1974, StudUrb (ser. B) 49,1 (1975)
Beloch RG	K.J. Beloch, Römische Geschichte bis zum Beginn der Punischen Kriege, Leipzig/Berlin 1926
Bleicken GRR⁵	J. Bleicken, Geschichte der römischen Republik, München ⁵1999
Broughton MRR	T.R.S. Broughton, The Magistrates of the Roman Republic. Vols. I/II, New York ²1968; III, Atlanta 1986
CAH²	The Cambridge Ancient History, Second Edition. Vols. VII 2 - IX, 1989-1994
Chassignet, AR 1	M. Chassignet, L'Annalistique romaine, tome 1: Les annales des pontifices et l'annalistique ancienne (fragments), Paris 1996
Chassignet, AR 2	M. Chassignet, L'Annalistique romaine, tome 2: L' annalistique moyenne (fragments), Paris 1999
Chassignet, Caton	Caton, Les origines (fragments). Texte établi, traduit et commenté par M. Chassignet, Paris 1986
Cornell, Beginnings	T.J. Cornell, The Beginnings of Rome, London 1995
Crawford RRC	M.H. Crawford, Roman Republican Coinage, Cambridge 1975
DNP	Der Neue Pauly. Enzyklopädie der Antike, 1996 ff.
Forsythe, Piso	G. Forsythe, The historian L. Calpurnius Piso Frugi and the Roman annalistic tradition, Lanham 1994
FGrH	F. Jacoby, Die Fragmente der griechischen Historiker, Berlin/Leiden 1923-56
Frier, Diss.	B.W. Frier, Roman Historiography from the Annales Maximi to Cato Censorius, Diss. Princeton University 1970 (Mikrofilm)
Frier, Libri	B.W. Frier, Libri Annales Pontificum Maximorum. The Origins of the Annalistic Tradition, Ann Arbor 1999 (zuerst Rom 1979)
Garbarino, Filosofia	G. Garbarino, Roma e la filosofia greca dalle origini alla fine del II secolo a.C. 2 Bände, Turin u.a. 1973
Heftner, Aufstieg	H. Heftner, Der Aufstieg Roms, Regensburg 1997
Formen RG	U. Eigler, U. Gotter, N. Luraghi, U. Walter (Hgg.), Formen römischer Geschichtsschreibung von den Anfängen bis Livius. Gattungen – Autoren – Kontexte, Darmstadt 2003

HLL	Handbuch der Lateinischen Literatur der Antike, Bd. 1: Die Archaische Literatur. Von den Anfängen bis Sullas Tod. Vorliterarische Periode und 240 bis 78 v.Chr. Hgg. von W. Suerbaum, München 2002
Hölkeskamp, Nobilität	K.-J. Hölkeskamp, Die Entstehung der Nobilität. Studien zur sozialen und politischen Geschichte der Römischen Republik im 4. Jh. v.Chr., Stuttgart 1987
Hölkeskamp/Stein-Hölkeskamp, Große Römer	K.-J. Hölkeskamp, E. Stein-Hölkeskamp (Hgg.), Von Romulus zu Augustus. Große Gestalten der römischen Republik, München 2000
HRF	Historicorum Romanorum Fragmenta, ed. H. Peter, Leipzig 1883 (ed. minor)
HRR I	Historicorum Romanorum Reliquiae, ed. H. Peter. Vol. I, Leipzig ²1914; Nachdr. mit bibliographischen Nachträgen von J. Kroymann, Stuttgart 1967
ILLRP	Inscriptiones Latinae liberae rei publicae, ed. A. Degrassi. 2 Bände, Florenz ²1965/1963
ILS	Inscriptiones Latinae selectae, ed. H. Dessau. 3 Bände, Berlin 1892-1916
Kierdorf RG	W. Kierdorf, Römische Geschichtsschreibung der republikanischen Zeit, Heidelberg 2003
KlP	Der kleine Pauly. 5 Bände, Stuttgart 1964-75
Kolb, Rom	F. Kolb, Rom. Die Geschichte der Stadt in der Antike, München 1995, ²2002
Latte RRG	K. Latte, Römische Religionsgeschichte, München 1960
Leo GRL	F. Leo, Geschichte der römischen Literatur I: Die archaische Literatur, Berlin 1913
LTUR	Lexicon Topographicum Urbis Romae, a cura di E.M. Steinby, 6 Bände, Rom 1993-2000
McGushin, Sallust	Sallust, The Histories, translated with an Introduction and Commentary by P. McGushin. Vol. 1: Books I-II; Vol. II: Books III-V, Oxford 1992-1994
Marquardt-Mau	J. Marquardt, Das Privatleben der Römer. 2. Aufl. bearb. von A. Mau, 2 Bände, Leipzig 1886
Marquardt RStV	J. Marquardt, Römische Staatsverwaltung. 3 Bände, Leipzig ²1881-1885
Mommsen RF	Th. Mommsen, Römische Forschungen. 2 Bände, Berlin 1864/1879
Mommsen RG	Th. Mommsen, Römische Geschichte. 3 Bände, Berlin ⁹1902.
Mommsen RStR	Th. Mommsen, Römisches Staatsrecht. 3 Bände, Leipzig ³1887-1888
Mommsen, Strafrecht	Th. Mommsen, Römisches Strafrecht, Leipzig 1899
Nissen ItL	H. Nissen, Italische Landeskunde. 2 Bände, Berlin 1883/1902
OCD³	The Oxford Classical Dictionary, Oxford ³1996

ORF[4]	Oratorum Romanorum Fragmenta liberae rei publicae, ed. E. Malcovati, Turin [4]1976
Pöschl RG	V. Pöschl (Hg.), Römische Geschichtsschreibung, Darmstadt 1969
Preller RM	L. Preller, Römische Mythologie. 3. Aufl. von H. Jordan. 2 Bände, Berlin 1881/1883
Radke GA	G. Radke, Die Götter Altitaliens, Münster [2]1979
Richardson TDAR	L. Richardson, jr., A New Topographical Dictionary of Ancient Rome, Baltimore 1992
ROL	Remains of Old Latin, ed. E.H. Warmington. 4 vols., London 1935 u.ö.
Rüpke RG	J. Rüpke, Römische Geschichtsschreibung. Zur Geschichte des geschichtlichen Bewußtseins und seiner Verschriftungsformen in der Antike, Potsdam (Selbstverlag der Universität) 1997
Santini, Emina	C. Santini, I frammenti di L. Cassio Emina. Introduzione, testo, tradizione e commento, Pisa 1995
Schröder, Cato	W.A. Schröder, M. Porcius Cato, Das erste Buch der Origines. Ausgabe und Erklärung der Fragmente, Meisenheim 1971
Schwegler RG	A. Schwegler, Römische Geschichte. 3 Bände, Tübingen 1853-58
StorRom	Storia di Roma. Vol. I: Roma in Italia; Vol. II 1: L'impero mediterraneo. La repubblica imperiale, Turin 1988/1990
Talbert BA	R.J.A. Talbert (ed.), Barrington Atlas of the Greek and Roman World, Princeton 2000
Walbank HCP	F.W. Walbank, A Historical Commentary on Polybius. 3 vols., Oxford 1957-79
Walt, Macer	S.Walt, Der Historiker C. Licinius Macer. Einleitung, Fragmente, Kommentar, Stuttgart/Leipzig 1997
Wiseman, Remus	T.P. Wiseman, Remus. A Roman Myth, Cambridge 1995
Weeber, Alltag	K.-W. Weeber, Alltag im alten Rom. Ein Lexikon, Düsseldorf 1995
Wissowa RKR	G. Wissowa, Religion und Kultus der Römer, München [2]1912

2. Sonstige häufiger zitierte Literatur

Ameling (1993): W. Ameling, Karthago. Studien zu Militär, Staat und Gesellschaft, München
Astin (1967): A.E. Astin, Scipio Aemilianus, Oxford
Astin (1978): A.E. Astin, Cato the Censor, Oxford
Badian (1966): E. Badian, The Early Historians, in: T.A. Dorey (ed.), Latin Historians, London, 1-38.

Baltrusch (1989): E. Baltrusch, Regimen morum. Die Reglementierung des Privatlebens der Senatoren und Ritter in der römischen Republik und frühen Kaiserzeit, München
Beard, North, Price (1998): M. Beard, J. North, S. Price, Religions of Rome. 2 vols., Cambridge
Beck (2005): H. Beck, Karriere und Hierarchie. Die römische Aristokratie und die Anfänge des *cursus honorum* in der mittleren Republik, Berlin (im Druck)
Bernstein (1998): F. Bernstein, Ludi publici. Untersuchungen zur Entstehung und Entwicklung der öffentlichen Spiele im republikanischen Rom, Stuttgart
Berti (1989): N. Berti, La decadenza morale di Roma e i *viri antiqui*: riflessione su alcuni frammenti degli *annali* di L. Calpurnio Piso Frugi, Prometheus 15, 39-58. 145-59
Bömer (1952): F. Bömer, Naevius und Fabius Pictor, SO 29, 34-53
Bömer (1953): F. Bömer, Thematik und Krise der römischen Geschichtsschreibung im 2. Jahrhundert v.Chr., Historia 2, 189-209
Braun u.a. (2000): M. Braun, A. Haltenhoff, F.-H. Mutschler (Hgg.), Moribus antiquis res stat Romana. Römische Werte und römische Literatur im 3. und 2. Jh. v.Chr., Leipzig
Bringmann (1977): K. Bringmann, Weltherrschaft und innere Krise Roms im Spiegel der Geschichtsschreibung des zweiten und ersten Jahrhunderts v.Chr., A & A 23, 28-49
Briscoe (1981): J. Briscoe, A Commentary on Livy, Books XXXIV-XXXVII, Oxford
Brunt (1971): P.A. Brunt, Italian Manpower, Oxford
Bruun (2000): C. Bruun (ed.), The Roman Middle Republic. Politics, Religion, and Historiography c. 400-133 B.C., Rom
Bung (1950): P. Bung, Q. Fabius Pictor, der erste römische Annalist. Untersuchungen über Aufbau, Inhalt und Stil seines Geschichtswerkes, Diss. phil. Köln
Bunse (1998): R. Bunse, Das römische Oberamt in der frühen Republik und das Problem der „Konsulartribunen", Trier
Carulli (1996): M. Carulli, Fabio Pittore: Eredità dell'annalistica religiosa ed influsso della storiografia ellenistica, in: De Tuo Tibi (Fs. Lana), Bologna, 87-114
Chassignet (1987): M. Chassignet, Caton et l'impérialisme romain au IIe s. av. J.C. d'après les Origines, Latomus 46, 285-300
Chassignet (1998): M. Chassignet, La deuxième guerre punique dans l'historiographie romain : fixation et évolution d'une tradition, in: J.-M. David (Hg.), Valeurs et memoire à Rome. Valère Maxime ou la vertu recomposée, 55-72
Chassignet (1999): M. Chassignet, L'annaliste Cn. Gellius ou l'heurématologie au service de l'histoire, Ktèma 24, 85-91
Classen (1963): C.J. Classen, Zur Herkunft der Sage von Romulus und Remus, Historia 12, 447-57
Classen (1992): C.J. Classen, Ennius, ein Fremder in Rom, Gymnasium 99, 121-45
Courtney (1999): E. Coutney, Archaic Latin Prose, Atlanta
Dondin-Payre (1993): M. Dondin-Payre, Exercice du pouvoir et continuité gentilice. Les Acilii Glabriones, Rom
Eckstein (1987): A.M. Eckstein, Senate and General. Individual Decision Making and Roman Foreign Relations, 264-194 B.C., Berkeley

Feig Vishnia (1996): R. Feig Vishnia, State, society and popular leaders in mid-republican Rome 241-167 B.C., London/New York
Flach (1994): D. Flach, Die Gesetze der frühen römischen Republik, Darmstadt
Flach (1998): D. Flach, Die römische Geschichtsschreibung, Darmstadt
Flower (1996): H.I. Flower, Ancestor Masks and Aristocratic Power in Roman Culture, Oxford
Forsythe (1990): G. Forsythe, Some notes on the history of Cassius Hemina, Phoenix 44, 326-44
Forsythe (1999): G. Forsythe, Livy and Early Rome, Stuttgart
Forsythe (2000): G. Forsythe, The Roman Historians of the Second Century B.C., in: Bruun (2000) 1-11
Fugmann (1990): J. Fugmann, Königszeit und Frühe Republik in der Schrift „De viris illustribus urbis Romae". Quellenkritisch-historische Untersuchungen I: Königszeit, Frankfurt/M. u.a.
Gabba (1991): E. Gabba, Dionysios and the History of Archaic Rome, Berkeley u.a.
Galinski (1969): G.K. Galinski, Aeneas, Sicily, and Rome, Princeton
Gehrke, Möller (1996): H.-J. Gehrke, A. Möller (Hgg.), Vergangenheit und Lebenswelt. Soziale Kommunikation, Traditionsbildung und historisches Bewußtsein, Tübingen
Gelzer (1933/1964): M. Gelzer, Römische Politik bei Fabius Pictor, zitiert nach: Kleine Schriften III, hgg. von H. Strasburger u. Chr. Meier, 51-92
Gelzer (1934/1964): M. Gelzer, Der Anfang der römischen Geschichtsschreibung, zitiert nach: Kleine Schriften III, hgg. von H. Strasburger u. Chr. Meier, 93-103
Gelzer (1954/1964): M. Gelzer, Nochmals zum Anfang der römischen Geschichtsschreibung, zitiert nach: Kleine Schriften III, hgg. von H. Strasburger u. Chr. Meier, 104-10
Geus (1994): K. Geus, Prosopographie der literarisch bezeugten Karthager, Leuven
Gigon (1954/1972): O. Gigon, Zur Geschichtsschreibung der römischen Republik, zitiert nach: ders., Studien zur antiken Philosophie, Berlin/New York, 275-95
Goldberg (1995): S.M. Goldberg, Epic in Republican Rome, Oxford
Gruen (1984): E.S. Gruen, The Hellenistic World and the Coming of Rome, Los Angeles
Gruen (1990): E.S. Gruen, Studies in Greek Culture and Roman Policy, Leiden u.a.
Gruen (1992): E.S. Gruen, Culture and National Identity in Republican Rome, Ithaca/New York
v. Haehling (2000): R. v. Haehling, Die römische Frühzeit in der Sicht frühchristlicher Autoren, in: ders. (Hg.), Rom und das himmlische Jerusalem. Die frühen Christen zwischen Anpassung und Ablehnung, Darmstadt, 184-204
Hanell (1956/1969): K. Hanell, Zur Problematik der älteren römischen Geschichtsschreibung, zitiert nach: Pöschl RG, 292-311
Hans (1983): L.-M. Hans, Karthago und Sizilien. Die Entstehung und Gestaltung der Epikratie auf dem Hintergrund der Beziehungen der Karthager zu den Griechen und den nicht-griechischen Völkern Siziliens (6.-3. Jh. v.Chr.), Hildesheim
Hantos (1983): Th. Hantos, Das römische Bundesgenossensystem in Italien, München

Hantos (1998): Th. Hantos, Cato Censorius. Die Grundgedanken seiner Politik, in: P. Kneißl, V. Losemann (Hgg.), Imperium Romanum, Stuttgart, 317-33

Harris (1990): W.V. Harris, War and imperialism in Republican Rome 327-70 B.C., ²Oxford

Heurgon (1969): J. Heurgon, Rome et la méditerranée occidentale jusqu'aux guerres puniques, Paris

Hölkeskamp (1996): K.-J. Hölkeskamp, *Exempla* und *mos maiorum*. Überlegungen zum kollektiven Gedächtnis der Nobilität, in: Gehrke, Möller (1996) 301-33

Hölkeskamp (1999): K.-J. Hölkeskamp, Römische *gentes* und griechische Genealogien, in: Vogt-Spira, Rommel (1999) 3-21

Hölscher (2001): T. Hölscher, Die Alten vor Augen. Politische Denkmäler und öffentliches Gedächtnis im republikanischen Rom, in: Melville (2001) 183-211

Hoyos (1998): B.D. Hoyos, Unplanned Wars? The Origins of the First and Second Punic Wars, Berlin/New York

Humm (2000): M. Humm, Spazio e tempo civici: riforma delle tribù e riforma del calendario alla fine del quarto seculo a.C., in: Bruun (2000) 91-119

Huss (1986): W. Huss, Geschichte der Karthager, München

Jacoby (1949): F. Jacoby, Atthis. The local chronicles of ancient Athens, Oxford

Jaeger (1997): M. Jaeger, Livy's Written Rome, Ann Arbor

Jehne (1999): M. Jehne, Cato und die Bewahrung der traditionellen Res publica. Zum Spannungsverhältnis zwischen *mos maiorum* und griechischer Kultur im zweiten Jahrhundert v.Chr., in: Vogt-Spira, Rommel (1999) 115-34

Jordan (1860): H. Jordan, M. Catonis praeter librum *De re rustica* quae exstant, Leipzig

Kierdorf (1980): W. Kierdorf, Catos Origines und die Anfänge der römischen Geschichtsschreibung, Chiron 10, 205-24

Kienast (1979): D. Kienast, Cato der Censor, Darmstadt (zuerst Heidelberg 1954)

Knoche (1939/1969): U. Knoche, Roms älteste Geschichtsschreibung, zitiert nach: Pöschl RG, 222-240

Kremer (1994): B. Kremer, Das Bild der Kelten bis in die augusteische Zeit, Stuttgart

Kunkel/Wittmann (1995): W. Kunkel, Staatsordnung und Staatspraxis der römischen Republik. Herausgegeben und fortgeführt von H. Galsterer u.a. Zweiter Abschnitt: Die Magistratur. Von W. Kunkel und R. Wittmann, München

Latte (1960/1968): K. Latte, Der Historiker L. Calpurnius Piso Frugi, zitiert nach: ders., Kleine Schriften, München 1968, 837-47

Linke, Stemmler (2000): B. Linke, M. Stemmler (Hgg.), *Mos maiorum*. Untersuchungen zu den Formen der Identitätsstiftung und Stabilisierung in der römischen Republik, Stuttgart

Lazenby (1978): J.F. Lazenby, Hannibal's War. A Military History of the Second Punic War, Warminster

Lazenby (1996): J.F. Lazenby, The First Punic War, Stanford

Leuze (1909): O. Leuze, Die römische Jahrzählung, Tübingen

Lippold (1963): A. Lippold, Consules. Untersuchungen zur Geschichte des römischen Konsulates von 264 - 201 v.Chr., Bonn

Manganaro (1974): G. Manganaro, Una biblioteca storica nel ginnasio di Tauromenion e il P. Ox. 1241, PP 29, 389-409

Marincola (1997): J. Marincola, Authority and Tradition in Ancient Historiography, Cambridge
Mehl (2001): A. Mehl, Römische Geschichtsschreibung. Grundlagen und Entwicklungen, Stuttgart
Meister (1990): K. Meister, Die griechische Geschichtsschreibung. Von den Anfängen bis zum Ende des Hellenismus, Stuttgart
Melville (2001): G. Melville (Hg.), Institutionalität und Symbolisierung. Verstetigungen kultureller Ordnungsmuster in Vergangenheit und Gegenwart, Köln/Weimar
Moatti (1997): C. Moatti, La raison de Rome. Naissance de l'esprit critique à la fin de la république (IIe-Ier siècle avant Jésus-Christ), Paris
Momigliano (1990): A. Momigliano, Fabius Pictor and the Origins of National History, in: ders., The Classical Foundations of Modern Historiography, Berkeley/Los Angeles/Oxford, 80-108
Mutschler (2000): F.-H. Mutschler, Norm und Erinnerung: Anmerkungen zur sozialen Funktion von historischem Epos und Geschichtsschreibung im 2. Jh.v.Chr., in: Braun u.a. (2000) 87-124
Oakley (1997); (1998): S.P. Oakley, A Commentary on Livy: Books VI-X. Vol. 1: Introduction and Book VI; Vol. 2: Books VII-VIII, Oxford
Ogilvie (1970): R.M. Ogilvie, A Commentary on Livy: Books 1-5, ²Oxford
Petersmann (2000): H. Petersmann, Die etymologische Herleitung des Namens Roma, in: A. Haltenhoff, F.H. Mutschler (Hgg.), Hortus litterarum antiquarum (Fs. Gärtner), Heidelberg, 451-64
Petzold (1991/1999): K.-E. Petzold, Annales Maximi und Annalen, zitiert nach: ders., Geschichtsdenken und Geschichtsschreibung, Stuttgart, 252-65
Petzold (1993): K.-E. Petzold, Zur Geschichte der römischen Annalistik, in: W. Schuller (Hg.), Livius, Konstanz, 151-88
Pöschl (1956): V. Pöschl, Die römische Auffassung von der Geschichte, Gymnasium 63, 190-206
Rawson (1976/1991): E. Rawson, The first Latin annalists, zitiert nach: dies., Roman Culture and Society. Collected Papers, Oxford, 245-71
Rosen (1985): K. Rosen, Die falschen Numabücher. Politik, Religion und Literatur in Rom 181 v.Chr., Chiron 15, 65-90
Rosenberg (1921): A. Rosenberg, Einleitung und Quellenkunde zur römischen Geschichte, Berlin
Rüpke (1995): J. Rüpke, Kalender und Öffentlichkeit. Die Geschichte der Repräsentation und religiösen Qualifikation von Zeit in Rom, Berlin/New York
Schmitt (1991): T. Schmitt, Hannibals Siegeszug, München
Scholz (1989): U.W. Scholz, Zu L. Cassius Hemina, Hermes 117, 167-81
Scholz (1994): U.W. Scholz, *Annales* und *Historia(e)*, Hermes 122, 64-79
Sehlmeyer (1999): M. Sehlmeyer, Stadtrömische Ehrenstatuen der republikanischen Zeit, Stuttgart
Seibert (1993): J. Seibert, Forschungen zu Hannibal, Darmstadt
Skutsch (1985): O. Skutsch, The Annals of Q. Ennius, Oxford
Soltau (1909): W. Soltau, Die Anfänge der römischen Geschichtsschreibung, Leipzig

Suerbaum (1986): W. Suerbaum, Die Suche nach der antiqua mater in der vorvergilischen Annalistik. Die Irrfahrten des Aeneas bei Cassius Hemina; in: R. Altheim-Stiehl, M.Rosenbach (Hgg.), Beiträge zur altitalischen Geistesgeschichte, Münster, 269-97

Till (1976): Res publica. Texte zur Krise der frührömischen Tradition; lateinisch, griechisch und deutsch. Ausgewählt, übersetzt und erläutert von R. Till, Zürich/München

Timpe (1970-71): D. Timpe, Le Origini di Catone e la storiografia latina, in: Atti e Memorie dell' Accademia Patavina di Scienze, Lettere ed Arti, Classe di Sc. mor., Lett. ed Arti 33, 5-33

Timpe (1972): D. Timpe, Fabius Pictor und die Anfänge der römischen Historiographie, ANRW I 2, 928-69

Timpe (1979): D. Timpe, Erwägungen zur jüngeren Annalistik, A & A 25, 97-119

Timpe (1988): D. Timpe, Mündlichkeit und Schriftlichkeit als Basis der frührömischen Überlieferung, in: v. Ungern-Sternberg, Reinau (1988) 266-86

Timpe (1996): D. Timpe, *Memoria* und Geschichtsschreibung bei den Römern, in: Gehrke, Möller (1996) 277-300

v. Ungern-Sternberg, Reinau (1988): J. von Ungern-Sternberg, H. Reinau (Hgg.), Vergangenheit in mündlicher Überlieferung, Stuttgart

v. Ungern-Sternberg (1988): J. von Ungern-Sternberg, Überlegungen zur frühen römischen Überlieferung im Lichte der Oral-Tradition-Forschung, in: v. Ungern-Sternberg, Reinau (1988) 237-65

v. Ungern-Sternberg (1993): J. von Ungern-Sternberg, Romulus-Bilder. Die Begründung der Republik im Mythos, in: F. Graf (Hg.), Mythos in mythenloser Gesellschaft. Das Beispiel Roms, Stuttgart, 88-108

Verbrugghe (1980): G.P. Verbrugghe, Three notes on Fabius Pictor and his history, in: φιλίας χάριν (Fs. Manni), Rom, Bd. 4, 2159-73

Verbrugghe (1982): G.P. Verbrugghe, L. Cincius Alimentus – His Place in Roman Historiography, Philologus 126, 316-23

Verbrugghe (1989): G.P. Verbrugghe, On the meaning of *annales*, on the meaning of the word annalist, Philologus 133, 192-230

Vogt-Spira, Rommel (1999): G. Vogt-Spira, B. Rommel (Hgg.), Rezeption und Identität. Die kulturelle Auseinandersetzung Roms mit Griechenland als europäisches Paradigma, Stuttgart

Walsh (1961): P.G. Walsh, Livy. His historical Aims and Methods, Oxford

Walter (1999): U. Walter, Ein Kampf ums frühe Rom, GWU 50, 664-77

Walter (2001a): U. Walter, Die Botschaft des Mediums. Überlegungen zum Sinnpotential von Historiographie im Kontext der römischen Geschichtskultur zur Zeit der Republik, in: Melville (2001) 241-79

Walter (2001b): U. Walter, Der Aufstieg Roms, in: E. Erdmann, U. Uffelmann (Hgg.), Das Altertum. Vom Alten Orient zur Spätantike, Idstein, 129-63

Walter (2004): U. Walter, *Memoria* und *res publica*. Zur Geschichtskultur der römischen Republik, Frankfurt/M.

Wieacker (1988): F. Wieacker, Römische Rechtsgeschichte I,1: Einleitung, Quellenkunde, Frühzeit und Republik, München

Wiseman (1979): P. Wiseman, Clio's Cosmetics, Leicaster

Die Frühen Römischen Historiker (I):
Selbstbewusstsein – Traditionsbildung – Experiment

Fabius Pictor und die 'formative Kraft' des Historikers

Am Anfang steht Fabius Pictor. Er war der erste Römer, der ein Prosawerk über die Geschichte seiner Stadt schrieb. Damit setzte er Maßstäbe, und seine Leistung wurde auch von gebildeten Griechen anerkannt. Dies geht zweifelsfrei aus einem markanten Zeugnis hervor, dem teilweise erhaltenen Verzeichnis der Geschichtswerke, die in der Bibliothek des sizilischen Tauromenion (Taormina) zu finden waren (Fabius Pictor FRH 1 F 1). Danach gehörte das fabische Geschichtsbuch zu den historiographischen Prunkstücken seiner Zeit, wird sein Autor doch in einem Atemzug mit Kallisthenes von Olynth († 327) genannt, dem im Hellenismus meistgelesenen Alexanderhistoriker, ferner mit dem hochgeschätzten Philistos von Syrakus (4. Jh.) und bestimmt auch mit Timaios aus Tauromenion selbst (um 300), dem wichtigsten westgriechischen Historiker überhaupt. Die beiden Letztgenannten hatten wie Fabius Pictor Gesamtgeschichten ihrer Heimat von der mythischen Frühzeit bis in ihre Gegenwart verfasst.

Fabius hatte also Vorbilder für Form und Thema. Indes stellte allein die Auffassung der römischen Geschichte als geschlossene Größe, die gedanklich erst noch zu konstituieren war, für Rom eine bahnbrechende Innovation dar – ganz zu schweigen von der narrativen und chronologischen Ausarbeitung des Stoffes in Form eines literarischen Werkes, wobei der Bogen von Hercules über Romulus bis in die eigene Zeit, hin zu Hannibal und Fabius Maximus Cunctator zu schlagen war. Hier wandte sich erstmals eine Persönlichkeit aus der Nobilität mit ihrer individuellen Deutung der Vergangenheit an ein Publikum; der wohl etwas früher auftretende Dichter Naevius hatte in seinem *Bellum Punicum* – ungeachtet seiner Leistung – nur einen Teil zur Darstellung gebracht, und dies in einer zwar ebenso von griechischen Vorbildern inspirierten, aber völlig anders ausgerichteten literarischen Form, dem Epos.

Der Versuch, aus der komplexen Gemengelage von individuellen und kollektiven Gedächtnisbeständen eine Geschichte der *res publica* insgesamt mit Anspruch auf Geltung zu gestalten, setzte zwar Orientierungsbedürfnisse in den gebildeten Kreisen Roms voraus, war aber kein selbstverständlicher Automatismus. Es bedurfte der Autorität und Originalität einer Persönlichkeit – wie ja auch die folgenden Historiker, etwa Cato oder Calpurnius Piso, markante Persönlichkeiten waren.

Dieser Aspekt muss mit Nachdruck betont werden, verliert er doch in der zu einem guten Teil von quellenkritischen Fragen dominierten Debatte über die frühe römische Geschichtsschreibung zuweilen an Evidenz und Gewicht. Gewiss, die Quellenkritik leistet einen wertvollen Beitrag, wenn es darum geht, aus den Werken jüngerer Autoren ältere Bruchstücke der Überlieferung zu heben – quellenkritische Studien werden damit zu einem wichtigen Instrument bei der Rückgewinnung der frühesten Tradition. Freilich sind dabei Prämissen bezüglich der Arbeitsweise etwa eines Livius oder Dionysios von Halikarnass zu setzen[1] und kann die Rückverfolgung älterer Traditionsstränge oft nur durch analytisch zwar klare und logisch stringente, in ihrem Ausgangspunkt aber kaum je verifizierbare Argumentationsketten von fragwürdiger Relevanz geschehen. Die vielschichtige Frage nach den 'annalistischen' Quellen der späteren, sekundären Geschichtsschreiber sucht nach gemeinsamen oder konkurrierenden Vorlagen, nach Überlieferungssträngen und -brüchen, schließlich auch nach Autoren, doch figurieren Letztere dabei oft nur als Chiffren literarischer Urheberschaft. Werk und Person des Autors spielen eine untergeordnete Rolle, ja bisweilen wird seine Persönlichkeit zur bloßen Projektionsfläche für zuvor herausgearbeitete Identifizierungsmerkmale (Gentilzugehörigkeit, Abfassungssprache/-zeit des Werkes und Ähnliches).[2]

Das vorliegende Buch geht einen anderen Weg. Im Zentrum stehen die authentischen Textzeugnisse der römischen Historiker selbst; es soll also der Blick auf die von Fabius Pictor und seinen Nachfolgern vermittelten Motive, Methoden und Botschaften gerichtet werden. Nur so gewinnt die literarische Traditionsbildung als ein sich entwickelndes Netzwerk eben dieser Facetten neues Profil. Die 'formative Kraft' der frühen römischen Geschichtsschreiber, das heißt ihre gedanklich und gestalterisch prägende Wirkung als *Auto-*

---

[1] Zu ihnen gehört die Annahme eines weitgehend unselbständigen Ausschreibens oder Paraphrasierens der Vorlagen. Das eigene intellektuelle Profil der Sekundärautoren wird in jüngeren Studien dagegen stärker betont; s. etwa Gabba (1991) für Dionysios und Jaeger (1997) für Livius.

[2] Dazu prägnant Cornell, Beginnings 5: „This type of source analysis (or *Quellenforschung*, as the Germans call it) is of doubtful value, (...) not only because it makes unverifiable assumptions about the working methods of Livy and Dionysius (...), but also because it is not clear how useful it would be to know that at a certain point Livy used Valerius Antias, and at another Licinius Macer (...), because we know almost nothing about these writers or their works, so naming them as sources would not advance our understanding of Livy's text or our assessment of its reliability."

ren, tritt so in ein neues Licht. Im hellenistischen Taormina war die Autorität ihres Archegeten ohnedies unstrittig.

Wider den ciceronischen Evolutionismus

Erst die ausführliche historisch-historiographische Kommentierung der Inhaltsreferate und wörtlichen Zitate der einzelnen Werke lässt den stofflichen Reichtum der frühen römischen Geschichtsschreiber, ihre Experimentierfreudigkeit und ihre Konsequenz bei der Lösung schwieriger heuristischer Probleme klar zutage treten. Eine solche Wertung steht freilich im Gegensatz zur gängigen Ansicht, die über Qualität und Wirkungskraft dieser Werke weit ungünstiger urteilt und sich dabei auch auf einige Evidenz stützen kann. In der Tat scheint bereits die Textüberlieferung das Urteil insofern gesprochen zu haben, als die ersten vollständig erhaltenen Geschichtswerke – Caesars *Commentarii* und die beiden schmalen Monographien Sallusts – vom Archegeten der Gattung durch gut 150 Jahre getrennt sind. Und es trifft auch zu, dass die älteren 'Gesamtgeschichten' (*ab urbe condita*) allesamt durch das monumentale Werk des Livius verdrängt und nur noch von wenigen Gelehrten gelesen wurden, meist aus sprachlichem Interesse.

Schließlich liegt es auch nahe, die Entwicklung in Griechenland als Gegensatz zu sehen. Denn dort begann die Gattung ihren Entwicklungsweg mit zwei Paukenschlägen: Herodot und Thukydides schufen in der zweiten Hälfte des 5. Jahrhunderts Darstellungen zweier die Welt verändernder Kriege, in denen unüberholbar aufgewiesen wird, was Geschichtsschreibung ist und was sie zu leisten vermag. Danach erfolgte nur noch eine Ausdifferenzierung der Gattungen und der Themen, gab es ein agonales Sich-Überbieten nach verschiedenen, in ihrer Gültigkeit umstrittenen Maßstäben. So waren einige Werke von stilistischer Glätte gekennzeichnet, verbunden mit ausgeprägten politischen Reflexionen und moralischer Botschaft ('rhetorische Geschichtsschreibung'), während es anderen Autoren auf eine anschauliche, Emotionen weckende Vergegenwärtigung des Geschehens ankam ('tragisch-mimetische Geschichtsschreibung'), wogegen schließlich Polybios, der als Feldherr und Politiker mitten im Leben stand, seine nüchtern-analytische, auf Belehrung ausgerichtete so genannte 'pragmatische Geschichtsschreibung' stellte. Hinsichtlich ihres Anspruchs setzte sich die 'große', universale oder auch paradigmatische Historiographie deutlich von der Lokalgeschichte mit ihren mythographischen Zügen ab, die eher das Bedürfnis nach Identifikation und Unterhaltung befriedigte.

Die römische Historiographie in lateinischer Sprache scheint (aus den genannten Gründen) von einer gegenläufigen Entwicklung geprägt: Folgte nicht auf tastende, in vielerlei Hinsicht unbefriedigende Anfänge erst ganz langsam ein Aufschwung, ehe mit den Werken von Sallust, Livius und Tacitus der Höhepunkt erreicht wurde? Mindestens ebenso viel Anteil an diesem evolutionistischen Bild wie die Überlieferungslage hat freilich Cicero, der an zwei Stellen (leg. 1,6-7; de orat. 2,51-4) Entwicklung und Desiderate der römischen Historiographie pointiert beschrieb.[3] Diese Passagen wurden immer wieder einer geradezu mikroskopischen Exegese unterzogen – und das, obwohl die Einseitigkeit, ja Blindheit ihres Autors unübersehbar und übrigens auch zu erklären ist. Sein in erster Linie stilistisches Urteil – ihn störten die mangelnde Reife im Sprachlichen, es habe entweder chronikalische Dürre oder rhetorischer Wildwuchs geherrscht – sollten die Bühne bereiten für ein den griechischen Vorbildern ebenbürtiges Geschichtswerk. Dieses zu schreiben traute sich Cicero freilich durchaus zu, hatte er doch nach eigenem Urteil bereits die Redekunst in Theorie und Praxis sowie die philosophische Prosa mindestens auf das Niveau der Griechen gehoben. Zur Ausführung des Plans, sollte er je existiert haben, kam es indes nicht.

Ciceros Bild von den primitiven Anfängen der römischen Historiographie kann indes nicht richtig sein, wie ein Vergleich der überlieferten Fragmente mit einer seiner knappen Skizzen zeigt:

„Und, um unsere Autoren nicht herabzuwürdigen", sagte Antonius, „die Griechen pflegten anfangs auch so zu schreiben wie bei uns Cato, Pictor, Piso. Es war nämlich die Geschichtsschreibung nichts Anderes als die Zusammenstellung von Jahresberichten. Dafür und um die Erinnerung im öffentlichen Bereich zu bewahren, pflegte vom Beginn der römischen Geschichte bis zur Amtszeit des Pontifex Maximus P. Mucius (Scaevola) der Pontifex Maximus alle Ereignisse eines jeden Jahres aufzuschreiben, auf einem geweißten Brett hinauszutragen und dieses Brett bei sich zu Hause öffentlich auszustellen, damit das Volk davon Kenntnis nehmen könne, und diese werden auch heute noch 'höchste Jahreschroniken' genannt. Ihrem Stilvorbild sind viele gefolgt, die ohne allen Schmuck lediglich Verzeichnisse von Zeiten, Menschen, Orten und Ereignissen hinterließen. Wie Pherekydes, Hellanikos, Akusilaos und viele andere bei den Griechen, so waren auch bei uns Cato und Pictor und Piso

---

[3] Dazu aus der jüngeren Forschung: K.-E. Petzold, Cicero und Historie, in: ders., Geschichtsdenken und Geschichtsschreibung (1999) 86-109 (zuerst 1972); P.A. Brunt, Cicero and Historiography, in: φιλίας χάριν (Fs. Manni) (1980), Bd. 1, 311-40; M. Fleck, Cicero als Historiker (1993); Flach (1998) 56-7. 92-8.

beschaffen. Denn sie wissen nicht, mit welchen Mitteln ein Text geschmückt wird – diese Dinge sind nämlich erst vor kurzem hierher eingeführt worden –, und sie halten die Kürze für die einzige Auszeichnung ihres Schreibens, sofern nur verstanden wird, was sie sagen wollen." [4]

Schon der zweite Satz ist für Fabius Pictor und Cato evident falsch. Die frühen Geschichtswerke so nah an die *annales maximi* heranzurücken führt in die Irre, wie eine genaue Lektüre der Fragmente lehrt. Cicero musste die Kritik Catos an der sachlichen Dürftigkeit der Priesteraufzeichnungen (FRH 3 F 4,1) ebenso ignorieren wie die ausführlichen Schilderungen in den Werken aller drei der genannten Autoren. Seinem evolutionistischen Modell schuldete er offensichtlich auch die Parallelisierung der griechischen mit der römischen Entwicklung. Diese ist jedoch in beiden Fällen unzutreffend beschrieben. Felix Jacoby konnte in seinem grundlegenden Buch 'Atthis'[5] zeigen, dass sich die griechische Historiographie nicht 'von der Chronik zur Geschichte' ausbildete. Herodot und Thukydides hatten keine irgendwie verwertbaren Listen oder Aufzeichnungen vor sich, sondern sie schufen ihre Werke aus der Sammlung und kritischen Auswertung und Verknüpfung von mündlicher Tradition, allenfalls unter punktueller Zuhilfenahme einzelner Inschriften oder bereits vorliegender literarischer Werke. Dasselbe trifft auch auf Rom zu. Fabius und Cincius waren (neben den Epikern Naevius und Ennius) tatsächlich die ersten Römer, die die Geschichte der *res publica* als Gegenstand konstituiert und dargestellt haben.

---

[4] Cic. de orat. 2,51-53: '*Atqui, ne nostros contemnas,*' inquit Antonius, '*Graeci quoque ipsi sic initio scriptitarunt, ut noster Cato, ut Pictor, ut Piso; erat enim historia nihil aliud nisi annalium confectio, cuius rei memoriaeque publicae retinendae causa ab initio rerum Romanarum usque ad P. Mucium pontificem maximum res omnis singulorum annorum mandabat litteris pontifex maximus efferebatque in album et proponebat tabulam domi, potestas ut esset populo cognoscendi, eique etiam nunc annales maximi nominantur. hanc similitudinem scribendi multi secuti sunt, qui sine ullis ornamentis monumenta solum temporum, hominum, locorum gestarumque rerum reliquerunt; itaque qualis apud Graecos Pherecydes, Hellanicus, Acusilas fuit aliique permulti, talis noster Cato et Pictor et Piso, qui neque tenent, quibus rebus ornetur oratio – modo enim huc ista sunt importata – et, dum intellegatur quid dicant, unam dicendi laudem putant esse brevitatem.*'

[5] Jacoby (1949).

Erzählstoffe und Methoden

Bislang hatten ausschließlich griechische Autoren über die römische Frühzeit geschrieben, insbesondere Antiochos von Syrakus, Verfasser eines Werkes 'Über Italien', Hellanikos aus Mytilene (beide 5. Jh.), der hochgebildete Timaios aus Tauromenion sowie Diokles von Peparethos, der als Erster den Sagenzyklus um Romulus und Remus in eine durchkonstruierte Geschichtslegende gekleidet hatte. Auch fanden 'realhistorische' Ereignisse aus der römischen Geschichte Widerhall: Duris von Samos (ca. 340-270), ein Schüler Theophrasts, berichtete bereits von Heldentaten einzelner Nobiles, etwa der sagenumwobenen Devotion des P. Decius Mus i.J. 340, die den Konsul das Leben, die Feinde aber den Sieg gekostet hatte. Und Aristoteles schilderte den Galliersturm auf Rom, übrigens in einer Variante, der die spätere römische Version vehement widersprechen sollte.[6]

Das Unterfangen des Fabius Pictor, eine römische Version dieser und anderer Ereignisse vorzulegen, reihte sich mit der Wahl des Themas, einer römischen Gesamtgeschichte, in formaler Hinsicht also in die Tradition der Literaturgattung der *Ktiseis* (Gründungsgeschichten) ein, welche ihrerseits seit der Alexanderzeit neuen Aufschwung erfahren hatte.[7] Zudem stellten die griechischen Vorbilder konkrete Wissensbestände und Erzählmotive zur Verfügung, auf die man in Rom zurückgriff. In welchem Ausmaß ein solcher Rekurs erfolgte, ist kaum zu bestimmen; die vielen Versatzstücke der griechischen Tradition lassen aber keinen Zweifel daran zu, dass sich hier ein reicher Quell an Deutungs- und Interpretationsmustern bot, aus dem die römischen Historiker schöpfen konnten und auch tatsächlich schöpften.[8]

---

[6] Antiochos: FGrH 555 F 2-13. Hellanikos: FGrH 4 F 84. Timaios: FGrH 566, bes. F 60-61. Diokles: Meister, DNP 3 (1997) 613 s.v. Diokles (7); s. zu Fabius Pictor FRH 1 F 7. Duris: FGrH 76 F 56. Aristoteles F 610 Rose (aus Plut. Cam. 22); vgl. F 609 Rose (Dion. Hal. ant. 1,72,3; Plut. mor. 265b) zu der Ankunft der Achäer an der Küste Latiums. Beide Notizen entstammten wohl den Νόμιμα βαρβαρικά ('Sitten und Gebräuche der Barbaren').

[7] Pol. 10,21,3 charakterisierte die *Ktisis* als Literaturgattung, in der die Autoren „die Gründungen der Städte, wann, wie und durch wen sie ihre Siedler erhielten, sowie ihre Verfassungen und Einrichtungen in großer Ausführlichkeit schilderten". Unter dem Eindruck der zahlreichen Städtegründungen Alexanders und der Diadochen regte sich von Neuem großes Interesse an solchen Lokalgeschichten; s. Fantuzzi, DNP 6 (1999) 880-1 s.v. Ktisis-Epos (mit Lit.).

[8] Lit. zur Romulus-Remus-Geschichte: s.u. zu Fabius Pictor FRH 1 F 7a-f; ferner auch A. Griffiths, Where did early Roman history come from? (seminar-paper,

Fragen wie die nach der Erfindung des lateinischen Alphabets oder dem Gründungsdatum Roms hatten gelehrte griechische Autoren ja längst gestellt und beantwortet – in diesem Punkt kam ihnen zentraler Quellenwert zu, den es zu akzeptieren, kritisch zu hinterfragen oder zu widerlegen galt. Anders verlief die Traditionsbildung bei der Übernahme von Erzählmotiven, die aus ihrem ursprünglichen Überlieferungskontext herausgelöst und an römische Gegebenheiten adaptiert wurden. Die Geschichte von der Aussetzung und Auffindung der Zwillinge Romulus und Remus war selbst ja schon eine solche Adaption eines Legendenmotives, das bei Herodot und Sophokles nachzulesen war (s. zu FRH 1 F 7). Von Sophokles bezogen – ob direkt entnommen oder indirekt vermittelt – Fabius und Cincius Alimentus denn auch weitere Motive und Weisheiten, z. B. zum Altersdiskurs, die dann dem greisen Coriolan in den Mund gelegt wurden (s. zu FRH 1 F 21; 2 F 11).[9]

Größer noch war der hellenische Reichtum an Denkfiguren und exemplarischen Deutungen, wenn es schließlich darum ging, die Triebkräfte politischer Prozesse namhaft zu machen und gedanklich zu ordnen. Die seit Thukydides gängige Unterscheidung zwischen äußeren Anlässen und tieferliegender Ursache politischer Ereignisabläufe hatten die römischen Historiker ebenso verinnerlicht (s. zu FRH 1 F 31) wie Detailinterpretationen solcher Prozesse. Ein Beispiel mag dies illustrieren: In der kollektiven Erinnerung der Polis Athen wurde die Vertreibung der Peisistratiden schon um d.J. 500 als heldenhafte Befreiung aus eigener Kraft hochstilisiert – entfesselt wurde der Aufstand durch Harmodios und Aristogeiton, deren (reine) Liebe von der sexuellen Gier des Hipparchos bedroht wurde. Als einziger Ausweg blieb der Tyrannenmord; ein neues Unrechtsregime wollte das Volk hernach nicht mehr akzeptieren (Thuk. 6,54-59). Die römischen Historiker präsentierten den Sturz der Königsherrschaft und den Beginn der *libera res publica* strukturell ganz ähnlich, hatte sich hier der Volkszorn doch an der Vergewaltigung der Lucretia durch Sextus Tarquinius entzündet – Ausgangspunkt waren in beiden Fällen nicht die Freiheitsliebe des Volkes, sondern das sexuelle Fehlverhalten des Tyrannen- bzw. Königssohnes.[10]

1998) University College London, Department of Greek and Latin, Homepage (http://www.ucl.ac.uk:80/GrandLat/people/griffiths/collatin.htm).
[9] Vgl. Flach (1998) 61.
[10] FRH 1 F 17. Ein weiteres, geradezu frappierend ähnliches Detail im Fortgang beider Geschichten ist das Schicksal des Tarquinius Collatinus, des Gemahls der

Die griechischen Vorbilder boten also ein breites Spektrum an Wissensbeständen, Motiven und Denkmustern. Damit verband sich aber auch eine immense Bürde. Denn wenn nun die römische Politik autoritativ niedergeschrieben werden sollte, dann durfte diese Version – dies war eine zwingende Prämisse – nicht den Vergleich mit 'Schwergewichten' wie Timaios, Duris oder Aristoteles scheuen, sondern musste im Gegenteil die Herausforderung annehmen, an diesen gemessen zu werden.[11] Wenn die römischen Historiker in den direkten Dialog mit ihren griechischen Kollegen traten, waren sie demnach gefordert, eigene Akzente zu setzen und alternative Sichtweisen zu eröffnen. Cato hat dies wie kein anderer glasklar gesehen (s. zu FRH 3 F 1,2. 4,7). Die ersten Geschichtsschreiber Roms standen daher vor einer doppelten Aufgabe, die jedem Historiker gestellt ist: zum einen ihren Stoff gedanklich zu konstituieren – mit einer bloßen Nacherzählung der *res gestae populi Romani* war es nicht getan – sowie zum anderen diesen Stoff schlüssig und vor allem glaubhaft zu präsentieren. Schon aus diesem Grund konnten ihre Geschichtswerke nicht dürre Datengerüste, nicht nüchterne Berichte oder Chroniken sein. Die gelehrten griechischen Vorbilder spornten zu narrativ-dramatischen Passagen an; und vor allem verlangten sie nach einer 'wissenschaftlichen' Annäherung an die Materie.

Evidente logische Brüche und Ungereimtheiten waren unbedingt zu vermeiden. Zunächst galt dies für chronologische 'Schnitzer': Dass Ilia, die Mutter der Zwillinge Romulus und Remus, eine Tochter des Aeneas war, mochten Naevius und Ennius behaupten – die dichterische Freiheit erlaubte eine solche Komprimierung des Stoffes. Als Historiker konnten und durften Fabius Pictor, Cincius Alimentus und Piso so nicht vorgehen, hatten Timaios und andere doch vorgerechnet, dass zwischen der Ankunft des Aeneas in Italien und der Geburt der Königskinder mehr als vier Jahrhunderte lagen (s. zu FRH 1 F 1). Die Berechnung des römischen Gründungsdatums galt von

---

Lucretia (s. zu FRH 7 F 20). Der unbescholtene Collatinus soll mit Iunius Brutus ins erste Konsulat nach der Vertreibung des Königs gewählt worden sein, war dem Volk aber bald aufgrund seines bloßen Namens verhasst, erinnerte dieser doch an seine Verwandtschaft zu den Tarquiniern. Die logische Konsequenz war das Exil (Liv. 2,2); vgl. dazu die Ostrakisierung des Hipparchos, Sohn des Charmos, aus dem Demos Kollutos (!) nach Arist. Ath. Pol. 22,4; s. W. Schubert, Herodot, Livius und die Gestalt des Collatinus in der Lucretia-Geschichte, RhM 134 (1991) 80-95.

[11] Vgl. Timpe (1972) 931; Gelzer (1934/1964) 96; zu Fabius außerdem Momigliano (1990) 102.

da an als Nagelprobe wissenschaftlicher Verlässlichkeit, wie die Chronologie im Ganzen – von Fabius bis Gellius – zum wichtigen Instrument der Historiographie wurde.[12] Im weiteren Sinn galt dies für Zahlenangaben aller Art. Nichts war seit Herodot geeigneter, den wissenschaftlichen Gehalt und Wert eines Werkes herauszustreichen, als exakte Angaben, die auf eigenen Erfahrungen, Recherchen oder authentischen Zeugnissen beruhten, konnten sie den Bericht doch mit Fakten anreichern und insgesamt 'objektivieren'. Die präzise Benennung von Heeresgrößen, Censuszahlen und Beutegeldern war zugleich Gegenstand und Qualitätsmerkmal historischen Arbeitens. Freilich war damit auch ein Kernproblem der römischen Historiographie angelegt, das spätere wissenschaftliche 'Wettrüsten' um Pseudo-Genauigkeiten und Detailwissen, das durch die dem 'annalistischen Schema' inhärenten Anforderungen noch gesteigert wurde (s.u. S. 40-1).

Je weiter die Forschungen zurückreichten, umso schwieriger wurde es, Aussagen zu fundieren und Verlässlichkeit zu suggerieren – Livius sollte dieses Grundproblem später in der Einleitung seines Geschichtswerks gültig formulieren.[13] Einen Ausweg aus diesem Dilemma boten Etymologien und Aitiologien, die einerseits den Ursprung von die Gegenwart betreffenden Phänomenen erhellen, dabei aber gleichzeitig auch Licht ins Dunkel der älteren Zeit bringen sollten. Etymologische Denkfiguren gehörten seit dem 5. Jahrhundert zur gelehrten Methode der Grammatiker und Sophisten. Noch mehr traf dies für Aitiologien zu, also für die 'wissenschaftliche' Suche nach einem *aítion*, nach dem mythischen Ausgangspunkt zumeist religiöser Zeremonien und gesellschaftlicher Praktiken, deren Sinnhaftigkeit von ihren Anfängen aus erklärt werden sollte – am prägnantesten galt dies für den Stadtnamen Roms selbst, der in der griechischsprachigen Welt vom Aition

---

[12] S. zu FRH 1 F 1. 8. FRH 2 F 6. FRH 3 F 1,17. FRH 6 F 12. 21. 23. FRH 10 F 18. Die Affinität zur griechischen Historiographie in diesem Bereich zeigt sich auch an der Konstruktion von Synchronismen bedeutender Ereignisse. Herodot hatte propagiert, dass die Schlachten von Salamis und Himera am gleichen Tag stattfanden (7,165); nach Timaios soll Euripides just an diesem Tag geboren (F 105) und Rom und Karthago in ein und demselben Jahr gegründet worden sein (F 60). Fabius Pictor fügte einen weiteren Synchronismus hinzu, indem er den Gallierstrum auf Rom ins Jahr des Königsfriedens und der Belagerung Rhegions durch Dionysios datierte: FRH 1 F 8.

[13] Liv. praef. 6, zit. im Komm. zu Cassius Hemina FRH 6 F 8. Zu Livius' Zurückhaltung in heuristischen Fragen insg. s. Forsythe (1999), v.a. 40-51.

ῥώμη ('Kraft', 'Stärke') her erklärt wurde.[14] Der Dichter und Grammatiker Kallimachos (geb. zwischen 320 und 303), der Lehrer des Eratosthenes, hatte die Disziplin mit seinem Werk *Aítia*, einer Sammlung von Elegien in vier Büchern, auf eine neue wissenschaftliche Grundlage gestellt. Konsequenter, ja radikaler beschritt Euhemeros (um 300) diesen Weg, mit dessen Namen sich alsbald der 'Euhemerismus', die rationalistische Interpretation von Ursprungsmythen, verband.[15]

Hier wird der wissenschaftlich-methodische Einfluss der griechischen Autoren auf die römischen Historiker unmittelbar einsichtig: Kallimachos' Aitiologienlehre dürfte Fabius Pictor und seinen Nachfolgern geläufig gewesen sein, ebenso die Prinzipien der griechischen Chronologie, wie die Ärendatierungen markanter Ereignisse (nach Olympiadenjahren) zeigt (s. zu FRH 1 F 8). Schließlich dürfte auch die Ausarbeitung der Königsliste von Alba Longa auf der Grundlage der eratosthenischen Zeitrechnung erfolgt sein. Sicher bezeugt ist die Verbreitung des Euhemeros in Rom, dessen Werk seit der bearbeiteten Übersetzung des Ennius (*Euhemerus*) breite Rezeption in der römischen Oberschicht fand. Etymologien und Aitiologien gehörten nach alledem wie selbstverständlich zum wissenschaftlichen Repertoire der frühen römischen Historiker.[16] Sie waren nicht „kindische Spielereien",[17] sondern der – aus heutiger Sicht natürlich zumeist unzulängliche – Versuch, Rationalität und Verbindlichkeit herzustellen.

---

[14] Belege und Erörterung bei Classen (1963) 447-8; s. jetzt auch Petersmann (2000).

[15] Fragmente: FGrH 63 mit Komm. p. 562 u. RE 6.2 (1907) 952-72. Euhemeros nutzte die üblichen Verfahren der Aitiologie und Etymologie, um mythische Personen und Motive konsequent auf reale Geschehnisse der Frühzeit zu reduzieren. Anderseits war er dabei oft genötigt, Königsnamen und willkürliche Herrschergenealogien zu erfinden (zumeist in der Ableitung von Volks- und Landschaftsnamen), um so einen plausiblen Ereignislauf zu konstruieren; s. allg. Thraede, RAC 6 (1966) 877-90 s.v. sowie zu FRH 2 F 2; FRH 6 F 2. 5; FRH 10 F 4. 8. – Zur Konvergenz von gelehrter Poesie und Historiographie im Hellenismus s. T. Fuhrer, Hellenistische Dichtung und Geschichtsschreibung. Zur peripatetischen und kallimacheischen Literaturtheorie, MH 53 (1996) 116-22.

[16] Aitiologien: FRH 1 F 1. 9. 19; FRH 3 F 1,9b. 1,12. 1,20. 1,23; FRH 4 F 3; FRH 6 F 3. 5. 8. 14. 18. 23; FRH 7 F 1. 8; FRH 10 F 3. 24. Etymologien: FRH 1 F 5. 16. 19. 22; FRH 2 F 2. 13; FRH 3 F 1,3. 1,11. 1,15. 2,17. 2,21. 2,23-4. 2,30. 3,4; FRH 5 F 4; FRH 6 F 2. 14; FRH 7 F 1. 48; FRH 8 F 2; FRH 10 F 3. 6. 8.

[17] So aber Alföldi, Frühes Rom 150, zu Fabius Pictor.

Horte intimer Kenntnis: römische 'Quellen' und Wissensbestände

Die eigene Leistung von Fabius Pictor und seinen Nachfolgern erscheint umso bemerkenswerter, wenn man berücksichtigt, wie disparat und unzulänglich das Material war, aus dem sie zusammenhängende Darstellungen gestalteten. Obwohl naturgemäß kaum je eine sichere Zuweisung einzelner Informationen an eine bestimmte Quelle möglich ist, dürfte die folgende Übersicht das Feld hinreichend abstecken:[18]

a) Lebenswelt der Autoren und Selbsterlebtes
Einen entscheidenden Vorsprung hatten die römischen Geschichtsschreiber gegenüber den eben genannten Griechen: Zumal als Mitglieder der Nobilität besaßen sie gewachsene, intime Kenntnis römischer Institutionen, Gewohnheiten und Denkweisen. Denn selbstverständlich erfolgte die Weitergabe kulturellen Wissens, von dem die geschichtliche Orientierung in der Zeit und an den vorbildhaften *exempla* ja nur einen Teil darstellt, zunächst im Raum der Familie, wuchs ein junger Nobilis doch mit dem Erwerb der Sprache und dem täglichen Umgang mit den Erwachsenen ganz unwillkürlich auch in deren Erfahrungs- und Werthorizont hinein.[19] Die erziehende Generation verfügte ohne Zweifel auch über ein reiches Repertoire von Liedern, Anekdoten und Sprüchen, mit denen Wissen und Orientierungen weitergegeben wurden. Später lernten die künftigen Geschichtsschreiber durch Anschauung und Mitwirken, wie etwa Kulte und Feste 'funktionierten', ein römisches Heer geführt wurde und wie sich die Meinungsbildung im Senat vollzog. Die Autoren mussten daher in der Regel keine umständlichen Recherchen und Quellenstudien anstellen, wenn sie die fundierenden Geschichten und *exempla* des römischen Moraldiskurses niederschrieben oder ein religiöses Fest, die formelle Aufhebung eines Heiligtums oder die Zeremonien bei der Gründung einer Stadt schilderten.[20] Das war selbstverständlicher Teil ihres

---

[18] Ausführlicher dazu Frier (1979/1999) 260-71; Hölkeskamp, Nobilität 17-31; Chassignet AR 1 p. XLII-XLIX; Rüpke RG 43-54; Walter (2001a) 249-60.

[19] Treffend A. Heuss, Verlust der Geschichte (1959) 23: „Schon das Kind wird mit dem Erwachen seiner intellektuellen Tätigkeit in den Raum der sozialen Erinnerung hineingezogen, und die Bildungsinstanzen, welche um es bemüht sind, sind auch Träger dieses sozialen Phänomens. Hier wird sichtbar, wie sich in der Kommunikation Erinnerung gestaltet, die mehr ist als Eigenerinnerung, Erinnerung gleichsam zuwächst und Fremderinnerung angeeignet wird."

[20] Moraldiskurs: s. FRH 1 F 11; FRH 7 F 10 (Wein); FRH 3 F 7,7-11 (Kleidung); FRH 1 F 20 (Fest); FRH 3 F 1,25 (Aufhebung); FRH 3 F 1,18a (Stadtgründung).

nomologischen Wissens. Sie kannten auch die Mythotopographie Roms mit ihren Hügeln, Hainen, Hütten und Höhlen ebenso wie die übrigen Gedächtnisorte.

Auch die Wahrnehmung und Konstruktion historischer Phänomene wurde naturgemäß durch die lebendige Wissensordnung der täglichen Praxis geprägt. So hoben die Geschichtsschreiber vielfach die rechtliche Dimension eines Problems oder Vorgangs hervor, was besonders in den romanhaften Schilderungen der ältesten, mythhistorischen Teile auffällt, etwa in der Übergabe des gefangenen Remus an Numitor durch Amulius im Sinn einer *noxae datio* oder in der Arrestierung des Numitor, die der *custodia libera* nachgebildet ist.[21] In der Darstellung der jüngeren Vergangenheit etwa Kriegsschuldfragen nicht in den Bahnen eines von Thukydides geprägten intellektuell-relativistischen Machtdiskurses zu erörtern, sondern die formalrechtliche und religiöse Dimension in den Vordergrund zu rücken, war in diesem Sinne keineswegs ausschließlich 'Ideologie'.[22]

Neben das den Geschichtsschreibern gleichsam *en passant* zugewachsene Wissen traten für die zeitgeschichtlichen Passagen aktiv erworbene Kenntnisse, die letztlich auf biographische Zufälle zurückgingen. Autopsie eines Schauplatzes, Augenzeugenschaft oder gar aktive Teilnahme des Autors an bedeutenden Ereignissen verliehen dem historiographischen Bericht nach antiker Auffassung besondere Autorität und Glaubwürdigkeit.[23] Das galt selbstverständlich auch für die frühen römischen Geschichtsschreiber, und die Sekundärautoren heben den besonderen Quellenwert einer so gesicherten Nachricht häufig hervor.[24]

---

[21] FRH 1 F 7b = Dion. Hal. ant. 1,81,3 bzw. 83,2; vgl. Schwartz, RE 5.1 (1903) 798 s.v. Diokles (47), der aus diesen beiden Details sogar die zeitliche Priorität von Fabius gegenüber Diokles herleiten möchte. – Eine markante 'Jurifizierung' stellt auch Heminas Deutung der Cacus-Legende dar (FRH 6 F 5).

[22] S. FRH 3 F 4,9; das bedeutet natürlich nicht, dass die Autoren nicht die Tatsachen im Sinne einer Rechtfertigung der römischen Politik zurechtgebogen hätten; s. FRH 1 F 31.

[23] Dazu Marincola (1997) 63-86 und passim.

[24] Vgl. Fabius Pictor FRH 1 F 20. 29 (eigenes Erlebnis); F 30a (Teilnahme an dem besagten Krieg); 32 (Zeitgenossenschaft); Cincius Alimentus FRH 2 F 10 (in karthagischer Gefangenschaft erworbene Kenntnisse); Cato FRH 3 F 7,1 (eigene Rede im Geschichtswerk eingefügt); Cassius Hemina FRH 6 F 42 (Zeitgenossenschaft); Fannius FRH 9 F 4 (Teilnahme an der berichteten Heldentat); vgl. allg. Marincola (1997).

b) Vergangenheitswissen in den Nobilitätsfamilien

Damit spezielleres und umfassenderes Vergangenheitswissen formiert und tradiert werden kann, bedarf es einer daran interessierten Gruppe oder Institution sowie geeigneter Medien. In Rom bildete die Aristokratie diese Gruppe, genauer: die Nobilität als die politische Klasse schlechthin. Ihre Mitglieder besaßen neben anderen Statusmerkmalen ein stark ausgebildetes, Identität stiftendes Vergangenheitsbewusstsein im Sinne einer Verpflichtung auf die eigenen Vorfahren (*maiores*), die das Handeln in Gegenwart und Zukunft zu leiten vermochte.[25] Außerdem legitimierten die Leistungen der *maiores* die Führungsposition der jeweils aktuellen Generation. Das sinnfällig gemachte und messbare, im Laufe der Zeit angesammelte 'Ahnenkapital' hatte ferner im innernobilitären Statuswettbewerb eine wesentliche distinktive Rolle zu spielen.[26] Es überrascht daher nicht, wenn es zuerst die aristokratischen Familien waren, die Vergangenheitswissen in spezifischen, ihren Bedürfnissen angepassten Formen und Medien zu bewahren begannen.[27] Aus den öffentlichkeitswirksamen Praktiken der Erinnerung an ihre bedeutsamen und vorbildhaften Ahnen entwickelten sich verstärkt seit der Konstituierung der Nobilität in der zweiten Hälfte des 4. Jahrhunderts Formen der Dokumentation von Taten und Ereignissen, die von den Historikern benutzt werden konnten.

Im Atrium des aristokratischen Hauses wurden maskenartige Bildnisse (*imagines*) derjenigen Ahnen, die es mindestens zur Ädilität gebracht hatten, in geschlossenen Schreinen verwahrt. Sicht- und lesbar waren hingegen die gemalten Stammbäume (*stemmata*) an der Wand; sie enthielten neben den Namen wahrscheinlich auch noch kurze, rühmende Aufzählungen der jeweils erreichten Ämter und errungenen Siege.[28] Inhalt und Machart dieser Texte (*tituli*) begegneten dann in ihrer Grundstruktur in anderen Kontexten, so in den Grabinschriften (s. zu Cato FRH 3 F 4,7), in den Elogien an öffentlich aufgestellten Ehrenstatuen, Siegesmonumenten und Beuteweihun-

---

[25] Dazu jetzt die Sammelbände Linke, Stemmler (2000) und Braun u.a. (2000).
[26] Vgl. E. Flaig, Die *Pompa funebris*. Adlige Konkurrenz und annalistische Erinnerung in der römischen Republik, in: O.G. Oexle (Hg.), Memoria als Kultur (1995) 115-48.
[27] Dazu ausführlich Hölkeskamp (1996).
[28] Zu diesem ganzen Komplex, auch zum Folgenden, ist jetzt Flower (1996) grundlegend; dort auch alle antiken Zeugnisse; s. ferner U. Walter, AHN MACHT SINN. Familientradition und Familienprofil im republikanischen Rom, in: K.-J. Hölkeskamp u.a. (Hgg.), Sinn (in) der Antike, Mainz 2003, 255-78.

gen und wahrscheinlich auch in den Dedikationsinschriften von Tempeln und Profanbauten, die mit Beutegeldern errichtet worden waren. Besonders erfolgreiche Familien waren dadurch imstande, durch Häuser, Gräber, Tempel und Denkmäler ein dichtes und verweisreiches Netz von Gedächtnisorten über die ganze Stadt zu spannen und so eine regelrechte Erinnerungstopographie zu schaffen, die von einem in Rom aufgewachsenen Geschichtsschreiber zweifellos dekodiert werden konnte. Ihren sinnfälligsten Ausdruck fand die Erinnerung an die Ahnen in der öffentlichen Leichenprozession (*pompa funebris*), die grundsätzlich allen Vornehmen zustand, wenn sie mindestens kurulische Ädilen gewesen waren, die aber in der Regel wohl nur für prominente Konsulare aus den großen und erfolgreichen Familien veranstaltet wurde.[29] Dabei erwachten alle erfolgreichen Vorfahren des Verstorbenen gewissermaßen zum Leben, indem ihnen ähnliche Personen die genannten Masken während der Prozession vor dem Gesicht trugen. Auf dem Forum hielt die *pompa* inne, und der Sohn oder ein anderer Verwandter pries in einer kurzen Leichenrede (*laudatio funebris*) die Verdienste des Verstorbenen.[30] Diese Reden wurden aufbewahrt und bildeten eine Quelle für die Geschichtsschreiber, wie zumindest im Falle von Coelius Antipater belegt ist.[31] Angesichts des scharfen Wettbewerbs unter den Nobiles konnte es in den Leichenreden und ihren Derivaten natürlich zu interessegeleiteten Verformungen der Fakten kommen: Die Tatsachenerinnerung, so klagte später Livius, sei in diesen Medien regelrecht beschmutzt worden, weil jede Familie den größten Tatenruhm für sich in Anspruch nehmen wolle.[32]

---

[29] Beschreibung bei Pol. 6,53-54,2 (Übers. mit Komm.: Till [1976] 37-9. 319); dazu Walbank HCP I 737-40.

[30] Das älteste Zeugnis ist ein Bruchstück aus der Rede auf L. Caecilius Metellus (cos. 251 und 247) i.J. 221 (Plin. nat. 7,139-40; Till [1976] 39-41. 320; s.a. zu Calpurnius Piso FRH 7 F 33); dazu umfassend W. Kierdorf, Laudatio funebris (1980).

[31] Livius 27,27,13 = Coelius Antipater FRH 11 F 36; dazu Walter (2001a) 248.

[32] Vgl. Liv. 8,40,3-5: „Es ist nicht leicht, die eine Version der anderen oder den einen Gewährsmann dem anderen vorzuziehen. Ich gebe offen zu, dass die korrekte Erinnerung durch Begräbnisreden und falsche Beschriften zu den Bildnismasken getrübt ist, solange jede Familie Tatenruhm und Ämter unter irreführender Vorspiegelung zu sich herüberzieht. Daher sind gewiss die Taten einzelner Männer und die öffentlichen Aufzeichnungen über die Ereignisse in Unordnung geraten. Es es gibt keinen einzigen zeitgenössischen Schriftsteller, auf den man sich als einen hinreichend zuverlässigen Gewährsmann stützen könnte." S. ferner

In welchem Umfang weitere Schriftstücke in den Häusern führender Nobiles verwahrt wurden, wo sie gegebenenfalls als Quellen eingesehen werden konnten, ist nicht zu bestimmen.[33] Schließlich kann man annehmen, dass auch ein guter Teil der im Einzelnen schwer fassbaren, in der Struktur und Eigenart der Überlieferung jedoch klar zu erkennenden mündlichen Tradition ihren sozialen Ort in den aristokratischen Häusern und dort wiederum in erster Linie beim Gastmahl hatte. Dieser *oral tradition* hat die Forschung in jüngerer Zeit große Aufmerksamkeit geschenkt,[34] und es wäre gewiss zu eng, sie auf die Frage nach der Existenz der einst von B.G. Niebuhr postulierten 'Heldenlieder' zu verengen, von denen Cato noch zu wissen glaubte.[35]

c) Die Evidenz des Schauspiels: römische Geschichte auf der Bühne
Ebenfalls auf der Grenze zwischen Mündlichkeit und Schriftlichkeit ist das Theater angesiedelt. Die römische Bühne war seit dem letzten Drittel des dritten Jahrhunderts wegen des Publikumsinteresses und der Wettbewerbssituation zwischen den Dichtern ein dynamisches Moment für die stoffliche und formale Entwicklung der Literatur. Naevius (s.u. S. 37-9) bereicherte sie mit mindestens zwei Stücken zu Themen der römischen Geschichte (*fabulae praetextae*), von denen das eine offenbar die Gründungssage behandelte (*Lupus* oder *Romulus*), das andere ein Ereignis der Gegenwart, nämlich den Sieg über ein keltisches Heer bei *Clastidium* i.J. 222, bei dem M. Claudius Marcellus durch die Tötung des gegnerischen Anführers Viridomarus die *spolia opima* gewann. Ennius dichtete eine *Sabinae* (s. zu FRH 1 F 9). Insgesamt dürfte die Bühne im 3. Jahrhundert bei der Ausformung der geschicht-

---

Cic. Brutus 62; dazu R.T. Ridley, Falsi triumphi, plures consulatus, Latomus 42 (1983) 372-83; Forsythe (1999) 44-5. 68-70; Oakley (1998) z.St. Schon die o. Anm. 30 genannte Leichenrede bestätigt diese Ansicht insofern, als der dort Gepriesene keineswegs eine so exzeptionelle Vorrangstellung genoss.

[33] Mit einiger Wahrscheinlichkeit stammt der Brief des Fabius Rullianus an den Senat i.J. 325 aus dem fabischen 'Familienarchiv' (Fabius Pictor FRH 1 F 24; dazu Hölkeskamp, Nobilität 27).

[34] Dazu Cornell, Beginnings 10-2 und v.a. Timpe (1988); v. Ungern-Sternberg (1988); T.P. Wiseman, Roman Legend and Oral Tradition, JRS 79 (1989) 129-37 (= ders., Historiography and Imagination [1994] 23-36).

[35] FRH 3 F 7,13. Niebuhr dachte übrigens später an einen sehr viel differenzierteren Überlieferungsprozess, der poetische und prosaische Ausprägungen dieser Tradition sowie komplexe Gemengelagen von mündlicher und schriftlicher Bewahrung umfasst habe; dazu Timpe (1988) 267.

lichen Tradition große Bedeutung gehabt haben. Denn für ein Publikum, das keine Bücher kannte, bedeutete die Inszenierung auf der Bühne in hohem Maße Realität; hier wurde nicht nur eine Geschichte vor Augen geführt, sondern 'Wissen' produziert, das nicht gegen ein kanonisiertes Buch- oder Schulwissen anzugehen hatte, sondern nur auf vereinzelte Erzählungen traf, denen gegenüber es den Vorteil der ungleich größeren Evidenz besaß.[36] Das Interesse eines breiteren Publikums für 'seine' Vergangenheit vermochten solche Aufführungen zweifellos ebenfalls zu stimulieren.

d) Offizielle Aufzeichnungen: die *tabula apud pontificem* und andere vorliterarische Texte

Neben den Zeugnissen, die in den Nobilitätsfamilien erstellt und bewahrt wurden, gab es auch eine für die römischen Historiker verwendbare Schriftlichkeit offizieller Art. Nach übereinstimmender Aussage aller antiken Quellen wurden die ersten regelmäßigen Aufzeichnungen durch eine öffentliche Institution der *res publica* vom Vorsteher des Priesterkollegiums der Pontifices, dem Pontifex Maximus, vorgenommen.[37] Diese unter verschiedenen Bezeichnungen bezeugten Niederschriften werden seit langem unter mehreren miteinander verbundenen Aspekten diskutiert. Für die Frage nach der Brauchbarkeit der erhaltenen Darstellungen und damit der Möglichkeit einer fundierten Rekonstruktion der frühen römischen Geschichte ist wesentlich, seit wann diese Aufzeichnungen geführt wurden, wie ausführlich sie waren, ob sie – in welcher Form auch immer – erhalten blieben und ob sie von den Autoren historiographischer Literatur in größerem Umfang benutzt wurden. Mit dem Gattungscharakter der römischen Historiographie verbunden ist ferner die Frage, welchen formalen Einfluss diese Art vorliterarischer Texte auf die literarischen Geschichtswerke hatte.

Das Thema ist also sowohl für die Realgeschichte als auch für die römische Historiographie eminent wichtig; andererseits muss sich jedes Urteil auf eine sehr begrenzte Zahl von Zeugnissen unterschiedlichen Wertes berufen. Angesichts der aus dieser Konstellation entstandenen, schier unüberschau-

---

[36] Die große Bedeutung der (vorliterarischen und literarischen) Dramen für die Konstituierung v.a. der frühesten römischen Geschichte hat nach Soltau (1909) 17-59 bes. T.P. Wiseman mehrfach betont, zuletzt in 'Roman Drama and Roman History' (1998); s. ferner F. Bernstein, Der römische Sieg bei Clastidium und die zeitgeschichtliche Praetexta des Naevius, in: G. Manuwald (Hg.), Identität und Alterität in der frührömischen Tragödie (2000) 157-73.

[37] Zur Schriftführung durch den *pontifex maximus* s. Marquardt RStV III 299-302.

Einleitung 33

baren Forschungsliteratur[38] scheint es im Kontext dieser Einleitung geboten, eine minimalistische Position einzunehmen[39] und den ältesten Zeugnissen besonderen Rang einzuräumen.

Nach der o. S. 20-1 zitierten Darstellung Ciceros stellte der Pontifex Maximus – angeblich seit Beginn der römischen Geschichte – eine geweißte Tafel mit allen Ereignissen eines jeden Jahres vor die Regia, sein Amtslokal. Allerdings wurde diese Praxis im Pontifikat von P. Mucius Scaevola (zwischen 130 und 114) beendet; Cicero hat die Tafeln also nicht mehr selbst sehen können. Das Gleiche gilt für den in frühaugusteischer Zeit schreibenden Antiquar Verrius Flaccus; trotzdem zeichnete dieser, wie aus dem Referat des Servius hervorgeht, ein außerordentlich positives Bild von den Tafeln, was ihren vermuteten Gehalt betraf:

„Folgendermaßen wurden die *annales* zusammengestellt: Der höchste Priester hatte Jahr für Jahr eine geweißte Tafel zu seiner Verfügung, auf der er, mit den Namen der Konsuln und der anderen Beamten beginnend, jeweils auf den Tag genau die denkwürdigsten Ereignisse zu vermerken pflegte, die sich daheim und im Felde, zu Lande und zu Wasser zugetragen hatten. Die mit solcher Gewissenhaftigkeit geführten jährlichen Verzeichnisse brachten unsere Vorfahren auf 80 Bücher und bezeichneten sie nach den höchsten Priestern, von denen sie stammten, als die 'höchsten Jahreschroniken'."[40]

Für die Frage nach den Quellen der Autoren im ersten Band von FRH ist nun entscheidend, dass Servius einen Unterschied macht zwischen der Tafel mit den Ereignissen eines jeden Jahres und der 'Buchausgabe' in 80 Büchern, die *annales maximi* genannt wurden, um sie von den literarischen *annales*, also den Geschichtswerken, zu unterscheiden. Denn selbst wenn

---

[38] Umfassende, leider unübersichtliche Dokumentation bei Chassignet, AR 1 p. XXIII-XLII; s. ferner HRR I 387-8 (bis 1964); Frier, Libri; G.S. Bucher, The Annales Maximi in the Light of Roman Methods of Keeping Records, AJAH 12 (1987 [1995]) 2-61; Petzold (1993); Oakley (1997) 24-7 (alle mit weiterer Lit.); Flach (1998) 56-60. Wichtige ältere Beiträge versammelt Pöschl RG.
[39] In diesem Sinne sehr klar und als Ausgangspunkt daher immer noch gut geeignet ist Cichorius, RE 1.2 (1894) 2248-55 s.v. Annales.
[40] Serv. auct. ad Verg. Aen. 1,373: *Ita autem annales conficiebantur: tabulam dealbatam quotannis pontifex maximus habuit, in qua praescriptis consulum nominibus et aliorum magistratuum digna memoratu notare consueverat domi militiaeque terra marique gesta per singulos dies. cuius diligentiae annuos commentarios in octaginta libros veteres retulerunt, eosque a pontificibus maximis, a quibus fiebant, Annales Maximi appellarunt.* (Übers.: Flach [1998] 58 mit einer Änderung).

diese 'Buchausgabe' durch Scaevola zusammengestellt wurde, wie die durch Mommsen begründete *opinio communis* meint, so lag sie den frühesten römischen Geschichtsschreibern nicht vor.[41] Ihrer Historiographie ging somit keine Darstellung in einer Priesterchronik voraus.[42]
Was aber stand auf der Tafel? Cato, der sie noch gesehen hat und als *tabula apud pontificem maximum* bezeichnet, nennt ausdrücklich Sonnen- und Mondfinsternisse sowie Getreideteuerungen (FRH 3 F 4,1); da diese durch Missernten entstanden, dürften auch Wetterunglücke und Pflanzenkrankheiten verzeichnet worden sein. Ennius, der die Tafel ebenfalls aus eigener Anschauung kennen musste, gibt für eine Sonnenfinsternis den genauen Tag an (Ann. 153 Skutsch). Die *tabula* dokumentierte also primär die Tätigkeit der Pontifices, vor allem natürlich die Wiederherstellung des Einvernehmens mit den Göttern. Die Einträge erfolgten laut allen bisher genannten Zeugen unter jeweils einzelnen Tagen, was nur bedeuten kann, dass die sakral-rituellen Handlungen[43] verzeichnet wurden, nicht das längerfristige Übel selbst. Deshalb liegt die Annahme nahe, dass es sich bei der *tabula* um die Kalendertafel gehandelt hat, die der Pontifex Maximus zu Beginn eines jeden Jahres aufstellte.[44] Deren Vorabeinträge – etwa Tagesqualitäten (*dies fasti*, *nefasti* usw.), Schaltungen und fixierte Feste – wären dann durch ad hoc-Notizen ergänzt worden. Der Pontifex Maximus dürfte situativ entschieden haben, welche Ereignisse zu verzeichnen waren und welche nicht. Catos Polemik wäre schwer verständlich, wenn er auf den älteren Tafeln Informationen über alle denkwürdigen Ereignisse eines jeden Jahres hätte finden können.[45] Cicero und Verrius Flaccus konnten auf diese Annahme verfallen,

---

41 Nach Dion. Hal. ant. 1,74,3 suchte Polybios bei seinen Recherchen zum Gründungsdatum Roms ausdrücklich ἐπὶ τοῦ παρὰ τοῖς ἀρχιερεῦσι κειμένου πίνακος. Zu dieser Stelle s. Petzold (1993) 179-81.
42 Vgl. Gelzer (1934/1964) 98-103.
43 Die situativen magistratischen Kulthandlungen unter Assistenz der Pontifices (Sühnopfer, Gelübde oder Weihungen) verzeichnet Marquardt RStV III 256-81.
44 So zuerst O. Seeck, Die Kalendertafel der Pontifices (1885), akzeptiert von Cichorius (Anm. 39) 2249; Knoche (1939/1969) 224; Jacoby (1949) 61; Petzold (1991/1999) 258 und Bleicken GRR[5] 106; ablehnend Frier, Libri 91. Für die Identifizierung spricht auch die Weiterführung der *tabula*, als es schon eine literarische Geschichtsschreibung gab: „da eine dürftige Chroniktafel neben den literarischen Werken unzeitgemäß und lächerlich gewesen wäre, (muss es) eben immer noch die alte Kalendertafel gewesen sein" (Cichorius 2251).
45 Dabei ist sekundär, ob die Tafeln als solche aufbewahrt wurden oder ihr Inhalt in eine andere Form, etwa einen fortlaufenden *commentarius*, übertragen wurde. Eher

weil sie nur die durch zusätzliche Materialien stark erweiterten, im Verhältnis zur Geschichtsschreibung jedenfalls sekundären *annales maximi* in Buchform kannten und ihren Inhalt mit dem der *tabulae* identifizierten.[46] Verräterisch ist in dieser Hinsicht die unhaltbare Behauptung Ciceros, die Aufzeichnungen hätten bereits mit der Stadtgründung begonnen. Aus dem gleichen Grund ist es auch irreführend, die 'annales des pontifes' zeitlich und genetisch zu einer ranggleichen Vorform der 'annalistique romaine' zu machen und damit Texte vor Fabius zu stellen, die erst in der sehr viel späteren und sekundären Buchausgabe gestanden haben können.[47] Die vermeintliche genetische Verbindung zwischen den Priesteraufzeichnungen und der (lateinischen) 'Annalistik' stark zu betonen kann in letzter Konsequenz dann zu dem verwunderlichen Bemühen führen, „die von Fabius ... inaugurierte Geschichtsschreibung nach griechischer Theorie und in griechischer Sprache" als ein(en) römischem Geschichtsbewußtsein nicht adäquate(n) Seitenweg" abzuqualifizieren.[48]

Jedenfalls sollte unstrittig sein, dass für die frühen römischen Geschichtsschreiber die ihnen zugänglichen Aufzeichnungen des Oberpriesters

---

für die erstere Annahme spricht Dion. Hal. ant. 1,73,1 (vielleicht nach Polybios?), wonach es in alter Zeit in Rom weder Geschichtsschreiber noch Verfasser von Chroniken (λογογράφοι) gegeben habe und die frühesten Geschichtsschreiber ihr Material „aus alten Texten, die auf heiligen Tafeln erhalten blieben, entnehmen" mussten (ἐκ παλαιῶν μέντοι λόγων ἐν ἱεραῖς δέλτοις σωζομένων ἕκαστός τι παραλαβών). Rüpke (1993) 174 hält die Vorstellung, „der Pontifex maximus hätte in seiner Wohnung aus Gründen der historischen Dokumentation ein Holzlager errichtet", freilich für absurd.

[46] Vgl. Petzold (1993) 159-60; Flach (1998) 59-60. Frier, Libri sucht zu zeigen, dass die 'Buchausgabe' erst in augusteischer Zeit entstand. Doch dann wäre kaum zu verstehen, warum Cato ein so völlig anderes Bild von der *tabula* zeichnet als Cicero und Verrius Flaccus von den *annales maximi*. Auch Chassignet, AR I p. XXV ignoriert den Unterschied indirekt, wenn sie behauptet, Ziel der *tabula* sei es gewesen, die Erinnerung an die Vergangenheit schlechthin (*memoria rerum gestarum*) zu bewahren.

[47] So verfährt indes Chassignet, AR 1, die mit dem irreführenden Zusammenrücken von Priesteraufzeichnungen und früher Historiographie zwar Peter (HRR) folgt, aber in der Zuschreibung von Fragmenten großzügiger als dieser ist. Bei einigen Stücken scheint aber sogar die Zuweisung an die *annales maximi* eher unwahrscheinlich; dazu mit Recht kritisch Kraus, BMCR 9 (1998) 421-3.

[48] So jedoch Petzold (1991/1999) 264. Die zu Grunde liegende Idee einer Dualität zweier Nationen entspricht aber nicht dem Stand der Diskussion über die komplexen Akkulturationsprozesse in der römischen Oberschicht des 3. und 2. Jh.s.

allenfalls einen Teil ihres Quellenmaterials bildeten. Auch prägendes Formvorbild waren sie zunächst nicht; der Weg zum 'annalistischen Schema' verlief anders.

Bleibt noch die Frage, seit wann die Tafel in der skizzierten Weise geführt wurde. Auch in diesem Punkt empfiehlt sich eine minimalistische Position. In der gesamten livianischen Überlieferung sind für die Zeit von ca. 450 bis 300 nur neun Prodigien erwähnt, während ins zehnte Buch (303-293) mehrere längere pontifikale Jahresberichte mit entsprechenden Notizen Eingang gefunden haben.[49] Akzeptiert man die Verbindung der Tabula mit dem Kalender, so liegt es nahe, die regelmäßige und öffentliche Aufzeichnung der sakralen Mitteilungen mit der Publikation des zuvor mündlich bekannt gemachten Kalenders durch Cn. Flavius am Ende des 4. Jahrhunderts in Zusammenhang zu bringen.[50] In die gleiche Zeit fällt auch das Plebiszit der Volkstribune Q. Ogulnius Gallus und Cn. Ogulnius über die Zulassung von Plebejern zu den Kollegien der Auguren und Pontifices;[51] damit dürfte auch das Bedürfnis, die Tätigkeit der Pontifices öffentlich zu machen und nicht länger patrizisches Arkanwissen sein zu lassen, entstanden sein, verbunden mit einem gewachsenen Interesse plebejischer Nobiles an einer Verzeichnung ihrer Leistungen für die *res publica*.[52] Einerlei, ob dieser Ansatz zutrifft oder die Tafeln schon früher regelmäßig geführt wurden und etwa seit dem Gallierbrand i.J. 390/387 auch erhalten blieben: Für Fabius

---

[49] Liv. 10,9,14. 11,9. 23,1-2. 31,8-9. 47,6-7; vgl. Soltau (1909) 10-6, der zu dem Schluss kommt, dass es vor ca. 300 keine gleichzeitigen und regelmäßigen Aufzeichnungen auf einer Pontificaltafel gegeben hat. Andere Arten von Aufzeichnungen (*commentarii*) sind damit nicht ausgeschlossen, müssen aber hypothetisch bleiben. Noch skeptischer ist Rüpke (1993), der die *tabula* als einen publizierten Auszug aus den *commentarii* betrachtet; Letztere hätten erst seit d.J. 249 zeitgenössische und glaubwürdige Nachrichten geboten. S. ferner E. Rawson, Prodigy Lists and the Use of the *Annales Maximi*, in: Roman Culture and Society (1991) 1-15 (zuerst 1971).

[50] Zu Cn. Flavius s. zu Piso FRH 7 F 30 mit weiteren Hinweisen. – Kalender vorher mündlich angesagt: Macr. Sat. 1,15,9 – Neuerung des Flavius: Liv. 9,46,5 *fastosque circa forum in albo proposuit, ut quando lege agi posset sciretur* („Er machte auf einer weißen Tafel beim Forum den Rechtscharakter der Tage öffentlich, damit man wusste, wann Gerichtsverhandlungen stattfinden konnten.").

[51] S. Hölkeskamp, Nobilität 140-1 mit weiteren Nachweisen sowie ders., Das Plebiscitum Ogulnium de Sacerdotibus. Überlegungen zu Authentizität und Interpretation der livianischen Überlieferung, RhM 131 (1988) 51-67.

[52] Dazu Hölkeskamp, Nobilität 25-6 mit weiteren Nachweisen.

und seine Nachfolger waren sie in jedem Fall nur eine Quelle unter mehreren.[53]

Nicht erörtert werden kann an dieser Stelle die mindestens ebenso schwierige Frage, welche Verzeichnisse der obersten Magistrate (*fasti*) den frühen römischen Geschichtsschreibern zur Verfügung standen und welchen Gebrauch sie von ihnen gemacht haben.[54] Eine systematische Recherche nach allen erreichbaren dokumentarischen Quellen lag den frühen römischen Geschichtsschreibern fern. So interessierte sich Fabius Pictor wohl nicht für die alten Verträge Roms mit Karthago, die später Polybios aus dem Senatsarchiv hob, nach eigenen Angaben als Erster (Pol. 3,22-24). Möglicherweise beruhen aber die Zahlenangaben zum italischen Wehraufgebot in FRH 1 F 30 und die Verlustzahlen für die Schlacht am Trasimenischen See in FRH 1 F 32 auf amtlichen Aufzeichnungen. Nahe liegend ist ferner die Annahme, dass Aufzeichnungen im Senatsarchiv und in den *commentarii* der Magistrate oder Priesterkollegien, zu denen der jeweilige Autor qua Mitgliedschaft Zugang hatte, gelegentlich eingesehen wurden.[55] Zur gerühmten Sorgfalt Catos würde es passen, gelegentlich auch Inschriften benutzt zu haben (s. zu FRH 3 F 2,28).

Historiographie in Versen: Naevius, Ennius und das 'annalistische Schema'

Das Historische Epos des Cn. Naevius, eines wohl etwas älteren Zeitgenossen Fabius Pictors, über den (1.) Punischen Krieg (*Bellum Punicum*) und die *Annales* des Ennius (239-169), eine monumentale Gesamtgeschichte Roms in Hexametern, gehören nicht zur Historiographie, weil diese Gattung nach

---

[53] Zutreffend Mommsen RG 1,464: „Die späteren Historiker waren augenscheinlich außerstande, aus diesen Stadtbuchnotizen einen lesbaren und einigermaßen zusammenhängenden Bericht zu gestalten."
[54] Eine umfassende Bibliographie findet sich in F. Mora, Fasti e schemi cronologici (1999) 256-64, das Buch selbst bietet weitgehend spekulative und nicht nachvollziehbare eigene Rekonstruktionen (Kurzfassung in Rüpke RG 55-71); s. zu Fabius Pictor FRH 1 F 8; Cincius Alimentus FRH 2 F 6. Dennoch interessant ist der revisionistische Spätansatz von J. Rüpke, Fasti: Quellen oder Produkte römischer Geschichtsschreibung?, Klio 77 (1995) 184-202.
[55] Zu diesen s. allg. Rosenberg (1921) 2-6. 23-9. 34-6; E. Meyer, Die römische Annalistik im Lichte der Urkunden, ANRW I 2 (1972) 970-86. Die optimistische Studie von U. Bredehorn, Senatsakten in der republikanischen Annalistik (Diss. phil. Kiel 1968) ist nur mit der Rezension von J. v. Ungern-Sternberg, Gnomon 43 (1971) 369-74 zu benutzen.

antiker Auffassung an die Prosaform gebunden war. Ihre konstitutive Bedeutung für das römische Geschichtsbild und ihr Einfluss auch auf die senatorische Geschichtsschreibung des späten 3. und des 2. Jh.s stehen indes außer Frage.[56] Während des Hannibalkrieges öffentlich ein dichterisches Werk vorzutragen, das den früheren Sieg über den gleichen Gegner nach langem Ringen und schweren Rückschlägen in feierlicher Form zur Darstellung brachte, dürfte eine mobilisierende Wirkung nicht verfehlt haben. Folgenreich war, dass Naevius den Krieg in einen weiten historischen Kontext einordnete: In einem langen mythhistorischen Exkurs erzählte er die römische Gründungsgeschichte von der Zerstörung Trojas bis zur Gründung Roms durch Romulus.[57] Diese Verbindung zwischen Zeitgeschichte und Gründungsgeschichte stellte ein markantes Stück Vergangenheitsdeutung dar, denn dort trat bereits Dido auf, und das heißt, dass der Konflikt Roms mit Karthago in die Zeit vor der Stadtgründung zurückprojiziert wurde und somit bereits sehr grundsätzlichen Charakter gewann.[58] Naevius wies mit dieser Verklammerung von Gegenwart und fernster Vergangenheit schon auf ein Hauptmerkmal der Geschichtsschreibung, wobei das verbindende Glied motivischer, noch nicht chronologisch-genetischer Natur war. Die Zeit zwischen Romulus und dem 1. Punischen Krieg ließ er, wohl wegen der

---

[56] Dies betont zuletzt Mutschler (2000). Vgl. auch Forsythe (2000) 3.

[57] 'Mythhistorisch' bedeutet, dass es in Rom keine frei flottierenden Göttererzählungen und -genealogien gab, wie sie in Griechenland etwa durch Hesiods *Theogonie* Ausdruck gefunden hatten. Fundierende Geschichten mit direkten Eingriffen personaler Götter, etwa der Dioskuren oder des Mars, in menschliches Handeln und Ergehen standen immer in einem unmittelbaren Zusammenhang mit Rom bzw. – vor der Stadtgründung – dem Gebiet und den Vorvätern, waren also in diesem Sinn Teil der 'Geschichte'. Ihre Andersartigkeit gegenüber dem *spatium historicum* im engeren Sinn wurde in der Historiographie indes empfunden, wie etwa Liv. praef. 6-7 deutlich zeigt (s.o. Anm. 13). Wenn Geschichtsschreiber wie Cassius Hemina (FRH 6) nach dem Muster des Euhemerismus Gestalten und Ereignisse zu ent-mirakulisieren suchten, so zeigt dies ebenfalls, dass hier eine Spannung wahrgenommen wurde. Für das homerisierende Epos mit seinem Götterapparat gilt diese Differenzierung natürlich nicht. Vgl. zum größeren Zusammenhang die wichtigen Studien in F. Graf (Hg.), Mythos in mythenloser Gesellschaft. Das Paradigma Roms (1993).

[58] Zum großen Ringen zweier welthistorischer Potenzen konnte die römisch-karthagische Auseinandersetzung freilich erst im Rückblick werden, als Rom die einzig dominierende Macht in der ganzen Oikumene geworden war. Auch Fabius Pictor war diese Perspektive noch fremd; s. zu FRH 1 F 31.

Einleitung 39

prekären Informationslage, gänzlich aus. Aber sein Werk erfüllte bereits zwei wesentliche Funktionen historischer Orientierung überhaupt, vermochte es doch die Gegenwart zu 'erklären' und Handlungsdispositionen – in diesem Fall einen unbedingten Siegeswillen – zu verstärken.

Selbst die wenigen erhaltenen Fragmente des *Bellum Punicum*[59] verraten ein waches Interesse für die römischen Bräuche und Maßstäbe, wobei die Bewertung durch das ganze Volk offenbar eine sehr wichtige Rolle spielte. Sprachlich bereitete Naevius mit Schilderungen, die in ihrer Knappheit und Prägnanz an den Stil von Triumphalinschriften und Leichenreden anknüpften, eine spezifische Rhetorik für beispielhafte Leistungen auch in literarischen Texten vor, die einerseits auf bestehende Formen der Erinnerung verwies, andererseits aber auch für die Historiographie charakteristisch wurde. Die Sprache der erfolgreichen politischen, militärischen, juristischen, sakralen und memorialen Praxis sollte später besonders die *Origines* Catos prägen.

Die unmittelbare Nachwirkung des Naevius auf die frühesten römischen Geschichtsschreiber im Inhaltlichen ist nicht zu ermitteln.[60] Die markanteste Übernahme war vielleicht die breite Einbeziehung der Aeneas-Geschichte auch durch die Prosahistoriographen und die deutende Verbindung von 'Vorgeschichte' und Gegenwart. Vor allem aber zeigte Naevius, dass es möglich war, ein geschichtliches Geschehen wie den Krieg gegen Karthago und den in diesem Geschehen eingewobenen Sinn, die lange Dauer und Schwere dieses Konfliktes sowie die Tugenden und Leistungen der Hauptakteure in einem großen literarischen Werk zu veranschaulichen. Bald erwies sich aber, dass die römische Nobilität nicht gewillt war, die Darlegung ihrer Vergangenheit in breiter und ansprechender Form dichtenden Außenseitern von minderem sozialen Rang zu überlassen.[61] Es war Fabius Pictor, der ihren Deutungsanspruch in ein Prosageschichtswerk umsetzte.

---

[59] Text: W. Strzelecki (Teubner, 1964); ROL 2,46-73; Kommentar: M. Barchiesi, Nevio epico (1962) 271-486; zur Forschung s. v. Albrecht GRL 1,98-106; P.L. Schmidt, DNP 8 (2000) 687-89 s.v. N. (I 1); Suerbaum, HLL 1 § 116; wichtig sind u.a. Leo GRL 79-88; R. Häußler, Das historische Epos der Griechen und Römer (1976) Bd. 1, 92-120; Goldberg (1995) passim. – Zur hier nur skizzierten Bedeutung von Naevius und Ennius s. Mutschler (2000) sowie ausführlicher Walter (2004) 221-9.
[60] Vgl. Bömer (1952).
[61] Zum politischen Profil der römischen Aristokratie in diesen Jahrzehnten der mittleren Republik s. jetzt Beck (2005).

Die früheste und vielfach oft auch einzige Begegnung mit einer Gesamtgeschichte seiner Stadt hatte ein Römer ab der Mitte des zweiten Jahrhunderts indes, wenn er in der Schule die *Annales* des gebürtigen Messapiers Q. Ennius kennenlernte, ein Hexameter-Epos, das beim Tode des Autors i.J. 169 schließlich 18 Bücher umfasste.[62] Lange Passagen wurden auswendig gelernt und memoriert. Der große Erfolg des Werkes beim Publikum mag Cato, der Ennius i.J. 204 nach Rom mitgebracht hatte, veranlasst haben, selbst zur Feder zu greifen und die lateinische Sprache auch für die senatorische Historiographie in Prosa zu gewinnen.

Ennius begründete seinen Anspruch, als Nicht-Römer und Nicht-Mitglied der Oberschicht dennoch wie Fabius Pictor und seine Nachfolger die gesamte römische Geschichte darstellen zu können, durch eine folgenreiche Innovation: Die *Annales* bereiteten das 'annalistische Schema' vor, das der römischen Geschichtsschreibung in lateinischer Sprache – wohl seit Calpurnius Piso (FRH 7) – ihren charakteristischen Zug aufprägen sollte. Gemeint ist mit diesem Begriff, dass sich das Werk durch regelmäßig wiederkehrende Textelemente und die Disposition des Stoffes als eine kommentierte Version der jährlichen Aufzeichnungen der obersten Priester in Rom (s.o. S. 32-36) ausgibt. Diese Textelemente sind in erster Linie die Namen der jeweiligen Oberbeamten, die den Bericht zu jedem Jahr einleiten, ferner kurze, nicht selten isolierte Notizen über sakral relevante Vorkommnisse wie Prodigien und deren Sühnung, dann natürlich Angaben zur Verteilung der Aufgabenbereiche auf die Oberbeamten und Nachrichten über Feldzüge und Triumphe, aber auch über censorische Maßnahmen, Prozesse usw. Den 'annalistischen' Notizen eigen ist eine gewisse Lapidarität, vor allem wenn sie an farbige und ausführliche Schilderungen lose angehängt sind.

Die Notwendigkeit, auf dem engen Raum, den die Tafeln boten (ob tatsächlich oder nur vorgestellt, ist dabei nicht von Interesse), leicht fassbar die wesentlichen Ereignisse zu dokumentieren, bedingte knappe Formulierungen, die sich im Kontext eines literarischen Werkes veränderten und zum Stilmittel wurden, das die Monumentalität des Geschriebenen steigerte und seine Verbindlichkeit unterstrich. Durch die Einbettung in einen weiteren, auch von ausführlichen Schilderungen und anderen genuin historiographi-

---

[62] Text und Kommentar: Skutsch (1985); dazu die wichtige Rezension von T.J. Cornell, JRS 76 (1986) 244-50; zur Forschung v. Albrecht GRL 1, 106-19; W. Suerbaum, DNP 3 (1997) 1040-6 s.v. Ennius (Lit.); wichtig sind u.a. Leo GRL 163-87; Gruen (1990) 106-23; Classen (1992); Goldberg (1995) 83-134.

Einleitung 41

schen Elementen geprägten Zusammenhang werden diese charakteristischen Formulierungen in besonderem Maße erkennbar und verleihen dem gesamten Text ein Profil, das immer wieder an den angeblichen Bezug auf die Priesteraufzeichnungen erinnert, ohne die Darstellung in ein Korsett zu zwängen.

In den Fragmenten der *Annales* – etwa 600 Verse oder Versteile haben sich in Zitaten erhalten – sind diese Formelemente allesamt greifbar. Angaben zu den obersten Magistraten und ihren Aufgabenbereichen finden sich in einer durch die Zwänge des Verses nur wenig beeinflussten Gestaltung. Auch bei der bekannten Sonnenfinsternis von 400 (?)[63] schimmert der Notizcharakter durch die dichterische Stilisierung noch deutlich hindurch. Zur Imago einer pedantischen Exaktheit gehören Zahlenangaben bei Truppenaufgeboten oder Verlusten und die Dokumentierung auch kleinerer militärischer Operationen sowie die dichte Aufzählung von Festen und Göttern.[64]

Ennius suchte seinem Werk eine außertextuelle Autorität aus einer anderen Quelle zu verschaffen, indem er den Stoff nach dem Vorbild der Aufzeichnungen der obersten römischen Priester wenigstens in zentralen Passagen jahrweise gliederte und auch sprachlich immer wieder auf sie anspielte. Diese Texte waren von Fabius Pictor und Cincius Alimentus gewiss auch schon benutzt worden; sie zum dominierenden Formkonstitutiv zu machen lag aber für Autoren senatorischen Ranges, die sich literarisch eher an der zeitgenössischen hellenistischen Geschichtsschreibung orientierten und keiner außertextuellen Authentifizierung und Nobilitierung ihrer Werke bedurften, nicht sehr nahe. Für Ennius hingegen sprach alles dafür, sein Epos, das in seinem äußeren Erscheinungsbild ja nur partiell von 'annalistischen' Signalen geprägt sein konnte und auch gewiss nicht von Anfang an und durchgehend streng jahrweise berichtet hat, gleichsam kompensatorisch und zugleich demonstrativ *Annales* zu nennen.

Ferner bestand seine Leistung darin, die schon von Fabius Pictor als folgerichtigen Geschehens- und Sinnzusammenhang konstituierte römische Geschichte durch Binnenproömien und die Einteilung in Bücher und Buch-

---

[63] Ann. 153. Die Zugehörigkeit einer solchen Angabe zu den Priesteraufzeichnungen belegt Cato FRH 3 F 4,1.
[64] Relativ einfache Formulierungen sind etwa Ann. 216; 290; 299; 304-06 (freilich dichterisch verrätselt); 324; Zahlenangaben: Ann. 330-31; kleine Kriege: Ann. 231; Feste: Ann. 116-18; Aufzählung: Ann. 240-41.

gruppen stärker zu strukturieren und somit erstmals eine Gliederung der römischen Geschichte in einzelne Abschnitte vorzulegen.[65]

Eine zusammenhängende Lektüre der Fragmente lässt ahnen, in welchem Ausmaß die *Annales* für das Bild der römischen Geschichte von den Anfängen bis mindestens zum Ende des Hannibalkrieges prägend, wenn nicht kanonisierend gewirkt haben. Ein deutlicher Beleg für den starken Einfluss des Werks auf die spätere Historiographie liegt in der Tatsache, dass sich sehr viele Fragmente mindestens der ersten Hälfte ungezwungen in die Überlieferung einfügen bzw. durch diese kontextualisieren lassen. Der Bogen spannt sich von der Gründung Roms mit Auguralstreit und Brudermord über die Königszeit, den Galliersturm und den Pyrrhos-Krieg bis zu den beiden Kriegen gegen Karthago und den Feldzügen in den griechischen Osten, bei denen sich die Nobiles, denen Ennius nahe stand, ihren Ruhm erwarben. Außerdem hat der Dichter mehrfach auch die Ressourcen, denen Rom seine Dynamik verdankte, benannt, etwa *pietas* als Voraussetzung für das Gelingen der Kommunikation zwischen den Römern und ihren Göttern samt dem zugehörigen Apparat aus Spielen, Gebeten und strenger Zucht. Kultische Praktiken, allen voran das *augurium*, werden breit ausgemalt, ferner die *manpower* Roms – ähnlich ja schon Fabius Pictor FRH 1 F 14 und 30 – und die Fähigkeit der Römer, vom Gegner zu lernen. In diesem Sinne wurden Abkunft und Gebräuche der Karthager ebenfalls behandelt – wie dann ja auch bei Cato (FRH 3 F 4,2. 3. 5).

Im Mittelpunkt des Geschehens standen große Einzelne; ihre hervorragende Rolle wurde in der Tradition des Epos auch durch Reden und Aristien unterstrichen. Ennius, so stellte Silius Italicus treffend fest, „besingt als erster die Kriege in Italien im berühmten Vers, und er hebt die Führer in den Himmel" (Pun. 12,410-11). Das Bild vom „Beschützer des Vaterlandes" Romulus dürfte durch die dramatischen Ausgestaltungen des Auguralstreites und des Brudermordes wesentliche Impulse erhalten haben. Neben einigen Königen und Camillus finden sich in den Überresten vor allem Figuren, die seit der endgültigen Konstituierung der Nobilität in den Samnitenkriegen hervorgetreten und zu prominenten *exempla* geworden sind; genannt seien hier nur Ap. Claudius Caecus (cos. I 307), M'. Curius Dentatus (cos. I 290), M. Livius Salinator (cos. 219) und natürlich Q. Fabius Maximus 'Cunctator'.

---

[65] Vgl. Classen (1992) 133. Größere Proömien hatten die Bücher 1, 7 und 16, kleinere sind belegt für 6 und 10. – Die Einteilung des 'Bellum Punicum' in sieben Bücher fand erst später statt.

Die innere Entwicklung fand nur insofern Ennius' Interesse, solange sie eine Kette fundierender Akte für zentrale zivile und religiöse Institutionen darstellte. Hingegen gibt es keinen Hinweis etwa auf die Etablierung des Volkstribunates oder auf die 'Ständekämpfe' insgesamt. Das kann natürlich ein Überlieferungszufall sein, doch es scheint eher so, als habe Ennius langfristige und strukturelle interne Auseinandersetzungen ausgeblendet.[66] Konflikte innerhalb der Nobilität konnte er freilich durchaus thematisieren, wenn sie bereits zur Geschichte und zum *exemplum* geronnen und damit allgemein akzeptiert waren oder wenn Ennius zu den betreffenden Personen eine starke Affinität hatte, wie das bei Fabius Maximus und Scipio Africanus der Fall gewesen zu sein scheint.

Vor allem aber verstand es Ennius, zentralen 'Wertbegriffen', d.h. den zu einzelnen Wörtern oder Formeln verdichteten idealen Normen und Kommunikationsregeln des sozialen Lebens in Rom und des Verkehrs mit den Göttern, wirkungsvoll Ausdruck zu verleihen. Das galt zumal dann, wenn sie in sinnfälligen Handlungen exemplifiziert wurden, die dann in 'wirkenden Worten' (*sententiae*) ihren Höhepunkt fanden.[67] Ähnlich wie für die Personen bot der Hexameter Ennius auch für die Wertbegriffe ein reiches Arsenal von griffigen Formulierungen, die leicht auswendig reproduziert werden konnten und für das an historischen *exempla* orientierte nomologische Wissen der Römer wohl schon deshalb eine konstitutive Bedeutung gehabt haben, weil sie nicht immer wieder eingeschärft werden mussten. Für das Geschichtsbild und die historische Orientierung der Römer bis zum Ende der Republik waren die *Annales* in jedem Fall ein Werk von gar nicht zu überschätzendem Einfluss und gewiss am ehesten so etwas wie ein 'fundierender Text'.[68]

Während im Bereich der Prosahistoriographie immer neue Autoren auf den Plan traten und ihre Vorgänger durch persönliche Autorität oder Vorzüge in Darstellung und Inhalt zu übertreffen suchten, konnten die *Annales* als Werk schon deshalb leichter kanonisch werden, weil sie bis Vergil ohne

---

[66] Auf einer anderen Ebene liegen die wechselnden politischen *amicitia-* und *inimicitia-*Beziehungen innerhalb der Nobilität. Wenn eine Handlung auf diesem Feld als vorbildhaft gelten konnte und deshalb erinnert wurde, war sie auch ein Thema für die *Annales*.
[67] Wertbegriffe: s. Mutschler (2000); 'wirkende Worte': W. den Boer, Das Rombild in der älteren römischen Literatur, in: Historiographia Antiqua. Commentationes Lovanienses in hon. W. Peremans (1977) 195-230.
[68] Zum Fortwirken s. H. Prinzen, Ennius im Urteil der Antike (1998). Zu den öffentlichen Lesungen s.u. Anm. 81.

echte Konkurrenz blieben. Sie wurden als historische Quelle benutzt und genossen hohe Autorität. Gewiss fand Ennius nicht bei allen seinen Akzentuierungen Gehör. Aber insgesamt kann als sicher gelten: Die *Annales* prägten das Geschichtsbild der Römer in der Zeit der Republik tief, weil sie eine wirkungsvolle Synthese aus sprachlich-medialer Prägekraft, (imaginierter) sozialer Autorität und allgemein konsensfähigen Deutungs- und Orientierungsangeboten darstellten.

Die (fehlenden) Titel der frühen Geschichtswerke und die 'Annalistik'

Anders als bei den beiden Epen sind für die frühen römischen Geschichtsschreiber – mit der Ausnahme von Cato – keine Werktitel authentisch überliefert. Es ist auch grundsätzlich nicht möglich, die Benennung durch die zitierenden oder referierenden Autoren heranzuziehen, um fundierte Aussagen über Aufbau und Inhalt zu machen. Wie G.P. Verbrugghe gezeigt hat, waren die einschlägigen Ausdrücke *annales*, *historiae* und *res gestae* weitgehend austauschbar und bezeichneten in Verbindung mit dem Namen des Autors keineswegs den 'Titel' eines Werkes.[69] Historiographische Genera wurden in antiker Auffassung ohnehin eher durch ihre Themen, nicht aber die Art der Darstellung konstituiert und unterschieden. Es ist bezeichnend, dass der einzige authentisch überlieferte Titel eines frühen Geschichtswerkes, *Origines*, sich eben auf die singuläre inhaltliche Eigenheit Catos, die breite Einbeziehung der Gründungsgeschichten italischer Städte, bezieht.

Aus dieser Überlegung ergibt sich auch die Trennlinie zwischen den beiden Bänden von FRH: Wohl alle im vorliegenden Band erschlossenen Autoren schrieben Gesamtgeschichten von den mythischen Anfängen bis in die jeweilige Gegenwart.[70] Sie bilden insofern eine Einheit, und die auch aus anderen Gründen irreführende Unterscheidung zwischen 'griechischen' bzw. 'älteren' und 'mittleren Annalisten' sollte aufgegeben werden. Die strikt chronologische Anordnung – soweit diese angesichts der unsicheren Le-

---

[69] Verbrugghe (1989), v.a. 212. 214. 218-9; dazu wichtig Scholz (1994) 71: Bis in augusteische Zeit bestand keine Einigkeit darüber, was der *historia*-Begriff ausdrücke. Bezeichnend ist auch Plin. nat. 8,11, wo das catonische Werk als *annales* bezeichnet wird. S. ferner Forsythe, Piso 38-9. – Wir schreiben diese Bezeichnungen daher in den Originaltexten immer klein; die wörtlichen Übersetzungen sind mit dem eben skizzierten Vorbehalt zu verstehen.

[70] Die gängige Chiffre *ab urbe condita* ('seit Gründung der Stadt') trifft wegen der äußerst knappen Schilderung der Vorgeschichte bei Livius eher zu als für die ersten Historiographen.

bensdaten der Autoren überhaupt möglich ist – verdeutlicht, dass auch noch Gesamtgeschichten in griechischer Sprache geschrieben wurden, als Catos *Origines* wenigstens zum Teil bereits vorlagen.[71] Die Verwendung der griechischen Sprache durch Postumius Albinus und C. Acilius hatte offensichtlich eine andere Funktion und wurde daher auch anders bewertet als im Falle von Fabius Pictor. Mit der Monographie des Coelius Antipater (FRH 11) über den Hannibalkrieg trat dann eine neue Gattung auf den Plan, später kamen Zeitgeschichte und Autobiographie dazu. Diese Diversifizierung der Themen und Gattungen[72] wird den zweiten Band prägen.

Erst in augusteischer Zeit unternahm Verrius Flaccus, möglicherweise herausgefordert durch den unklaren und untechnischen Sprachgebrauch, den er vorfand, den Versuch einer präzisen Definition der Begriffe *annales* und *historia(e)*, wobei er sich teilweise auf die Bemerkungen des Sempronius Asellio im Proömium seines Geschichtswerks (FRH 12 F 1-2) stützte.[73] Diese zielten jedoch nicht auf eine präzisere Bestimmung der Gattungen römischer Historiographie, sondern sind als typische Einleitungspolemik eines Historiographen zu verstehen, der einen qualitativen Unterschied zwischen den eigenen *historiae* und den angeblich dürftigen und frigiden *annales* ungenügender Vorgänger zu begründen sucht.[74] Damit eng verbunden ist das auch in der modernen Forschung noch weit verbreitete, von Ciceros Rekonstruktion (s.o.) gestützte Missverständnis, die 'annalistische' Geschichtsschreibung sei genetisch wie typologisch unmittelbar aus den schematischen Aufzeichnungen des Oberpriesters abzuleiten.[75] Der irreführende,

---

[71] Zur zeitlichen Verortung im Einzelnen, die natürlich vielfach unsicher bleiben muss, s. die Einleitungen zu den Autoren.
[72] Bömer (1953) 190 spricht von einer „vertikalen Teilung": Nach der Epoche, in der es nur Gesamtgeschichten gab, erfolgte eine Aufspaltung in verschiedene Gattungen.
[73] Referiert bei Gell. 5,18; s. zur Orientierung Kierdorf, DNP 1 (1996) 709-10 s.v. Annalistik.
[74] Vgl. einstweilen Flach (1998) 82-87, der mit Recht betont, dass Asellio bei seiner Polemik nicht an Fabius Pictor, Cato oder Piso denken konnte. Scholz (1994) vermag zu zeigen, dass Sempronius Asellio sich nahtlos in die Tradition der von Fabius Pictor für Rom begründeten und von Polybios gültig definierten politischen und handlungsorientierten Geschichtsschreibung einfügt.
[75] Zu diesen s.o. S. 32-36. Statt vieler Belege für diese stillschweigende Voraussetzung sei nur R. Till, LAW (1965) 163 s.v. Annalistik zitiert, der die Annalistik definiert als „die Hauptform der römischen Geschichtsschreibung *von den Anfängen* bis zu Livius und Tacitus, benannt nach dem Titel ihrer Werke, den Jahr-

mit vielen problematischen Prämissen belastete Gattungsbegriff 'römische Annalistik' als Passepartout für die frühe römische Geschichtsschreibung sollte daher am besten ganz vermieden werden.[76] Allerdings ist unbestreitbar, dass sich vielleicht schon seit Fabius Pictor, erheblich beschleunigt durch Ennius, erstmals tatsächlich fassbar bei Calpurnius Piso und gipfelnd in Livius' *Ab urbe condita* Merkmale einer für die römische Historiographie typischen 'annalistischen Form' herausbildeten.[77] Diese gehörte im Zusammenhang mit dem Autoritätsanspruch der Verfasser, die zugleich als reale Personen und Autoren sowie als Sprecher eines sozial und formal kodierten Vergangenheitswissens ('Rollenautoren') in Erscheinung traten, zur literarischen Strategie, dem Text besondere Verbindlichkeit zu sichern. Eine gravierende Folge dieses Eindringens einer 'offiziellen' Form in die Historiographie[78] ist freilich unübersehbar: In die

---

büchern (annales). Von der Priesterchronik übernahm sie die Anordnung nach Jahren und erzählte die Geschichte Roms nach den Amtsjahren der eponymen Konsuln gegliedert. (...) Für die Disposition der Ereignisse in einem Amtsjahr *muss sich schon frühzeitig ein Schema herausgebildet haben*: Nach der Nennung der Konsuln des Jahres und der übrigen Magistrate wurden Kriege und Außenpolitisches, Innenpolitik und – am deutlichsten an die Herkunft aus der Priesterchronik erinnernd – Prodigien und ihre Sühnung, Feste, Tempelweihen, Naturereignisse behandelt." (Hervorhebung H.B./U.W.). Tills idealtypische Beschreibung lässt sich für keinen der frühen Autoren auch nur ansatzweise verifizieren; die für die *tabula* angeblich typischen Gegenstände, nämlich Sonnenfinsternisse und Getreideknappheiten (Cato FRH 3 F 4,1), finden sich selbst bei Livius keineswegs vollständig; für seine Vorgänger galt das erst recht (kritisch vermerkt von Liv. 43,13,1-2; vgl. Verbrugghe [1989] 206-7). Wie flexibel Livius die 'annalistische' Form im Sinne narrativer und dramatischer Gestaltung handhabte, zeigt J. Rich, Structuring Roman History: the Consular Year and the Roman Historical Tradition, in: Histos. The New Electronic Journal of Ancient Historiography (http://www.dur.ac.uk/Classics/histos/1997/rich1.html).

76 So auch Cornell, OCD³ 99 s.v. annals, annalists. – Da im zweiten Band von FRH die Gesamtgeschichten nur einen Zweig unter mehreren ausmachen und das 'annalistische' Schema in dieser Zeit ausgeprägt dasteht, kann man Claudius Quadrigarius, Valerius Antias, Licinius Macer und Aelius Tubero jedoch auch weiterhin als 'jüngere Annalistik' rubrizieren.

77 Treffend Rüpke RG 119: Das annalistische Raster, wie er es nennt, stammt nicht aus einer langen Vorgeschichte der römischen Geschichtsschreibung, sondern bildete sich im Verlauf von deren Entwicklung als Gerüst, das flexibel gefüllt werden konnte.

78 Vgl. Gelzer (1934/1964) 95-6: Die „Hinwendung zu protokollartiger Genauigkeit und antiquarischer Gelehrsamkeit entsprach dem Bedürfnis der römischen Leser,

Einleitung 47

schon bei Fabius in ihren Grundzügen fixierte Frühgeschichte hielt Pseudo-Genauigkeit im Detail Einzug: Fand der Raub der Sabinerinnen im ersten oder im vierten Jahr Roms statt (Gellius FRH 10 F 11)? Kam Ancus Marcius im ersten oder im achten Jahr des Tullius Hostilius nach Rom (ebd. F 18)? Solche Kontroversen, mit viel Scharfsinn und antiquarischer Gelehrsamkeit ausgetragen, füllten die Bücher – ein Prozess, den Ernst Badian treffend als „expansion of the past" bezeichnet hat.[79]

Historiographie – ein „Seitenzweig des geschichtlichen Gedächtnisses"?

Die Frage nach den Hörern und Lesern der Großerzählungen in Prosa führt selbstverständlich sofort zu dem Problem, welche Bedeutung diese für das Geschichtsbewusstsein der Römer, ihr Bild von den *mores maiorum* und die Herausbildung einer kanonisierten Tradition überhaupt haben konnten. Stellt die frühe römische Historiographie unter den Medien zur Vergegenwärtigung einer orientierenden und motivierenden Vergangenheit wirklich nur einen „späten, komplexen Seitenzweig des geschichtlichen Gedächtnisses, von geringerer Öffentlichkeit, Monumentalität und Verbindlichkeit" dar und war sie demnach also nur „ein Phänomen der Geistesgeschichte von eher begrenzter historischer Wirkungskraft"?[80] Eine auf Denkmäler und soziale Praktiken fixierte Kulturgeschichte des Erinnerns mag das so sehen. Einige Überlegungen vermögen diese Ansicht aber möglicherweise zu relativieren.

Zunächst ist auf die Zeugnisse einer größeren Öffentlichkeitswirkung auch der Texte in einer stark auf Performanz ausgerichteten literarischen Kultur zu verweisen, auf die Lesungen des ennianischen Werkes vor zahlreichem Publikum und auf Ciceros lesende Handwerker.[81]

---

    die als Senatoren und Priester die staats- und sakralrechtlichen Vorgänge zu wissen wünschten".

[79] Badian (1966) 11; eine gute Übersicht bei Oakley (1997) 72-88.
[80] So dezidiert Hölscher (2001) 188; dort auch das Zitat in der Abschnittsüberschrift.
[81] Ennius: Ende des 2. Jh.s veranstaltete der Philologe Q. Vargunteius öffentliche Lesungen des Epos, die offensichtlich großen Anklang fanden (Suet. gramm. 2,3-4). – Handwerker: Cic. fin. 5,52: *quid, quod homines infima fortuna, nulla spe rerum gerendarum, opifices denique delectantur historia?* („Und was bedeutet die Tatsache, dass Menschen geringen sozialen Ranges, ohne Aussicht, je Politik machen zu können, ja sogar Handwerker an der Beschäftigung mit Geschichte Freude finden?"). Dass mit *historia* hier nicht irgendwelche 'Geschichten' gemeint sind,

Ferner ist der Text in pragmatischer Hinsicht gegenüber Ort, Monument und Ritus im Vorteil, weil er an jedem Ort und zu jeder Zeit rezipiert werden kann und somit auch außerhalb von Rom ein größeres Publikum zu erreichen vermochte. Das galt nicht nur für die Griechen, sondern vor allem auch für die Verbündeten der Römer und deren Eliten, die auch durch die Bekanntschaft mit der Geschichte ihrer Anführerin in den römisch-italischen Kulturverband hineinwuchsen. Für Catos *Origines* ist diese integrative Botschaft evident.[82]

Schließlich aber – und am wichtigsten – verdient die einzigartige Fähigkeit allein der Geschichtsschreibung zur Kontextualisierung und zur Bewahrung bzw. Neukonstituierung von Sinn besondere Hervorhebung.[83] Zwar waren Denkmäler auf dem Kapitol, dem Forum, dem Comitium *per definitionem* öffentliche Gedächtnismedien von beträchtlicher Breitenwirkung und ließ sich mit ihnen auch politische Macht beanspruchen, aber sie bedurften – wie die kommemorativen Gedächtnisorte der Frühzeit – einer Erklärung, auch deshalb, weil der Anspruch an solche Gedächtnisorte, 'historische' Orientierung zu bieten, gegenüber ihrem präsentisch-kommunikativen Funktionieren mit wachsendem Abstand und dem zunehmenden Gefühl einer politischen, moralischen und kulturellen Desorientierung immer mehr wuchs. Dieser Anspruch aber ließ sich in umfassender Weise allein durch Literatur bewältigen; er fand nicht nur in Ciceros emphatischer Reaktion auf Varros Führer durch die römische Gedächtnislandschaft Ausdruck, sondern in der römischen Historiographie mit ihren antiquarischen Akzenten insgesamt – und das seit Fabius Pictor – sowie natürlich auch im älteren historischen Epos. Wir könnten die Überreste der Denkmäler ohne Texte schon

---

belegt der anschließende Satz: *maximeque eos videre possumus res gestas audire et legere velle, qui a spe gerendi absunt confecti senectute* („Und wir können sehen, dass in erster Linie diejenigen von historischen Taten und Ereignissen hören und lesen wollen, die keine Aussicht auf politische Betätigung mehr haben, weil sie zu alt sind."). Eine umfassende Untersuchung zur Breitenwirkung historiographischer Texte fehlt; für eine Skizze s. A. Momigliano, Die Historiker der Antike und ihr Publikum, in: Ausgewählte Schriften zur Geschichte und Geschichtsschreibung 1 (1998) 1-17 (zuerst 1978).

[82] Dazu jetzt Hantos (1998).
[83] In der modernen geschichtstheoretischen Diskussion wird die narrative Grundstruktur jeder Verständigung über Geschichte betont; s. etwa J. Rüsen, Historische Orientierung (1994) passim: Erst die Erzählung macht aus Zeit Sinn. Auch dieser Umstand legt es nahe, der *memoria* in textuell-literarischer Form einen besonderen Rang einzuräumen.

gar nicht verstehen, aber bereits den Römern erzählten zahlreiche Monumente keine Geschichte oder allenfalls viele Geschichten.[84] Angesichts einer in den verschiedenen Medien, Kontexten und Interessenlagen notwendig entstehenden Vielfalt der Modi und Inhalte historischen Wissens schuf die epische und noch mehr die historiographische Vergegenwärtigung durch die Projektion der Erinnerungen auf die homogene Fläche eines fortlaufenden Textes zumindest für den Autor die Pflicht, Verschiedenes und Kontradiktorisches zu harmonisieren. Literarische *memoria* war insofern eine Wissensform, in der die Koexistenz verschiedener Erzählungen nicht mehr unproblematisch sein konnte – daher hatten die Autoren Strategien zu entwickeln, mit den Schichten und Widersprüchen in ihrer Überlieferung umzugehen.[85] Sie bewältigten diese Aufgabe und vermochten in ihren historischen Großerzählungen römische Geschichte als eine gegliederte Einheit zu schaffen, indem sie die an unterschiedliche Formen der Erinnerung geknüpften Geschichten, die im Umlauf waren, zusammenfassten, unter leitende Gesichtspunkte stellten und zu einer kohärenten Erzählung ausgestalteten. Politisch brisante Stoffe oder umstrittene Personen boten dabei in besonderem Maße Möglichkeiten zur Umdeutung, Aufladung und Weiterentwicklung, wie etwa Ennius' berühmte Verse über die vorher wohl weit kritischer beurteilte zögerliche Kriegführung von Q. Fabius Maximus Cunctator oder Calpurnius Pisos radikalisierte Verherrlichung der Ermordung von Sp. Maelius zeigen.[86]

Bei allem Gestaltungswillen der selbstbewussten Autoren, der sich vor allem in unterschiedlichen Akzentuierungen, Detailkorrekturen an den Vorgängern und Produktion von zusätzlichem 'Wissen' niederschlug, weisen auch die gemeinsamen und immer wiederkehrenden Themen, Motive und Botschaften die frühe römische Geschichtsschreibung als bemerkenswert einheitlichen Diskurs aus.[87] Bei der Gründungsgeschichte um Romulus und

---

[84] Vgl. dazu ausführlicher Walter (2001a).
[85] Am besten ersichtlich ist der Umgang mit diesem Problem natürlich bei Livius; s. dazu Forsythe (1999).
[86] Ennius und Fabius Maximus: s. vorläufig H. Beck, Q. Fabius Maximus – Musterkarriere ohne Zögern, in: Hölkeskamp/Stein-Hölkeskamp, Große Römer 79-91, v.a. 79 und 90. – Maelius: Piso FRH 7 F 26 gegenüber Cincius Alimentus FRH 2 F 8.
[87] Forsythe, Piso 71 und passim, spricht vom „tralatician mainstream of the annalistic tradition", einem Traditionsstrom, an dessen Anfang Timaios, Fabius Pictor, Cincius Alimentus und Naevius standen.

Remus ist das bereits antiken Autoren aufgefallen.[88] Aber auch die Schaffung zentraler politischer und religiöser Institutionen und Praktiken wurde immer wieder thematisiert, ferner die Frage nach der richtigen Lebensführung. Mit diesem 'moralischen' Problem verband sich vielfach die Festlegung von Zäsuren und Wendepunkten im Geschichtsverlauf. Die politische Kultur der Nobilität bildete für die fast durchweg senatorischen Geschichtsschreiber naturgemäß ein weiteres wichtiges Thema, aber auch markante Punkte der Kulturentwicklung wie etwa die Schrift wurden immer wieder behandelt. Von den zentralen römischen 'Tugenden' spielte neben Tapferkeit (*virtus*) vor allem Frömmigkeit (*pietas*) die dominierende Rolle.

Nachtrag 2005

Zu den bis hierher behandelten Themen und Problemen sind seit 2001 drei Überblickswerke sowie mehrere speziellere Studien erschienen. In den einschlägigen Abschnitten von HLL 1 erörtert W. Suerbaum nicht nur die einzelnen Autoren, sondern auch die Entstehung der römischen Historiographie insgesamt (§§ 155-66); in trefflicher Handbuchmanier werden dort Belege und Doxographie der Forschung vollständiger vorgelegt, als das hier geschehen kann. Kierdorf RG bietet eine willkommene Erweiterung seiner Artikel in 'Der Neue Pauly'. Mehl (2001) hat im Rahmen seiner gedrängten Gesamtdarstellung den Anfängen vergleichsweise viel Raum gegeben (35-56). Die Einzelstudien im Sammelband Formen RG stellen in mancherlei Hinsicht einen – in sich durchaus dissonanten – Kommentar zu FRH I und II dar.

Die in der ersten Auflage Anm. 59 und 61 angekündigten Studien liegen inzwischen vor: Walter (2004); Beck (2005). In ersterer findet sich alles, was in dieser Einleitung skizziert ist, ausführlicher dargelegt; auch alle Autoren von FRH I sind dort behandelt. Beck ist nunmehr für die meisten Fragmente zu konsultieren, die sich auf die Geschichte der mittleren Republik beziehen. Beide Arbeiten nennen auch die neueste Literatur.

---

[88] Dion. Hal. ant. 1,79,4 = FRH 1 F 7b; ähnlich Dion. Hal. ant. 1,11,1 = FRH 3 F 1,4 (hellenische Abstammung der Aboriginer); Origo Gentis Romanae 10,2 = FRH 5 F 2 (Bestattung Prochytas); Plin. nat. 13,88 = FRH 6 F 40 (ursprüngliche Zahl der sibyllinischen Bücher); Dion. Hal. ant. 12,4,2 = FRH 2 F 8 (Tötung des Sp. Maelius); Cic. div. 1,55 = FRH 1 F 19 (Wiederholung der *ludi votivi*); Macr. Sat. 1,16,21 = FRH 6 F 23 (Ursprung bestimmter Tabutage); Cens. 17,11 = FRH 6 F 42 (Säkularspiele). Zu Claudius Quadrigarius (FRH 14), der teilweise „dem griechischen Werk des Acilius folgte" (FRH 5 F 7), s. FRH II p. 109-10.

Textgrundlage und Kommentierung

FRH ist keine Fragmentsammlung im philologischen Sinn. Wir haben zwar die grundsätzlichen Probleme bei der Rückgewinnung 'verlorener' Autoren aus kurzen Zitaten, Notizen, Inhaltsreferaten und Polemiken durchaus im Blick. Wir sind uns auch bewusst, dass bei der Interpretation von Fragmenten die Intentionen und Arbeitsweisen der Sekundärautoren ebenso zu berücksichtigen sind wie die Geschichte der antiken Philologie insgesamt.[1] In umfassender Weise ist das für die 'größeren' Autoren jedoch nur im Rahmen monographischer Studien möglich, wie sie in jüngerer Zeit vor allem zu einigen spätklassischen und hellenistischen Historiographen erschienen sind.[2]

Aus praktischen Erwägungen legen wir die Sammlungen von Martine Chassignet (Caton; AR 1; AR 2) zugrunde[3] und folgen auch ihrer Zuweisung strittiger Texte an bestimmte Autoren.[4] Damit wird vor allem eine neue, zusätzliche Fragmentzählung vermieden. Die Titelzeilen zu jedem Text nennen also lediglich die originale Fundstelle, die Zählung nach Peter (HRR)

---

[1] Dazu aus jüngster Zeit G.W. Most (ed.), Collecting Fragments. Fragmente sammeln (1997) VI-VIII; von den Beiträgen inspiriert v.a. H.U. Gumbrecht, Eat Your fragment! About Imagination and the Restitution of Texts (315-27). S.a. P.A. Brunt, On Historical Fragments and Epitomes, CQ 30 (1980) 477-92. Neuere Fallstudien bieten N. Marinone, Frammenti di storiografi latini in Macrobio, in: Atti Urb. 493-527; M. Scarsi, Le Origines di Catone e Nonio, Studi Noniani 5 (1978) 237-297; A. Baudou, Les fragments des Annales de Pison tirés de l'Origo gentis Romanae, Phoenix 52 (1998) 55-82.
[2] Ph. Harding, Androtion and the Atthis (1994); J. Hornblower, Hieronymus of Cardia (1981); M.A. Flower, Theopompus of Chios: History and Rhetoric in the Fourth Century (1994); W. Theiler, Poseidonios, Die Fragmente (1982); J. Malitz, Die Historien des Poseidonios (1983).
[3] Die wenigen Abweichungen sind jeweils im Kommentar begründet. Zusätzlich aufgenommen sind drei von Chassignet nicht berücksichtigte Stücke: Cato FRH 3 F 1,1a und 2,8a; Sempronius Tuditanus FRH 8 F 8. Fortgelassen wurden aus den o. erläuterten Gründen die *Annales Pontificum*, ferner zwei Autoren, die kaum mehr als Namen darstellen: Q. Fabius Maximus Servilianus (Chassignet AR 2 p. XVI-XIX und 17; drei Fragmente; s. dazu L. Pepe, L'annalista Q. Fabio Massimo Serviliano, in: Atti Urb. 95-108) und Vennonius (Chassignet AR 2, XL-XLI und 48-9; zwei Fragmente). Von den Texten des C. Fannius wurde F 9 Chass. (= F 9 Peter = Cic. Att. 12,5b) weggelassen, da es sich dabei nur um ein – für die Rezeptionsgeschichte wichtiges – Testimonium handelt.
[4] Das gilt auch für die Einreihung des bei Peter separierten 'lateinischen' Fabius Pictor unter die Fragmente von FRH 1.

und, falls vorhanden, nach Jacoby (FGrH) sowie in den neueren Kommentaren zu einzelnen Autoren.[5] Da aber die Chassignet-Ausgaben nicht fehlerfrei sind[6] und überdies an einigen Stellen einen nur schwer nachvollziehbaren Text bieten, folgen wir ihnen nicht durchgängig, sondern greifen nicht selten auch auf die in den genannten älteren Sammlungen konstituierten Texte zurück. Die Überlieferungslage im Detail und die textkritische Diskussion sind in deren Apparaten und bei Chassignet dokumentiert. Bei einigen Fragmenten weicht auch der abgedruckte Textausschnitt von der Budé-Edition ab, wenn das der besseren Orientierung halber nötig erschien oder umgekehrt nicht zugehörige Passagen wegfallen konnten. Außerdem entspricht die Binnenzählung der Fragmente wieder der des überliefernden Autors, während sich Chassignet für eine – gerade bei langen Texten unpraktische – eigene Durchzählung entschieden hat. Wörtliche Zitate aus den Werken der Geschichtsschreiber stehen in Anführungszeichen, um sie leicht von Inhaltsreferaten durch die Sekundärautoren unterscheiden zu können.

Originaler Wortlaut des Primärautors in den meist ja nur kürzeren Zitaten ist in der Regel sehr textnah übersetzt, während bei den Referaten aus zweiter Hand der Akzent auf einer gut lesbaren Übertragung der oft längeren Texte liegt. Zum Verständnis notwendige Ergänzungen aus dem weiteren Kontext des Sekundärautors, z.B. ein Name als Subjekt statt eines Pronomens oder ein Prädikat, sind in der Regel nur in der Übersetzung eingefügt, nicht im Originaltext. Für das Sinnverständnis notwendige Zusätze aus dem Kontext stehen in runden Klammern in den Übersetzungen.

Erst ein möglichst genaues Verständnis der Fragmente vermag die Grundlage für eine klarere Vorstellung von der frühen römischen Historiographie und ihrem prägenden Einfluss auf das spätere kanonische Geschichtsbild zu schaffen. Im Kommentar wiederholte Begriffe und Formulierungen aus der Übersetzung bzw. dem Originaltext sind durch Fettdruck hervorgehoben. Fragmente, die nur aus einzelnen Worten oder halben Sät-

---

[5] Auf diese Kommentare bzw. die Anmerkungen bei Chassignet wird in unseren Erklärungen in der Regel nicht eigens verwiesen.
[6] Wichtige Rezensionen zu Chassignet, Caton: T.J. Cornell, JRS 78 (1988) 211-2; W.A. Schröder, Gnomon 62 (1990) 582-92; zu AR 1: C.S. Kraus, BMCR 9 (1998) 421-3; M. Fox, CR 48 (1998) 324-5; M. Sehlmeyer, Gymnasium 105 (1998) 553-61 (Sammelbesprechung); C. Santini, Gnomon 71 (1999) 508-11; zu AR 2: U. Walter, Gymnasium 108 (2001), 456-60.

zen bestehen und nicht zu kontextualisieren sind, werden in der Regel nicht kommentiert.

Als Historiker nehmen wir die Fragmente pragmatisch (aber nicht postmodern) als vorliegende Texte, die in erster Linie wegen ihres sachlichen Gehalts wichtig sind und über das intellektuelle und politische Profil des jeweiligen Primärautors sowie seinen Beitrag zur Entwicklung der römischen Geschichtsschreibung und Geschichtskultur Auskunft geben. Sprachlich-stilistische Analysen der wenigen längeren Originalzitate sind anderswo nachzulesen und von uns daher nur bibliographisch nachgewiesen. Die oft zu Kurzessays ausgestaltete historische und historiographische Kommentierung soll durch Kontextualisierung, Einzelerklärungen und weiterführende Literaturhinweise einen direkten Dialog mit den Texten ermöglichen. Die häufigen Verweise auf Nachschlagewerke wie den 'Neuen Pauly' dienen lediglich dazu, die Kommentare zu entlasten. Zahlreiche Querverweise verdeutlichen andererseits, in welchem Ausmaß die frühen Geschichtswerke stofflich-thematisch und methodisch-historiographisch bereits ein Netzwerk bildeten und untereinander in einem ausdrücklichen oder impliziten Dialog standen.

Nachtrag 2005

Für die 'Origo Gentis Romanae' (OGR), aus der die meisten Zuwächse an Fragmenten gegenüber der Sammlung von H. Peter stammen, gibt es jetzt eine willkommene neue Ausgabe: Origo Gentis Romanae. Die Ursprünge des römischen Volkes. Herausgegeben, übersetzt und kommentiert von Markus Sehlmeyer. Texte zur Forschung Bd. 82, Darmstadt 2004.

Quintus Fabius Pictor (FRH 1)

Fabius Pictor war nach einhelliger Auffassung der Römer der Begründer ihrer Geschichtsschreibung.[1] Im römischen Vorstellungshorizont mochte dies zunächst eine bloße chronologische Feststellung sein, die Fabius einfach 'an den Anfang' setzte, doch wird mit seiner Schlüsselrolle bei der Ausgestaltung historiographischer Inhalte, Motive und Botschaften deutlich, wie sehr Fabius zum echten Archegeten einer neuen Literaturgattung wurde.

Mehr noch: Hatte Fabius Pictor als *Autor* entscheidend die Gattungsmerkmale der frühen Geschichtsschreibung Roms geprägt, so definierte er als *Person* den sozialen Rang und Status römischer Historiker: Politischer Sachverstand, religiöse Kennerschaft und soziale Autorität der Autoren, resultierend aus aristokratischer Abstammung und Zugehörigkeit zum Senat, wurden mit Fabius Pictor zum konstitutiven Merkmal der römischen Geschichtsschreibung senatorischer Prägung.[2]

Die patrizische *gens* der Fabier gehörte zum engeren Kreis der Nobilität. Ihre Verdienste um den Staat ließen sich bis in die ersten Jahre der *libera res publica* zurückverfolgen – nach einer seit dem Ende des 3. Jh.s kursierenden Version ihrer Familiengeschichte sollen ihre gentilischen Wurzeln gar bis in die mythische Frühzeit um Herakles und Euander zurückgereicht haben.[3] Die Fabii Maximi hatten seit dem Ende des 4.Jh.s maßgeblich die römische Politik bestimmt: Q. Fabius Maximus Rullianus, auf den die fabische 'Heldenlinie' der Fabii Maximi zurückging, hatte in der Ära der Samnitenkriege fünfmal das Konsulat und zweimal die Dictatur bekleidet, und in der ersten Hälfte des Hannibalkrieges war Q. Fabius Maximus Verrucosus ('Cunctator')

---

1 Testimonien: FGrH 809 p. 845-8. Literatur (Auswahl): Münzer, RE 6.2 (1909) 1836-41; HRR I p. LXIX-C; Gelzer (1933/1964); ders., (1934/1964); Bung (1950); Knoche (1939/1969); Gelzer (1954/1964); Pöschl (1956); Badian (1966); Alföldi, Frühes Rom; Timpe (1972); Manganaro (1974); Frier, Libri; Rawson (1976/1991); Verbrugghe (1980); v. Albrecht GRL 299-301; Timpe (1988); Momigliano (1990); Meister (1990) 145-8; Petzold (1993); Wiseman, Remus; Carulli (1996); Chassignet, AR 1 p. LIV-LXXIII; Scholz, DNP 4 (1998) 373-4, erweitert in: WJA 24 (2000) 139-49; Flach (1998) 61-7; Walter (2001a) 261-72.

2 Dazu prägnant Pöschl (1956) 195: Der römische Historiker „haftet mit dem Ansehen und der Ehre seiner Person für das, was er sagt und schreibt, und er ist ja zugleich – wenigstens in der älteren Zeit – führender Politiker. (...) Dieser magistratische Charakter ist der römischen Geschichtsschreibung immer erhalten geblieben".

3 Plut. Fab. 1 ; Fest. p.77 L s.v. 'fovi'; s. Hölkeskamp (1999) 10.

die herausragende Persönlichkeit in Rom geworden.⁴ Mit solchem Sozialprestige konnten die Fabii Pictores nur bedingt aufwarten. Notorisch wurde die Familie vor allem für ihren Hang zu den *beaux arts*. C. Fabius hatte in der Zensur des Rullianus (304) den Tempel der Salus mit leuchtenden Wandgemälden (wohl mit historischen Themen) ausstatten und selbstbewusst seinen Namen unter dieses Kunstwerk setzen lassen – daher das (zunächst noch despektierliche) Cognomen Pictor.⁵ C. Fabius Pictor, der Vater des Historikers, brachte es 269 bis ins Konsulat, das in späterer Zeit weniger wegen militärischer Erfolge, sondern wegen der Einführung der römischen Silbermünzprägung erinnert wurde.⁶

Die Vita Fabius Pictors bleibt schattenhaft. Anders als sein Vater gelangte er nicht bis zum Konsulat; im Senat scheint er ein Mann der 'zweiten Reihe' gewesen zu sein.⁷ Wahrscheinlich um 270 geboren, kämpfte er in den 230er Jahren wiederholt gegen die Ligurer und Gallier (F 29-30).⁸ Nach den verheerenden Niederlagen vom Trasimenischen See (möglicherweise hat Fabius auch hier mitgekämpft: s. zu F 32) und von Cannae wurde er vom Senat mit einer Gesandtschaft zum Orakel nach Delphi betraut, um göttlichen Rat für das angeschlagene Staatswesen einzuholen.⁹ Die Mission reihte sich in das umfassende religiöse Erneuerungsprogramm ein, das nach mehrfacher Befragung der Sibyllinischen Bücher i.d.J. von 218 bis 216 aufgelegt worden war, um die *pax deorum* wiederherzustellen. Da für solche Ein-Mann-Gesandtschaften in der Regel nur Senatoren ab prätorischem Rang in Frage kamen, ist es sehr wahrscheinlich, dass auch Fabius Pictor dieses Amt zuvor bekleidet hatte. Seine Prätur dürfte dann in die nur äußerst spärlich

---

4   Zu den einzelnen Karrieredaten s. Broughton MRR 2 'Index of Careers' sowie die immer noch grundlegenden RE-Artikel von Münzer (6.2 [1909] s.v. Fabius, Nr. 114 u. 116). Stemma der Fabii Maximi: DNP 4 (1998) 369-70; zum 'Cunctator' ferner H. Beck, Q. Fabius Maximus – Musterkarriere ohne Zögern, in: Hölkeskamp/Stein-Hölkeskamp, Große Römer 79-91 (mit Lit. 384).
5   Plin. nat. 35,19; Cic. Tusc. 1,4; bei Val. Max. 8,14,6 unter der Rubrik *de cupitate gloriae* überliefert. S. insb. Frier, Libri 228-9; zu den Gemälden im Salus-Tempel Coarelli, LTUR 4 (1999) 229.
6   Broughton MRR 1,199; Plin. nat. 33,44. Zur engen motivischen Verzahnung der Ikonographie dieser ersten Silberprägungen (avers eine säugende Wölfin: Crawford RRC II Pl. I, Nr.20/1) mit dem Stoff Fabius Pictors s. zu F 7.
7   Stemma der Fabii Pictores: Verbrugghe (1980) 2162; ferner Frier, Libri 230-1. Laut Pol. 3,9,4 gehörte Fabius Pictor dem Senat an; vgl. zu F 31.
8   Dion. Hal. ant. 1,6,2 setzt seine ἀκμή in die Zwischenzeit der Punischen Kriege.
9   Liv. 22,57,5; 23,11,1-6; Plut. Fab. 18; App. Hann. 27.

dokumenierte Phase von 241 bis 219 gefallen sein. Für die Wahl Pictors als delphischen Gesandten sprach indes mehr als solche formalen Kriterien: Die 'griechische Expertise' der Fabier war seit Generationen bekannt – bereits 273 wurde eine berühmte Gesandtschaft zu Ptolemaios Philadelphos nach Alexandria von zwei Fabiern angeführt, darunter der Onkel Pictors, N. Fabius Pictor (cos. 266), denen man die souveräne Beherrschung der 'Spielregeln' griechischer Diplomatie nachsagte.[10] Ganz ähnlich wie sein Cousin Q. Fabius Maximus 'Cunctator' muss auch Fabius Pictor in dieser Familientradition eine exzellente Ausbildung erhalten haben, die ihn mit der griechischen Sprache und Literatur sowie der hellenischen Kultur insgesamt vertraut machte. Die Konsultation des delphischen Orakels auf Griechisch dürfte ebenso wenig Schwierigkeiten bereitet haben wie die Übersetzung des Orakelspruches.[11]

Vielleicht wurde die Mission nach Griechenland zu einem Schlüsselerlebnis. Seit der Thronbesteigung Philipps V. von Makedonien (221) hatte das römische Engagement in Illyrien zu Friktionen zwischen Rom und dem Kosmos des griechischen Mutterlandes geführt. Eine Strafaktion der Römer gegen die Illyrer i.J. 219 nährte weitere Zweifel an der Rechtmäßigkeit der römischen Oberherrschaft über die dalmatinische Küste. In der griechischsprachigen Welt verbreitete sich rasch die Auffassung, dass die römische Expansion von einer Kette von Vertragsbrüchen begleitet war – Ressentiments, mit denen sich Fabius Pictor auf seiner Gesandtschaftsreise nach Delphi höchstwahrscheinlich konfrontiert sah und die mit ausschlaggebend dafür wurden, dass er sich an die Abfassung eines Geschichtswerkes machte, welches die römische Sichtweise dieser und anderer Ereignisse präsentieren sollte.[12]

---

[10] Dion. Hal. ant. 20,14; Val. Max. 4,3,9; Liv. Per. 14. Neben N. Fabius Pictor befand sich Q. Fabius Maximus Gurges (cos. I 265) unter den Gesandten, der Vater des 'Cunctator'. Der dritte im Bunde war Q. Ogulnius Gallus – bezeichnenderweise der Amtskollege des C. Fabius Pictor i.J. 269.

[11] Ausbildung: Münzer, RE 6.2 (1909) 1837; Momigliano (1990) 88-9; Gruen (1992) 242. Verwandtschaft zu Fabius Maximus: Plut. Fab. 18,3.

[12] S. dazu insg. H. Fuchs, Der geistige Widerstand gegen Rom in der antiken Welt (1938); ähnlich Knoche (1939/1969) 233; Scholz, DNP 4 (1998) 374. Der sizilische Historiker Philinos (Fragmente: FGrH 174) verlieh solchen antirömischen Ressentiments klaren Ausdruck, etwa in der 'Kriegsschuldfrage' des 1. Punischen Krieges: Walbank HCP I 57-70 u. passim; vgl. zu F 27. Ähnlich unvorteilhaft für Rom waren die zeitgleich zu Fabius entstehenden, prokarthagischen Werke des Silenos und Sosylos (FGrH 175-6).

Der Hauptimpuls kam jedoch aus Rom selbst. Er ergab sich aus der tiefen Krise des römischen Staates nach Cannae. Unter dem Eindruck des übermächtigen Konfliktes mit Karthago musste sich die Frage nach den Triebkräften und Wendepunkten der römischen Politik aufdrängen – eine Frage, die politische Kausalitäten in der Vergangenheit und deren Relevanz für die Gegenwart aufzudecken versprach und in der fundamentalen Existenzkrise nach der Schlacht von Cannae Orientierung bot. Besonders greifbar wird dieses Orientierungsbedürfnis in der von Pictor geleisteten gedanklichen Konstituierung der Geschichte Roms als geschlossene Einheit, die sich als Kontinuum von der mythischen Frühgeschichte und den Stadtgründern Romulus und Remus bis in die eigene Zeit spannte. Denn sosehr Fabius Pictor in der Tradition der griechischen Ktisis-Geschichtsschreibung stand, sowenig war sein Geschichtswerk letztlich eine bloße Gründungsgeschichte. Zwar ordnete sich die breite Erzählung der frühen Zeit formal wie inhaltlich in die ältere Tradition der Ktisisliteratur ein – griechische Autoren hatten ja bereits seit dem 5. Jh. solche Gründungsmythen Roms erzählt[13] – doch war dieses *spatium mythicum* kein 'abgeschlossener Raum', keine fern zurückliegende Vergangenheit. Im Geschichtswerk des Fabius Pictor wurde es zur unmittelbaren und gültigen Grundlage des römischen Staates, dessen Sitten, Institutionen und Herrschaft in der Frühzeit providentiell angekündigt worden waren und einen verpflichtenden Auftrag für die Gegenwart bildeten (bes. F 3. 5. 16).[14] Umgekehrt ließ sich die (allenthalben schemenhaft bekannte) Vergangenheit aus der Gegenwart extrapolieren und konstruieren (bes. F 19).

Wer war der Adressatenkreis des fabischen Geschichtswerkes? Bücher werden selten für *ein* Publikum geschrieben, weshalb die Debatte, ob das Werk an Griechen – sei es im Mutterland, sei es in der Magna Graecia – *oder* an einen stadtrömischen Leserkreis adressiert war, wenig fruchtbar ist.[15] Die spezifischen Entstehungsbedingungen machen wahrscheinlich, dass sich das Werk an *beide* Adressatenkreise richtete. Selbstverständlich lag dem römischen Senator daran, den Griechen im Mutterland wie auch den verbündeten Poleis Unteritaliens ein Bild „vom Werden und Wachsen der römischen

---

[13] S.o. S. 22-3.
[14] Vgl. Timpe (1972) 958-60.
[15] Für einen griechischen Adressatenkreis: Gelzer (1933/1964) 96; v. Albrecht, GRL 300; Flach (1998) 63-4; für ein römisches Publikum: Gruen (1992) 231; dezidiert Rüpke RG 81: eine römische Geschichte für Römer.

Macht"[16] zu präsentieren und die Zugehörigkeit der Tibermetropole zu ihrer Kulturoikumene zu propagieren. Und selbstverständlich kam – ohne dass dies als einfache Propaganda missverstanden werden dürfte – der formalrechtlichen Legitimierung der römischen Politik und ihrer moralischen Fundierung einschlägige Bedeutung zu, ganz gleich ob dies den 1. Punischen, den Illyrischen oder den 2. Punischen Krieg betraf.[17] Gleichzeitig richtete sich Fabius an ein stadtrömisches Publikum. Die Akzeptanzkrise der Senatspolitik nach Cannae verlangte nach Stabilisierungsstrategien, die Volk und politische Elite integrierten und die Herrschaft der Nobilität rechtfertigten. Pictors Historiographie konnte in dieser Hinsicht durchaus als „Entlastungsversuch des Senats"[18] angesehen werden, der die Staatsführung der Aristokratie legitimieren sollte. Der sittliche Grundton, der *pietas* und *virtus* zu tragenden Säulen des römischen Staatswesens stilisierte, zielte mithin genau in diese Richtung (F 5. 11. 19. 25). Aus diesem Blickwinkel betrachtet konnten, ja mussten die Bücher durch und durch römisch anmuten – Legitimierungsstrategien der Senatsaristokratie und Nobilitätsdiskurse (F 23-25) waren für ein griechisches Publikum von untergeordnetem Interesse (vgl. zu F 1).[19]

Fabius schrieb für ein gebildetes Publikum, „Greek, Roman and barbarian",[20] und die einzige Sprache, die hierfür in Frage kam, war die Griechische. Anders als für Cato, Acilius oder Postumius Albinus, die später mit ihrer jeweils ganz bewusst getroffenen Sprachwahl Entscheidungen fällen sollten, durch die die Zielsetzung und der historiographische Zugriff ihrer Schriften bereits auf der formalen Ebene transparent wurden, gab es für Fabius Pictor eine solche Entscheidungsfreiheit noch nicht. Gattungssprache der Historiographie war Griechisch, und diese war auch als einzige Sprache geeignet, einen breiten Adressatenkreis zu erreichen.[21]

---

[16] Gelzer (1933/1964) 96.
[17] Meister (1990) 147; A.M. Eckstein, Polybius, Demetrius of Pharos, and the Origins of the Second Illyrian War, CPh 89 (1994) 46-59; sowie bes. zu F 30-1.
[18] Flach (1998) 64.
[19] S. dazu H. Beck, „Den Ruhm nicht teilen wollen." Fabius Pictor und die Anfänge des römischen Nobilitätsdiskurses, in: Formen RG 73-92.
[20] Badian (1966) 4 (mit dem Hinweis, dass sich das Werk auch an karthagische Leser richten konnte); vgl. Momigliano (1990) 104; Timpe (1972) 931. 955. 959.
[21] Dion. Hal. ant. 1,6,2; Cic. div. 1,43 (= F 3); s. Gruen (1984) 254: „Fabius wrote Greek ... because there was no tradition of Latin historiography. The models, the genre, the techniques were all Greek." Vgl. Bernstein (1998) 93, Anm. 399.

Hier schließt die Frage nach der Abfassungszeit des Werkes an. Die überlieferten Passagen bieten dazu nur vage Anhaltspunkte; das jüngste Fragment behandelt die Schlacht am Trasimenischen See (F 32). Der *terminus post quem* ist die Gesandtschaftsreise des darauf folgenden Jahres. Generell werden Zeitpunkte um die Mitte, in der zweiten Hälfte oder gar erst nach dem Ende des Hannibalkrieges erwogen.[22] Berücksichtigt man die Bedeutung der Griechenlandreise von 216, dann drängt sich bei einem späten Datum die Frage auf, warum Fabius so lange mit der Abfassung seines Werkes gewartet haben soll. Nichts deutet darauf hin, dass er das Kriegsende miterlebt, geschweige denn beschrieben hat. Im Gegenteil: Bruce W. Frier hat wahrscheinlich gemacht, dass das Werk schon für d.J. 213 nicht mehr vorlag.[23] Auffällig sind dagegen die starke apologetische Tendenz, die Stilisierung der *res publica* als geordnetes Staatswesen sowie die Betonung römischer *fides* gegenüber den Bundesgenossen – unmittelbar nach Cannae allesamt knappe Güter. Die Suche nach dem 'Sitz im Leben' des fabischen Geschichtswerkes führt in die Jahre um 215 bis etwa 210.

Das Werk war wohl in mehrere Bücher unterteilt.[24] Griechische Autoren zitierten es als Ῥωμαϊκά (Dion. Hal. ant. 7,71,1 = F 20) oder Ῥωμαίων πράξεις (Diod. 7,5,4), lateinische Schriftsteller einfach als *annales* (F 3. 11. 29).[25] Überliefert sind auch Originalzitate in lateinischer Sprache (F 6. 7d-f. 19. 23), mit denen lange Zeit die Existenz eines eigenständigen Werkes aus der Feder eines N. Fabius Pictor propagiert wurde. Bei der Schrift dieses 'lateinischen Fabius' handelt es sich jedoch höchstwahrscheinlich um eine lateinische Übersetzung oder eine verkürzte Überarbeitung von Fabius Pictor, die um die Mitte des 2. Jh.s entstanden sein dürfte. Als eigenständiger Autor ist der Antiquar 'Fabius latinus' ein Phantom.[26]

---

[22] Um die Mitte bzw. gegen Ende des Hannibalkrieges: Chassignet (1998) 57; Frier, Libri 237-9; dazu neigt auch Timpe (1972) 956 mit Anm. 78. Nach Kriegsende: Münzer, RE 6.2 (1909) 1837; Gelzer (1933/64) passim; Badian (1966) 4.

[23] Frier, Libri 236-9; anders Walbank HCP II 202-9, der Fabius bis ins J. 209 als Quelle des Polybios zu erkennen meint.

[24] Pol. 3,9,1-3; vgl. F 7c: *libro primo*.

[25] Zur Frage der Werktitel s.o. S. 44-5; vgl. Bömer (1953) 198 zu Fabius.

[26] Gell. 5,4,1 (vgl. F 23) nennt die Schriften des lateinischen Fabius *bonae atque sincerae vetustatis libri*, was auf ihr hohes Alter schließen lässt. Dass diese wohl eine Übersetzung darstellten, hat bereits Peter, HRR I p. LXXIX-LXXXI vermutet; s. jetzt Chassignet, AR 1 p. LVI-LXII; vgl. Timpe (1972) 965, Anm. 97; anders aber Frier, Libri 246-53, der N. Fabius Pictor als Autor eigener *annales* wie auch als Verfasser der *Libri iuris pontificii* identifiziert. – Dass Fabius Pictor nicht der Autor

Die langen, erzählenden Passagen zur Frühgeschichte zeigen überdeutlich, dass das Geschichtswerk Fabius Pictors nicht nach einem 'annalistischen' Schema angelegt war. Auch in der Zeitgeschichte war die Abhandlung anschaulich geschrieben und von Strukturfragen durchdrungen.[27] Aus einer Notiz bei Dionysios von Halikarnass (ant. 1,6,2) geht hervor, dass der Stoff in drei großen Partien angeordnet war – ein Ordnungsschema, dessen Konsequenzen Dieter Timpe überzeugend herausgearbeitet hat:[28] 1. der ausladende Abschnitt über die Ktisis, von der Ankunft des Herakles in Italien und der Trojaner über Romulus und Remus bis in die ersten Jahre der Republik (F 1-22); 2. die ἀρχαῖα μετὰ τὴν κτίσιν γενόμενα (die 'Altertümer nach der Gründungsphase'), d.h. die Zeit vom Dezemvirat bis zum Pyrrhoskrieg, die Fabius κεφαλαιωδῶς (summarisch und mit sachlichen Akzentuierungen) behandelt hatte (F 23-6); 3. die Zeitgeschichte seit dem 1. Punischen Krieg, nun wiederum ἀκριβῶς geschrieben, d.h. sorgfältig, detailreich und argumentativ (F 27-31).

Pictors Geschichtsbuch blieb ein heterogenes Werk, dies lag schon an den disparaten Quellen für die einzelnen Partien. Die eigentliche Leistung bestand im großen Entwurf einer Mythos und Politik umspannenden Geschichte, in der griechische Gattungstendenzen mit römischem *mos maiorum*- und *exemplum*-Denken zu einem völlig neuartigen Textamalgam verschmolzen sind.[29] Freilich hatte Fabius Pictor die mythhistorischen Motive und Erzählstoffe nur in den seltensten Fällen selbst 'erfunden'. Das Entscheidende war, dass diese Stoffe durch ihre Etablierung in der Historiographie neue Qualität und vor allem bis dato kaum vorstellbare Autorität gewannen. Auch in dieser Hinsicht wurde Fabius Pictor zum Bahnbrecher der römischen Geschichtsschreibung.

---

des genannten Pontifikalrechtes gewesen sein kann (so Frier, Libri 247), ist übrigens keineswegs sicher. Auch wenn er weder dem Kollegium der *pontifices* noch den Auguren angehörte (vgl. Verbrugghe [1980] 2163-4; Chassignet, AR 1 p. LV), wird er dennoch über exklusive sakrale Kenntnisse verfügt haben. Diese Frage muss an anderer Stelle ausführlich erörtert werden.

[27] Jacoby (1949) 62; Flach (1998) 66-7 meinen, ein 'annalistisches' Prinzip für die Zeitgeschichte erkennen zu können; vgl. Carulli (1996) 90, wonach ein solcher Aufbau aufgrund seiner gedanklichen Nähe zu den *annales maximi* zusätzlich Autorität verliehen haben soll; dazu aber o. S. 35-6.
[28] Timpe (1972) 932-40 u. passim; vgl. Badian (1966) 4; Meister (1990) 146.
[29] Vgl. Timpe (1972) 963; v. Albrecht GRL 301.

1 (F./. Peter = F./. Jacoby)

[Κοί]ντος Φάβιος ὁ Πι-
[κτω]ρῖνος ἐπικαλού-
[μεν]ος, Ῥωμαῖος, Γαίου
[υἱό]ς·
5 [ὃς] ἱστόρηκεν τὴν
['Ηρ]ακλέους ἄφιξιν
[εἰς] Ἰταλίαν καὶ δ' ἔτι
[νόσ]τον Λανοίου συμ-
[μάχ]ου τε Αἰνεία καὶ
10 [Ἀσκα]νίου· πολὶ ὕστε-
[ρον] ἐγένετο Ῥωμύλος
[καὶ Ῥ]έμος καὶ Ῥώμης
[κτίσις ὑ]πὸ Ῥωμύλου, [ὃς]
[πρῶτ]ος βεβασί[λευκεν].

Übers.: Quintus Fabius, Pictor genannt, Römer, Sohn des Gaius. (5) Der von der Ankunft des Herakles in Italien berichtete sowie von der des Lanoios und seiner Verbündeten Aeneas und (10) Ascanius. Viel später waren Romulus und Remus und die Gründung Roms durch Romulus, der der erste König war.

Komm.: Ein Bauvorhaben des Hotels Bristol Park in Taormina (ant. Tauromenion) führte 1969 zur Freilegung eines antiken Gebäudekomplexes, in dem eine in der Antike zugeschüttete Zisterne entdeckt wurde. Bei der Aushebung fanden sich mehrere Fragmente eines Wandverputzes, von denen einige eine in roter Farbe aufgemalte Inschrift trugen. Die erhaltenen Textkolumnen verzeichnen jeweils den Namen eines Historikers und knappe Angaben zu seinem Werk und seiner Person – Q. Fabius (hier mit Beinamen Πικτωρῖνος; zur Filiation s. S. 56), Philistos aus Syrakus und Kallisthenes aus Olynth. Ferner ist das Werk des milesischen Naturphilosophen Anaximander bezeugt. Die Inschrift, in der ersten Hälfte des 2. Jh.s im Gymnasion angebracht, dürfte einen Überblick über die in der Bibliothek von Tauromenion erhältliche Literatur vermittelt haben. Editionen: Manganaro (1974; *editio princeps*); ders., in: A. Alföldi, Römische Frühgeschichte (1976) 83-96; SEG 26.1123; zur Sache Frier, Libri 230-1; H. Blanck, Das Buch in der Antike (1992) 150-1; ders., Anaximander in Taormina, MDAI (R) 104 (1997) 507-11; ders., Un nuovo frammento del 'catalogo' della biblioteca di Tauromenion, PP 52 (1997) 241-55.

Die stichwortartigen Angaben resümieren die Schlüsselereignisse des ersten Buches des fabischen Geschichtswerkes. Die (ausschließliche) Konzentration auf Abstammungsmythos und Gründungsgeschichte verrät das besondere Interesse der griechischen Welt an diesem Abschnitt des Werkes – nach hellenischem Verständnis begannen solche *Ktiseis* ('Stadtgeschichten') mit einer mythischen Gründergenealogie (vgl. Pol. 9,1,4). Wenn griechische Autoren (Antiochos, Hellanikos, Timaios u.a.: s. S. 22-3) seit dem 5. Jh. von der Ankunft des aus Troja geflohenen homerischen Helden Aeneas im Westen und von Städtegründungen der Trojaner in Latium wussten (vgl. Alföldi, Frühes Rom 121-2; Classen [1963] 447 mit Anm. 1 [viel Lit.]) und darüber hinaus – wenigstens bruchstückhaft – von der römischen Frühgeschichte berichteten (bes. Duris von Samos und der alexandrinische Dichter Kallimachos), dann lag es nun an Fabius Pictor, erstmals eine römische Version dieser Ereignisse zu präsentieren. Hauptbestreben Pictors war dabei die Harmonisierung der Aeneassage mit der lateinischen Romulus-Geschichte, doch lag darin ein grundsätzliches chronologisches Problem: Die Zerstörung Trojas wurde nach der *communis opinio* hellenistischer Historiker ins 12. Jh. datiert (nach eratosthenischer Chronologie 1184/3), also etwa vier Jahrhunderte vor der Stadtgründung durch Romulus im 8. Jh. (laut Fabius i.J. 748/7; s.u. zu F 8). Dass Ilia, die Mutter der Königskinder Romulus und Remus (F 7), eine Tochter des Aeneas sein sollte, konnten daher nur Naevius und Ennius (vgl. Ann. 1,34-50 Skutsch) behaupten – die poetische Freiheit machte eine solche Zuspitzung des Stoffes in gewisser Hinsicht zwingend erforderlich (dazu grundlegend Gruen [1992] 36-7). Als Historiker konnte und durfte Fabius so nicht vorgehen. Um den *floating gap* zwischen der Ankunft des Aeneas und dem 8. Jh. zu überbrücken, gleichzeitig aber an der Ktisis Roms durch die Trojaner festzuhalten, fügte Fabius die Herrschaft der Aeneaden-Dynastie in Alba Longa ein – die älteren, mündlichen Traditionen zu den Albanischen Königen fanden somit in die Historiographie Eingang und wurden zum festen Bestandteil der schriftlichen Erinnerung (vgl. Cornell, Beginnings 70-1; zur fiktiven Königsliste Albas s. Liv. 1,3,6-10 mit Ogilvie [1970] 45; Dion. Hal. ant. 1,70-1; Ov. fast. 4,43-56; immer noch grundlegend Schwegler RG 1,342-5). Damit ergab sich laut Pictor folgender Gründungszyklus – freilich nicht in Form einer kohärenten historischen Abhandlung, sondern als Ringkomposition, in der bildhafte Episoden und Erzählmodule zu einem neuen Sagenkomplex zusammengefügt wurden: Auf die **Ankunft des Herakles in Italien** und sein Zusammentreffen mit dem aus Arkadien verjagten Euander – in Pictors Version standen beide Heroen also am Anfang einer Griechenland, Sizilien und Italien umspannenden Mythentradition, sie knüpften den *first contact* (s. zu Acilius FRH 5 F 1; Cassius Hemina FRH 6 F 5) – folgte die Frühgeschichte Latiums, darunter die Erzählung von **Lanoios**, dem eponymen Gründungsheros von Lanuvium (App. civ. 2,20,71 nennt Diomedes als Gründer Lanuviums). **Aeneas** und sein Sohn **Ascanius** ließen sich in Italien zunächst im küstennahen Lavinium nieder, doch wurde Aeneas schon bald durch ein Traumorakel veranlasst, eine neue Stadt zu gründen – Alba Longa (s. zu F 5). Dieser Ort wurde ganz in der Nähe Lanuviums angelegt, mit dessen Herrscher Lanoios sich Aeneas verbündet hatte. **Viel später**, am Ende der Aeneaden-Dynastie, erfolgte dann die **Gründung Roms durch Romulus**, einen legitimen Nachkommen des letzten (guten) Königs Albas, und zwar just am selben Ort, an dem sich einst Herakles und Euander begegnet waren, am Palatin (s. zu F 7).

---

2 Mar. Victor., Ars gramm. 1 p. 23 K (F 1 Peter = F 23 Jacoby)

Repertores litterarum Cadmus ex Phoenice in Graeciam et Euander ad nos transtulerunt A B C D E [h] I K <L> M N O P [q] R S T <V> litteras numero XVI. postea quasdam a Palamede et alias a Simonide adiectas implesse numerum XXIV (...) grammatici, praeterea Demetrius Phalereus, Hermocrates, ex nostris autem Cincius, Fabius, Gellius tradiderunt.

Übers.: Die Erfinder der Schrift, Kadmos und Euander, haben die 16 Buchstaben A B C D E [h] I K <L> M N O P [q] R S T <V> überbracht, und zwar der eine aus Phönikien nach Griechenland und der andere von dort zu uns. Später wurden diesen weitere durch Palamedes und noch andere durch Simonides hinzugefügt, so dass die Zahl auf 24 anstieg, (...) wie die Grammatiker, ferner Demetrios von Phaleron, Hermokrates und von unseren (Historikern) auch Cincius, Fabius und Gellius überliefert haben.

Komm.: Der in Wirklichkeit äußerst komplexe Prozess der Genese und Entwicklung der römischen Schriftkultur wurde von Fabius Pictor, Cincius Alimentus und Gellius als Werk von wenigen Zivilisationsheroen dargestellt: Der Phönizier **Kadmos** aus Tyros (Heinze, DNP 6 [1999] 129-30 s.v. Kadmos) stiftete einst das griechische**, Euander** (s. zu Cincius Alimentus FRH 2 F 2) das lateinische Alphabet (vgl. Liv. 1,7,8; Dion. Hal. ant. 1,33,4; Tac. ann. 11,14,4); **Palamedes**, Erfinder der Würfel- und Brettspiele, Maße und Gewichte (s. zu Gellius FRH 10 F 5), und nach ihm der Lyriker **Simonides** fügten sodann je vier weitere Buchstaben hinzu: Gellius FRH 10 F 2a. Hinter einem solchen Modell stand die Denkfigur des *primus inventor* einer spezifischen zivilisatorischen Errungenschaft, wie es sich am prägnantesten bei Cn. Gellius ausgeprägt findet (s. zu FRH 10 F 3 [mit Lit.]) –, kombiniert mit der Vorstellung einer progressiven Perfektionierung kultureller Entwicklungen (vgl. F. Desbordes, Idées romaines sur l'écriture [1990] 136-40). Die Übermittlung der *phoinikeia grammata* durch Kadmos und die semitischen Ursprünge des griechischen Alphabets insg. waren seit jeher Allgemeinwissen (Hdt. 5,58-61; dazu L. H. Jeffery, CAH[2] III 1 [1982] 819-833; B.B. Powell, Homer and the Origin of the Greek Alphabet [1991]; G. Garbini, The Genesis of the Greek Alphabet, in: G. Pugliese Carratelli, The Western Greeks [1996] 43-6 sowie die einschlägigen Beiträge im Sammelband von C. Baurain u.a. [Hgg.], Phoinikeia Grammata. Lire et écrire en Méditerranée [1991]). **Demetrios von Phaleron**, der Politiker und Gelehrte (ca. 350 bis nach 307; zu ihm jetzt Demetrius of Phalerum. Hrsgg. von W.W. Fortenbaugh, E. Schütrumpf, New Brunswick 2000; darin F 147 SOD = FRH 1 F 2), und **Hermokrates** aus Iasos in Karien, Grammatiker und Lehrer des Kallimachos (vgl. zu F 1), hatten diese Tradition gegen Ende des 4. Jh.s bereits unter Einbeziehung Roms auf den Westen ausgeweitet. Fabius Pictors Version konnte sich hier folglich auf griechische Vorbilder berufen, wodurch die von ihm propagierte Wanderung der Schriftentwicklung vom Phönizischen über das Griechische zum Lateinischen Autorität gewann. Umgekehrt wurde der etruskische Kontext, der die Adaption des griechischen Alphabets in Italien wesentlich bestimmte und dem eine Schlüsselfunktion im lateinischen Sprachbildungsprozess zufiel, in dieser Variante ausgeblendet. Zum historischen Substrat dieses Mythos von der lateinischen Schriftgenese s. Cornell, Beginnings 103-5 sowie M. Cristofani, Recent advances in Etruscan epigraphy and language, in: D., F.R. Ridgway (eds.), Italy before the Romans. The Iron Age, orientalizing, and Etruscan periods (1979) 373-412; M. Pandolfini, A.L. Prosdocimi, Alfabetari e insegnamento della scrittura in Etruria e nell'Italia antica (1990).

3 Cic. div. 1,43 (F 3 Peter = F 1 Jacoby)

Sint haec, ut dixi, somnia fabularum, hisque adiungatur etiam Aeneae somnium, quod in nostri Fabii Pictoris Graecis annalibus eius modi est, ut omnia, quae ab Aenea gesta sunt quaeque illi acciderunt, ea fuerint, quae ei secundum quietem visa sunt.

Übers.: Dies mögen, wie ich bereits gesagt habe, Traumgeschichten sein, und zu ihnen wäre auch die des Aeneas zu zählen. Dieser besitzt in den griechischen Annalen unseres Fabius Pictor die Fähigkeit, alles, was er vollbrachte und was ihm widerfuhr, im Schlaf vorhergesehen zu haben, und zwar genauso, wie es sich dann ereignete.

Komm.: S. zu Fabius Pictor FRH 1 F 5.

4 Serv. auct. ad Verg. Aen. 5,73 (F 3a Peter = F 28 Jacoby)

Fabius Helymum regem in Sicilia genitum, Erycis fratrem fuisse dicit.

Übers.: Fabius sagt, dass König Helymos, geboren auf Sizilien, der Bruder des Eryx gewesen sei.

Komm.: Die Elymer, ein vorgriechisches Volk Westsiziliens, galten nach der älteren griechischen Tradition als trojanische Nachfahren (Thuk. 6,2,3, ohne eine Verbindung zu Aeneas). Ihr eponymer Stammeskönig Helymos soll mit Aeneas nach Sizilien gekommen sein und sich in der Gegend des Eryx-Berges (vgl. F 28) niedergelassen haben: Tzetz. ad Lykophr. Alexandra 965-7 (nach Timaios: Frier, Libri 262); vgl. Dion. Hal. ant. 1,53-4; s. Galinski (1969) 73-6 u. passim; Hans (1983) 5-25. Pictors Version scheint den griechischen Traditionen insofern zu widersprechen, als Helymos bei ihm als Bruder des autochthonen Heros Eryx figurierte, der ansonsten als Sohn Poseidons und der Aphrodite galt (Tzetz. ad Lykophr. Alexandra 1232). Er wurde von Herakles auf der Rückkehr vom Geryoneus-Abenteuer (dazu Cassius Hemina FRH 6 F 5) getötet: Bloch, DNP 4 (1998) 110 s.v. Eryx (2) (mit Quellen). Die Taten des Herakles und die Aeneas-Sage (F 5; vgl. F 1) wurden im Ktisis-Abschnitt breit erzählt, wobei Fabius – wohl auch unter dem Eindruck der Punischen Kriege – besonderes Interesse an der Frühgeschichte Siziliens als kultureller und (myth)-historischer 'Relaisstation' einer Griechenland und Italien umspannenden Sagentradition entfaltete (vgl. Galinski [1969] 103-41).

5 Diod. 7,5,4-5 (F 4 Peter = F 2 Jacoby)

Περὶ δὲ τῆς προσηγορίας ταύτης Φάβιος ὁ τὰς Ῥωμαίων πράξεις ἀναγράψας ἄλλως μεμυθολόγηκε. φησὶ γὰρ Αἰνείᾳ γενέσθαι λόγιον, τετράπουν αὐτῷ καθηγήσεσθαι πρὸς κτίσιν πόλεως· μέλλοντος δ' αὐτοῦ θύειν ὗν ἔγκυον τῷ χρώματι λευκήν, ἐκφυγεῖν ἐκ τῶν χειρῶν, καὶ διωχθῆναι πρός τινα λόφον, πρὸς ᾧ κομισθεῖσαν τεκεῖν τριάκοντα χοίρους. (5) τὸν δὲ Αἰνείαν τό τε παράδοξον θαυμάσαντα καὶ τὸ λόγιον ἀνανεούμενον ἐπιχειρῆσαι μὲν οἰκίσαι τὸν τόπον, ἰδόντα δὲ κατὰ τὸν ὕπνον ὄψιν ἐναργῶς διακωλύουσαν καὶ συμβουλεύουσαν μετὰ τριάκοντα ἔτη κτίζειν, ὅσοσπερ ὁ τῶν τεχθέντων ἀριθμὸς ἦν, ἀποστῆναι δὲ τῆς προθέσεως.

Übers.: Über den Namen dieser Stadt (scil. Alba Longa) berichtet Fabius, der Verfasser der römischen Geschichte, eine andere mythologische Version: Er sagt, Aeneas habe ein Orakel erhalten, nach dem ihm ein vierbeiniges Tier den Weg zu einem Ort weisen würde, an dem er eine Stadt gründen solle. Und als er ein trächtiges weißes Schwein opfern wollte, entwischte es ihm und er verfolgte es bis zu einem Hügel, auf dem es 30 Ferkel warf. (5) Aeneas war über dieses Wunder sehr erstaunt; als er sich aber den Orakelspruch vergegenwärtigte, traf er Vorbereitungen, um an diesem Ort eine Stadt zu gründen. Im Schlaf sah er dann jedoch eine Erscheinung, die ihm dies strikt untersagte und ihn anwies, die Gründung erst nach 30 Jahren durchzuführen, ganz so wie die Zahl der Ferkel war, und so nahm er von seinem Plan Abstand.

Komm.: Das Sauprodigium (s. auch Cassius Hemina FRH 6 F 14, der die Geschichte mit Romulus und Remus verbindet): Bei seiner Ankunft in Italien kam Aeneas zunächst nach Lavinium (Galinski [1969] 145-6), erhielt jedoch schon bald den göttlichen Auftrag zur Gründung einer neuen Stadt. Von der eigentlichen Ktisis durch ein zweites Traumorakel abgehalten, übernahm sein Sohn Ascanius später die Gründung Alba Longas auf dem *mons Albanus* (beim heut. Castelgandolfo: A. Grandazzi, La localisation d'Albe, MEFRA 98 [1986] 47-90; A. Pasqualini [Hg.], Alba Longa. Mito, storia, archeologia [1996]): Verg. Aen. 3,390-1; Tzetz. ad Lykophr. Alexandra 1232; Euseb., Chron. p. 388 Aucher = Chassignet, AR 1, 5b. Die Verbindung Aeneas-Lavinium ist im erhaltenen Text des Fabius nicht ausdrücklich bezeugt, doch sprechen sowohl die ältere griechische Tradition wie die Versionen des Cincius Alimentus (FRH 2 F 3) und Catos (FRH 3 F 1,14b) dafür, dass auch Pictor das alte latinische Stammeszentrum Lavinium in die Aeneas-Sage einbezog (vgl. Gruen [1992] 32 f.). Wenngleich sich nicht entscheiden lässt, ob Fabius die rivalisierenden Ansprüche Albas und Laviniums, die urspüngliche Mutterstadt Roms zu sein, zu Gunsten der einen oder anderen Stadt entschied – dies ist ohnehin „one of the most obscure problems in Roman tradition" (Ogilvie [1970] 39) –, rangierte Lavinium bei ihm doch insofern vor Alba, als es die erste Heimstatt des Aeneas in Italien wurde (s. insg. Alföldi, Frühes Rom 218-56; Galinski [1969] 141-90; W. Ehlers, Die Gründungsprodigien von Lavinium und Alba Longa, MH 6 [1949] 166-75).

Pictors Traumgeschichte stellte die besondere *providentia* des Aeneas heraus, die auch sonst zur Sprache kam (F 3; vgl. F 19 zu ähnlichen Orakeln). Hineingewoben in die Traumprophetie wurde die etymologische Erklärung Alba Longas durch ein **weißes Schwein**, das auf dem *mons Albanus* 30 Frischlinge warf. Fabius interpretierte diese Zahl so, dass mit ihr die Zeitdauer bis zur Stadtgründung vorgegeben war, also eine Generation nach Aeneas (vgl. Varr. ling. 5,144; Dion. Hal. ant. 1,56,4-5; Verg. Aen. 8,42-8; bei Lykophr. Alexandra 1253-60 ist ein Überlieferungsstrang erhalten, der die Ferkel mit den 30 Orten des Albanerbundes gleichsetzte). Das Sauprodigium adaptierte das griechische Kuhprodigium: Als Kadmos (s.o. F 2) bei seiner Ankunft in Griechenland nach Delphi kam, erhielt er das Orakel, einer Kuh zu folgen, um dort, wo sich diese niederließ, eine Stadt zu gründen (Schol. Eurip. Phoin. 638; Apoll. Rhod. 3,1178-82 mit Schol.). Die Kuh führte ihn nach Boiotien an die Stelle des späteren Theben.

6 Serv. ad Verg. Aen. 12,603 (F 1 Lat. Peter = F 29 Jacoby)

Fabius Pictor dicit quod Amata inedia se interemerit.

Übers.: Fabius Pictor sagt, dass Amata ihrem Leben durch den Hungertod ein Ende bereitet habe.

Komm.: Die Gemahlin des Latinerkönigs Latinus, **Amata**, stellte sich gegen die Eheschließung ihrer Tochter Lavinia mit Aeneas, weil sie den Rutulerkönig Turnus als Schwiegersohn favorisierte. Als dieser von der Hochzeit der Lavinia erfuhr, zog er gegen die Trojaner zu Felde (vgl. Cato FRH 3 F 1,8-11), unterstützt von Amata. In ihrer Abneigung gegen den unliebsamen Schwiegersohn Aeneas ging sie so weit, ihre beiden Söhne zu blenden oder zu töten, weil sie diesen unterstützt hatten. Die von Vergil dramatisch inszenierte und hernach kanonisch gewordene Überlieferung zu Amata und ihrem Tod weicht von den älteren Traditionen in mehreren Punkten ab. So soll Amata nach Vergil Selbstmord durch Erhängen verübt haben (nicht wie in der Version Fabius Pictors durch Nahrungsentzug), weil sie irrtümlicherweise annahm, Turnus sei im Kampf gefallen (Aen. 12,595-615; dagegen aber Piso FRH 7 F 4); s. L. Cardinali, Tradizione annalistica e versione virgiliana della figura di Amata, Prometheus 21 (1995) 256-270; Graf, DNP 1 (1996) 574-5 s.v.

7a Plut. Rom. 3,1-8,9 (F 5a Peter = F 4a Jacoby)

Τοῦ δὲ πίστιν ἔχοντος λόγου μάλιστα καὶ πλείστους μάρτυρας τὰ μὲν κυριώτατα πρῶτος εἰς τοὺς Ἕλληνας ἐξέδωκε Διοκλῆς Πεπαρήθιος, ᾧ καὶ Φάβιος ὁ Πίκτωρ ἐν τοῖς πλείστοις ἐπηκολούθηκε. γεγόνασι δὲ καὶ περὶ τούτων ἕτεραι διαφοραί· τύπῳ δ' εἰπεῖν τοιοῦτός ἐστι. (3,2) τῶν ἀπ' Αἰνείου γεγονότων ἐν "Αλβῃ βασιλέων εἰς ἀδελφοὺς δύο, Νομήτορα καὶ Ἀμούλιον, ἡ διαδοχὴ καθῆκεν. Ἀμουλίου δὲ νείμαντος τὰ πάντα δίχα, τῇ δὲ βασιλείᾳ τὰ χρήματα καὶ τὸν ἐκ Τροίας κομισθέντα χρυσὸν ἀντιθέντος, εἵλετο τὴν βασιλείαν ὁ Νομήτωρ. (3) ἔχων οὖν ὁ Ἀμούλιος τὰ χρήματα καὶ πλέον ἀπ' αὐτῶν δυνάμενος τοῦ Νομήτορος, τήν τε βασιλείαν ἀφείλετο ῥᾳδίως, καὶ φοβούμενος ἐκ τῆς θυγατρὸς αὐτοῦ γενέσθαι παῖδας, ἱέρειαν τῆς Ἑστίας ἀπέδειξεν, ἄγαμον καὶ παρθένον ἀεὶ βιωσομένην. ταύτην οἱ μὲν Ἰλίαν, οἱ δὲ Ῥέαν, οἱ δὲ Σιλουίαν ὀνομάζουσι. (4) φωρᾶται δὲ μετ' οὐ πολὺν χρόνον κυοῦσα παρὰ τὸν καθεστῶτα ταῖς Ἑστιάσι νόμον, καὶ τὸ μὲν ἀνήκεστα μὴ παθεῖν αὐτὴν ἡ τοῦ βασιλέως θυγάτηρ Ἀνθὼ παρῃτήσατο, δεηθεῖσα τοῦ πατρός, εἴρχθη δὲ καὶ δίαιταν εἶχεν ἀνεπίμεικτον, ὅπως μὴ λάθοι τεκοῦσα τὸν Ἀμούλιον. ἔτεκε δὲ δύο παῖδας ὑπερφυεῖς μεγέθει καὶ κάλλει. (5) δι' ὃ καὶ μᾶλλον ὁ Ἀμούλιος φοβηθείς, ἐκέλευσεν αὐτοὺς ὑπηρέτην λαβόντα ῥῖψαι. τοῦτον ἔνιοι Φαιστύλον ὀνομάζεσθαι λέγουσιν, οἱ δ' οὐ τοῦτον, ἀλλὰ τὸν ἀνελόμενον. ἐνθέμενος οὖν εἰς σκάφην τὰ βρέφη, κατέβη μὲν ἐπὶ τὸν ποταμὸν ὡς ῥίψων, ἰδὼν δὲ κατιόντα πολλῷ ῥεύματι καὶ τραχυνόμενον, ἔδεισε προσελθεῖν, ἐγγὺς δὲ τῆς ὄχθης καταθεὶς ἀπηλλάσσετο. (6) τοῦ δὲ ποταμοῦ κατακλύζοντος ἡ πλημμύρα τὴν σκάφην ὑπολαβοῦσα καὶ μετεωρίσασα πρᾴως κατήνεγκεν εἰς χωρίον ἐπιεικῶς μαλθακόν, ὃ νῦν Κερμαλὸν καλοῦσι, πάλαι δὲ Γερμανόν (...).

(4,1) Ἦν δὲ πλησίον ἐρινεός, ὃν Ῥωμινάλιον ἐκάλουν (...). (2) ἐνταῦθα δὴ τοῖς βρέφεσι κειμένοις τήν τε λύκαιναν ἱστοροῦσι θηλαζομένην καὶ δρυοκολάπτην τινὰ παρεῖναι συνεκτρέφοντα καὶ φυλάττοντα. νομίζεται δ' Ἄρεως ἱερὰ τὰ ζῷα, τὸν δὲ δρυοκολάπτην καὶ διαφερόντως Λατῖνοι σέβονται καὶ τιμῶσιν· ὅθεν οὐχ ἥκιστα πίστιν ἔσχεν ἡ τεκοῦσα τὰ βρέφη τεκεῖν ἐξ Ἄρεως φάσκουσα. (3) καίτοι τοῦτο παθεῖν αὐτὴν ἐξαπατηθεῖσαν λέγουσιν, ὑπὸ τοῦ Ἀμουλίου διαπαρθενευθεῖσαν, ἐν ὅπλοις ἐπιφανέντος αὐτῇ καὶ συναρπάσαντος. οἱ δὲ τοὔνομα τῆς τροφοῦ δι' ἀμφιβολίαν ἐπὶ τὸ μυθῶδες ἐκτροπὴν τῇ φήμῃ παρασχεῖν· (4) λούπας γὰρ ἐκάλουν οἱ Λατῖνοι τῶν τε θηρίων τὰς λυκαίνας καὶ τῶν γυναικῶν τὰς ἑταιρούσας· εἶναι δὲ τοιαύτην τὴν Φαιστύλου γυναῖκα τοῦ τὰ βρέφη θρέψαντος, Ἄκκαν Λαρεντίαν ὄνομα (...).

(6,1) Τὰ δὲ βρέφη Φαιστύλος Ἀμουλίου συφορβὸς ἀνείλετο λαθὼν ἅπαντας, ὡς δ' ἔνιοί φασι τῶν εἰκότων ἐχόμενοι μᾶλλον, εἰδότος τοῦ Νομήτορος καὶ συγχορηγοῦντος τροφὰς κρύφα τοῖς τρέφουσι. (2) καὶ γράμματα λέγονται καὶ τἆλλα μανθάνειν οἱ παῖδες εἰς Γαβίους κομισθέντες, όσα χρή τους εύ γεγονότας. κληθήναι δε και τούτους από της θηλής ιστορούσι Ρωμύλον και Ρέμον, ότι θηλάζοντες ώφθησαν το θηρίον. (3) ή μεν ούν εν τοις σώμασιν ευγένεια και νηπίων όντων ευθύς εξέφαινε μεγέθει και ιδέα την φύσιν, αυξόμενοι δε θυμοειδείς ήσαν αμφότεροι και ανδρώδεις και φρονήματα προς τα φαινόμενα δεινά και τόλμαν όλως ανέκπληκτον έχοντες· ο δε Ρωμύλος γνώμη τε χρήσθαι μάλλον εδόκει και πολιτικήν έχειν σύνεσιν, εν ταις περί νομάς και κυνηγίας προς τους γειτνιώντας επιμειξίαις πολλήν εαυτού παρέχων κατανόησιν ηγεμονικού μάλλον ή πειθαρχικού φύσει γεγονότος. (4) διό τοις μεν ομοδούλοις ή ταπεινοτέροις προσφιλείς ήσαν, επιστάτας δε και διόπους βασιλικούς και αγελάρχας ως μηδέν αυτών αρετή διαφέροντας υπερφρονούντες, ούτ' απειλής εφρόντιζον ούτ' οργής. (5) εχρώντο δε διαίταις και διατριβαίς ελευθερίοις, ου την σχολήν ελευθέριον ηγούμενοι και την απονίαν, αλλά γυμνάσια και θήρας και δρόμους και το ληστάς αλέξασθαι και κλώπας ελείν και βίας εξελέσθαι τους αδικουμένους. ήσαν δη διά ταύτα περιβόητοι.

(7,1) Γενομένης δε τινος προς τους Νομήτορος βουκόλους τοις Αμουλίου διαφοράς και βοσκημάτων ελάσεως, ουκ ανασχόμενοι συγκόπτουσι μεν αυτούς και τρέπονται, αποτέμνονται δε της αγέλης συχνήν. αγανακτούντος δε του Νομήτορος ωλιγώρουν, συνήγον δε και προσεδέχοντο πολλούς μεν απόρους, πολλούς δε δούλους, θράσους αποστατικού και φρονήματος αρχάς ενδιδόντες. (2) του δε Ρωμύλου προς τινα θυσίαν αποτραπομένου (και γαρ ην φιλοθύτης και μαντικός), οι του Νομήτορος βοτήρες τω Ρέμω μετ' ολίγων βαδίζοντι προστυχόντες εμάχοντο, και γενομένων πληγών και τραυμάτων εν αμφοτέροις, εκράτησαν οι του Νομήτορος και συνέλαβον ζώντα τον Ρέμον. (3) αναχθέντος ούν αυτού προς τον Νομήτορα και κατηγορηθέντος, αυτός μεν ουκ εκόλασε, χαλεπόν όντα δεδιώς τον αδελφόν, ελθών δε προς εκείνον εδείτο τυχείν δίκης, αδελφός ων και καθυβρισμένος υπ' οικετών εκείνου βασιλέως όντος. (4) συναγανακτούντων δε των εν Άλβη και δεινά πάσχειν οιομένων τον άνδρα παρ' αξίαν, κινηθείς ο Αμούλιος αυτώ παραδίδωσι τω Νομήτορι τον Ρέμον, ό τι βούλοιτο χρήσασθαι. (5) παραλαβών δ' εκείνος, ως ήκεν οίκαδε, θαυμάζων μεν από του σώματος τον νεανίσκον, υπερφέροντα μεγέθει και ρώμη πάντας, ενορών δε τω προσώπω το θαρραλέον και ιταμόν της ψυχής αδούλωτον και απαθές υπό των παρόντων, έργα δ' αυτού και πράξεις όμοια τοις βλεπομένοις ακούων, το δε μέγιστον ως έοικε θεού συμπαρόντος και συνεπευθύνοντος αρχάς μεγάλων πραγμάτων, απτόμενος υπονοία ⟨και⟩ τύχη της αληθείας, ανέκρινεν όστις είη και όπως γένοιτο, φωνή τε πραεία και φιλανθρώπω βλέμματι πίστιν αυτώ μετ' ελπίδος ενδιδούς. (6) ὁ δὲ θαρρῶν ἔλεγεν· 'ἀλλ' οὐδὲν ἀποκρύψομαί σε· καὶ γὰρ εἶναι δοκεῖς Ἀμουλίου βασιλικώτερος. ἀκούεις γὰρ καὶ ἀνακρίνεις πρὶν ἢ κολάζειν· ὁ δ' ἀκρίτους ἐκδίδωσι. πρότερον μὲν ἑαυτοὺς οἰκετῶν βασιλέως Φαιστύλου καὶ Λαρεντίας ἠπιστάμεθα παῖδας, ἐσμὲν δὲ δίδυμοι, γενόμενοι δ' ἐν αἰτίᾳ πρὸς σὲ καὶ διαβολαῖς καὶ τοῖς περὶ ψυχῆς ἀγῶσιν, ἀκούομεν μεγάλα περὶ ἑαυτῶν· εἰ δὲ πιστά, κρινεῖν ἔοικε νῦν ὁ κίνδυνος. (7) γοναὶ μὲν γὰρ ἡμῶν ἀπόρρητοι λέγονται, τροφαὶ δὲ καὶ τιθηνήσεις ἀτοπώτεραι νεογνῶν, οἷς ἐρρίφημεν οἰωνοῖς καὶ θηρίοις, ὑπὸ τούτων τρεφόμενοι, μαστῷ λυκαίνης καὶ δρυοκολάπτου ψωμίσμασιν, ἐν σκάφῃ τινὶ κείμενοι παρὰ τὸν μέγαν ποταμόν. (8) ἔστι δ' ἡ σκάφη καὶ σῴζεται, χαλκοῖς ὑποζώσμασι γραμμάτων ἀμυδρῶν ἐγκεχαραγμένων, ἃ γένοιτ' ἂν ὕστερον ἴσως ἀνωφελῆ γνωρίσματα τοῖς τοκεῦσιν ἡμῶν ἀπολομένων.' (9) ὁ μὲν οὖν Νομήτωρ ἔκ τε τῶν λόγων τούτων καὶ πρὸς τὴν ὄψιν εἰκάζων τὸν χρόνον, οὐκ ἔφευγε τὴν ἐλπίδα σαίνουσαν, ἀλλ' ἐφρόντιζεν ὅπως τῇ θυγατρὶ περὶ τούτων κρύφα συγγενόμενος φράσειεν· ἐφρουρεῖτο γὰρ ἔτι καρτερῶς.

(8,1) Ὁ δὲ Φαιστύλος ἀκούσας τήν τε σύλληψιν τοῦ Ῥέμου καὶ τὴν παράδοσιν, τὸν μὲν Ῥωμύλον ἠξίου βοηθεῖν, τότε σαφῶς διδάξας περὶ τῆς γενέσεως· πρότερον δ' ὑπηνίττετο καὶ παρεδήλου τοσοῦτον ὅσον προσέχοντας μὴ μικρὸν φρονεῖν· αὐτὸς δὲ τὴν σκάφην κομίζων ἐχώρει πρὸς τὸν Νομήτορα, σπουδῆς καὶ δέους μεστὸς ὢν διὰ τὸν καιρόν. (2) ὑποψίαν οὖν τοῖς περὶ τὰς πύλας φρουροῖς τοῦ βασιλέως παρέχων, καὶ ὑφορώμενος ὑπ' αὐτῶν καὶ ταραττόμενος πρὸς τὰς ἀνακρίσεις, οὐκ ἔλαθε τὴν σκάφην τῷ χλαμυδίῳ περικαλύπτων. ἦν δέ τις ἐν αὐτοῖς ἀπὸ τύχης τῶν τὰ παιδάρια ῥῖψαι λαβόντων καὶ γεγονότων περὶ τὴν ἔκθεσιν. (3) οὗτος ἰδὼν τὴν σκάφην τότε καὶ γνωρίσας τῇ κατασκευῇ καὶ τοῖς γράμμασιν, ἔτυχεν ὑπονοίᾳ τοῦ ὄντος καὶ οὐ παρημέλησεν, ἀλλὰ φράσας τὸ πρᾶγμα τῷ βασιλεῖ κατέστησεν εἰς ἔλεγχον. (4) ἐν δὲ πολλαῖς καὶ μεγάλαις ἀνάγκαις ὁ Φαιστύλος οὔτ' ἀήττητον ἑαυτὸν διεφύλαξεν, οὔτε παντάπασιν ἐκβιασθείς, σῴζεσθαι μὲν ὡμολόγησε τοὺς παῖδας, εἶναι δ' ἄπωθεν τῆς Ἄλβης ἔφη νέμοντας· αὐτὸς δὲ τοῦτο πρὸς τὴν Ἰλίαν φέρων βαδίζειν, πολλάκις ἰδεῖν καὶ θιγεῖν ἐπ' ἐλπίδι βεβαιοτέρᾳ τῶν τέκνων ποθήσασαν.

(5) ὅπερ οὖν οἱ ταραττόμενοι καὶ μετὰ δέους ἢ πρὸς ὀργὴν πράττοντες ὁτιοῦν ἐπιεικῶς πάσχουσι, συνέπεσε παθεῖν τὸν Ἀμούλιον. ἄνδρα γὰρ ἄλλη τε χρηστὸν καὶ τοῦ Νομήτορος φίλον ὑπὸ σπουδῆς ἔπεμψε, διαπυθέσθαι τοῦ Νομήτορος κελεύσας, εἴ τις ἥκοι λόγος εἰς αὐτὸν ὑπὲρ τῶν παίδων ὡς περιγενομένων. (6) ἀφικόμενος οὖν ὁ ἄνθρωπος καὶ

θεασάμενος όσον ούπω τον Ῥέμον ἐν περιβολαῖς καὶ φιλοφροσύναις τοῦ Νομήτορος, τήν τε πίστιν ἰσχυρὰν ἐποίησε τῆς ἐλπίδος, καὶ παρεκελεύσατο τῶν πραγμάτων ὀξέως ἀντιλαμβάνεσθαι, καὶ συνῆν αὐτοῖς ἤδη καὶ συνέπραττεν. (7) ὁ δὲ καιρὸς οὐδὲ βουλομένοις ὀκνεῖν παρεῖχεν. ὁ γὰρ Ῥωμύλος ἐγγὺς ἦν ἤδη, καὶ πρὸς αὐτὸν ἐξέθεον οὐκ ὀλίγοι τῶν πολιτῶν μίσει καὶ φόβῳ τοῦ Ἀμουλίου. πολλὴν δὲ καὶ σὺν αὐτῷ δύναμιν ἦγε συλλελοχισμένην εἰς ἑκατοστύας· ἑκάστης δ' ἀνὴρ ἀφηγεῖτο χόρτου καὶ ὕλης ἀγκαλίδα κοντῷ περικειμένην ἀνέχων· (...) (8) ἅμα δὲ τοῦ μὲν Ῥέμου τοὺς ἐντὸς ἀφιστάντος, τοῦ δὲ Ῥωμύλου προσάγοντος ἔξωθεν, οὔτε πράξας οὐδὲν ὁ τύραννος οὔτε βουλεύσας σωτήριον ἑαυτῷ διὰ τὸ ἀπορεῖν καὶ ταράττεσθαι, καταληφθεὶς ἀπέθανεν. (9) ὧν τὰ πλεῖστα καὶ Φαβίου λέγοντος καὶ τοῦ Πεπαρηθίου Διοκλέους, ὃς δοκεῖ πρῶτος ἐκδοῦναι Ῥώμης κτίσιν.

Übers.: Die schlüssigste Version, die am glaubwürdigsten ist und auch von den meisten bezeugt wird, hat zuerst Diokles von Peparethos bei den Griechen bekannt gemacht, und Fabius ist ihm über weite Strecken gefolgt. Auch hier gibt es konkurrierende Versionen, im Wesentlichen läuft die Überlieferung aber etwa folgendermaßen: (3,2) Unter den Königen von Alba, die sich von Aeneas ableiteten, erreichte die Erbfolge zwei Brüder, Numitor und Amulius. Nachdem Letzterer das Ganze in zwei Teile geteilt hatte – die Königsherrschaft auf der einen und die Güter und die aus Troja mitgebrachten Schätze auf der anderen Seite –, wählte Numitor das Königtum. (3) Da nun aber Amulius die Güter besaß und folglich mächtiger als Numitor war, entriss er diesem leicht die Herrschaft; aus Furcht, dass Numitors Tochter aber Söhne gebären könnte, machte er sie zu einer Vestalin, damit sie auf immer unverheiratet und jungfräulich leben sollte. Manche nennen diese Ilia, andere Rhea, wieder andere auch Silvia. (4) Nach kurzer Zeit wurde entdeckt, dass sie entgegen dem für Vestalinnen geltenden Gesetz schwanger war. Antho, die Tochter des Königs, erreichte durch ihr Bittflehen beim Vater, dass Ilia nicht die unerbittliche Strafe (scil. die Todesstrafe) zu erleiden hatte. Sie wurde aber unter Arrest gestellt und lebte von der Außenwelt abgeschottet, damit sie nicht ohne Wissen des Amulius niederkommen würde. Diese also brachte zwei Knaben von außerordentlicher Größe und Schönheit zur Welt. (5) Die Furcht wuchs daher in Amulius, und er befahl, dass einer seiner Diener die Kinder nehmen und aussetzen sollte. Es wird berichtet, dieser habe Faustulus geheißen, andere aber sagen, dies sei der Name des Mannes gewesen, der die Kinder später aufge-

nommen hatte. Nachdem er die Kinder in einen Korb gelegt hatte, ging er zum Fluss hinab, um sie auszusetzen; da er aber sah, dass der Fluss Hochwasser führte und es eine starke Strömung gab, fürchtete er sich weiterzugehen; deshalb stellte er den Korb nahe des Ufers ab und ging davon. (6) Als der Fluss weiter angestiegen war, erfasste die Flut den Korb, hob ihn an und schwemmte ihn sanft an ein recht seichtes Ufer, welches heute Cermalus heißt, früher aber Germanus. (...)
(4,1) In der Nähe stand ein wilder Feigenbaum, den man Ruminal nannte. (...) (2) Als die Säuglinge dort lagen, kam, wie berichtet wird, eine Wölfin, die sie säugte, und auch ein Specht, der sie mit fütterte und bewachte. Beide Tiere gelten als dem Mars heilig, den Specht verehren die Latiner sogar besonders. Aus diesem Grund schenkte man der Ilia auch Glauben, als sie sagte, sie habe die Kinder von Mars empfangen. (3) Andere sagen aber, dass sie einer Täuschung unterlag und in Wirklichkeit von Amulius vergewaltigt wurde, der bei ihr in Waffen aufgetaucht war und sie fortgeschleppt hatte. Einige meinen dagegen, dass der Name der Ziehmutter aufgrund seiner doppelten Bedeutung Anlass für die mythische Umgestaltung der Sage gewesen sei. (4) Denn die Latiner nannten weibliche Wölfe unter den Tieren Wölfinnen (*lupae*), und ebenso unter den Frauen die Prostituierten. Eine solche sei die Gattin des Faustulus gewesen, die die Kinder aufzog. Ihr Name war Acca Larentia. (...)
(6,1) Faustulus, ein Schweinehirt des Amulius, nahm die Säuglinge bei sich auf, ohne dass jemand etwas bemerkte, oder aber, wie andere sagen (was auch wahrscheinlicher ist), mit Wissen des Numitor, und dieser versorgte die Zieheltern denn auch heimlich mit Nahrungsmitteln. (2) Es wird auch berichtet, die Knaben sollen nach Gabii gebracht worden sein, um die Schrift und alles andere zu erlernen, so wie es sich für Wohlgeborene geziemt. Romulus und Remus wurden sie, wie es heißt, nach der Wolfszitze (*ruma*) genannt, weil man beobachtet hatte, wie sie einst von diesem Tier gesäugt wurden. (3) Ihr stattlicher Körperbau kündete (obwohl sie noch Kleinkinder waren) von ihrem Edelmut, der auch an ihrer Größe und ihrem Auftreten zu erkennen war. Als sie aber heranwuchsen, waren beide mutig und mannhaft, und sie stellten bei allen Gefahren größte Tapferkeit und unerschütterliche Kühnheit unter Beweis. Romulus schien indes noch verständiger zu sein und zeigte mehr politisches Geschick; in Auseinandersetzungen mit den Nachbarn um Weideland und Jagdgründe ließ er erkennen, dass er mehr zum Anführen als zum Gehorchen geboren war. (4) Bei Ihresgleichen und bei den Minderen waren sie deshalb sehr beliebt; sie

verachteten aber die Vorsteher, die königlichen Aufseher und die Oberhirten, da sie meinten, diese hätten ihnen nichts an Tapferkeit voraus, und sie scherten sich weder um deren Drohungen noch um deren Wut. (5) Ihre Lebensweise und ihr Auftreten waren die von Freien, aber sie verbanden mit der Freiheit nicht Rast und auch nicht Trägheit, sondern Leibesübungen, Jagden, Wettläufe, Banditen zu verjagen, Diebe zu fangen und Unrechterleidende der Gewalt zu entreißen. Hierfür waren sie allseits bekannt.

(7,1) Als einmal ein Streit zwischen den Hirten des Numitor und denen des Amulius ausbrach und eine Menge Vieh des Amulius vertrieben wurde, wollten die Jünglinge dies nicht einfach hinnehmen; sie schlugen auf die Männer des Numitor ein und trieben sie in die Flucht, wobei sie ihnen einen beträchtlichen Teil ihrer Herde abjagten. Sie kümmerten sich dabei wenig um den aufgebrachten Numitor; statt dessen sammelten sie viele Bedürftige und Sklaven um sich und nährten in ihnen den Mut zu Aufstand und Stolz. (2) Als Romulus nun einmal wegen eines gewissen Opfers abwesend war (er liebte es, zu opfern und Wahrsagungen zu erhalten), trafen die Hirten des Numitor zufällig auf Remus, der mit wenigen Leuten unterwegs war, und es kam zu einer Schlägerei, bei der es auf beiden Seiten Prellungen und Verletzungen gab. Am Ende siegten aber die Männer des Numitor, und sie nahmen Remus lebend gefangen. (3) Als dieser daraufhin vor Numitor geführt und angeklagt wurde, da bestrafte Numitor Remus aus Furcht vor seinem strengen Bruder Amulius nicht selbst, sondern ging zu ihm und bat, dass ihm Gerechtigkeit widerfahre, da er, der Bruder des Königs, von den Sklaven des Königs so schändlich behandelt worden sei. (4) Da die Bürger von Alba sich ebenfalls entrüsteten und meinten, der Mann habe entgegen der ihm gebührenden Würde Unrecht erlitten, verstand sich Amulius darauf, Remus dem Numitor zu überstellen, damit er mit ihm verfahre, wie er es für richtig hielt. (5) Als Numitor, nachdem ihm Remus übergeben worden war, nach Hause kam, da staunte er über den Körperbau des jungen Mannes, der an Größe und Stärke alle überragte, und er merkte an der Miene des Remus, dass sein Mut und sein Draufgängertum auch in der gegenwärtigen Situation ungebrochen waren. Und als er hörte, dass seine Werke und Taten mit dem, was er vor sich sah, übereinstimmten, am meisten aber, weil, wie es schien, ein Gott in das Geschehen eingegriffen und die bevorstehenden großen Taten mitbestimmt hatte, da ahnte er durch ein glückliches Schicksal die Wahrheit und fragte den Jüngling, wer er denn sei und von wem er abstamme, wobei seine sanfte Stimme und sein gütiger Blick Remus mit Vertrauen und Hoffnung erfüllten. (6) Dieser sagte beherzt: „Ich werde nichts vor dir verbergen, denn du scheinst mir von königlicherer Gesinnung zu sein als Amulius. Denn du hörst zu und stellst Erkundigungen an, bevor du bestrafst; dieser aber liefert ohne weitere Untersuchungen aus. Früher meinten wir von uns – wir sind Zwillinge –, dass wir Söhne der königlichen Diener Faustulus und Larentia wären, aber seit wir vor dir angeklagt wurden und Verleumdungen und Lebensgefahren ausgesetzt sind, hören wir Erstaunliches über uns. Ob diese Geschichten glaubwürdig sind, scheint sich jetzt in der Stunde der Gefahr herauszustellen. (7) Unsere Geburt, so sagt man, sei geheimnisumwoben, und unsere Ernährung als Kleinkinder sei noch außergewöhnlicher gewesen: Von den Vögeln und Tieren, denen wir zum Fraß vorgesetzt wurden, von eben diesen wurden wir ernährt, durch Milch einer Wölfin und Brocken, die ein Specht herbeibrachte, als wir in einem Korb am Ufer des großen Flusses lagen. (8) Den Korb gibt es noch, er wird aufbewahrt. Auf seinen eisernen Umfassungsringen sind undeutlich Buchstaben eingraviert, die unseren Eltern als Wiedererkennungszeichen freilich nutzlos sein werden, wenn wir bald tot sind." (9) Nach diesen Worten schätzte Numitor nach dem Erscheinungsbild des jungen Mannes die Zeit (scil. die seit dem Unrecht an seiner Tochter verstrichen war), und er wandte sich nicht von seiner verheißungsvollen Hoffnung ab, sondern überlegte, wie er heimlich mit seiner Tochter über diese Ereignisse sprechen könnte; denn sie wurde noch immer streng bewacht.

(8,1) Sobald Faustulus von der Gefangennahme des Remus und seiner Auslieferung an Numitor hörte, spornte er den Romulus an, seinem Bruder zu Hilfe zu eilen, und er eröffnete Romulus hierauf klar und deutlich die Umstände ihrer Geburt – bis dahin hatte er lediglich Andeutungen gemacht und gerade soviel preisgegeben, dass die Jünglinge dazu verleitet wurden, nicht wenig über ihre Situation nachzudenken. Er selbst aber nahm den Korb und eilte zu Numitor, voller Tatendrang und auch Furcht in Anbetracht des alles entscheidenden Augenblicks. (2) Deshalb fiel er auch den königlichen Wächtern bei den Stadttoren auf; und als er durchsucht wurde und auf ihre Fragen widersprüchlich antwortete, wurde auch der Korb entdeckt, den er unter seinem Umhang verhüllte. Unter den Wächtern war zufällig einer von denen, die die Kinder einst zum Fluss gebracht hatten und bei der Aussetzung dabei waren. (3) Dieser nun sah den Korb und erkannte ihn an seiner Machart und an den Buchstaben, und er erahnte die Wahrheit. Ohne zu zögern berichtete er die Angelegenheit dem König und führte den Faustulus zu einer Befragung herbei. (4) Unter vielen und schweren Foltern behielt dieser zwar nicht alles unbeugsam für sich, doch wurde durch die

Gewalt auch nicht die ganze Wahrheit entrissen. Er gestand, dass die Knaben am Leben seien, sagte aber, sie lebten als Hirten fernab von Alba. Er selbst sei gekommen, um diesen Korb der Ilia zu bringen, die oft gewünscht habe, ihn zu sehen und zu berühren, um ihre Hoffnung auf die Kinder zu stärken. (5) So wie es Leuten ergeht, die durcheinander sind und aus Furcht oder Zorn handeln, so ging es jetzt dem Amulius. Denn er schickte einen geeigneten Mann, der zudem ein Freund des Numitor war, eilends zu diesem, mit dem Befehl, den Numitor zu fragen, ob ihm etwas zu Ohren gekommen sei, dass die Kinder noch lebten. (6) Als dieser Mann dort ankam, da sah er Remus in liebevoller Umarmung des Numitor. Er bestärkte sie darauf in ihrer Hoffnung und ermutigte sie, sogleich zur Tat zur schreiten; er selbst schloss sich ihnen an und unterstützte sie. (7) Der rechte Augenblick gestattete es nicht zu zögern, auch wenn sie es gewollt hätten. Denn Romulus war bereits nahe, und nicht wenige Bürger schlossen sich ihm aus Hass und Furcht vor Amulius an. Auch führte er eine starke Streitmacht mit sich, eingeteilt in Hundertschaften, eine jede angeführt von einem Mann, der einen Heu- und Reisigballen an einer Stange festgebunden in die Höhe hielt. (...) (8) Da nun Remus in der Stadt die Bürger zum Aufstand rief, und Romulus gleichzeitig von draußen anrückte, wurde der Tyrann – in seiner Ratlosigkeit und Bestürzung unfähig, etwas zu unternehmen oder über seine Rettung nachzudenken – ergriffen und umgebracht. (9) Das meiste hierüber wird bei Fabius und Diokles von Peparethos berichtet, der, wie es scheint, auch als Erster die Gründung Roms behandelt hat.

7b Dion. Hal. ant. 1,79,4-83,3 (F 5b Peter = F 4b Jacoby)

Περὶ δὲ τῶν ἐκ τῆς Ἰλίας γενομένων Κόιντος μὲν Φάβιος ὁ Πίκτωρ λεγόμενος, ᾧ Λεύκιός τε Κίγκιος καὶ Κάτων Πόρκιος καὶ Πείσων Καλπούρνιος καὶ τῶν ἄλλων συγγραφέων οἱ πλείους ἠκολούθησαν, γέγραφε· ὡς κελεύσαντος Ἀμολίου τὰ βρέφη λαβόντες ἐν σκάφῃ κείμενα τῶν ὑπηρετῶν τινες ἔφερον ἐμβαλοῦντες εἰς τὸν ποταμὸν ἀπέχοντα τῆς πόλεως ἀμφὶ τοὺς ἑκατὸν εἴκοσι σταδίους. (79,5) ἐπεὶ δὲ ἐγγὺς ἐγένοντο καὶ εἶδον ἔξω τοῦ γνησίου ῥείθρου τὸν Τέβεριν ὑπὸ χειμώνων συνεχῶν ἐκτετραμμένον εἰς τὰ πεδία, καταβάντες ἀπὸ τοῦ Παλλαντίου τῆς κορυφῆς ἐπὶ τὸ προσεχέστατον ὕδωρ, (οὐ γὰρ ἔτι προσωτέρω χωρεῖν οἷοί τε ἦσαν) ἔνθα πρῶτον ἡ τοῦ ποταμοῦ πλήμη τῆς ὑπωρείας ἥπτετο, τίθενται τὴν σκάφην ἐπὶ τοῦ ὕδατος. ἡ δὲ μέχρι μέν τινος ἐνήχετο, ἔπειτα τοῦ ῥείθρου κατὰ μικρὸν ὑποχωροῦντος ἐκ τῶν περὶ ἔσχατα λίθου προσπταίσει περιτραπεῖσα ἐκβάλλει τὰ βρέφη. (6) τὰ μὲν δὴ κυζούμενα κατὰ τοῦ τέλματος ἐκυλινδεῖτο, λύκαινα δέ τις ἐπιφανεῖσα νεοτόκος σπαργῶσα τοὺς μαστοὺς ὑπὸ γάλακτος ἀνεδίδου τὰς θηλὰς τοῖς στόμασιν αὐτῶν καὶ τῇ γλώττῃ τὸν πηλόν, ᾧ κατάπλεοι ἦσαν, ἀπελίχμα. ἐν δὲ τούτῳ τυγχάνουσιν οἱ νομεῖς ἐξελαύνοντες τὰς ἀγέλας ἐπὶ νομήν (ἤδη γὰρ ἐμβατὸν ἦν τὸ χωρίον) καί τις αὐτῶν ἰδὼν τὴν λύκαιναν ὡς ἠσπάζετο τὰ βρέφη τέως μὲν ἀχανὴς ἦν ὑπό τε θάμβους καὶ ἀπιστίας τῶν θεωρουμένων· ἔπειτ' ἀπελθὼν καὶ συλλέξας ὅσους ἐδύνατο πλείστους τῶν ἀγχοῦ νεμόντων (οὐ γὰρ ἐπιστεύετο λέγων) ἄγει τοὖργον αὐτὸ θεασομένους. (7) ὡς δὲ κἀκεῖνοι πλησίον ἐλθόντες ἔμαθον τὴν μὲν ὥσπερ τέκνα περιέπουσαν, τὰ δ' ὡς μητρὸς ἐξεχόμενα, δαιμόνιόν τι χρῆμα ὁρᾶν ὑπολαβόντες ἐγγυτέρω προσῄεσαν ἀθρόοι δεδιττόμενοι βοῇ τὸ θηρίον. ἡ δὲ λύκαινα οὐ μάλα ἀγριαίνουσα τῶν ἀνθρώπων τῇ προσόδῳ, ἀλλ' ὡσπερὰν χειροήθης ἀποστᾶσα τῶν βρεφῶν ἠρέμα καὶ κατὰ πολλὴν ἀλογίαν τοῦ ποιμενικοῦ ὁμίλου ἀπῄει. (8) καὶ ἦν γάρ τις οὐ πολὺ ἀπέχων ἐκεῖθεν ἱερὸς χῶρος ὕλῃ βαθείᾳ συνηρεφὴς καὶ πέτρα κοίλη πηγὰς ἀνιεῖσα, ἐλέγετο δὲ Πανὸς εἶναι τὸ νάπος, καὶ βωμὸς ἦν αὐτόθι τοῦ θεοῦ· εἰς τοῦτο τὸ χωρίον ἐλθοῦσα ἀποκρύπτεται. (...) (9) ὡς δὲ ἀπέστη τὸ θηρίον αἴρουσιν οἱ νομεῖς τὰ βρέφη σπουδὴν ποιούμενοι τρέφειν ὡς θεῶν αὐτὰ σώζεσθαι βουλομένων. ἦν δέ τις ἐν αὐτοῖς συοφορβίων βασιλικῶν ἐπιμελούμενος ἐπιεικὴς ἀνὴρ Φαιστύλος ὄνομα, ὃς ἐν τῇ πόλει κατὰ δή τι ἀναγκαῖον ἐγεγόνει καθ' ὃν χρόνον ἡ φθορὰ τῆς Ἰλίας καὶ ὁ τόκος ἠλέγχετο, καὶ μετὰ ταῦτα κομιζομένων ἐπὶ τὸν ποταμὸν τῶν βρεφῶν τοῖς φέρουσιν αὐτὰ κατὰ θείαν τύχην ἅμα διεληλύθει τὴν αὐτὴν ὁδὸν εἰς τὸ Παλλάντιον ἰών· ὃς ἥκιστα τοῖς ἄλλοις καταφανὴς γενόμενος ὡς ἐπίσταταί τι τοῦ πράγματος ἀξιώσας αὐτῷ συγχωρηθῆναι τὰ βρέφη λαμβάνει τε αὐτὰ παρὰ τοῦ κοινοῦ καὶ φέρων ὡς τὴν γυναῖκα ἔρχεται. (10) τετοκυῖαν δὲ καταλαβὼν καὶ ἀχθομένην ὅτι νεκρὸν αὐτῇ τὸ βρέφος ἦν παραμυθεῖταί τε καὶ δίδωσιν ὑποβαλέσθαι τὰ παιδία πᾶσαν ἐξ ἀρχῆς διηγησάμενος τὴν κατασχοῦσαν αὐτὰ τύχην. αὐξομένοις δὲ αὐτοῖς ὄνομα τίθεται τῷ μὲν Ῥωμύλον, τῷ δὲ Ῥῶμον. οἱ δὲ ἀνδρωθέντες γίνονται κατά τε ἀξίωσιν μορφῆς καὶ φρονήματος ὄγκον οὐ συοφορβοῖς καὶ βουκόλοις ἐοικότες, ἀλλ' οἵους ἄν τις ἀξιώσειε τοὺς ἐκ βασιλείου τε φύντας γένους καὶ ἀπὸ δαιμόνων σπορᾶς γενέσθαι νομιζομένους, ὡς ἐν τοῖς πατρίοις ὕμνοις ὑπὸ Ῥωμαίων ἔτι καὶ νῦν ᾄδεται. (11) βίος δ' αὐτοῖς ἦν βουκολικὸς καὶ δίαιτα αὐτουργὸς ἐν ὄρεσι τὰ πολλὰ πηξαμένοις διὰ ξύλων καὶ καλάμων σκηνὰς αὐτορόφους· (...) (12) ἐπεὶ δὲ ἀμφὶ τὰ ὀκτωκαίδεκα ἔτη γεγονότες ἦσαν ἀμφίλογόν τι περὶ τῆς νομῆς αὐτοῖς γίνεται πρὸς τοὺς Νεμέτορος βουκόλους, οἳ περὶ τὸ Αὐεντῖνον ὄρος ἀντικρὺ τοῦ Παλλαντίου κείμενον εἶχον τὰς βουστάσεις. ᾐτιῶντο δὲ ἀλλήλους ἑκάτεροι θαμινὰ ἢ τὴν μὴ προσήκουσαν ὀργάδα κατανέμειν ἢ τὴν κοινὴν μόνους διακρατεῖν ἢ ὅ τι δήποτε τύχοι. ἐκ δὲ τῆς ἀψιμαχίας ταύτης ἐγένοντο πληγαί ποτε διὰ χειρῶν, εἶτα δι' ὅπλων. (13) τραύματα δὲ πολλὰ πρὸς τῶν μειρακίων λαβόντες οἱ τοῦ Νεμέτορος καί τινας καὶ ἀπολέσαντες τῶν σφετέρων καὶ τῶν χωρίων ἤδη κατὰ κράτος ἐξειργόμενοι παρεσκευάζοντο δόλον τινὰ ἐπ' αὐτούς. προλοχίσαντες δὴ τῆς φάραγγος τὸ ἀφανὲς καὶ συνθέμενοι τοῖς λοχῶσι τὰ μειράκια τὸν τῆς ἐπιθέσεως καιρὸν οἱ λοιποὶ κατὰ πλῆθος ἐπὶ τὰ μανδρεύματα αὐτῶν νύκτωρ ἐπέβαλον. Ῥωμύλος μὲν οὖν τὸν χρόνον τοῦτον ἐτύγχανεν ἅμα τοῖς ἐπιφανεστάτοις τῶν κωμητῶν πεπορευμένος εἴς τι χωρίον Καίνιναν ὀνομαζόμενον ἱερὰ ποιήσων ὑπὲρ τοῦ κοινοῦ πάτρια·(14) Ῥῶμος δὲ τὴν ἔφοδον αὐτῶν αἰσθόμενος ἐξεβοήθει λαβὼν τὰ ὅπλα διαταχέων ὀλίγους τῶν ἐκ τῆς κώμης φθάσαντας καθ' ἓν γενέσθαι παραλαβών. κἀκεῖνοι οὐ δέχονται αὐτόν, ἀλλὰ φεύγουσιν ὑπαγόμενοι ἔνθα ἔμελλον ἐν καλῷ ὑποστρέψαντες ἐπιθήσεσθαι· ὁ δὲ Ῥῶμος κατ' ἄγνοιαν τοῦ μηχανήματος ἄχρι πολλοῦ διώκων αὐτοὺς παραλλάττει τὸ λελοχισμένον χωρίον, κἂν τούτῳ ὅ τε λόχος ἀνίσταται καὶ οἱ φεύγοντες ὑποστρέφουσι. κυκλωσάμενοι δὲ αὐτοὺς καὶ πολλοῖς ἀράττοντες λίθοις λαμβάνουσιν ὑποχειρίους. ταύτην γὰρ εἶχον ἐκ τῶν δεσποτῶν τὴν παρακέλευσιν, ζῶντας αὐτοῖς τοὺς νεανίσκους κομίσαι. οὕτω μὲν δὴ χειρωθεὶς ὁ Ῥῶμος ἀπήγετο (...).

(80,3) ὁ μὲν οὖν Ῥῶμος ἐπὶ τοῖς πολεμίοις γενόμενος οὕτως, εἴθ' ὡς ὁ Φάβιος παραδέδωκε, δέσμιος εἰς τὴν Ἄλβαν ἀπήγετο. Ῥωμύλος δ' ἐπειδὴ τὸ περὶ τὸν ἀδελφὸν ἔγνω πάθος, διώκειν εὐθὺς ᾤετο δεῖν τοὺς ἀκμαιοτάτους ἔχων τῶν νομέων, ὡς ἔτι κατὰ τὴν ὁδὸν ὄντα καταληψόμενος τὸν Ῥῶμον, ἀποτρέπεται δ' ὑπὸ τοῦ Φαιστύλου· ὁρῶν γὰρ αὐτοῦ τὴν σπουδὴν μανικωτέραν οὖσαν νομισθεὶς ὁ πατήρ, τὸν ⟨μὲν⟩ ἔμπροσθεν χρόνον ἀπόρρητα ποιούμενος τοῖς μειρακίοις διετέλεσεν, ὡς μὴ θᾶττον ὁρμήσωσι παρακινδυνεῦσαί τι πρὶν ἐν τῷ κρατίστῳ τῆς ἀκμῆς γενέσθαι, τότε δὴ πρὸς τῆς ἀνάγκης βιασθεὶς μονωθέντι τῷ Ῥωμύλῳ λέγει. (4) μαθόντι δὲ τῷ νεανίσκῳ πᾶσαν ἐξ ἀρχῆς τὴν κατασχοῦσαν αὐτοὺς τύχην τῆς τε μητρὸς οἶκτος εἰσέρχεται καὶ Νεμέτορος φροντίς καὶ πολλὰ βουλευσαμένῳ μετὰ τοῦ Φαιστύλου τῆς μὲν αὐτίκα ὁρμῆς ἐπισχεῖν ἐδόκει, πλείονι δὲ παρασκευῇ δυνάμεως χρησάμενον ὅλον ἀπαλλάξαι τὸν οἶκον τῆς Ἀμολίου παρανομίας κίνδυνόν τε τὸν ἔσχατον ὑπὲρ τῶν μεγίστων ἄθλων ἀναρρῖψαι, πράττειν δὲ μετὰ τοῦ μητροπάτορος ὅ τι ἂν ἐκείνῳ δοκῇ.

(81,1) Ὡς δὲ ταῦτα κράτιστα εἶναι ἔδοξε συγκαλέσας τοὺς κωμήτας ἅπαντας ὁ Ῥωμύλος καὶ δεηθεὶς εἰς τὴν Ἄλβαν ἐπείγεσθαι διαταχέων μὴ κατὰ τὰς αὐτὰς πύλας ἅπαντας μηδ' ἀθρόους εἰσιόντας, μή τις ὑπόνοια πρὸς τοὺς ἐν τῇ πόλει γένηται, καὶ περὶ τὴν ἀγορὰν ὑπομένοντας ἑτοίμους εἶναι δρᾶν τὸ κελευόμενον, ἀπῄει πρῶτος εἰς τὴν πόλιν. (2) οἱ δὲ τὸν Ῥῶμον ἄγοντες ἐπειδὴ κατέστησαν ἐπὶ τὸν βασιλέα, τάς τε ὕβρεις ἁπάσας, ὅσας ἦσαν ὑβρισμένοι πρὸς τῶν μειρακίων, κατηγόρουν καὶ τοὺς τραυματίας σφῶν ἐπεδείκνυσαν τιμωρίας εἰ μὴ τεύξονται καταλείψειν προλέγοντες τὰ βουφόρβια. Ἀμόλιος δὲ τοῖς χωρίταις κατὰ πλῆθος ἐληλυθόσι χαρίζεσθαι βουλόμενος καὶ τῷ Νεμέτορι (παρὼν γὰρ ἐτύγχανε συναγανακτῶν τοῖς πελάταις) εἰρήνην τε ἀνὰ τὴν χώραν σπεύδων εἶναι καὶ ἅμα καὶ τὸ αὔθαδες τοῦ μειρακίου, ὡς ἀκατάπληκτον ἦν ἐν τοῖς λόγοις, δι' ὑποψίας λαμβάνων καταψηφίζεται τὴν δίκην· τῆς δὲ τιμωρίας τὸν Νεμέτορα ποιεῖ κύριον εἰπών, ὡς τῷ δράσαντι δεινὰ τὸ ἀντιπαθεῖν οὐ πρὸς ἄλλου τινὸς μᾶλλον ἢ τοῦ πεπονθότος ὀφείλεται. (3) ἐν ὅσῳ δ' ὁ Ῥῶμος ὑπὸ τῶν τοῦ Νεμέτορος βουκόλων ἤγετο δεδεμένος τε ὀπίσω τὼ χεῖρε καὶ πρὸς τῶν ἀγόντων ἐπικερτομούμενος, ἀκολουθῶν ὁ Νεμέτωρ τοῦ τε σώματος τὴν εὐπρέπειαν ἀπεθαύμαζεν, ὡς πολὺ τὸ βασιλικὸν εἶχε, καὶ τοῦ φρονήματος τὴν εὐγένειαν ἐνεθυμεῖτο, ἣν καὶ παρὰ τὰ δεινὰ διέσωσεν οὐ πρὸς οἶκτον οὐδὲ λιπαρήσεις, ὡς ἅπαντες ἐν ταῖς τοιαῖσδε ποιοῦσι τύχαις, τραπόμενος, ἀλλὰ σὺν εὐκόσμῳ σιωπῇ πρὸς τὸν μόρον ἀπιών. (4) ὡς δ' εἰς τὴν οἰκίαν ἀφίκοντο μεταστῆναι τοὺς ἄλλους κελεύσας μονωθέντα τὸν Ῥῶμον ἤρετο τίς εἴη καὶ τίνων, ὡς οὐκ ἂν ἐκ τῶν τυχόντων γε ἄνδρα τοιοῦτον γενόμενον. εἰπόντος δὲ τοῦ Ῥώμου τοσοῦτον εἰδέναι μόνον κατὰ πύστιν τοῦ τρέφοντος, ὅτι σὺν ἀδελφῷ διδύμῳ ἐκτεθείη βρέφος εἰς νάπην εὐθὺς ἀπὸ γονῆς καὶ πρὸς τῶν νομέων ἀναιρεθεὶς ἐκτραφείη, βραχὺν ἐπισχὼν χρόνον εἴτε ὑποτοπηθείς τι τῶν ἀληθῶν εἴτε τοῦ δαίμονος ἄγοντος εἰς τοὐμφανὲς τὸ πρᾶγμα λέγει πρὸς αὐτόν· (5) "Ὅτι μὲν ἐπ' ἐμοὶ γέγονας, ὦ Ῥῶμε, παθεῖν ὅ τι ἂν δικαιώσω, καὶ ὡς περὶ πολλοῦ ποιήσαιντ' ἂν οἱ κομίσαντές σε δεῦρο πολλὰ καὶ δεινὰ παθόντες ἀποθανεῖν, οὐδὲν δεῖ πρὸς εἰδότα λέγειν. εἰ δέ σε θανάτου τε καὶ ἄλλου παντὸς ἐκλυσαίμην κακοῦ, ἆρ' ἂν εἰδείης μοι χάριν καὶ δεομένῳ ὑπουργήσειας ὃ κοινὸν ἀμφοῖν ἔσται ἀγαθόν;' (6) ἀποκριναμένου δὲ τοῦ μειρακίου ὁπόσα τοὺς ἐν ἀπογνώσει βίου κειμένους ἢ τοῦ σωθήσεσθαι ἐλπὶς τοῖς κυρίοις τούτου λέγειν καὶ ὑπισχνεῖσθαι ἐπαίρει, λῦσαι κελεύσας αὐτὸν ὁ Νεμέτωρ καὶ πάντας ἀπελθεῖν ἐκποδῶν φράζει τὰς αὑτοῦ τύχας, ὡς Ἀμόλιος αὐτὸν ἀδελφὸς ὢν ἀπεστέρησε τῆς βασιλείας ὀρφανόν τε τέκνων ἔθηκε, τὸν μὲν ἐπὶ θήρᾳ κρύφα διαχειρισάμενος, τὴν δ' ἐν εἱρκτῇ δεδεμένην φυλάττων, τά τε άλλα όπόσα δεσπότης χρώμενος δούλω ⟨λωβάται⟩. (82,1) Ταῦτ' εἰπὼν καὶ πολὺν θρῆνον ἅμα τοῖς λόγοις καταχεάμενος ἠξίου τιμωρὸν τοῖς κακοῖς κατ' οἶκον αὐτοῦ τὸν Ῥῶμον γενέσθαι. ἀσμένως δὲ ὑποδεξαμένου τὸν λόγον τοῦ μειρακίου καὶ παραυτίκα τάττειν αὐτὸν ἐπὶ τὸ ἔργον ἀξιοῦντος ἐπαινέσας ὁ Νεμέτωρ τὴν προθυμίαν, 'Τῆς μὲν πράξεως' ἔφη 'τὸν καιρὸν ἐγὼ ταμιεύσομαι, σὺ δὲ τέως πρὸς τὸν ἀδελφὸν ἀπόρρητον ἅπασι τοῖς ἄλλοις ἀγγελίαν πέμψον, ὅτι σώζῃ τε δηλῶν καὶ διαταχέων αὐτὸν ἥκειν ἀξιῶν.' (2) ἐκ δὲ τούτου πέμπεταί τις ἐξευρεθείς, ὃς ἐδόκει ὑπηρετήσειν καὶ περιτυχὼν οὐ πρόσω τῆς πόλεως ὄντι Ῥωμύλῳ διασαφεῖ τὰς ἀγγελίας· ὁ δὲ περιχαρὴς γενόμενος ἔρχεται σπουδῇ πρὸς Νεμέτορα καὶ περιπλακεὶς ἀμφοῖν ἀσπάζεται μὲν πρῶτον, ἔπειτα φράζει τὴν ἔκθεσιν σφῶν καὶ τροφὴν καὶ τἆλλα ὅσα παρὰ τοῦ Φαιστύλου ἐπύθετο. τοῖς δὲ βουλομένοις τε καὶ οὐ πολλῶν ἵνα πιστεύσειαν τεκμηρίων δεομένοις καθ' ἡδονὰς τὸ λεγόμενον. ἐπεὶ δὲ ἀνέγνωσαν ἀλλήλους αὐτίκα συνετάττοντο καὶ διεσκόπουν ὅστις ἔσται τρόπος ἢ καιρὸς εἰς τὴν ἐπίθεσιν ἐπιτήδειος. (3) ἐν ᾧ δὲ οὗτοι περὶ ταῦτ' ἦσαν ὁ Φαιστύλος ἀπάγεται πρὸς Ἀμόλιον. δεδοικὼς γὰρ μὴ οὐ πιστὰ δόξῃ τῷ Νεμέτορι λέγειν ὁ Ῥωμύλος ἄνευ σημείων ἐμφανῶν μεγάλου πράγματος μηνυτὴς γενόμενος, τὸ γνώρισμα τῆς ἐκθέσεως τῶν βρεφῶν τὴν σκάφην ἀναλαβὼν ὀλίγον ὕστερον ἐδίωκεν εἰς τὴν πόλιν. (4) διερχόμενον δ' αὐτὸν τὰς πύλας ταραχωδῶς πάνυ καὶ περὶ πολλοῦ ποιούμενον μηδενὶ ποιῆσαι καταφανὲς τὸ φερόμενον τῶν φυλάκων τις καταμαθών (ἦν δὲ πολεμίων ἐφόδου δέος, καὶ τὰς πύλας οἱ μάλιστα πιστευόμενοι πρὸς τοῦ βασιλέως ἐφρούρουν) συλλαμβάνει τε καὶ τὸ κρυπτὸν ὅ τι δήποτ' ἦν καταμαθεῖν ἀξιῶν, ἀποκαλύπτει βίᾳ τὴν περιβολήν. ὡς δὲ τὴν σκάφην ἐθεάσατο καὶ τὸν ἄνθρωπον ἔμαθεν ἀπορούμενον, ἠξίου λέγειν τίς ἡ ταραχὴ καὶ τί τὸ βούλημα τοῦ μὴ φανερῶς ἐκφέρειν σκεῦος οὐδὲν δεόμενον ἀπορρήτου φορᾶς. (5) ἐν δὲ τούτῳ πλείους τῶν φυλάκων συνέρρεον καί τις αὐτῶν γνωρίζει τὴν σκάφην αὐτὸς ἐν ἐκείνῃ τὰ παιδία κομίσας ἐπὶ τὸν ποταμὸν καὶ φράζει πρὸς τοὺς παρόντας. οἱ δὲ συλλαβόντες τὸν Φαιστύλον ἄγουσιν ἐπ' αὐτὸν τὸν βασιλέα καὶ διηγοῦνται τὰ γενόμενα. (6) Ἀμόλιος δὲ ἀπειλῇ βασάνων καταπληξάμενος τὸν ἄνθρωπον, εἰ μὴ λέξοι τὰς ἀληθείας ἑκών, πρῶτον μὲν εἰ ζῶσιν οἱ παῖδες ἤρετο· ὡς δὲ τοῦτ' ἔμαθε τῆς σωτηρίας αὐτοῖς ὅστις ὁ τρόπος ἐγένετο διηγησαμένου δὲ αὐτοῦ πάντα ὡς ἐπράχθη, '"Αγε δή', φησὶν ὁ βασιλεύς, 'ἐπειδὴ ταῦτ' ἀληθεύσας ἔχεις, φράσον ὅπου νῦν ἂν εὑρεθεῖεν. οὐ γὰρ ἔτι δίκαιοί εἰσιν ἐν βουκόλοις καὶ ἄδοξον βίον ζῆν ἔμοιγε ὄντες συγγενεῖς, ἄλλως τε καὶ θεῶν προνοίᾳ σωζόμενοι.'

(83,1) Φαιστύλος δὲ τῆς ἀλόγου πραότητος ὑποψίᾳ κινηθεὶς μὴ φρονεῖν αὐτὸν ὅμοια τοῖς λόγοις ἀποκρίνεται ὧδε· 'Οἱ μὲν παῖδές εἰσιν ἐν τοῖς ὄρεσι βουκολοῦντες, ὅσπερ ἐκείνων βίος, ἐγὼ δ' ἐπέμφθην παρ' αὐτῶν τῇ μητρὶ δηλώσων ἐν αἷς εἰσι τύχαις· ταύτην δὲ παρά σοι φυλάττεσθαι ἀκούων δεήσεσθαι τῆς σῆς θυγατρὸς ἔμελλον, ἵνα με πρὸς αὐτὴν ἀγάγοι. τὴν δὲ σκάφην ἔφερον, ἵν' ἔχω δεικνύναι τεκμήριον ἐμφανὲς ἅμα τοῖς λόγοις. νῦν οὖν ἐπεὶ δέδοκταί σοι τοὺς νεανίσκους δεῦρο κομίσαι χαίρω τε, καὶ πέμψον οὕςτινας βούλει σὺν ἐμοί. δείξω μὲν οὖν τοῖς ἐλθοῦσι τοὺς παῖδας, φράσουσι δ' αὐτοῖς ἐκεῖνοι τὰ παρά σου.' (2) ὁ μὲν δὴ ταῦτ' ἔλεγεν ἀναβολὴν εὑρέσθαι βουλόμενος τοῖς παισὶ τοῦ θανάτου καὶ ἅμα αὐτὸς ἀποδράσεσθαι τοὺς ἄγοντας, ἐπειδὰν ἐν τοῖς ὄρεσι γένηται, ἐλπίσας. Ἀμόλιος δὲ τοῖς πιστοτάτοις τῶν ὁπλοφόρων ἐπιστείλας κρύφα, οὓς ἂν ὁ συοφορβὸς αὐτοῖς δείξῃ συλλαβόντας ὡς αὐτὸν ἄγειν, ἀποστέλλει διαταχέων. ταῦτα δὲ διαπραξάμενος αὐτίκα γνώμην ἐποιεῖτο καλέσας τὸν ἀδελφὸν ἐν φυλακῇ ἀδέσμῳ ἔχειν, ἕως ἂν εὖ θῆται τὰ παρόντα, καὶ αὐτὸν ὡς ἐπ' ἄλλο δή τι ἐκάλει. (3) ὁ δὲ ἀποσταλεὶς ἄγγελος εὐνοίᾳ τε τοῦ κινδυνεύοντος καὶ ἐλέῳ τῆς τύχης ἐπιτρέψας κατήγορος γίνεται Νεμέτορι τῆς Ἀμολίου γνώμης. ὁ δὲ τοῖς παισὶ δηλώσας τὸν κατειληφότα κίνδυνον αὐτοὺς καὶ παρακελευσάμενος ἄνδρας ἀγαθοὺς γενέσθαι παρῆν ἄγων ὡπλισμένους ἐπὶ τὰ βασίλεια τῶν τε ἄλλων πελατῶν καὶ ἑταίρων καὶ θεραπείας πιστῆς χεῖρα οὐκ ὀλίγην. ἧκον δὲ καὶ οἱ ἐκ τῶν ἀγρῶν συνελθόντες εἰς τὴν πόλιν ἐκλιπόντες τὴν ἀγορὰν ἔχοντες ὑπὸ ταῖς περιβολαῖς ξίφη κεκρυμμένα, στῖφος καρτερόν. βιασάμενοι δὲ τὴν εἴσοδον ἀθρόᾳ ὁρμῇ πάντες οὐ πολλοῖς ὁπλίταις φρουρουμένην ἀποσφάττουσιν εὐπετῶς Ἀμόλιον καὶ μετὰ τοῦτο τὴν ἄκραν καταλαμβάνονται. ταῦτα μὲν οὖν τοῖς περὶ Φάβιον εἴρηται.

Übers.: Über die Kinder der Ilia schrieb Quintus Fabius Pictor, dem Lucius Cincius und Porcius Cato und Calpurnius Piso und die meisten anderen Geschichtsschreiber folgen, dies: Auf Befehl des Amulius legten einige seiner Diener die Säuglinge in einen Korb und brachten sie fort, um sie im Fluss, der etwa 120 Stadien außerhalb der Stadt lag, auszusetzen. (79,5) Als sie sich dem Fluss näherten und sahen, dass der Tiber infolge eines langen Regens über die Ufer in der Ebene getreten war, stiegen sie vom Palatin zum nächstgelegenen Wasser herab (denn sie kamen nicht mehr weiter) und setzten dort, wo der angeschwollene Fluss bis an den Fuß des Berges herantrat, den Korb ins Wasser. Dieser trieb einige Zeit umher; als aber die Flut nach und nach zurückging, stieß der Korb auf einen Fels, kippte um und warf die Säuglinge heraus. (6) Während diese nun weinend im Schlamm lagen, kam eine Wölfin, die gerade geworfen hatte und deren Zitzen mit Milch gefüllt waren, hielt ihnen diese an ihre Münder und leckte mit der Zunge den Schlamm ab, von dem sie ganz voll waren. Gerade zu dieser Zeit trieben Hirten die Herden auf die Weide (denn das Gebiet war bereits wieder zugänglich), und einer von ihnen erspähte die Wölfin, wie sie die Säuglinge liebkoste, und wunderte sich einige Zeit über das unglaubliche Treiben. Dann ging er davon, um so viele der Hirten (die in der Nähe ihre Herden weideten) zusammenzuholen, wie er konnte – denn sie glaubten seinen Worten nicht –, und führte sie herbei, damit sie das Schauspiel mit eigenen Augen sähen. (7) Und als auch jene näher gekommen waren, staunten sie, wie die Wölfin sich um die Säuglinge kümmerte, gerade als wären es ihre eigenen Jungen, und wie diese an ihr hingen wie an ihrer Mutter. Sie meinten daher, sie sähen etwas Göttliches, und traten näher heran, wobei sie das Tier durch ihr Geschrei aufschreckten. Die Wölfin indes, ohne durch das Herannahen der Männer zu scheuen, ließ – gerade so als wäre sie zahm – von den Kindern ab und ging unter Nichtbeachtung der Hirtenschar weg. (8) Nicht weit von dort war ein heiliger Ort mit dichtem Unterholz und einem hohlen Fels, aus dem eine Quelle sprudelte; dieser Hain soll Pan geheiligt gewesen sein, und es befand sich auch ein Altar für den Gott darin. Zu diesem Ort kam nun die Wölfin und versteckte sich (...). (9) Nachdem das Tier weggegangen war, nahmen die Hirten die Säuglinge auf und kümmerten sich eifrig um ihre Erziehung, da sie meinten, die Kinder seien auf göttliches Betreiben gerettet worden. Unter ihnen war ein gewisser Faustulus, ein tüchtiger Mann und Aufseher der königlichen Schweineherden, der sich just zu der Zeit, als die Entehrung der Ilia und ihre Niederkunft bekannt wurden, wegen einiger wichtiger Geschäfte in der Stadt aufhielt. Als die Kinder dann zum Fluss getragen wurden, hatte er durch göttliches Einwirken den gleichen Weg zum Palatin genommen wie diejenigen, die die Kinder aussetzten. Dieser nun bat, dass die Säuglinge ihm zugestanden würden, und brachte sie, nachdem er sie auf allgemeines Geheiß erhalten hatte, zu seiner Frau, ohne aber den anderen erkennen zu geben, dass er irgendetwas von der Aussetzung wusste. (10) Da sie selbst gerade ein Kind geboren hatte und trauerte, da das Neugeborene verstorben war, tröstete er sie, gab ihr diese Kinder als Ersatz für das Verstorbene und erzählte ihr die Umstände ihres Schicksals von Anfang an. Nachdem sie herangewachsen waren, gab er ihnen die Namen Romulus und Remus. Und als sie das Mannesalter erreicht hatten, schienen sie in der Würde ihrer Gestalt und in ihrem stolzen Sinn nicht Schweine- oder Viehhirten gleich, sondern solchen Menschen, an denen man eine königliche Herkunft und die Frucht der Götter zu erkennen meint (wie in den altertümlichen Gesängen der Römer bis zum heutigen Tag berichtet wird). (11) Sie lebten als Hirten und von ihrer eigenen Arbeit, die meiste Zeit in den Bergen in Hütten aus Holz und Schilfrohr, die sie selbst bauten. (...) (12) Als sie etwa 18 Jahre alt waren, brach ein Streit um Weideland zwischen ihnen und den Hirten des Numitor aus, die ihre Herden auf dem Aventin hielten, gerade gegenüber dem Palatin. Beide Seiten beschuldigten sich häufig einander, entweder Fluren, die ihnen nicht zugeteilt waren, oder gemeinsames Land zum alleinigen Nutzen zu beweiden oder brachten sonstige Anschuldigungen vor. (13) Diese Streitigkeiten führten bisweilen zu Schlägereien, manchmal gar zu bewaffneten Auseinandersetzungen. Nachdem nun die Leute des Numitor durch die jungen Männer häufig übel zugerichtet und mit Gewalt aus dem strittigen Gebiet verdrängt worden waren, bereiteten sie den beiden eine listige Falle. Sie legten in einem verborgenen Teil des Tales einen Hinterhalt, und die Übrigen überfielen, nachdem sie mit denen, die Romulus und Remus dort auflauerten, einen Zeitpunkt für den Angriff vereinbart hatten, nachts in einer Meute die Herden der beiden. Romulus befand sich zu dieser Zeit zusammen mit den Angesehensten des Dorfes in einer Gegend namens Caenina, um nach Sitte der Väter gewisse Opfer zum Wohle des Gemeinwesens darzubringen. (14) Sobald Remus aber vom Überfall erfahren hatte, griff er zu den Waffen und eilte mit wenigen der Dorfbewohner, die sich hierzu bereits versammelt hatten, zur Hilfe. Doch die Feinde warteten nicht auf seine Ankunft, sondern flüchteten, um ihn zu dem Ort zu locken, an dem sie beabsichtigten, kehrt zu machen und ihn unter günstigen Bedingungen anzugreifen. Remus verfolgte sie über eine längere Distanz (ohne freilich den Hinterhalt zu erahnen), bis er an die Stelle kam, wo sich die Meute der Versteckten erhob und die eben noch Fliehenden sich nun gegen ihn wandten. Sie kesselten Remus und seine Männer ein, bewarfen sie mit Steinen und nahmen sie gefangen. Denn sie hatten von ihren Anführern die Anweisung, die Jünglinge lebend zu überbringen. So wurde Remus gefangen genommen und abgeführt. (...)

(80,3) Nachdem Remus auf diese Weise, die Fabius Pictor beschreibt, in die Hände der Feinde gelangt war, wurde er gefesselt und nach Alba abgeführt. Als aber Romulus vom Schicksal seines Bruders erfuhr, meinte er, mit den kräftigsten Hirten sofort die Verfolgung aufnehmen zu müssen, um den Remus noch auf dem Weg nach Alba zu befreien. Faustulus, der sah, dass Romulus' Eifer zu waghalsig war, riet ihm hiervon jedoch ab. Bis zu diesem Zeitpunkt hielt Faustulus, der von den Jünglingen stets als ihr Vater erachtet worden war, vor ihnen alles geheim, damit sie nicht vorschnell irgendein Wagnis eingingen, bevor sie in kräftigem Alter waren. Nun aber, notgedrungener Weise, nahm er Romulus beiseite und eröffnete ihm alles. (4) Als der junge Mann das eigene und des Remus Schicksal erfahren hatte, da überkam ihn Mitleid mit seiner Mutter und auch Trübsal wegen Numitor; und nachdem er lange Zeit mit Faustulus beratschlagt hatte, hielt er es für richtig, von einem sofortigen Angriff abzulassen, und versammelte statt dessen eine größere Streitmacht, um seine ganze Familie von der Unrechtsherrschaft des Amulius zu befreien und auch die äußerste Gefahr für diesen größten Lohn einzugehen und mit seinem Großvater (Numitor) gemeinsam (alles) zu tun, was diesem richtig erschien.

(81,1) Dieser Plan wurde als der beste erachtet. Romulus rief daraufhin alle Dorfbewohner zusammen. Nachdem er sie aufgefordert hatte, nach Alba zu eilen, sich dort auf dem Marktplatz einzufinden und für jeden Befehl bereit zu sein – nicht jedoch alle zusammen durch dasselbe Tor und auch nicht in einem Haufen in die Stadt einzudringen, damit die Bewohner keinen Verdacht schöpften –, ging er selbst als Erster in die Stadt. (2) Unterdessen brachten die, die den Remus fortgeführt hatten, diesen vor den König und klagten über alle Gewalttaten, die sie durch die Jünglinge erfahren hatten; sie entblößten ihre Wunden und drohten, ihre Herden zu verlassen, wenn ihnen keine Genugtuung widerfahre. Amulius verurteilte ihn, da er sich den in großer Zahl zusammengekommenen Bauern ebenso gefällig zeigen wollte wie dem Numitor (dieser war zufällig anwesend und pflichtete den Versammelten in ihren Klagen bei) und weil er auch auf dem Land Frieden ersehnte, gleichzeitig aber auch die Selbstsicherheit des Jünglings verdächtig fand (Remus war in seinen Worten nämlich ganz furchtlos). Die Bestrafung übertrug Amulius aber dem Numitor, da er meinte, dass die Bestrafung eines Missetäters keinem anderen mehr zukomme als dem, der zuvor geschädigt worden sei. (3) Während Remus so, die Hände auf dem Rücken verbunden, von den Hirten des Numitor weggeführt und dabei von diesen verspottet wurde, staunte Numitor über seinen stattlichen Körperbau (er hatte viel Königliches) und dachte über seinen edlen Sinn nach, den Remus selbst in höchster Not bewahrte – ohne in Klagen und Bittflehen zu verfallen, wie alle anderen es in einer solchen Situation tun, sondern mit gefasstem Schweigen seinem Schicksal entgegengehend. (4) Sobald sie zu Numitors Haus gekommen waren, befahl dieser den anderen wegzugehen, und als er mit Remus allein war, fragte er ihn, wer er sei und von welchen Eltern er abstamme, da ein Mann wie Remus nicht von gewöhnlicher Herkunft sein könne. Remus sagte, er wisse nur dies aus der Erzählung seines Ziehvaters, dass er zusammen mit seinem Zwillingsbruder nach der Geburt in einem Waldstück ausgesetzt, von Hirten aufgenommen und aufgezogen worden sei. Nach einer kurzen Pause entgegnete Numitor (sei es nun, weil er der Wahrheit auf die Spur kommen wollte, oder sei es, weil das Schicksal seinen Lauf genommen hatte, um die Sache zu erhellen): (5) „Dass es in meiner Macht steht, dass du die Strafe erhälst, die ich für angemessen erachte, und dass diejenigen, die dich hierher gebracht haben – die so viel Leid von deiner Hand erfahren haben – dich am liebsten tot sähen, weisst du wohl. Wenn ich dich indes vom Tod und auch von allen anderen Strafen befreien würde, würdest du mir sodann deinen Dank erweisen und mich unterstützen, wenn ich in einer Angelegenheit deine Hilfe erbitte, die uns beiden nutzen wird?" (6) Der Jüngling antwortete, so wie Verzweifelte in Hoffnung auf Rettung ihren Herren, von denen ihr Schicksal abhängt, alles versprechen. Numitor befahl darauf, ihm die Fesseln abzunehmen, und erzählte, nachdem er alle anderen weggeschickt hatte, dem Remus sein eigenes Schicksal: dass Amulius, sein eigener Bruder, ihm seine Herrschaft entrissen und ihn seiner Kinder beraubt habe, indem er einen Sohn hinterrücks auf der Jagd ermordet habe, dass er seine Tochter im Kerker gefangen halte und ihn auch in allen anderen Dingen wie seinen Sklaven behandle.

(82,1) So sprach er – in seinen Worten lagen viele Wehklagen –, und er flehte den Remus an, das Leid seines Hauses zu rächen. Gerne nahm der Jüngling den Vorschlag auf und bat, ihn sogleich zur Tat schreiten zu lassen; Numitor lobte diesen Tatendrang und erwiderte: „Ich selbst will den rechten Augenblick für den Anschlag bestimmen. Sende du aber unterdessen eine geheime Nachricht zu deinem Bruder und lass ihn wissen, dass du wohlauf bist und dass er schnellstens hierher kommen soll." (2) Daraufhin wurde ein Mann gefunden, der für die Aufgabe geeignet schien, und losgeschickt; er traf den Romulus nicht weit von der Stadt und überbrachte die Botschaft. Romulus war hierüber hocherfreut und eilte zu Numitor. Er umarmte die beiden und begrüßte sie zunächst, dann erzählte er, wie er und sein Bruder ausgesetzt und erzogen wurden und alles andere, was er von Faustulus erfahren hatte. Über diese Erzählung waren die beiden, die bereit waren, dies zu glauben, und keine weiteren Beweise benötigten, um daran zu glauben, sehr erfreut. Und als sie so miteinander vertraut wurden, machten sie sich sogleich daran zu beratschlagen und zu überlegen, welche Weise und welcher Zeitpunkt für den Überfall geeignet wären. (3) Während sie damit zu Gange waren, wurde Faustulus vor Amulius geführt. Denn Faustulus, in Sorge, dass Romulus Numitor ohne eindeutige Beweise nicht überzeugen könnte (gerade bei der Aufdeckung einer so wichtigen Angelegenheit), war dem Romulus kurze Zeit später nachgelaufen und brachte den Korb als Beweis für die Aussetzung der Säuglinge mit. (4) Da er aber sichtlich nervös durch die Stadttore trat, weil er sich so sehr bemühte, den Korb zu verstecken, fiel er einem der Wachleute auf – man befürchtete einen Überfall der Feinde, weshalb die Stadttore mit Männern besetzt wurden, die die Ergebensten des Königs waren. Der Wachmann ergriff ihn also; er verlangte zu erfahren, was er denn zu verbergen habe, und riss mit Gewalt seinen Umhang auf. Als er den Korb erblickte und den Mann so verlegen sah, fragte er nach dem Grund seiner Verwirrung und warum er das Gefäß nicht offen herumtrage, da es doch keine Notwendigkeit gebe, es zu verstecken. (5) In der Zwischenzeit hatten sich mehrere Wachen um sie geschart, und einer von ihnen erkannte den Korb wieder, da er selbst die Kinder einst darin zum Fluss getragen hatte; dies sagte er den anderen. Da packten sie den Faustulus, führten ihn vor den König, und sie berichteten von dem Vorfall. (6) Amulius schüchterte den Mann durch die Androhung der Folter ein, wenn er nicht die Wahrheit sage, und fragte zunächst, ob die Kinder noch am Leben seien; und als er dies erfahren hatte, wie denn die Rettung erfolgt sei. Nachdem ihm Faustulus alles verraten hatte, genau so wie es sich zugetragen hatte, sprach der König: „Wohlan, da du die Wahrheit über diese Dinge gesprochen hast, sage, wo die Jünglinge jetzt zu finden sind! Denn es wäre ungerecht, da sie ja meine Verwandten sind – zumal sie durch die Vorsehung der Götter gerettet wurden –, wenn sie ein so unwürdiges Leben unter Hirten führten."

(83,1) Faustulus aber, der aufgrund der unerwarteten Milde des Königs den Verdacht schöpfte, dieser habe nicht das im Sinne, was seine Worte vorgaben, antwortete Folgendes: „Die Knaben weiden ihre Herden in den Bergen, so wie es dem Hirtenleben entspricht, ich aber wurde geschickt, damit ihre Mutter von ihrem Schicksal erfährt. Als ich hörte, dass sie in deinem Gewahrsam ist, wollte ich deine Tochter bitten, mich zu ihr zu führen. Und um meine Worte bezeugen zu können, habe ich den Korb mitgebracht. Da du nun aber beschlossen hast, die Jünglinge hierher zu bringen, danke ich dir und schicke, wen auch immer du willst, mit mir – ich werde ihnen die Jünglinge zeigen, und sie sollen ihnen dann deine Botschaft überbringen." (2) Dies sagte er in der Absicht, den Tod der Jünglinge hinauszuzögern, und zugleich auch in der Hoffnung, den Häschern zu entrinnen, sobald sie ins Bergland gekommen wären. Amulius entsandte umgehend die Zuverlässigsten seiner Garde mit dem geheimen Befehl, diejenigen, die ihnen der Schweinehirt zeigen würde, zu ergreifen und zu ihm zu bringen. Nachdem er dies in die Wege geleitet hatte, beschloss er sogleich, seinen Bruder zu sich zu rufen und unter Arrest zu stellen – ohne ihn aber in Ketten zu legen –, solange bis die gegenwärtige Situation in seinem Sinne bereinigt sei, und er rief seinen Bruder unter einem anderen Vorwand zu sich. (3) Der Bote aber verriet aus Wohlwollen gegenüber dem gefährdeten Mann und aus Erbarmen mit seinem bevorstehenden Schicksal dem Numitor die Pläne des Amulius. Nachdem dieser den Jünglingen die drohende Gefahr verkündet und sie angespornt hatte, sich jetzt als tapfere Männer zu erweisen, zog er mit einer beträchtlichen Schar bewaffneter Freunde, Gefährten und vertrauenswürdiger Diener zum königlichen Palast. Auch diejenigen, die vom Land in der Stadt zusammengekommen waren, verließen jetzt den Marktplatz und strömten herbei, ihre Schwerter unter ihren Umhängen versteckt – es war eine gewaltige Menge. Und nachdem sie alle in einem gemeinsamen Angriff gewaltsam den mit nur wenigen Bewaffneten gesicherten Eingang erstürmt hatten, erschlugen sie ohne größere Mühe den Amulius und bemächtigten sich der Burg. Dieses also ist der Bericht des Fabius.

7c Origo Gentis Romanae 20,1-3 (F./. Peter = F 30b Jacoby)

At vero Fabius Pictor libro primo et Vennonius solito institutoque egressam virginem in usum sacrorum aquam petitum ex eo fonte, qui erat in luco Martis, subito imbribus tonitrubusque, quae cum illa erant, disiectis a Marte compressam conturbatamque, mox recreatam consolatione dei nomen suum indicantis affirmantisque ex ea natos dignos patre evasuros. (2) Primum igitur Amulius rex, ut comperit Rheam Silviam sacerdotem peperisse geminos, protinus imperavit deportari ad aquam profluentem atque eo abici. (3) Tum illi, quibus id imperatum erat, impositos alveo pueros circa radices montis Palatii in Tiberim, qui tum magnis imbribus stagnaverat, abiecerunt eiusque regionis subulcus Faustulus speculatus exponentes, ut vidit relabente flumine alveum, in quo pueri erant, obhaesisse ad arborem fici puerorumque vagitu lupam excitam, quae repente exierat, primo lambitu eos detersisse, dein levandorum uberum gratia mammas praebuisse, descendit (…).

Übers.: Bei Fabius Pictor im ersten Buch und bei Vennonius wird dagegen berichtet, dass die Jungfrau wie gewöhnlich Wasser für die Ausübung einer kultischen Handlung aus der Quelle im Hain des Mars holen wollte, als plötzlich ihre Begleiterinnen durch Regen und Donner verjagt wurden und Mars Rhea Silvia vergewaltigte. Sie war zuerst zutiefst erschüttert, erholte sich aber bald, getröstet von dem Gott, der ihr verhieß und bekräftigte, dass sich ihre Kinder des Vaters würdig erweisen würden. (2) Sobald König Amulius erfahren hatte, dass die Priesterin Rhea Silvia Zwillinge zur Welt gebracht hatte, befahl er, diese zum Fluss zu bringen und dort auszusetzen. (3) Diejenigen, die mit dieser Sache beauftragt wurden, legten die Kinder in einen Korb und setzten sie am Fuß des Palatin im Tiber aus, der zu dieser Zeit aufgrund starker Regenfälle über das Ufer getreten war. Faustulus, ein Schweinehirt der Gegend, beobachtete dies; und wie er sah, dass der Korb mit den Kindern beim Rückgang des Flusses an einem Feigenbaum hängen blieb und plötzlich eine Wölfin kam, vom Geschrei der Kinder angelockt, sie zunächst sauber leckte und ihnen dann ihre prallgefüllten Zitzen hinhielt, um diese zu erleichtern, da stieg er hinab zum Fluss (...).

7d Serv. auct. ad Verg. Aen. 8,630 (F 4 Lat. Peter = F 30a Jacoby)

„*spelunca Martis*"

Übers.: „die Höhle des Mars"

7e Quint. inst. 1,6,12 (F 2 Lat. Peter = F 31 Jacoby)

„*lupum feminam*"

Übers.: „einen weiblichen Wolf"

7f Non. p. 834 L (F 3 Lat. Peter = F 32 Jacoby)

„*et simul videbant picum Martium.*"

Übers.: „Und gleichzeitig sahen sie den Specht des Mars."

Komm. 7a-f: Die berühmte Romulus und Remus-Geschichte: Wie gesehen (F 1. 5), stammten die frühesten literarischen Nachrichten zum römischen Gründungsmythos aus der Feder griechischer Autoren, die den Stadtnamen mit dem Aition ῥώμη ('Kraft', 'Stärke') erklärten (Classen [1963] 447-8; Cornell, Beginnings 69 mit Anm. 67; R. Mellor, ΘΕΑ ΡΩΜΗ. The Worship of the Godess Roma in the Greek World [1975], bes. 17-9; s. ferner zu Cato FRH 3 F 1,8. Zur etymologischen Herleitung des Namens *Roma* aus dem Etruskischen jetzt Petersmann [2000] mit der älteren Lit.). Um die daraus abgeleitete Gründerfigur Romulus rankte sich dann der berühmte Sagenzyklus, den laut Plutarch **zuerst Diokles von Peparethos** (Skopelos), ein Zeitgenosse des Fabius Pictor (s. Meister, DNP 3 [1997] 613 s.v. Diokles [7]), **bei den Griechen bekannt gemacht**, also wohl in Form einer durchkonstruierten Geschichtslegende präsentiert haben soll. Offenbar (δοκεῖ) beschrieb Diokles auch als erster Grieche umfassend die römische Ktisis; zum Verhältnis Diokles-Fabius s. grundlegend Timpe (1972) 942-4; Frier, Libri 265-8; A. Momigliano, Terzo contributo alla storia degli studi classici a del mondo antico (1966) 62-3; T.J. Cornell, Aeneas and the Twins: the development of the Roman foundation legend, PCPhS 21 (1975) 1-32. Fabius präsentierte nun die erste Schriftfassung aus römischer Sicht, wobei das Erzählmodul der Zwillinge an den Abschnitt über die *Silvii* in Alba Longa anschloss und zur Ktisis überleitete. Als Hauptakteure des dramatisch aufgeladenen Stoffes fungierten neben Romulus und Remus: der (böse) König Amulius und sein (guter) Bruder Numitor (vgl. Liv. 1,3,10-1 mit Ogilvie [1970]), dessen Tochter und Mutter der Zwillinge Ilia bzw. Rhea Silvia (Ilia: Dion. Hal. ant. 1,76,3; Verg. Aen. 1,274. 6,778; Ov. fast. 2,598. Rhea: Verg. Aen. 7,659. Rhea Silvia: Liv. 1,3,11; Flor. epit. 1,1,1; Strab. 5,3,2) sowie der Schweinehirt Faustulus und seine Frau Acca Larentia (zu ihr gleich). Die Handlung erklärt sich von selbst (s. immer noch Schwegler RG 1,384-431; Rosenberg, RE 1 A 1 [1914] 1074-1104 s.v. Romulus, hier 1089-92; aktueller Wiseman, Remus; J.N. Bremmer, Romulus, Remus, and the Foundation of Rome, in: ders., N.M. Horsfall [eds.], Roman Myth and Mythography [1987] 25-48; Cornell, Beginnings 60-3; J. von Ungern-Sternberg, Romulus − Versuche, mit einem Stadtgründer Staat zu machen, in: Hölkeskamp/Stein-Hölkeskamp, Große Römer 37-48).

Der fabische Originaltext lässt sich kaum aus den langen Quellenreferaten Plutarchs und Dionysios' herauslösen (vgl. HRR I 7-8 im Komm. zu F 5a, der Plutarch für weitgehend 'unfabisch' hält und daher nur Rom. 3 abdruckt). Auffällig sind die Diskrepanzen zwischen beiden: Bei Plutarch wird Remus zufällig während einer Schlägerei gefangen genommen; im Hause Numitors kennt er plötzlich sein Schicksal, welches er seinem Großvater eröffnet; gleichzeitig setzt Faustulus den Romulus ins Bild und spornt ihn an, seinen Bruder zu befreien. Dionysios − von der

Gefangennahme des Remus an (1,80,3) etwa doppelt so lang wie das Referat Plutarchs – rationalisiert seine Vorlage und korrigiert die evidenten logischen Brüche: Remus tappt in eine ausgeklügelte Falle, während sein Bruder mit Opfertätigkeiten beschäftigt ist; erst Romulus eröffnet dem gefangenen Bruder und Numitor die Wahrheit, die beide bis dahin gar nicht kennen können; von Faustulus zur Besonnenheit ermahnt, hecken alle drei einen Plan zur Erhebung gegen Amulius aus. Zu weiteren Differenzen s. G.P. Verbrugghe, Fabius Pictor's 'Romulus and Remus', Historia 30 (1981) 236-8, der Plutarch deutlich aufwertet.

Fabius Pictors Geschichte setzte sich aus verschiedenen mythischen Motiven und Erzählmustern zusammen, die im Umkreis einer bäuerlichen, auf Weide- und Viehwirtschaft basierenden Gesellschaft spielten. Nachbarschaftsbeziehungen waren in einem solchen Umfeld prinzipiell labil; mit dem Subsistenzkampf um Weideland und Fruchtfluren, ausgetragen in Form von Schlägereien und Handgemengen, war somit ein realer Handlungsrahmen vorgegeben. Als Anführer von Jungmännerscharen – Halbstarke, die sich beim Übergang zum Mannesalter verschiedenartigen Tapferkeitsritualen unterzogen – verkörperten Romulus und Remus das archaischen Gesellschaften inhärente Strukturmerkmal jugendlicher Geheimbünde (zur Sache aufschlussreich M. Meier, Aristokraten und Damoden [1998] 142-50. 208-16; vgl. J. Bremmer, The Suodales of Poplios Valesios, ZPE 47 [1982] 133-47).

Im engeren Sinn beruhte der Stoff von den Zwillingen auf einer latinischen Tradition, die seit dem 5. Jh. bekannt war (Classen [1963] 447-57, bes. 453-4; Wiseman, Remus 63-71). In denselben Kontext gehörten die von den Latinern seit alters verehrten Tiere Wölfin und Specht sowie die Verbindung zu Mars: (a) göttliche Abstammung der Kinder aufgrund der Vergewaltigung der Ilia durch Mars: bes. F 7c; (b) Gedächtnisort *spelunca Martis* (dazu gleich); (c) Ernährung der Kinder durch dem Mars heilige Tiere: F 7f; s. D. Briquel, L'oiseau ominal, la louve de Mars, la truie féconde, MEFRA 87 (1976) 31-50. Die früheste Verehrung der Wölfin ist mit der berühmten *lupa*-Bronzestatue aus dem 6. Jh. bezeugt (heute in den Kapitolinischen Museen, Palazzo dei Conservatori). Zur Verbindung beider Grundelemente, Wölfin und Zwillinge, kam es (spätestens) Ende des 4. Jh.s: Liv. 10,23,12 mit Wiseman, Remus 72-6, zur Statuen-Weihung der *lupa nutrigens* durch die Ogulnier i.J. 296. Die älteste erhaltene ikonographische Überlieferung ist Crawford RRC II Pl. I, Nr.20/1 aus d.J. 269-66. Offenbar versuchte schon diese frühe Tradition den doppelten Wortsinn von *lupa* ('Wölfin', 'Hure') aitiologisch zu deuten und machte Acca Larentia zur Prostituierten (s. Valerius Antias FRH 15 F 3, doch dürfte diese Interpretation älter sein: H. Strasburger, Zur Sage von der Gründung Roms [1968] 26-31).

Anders als diese latinischen Traditionsstränge war die Aussetzung des Königskindes in einem Korb (ἡ σκάφη, eigentl. 'Wanne', veralt. 'Mulde') selbst freilich kein italischer Stoff, sondern ein uraltes Motiv (s. bereits Exodus 2,1-10 zur Aussetzung und Errettung des Moses; G. Binder, Die Aussetzung des Königskindes: Kyros und Romulus [1964]). Fabius konnte dieses Legendenmotiv auch in Sophokles' *Tyro* wiederfinden (Walsh [1961] 118; Frier, Libri 261-2 mit Lit.); ebenso der Tod des Neugeborenen der Acca Larentia, an dessen Stelle Faustulus ihr die Zwillinge gab: vgl. Hdt. 1,112-3; dazu und zu weiteren griechischen Versatzstücken s. Bremmer (wie eben) 26-30; Cornell, Beginnings 60-3.

Fabius Pictors 'Romulus und Remus' stellte ein Mythenkonglomerat mit vielen Allegorien und Peripetien dar, das griechische Sagenmotive adaptierte und in der Kombination mit italischen Elementen zu einer großen Geschichtslegende zusammenfügte. Durchschlagenden Erfolg bei der Traditionsbildung konnte diese aber nur durch die 'Historisierung' des Stoffes erzielen, hier v.a. durch die Einbeziehung 'realer' Gedächtnisorte: Die *ficus Ruminalis* (Liv. 1,4,5; Ov. fast. 2,409-12; Varr. ling. 5,54; C. Dulière, Lupa romana [1979] 58-62) und das Tiberufer **Cermalus/ Germanus** (Varr. ling. 5,54; Cic. ad Att. 4,3,3; F. Castagnoli, Cermalo, Mnemosyne 20 [1977] 15-9) schienen im 3. Jh. ebenso die Authentizität der Geschichte zu bezeugen wie **Höhle** und **Hain des Mars** (unweit der Via Appia: Schol. Juven. 1,7; Serv. ad Verg. Aen. 1,273); auch die **Hütte aus Holz und Schilfrohr**, in der Romulus hauste, die *casa Romuli*, war in Überresten zu sehen: A. Balland, La casa Romuli au Palatin et au Capitole, REL 62 (1984) 57-80; vgl. u. F 10 zum Tarpeischen Felsen und Cato FRH 3 F 1,20 zum Asyl des Romulus sowie zu den einzelnen Gedächtnisorten ferner LTUR 6 (2000) s.vv.

8   Dion. Hal. ant. 1,74,1 (F 6 Peter = F 3 Jacoby)

Τὸν δὲ τελευταῖον γενόμενον τῆς 'Ρώμης οἰκισμὸν ἢ κτίσιν ἢ ὅτι δήποτε χρὴ καλεῖν (...) γενέσθαι φησὶν (...) Κόϊντος δὲ Φάβιος κατὰ τὸ πρῶτον ἔτος τῆς ὀγδόης ὀλυμπιάδος.

Übers.: Die endgültige Gründung Roms oder Ktisis oder, wie man es sonst nennen soll (...), erfolgte (...) nach Fabius im ersten Jahr der achten Olympiade.

Komm.: Fabius Pictor setzte die römische Stadtgründung ins J. Ol. 8,1 = 748/7, ein Datum, das augenfällig auf eigener Berechnung beruhte (Alföldi, Frühes Rom 121-2; zum Versuch einer Rekonstruktion s. Leuze [1909] 79-91; die Rechenspiele von F. Mora, in: Rüpke RG 55-6, sind rein spekulativ). Diese Angabe korrigierte das Datum des Timaios (814/3, Synchronismus mit der Gründung Karthagos: FGrH F 566 F 60; s. Jacobys Kommentar p. 564-6) deutlich nach unten, ganz offensichtlich in dem Bestreben, die Regierungszeit der sieben Könige mit einer realen Zeitfolge von sieben Generationen zu harmonisieren. Die Ärendatierung nach Olympiadenjahren beschränkte sich auf die Ktisisphase (so auch Cincius Alimentus, dessen Datum sich aber von Pictors unterschied: FRH 2 F 6). Bereits im Abschnitt über die Zwischenzeit wechselte Fabius sein chronologisches Schema und datierte nach Abstandsangaben, einmal vom Datum der kapitolinischen Tempelweihe aus, sodann vom Fixpunkt 387/6: Mit der Datierung des Galliersturms in dieses Jahr (s. zu F 23) führte Fabius seinerseits einen Synchronismus von Königsfrieden in Griechenland, Belagerung Rhegions durch Dionysios I. und Gallierkatastrophe ein; 387/6 (Konsulartribunat dreier Fabier: Broughton MRR 1,94, nach varron. Datierung unter 390) wurde somit zur tragenden Säule des Zeitrasters in der Zwischenzeit. Für die Zeitgeschichte wurde dieses Schema erneut modifiziert und scheint der Eponymendatierung nach Konsuln gewichen zu sein: vgl. Timpe (1972) 955 mit Anm. 74 (aus Polybios).

Dieser zweifache Wechsel des chronologischen Schemas war zunächst quellentechnisch bedingt: So lagen Fabius (noch) keine vollständigen Beamtenlisten vor, die eine durchgängige Konsuldatierung bis in die frühe Republik erlaubt hätten; vgl. Kaletsch, LAW (1965) 3317 s.v. Zeitrechnung C [1(2)]. Für eine Olympiadendatierung im Ktisisabschnitt sprachen aber ferner rationale und konzeptionelle Gründe. Das besondere Interesse der Griechen an dieser Partie wurde von Fabius bewusst einkalkuliert und entsprach umgekehrt seiner Intention, eine römische Version der Gründungsgeschichte vorzulegen, die die griechischen Wurzeln Roms und seinen spezifisch italischen Hintergrund gleichermaßen in Rechnung stellte (vgl. zu F 1. 2. 7). Der Gebrauch der (für die Historiographie) autoritativen griechischen Ärendatierung drängte sich daher geradezu auf; mit ihr ließ sich die These einer einheitlichen Kulturökumene auch auf der formalen Ebene des 'wissenschaftlichen Arbeitens' untermauern.

---

9 Plut. Rom. 14,1 (F 7 Peter = F 5 Jacoby)

Τετάρτῳ δὲ μηνὶ μετὰ τὴν κτίσιν, ὡς Φάβιος ἱστορεῖ, τὸ περὶ τὴν ἁρπαγὴν ἐτολμήθη τῶν γυναικῶν.

Übers.: Im vierten Monat nach der Stadtgründung, wie Fabius berichtet, kam es zum tollkühnen Raub der Frauen.

Komm.: Da die junge Stadtgründung des Romulus unter einem akuten Frauenmangel litt, fassten König und Gefährten den Plan, sich Frauen aus den benachbarten Städten zu rauben. An den *Consualia* (nach dem Festkalender am 21. August: Cic. rep. 2,12; Varr. ling. 6,20), zu deren Feier die Bewohner der umliegenden Städte eingeladen wurden, fielen sie über ihre ahnungslosen Gäste her und nahmen ihnen ihre Töchter weg. Der Sabinerkönig Tatius zog daraufhin gegen Rom zu Felde und besetzte das Kapitol (nächstes Fragment). Es entbrannte eine für beide Seiten verlustreiche Schlacht, in der die römische Niederlage nur durch ein Tempel-Gelöbnis des Romulus und dann durch das Einschreiten der Sabinerinnen selbst vereitelt wurde: Ihren römischen Ehemännern und sabinischen Vätern gleichermaßen verbunden, flehten sie die Krieger an, das sinnlose Morden zu beenden. Die Geschichte gehörte zum harten Kern der römischen Sagentradition: Dion. Hal. ant. 2,30,1-31; Liv. 1,9,6-16; cf. Cic. rep. 2,12; Ov. fast. 3,179-200; Flor. epit. 1,1,10; s. Schwegler RG 1,459-64. Mit der Etablierung dieser Tradition erkannten die Römer an, dass sie ein gemischtes Volk waren, teilweise von fremder und unfreier Abstammung: s. Cato FRH 3 F 1,20 zum Asyl des Romulus.

Im Wesentlichen ein Aition der römischen Hochzeitssitte des Brautraubes, verbinden sich in der Sabinerinnen-Geschichte die Domestizierung der wilden Gefährten des Romulus durch Frauenhand und das Motiv der in der Frühzeit vollzogenen Vereinigung Roms mit Sabinern und Latinern (vgl. zu Cassius Hemina FRH 6 F 1) zu einer spannungsgeladenen Abenteuergeschichte; s. Jaeger (1997) 30-56; G.B. Miles, Livy. Reconstructing early Rome (1995) 179-219. Geschichten über die tollkühne Tat kursierten spätestens im 3. Jh. Auch Fabius hat das Thema in sein Werk aufgenommen und zumindest die Tarpeia-Passage (F 10) ausführlich behandelt. Möglicherweise lässt die ungewöhnlich präzise (dazu Frier, Libri 204) Datierung – **im 4. Monat nach der Stadtgründung**, d. h. vier Monate nach dem *natalis urbis* am 21. April – auf eine sorgfältige Ausarbeitung des Abschnitts insg. schließen. Kanonisch dürfte die Erzählung sodann durch Ennius' *fabula praetexta* geworden sein, von der aber nicht viel mehr als der Titel erhalten ist (Überreste der *Sabinae*: ROL I 360-1; vgl. Forsythe, Piso 161). Zur spezifischen Ausgestaltung des Stoffes im 2. Jh. s.u. Gellius FRH 10 F 15.

---

10 Dion. Hal. ant. 2,38,1-40,2 (F 8 Peter = F 6 Jacoby)

Μαθὼν δὲ τὴν παρασκευὴν αὐτῶν Τάτιος ὁ τῶν Σαβίνων βασιλεὺς νυκτὸς ἀναστήσας τὸν στρατὸν ἦγε διὰ τῆς χώρας οὐδὲν σινόμενος τῶν κατὰ τοὺς ἀγροὺς καὶ πρὶν ἀνατεῖλαι τὸν ἥλιον μεταξὺ τοῦ τε Κυρινίου καὶ τοῦ

Καπιτωλίου τίθησιν εν τω πεδίω τον χάρακα. ορών δε ασφαλεί πάντα φυλακή κατεχόμενα προς των πολεμίων, σφίσι δε ουδέν χωρίον απολειπόμενον οχυρόν εις πολλήν ενέπιπτεν απορίαν ουκ έχων ο τι χρήσεται τη τριβή του χρόνου. (38,2) αμηχανούντι δε αυτώ παράδοξος ευτυχία γίνεται παραδοθέντος του κρατίστου των οχυρωμάτων κατά τοιάνδε τινά συντυχίαν. παρεξιόντας γαρ την ρίζαν του Καπιτωλίου τους Σαβίνους εις επίσκεψιν, εί τι μέρος ευρεθείη του λόφου κλοπή ληφθήναι δυνατόν ή βία, παρθένος τις από του μετεώρου κατεσκόπει θυγάτηρ ανδρός επιφανούς, ώ προσέκειτο η του χωρίου φυλακή, Τάρπεια όνομα · (3) και αυτήν, ως μεν Φάβιός τε και Κίγκιος γράφουσιν, έρως εισέρχεται των ψελλίων, α περί τοις αριστεροίς βραχίοσιν εφόρουν, και των δακτυλίων· χρυσοφόροι γαρ ήσαν οι Σαβίνοι τότε και Τυρρηνών ουχ ήττον αβροδίαιτοι · (...: s. Piso FRH 7 F 7) (4) πέμψασα δ' ουν των θεραπαινίδων τινά δια πυλίδος, ην ουδείς έμαθεν ανοιγομένην, ηξίου τον βασιλέα των Σαβίνων ελθείν αυτή δίχα των άλλων εις λόγους, ως εκείνω διαλεξομένη περί πράγματος αναγκαίου και μεγάλου. δεξαμένου δε του Τατίου τον λόγον κατ' ελπίδα προδοσίας και συνελθόντος εις τον αποδειχθέντα τόπον, προελθούσα εις εφικτόν η παρθένος εξεληλυθέναι μεν νυκτός εκ του φρουρίου τον πατέρα αυτής έφη χρείας τινός ένεκα, τας δε κλεις αυτή φυλάττειν των πυλών και παραδώσειν αυτοίς το έρυμα νυκτός αφικομένοις μισθόν της προδοσίας λαβούσα τα φορήματα των Σαβίνων, α περί τοις ευωνύμοις είχον άπαντες βραχίοσιν. (5) ευδοκούντος δε του Τατίου λαβούσα τας πίστεις δι' όρκων παρ' αυτού και αυτή δούσα του μη ψεύδεσθαι τας ομολογίας τόπον τε ορίσασα, εφ' ον έδει τους Σαβίνους ελθείν, τον εχυρώτατον και νυκτός ώραν την αφυλακτοτάτην απήει και τους ένδον έλαθε.

(39,1) Μέχρι μεν δη τούτων συμφέρονται πάντες οι Ρωμαίων συγγραφείς, εν δε τοις ύστερον λεγομένοις ουχ ομολογούσι. (...: s. Piso FRH 7 F 7) (2) οι δε περί τον Φάβιόν τε και Κίγκιον ουδέν τοιούτο γεγονέναι λέγουσιν, αλλά φυλάξαι την κόρην διαβεβαιούνται τας περί της προδοσίας συνθήκας. τα δ' εξής άπαντες πάλιν ομοίως γράφουσι. φασί γαρ ότι παραγενομένου συν τω κρατίστω της στρατιάς μέρει του βασιλέως των Σαβίνων φυλάττουσα τας υποσχέσεις η Τάρπεια τοις μεν πολεμίοις ανέωξε την συγκειμένην πυλίδα, τους δ' εν τω χωρίω φύλακας αναστήσασα διαταχέων σώζειν εαυτούς ηξίου καθ' ετέρας εξόδους τοις πολεμίοις αφανείς, ως κατεχόντων ήδη των Σαβίνων το φρούριον · (3) διαφυγόντων δε τούτων τους μεν Σαβίνους ανεωγμένας ευρόντας τας πύλας κατασχείν το φρούριον έρημον των φυλάκων, την δε Τάρπειαν ως τὰ παρ' ἑαυτῆς ὅσα συνέθετο παρεσχημένην ἀξιοῦν τοὺς μισθοὺς τῆς προδοσίας κατὰ τοὺς ὅρκους ἀπολαβεῖν. (...: s. Piso FRH 7 F 7) (40,2) οἱ δὲ περὶ τὸν Φάβιον ἐπὶ τοῖς Σαβίνοις ποιοῦσι τὴν τῶν ὁμολογιῶν ἀπάτην· δέον γὰρ αὐτοὺς τὸν χρυσόν, ὥσπερ ἡ Τάρπεια ἠξίου, κατὰ τὰς ὁμολογίας ἀποδιδόναι, χαλεπαίνοντας ἐπὶ τῷ μεγέθει τοῦ μισθοῦ τὰ σκεπαστήρια κατ' αὐτῆς βαλεῖν, ὡς ταῦτα ὅτε ὤμνυσαν αὐτῇ δώσειν ὑπεσχημένους.

Übers.: Über die Vorbereitungen der Römer informiert, brach der Sabinerkönig Tatius nachts mit seinem Heer auf, führte es übers Land, ohne aber die Felder zu verwüsten, und schlug noch vor Sonnenaufgang in der Ebene zwischen Quirinal und Kapitol sein Lager auf. Als er sah, dass ringsum alle Anhöhen von den Feinden mit Wachposten gesichert waren, für ihn selbst aber kein günstiger Platz mehr blieb, verfiel er in große Ratlosigkeit, da er nicht wusste, wie er diese Zeitverzögerung nutzen könnte. (38,2) Während er also ratlos war, widerfuhr ihm unerwartet ein großes Glück. Durch folgenden Zufall fiel ihm die stärkste der befestigten Stellungen in die Hände: Als die Sabiner am Fuß des Kapitol vorbeizogen, um zu erkunden, ob der Hügel an irgendeiner Stelle heimlich oder gewaltsam eingenommen werden könnte, blickte eine Jungfrau namens Tarpeia von der Anhöhe herunter – die Tochter eines angesehenen Mannes, der mit der Bewachung der Stelle betraut worden war. (3) Und diese Tarpeia, wie Fabius und Cincius schreiben, überkam ein Verlangen nach den Armreifen, die die Sabiner an ihren linken Oberarmen trugen, und nach ihren Ringen. Denn die Sabiner trugen zu dieser Zeit Goldschmuck und waren nicht weniger verschwenderisch als die Tyrrhenier. (...: s. Piso FRH 7 F 7) (4) Tarpeia schickte eine ihrer Dienerinnen durch eine kleine Tür, von der niemand wusste, dass sie offen war, zu dem Sabinerkönig und ersuchte ihn, zu ihr zu kommen, um mit ihr im Geheimen über eine Sache von äußerster Dringlichkeit zu sprechen. Tatius nahm den Vorschlag in der Hoffnung auf einen Verrat an und ging zu dem verabredeten Ort; das junge Mädchen trat bis auf Gesprächsentfernung an ihn heran und sagte ihm, dass ihr Vater seine Wache wegen irgendwelcher Geschäfte verlassen habe, sie aber die Schlüssel für die Tore hätte, und dass sie, wenn die Sabiner nachts kämen, ihnen die Burg übergeben würde, unter der Bedingung, dass sie den Schmuck der Sabiner, den sie alle an ihren Armen trugen, als Lohn für diesen Verrat erhielte. (5) Tatius willigte ein, und nachdem sie sich gegenseitig geschworen hatten, die Übereinkunft nicht zu brechen, erläuterte sie ihm den sichersten Ort, zu dem die Sabiner kommen sollten, und auch die Zeit, zu der dieser Ort am wenigsten bewacht war.

Hierauf entfernte sie sich, ohne dass jemand von denen, die drinnen waren, etwas bemerkte. (39,1) Bis hier stimmen alle römischen Historiker überein, im Folgenden aber nicht. (...: s. Piso FRH 7 F 7) (2) Fabius und Cincius sagen, dass nichts dergleichen geschehen sei, sondern bekräftigen, dass sich das Mädchen an den verabredeten Verrat gehalten habe. Über den Fortgang der Ereignisse sind sich nun wiederum alle einig, denn sie sagen, dass Tarpeia, als der König der Sabiner mit dem stärksten Teil seines Heeres eintraf, ihr Versprechen einhielt und den Feinden das verabredete Tor öffnete; dass sie dann aber die Wachen alarmierte und angespornt habe, sich schnellstmöglich durch Gänge, die den Feinden unbekannt waren, nach draußen zu retten, so als wären die Sabiner bereits im Besitz der Burg; (3) und weiter, dass die Sabiner, nachdem die Wachen geflohen waren, die Tore geöffnet vorfanden und die verlassene Burg in Besitz nahmen; und dass Tarpeia, da sie ja ihren Teil der Verabredung erfüllt habe, sodann forderte, den Lohn für ihren Verrat gemäß der Eide zu erhalten. (...: s. Piso FRH 7 F 7) (40,2) Fabius schreibt diesen Bruch der Übereinkunft den Sabinern zu. Denn diese gerieten aufgrund der Höhe des Lohns außer sich, als sie Tarpeia, wie diese es verlangte, vereinbarungsgemäß das Gold übergeben sollten, und schleuderten ihre Schilde auf sie, so als hätten sie mit ihren Eiden versprochen, ihr diese zu geben.

Komm.: Die Tarpeia-Sage – ihrerseits ein Baustein des weiteren Sagenkomplexes vom Raub der Sabinerinnen (F 9) – erzählte vom tragischen Schicksal des jungen Mädchens Tarpeia: Aus Verlangen nach dem Goldschmuck der sabinischen Krieger spielte Tarpeia, deren Vater Spurius Tarpeius mit der Verteidigung der Burg auf dem Kapitol beauftragt war, den Feinden die Festung in die Hände, indem sie dem Sabinerkönig Tatius einen geheimen Zugang verriet. In ihrem naiven Glauben an die Gültigkeit ihrer mit den Sabinern getroffenen Vereinbarung forderte sie den Lohn für diesen Verrat ein, doch legte Tatius die Absprache nun so aus, dass es das Mädchen das Leben kostete: s. neben den bei Dionysios von Halikarnass überlieferten Versionen des Fabius, Cincius und Piso (der zur Ehrenrettung der Tarpeia angesetzt hat: FRH 7 F 7) v.a. Liv. 1,11,5-9; Plut. Rom. 17; vgl. die ikonographische Darstellung Crawford RRC II Pl. XLV Nr.344/2a; ferner E. Pais, Ancient Legends of Roman History (1906) 96-108; S. Ganszyniec, Tarpeia. The Making of a Myth (1949).

Um die Gedächtnisorte der Tarpeia (ihr angebliches Grab auf dem Kapitol: Piso [wie eben]; *Saxum Tarpeium*: Liv. 6,20,12; zu beiden Radke GA 296-7) rankten sich allerlei Legenden, aus denen Fabius Pictor und Cincius Alimentus (FRH 2 F 7) erstmals einen historiographischen Stoff herausgesponnen haben. Pictors Tarpeia ist dabei im Wesentlichen die römische Adaption eines bekannten griechischen Motivs, nämlich der volkstümlichen Geschichte des schönen Mädchens in einer belagerten Burg bzw. Stadt, das dem Anführer der Belagerer in glühender Liebe ergeben ist: s. die Auflistung bei Forsythe, Piso 151-2, der noch die Romanze zwischen Diognetes und der Naxierin Polykrite hinzuzufügen wäre (welche nota bene ebenfalls damit endete, dass das Mädchen von Schilden zugedeckt wurde: Radke, RE 21.2 [1952] 1753-9 s.v. Polykrite [1]). In der Version Pictors klingt eine moralisierende Tendenz an, denn einerseits handelte Tarpeia aus Habgier nach Goldschmuck; in der Luxussucht von Frauen schlummerten also Gefahren mit kaum abzusehenden Konsequenzen (vgl. am prägnantesten zu F 11). Auf der anderen Seite trugen die dekadenten Sabiner selbst auf einem Feldzug wertvollen Schmuck und waren auch sonst **nicht weniger verschwenderisch als die Tyrrhenier** – der Reichtum der Etrusker und die damit einherschleichende Verweichlichung waren in der römischen Tradition notorisch: vgl. F 26; siehe aber auch zu Cato FRH 3 F 2,21-2.

---

11 Plin. nat. 14,89 (F 27 Peter = F 26 Jacoby)

Fabius Pictor in annalibus suis scripsit matronam, quod loculos in quibus erant claves cellae vinariae resignavisset, a suis inedia mori coactam.

Übers.: Fabius Pictor schrieb in seinem Geschichtswerk, dass eine Frau von den Ihren in den Hungertod getrieben wurde, weil sie das Kästchen mit den Schlüsseln für den Weinkeller geöffnet hatte.

Komm.: Frauen soll der Weinkonsum seit jeher verboten gewesen sein, da die Gefahr bestand, dass sie unter Alkoholeinfluss zu privaten bzw. gesellschaftlichen Fehltritten – sexueller Enthemmung und Ehebruch – verleitet werden konnten. Auf Romulus wurde daher ein Gesetz zurückgeführt, das Frauen den Griff zur Flasche grundsätzlich untersagte (Dion. Hal. ant. 2,25,6-7; Plut. Rom. 22,3; Pol. 6,11 a 4; für weitere Belege s. Walbank HCP I 671-2). Die Geschichte des Egnatius Maetennus, der seine Frau wegen Weintrinkens zu Tode geprügelt hatte, auf Geheiß des Romulus aber von der Mordanklage freigesprochen wurde, war denn auch weithin bekannt (Val. Max. 6,3,9; Plin. nat. 14,90). Der Schlüssel für den Weinkeller war für Matronen tabu (vgl. Pol. [wie eben]), und Cato behauptete, dass sie von ihren männlichen Verwandten geküsst wurden, *ut scirent an temetum olerent* („um festzustellen, ob sie eine Fahne hätten": Plin. [wie eben]; vgl. Cato ORF[2] 8 F 221).

Ob die Notiz im Kontext einer Erläuterung des römischen Ehe- und Scheidungsrechtes stand (so Frier, Libri 240), ist ungewiss. Konkreten Anlass hat vielleicht die strittige *lex Oppia* über das öffentliche Auftreten von Matronen i.J. 215 geboten (Liv. 34,1,3) – eine *lex sumptuaria*, bei der es nicht so sehr um die Reglementierung weiblichen Luxusgebarens, sondern scheinbar um die Aufbesserung des Fiskus (Feig Vishnia [1996] 90-2), in jedem Fall aber um die Einschärfung einer „corporate solidarity" (Forsythe, Piso 173) unter der stadtrömischen Bevölkerung ging (s. Baltrusch [1989] 52-9). In der Diskussion um die Abschaffung der *lex* i.J. 195 (Liv. 34,1,1-8,3) hat Cato die sittliche Dimension dieser und ähnlicher Vorschriften herausgestrichen und die hitzige Debatte für einen breit angelegten Moraldiskurs genutzt (s. zu Cato FRH 3 F 7,8); die *lex Oppia* wurde damit nachträglich zum *exemplum* selbstauferlegter römischer Sittenstrenge (Liv. 34,2,1-4,20; bes. 34,3,1). Mit dem Verweis auf die lange, bis auf den Stadtgründer zurückreichende Tradition solcher Reglementierungen des (hier: weiblichen) Privatlebens dürfte bereits Fabius der *lex Oppia* moralisierende Aspekte zuerkannt und die strittige Regelung mit älteren Vorschriften gerechtfertigt haben, durch welche Frauen die 'süßen Dinge des Lebens' untersagt wurden.

12a Dion. Hal. ant. 4,6,1 (F 11a Peter = F 7a Jacoby)

Βούλομαι δ' ἐπιστήσας τὸν ἑξῆς λόγον ἀποδοῦναι τὰς αἰτίας, δι' ἃς οὔτε
Φαβίῳ συγκατεθέμην οὔτε τοῖς ἄλλοις ἱστορικοῖς, ὅσοι γράφουσιν υἱοὺς
εἶναι τοὺς καταλειφθέντας παῖδας ὑπὸ Ταρκυνίου, ἵνα μή τινες τῶν
ἐκείναις ἐντυχόντων ταῖς ἱστορίαις σχεδιάζειν με ὑπολάβωσιν οὐχ υἱοὺς,
ἀλλ' υἱωνοὺς αὐτοῦ γράφοντα τοὺς παῖδας.

Übers.: Ich will hier in meiner Darstellung innehalten und zunächst die Gründe benennen, weshalb ich weder mit Fabius noch mit den anderen Historikern übereinstimme, die schreiben, die Kinder, die Tarquinius hinterließ, seien seine Söhne gewesen, damit nicht irgendwelche, denen die Geschichtswerke jener in die Hände fallen, mir vorwerfen, dass ich die Kinder nicht seine Söhne, sondern seine Enkel nenne.

12b Dion. Hal. ant. 4,30,2 (F 11b Peter = F 7b Jacoby)

Ἐνταῦθα πάλιν ἀναγκάζομαι μεμνῆσθαι Φαβίου καὶ τὸ ῥᾴθυμον αὐτοῦ
περὶ τὴν ἐξέτασιν τῶν χρόνων ἐλέγχειν. ἐπὶ γὰρ τῆς Ἀρροῦντος τελευτῆς

γενόμενος οὐ καθ' ἓν ἁμαρτάνει μόνον, ὃ καὶ πρότερον ἔφην, ὅτι γέγραφεν υἱὸν εἶναι Ταρκυνίου τὸν Ἀρροῦντα· ἀλλὰ καὶ καθ' ἕτερον, ὅτι φησὶν ἀποθανόντα ὑπὸ τῆς μητρὸς Τανακυλλίδος τεθάφθαι, ἣν ἀμήχανον ἦν ἔτι καὶ κατ' ἐκείνους περιεῖναι τοὺς χρόνους.

Übers.: Hier bin ich nun erneut gezwungen, mich Fabius zuzuwenden und seine Leichtfertigkeit bei der Erforschung chronologischer Fragen zu tadeln. Denn in seinem Bericht vom Tod des Arruns begeht er nicht nur den Fehler, Arruns (wie bereits an anderer Stelle gesagt) als Sohn des Tarquinius zu bezeichnen, sondern irrt auch, indem er behauptet, Arruns sei nach seinem Tod von seiner Mutter Tanaquil bestattet worden, die zu jener Zeit unmöglich noch am Leben sein konnte.

Komm. 12 a-b: In der von Fabius abhängigen Tradition galten Tarquinius Superbus und Arruns als Söhne des Tarquinius Priscus und der Tanaquil (s. Cornell, Beginnings 123 zum Stemma nach Fabius; vgl. Forsythe, Piso 228) – eine weithin akzeptierte Variante, die in die kanonische Überlieferung zu den sieben Königen eingebettet war. Piso und Dionysios haben dieses Vater-Sohn-Verhältnis aufgrund von Plausibilitätserwägungen angefochten (s. zu Piso FRH 7 F 17). Wie Dionysios vorrechnet, hätte Tanaquil 115 Jahre werden müssen, um Arruns bestatten zu können (4,30,3). – Zur Ermordung des Arruns, hinter der seine Frau Tullia und sein Bruder Tarquinius steckten, s. Liv. 1,46,6-9; Dion. Hal. ant. 4,28,5-30,1; vgl. Ov. fast. 6,587-92.

13 Dion. Hal. ant. 4,15,1 (F 9 Peter = F 8 Jacoby)

Διεῖλε δὲ καὶ τὴν χώραν ἅπασαν, ὡς μὲν Φάβιός φησιν, εἰς μοίρας ἕξ τε καὶ εἴκοσιν, ἃς καὶ αὐτὰς καλεῖ φυλὰς καὶ τὰς ἀστικὰς προστιθεὶς αὐταῖς τέτταρας τριάκοντα φυλὰς (...: s. Cato FRH 3 F 1,24) ἐπὶ Τυλλίου τὰς πάσας γενέσθαι λέγει.

Übers.: Servius Tullius teilte auch das ganze Landgebiet in 26 Teile, wie Fabius sagt, der diese auch Tribus nennt, und indem er die vier städtischen zu diesen hinzuzählt, sagt er, es habe unter Tullius insgesamt 30 Tribus (...) gegeben.

Komm.: Die kanonische Überlieferung schrieb jedem der sieben Könige einen spezifischen Beitrag zur Ktisis Roms zu (vgl. F 2 zum entsprechenden Denkmuster kultureller Entwicklungsprozesse; ferner zu Sempronius Tuditanus FRH 8 F 3): Romulus die Kodifizierung der Gesetze (vgl. F 11), Numa die Stiftung religiöser Institutionen und Kultfeste (s. zu Cassius Hemina FRH 6 F 15 u. 40), den beiden Tarquiniern monumentale Bauprogramme, mit denen die urbanistische Entwicklung der Tibermetropole vorangetrieben wurde (F 15). Servius Tullius figurierte als zweiter universaler (Neu-)Begründer der politischen Organisation (Liv. 1,42,4; s. auch Cassius Hemina FRH 6 F 17). Seine Reformen verliehen dem jungen Gemeinwesen einen Modernisierungs- und Institutionalisierungsschub, von dem schon die vorfabische Tradition berichtete. Bereits Timaios verband die Einführung des Münzgeldes mit Servius Tullius: *Servius rex primus signavit aes. antea rudi usos Romae Timaeus tradit* (FGrH 566 F 61; vgl. Piso FRH 7 F 16). Vor allem die 'Servianische Centurienordnung' wurde später zum Allgemeinplatz – eine ausgeklügelte Einteilung des *populus* in fünf Vermögensklassen und 193 Stimmkörper, die in den *comitia centuriata* zur Abstimmung antraten: Liv. 1,43; Dion. Hal. ant. 4,16-8; s. E. Meyer, Römischer Staat und Staatsgedanke (⁴1975) 48-55. 88-91; R. Thomsen, King Servius Tullius (1980) 115-211; L. Ross Taylor, The Voting Districts of the Roman Republic (1960). Eng verbunden mit den Centurien war die Ordnung der Bürgerschaft nach lokalen Tribus, wobei die ursprüngliche Zahl dieser Stadt-/Landbezirke schon bei den antiken Autoren strittig war (Liv. 1,43,12). Bei Livius hat sich ein Traditionsstrang erhalten, nach dem es i.J. 495 21 Tribus gab (2,21,7; Ross Taylor 5-7), 17 *tribus rusticae* und vier *tribus urbanae*: Suburana, Palatina, Esquilina und Collina (zu diesen vgl. Dion. Hal. ant. 4,14,1; Plin. nat. 18,13; Fest. p. 506 L). Bis ins J. 241 stieg die Zahl der Tribus auf 35 an und blieb hernach unverändert (Ross Taylor 35-68; U. Hackl, Das Ende der römischen Tribusgründungen i.J. 241 v. Chr., Chiron 2 [1972] 135-70; R. Develin, The Third Century Reform of the comitia centuriata, Athenaeum 56 [1978] 346-78). Fabius Pictor schrieb Servius Tullius hingegen bereits die Einrichtung von 30 Tribus zu: die vier städtischen, welche an die Stelle der alten, nach gentilizischen Kriterien geordneten Tribus Tities, Ramnes und Luceres traten, sowie 26 ländliche. Sein Bericht suggerierte somit einen tiefgreifenden konstitutionellen Akt des sechsten Königs und verlegte gleichzeitig die römische Herrschaft über Latium und weite Teile Etruriens in die dunkle Frühzeit (zu diesem Motiv grundlegend Alföldi, Frühes Rom 119-66). Für die zweite Hälfte des 6. Jh.s war beides freilich anachronistisch (wie auch die Überlieferung zu den Centurien aus demselben Quellenreferat, die wohl ebenfalls auf Fabius gründete).

Neuere Forschungen sehen in der Servianischen Ordnung eine einfachere Vorstufe der Centurien- und Tribusorganisation des 3. Jh.s, bei der alle Bürger in (vier?) Tribus erfasst, in zwei Klassen untergliedert (*classis* und *infra classem*) und auf eine bestimmte Zahl der Centurien verteilt wurden. Im Kern dürfte diese Reform dann (bei allen Unterschieden hier doch mit den Maßnahmen des Kleisthenes in Athen vergleichbar) darauf abgezielt haben, die tribal-gentilizischen Abhängigkeitsverhältnisse, die in den alten Tribus zu adeligen Gefolgschaften geronnen waren, aufzulösen, und die Wehrhaftigkeit der Bürgerschaft durch ein engmaschigeres Rekrutierungsnetz zu stärken: Cornell, Beginnings 179-97; C. Smith, Servius Tullius, Cleisthenes and the Emergence of the *Polis* on central Italy, in: L.G. Mitchell, P.J. Rhodes, The Development of the *Polis* in Archaic Greece (1997) 208-16; M. Rieger, Italia tributim discripta [Diss. phil. Bielefeld 2001]). Grundprämisse einer solchen Reform war es, zunächst die römische Bürgerschaft in ihrer Gesamtheit zu erfassen (siehe das folgende Fragment).

---

14 Liv. 1,44,2 (F 10 Peter = F 9 Jacoby)

Milia octoginta eo lustro civium censa dicuntur; adicit scriptorum antiquissimus, Fabius Pictor, eorum qui arma ferre possent eum numerum fuisse.

Übers.: Bei diesem (scil. ersten) *lustrum* sollen 80000 Bürger erfasst worden sein. Der älteste Geschichtsschreiber, Fabius Pictor, fügt hinzu, dass dies die Zahl der Wehrfähigen gewesen ist.

Komm.: Ein wesentliches Element der 'Servianischen Ordnung' war die zahlenmäßige Erfassung der Bürgerschaft durch einen Census. In historischer Zeit geschah dies in Form des *lustrum*, einer feierlichen, i.d.R. alle fünf Jahre von den Censoren (in der frühen Republik noch von den Oberbeamten) am Ende ihrer Amtszeit durchgeführten Zählung des römischen Bürgerheeres. Das *lustrum* kam einem periodischen Ritual der Neukonstituierung (s. schon die Terminologie: *lustrum conditum*) des *populus Romanus* gleich (Mora, DNP 7 [1999] 522-3 s.v.). In der Fiktion einer universellen Modernisierung des römischen Staates durch Servius Tullius hat Fabius die Einrichtung des *lustrum* auf den vorletzten König zurückgeführt, was später zum Gemeingut wurde (vgl. die *Fasti Capitolini*, in denen das erste republikanische *lustrum* vom J. 508 als fünfter Census gezählt wurde: Inscr. It. 13,1,88). Die (gerundete) Angabe von 80000 Mann (vgl. Dion. Hal. ant. 4,22,3: 84700; Eutr. 1,7: 83000) war sicher zu hoch: Brunt (1971) 26-8; Alföldi, Frühes Rom 126. Möglicherweise entnahm sie Fabius Pictor den ältesten erhaltenen Aufzeichnungen zu früheren Schatzungen, welche laut Dion. Hal. ant. 1,74,5 von den censorischen Familien verwahrt wurden, und projizierte diese Angabe in die Königszeit zurück (so Ogilvie [1970] 177-8).

A. Momigliano, Terzo contributo alla storia degli studi classici a del mondo antico (1966) 649-51, meint, dass Fabius diese Angabe bei Timaios vorgefunden und mit dem Zusatz *qui arma ferre possunt* gegen diesen polemisiert haben soll, da Timaios wohl die *capita libera* insg. zählte. Am Fragment des Timaios (s. oben zu F 13) lässt sich das freilich ebenso wenig zeigen wie am Text des Fabius.

---

15 Liv. 1,55,7-9 (F 13 Peter = F 10 Jacoby)

Augebatur ad impensas regis animus; itaque Pometinae manubiae, quae per-ducendo ad culmen operi destinatae erant, vix in fundamenta suppeditavere. (8) *eo magis Fabio, praeterquam quod antiquior est, crediderim quadraginta ea sola talenta fuisse, quam Pisoni,* (9) *qui quadraginta milia pondo argenti seposita in eam rem scribit.*

Übers.: Der König Tarquinius Superbus wollte nun größere Aufwendungen aufbringen. Daher reichte die pometinische Beute, die zur Vollendung des kapitolinischen Juppiter-Tempels bis zum Giebel bestimmt war, kaum für die Fundamente aus. (8) Umso eher möchte ich dem Fabius Glauben schenken (abgesehen davon, dass er der frühere Autor ist), dass diese Beute nur 40 Talente betrug, als dem Piso, (9) der schreibt, dass 40000 Pfund Silber für diesen Zweck bereitgelegt wurden.

Komm.: Die Stadtwerdung Roms lässt sich seit dem 6. Jh. an einer Reihe von größeren, archäologisch nachweisbaren Bauprojekten ablesen: Forum und Comitium wurden gepflastert; das Forumtal erhielt erste Entwässerungsanlagen; an der Via Sacra entstand die Regia (der spätere Amtssitz des Oberpriesters), am Comitium das Volcanal; vgl. zum Kontext Walter (2001b) 138-40. Gegen Ende des 6. Jh.s. wurde schließlich mit dem Bau des monumentalen (62 x 53 m) Tempels der Götterrtrias Juppiter, Juno und Minerva begonnen (s. Richardson TDAR 221-4; Tagliamonte, LTUR 3 [1996] 144-8; anders Kolb, Rom 91-6). Nach der literarischen Überlieferung soll die Grundsteinlegung hierfür bereits durch Tarquinius Priscus erfolgt sein, der den ersten Bauabschnitt mit Beutegeldern aus der Stadt Apiolae finanzierte (Valerius Antias FRH 15 F 12; Liv. 1,35,7-8; Dion. Hal. ant. 3,49,1-4). Sein Sohn Tarquinius Superbus soll den Bau dann fortgeführt haben (wie auch die ebenfalls vom Vater geerbten Bauprojekte des Circus Maximus und der Cloaca Maxima: Liv. 1,56,1-2; vgl. zu Cassius Hemina FRH 6 F 18). Angespornt durch ein Prodigium, welches die künftige Größe Roms prophezeihte (s. das nächste Fragment), wollte Tarquinius Superbus jedoch **größere Aufwendungen aufbringen**, weshalb die **pometinische**

Beute (die Gelder, die der jüngere Tarquinius bei seinem Sturm auf die Volskerstadt Pometia erbeutet hatte: Cic. rep. 2,44; Liv. 1,53,3; Dion. Hal. ant. 4,59,1; vgl. Tac. Hist. 3,72) nicht mehr ausreichte. Nach Vertreibung des Tarquinius Superbus soll der Tempel schließlich im ersten Jahr der Republik durch den Konsul M. Horatius Pulvillus geweiht worden sein (Liv. 2,8,6-8; Dion. Hal. ant. 5,35,3; die übrigen Belege bei Broughton MRR 1,3-4).

Diese dreistufige Baugeschichte ist in mehrfacher Hinsicht problematisch (zu den archäologischen Zeugnissen, nach denen der Tempel ins letzte Viertel des 6. Jh.s datiert, s. noch Cornell, Beginnings 128-130. 209-10). Vor allem stellt die Finanzierung zweier Bauphasen durch Beutegelder zunächst aus Apiolae und später Pometia offensichtlich eine Dublette dar: Apiolae ist einfach die griechische Übersetzung von Pometia (ἄπιον = pomum), beide Orte sind also wohl identisch (zuerst E. Pais, Storia di Roma I 1 [1898] 347 Anm. 2; vgl. Heurgon [1969] 243-4; Cornell, Beginnings 129; anders aber Ogilvie [1970] 212). Es liegt dann nahe, den Ursprung dieser Version im griechischen Werk des Fabius Pictor zu sehen (vgl. Alföldi, Frühes Rom 287-8 mit Anm. 143), der die Baugeschichte verdoppelt und auf zwei Tarquinier ausgeweitet zu haben scheint, indem er dem Tarquinius Superbus die pompöse **Vollendung des Tempels** zuschrieb, welche vom Vater einst in Gang gesetzt worden sein soll. – Pictors Angabe von **40 Talenten** (vgl. Liv. 1,53,3) entspricht den 40 Talenten Gold, die die Athena-Statue des Phidias auf der Akropolis in Athen verzierten (Thuk. 2,13,5), weshalb Ogilvie (1970) 213, die Möglichkeit gesehen hat, dass Rom durch diese 'frisierte' Angabe als „second Athens" erscheinen sollte. Zu Pisos astronomischer Summe s. Forsythe, Piso 239-44.

---

16 Arnob. 6,7 (F 12 Peter = F 11 Jacoby)

Regnatoris in populi Capitolio qui est hominum qui ignoret Oli esse sepulchrum Vulcentani? Quis est, inquam, qui non sciat ex fundaminum sedibus caput hominis evolutum non ante plurimum temporis aut solum sine partibus ceteris (hoc enim quidam ferunt) aut cum membris omnibus humationis officia sortitum? quod si planum fieri testimoniis postulatis auctorum, Sammonicus, Granius, Valerius Antias et Fabius indicabunt, cuius Aulus fuerit filius, gentis aut nationis cuius, cur manu servuli vita fuerit spoliatus et lumine, quid de suis commeruerit civibus ut ei sit abnegata telluris patriae sepultura. condiscetis etiam, quamvis nolle istud publicare se fingant, quid sit capite retecto factum, vel in parte qua areae curiosa fuerit obscuritate conclusum, ut immobilis videlicet atque fixa obsignati ominis perpetuitas staret. quod cum opprimi par esset et vetustatis obliteratione celari, compositio nominis iecit in medium et cum suis causis per data sibi tempora inextinguibili fecit testificatione procedere, nec erubuit civitas maxima et numinum cunctorum cultrix, cum vocabulum templo daret, ex Oli capite Capitolium quam ex nomine Iovio nuncupare.

Übers.: Wer unter den Menschen wüsste nicht, dass sich das Grab des Aulus Vulcentanus auf dem Kapitol des gebietenden Volkes befindet? Wer, sage ich, wüsste nicht, dass dort einst aus dem Sitz der Fundamente der Kopf eines kurz zuvor ordentlich bestatteten Menschen zum Vorschein kam, entweder allein, ohne alle anderen Körperteile (dies behaupten nämlich gewisse Leute), oder mit allen Gliedmaßen? Wenn ihr hierfür einleuchtende Erklärungen verlangt, Sammonicus, Granius, Valerius Antias und Fabius werden euch verraten, wessen Sohn Aulus war, welchem Stamm und Volk er angehörte, warum er durch die Hand eines jungen Sklaven seines Lebens beraubt wurde und was er an seinen Mitbürgern verschuldete, dass man es ihm verweigerte, in der Heimat bestattet zu werden. Wenngleich diese Autoren vorgeben, es nicht aller Welt mitteilen zu wollen, so werdet ihr dennoch erfahren, was nach der Entdeckung dieses Kopfes geschah und an welcher Stelle des Kapitols er sich befand, sorgfältig versteckt, damit die Dauerhaftigkeit des geheimnisumwitterten Vorzeichens unabänderlich und unwiderruflich weiter bestehe. Obschon es verständlich wäre, wenn die näheren Umstände verschwiegen und aufgrund des hohen Alters in Vergessenheit geraten wären, so zieht die Etymologie des Wortes doch die Aufmerksamkeit auf sich und gibt ein untilgbares Zeugnis der früheren Zeiten. Und der mächtigste Staat, welcher Verehrer der Götter ist, scheute sich nicht, als dem Tempel ein Name gegeben wurde, das Kapitol eher nach dem Haupt des Olus als nach Juppiter zu benennen.

Komm.: Bei den Bauarbeiten des Tempels der kapitolinischen Trias (vgl. F 15) erregte der Fund eines Menschenschädels einiges Aufsehen, weil die Seher dies als Vorzeichen der künftigen Größe Roms deuteten: *quae visa species haud per ambages arcem eam imperii caputque rerum fore portendebat* („diese Erscheinung war ein Zeichen dafür, dass hier ein Bollwerk der Macht und das Haupt der Welt sein würde": Liv. 1,55,5 mit Ogilvie [1970] z. St.; vgl. 5,54,7; Dion. Hal. ant. 4,59-61; Plin. nat. 28,15). Da Rom die Latiner um diese Zeit veranlasste, ihr Bundesheiligtum der Diana Nemorensis (dazu Cato FRH 3 F 2,28) von Aricia nach Rom zu verlegen, Rom somit auch die religiöse Führung unter den Latinern für sich beanspruchte (nach Liv. 1,45,3; Dion. Hal. ant. 4,26,2 unter König Servius Tullius, doch kann die Verlegung erst im frühen 5. Jh. erfolgt sein: Alföldi, Frühes Rom 82-94; Kolb, Rom 101-2), ließ sich dieser Anspruch mit dem kapitolinischen Prodigium providentiell untermauern. Aufregend war zumal, an **welcher Stelle des Kapitols** sich der Schädel befand: am Tarpeischen Felsen (s. F 10). Die Geschichte kursierte schon einige Zeit vor Fabius Pictor, auf den vielleicht der etymologische Erklärungsversuch von 'Kapitol' zurückgeht: *caput Oli*, 'Haupt des **Olus**' (Prayon, DNP 2 [1997] 980 s.v. Caput Oli; Cornell, Beginnings 145). Nach dieser Etymologie wurde der Schädel mit dem etruskischen Heros Aulus Vibenna identifiziert (so auch Serv. ad Verg. Aen. 8,345; Isid. Orig. 15,2,31), in dem spätere Gelehrte einen Zeitgenossen des älteren Tarquinius und des Servius Tullius sahen (s. die Senatsrede des Kaisers Claudius i.J. 48 über die Öffnung des Senats für Männer aus den gallischen Provinzen: ILS 212; H. Freis, Historische Inschriften zur römischen Kaiserzeit [²1994] Nr. 34).

Die Historizität des Aulus Vibenna, in der Variante des christlichen Apologeten Arnobius **Aulus Vulcentanus**, ist durch etruskische Inschriften und insb. durch die Freskenmalerei der Tomba François in Vulci gesichert. Wie sein Bruder Caeles Vibenna (vgl. Fest. p. 468 L s.v. 'Tuscum vicum') gehörte Aulus zum Kreis von Personen, die Ende des 6. Jh.s als *warlords* (Anführer bewaffneter Gefolgschaften) in Etrurien und Mittelitalien umherzogen und je nach Gelegenheit in den sich entwickelnden Städten persönliche Herrschaften errichteten oder bestehende unterstützten. Zu dieser Kategorie sind auch Mastarna/Servius Tullius und der Etruskerkönig Lars Porsenna (zu diesem Hemina FRH 6 F 19; Piso FRH 7 F 22) zu rechnen, sowie Poplios Valesios (Valerius Poplicola?), der auf dem *lapis Satricanus* (vgl. H. Versnel, Gymnasium 89 [1982] 193-235) mit seinen *suodales Mamertei*, einer Art *warriorband*, genannt wird, und schließlich auch Coriolan (u. F 21). Nach der späten Quelle Chron. 354 soll es dem Aulus Vibenna sogar gelungen sein, sich zum *rex* über Rom aufzuschwingen; s. Cornell, Beginnings 133-150 u. passim; D. Timpe, Das Kriegsmonopol des römischen Staates, in: W. Eder (Hg.), Staat und Staatlichkeit in der frühen römischen Republik (1990) 368-87; Ampolo, StorRom I 207-8 mit Anm. 19 (zu einem Heroenkult für Aulus Vibenna); Alföldi, Frühes Rom 197-213; Walter (1999) 670-2.

Der Bericht des Arnobius (kurz nach 300) ist natürlich polemisch; zu seiner Sicht der römischen Frühzeit und Religion allg. s. jetzt v. Haehling (2000) 194-201.

---

17 Dion. Hal. ant. 4,64,2-3 (F 14 Peter = F 12 Jacoby)

Σέξτος ὁ πρεσβύτατος τῶν Ταρκυνίου παίδων ἀποσταλεὶς ὑπὸ τοῦ πατρὸς εἰς πόλιν, ἣ ἐκαλεῖτο Κολλάτεια, χρείας τινὰς ὑπηρετήσων στρατιωτικὰς παρ' ἀνδρὶ κατήχθη συγγενεῖ Λευκίῳ Ταρκυνίῳ τῷ Κολλατίνῳ προσαγορευομένῳ. (3) τοῦτον τὸν ἄνδρα Φάβιος μὲν υἱὸν εἶναί φησιν Ἡγερίου, περὶ οὗ δεδήλωκα πρότερον, ὅτι Ταρκυνίῳ τῷ προτέρῳ βασιλεύσαντι Ῥωμαίων ἀδελφόπαις ἦν καὶ Κολλατείας ἡγεμὼν ἀποδειχθεὶς ἀπὸ τῆς ἐν ἐκείνῃ τῇ πόλει διατριβῆς αὐτός τε Κολλατῖνος ἐκλήθη καὶ τοῖς ἐγγόνοις ἀφ' ἑαυτοῦ τὴν αὐτὴν κατέλιπεν ἐπίκλησιν· ἐγὼ δὲ καὶ τοῦτον υἱωνὸν εἶναι τοῦ Ἡγερίου πείθομαι, εἴ γε τὴν αὐτὴν εἶχε τοῖς Ταρκυνίου παισὶν ἡλικίαν, ὡς Φάβιός τε καὶ οἱ λοιποὶ συγγραφεῖς παραδεδώκασιν.

Übers.: Sextus, der Älteste der Söhne des Tarquinius, wurde von seinem Vater in eine Stadt namens Collatia entsandt, um irgendwelche militärischen Aufgaben zu erledigen. Dort hielt er sich bei seinem Verwandten Lucius Tarquinius, mit Beinamen Collatinus, auf. (3) Fabius berichtet, dieser Mann soll nun ein Sohn des Egerius gewesen sein. Ich selbst habe dagegen weiter oben gezeigt, dass er ein Neffe des ersteren römischen Königs mit Namen Tarquinius (scil. Tarquinius Priscus) war. Zum Statthalter Collatias ernannt, wurde er wegen seines längeren Aufenthaltes in dieser Stadt Collatinus genannt, und diesen Beinamen hinterließ er auch seinen Nachkommen. Ich bin der Auffassung, dass er ein Enkel des Egerius gewesen ist, wenn es denn zutrifft, dass er im selben Alter wie die Söhne des Tarquinius Superbus war, wie Fabius und auch die übrigen Historiker überliefern.

Komm.: Erneut eine chronologische Korrektur des Dionysios von Halikarnass (und wahrscheinlich Pisos: s. Pictor FRH 1 F 12 a-b u. Piso FRH 7 F 17): **Lucius Tarquinus Collatinus** soll nicht der Sohn des Arruns Tarquinius **Egerius**, eines brüderlichen Neffen des Tarquinius Priscus, gewesen sein, wie Fabius meinte (s. Cornell, Beginnings 123 zur Genealogie; vgl. Forsythe, Piso 228), sondern ein Enkel des Arruns Tarquinius Egerius (zu diesem bereits Dion. Hal. ant. 3,50,3), was nur möglich ist, wenn man zwischen Arruns (dem Bruder des Tarquinius Priscus) und seinem Sohn Arruns Tarquinius Egerius einen weiteren Sohn desselben Namens einschiebt. Dionysios verlängerte demnach auch den Familienzweig der Tarquinii Collatini um eine Generation (vgl. o. zu F 12 a-b zur Genealogie der Tarquinier in Rom). – Fabius Pictor hat die älteren Motive mündlicher Tradition(en) über Herrschaft und Sturz der Tarquinier zu einer großen Geschichtslegende mit dramatischen Elementen geformt, die hernach kanonisch wurde. Das vorliegende Fragment wirft ein Schlaglicht auf einen kleinen, aber zentralen Ausschnitt dieser tarquinischen Familiensaga: Lucretia, die Gemahlin des Tarquinius Collatinus (zu ihm Piso FRH 7 F 21), hatte durch ihre Schönheit im Königssohn Sextus Tarquinius einst „schnöde Lust entzündet" (Schwegler RG 1,777); in Abwesenheit des Collatinus begab dieser sich unter einem Vorwand ins Haus seines Verwandten und vergewaltigte Lucretia in ihrem Ehebett (s. auch zu Piso FRH 7 F 20). Der Selbstmord Lucretias setzte die Vertreibung des Tarquinius Superbus und somit den Sturz der Königsherrschaft in Gang: Liv. 1,57-60 mit Ogilvie (1970) 218-32; Dion. Hal. ant. 4,64,4-67,4; vgl. Ov. fast. 2,721-852; s. insg. Schwegler 1,776-80; Cornell, Beginnings 215-8; I. Donaldson, The Rapes of Lucretia. A Myth and its Transformations (1982); M. Th. Fögen, Römische Rechtsgeschichten (2002), 21-59. Pictors Version war eine motivische Adaption der weitverbreiteten Geschichte vom Sturz der Peisistratiden in Athen: Dort war die Liebe der Jünglinge Harmodios und Aristogeiton vom sexuell zügellosen Tyrannen Hipparchos bedroht worden. Den Liebhabern blieb schließlich nichts anderes übrig als der Tyrannenmord; einen neuen Tyrannen zu akzeptieren war das Volk danach nicht mehr bereit (vgl. Thuk. 6,54-9); s.o. S. 23 mit Anm. 10 zu weiteren Parallelen im Verlauf beider Geschichten.

18 Suid. s.v. Φάβιος Πίκτωρ (F 28 Peter = F 25 Jacoby)

Φάβιος Πίκτωρ, συγγραφεὺς Ῥωμαίων. οὗτος λέγει ἄρχοντι Ῥωμαίων μὴ ἐξεῖναι μηδενὶ σφετερίσασθαι ἐκ τοῦ δημοσίου ὁτιοῦν.

Übers.: Fabius Pictor, römischer Historiker. Dieser berichtet, dass es keinem römischen Beamten erlaubt ist, sich irgendwie aus der Staatskasse zu bereichern.

Komm.: Der Tatbestand des *peculatus* (Veruntreuung öffentlicher Gelder, sei es durch Unterschlagung, Betrug oder auch Misswirtschaft) galt als schwer wiegendes Amtsdelikt. Zwar hatten Imperiumsträger im Felde freie Verfügungsgewalt über die vom Senat bewilligten Kriegsgelder, doch konnten sie im Anschluss an einen Feldzug zur Rechenschaft über ihre Aufwendungen und über den ordnungsgemäßen Umgang mit der Kriegsbeute gezogen werden. Letztere gehörte grundsätzlich dem Staat; die persönliche Bereicherung der Feldherrn war untersagt: Pol. 6,12,8; 15,9-10; vgl. Fest. p. 220 L; Marquardt RStV 2,282-6. Im Zweifelsfall drohte ein tribunizischer Rechenschaftsprozess (vergleichbar mit den aus den griechischen Poleis bekannten εὐθύνη-Verfahren), an dessen Ende die Verurteilung des Beamten durch das *concilium plebis* stehen konnte: Mommsen, Strafrecht 764-8; Kunkel, in: Kunkel/Wittmann (1995) 268-9. Die römische Tradition ließ keine Zweifel an der Rigidität dieser Prozesse. Schon Coriolan soll wegen der Unterschlagung von Beutegeldern verklagt worden sein (zu diesem F 21), und ähnliche Vorwürfe wurden i.J. 391 gegen Camillus laut

(Liv. 5,32,8-9; Val. Max. 5,3,2a; Plut. Cam. 12-3; weitere s. Broughton MRR 1,93). Zu Fabius Pictors Zeit erregte ein vergleichbarer Fall einiges Aufsehen: Nach Ablauf ihrer Amtsperiode wurden die Konsuln von 219, M. Livius Salinator und L. Aemilius Paullus, in einem Prozess vor der Volksversammlung angeklagt, weil es Unregelmäßigkeiten bei der Verteilung der illyrischen Kriegsbeute gegeben haben soll. Während Paullus der Verurteilung entging, wurde Salinator für schuldig befunden und mit einer hohen Geldstrafe belegt; er zog sich darauf grollend aus dem politischen Leben zurück, bis die Censoren d.J. 210 ihn wieder in den Senat zitierten (Suet. Tib. 3,2; Liv. 22,35,3; 27,34,3; Auct. de vir. ill. 50,1: *peculatus reus ... condemnatus*; s. Lippold [1963] 102; Eckstein [1987] 45 mit Anm. 86).

Mit dem Verweis auf die seit alters bestehende, rechtliche und institutionelle Verankerung der Amtsgewalt der Magistrate inmitten der *res publica* mussten die innere Geschlossenheit und damit die moralische Überlegenheit des römischen Staates augenfällig werden. Auf Seiten Karthagos dominierten für Fabius dagegen Einzelfiguren vom Schlage eines Hasdrubal das Feld, dessen persönliche Herrschaft in Hispanien sich den politischen Kontrollinstanzen der Heimat schrittweise entzog und schließlich offen gegen Karthago richtete (F 31).

19 Cic. div. 1,55 (F 15 Peter = F 5 Lat. Peter = F 13a Jacoby)

Omnes hoc historici, Fabii, Gellii, sed maxume Coelius: cum bello Latino ludi votivi maxumi primum fierent, civitas ad arma repente est excitata, itaque ludis intermissis instaurativi constituti sunt. qui ante quam fierent, cumque iam populus consedisset, servus per circum, cum virgis caederetur, furcam ferens ductus est. exin cuidam rustico Romano dormienti visus est venire, qui diceret praesulem sibi non placuisse ludis, idque ab eodem iussum esse eum senatui nuntiare; illum non esse ausum. iterum esse idem iussum et monitum, ne vim suam experiri vellet: ne tum quidem esse ausum. exin filium eius esse mortuum, eandem in somnis admonitionem fuisse tertiam. tum illum etiam debilem factum rem ad amicos detulisse, quorum de sententia lecticula in curiam esse delatum, cumque senatui somnium enarravisset, pedibus suis salvum domum revertisse. itaque somnio comprobato a senatu ludos illos iterum instauratos memoriae proditum est.

Übers.: Dies überliefern alle Historiker, sei es nun Fabius, Gellius, insbesondere aber Coelius: Als während des Latinerkrieges zum ersten Male die Großen Votiv-Spiele stattfinden sollten, wurde die Bürgerschaft plötzlich zu den Waffen gerufen, weshalb die Spiele nach einer Unterbrechung erneut angesetzt wurden. Bevor sie nun wieder aufgenommen wurden (das Volk hatte bereits Platz genommen), wurde ein Sklave unter Rutenhieben durch den Zirkus getrieben, der ein Gabelkreuz trug. Hierauf erschien einem gewissen römischen Bauern im Schlaf eine Traumgestalt, die ihm sagte, ihr habe der 'Vortänzer' der Spiele missfallen, und ihm befahl, den Senat davon zu unterrichten. Jener aber wagte dies nicht. Erneut wurde ihm dasselbe angetragen, und er wurde ermahnt, nicht die Allmacht seiner Erscheinung erfahren zu wollen. Auch jetzt wagte er es nicht, den Senat zu benachrichtigen. Hierauf starb sein Sohn, und im Schlaf erhielt er zum dritten Male dieselbe Mahnung. Jetzt endlich, als er auch noch gebrechlich geworden war, berichtete er die Angelegenheit seinen Freunden und auf ihren Ratschlag hin wurde er auf einer Trage in die Kurie gebracht. Nachdem er den Senatoren seinen Traum erzählt hatte, kehrte er auf seinen eigenen Füßen wohlauf nach Hause zurück. Nach der Überlieferung wurde dem Traum vom Senat eben deswegen Glauben geschenkt, und die Spiele wurden abermals angesetzt.

Komm.: Neben den *ludi maximi/Romani* (Freyburger, DNP 7 [1999] 477-87, bes. 484, s.v. Ludi) und den *ludi saeculares* (s. zu Cassius Hemina FRH 6 F 39) gab es seit der römischen Frühzeit situativ ausgerichtete Spiele. Anlass dieser *ludi magni/votivi* war ein konkretes Gelübde an eine Gottheit, mit welchem der Votant eine Bitte um göttlichen Beistand verband. Die *ludi votivi* waren i.d.R. dem kapitolinischen Juppiter geweiht: Habel, RE Suppl. 14 (1931) 608-30 s.v. Ludi publici, bes. 617-20; Bernstein (1998) 84-116 (mit viel Lit.). Die Überlieferung hat die Einrichtung der Votiv-Spiele mit der Dictatur des **Aulus Postumius** Albus verbunden, der sie i.j. 496 vor der säkularen Schlacht am *lacus Regillus* gelobt haben soll (Liv. 2,19,3-20,13 datiert die Dictatur des Postumius ins J. 499, hegt hierüber aber selbst Zweifel: 2,21,3-4. Dion. Hal. ant. 6,10,1 benennt 496 als Datum; vgl. Broughton MRR 1,10-1). Nach Dionysios wurde das Gelübde mit der Ausrichtung der Spiele i.J. 490 eingelöst (s. das folgende Fragment). Ciceros kompakter Bericht beruht im Wesentlichen auf **Coelius** Antipater FRH 11 F 57 (*maxume Coelius*: T.P. Wiseman, Cicero, De Divinatione 1,55, CQ 73 [1979] 142-4), wobei Antipater zwei Unterbrechungen und zwei Instaurationen der Spiele überlieferte, einmal, weil **die Bürgerschaft plötzlich zu den Waffen gerufen** wurde, sowie eine weitere Unterbrechung wegen des Zwischenfalls des unliebsamen **Vortänzers**. Fabius Pictor hat dieser Episode (und der folgenden *pompa circensis*) viel Raum geschenkt, doch dürfte es in seiner Version nur eine Instauration (diejenige nach Erscheinung des Traumgesichts) gegeben haben: so zumindest die detaillierten Varianten bei Dion. Hal. ant. 7,68-9; Liv. 2,36 mit Bernstein (1998) 87-8. Die erste Instauration Ciceros ist dann eine Zutat des Coelius (vgl. Fest. p. 436 L; Serv. ad Verg. Aen. 8,110 zu einer ähnlichen Instauration der *ludi*

Apollinares i.J. 211, in deren Zusammenhang Coelius wahrscheinlich auf den Vorfall während der ersten Votiv-Spiele zu sprechen kam). Allerdings ist auch die von Fabius und nach diesem von Gellius überlieferte Instauration eine Rückprojektion eines Ereignisses, das sich, wie Macr. Sat. 1,11,3-5 (glaubwürdig: Bernstein [1998] 91-3) versichert, i.J. 280 zugetragen hatte: Danach trieb Autronius Maximus einen Sklaven durch den Circus, worauf Juppiter einem gewissen Annius befahl, dem Senat seinen Unmut hierüber mitzuteilen. Erst als er seinen Sohn verloren und ihn selbst eine schwere Krankheit befallen hatte, wandte er sich an den Senat; die Spiele wurden daraufhin neu angesetzt.

Fabius Pictor hat mit der Hinaufdatierung dieses Ereignisses allem Anschein nach die römische Sitte der Instauration, d. h. die ritualisierte Neuansetzung von Spielen (Eisenhut, RE Suppl. 14 [1974] 197-205 s.v. instauratio) erklärt und ein möglichst altes Aition präsentieren wollen. Schon Mommsen RF 2,145-6 hat erkannt, dass es dabei erneut um eine etymologische Erklärung gegangen sein dürfte: Historischer Ausgangspunkt und Erklärung der *instauratio ludorum* wurden in der Anekdote um die ersten Votiv-Spiele gefunden, und danach wurde der Begriff Instauration ἀπὸ τοῦ σταυροῦ ('vom Kreuz') abgeleitet (vgl. Macr. Sat. 1,11,5: ... *isque instauraticius dictus est non a patibulo, ut quidam putant, Graeco nomine* ἀπὸ τοῦ σταυροῦ, *sed a redintegratione, ut Varroni placet, qui instaurare ait esse instar novare.*).

Mit der Datierung dieser angeblich vom Senat verfügten Instauration in die Ktisis-Phase erzeugte Fabius die legalistische und autoritative Fiktion eines Senats, dem bereits in der Frühgeschichte die alleinige Entscheidungsgewalt über die Neuansetzung von Spielen zugefallen sein soll. Diese abermalige Traumgeschichte (vgl. F 3 u. 5) bildete demnach einen wichtigen, multifunktionalen Schwerpunkt im Ktisis-Abschnitt, der über das Regifugium hinaus breit ausgearbeitet war: s. das nächste Fragment.

---

20 Dion. Hal. ant. 7,71,1-73,4 (F 16 Peter = F 13b Jacoby)

Ἐγὼ δ', ἵνα μή τις ἀσθενῆ τὴν πίστιν εἶναι ταύτην ὑπολάβῃ [εἴτε] κατ᾽ ἐκείνην τὴν ἀπίθανον ὑπόληψιν, ὅτι παντὸς τοῦ Ἑλληνικοῦ κρατήσαντες ἀσμένως ἂν τὰ κρείττω μετέμαθον ἔθη τῶν ἐπιχωρίων ὑπεριδόντες, ἐξ ἐκείνου ποιήσομαι τοῦ χρόνου τὴν τέκμαρσιν, ὅτ᾽ οὔπω τὴν τῆς Ἑλλάδος εἶχον ἡγεμονίαν οὐδὲ ἄλλην διαπόντιον οὐδεμίαν ἀρχήν, Κοΐντῳ Φαβίῳ βεβαιωτῇ χρώμενος καὶ οὐδεμιᾶς ἔτι δεόμενος πίστεως ἑτέρας· παλαιότατος γὰρ ἀνὴρ τῶν τὰ Ῥωμαϊκὰ συνταξαμένων, καὶ πίστιν οὐκ ἐξ ὧν ἤκουσε μόνον, ἀλλὰ καὶ ἐξ ὧν αὐτὸς ἔγνω παρεχόμενος. (71,2) Ταύτην δὴ τὴν ἑορτὴν ἐψηφίσατο μὲν ἡ βουλὴ τῶν Ῥωμαίων ἄγειν, ὡς καὶ πρότερον ἔφην, κατὰ τὰς γενομένας εὐχὰς ὑπὸ τοῦ δικτάτορος Αὔλου Ποστομίου, ὅτ' ἔμελλεν ἀγωνίζεσθαι πρὸς τὰς ἀποστάσας Λατίνων πόλεις κατάγειν ἐπιχειρούσας Ταρκύνιον ἐπὶ τὴν ἀρχήν· ἀναλοῦσθαι δ' ἔταξε καθ' ἕκαστον ἐνιαυτὸν εἴς τε τὰς θυσίας καὶ τοὺς ἀγῶνας ἀργυρίου πεντακοσίας μνᾶς· καὶ μέχρι τοῦ Φοινικικοῦ πολέμου ταῦτ' ἐδαπάνων εἰς τὴν ἑορτήν. (3) ἐν δὲ ταῖς ἱεραῖς ἡμέραις ταύταις πολλὰ μὲν καὶ ἄλλα ἐγίνετο νόμοις Ἑλληνικοῖς κατά τε πανηγυρισμοὺς καὶ ξένων ὑποδοχὰς καὶ ἐκεχειρίας, ἃ πολὺ ἂν ἔργον εἴη λέγειν, τὰ δὲ περὶ πομπήν τε καὶ θυσίαν καὶ τὰ κατὰ τοὺς ἀγῶνας· ἀπόχρη γὰρ ἐκ τούτων καὶ τὰ μὴ λεχθέντα ἐξετάζειν τοιάδε.

(72,1) Πρὶν ἄρξασθαι τῶν ἀγώνων, πομπὴν ἔστελλον τοῖς θεοῖς οἱ τὴν μεγίστην ἔχοντες ἐξουσίαν, ἀπὸ τοῦ Καπιτωλίου τε καὶ δι' ἀγορᾶς ἄγοντες ἐπὶ τὸν μέγαν ἱππόδρομον. ἡγοῦντο δὲ τῆς πομπῆς πρῶτον μὲν οἱ παῖδες αὐτῶν οἱ πρόσηβοί τε καὶ τοῦ πομπεύειν ἔχοντες ἡλικίαν, ἱππεῖς μέν, ὧν οἱ πατέρες τιμήματα ἱππέων εἶχον, πεζοὶ δ' οἱ μέλλοντες ἐν τοῖς πεζοῖς στρατεύεσθαι· οἱ μὲν κατ' ἴλας τε καὶ κατὰ λόχους, οἱ δὲ κατὰ συμμορίας τε καὶ τάξεις ὡς εἰς διδασκαλεῖον πορευόμενοι· ἵνα φανερὰ γίνοιτο τοῖς ξένοις ἡ μέλλουσα ἀνδροῦσθαι τῆς πόλεως ἀκμὴ πλῆθός τε καὶ κάλλος οἵα τις ἦν. (2) τούτοις ἠκολούθουν ἡνίοχοι τέθριππά τε καὶ συνωρίδας καὶ τοὺς ἀζεύκτους ἵππους ἐλαύνοντες· μεθ' οὓς οἱ τῶν ἀθλημάτων ἀγωνισταὶ τῶν τε κούφων καὶ τῶν βαρέων τὸ μὲν ἄλλο σῶμα γυμνοί, τὸ δὲ περὶ τὴν αἰδῶ καλυπτόμενοι. (...) (5) ἠκολούθουν δὲ τοῖς ἀγωνισταῖς ὀρχηστῶν χοροὶ πολλοὶ τριχῇ νενεμημένοι, πρῶτοι μὲν ἀνδρῶν, δεύτεροι δ' ἀγενείων, τελευταῖοι δὲ παίδων, οἷς παρηκολούθουν αὐληταί τ' ἀρχαϊκοῖς ἐμφυσῶντες αὐλίσκοις βραχέσιν, (...) καὶ κιθαρισταὶ λύρας ἑπταχόρδους ἐλεφαντίνας καὶ τὰ καλούμενα βάρβιτα κρέκοντες. (...) (6) σκευαὶ δὲ τῶν ὀρχηστῶν ἦσαν χιτῶνες φοινίκεοι ζωστῆρσι χαλκέοις ἐσφιγμένοι, καὶ ξίφη παρηρτημένα, καὶ λόγχαι βραχύτεραι τῶν μετρίων· τοῖς δ' ἀνδράσι καὶ κράνη χάλκεα λόφοις ἐπισήμοις κεκοσμημένα καὶ πτεροῖς. ἡγεῖτο δὲ καθ' ἕκαστον χορὸν εἷς ἀνήρ, ὃς ἐνεδίδου τοῖς ἄλλοις τὰ τῆς ὀρχήσεως σχήματα, πρῶτος εἰδοφορῶν τὰς πολεμικὰς καὶ συντόνους κινήσεις ἐν τοῖς προκελευσματικοῖς ὡς τὰ πολλὰ ῥυθμοῖς. (...) (10) (...) μετὰ γὰρ τοὺς ἐνοπλίους χοροὺς οἱ τῶν σατυριστῶν ἐπόμπευον χοροὶ τὴν Ἑλληνικὴν εἰδοφοροῦντες σίκιννιν. σκευαὶ δ' αὐτοῖς ἦσαν τοῖς μὲν εἰς Σιληνοὺς εἰκασθεῖσι μαλλωτοὶ χιτῶνες, οὓς ἔνιοι χορταίους καλοῦσι, καὶ περιβόλαια ἐκ παντὸς ἄνθους· τοῖς δ' εἰς Σατύρους περιζώματα καὶ δοραὶ τράγων καὶ ὀρθότριχες ἐπὶ ταῖς κεφαλαῖς φόβαι καὶ ὅσα τούτοις ὅμοια. οὗτοι κατέσκωπτόν τε καὶ κατεμιμοῦντο τὰς σπουδαίας κινήσεις ἐπὶ τὰ γελοιότερα μεταφέροντες. (...) (13) μετὰ δὲ τοὺς χοροὺς τούτους κιθαρισταί τ' ἀθρόοι καὶ αὐληταὶ πολλοὶ παρεξῄεσαν· καὶ μετ' αὐτοὺς οἵ τε τὰ θυμιατήρια κομίζοντες, ἐφ' ὧν ἀρώματα καὶ λιβανωτὸς παρ' ὅλην ὁδὸν ἐθυμιᾶτο, καὶ οἱ τὰ πομπεῖα παραφέροντες ἀργυρίου καὶ χρυσίου πεποιημένα τά τε ἱερὰ καὶ τὰ δημόσια. τελευταῖα δὲ πάντων αἱ τῶν θεῶν εἰκόνες ἐπόμπευον ὤμοις ὑπ' ἀνδρῶν φερόμεναι, μορφάς θ' ὁμοίας παρέχουσαι ταῖς παρ' Ἕλλησι πλαττομέναις καὶ σκευὰς καὶ σύμβολα καὶ δωρεάς, ὧν εὑρεταὶ καὶ δοτῆρες ἀνθρώποις ἕκαστοι παραδίδονται, οὐ μόνον Διὸς καὶ Ἥρας καὶ Ἀθηνᾶς καὶ Ποσειδῶνος καὶ τῶν ἄλλων, οὓς Ἕλληνες ἐν τοῖς δώδεκα θεοῖς καταριθμοῦσιν, ἀλλὰ καὶ τῶν προγενεστέρων, ἐξ ὧν οἱ δώδεκα θεοὶ μυθολογοῦνται γενέσθαι, (...) καὶ τῶν ὕστερον, ἀφ' οὗ τὴν ἀρχὴν Ζεὺς παρέλαβε, μυθολογουμένων γενέσθαι, (...) καὶ ὅσων ἡμιθέων γενομένων αἱ ψυχαὶ τὰ θνητὰ ἀπολιποῦσαι σώματα εἰς οὐρανὸν ἀνελθεῖν λέγονται (...). (15) συντελεσθείσης δὲ τῆς πομπῆς ἐβουθύτουν εὐθὺς οἵ θ' ὕπατοι καὶ τῶν ἱερέων οἷς ὅσιον, καὶ ὁ τῶν θυηπολιῶν τρόπος ὁ αὐτὸς ἦν τῷ παρ' ἡμῖν. χερνιψάμενοί τε γὰρ αὐτοὶ καὶ τὰ ἱερὰ καθαρῷ περιαγνίσαντες ὕδατι καὶ Δημητρίους καρποὺς ἐπιρράναντες αὐτῶν ταῖς κεφαλαῖς, ἔπειτα κατευξάμενοι, θύειν τότε τοῖς ὑπηρέταις αὐτὰ ἐκέλευον. τῶν δ' οἱ μὲν ἑστῶτος ἔτι τοῦ θύματος σκυτάλῃ τοὺς κροτάφους ἔπαιον, οἱ δὲ πίπτοντος ὑπετίθεσαν τὰς σφαγίδας, καὶ μετὰ τοῦτο δείραντές τε καὶ μελίσαντες ἀπαρχὰς ἐλάμβανον ἐξ ἑκάστου σπλάγχνου καὶ παντὸς ἄλλου μέλους, ἃς ἀλφίτοις ζέας ἀναδεύσαντες προσέφερον τοῖς θύουσιν ἐπὶ κανῶν· οἱ δ' ἐπὶ τοὺς βωμοὺς ἐπιθέντες ὑφῆπτον καὶ προσέσπενδον οἶνον κατὰ τῶν ἁγνιζομένων.

(73,1) Λοιπὸν δ' ἔτι μοι καὶ περὶ τῶν ἀγώνων, οὓς μετὰ τὴν πομπὴν ἐπετέλουν, ὀλίγα διελθεῖν. πρῶτος ὁ τῶν τεθρίππων τε καὶ συνωρίδων καὶ τῶν ἀζεύκτων ἵππων ἐγίνετο δρόμος. (...) (2) ἐν δὲ ταῖς ἱππικαῖς ἁμίλλαις ἐπιτηδεύματα δύο τῶν πάνυ παλαιῶν ὡς ἐξ ἀρχῆς ἐνομοθετήθη φυλαττόμενα ὑπὸ Ῥωμαίων μέχρι τῶν κατ' ἐμὲ διάκειται χρόνων, τό τε περὶ τὰ τρίπωλα τῶν ἁρμάτων (...). δυσὶ γὰρ ἵπποις ἐξευγμένοις, ὃν τρόπον ζεύγνυται συνωρίς, τρίτος παρείπετο σειραῖος ἵππος ῥυτῆρι συνεχόμενος, (...). ἕτερον δὲ παρ' ὀλίγαις ἔτι φυλαττόμενον πόλεσιν Ἑλληνίσιν ἐν ἱερουργίαις τισὶν ἀρχαϊκαῖς, ὁ τῶν παρεμβεβηκότων τοῖς ἅρμασι δρόμος. (3) ὅταν γὰρ τέλος αἱ τῶν ἱππέων ἅμιλλαι λάβωνται, ἀποπηδῶντες ἀπὸ τῶν ἁρμάτων οἱ παροχούμενοι τοῖς ἡνιόχοις (...) τὸν σταδιαῖον ἁμιλλῶνται δρόμον αὐτοὶ πρὸς ἀλλήλους. τελεσθέντων δὲ τῶν ἱππικῶν δρόμων οἱ τοῖς ἑαυτῶν σώμασιν ἀγωνιζόμενοι τότ' εἰσῄεσαν δρομεῖς τε καὶ πύκται καὶ παλαισταί. (...) (4) ἐν δὲ τοῖς διὰ μέσου τῶν ἀθλημάτων χρόνοις Ἑλληνικώτατον καὶ κράτιστον ἁπάντων ἐϑῶν ἀπεδείκνυντο, στεφανώσεις καὶ ἀναρρήσεις ποιούμενοι τιμῶν, αἷς ἐτίμων τοὺς ἑαυτῶν εὐεργέτας (...) καὶ σκύλων, ὅσων ἐκ πολέμων λάβοιεν, ἐπιδείξεις τοῖς εἰς ϑέαν συνεληλυϑόσιν.

Übers.: Ich aber will, damit man dieses Zeugnis nicht für wertlos hält oder gar der unwahrscheinlichen Vermutung verfällt, die Römer hätten, nachdem sie die Herrschaft über ganz Griechenland errungen hatten, gerne bessere Gebräuche anstatt ihrer eigenen angenommen, einen Beweis aus jener Zeit anführen, da die Römer weder die Vormacht in Griechenland hatten noch sonst ein Gebiet jenseits des Meeres beherrschten. Ich will mich dabei dem Zeugnis des Quintus Fabius anschließen. Eines anderen Gewährsmannes bedarf es nicht. Denn dieser ist der älteste Autor einer römischen Geschichte; seine Glaubwürdigkeit ergibt sich nicht allein aus dem, was ihm berichtet wurde, sondern gerade daraus, was er selbst miterlebte. (71,2) Der römische Senat beschloss also, dieses Fest (wie ich bereits zuvor gesagt habe) gemäß dem Gelübde des Dictators Aulus Postumius abzuhalten, als er gegen die abtrünnigen Latinerstädte zu Felde ziehen wollte, die versuchten, den Tarquinius wieder an die Macht zu bringen. Und der Senat ordnete an, dass jedes Jahr 500 Silberminen für die Opfer und die Wettkämpfe aufgebracht werden sollten, eine Summe, die bis zum Punischen Krieg jährlich für das Fest ausgegeben wurde. (3) Während dieser Festtage gab es allerlei Festregeln nach griechischem Brauch – die Aufnahme von Fremden, vorübergehende Waffenruhe; das alles wäre zuviel, um es weiter auszuführen –, aber ebenso auch Folgendes hinsichtlich des Festzuges, der Opfer und der Wettkämpfe (es genügt von diesen Beispielen auf das zu schließen, was nicht eigens angeführt ist):

(72,1) Bevor die Wettkämpfe begannen, hielten die obersten Beamten (scil. die Konsuln) für die Götter einen Festzug vom Kapitol über das Forum zum Circus Maximus ab. An der Spitze dieses Zuges gingen die jugendlichen Söhne, die im entsprechenden Alter waren, um am Zug teilzunehmen. Entweder saßen sie zu Pferde, wenn ihre Väter dem Ritterstand angehörten, oder aber sie gingen zu Fuß, wenn sie künftig als Infanteristen ihren Militärdienst leisten würden; die Ersteren in Geschwadern, die Letzteren in Klassen und Centurien, ganz so als gingen sie zur Schule. Dies wurde so arrangiert, damit die Fremden einen Eindruck von der Menge und der Tapferkeit der Jünglinge Roms bekämen, die alsbald das Mannesalter erreichten. (2) Ihnen folgten Wagenlenker, manche mit Viergespannen, manche mit Zweigespannen, andere ritten ohne Gespann. Nach ihnen kamen die Wettkämpfer im Leicht- und Schwerkampf, mit nackten Körpern, allein mit einem Lendenschurz bekleidet. (...) (5) Den Wettkämpfern folgten mehrere Chöre von Tänzern in drei Abteilungen (zunächst Männer, dann Jugendliche und zuletzt Kinder), die von Flötenspielern mit altertümlichen Flöten (kleinen und kurzen) begleitet wurden (...) und von Kitharaspielern, die elfenbeinerne Lyren mit sieben Saiten und Instrumente namens *barbita* spielten. (...) (6) Die Tracht der Tänzer waren purpurrote Tuniken, mit bronzenen Gürteln geschnürt, und sie trugen an ihren Seiten Schwerter und auch Lanzen, die kürzer als gewöhnlich waren. Und die Männer trugen ferner Bronzehelme, mit prächtigem Helmschmuck und Federschweifen. Jeder Chor wurde, an der Spitze ihrer kriegerischen und schnellen Bewegungen, von einem Mann angeführt, der den anderen die Tanzfiguren vorexerzierte, meistens im prokeleusmatischen Rhythmus. (...) (10) (...) Nach den Waffentanz-Chören folgten die Satyr-Chöre, die den griechischen Skinnis-Tanz aufführten. Bei denen, die Silenen darstellten, bestand die Gewandung aus zottigen Tuniken, die manche *chortaioi* nennen, und aus Mänteln mit allerlei Blumen. Diejenigen, die Satyre darstellten, trugen dagegen Geißbockfelle und Gürtel und auf ihren Köpfen hochgestellte Mähnen und ähnliches. Diese Satyre äfften die ernsthaften Bewegungen der Tänzer nach und verspotteten sie, indem sie sie ins Lächerliche zogen. (...) (13) Nach den Chören kamen Scharen von Kitharaspielern und viele Auleten und nach diesen diejenigen, die die Räucherfässer trugen, in denen auf der gesamten Strecke Kräuter und Weihrauch entzündet wurden, sowie diejenigen, die die Prunkgefäße aus Silber und Gold trugen, gefüllt mit den Geldern der Götter und denen aus der Staatskasse. Ganz am Ende folgten die Götterbilder, von Männern geschultert, in ihrer Art genauso, wie sie bei den Griechen gestaltet sind, und in den gleichen Gewändern, Abzeichen und Gaben, die ein jeder von ihnen der Überlieferung nach erfunden und den Menschen geschenkt haben soll: nicht allein Zeus, Hera, Athena, Poseidon und die anderen, die die Griechen zu den Zwölf Göttern zählen, sondern auch ihre Vorgänger, von denen die Zwölf Götter im Mythos abstammen (...) sowie die späteren Gottheiten, die dem Mythos nach erst entstanden, seit Zeus die Herrschaft an sich nahm, (...) und auch die Heroen, deren Seelen in den Himmel aufgefahren sein sollen, nachdem sie ihre sterblichen Körper verlassen hatten (...). (15) Nach Beendigung des Festzuges opferten die Konsuln und die Priester, denen dies zukam, Ochsen. Dieser Opferritus wurde wie bei uns vollzogen. Denn sie wuschen sich die Hände, besprengten die Opfertiere mit reinem

Wasser und bestreuten ihre Köpfe mit den Früchten der Demeter; dann beteten sie und befahlen den Opferdienern, die Tiere zu schlachten. Daraufhin schlugen die einen, solange das Tier noch stand, mit Keulen auf seine Schläfen ein, die anderen stießen ihm die Opfermesser in die Kehle, sobald es zusammensackte; hernach zogen sie ihm die Haut ab, zerteilten es und nahmen von den Eingeweiden und allen Gliedern die Erstlingsopfer, die sie mit Gerstenmehl bestäubten und dann den Opfernden in Schüsseln brachten. Diese legten sie auf die Altäre, entzündeten unter ihnen das Feuer und gossen Wein über ihnen aus, während sie verbrannten. (...)
(73,1) Es bleibt mir, wenige Worte über die Wettkämpfe zu verlieren, die sie nach dem Festzug austrugen. Zuerst fand ein Rennen mit Viergespannen, Zweigespannen und Pferden ohne Gespann statt. (...) (2) Bei diesen Pferderennen gibt es zwei besonders alte Bräuche, die von den Römern bis in meine Zeit genauso beibehalten wurden, wie ursprünglich eingerichtet. Der eine betrifft Wagen mit drei Pferden (...). Denn neben den beiden Pferden im Zweigespann lief ein drittes Pferd an einem eigenen Zügel (...). Die andere Sitte, die heute nur noch in wenigen Griechenstädten an traditionellen Festtagen praktiziert wird, betrifft den Wettlauf derer, die zuvor auf den Rennwagen gefahren sind. Denn sobald die Pferderennen beendet sind, springen die, die neben dem Wagenlenker standen, vom Wagen herunter (...) und tragen unter sich einen Wettlauf im Stadion aus. (3) Nach Beendigung der Pferderennen kamen dann diejenigen an die Reihe, die mit ihrer eigenen Körperkraft antraten, Läufer, Boxer und Ringkämpfer. (...) (4) Und in den Wettkampfpausen zeigten sie eine typisch griechische und die nobelste aller Sitten überhaupt, denn sie weihten Kränze und gaben Ehrungen bekannt, mit denen sie ihre Wohltäter auszeichneten (...), und präsentierten den versammelten Zuschauern die Beute, die sie im Krieg gemacht hatten.

Komm.: Auf die Stiftung und Instauration der *ludi votivi* (F 19) ließ Pictor eine lebhafte Schilderung der *pompa circensis* **vom Kapitol über das Forum zum Circus Maximus** folgen, die bei der Ausrichtung der Spiele abgehalten worden sein soll (von Dionysios ins J. 490 datiert). Offenbar war dieser Abschnitt in den Gesamtkomplex der Coriolan-Sage eingelegt (vgl. F 21), mit der die Stiftung der ersten Votiv-Spiele verbunden wurde (so zumindest Liv. 2,37-8; Dion. Hal. ant. 8,3-4); zum anderen wurde die Passage in den Kontext des Latinerkrieges und des Sturzes der Tarquinier hineinkomponiert. Der Episode der Votiv-Spiele dürfte dann eine Scharnierfunktion zwischen beiden zugefallen sein; vgl. Timpe (1972) 938; Bernstein (1998) 94-5.

Ein grundsätzliches Problem liegt in der schwierigen Textkonstitution des Fragments (s. daher die variierenden Fragmente von Peter F 16 u. Jacoby F 13b). So hat Dionysios seine Vorlage an mehreren Stellen interpoliert: **Wettkämpfer im Leicht- und Schwerkampf, mit nackten Körpern**, soll Rom erst bei den Spielen d.J. 186 gesehen haben (Liv. 39,22,2: *athletarum ... certamen tum primo Romanis spectaculo fuit*); vgl. Chassignet, AR 1,86-7 zu weiteren Interpolationen. Schwerer wiegt aber, dass Fabius' Grundanliegen, die Einbettung der römischen Frühgeschichte in den griechischen Kulturkreis (dazu gleich), sich ganz und gar mit den Intentionen des Dionysios deckte, der die Römer in seinem Geschichtswerk als Hellenen stilisiert und ihre Weltherrschaft auf griechische Tugenden zurückführt (Gabba [1991]; F. Hartog, Rome et la Grèce: Les Choix de Denys d'Halicarnasse, in: S. Saïd [Hg.], Hellenismos [1991] 149-67). Durch diese deckungsgleichen Motive ist Fabius' Beschreibung mit dem Referat des Dionysios zu einem Textamalgam verschmolzen, aus dem sich die Urfassung nicht mehr herauslösen lässt.

Im Kern hat Fabius Pictor eine ebenso farbenprächtige wie idealtypische Beschreibung eines Festzuges gegeben, die der kultischen Realität des 3. Jh.s, insbesondere seiner eigenen Zeit entsprach (s. Regner, RE Suppl. 7 [1940] 1626-64 s.v. Ludi circenses; A. Piganiol, Recherches sur les jeux romains, 15-31; Latte RRG 248-51; J.-R. Jannot, Les danseurs de la 'pompa' du cirque, REL 70 [1992] 56-68). Bis zum 2. Punischen Krieg wurden hierfür jährlich **500 Silberminen** bzw. 200000 Asse ausgegeben, eine Summe, die vom Dictator Fabius Maximus i.J. 217 durch Gewichtsreduktion des Münzfußes auf 333333 Asses 'erhöht' wurde (Liv. 22,10,7; Plut. Fab. 4,5). Pictors Beschreibung des stattlichen Aufzuges, geordnet in **Geschwader, Klassen** und **Centurien** (vgl. C. Nicolet, L'ordre équestre a l'époque républicaine, 1 [1966] 53, Anm. 10), kündete von der stolzen Wehrhaftigkeit Roms. Vor allem diente die Rückprojektion der Parade in die frühe Republik aber dem zentralen Leitmotiv der Verankerung Roms im Mythen- und Kulturkanon Griechenlands. Die Prozession betonte die Tiefe und die weite Verzweigung der griechischen Wurzeln Roms, so etwa wenn es um **allerlei Festregeln nach griechischem Brauch** ging, um 'profane' Kulturträger wie Instrumente und Gewandungen, griechische Rhythmen und Tänze, aber auch um Opferzeremonien und das griechisch-römische Pantheon insg.: Der kulturelle Einfluss Griechenlands war auf allen Ebenen mit den Händen greifbar. Fabius Pictor hatte hier offen die „Zugehörigkeit der Römer zur griechischen Kulturgemeinschaft" (Timpe [1972] 958) propagiert und eine einheitliche griechisch-römische Kulturökumene suggeriert; vgl. Gelzer (1934/1964) 102; vgl. dens. (1954/1964) 107. Diese pronuncierte Betonung des griechischen Kulturkontextes drängte die etruskischen Einflüsse übrigens in den Hintergrund (ohne die etruskischen Elemente freilich vergessen zu machen: s. etwa das Wagenrennen mit dem

Dreigespann) – eine Intention, die sowohl dem Werk des Fabius wie auch dem des Dionysios zu eigen gewesen zu sein scheint: Piganiol (wie eben); J.-P. Thuillier, Denys d'Halicarnasse et les Jeux Romains (AR 7,72-73), MEFRA 87 (1975) 563-81.

21 Liv. 2,40,10-11 (F 17 Peter = F 14 Jacoby)

Apud Fabium, longe antiquissimum auctorem, usque ad senectutem vixisse eundem invenio; (11) *refert certe hanc saepe eum exacta aetate usurpasse vocem, 'multo miserius seni exsilium esse'.*

Übers.: Bei Fabius, der bei weitem ältesten Quelle, finde ich, dass Coriolan bis ins Greisenalter gelebt haben soll. (11) Er berichtet jedenfalls, dass Coriolan in hohem Alter oft geäußert habe: „Für einen alten Mann ist die Verbannung noch viel schlimmer."

Komm.: Cn. Marcius **Coriolanus** (Beiname aufgrund seines heldenhaften Einsatzes bei der Eroberung von Corioli: Liv. 2,33,5; s. Ogilvie [1970] 314-36) figurierte in der römischen Tradition als eine der großen Figuren der frühen Republik. Spannungen zwischen dem patrizischen *hardliner* und der Plebs führten i.J. 491 dazu, dass er verbannt wurde. Aus Verbitterung verbündete sich Coriolan mit den Erzfeinden Roms, den Volskern; allein durch die Wehklagen seiner Mutter ließ er sich von seinem Plan abbringen, an der Spitze des feindlichen Heeres gegen die Heimat zu Felde zu ziehen. Die beiden großen Themenkomplexe, die die Überlieferung in seine Gestalt hineingeflochten hat – die Ständekämpfe und Roms Krieg gegen die Volsker –, verbinden sich in der Coriolan-Vita Plutarchs zu einer Heldengeschichte mit tragischen Elementen (Schwegler RG 2,349-400; Alföldi, Frühes Rom 149-51; Mommsen RF 2, 113-52; J-M. David, Les étapes historiques de la construction de la figure de Coriolan, in: M. Coudry, Th. Späth [Hgg.], L'invention des grandes hommes de la Rome antique [2001] 17-27). In ihrem historischen Kern enthält diese Erzählung Reflexe der existentiellen Kämpfe Roms im frühen 5. Jh. (Cornell, Beginnings 306-7). Coriolan war dabei wohl einer derjenigen unabhängigen Führerfiguren, die marodierend durch Mittelitalien zogen (*warlords*; s.o. zu F 16). Die Geschichten dieser Condottieri basierten auf genuin mündlicher Tradition (Timpe [1988]). In der späteren Überlieferung, mit der die lineare Abfolge von Königtum und *res publica* kanonisch wurde, fehlte jedoch ein adäquater Begriff für diese *warlords*. Es wurden daher andere, klare Kategorien geschaffen: Servius Tullius wurde zum König, Lars Porsenna zum auswärtigen Feind (s. Cassius Hemina FRH 6 F 19; Piso FRH 7 F 22), Valerius

Poplicola und Coriolan zu Helden der Republik, wobei Letzterer nach seiner Verbannung zum Renegaten mutierte und entsprechend stigmatisiert wurde. – Das von Fabius für Coriolan überlieferte Diktum war in der griechischen Literatur bekannt: s. etwa Soph. Oid. K. 744-5; zum römischen Altersdiskurs s. Cincius FRH 2 F 11.

22 Isid. Etym. 4,7,34 (F2 Peter = F 24 Jacoby)

Alexander historiographus ait: 'Vulscos quidam appellatos aiunt a Vulsco Antiphatae Laestrygonis filio. Fabius quoque a Siculis profectos corrupto nomine Vulscos ait dictos.'

Übers.: Der Historiograph Alexander sagt: „Gewisse Autoren berichten, dass die Volsker nach Vulscus, dem Sohn des Antiphates, Königs der Laistrygonen, benannt sind. Fabius sagt auch, dass sie von den Sikulern abstammen und aufgrund einer Entstellung dieses Namens Volsker genannt werden."

Komm.: Die Laistrygonen, ein märchenhaftes Volk von menschenfressenden Riesen, in deren Land die Sonne nie unterging (Homer, Od. 10,77-132), wohnten nach griechischer Vorstellung in der Magna Graecia, genauer auf Sizilien (Thuk. 6,2,1; Theopomp FGrH 115 F 225a; P. Ox. 1358, fr. 2,26). In der römischen Tradition etablierte sich dagegen eine Variante, die die Laistrygonen in der Gegend von Formiae am Nordrand Kampaniens lokalisierte (Sil. It. 7,276; 410; Cic. Att. 2,13; Plin. nat. 3,59). In historischer Zeit siedelte dort der (ursprünglich umbrische) Stamm der Volsker; vgl. Nissen ItL II 659-61. **Vulscus** wurde in der euhemeristischen Tradition also zum *interface* zwischen legendenhafter Vorzeit der Laistrygonen und historischer Realität der Volsker. Indem Fabius Pictor die sizilische Herkunft der Volsker propagierte und mit etymologischen Argumenten untermauerte (indes *corrupto nomine*: *Volsculi* von *Siculi*, bzw. Οὐόλσικλοι von Σικελοί: O. Skutsch, Studia Enniana [1968] 143-4), gleichzeitig aber auch (*quoque*) an ihrer Verbindung zu den Laistrygonen festgehalten zu haben scheint, wird deutlich, dass bei ihm noch die ihm vertraute griechische Version über die Laistrygonen dominierte.

23 Gell. 5,4,3 (F 6 Lat. Peter = F 33 Jacoby)

„Quapropter tum primum ex plebe alter consul factus est duo et vicesimo anno postquam Romam Galli ceperunt."

Übers.: „Deshalb wurde damals zum ersten Mal der eine der beiden Konsuln aus den Plebejern gewählt, und zwar im 22. Jahr nach der Einnahme Roms durch die Gallier."

Komm.: Die Kelten hatten um die Mitte des 5. Jh.s in Oberitalien Fuß gefasst; im frühen 4. Jh. überrannten sie Etrurien und drangen kurzzeitig bis nach Latium vor. Nach der Vernichtung eines römischen Aufgebots an der Allia fielen sie 387/6 (nach varron. Tradition i.J. 390) in Rom ein, plünderten die Stadt, zogen dann aber wieder ab (Walbank HCP I 184-7; Alföldi, Frühes Rom 314-22; Cornell, Beginnings 313-8). Die Erinnerung an diese **Einnahme Roms durch die Gallier** wie auch an den *dies Alliensis*, einen der schwärzesten Tage der römischen Geschichte (Liv. 6,1,11 mit Oakley [1997] 396-7. 607-9; vgl. Varr. ling. 6,32; Tac. Hist. 2,91), manifestierte sich im Zuge der späteren Gallierkriege (s.u. F 30 a/b) in einer geradezu traumatischen Gallierfurcht (*metus Gallicus*), die sich dauerhaft ins kollektive Gedächtnis der Römer eingegraben hatte (Kremer [1994] 62-8 u. passim; J. v. Ungern-Sternberg, Eine Katastrophe wird verarbeitet: Die Gallier in Rom, in: Bruun [2000] 207-22).

Die unmittelbare Konsequenz des Galliersturms lag indes in einer tiefen Erschütterung des römischen Staates. Zum einen hatte die außenpolitische Katastrophe das Führungsmonopol der Patrizier ins Wanken gebracht, und zum anderen wurden nun – als Resultat dieses Prestigeverlustes – die militärischen Führungsambitionen der Plebejer wieder mit größerem Nachdruck vorgebracht. Mit der sporadischen Besetzung von Konsulartribunaten (*tribuni militum consulari potestate*) ließ sich die plebejische Elite jedenfalls nicht mehr abspeisen (zur Distribution der Ämter unter Patriziern und Plebejern s. Drummond, CAH² VII 2 [1989] 208; R. Bunse, Das römische Oberamt in der frühen Republik [1998] 123-54). Die Zuspitzung des wirtschaftlichen und sozialen Drucks auf die stadtrömische Plebs (instruktiv Cornell, Beginnings 327-33) trug das ihre dazu bei, dass sich der Ständegegensatz nicht nur wieder verstärkte, sondern eine dramatische Eigendynamik gewann. In dieser aufgeladenen Situation beschloss das *concilium plebis* auf Antrag der Volkstribune C. Licinius Stolo und L. Sextius Lateranus eine Reihe von Forderungen, die (möglicherweise jahrelang vorgetragen: im aufgebauschten Bericht Liv. 6,35-42 sollen die Volkstribune ihre *rogationes* erstmals i.J. 376 vor das Volk gebracht und dann zehn Jahre für ihre Durchsetzung gekämpft haben) von den Patriziern i.J. 367 schließlich gebilligt wurden (*leges Liciniae Sextiae*). Der glaubhafte Kern dieser Neuregelungen, die die Frage nach dem Oberamt mit den großen plebejischen Themenkreisen der Schulden- und Agrarpolitik kombiniert haben soll (s. aber zu Cato FRH 3 F 5,3), lag in der Beteiligung der Plebejer am höchsten Amt: Mit der sog. *lex Licinia Sextia de consule plebeio* wurde das zweistellige Konsulat eingeführt und verfügt, dass einer der beiden Konsuln aus den Reihen der Plebejer stammen konnte; der in der Ämterhierarchie unmittelbar folgende Prätor, dem die Rechtsprechung in der Stadt oblag, musste dagegen auf jeden Fall patrizischer Herkunft sein. Damit war der Weg frei, dass mit L. Sextius für 366 **zum ersten Mal der eine der beiden Konsuln aus den Plebejern** gewählt werden konnte: s. Liv. 6,35,5; vgl. 37-42; ferner Val. Max. 8,6,3; Plut. Cam. 42; Auct. de vir. ill. 20,1-2; vgl. Inscr. It. 13,1,32-3: *L. Sextius Sex. f. N. n. Sextin(us) Lateran(us) primus e plebe*; weitere Broughton MRR 1,109. 114; sowie Flach (1994) 294-7 (mit umfangreicher Lit.); Walter (1999) 673-7. Dieser Kompromiss bildete die rechtliche und institutionelle Grundlage für die Herausbildung der neuen römischen Führungsschicht, der Nobilität (grundlegend: Hölkeskamp, Nobilität). Die exakte Datierung dieses Ereignisses (**im 22. Jahr nach der Einnahme Roms durch die Gallier**) zeigt, dass Fabius Pictor die Licinisch-Sextische Gesetzgebung, wenn nicht als Ursprung, so doch als Anfang einer neuen Phase dieses Entstehungsprozesses verstanden und ihre grundsätzliche Bedeutung für die römische Verfassungsentwicklung klar herausgestellt hat.

---

24 Liv. 8,30,8-10 (F 18 Peter = F 15 Jacoby)

Magister equitum ut ex tanta caede multis potitus spoliis congesta in ingentem acervum hostilia arma subdito igne concremavit, seu votum id deorum cuipiam fuit (9) seu credere libet Fabio auctori eo factum ne suae gloriae fructum dictator caperet nomenque ibi scriberet aut spolia in triumpho ferret. (10) litterae quoque de re prospere gesta ad senatum non ad dictatorem missae argumentum fuere minime cum eo communicantis laudes.

Übers.: Der Reiteroberst Fabius Maximus Rullianus, der, wie bei einer solchen Schlacht üblich, eine große Menge an Rüstungen erbeutet hatte, ließ die feindlichen Waffen zu einem Haufen zusammentragen, anzünden und verbrennen, sei es, weil er dies einem der Götter gelobt hatte, (9) sei es, wenn man dem Historiker Fabius glauben will, damit der Dictator nicht seinen Ruhm erntete, seinen eigenen Namen auf die Spolien schrieb oder sie im Triumph mit sich führte. (10) Auch dass er den Bericht von seinem Sieg an den Senat und nicht an den Dictator schickte, war ein Beweis dafür, dass er keinesfalls gewillt war, den Ruhm mit diesem zu teilen.

Komm.: Da der Krieg gegen die Samniten ins Stocken geraten war, übernahmen i.J. 325 L. Papirius Cursor (RE 52) als *dictator rei gerundae causa* und Q. Fabius Maximus

Rullianus (RE 114) – vom Dictator zum *magister equitum* ernannt – die Kriegführung. Ihr Feldzug nach Samnium stand jedoch unter ungünstigen Vorzeichen (*incertis auspiciis*), weshalb der Dictator nach kurzer Zeit *ad auspicium repetendum* zurückbeordert wurde. Nachdem Papirius das Feldlager verlassen hatte, ließ sich Fabius Maximus bei Imbrinium auf eine offene Feldschlacht mit den Feinden ein, obwohl Papirius ihm zuvor ausdrücklich befohlen hatte, in seiner Abwesenheit lediglich die Stellung zu halten (Liv. 8,30,2). Zwar soll Fabius einen glänzenden Sieg davongetragen haben, doch ließ sich nicht verhehlen, dass er offen gegen den Befehl des Dictators verstoßen und dessen Amtsautorität in eklatanter Weise untergraben hatte. Der folgende Konflikt zwischen Fabius und Papirius wird im Bericht des Livius als Grundsatzdebatte um die *maiestas imperii* stilisiert und mit allerlei dramatischen Elementen ausgeschmückt: Fabius, der der Koerzitionsgewalt des Dictators untersteht, entrinnt der Todesstrafe nur durch Bittflehen seines Vaters und mit Hilfe der Volkstribune, wobei Papirius betont, dass er mit der Begnadigung des Fabius lediglich einer Bitte nachkomme. Am Ende obsiegt die Eintracht zwischen Senat, Volk und Magistratur (Liv. 8,30-36 mit Oakley [1998] 704-51 passim). Vgl. auch Val. Max. 2,7,8; 3,2,9; Front. Strat. 4,1,39; weitere Broughton MRR 1,147.

Die Episode ist verschiedentlich als Erfindung Fabius Pictors abgetan worden (vgl. Frier, Libri 269 mit Anm. 42), v.a. weil sie der berühmteren Auseinandersetzung zwischen dem Dictator Q. Fabius Maximus und M. Minucius Rufus vom J. 217 ähnelt (dazu gleich). Livius betont, die Geschichte bei mehreren Historikern (*in quibusdam annalibus*) vorgefunden zu haben, wobei die Angaben über die Anzahl der Gefechte des Rullianus mit den Samniten ebenso variieren (8,30,7) wie die Begründungen für sein eigensinniges Verhalten nach der Schlacht: Fabius Rullianus, der als *magister equitum* kein Triumphalrecht besaß (Mommsen RStR 1,128), soll die erbeuteten Waffen nach Fabius Pictor verbrannt haben, damit **der Dictator nicht seinen Ruhm erntete**. Weniger eigensüchtig und für Rullianus schmeichelhafter (vgl. Frier, Libri 244, Anm. 47: „Pictor's version was not flattering to Rullianus") ist die ebenfalls genannte Version eines göttlichen Gelöbnisses der Beutestücke, die im Falle einer Erfindung der ganzen Geschichte durch Fabius Pictor doch wohl näher gelegen hätte (vgl. etwa F 25) – gerade in Anbetracht des allseits bekannten religiösen Engagements der *gens Fabia*. Auch verweisen die dem Fabius Pictor bekannten Briefe des Reiterobersts an den Senat auf die Authentizität des Konfliktes (möglicherweise kannte Pictor diese aus dem Familienarchiv der Fabier: Hölkeskamp, Nobilität 26-7 mit Anm. 118).

Zur Zeit Pictors war ein ähnlich gelagerter Fall in aller Munde: I.J. 217 war es zu einem Zerwürfnis zwischen dem Dictator Q. Fabius Maximus (dem späteren 'Zauderer') und dessen Reiteroberst M. Minucius Rufus gekommen, weil Letzterer in Abwesenheit des Dictators die militärische Verzögerungstaktik des Fabius aufgegeben und sich (gegen den ausdrücklichen Befehl des Dictators) ein Gefecht mit verstreuten Einheiten Hannibals geliefert hatte. Der als großartiger Sieg aufgebauschte Erfolg des Minucius führte zur verfassungsrechtlichen Anomalie einer Gleichstellung von Reiteroberst und Dictator. In der konkreten Situation d.J. 217 wurde das Ansehen des Dictators somit sichtlich beschädigt. Seine defensive Kriegführung gegen Hannibal wurde erst durch das Desaster von Cannae (216) rehabilitiert. Erst durch diese Katastrophe konnte Fabius Maximus in der weiteren Traditionsbildung (zuerst bei Ennius bezeugt: Ann. 12,363-5 Skutsch) sodann zum Retter der *res publica* hochstilisiert werden; s. H. Beck, Q. Fabius Maximus, in: Hölkeskamp/Stein-Hölkeskamp, Große Römer 79-91; sowie zu den Ereignissen insg. Heftner, Aufstieg 216-20; Schmitt (1991); Seibert (1993). – Pictors Bericht über d.J. 325 ordnet sich nur schwer in diese Tradition ein. Wenn Fabius Pictor ganz unbefangen auf die mangelnde Bereitschaft des Rullianus verwies, seinen Ruhm mit Papirius zu teilen, dann ist dies vielleicht ein Indiz dafür, dass die Überlieferung zum Konflikt von 325 wie auch zu dem d.J. 217 zur Abfassungszeit des fabischen Geschichtswerkes noch nicht so emotional aufgeladen war wie in jüngeren Vorlagen, aus denen Livius seine dramatischen Berichte beider Episoden herausgesponnen hat (Papirius/Fabius Rullianus: s.o.; Fabius Maximus/Minucius: 22,24-30). Im Kern hat Pictor für d.J. 325 einen inneren Konflikt der Nobilität beschrieben, bei dem es (in einer konkreten Situation) um das rechtswidrige Verhalten eines *magister equitum* gegenüber seinem Dictator ging, und dies war vermutlich auch der Grundtenor seiner Darstellung d.J. 217. Die moralische Überhöhung dieser Auseinandersetzungen bis hin zur Rettung des ganzen Staatswesens dürften dagegen spätere Zutaten sein. Dass in der einen Episode ein Fabier gegen die *maiestas imperii* verstoßen hatte (Fabius Rullianus), in der anderen ein Fabier gerade der Leidtragende eines solchen rechtswidrigen Verhaltens war (Fabius Maximus 'Cunctator'), verdeutlicht, dass Fabius Pictor den Ruhm seiner eigenen *gens* sicher nicht unverhohlen und schon gar nicht rücksichtslos in den Vordergrund drängte, sondern im Gegenteil ein gewisses Maß an Ausgewogenheit bzw. 'Überparteilichkeit' zu wahren versuchte, gerade wenn es um traditionelle Regeln und Normen der *res publica* ging (ähnlich Timpe [1972] 953. 958).

---

25 Liv. 10,37,14 (F 19 Peter = F 16 Jacoby)

Fabius ambo consules in Samnio et ad Luceriam res gessisse scribit traductumque in Etruriam exercitum (sed ab utro consule non adiecit) et ad Luceriam utrimque multos occisos inque ea pugna Iovis Statoris aedem votam, ut Romulus ante voverat.

Übers.: Fabius schreibt, die beiden Konsuln hätten in Samnium und bei Luceria gemeinsam gekämpft; dann sei eine Heeresabteilung nach Etrurien geführt worden (aber er sagt nicht, von welchem der beiden Konsuln), und bei Luceria seien auf beiden Seiten viele getötet worden. In dieser Schlacht wurde auch ein Tempel für Juppiter Stator gelobt, so wie dies einst Romulus getan hatte.

Komm.: Da aus Samnium im Winter 295/4 umfangreiche Truppenaushebungen gemeldet wurden, erhielten die Konsuln d.J. 294, L. Postumius Megellus und M. Atilius Regulus, den gemeinsamen Auftrag, den Krieg gegen die Samniten auszuweiten. Die Überlieferung zum komplexen Kampfgeschehen dieses Jahres ist verworren (Belege bei Broughton MRR 1,179). Atilius Regulus soll ohne Erfolg in Samnium und Apulien operiert haben; das Blatt wendete sich erst zu seinen Gunsten, als er unter großer Bedrängnis durch feindliche Einheiten dem **Juppiter Stator** ('Standhalter') in der Schlacht bei **Luceria** einen Tempel gelobte (vgl. Liv. 10,36,11). Der Tempel wurde wahrscheinlich am Fuß des Palatin oder am Eingang des Forums, an der *sacra via*, geweiht (Coarelli, LTUR 3 [1996] 155-7; Richardson TDAR 225). Mit der Ankunft des Postumius auf dem samnitischen Kriegsschauplatz verbesserte sich die Lage für Rom weiter. Nach der Einnahme Milionias und einiger anderer Orte schien Samnium vorerst pazifiziert, so dass Postumius sein Heer nach Etrurien überführte, Rusella im Handstreich einnahm und Volsinii, Perusia und Arretium einen Friedensvertrag abnötigte (Liv. 10,37,1-5). Allerdings gewährte der Senat dem Postumius nur widerwillig einen Triumph, da sein Übergang nach Etrurien *iniussu senatus* (Liv. 10,37,7) erfolgt war; s. E. T. Salmon, Samnium and the Samnites (1967) 265-70; K.-J. Hölkeskamp, Senat und Volkstribunat im frühen 3. Jh. v. Chr., in: W. Eder (Hg.), Staat und Staatlichkeit in der frühen römischen Republik (1990) 437-57, bes. 452-6. Nach den Triumphalfasten feierten beide Konsuln an aufeinander folgenden Tagen Triumphe über die Samniten und Etrusker (Postumius Megellus) und über die Samniten und Volsinii (Atilius Regulus): Inscr. It. 13,1,73.

Fabius Pictor scheint außerstande gewesen zu sein, detaillierte Angaben zum Kampfgeschehen d.J. 294 zu machen. In seinem Bericht fehlte nicht nur der Name des Konsuls, der den anstößigen Feldzug nach Etrurien zu verantworten hatte, sondern auch die Nennung desjenigen Amtsträgers, der den Stator-Tempel gelobt hatte; auch von einem Triumph ist keine Rede. Claudius Quadrigarius differenziert dagegen zwischen zwei Operationen: Postumius soll in Apulien verwundet worden sein und sich nach Luceria geflüchtet haben, während Atilius Regulus in Etrurien Krieg führte und im Anschluss einen Triumph feierte (FRH 14 F 34). Ob die dürftigen Angaben des Fabius den Chronik-Charakter des Mittelteils seines Geschichtswerkes illustrieren, wie Bömer (1953) 201 meint, ist fraglich; dagegen Gelzer (1954/65) 106. In jedem Fall hat Fabius Pictor durch die Erwähnung der Tempelweihung den Akzent auf die religiöse Ergebenheit römischer Feldherrn und ihre traditionell guten Beziehungen zu den Göttern gesetzt, die die Sache Roms begünstigten; **Romulus** hatte ja einst in einer ähnlich prekären Lage – in der Schlacht gegen die Sabiner (F 9) – den Juppiter angerufen und mit einem Tempelgelöbnis göttlichen Beistand eingeworben: Liv. 1,12,3-6; Dion. Hal. ant. 2,50,3; Plut. Rom. 18.

---

26 Strab. 5,3,1 (F 20 Peter = F 27 Jacoby)

Φησὶ δ' ὁ συγγραφεὺς Φάβιος ῾Ρωμαίους αἰσθέσθαι τοῦ πλούτου τότε πρῶτον, ὅτε τοῦ ἔθνους τούτου κατέστησαν κύριοι.

Übers.: Der Historiker Fabius sagt, dass die Römer sich erstmals den Annehmlichkeiten des Reichtums ergaben, nachdem sie die Herrschaft über dieses Volk (scil. die Sabiner) erlangt hatten.

Komm.: Das Fragment wird seit Mommsen RG 1,450 mit der berühmten Geschichte von der Ausstoßung des zweimaligen Konsuls P. Cornelius Rufinus aus dem Senat i.J. 275 in Verbindung gebracht. Rufinus, später als *avarus et furax, sed egregie fortis et bonus imperator* (Cic. de or. 2,268) notorisch, wurde bei der vom Censor C. Fabricius geleiteten Revision der Senatsliste aus der Curie geworfen, weil er Tafelgeschirr im Wert von 10 Pfund Silber besaß (Dion. Hal. ant. 20,13; Liv. Per. 14; Val. Max. 2,9,4; weitere s. Broughton MRR 1,196). Ausschlaggebend oder gar unanständig war dabei nicht der eigentliche Besitz von Tafelsilber, sondern Rufinus' unverhohlenes Streben nach solchen Dingen und seine offenbar schamlose Protzerei mit Luxusgegenständen, welche als Verstoß gegen die senatorische Standeshomogenität erachtet wurden (R. Develin, The Practice of Politics at Rome [1985] 257-8; Baltrusch [1989] 18; Hölkeskamp, Nobilität 143-4). Der von Fabius Pictor hergestellte Zusammenhang zwischen dem aufkommenden Verlangen römischer Nobiles nach Luxusgütern und der Unterwerfung der reichen Sabiner (s. auch oben F 10) hat dann auch darin bestanden, dass besagter Cornelius Rufinus als Konsul d.J. 290 mit seinem Amtskollegen M'. Curius Dentatus das Sabinerland unterworfen und dem römischen Territorium damit den größten Gebietszuwachs seit den Latinerkriegen beschert hatte (Broughton MRR 1,183-4); s. insg. auch E. Gabba, Allora i Romani conobbero per la prima volta la richezza, Annali dell'Istituto Italiano di Numismatica 36 (1989) 9-17.

27 Pol. 1,14,1-3 (F 21 Peter = F 17 Jacoby)

Οὐχ ἧττον δὲ τῶν προειρημένων παρωξύνθην ἐπιστῆσαι τούτῳ τῷ πολέμῳ καὶ διὰ τὸ τοὺς ἐμπειρότατα δοκοῦντας γράφειν ὑπὲρ αὐτοῦ, Φιλῖνον καὶ Φάβιον, μὴ δεόντως ἡμῖν ἀπηγγελκέναι τὴν ἀλήθειαν. (2) ἑκόντας μὲν οὖν ἐψεῦσθαι τοὺς ἄνδρας οὐχ ὑπολαμβάνω, στοχαζόμενος ἐκ τοῦ βίου καὶ τῆς αἱρέσεως αὐτῶν· δοκοῦσι δέ μοι πεπονθέναι τι παραπλήσιον τοῖς ἐρῶσι. (3) διὰ γὰρ τὴν αἵρεσιν καὶ τὴν ὅλην εὔνοιαν Φιλίνῳ μὲν πάντα δοκοῦσιν οἱ Καρχηδόνιοι πεπρᾶχθαι φρονίμως, καλῶς, ἀνδρωδῶς, οἱ δὲ Ῥωμαῖοι τἀναντία, Φαβίῳ δὲ τοὔμπαλιν τούτων.

Übers.: Nicht weniger aber als aus den zuvor genannten Gründen wurde ich dadurch zu einem längeren Verweilen bei diesem Krieg (scil. dem 1. Punischen Krieg) bewogen, dass diejenigen, die am verlässlichsten über ihn zu schreiben scheinen, Philinos und Fabius, uns darüber nicht – wie nötig – die Wahrheit berichten. (2) Ich nehme nicht an, dass diese Männer absichtlich die Unwahrheit überliefert haben, wie sich ja auch schon aus ihrem Leben und ihrer Gesinnung erahnen lässt; jedoch scheint es ihnen ein wenig so wie Verliebten ergangen zu sein: (3) denn wegen seiner Grundüberzeugung und seiner ganzen Ergebenheit scheinen dem Philinos die Karthager stets besonnen, gut und tapfer, die Römer aber immer umgekehrt gehandelt zu haben. Bei Fabius ist es genau andersherum.

Komm.: Der Text (kein Fragment aus Pictor, sondern eine kritische Bemerkung des Polybios zu seinen beiden Hauptquellen für den 1. Punischen Krieg [vgl. Pol. 3,8,1-8 = Fabius Pictor FRH 1 F 31; Pol. 9,1-9; s. Walbank HCP I 64-6; K. Meister, Historische Kritik bei Polybios [1975] 129-34) eröffnet die Zeitgeschichte. Fabius Pictor berichtet in dieser Partie über die selbsterlebte Zeit – nicht nur deskriptiv im Sinne einer bloßen Beschreibung der historischen Entwicklungslinien, sondern durchaus formativ: Die Erklärung sachlicher Zusammenhänge, die Verzahnung äußerer und innerer Ereignisse (F 28) und nicht zuletzt die Frage nach den Ursachen und Triebkräften politischer Prozesse (F 31) verdeutlichen den genuin historischen Ansatz in diesem Teil des Werkes (vgl. insb. Timpe [1972] 954). Aufgrund seiner politischen und militärischen Expertise (s.o. S. 56) musste Fabius als besondere Autorität für diesen Zeitabschnitt gelten, doch konnte das große Engagement für die Sache Roms auch dem – ohnehin nahe liegenden – Vorwurf der Parteilichkeit Vorschub leisten. Wenn die römische Herrschaft in den vorangegangenen Passagen providentiell angekündigt worden war (F 16), dann ging es nun darum, sie im Konflikt mit Karthago ins rechte Licht zu setzen, und das hieß: sie formalrechtlich und moralisch zu legitimieren. Das Geschichtswerk des **Philinos** aus dem sizilischen Agrigent (Überreste: FGrH 174; s. Laqueur, RE 19.2 [1938] 2181-93 s.v. Philinos [8]; F.W. Walbank, Polybius, Philinos, and the First Punic War, CQ 39 [1945] 1-18) bildete hier insofern ein Gegengewicht, als sich Philinos – aus **Grundüberzeugung**, d. h. nicht vorsätzlich oder wider besseres Wissen – den karthagischen Standpunkt zu eigen gemacht hatte. Vor allem betraf das die virulente Kriegsschuldfrage des 1. Punischen Krieges (zu den Ereignissen s. insg. A. Heuss, Der Erste Punische Krieg und das Problem des römischen Imperialismus [1975; zuerst HZ 169, 1949]; W. Hoffmann, Das Hilfegesuch der Mamertiner am Vorabend des ersten Punischen Krieges, Historia 18 [1969] 153-80; Eckstein [1987] 73-101. 330-40; Lazenby (1996); Heftner, Aufstieg 110-4; gegen die Chronologie Hoffmanns aber E. Ruschenbusch, Der Ausbruch des 1. Punischen Krieges, Talanta 12-3 [1980-1] 55-76): Als i.J. 269 in Messina ansässige Söldner – tatsächlich eher eine Räuberbande, die sich selbst *Mamertini* ('Marssöhne') nannte – zuerst die Karthager gegen Hieron II. von Syrakus zu Hilfe riefen und dann, nachdem sie sich mit dem Kommandanten der karthagischen Besatzung überworfen hatten, ein Freundschaftsgesuch an die Römer richteten, gab es gegen dessen Annahme im Senat moralische, jedoch keine formalrechtlichen Bedenken (Pol. 1,10,1-11,3; vgl. 3,26,6). Philinos, wie Fabius Pictor wahrscheinlich bereits ein Zeitzeuge dieser Ereignisse, berichtete allerdings von einem Vertrag zwischen Römern und Karthagern – vermutlich aus d.J. 306 (mit Liv. 9,43,26) –, in dem beide Seiten Italien als römische und Sizilien als karthagische Einflusssphären anerkannt haben sollen (Pol. 3,26,3-5; StV III 438). In seiner Version hatten die Römer mit dem Übergang nach Sizilien i.J. 264 somit eindeutig gegen rechtsgültige Verträge verstoßen. Die Historizität dieses 'Philinos-Vertrages' ist freilich bis heute umstritten. Bereits Polybios wies sie energisch zurück, weil er davon nichts im römischen Staatsarchiv finden konnte (3,26,4). Aus der Fülle der Literatur seien hier nur genannt: Scullard, CAH² VII 2 (1989) 530-7; B.D. Hoyos, Treaties true and false: the error of Philinus of Agrigentum, CQ 35 (1985) 92-109 (mit umfangreichen Angaben); ders. (1998) sowie B. Scardigli (Hg.), I trattati romano-cartaginesi (1991) (grundlegend); D. Flach, Die römisch-karthagischen Beziehungen bis zum Ausbruch des Ersten Punischen Krieges, in: R. Günther, S. Rebenich (Hgg.), E fontibus haurire (1994) 31-44.

---

28 Pol. 1,58,2-6 (F 22 Peter = F 18 Jacoby)

Ὁ γὰρ Ἀμίλκας, τῶν Ῥωμαίων τὸν Ἔρυκα τηρούντων ἐπί τε τῆς κορυφῆς καὶ παρὰ τὴν ῥίζαν (...) κατελάβετο τὴν πόλιν τῶν Ἐρυκίνων, ἥτις ἦν μεταξὺ τῆς τε κορυφῆς καὶ τῶν πρὸς τῇ ῥίζῃ στρατοπεδευσάντων. (3) ἐξ οὗ συνέβαινε παραβόλως μὲν ὑπομένειν καὶ διακινδυνεύειν πολιορκουμένους τοὺς τὴν κορυφὴν κατέχοντας τῶν Ῥωμαίων, ἀπίστως δὲ τοὺς Καρχηδονίους ἀντέχειν, τῶν τε πολεμίων πανταχόθεν προσκειμένων καὶ τῶν χορηγιῶν οὐ ῥᾳδίως αὐτοῖς παρακομιζομένων, ὡς ἂν τῆς θαλάττης καθ᾽ ἕνα τόπον καὶ μίαν πρόσοδον ἀντεχομένοις. (4) οὐ μὴν ἀλλὰ πάλιν ἐνταῦθα πάσαις μὲν ἀμφότεροι ταῖς πολιορκητικαῖς ἐπινοίαις καὶ βίαις χρησάμενοι κατ᾽ ἀλλήλων, πᾶν δὲ γένος ἐνδείας ἀνασχόμενοι, πάσης δ᾽ ἐπιθέσεως καὶ μάχης πεῖραν λαβόντες, (5) τέλος οὐχ, ὡς Φάβιός φησιν, ἐξαδυνατοῦντες καὶ περικακοῦντες, ἀλλ᾽ ὡς ἂν ἀπαθεῖς καὶ ἀήττητοί τινες ἄνδρες ἱερὸν ἐποίησαν τὸν στέφανον. (6) πρότερον γὰρ ⟨ἢ⟩ ἐκείνους ἀλλήλων ἐπικρατῆσαι, καίπερ δύο ἔτη πάλιν ἐν τούτῳ τῷ τόπῳ διαγωνισαμένους, δι᾽ ἄλλου τρόπου συνέβη λαβεῖν τὸν πόλεμον τὴν κρίσιν.

Übers.: Die Römer hielten den Gipfel und den Fuß des Eryx-Berges (...) besetzt, Hamilkar bemächtigte sich aber der Stadt Eryx, die zwischen der Bergspitze und der römischen Besatzung am Fuße lag. (3) Daraus folgte, dass nun die Römer auf dem Gipfel in gefährlicher Weise einer Belagerung standzuhalten hatten, die Karthager aber ihrerseits in der geradezu unglaublichen Lage ausharren mussten, ringsum von Feinden eingeschlossen zu sein und nicht leicht den Nachschub heranschaffen zu können, da sie nur an einer Stelle und über nur einen Weg Verbindung zum Meer hielten. (4) Nachdem beide Seiten auch hier wieder jede Belagerungskunst und Gewalt gegeneinander angewandt, jede Entbehrung ertragen und jede erdenkliche Art des Überfalls und der offenen Schlacht erprobt hatten, (5) gaben sie am Ende nicht, wie Fabius sagt, aus Entkräftung und unter dem Übermaß ihres Leides auf, sondern weihten – ganz so wie tapfere und unbeugsame Männer – den Göttern einen heiligen Siegeskranz. (6) Denn ehe einer von ihnen am Eryx die Oberhand gewann (obschon sie auch dort wieder zwei Jahre gekämpft hatten), kam der Krieg auf eine andere Weise zu seinem Ende.

Komm.: I.J. 247 übernahm Hamilkar Barkas, der Vater Hannibals (F 31), das Kommando über die karthagische Flotte (Günther, DNP 5 [1998] 194-5 s.v. Hamilkar [3]; Seibert [1993] 89-92; Geus [1994] 50-8). Nach Plünderungsfahrten entlang der bruttischen Küste setzte er sich zunächst auf dem Berg Heirkte (Monte Pelegrino) bei Panormos in Nordwest-Sizilien fest, wo die Kämpfe in einem fruchtlosen Stellungskrieg erstarrten (Pol. 1,56-7). Nach drei Jahren verlegte Hamilkar den Kriegsschauplatz auf den **Eryx-Berg** (Monte San Giuliano, 751 m; vgl. F 4), den die

Römer seit d.J. 249 mit zwei Garnisonen besetzt hielten – einer in der Stadt Eryx auf halben Weg zum Gipfel und einer weiteren im Venus Erycina-Heiligtum auf dem Berggipfel selbst (Pol. 1,52,5-55; Diod. 24,1,7-11; weitere Broughton MRR 1,214; s. Lazenby [1996] 143-8; Heftner, Aufstieg 155-60; vgl. die Münzabbildung Crawford RRC II Pl. LI, nr.424/1). Die Rückeroberung der Stadt durch Hamilkar i.J. 244 hatte zur Folge, dass nun Römer und Karthager Belagerer und Belagerte zugleich waren. Keiner Seite gelang es, die andere von ihren Nachschublinien zu trennen (s. J. Kromayer, Eryx, Klio 9 [1909] 461-77 [mit Karte]), und auch sonst scheiterten alle militärischen Kabinettstückchen und Kriegslisten (vgl. noch Diod. 24,9; Pol. 1,77,5; 2,7,7-9). Die Situation hatte sich erneut festgefahren. Polybios – von den Ereignissen sichtlich fasziniert – hat im Stellungskrieg am Eryx-Berg geradezu einen sportlichen Agon gesehen und die militärische Pattsituation in eben dieser Metaphorik als gerechtes Unentschieden kommentiert (vgl. die Darstellung zum Heirkte-Kampf: 1,57,1-2): sie weihten **den Göttern einen heiligen Siegeskranz** (im Falle eines unentschiedenen Wettkampfes gebührte der Siegeskranz den Göttern: Walbank HCP z. St.). Für Fabius Pictor waren sich beide Kriegsparteien ebenfalls ebenbürtig, doch bot dies keinen Anlass zur Beschönigung oder Glorifizierung dieser entbehrungs- und verlustreichen Kriegsjahre. In seiner Version verbanden sich mit dem Eryx (und wahrscheinlich auch Heirkte) in erster Linie militärische **Entkräftung** und **übermäßiges Leid**.

---

29 Plin. nat. 10,71 (F 24 Peter = F 20 Jacoby)

Tradit et Fabius Pictor in annalibus suis, cum obsideretur praesidium Romanum a Ligustinis, hirundinem a pullis ad se adlatam, ut lino ad pedem eius adligato nodis significaret, quoto die adveniente auxilio eruptio fieri deberet.

Übers.: Auch Fabius berichtet in seinen Annalen, ihm sei, als eine römische Besatzung von den Ligurern belagert wurde, eine von ihren Jungen getrennte Schwalbe gebracht (und aufgetragen) worden, dass er einen Faden an ihren Fuß binde und durch Knoten anzeige, am wievielten Tage Hilfe komme und ein Ausbruch unternommen werden solle.

Komm.: Die autobiographische Notiz bezeugt Fabius Pictors aktive Teilnahme an den Ligurerkriegen der 230er Jahre: 238, 236, 234, 233 und 230 zogen jeweils konsularische Heere gegen die Ligurer zu Felde, ohne dass dies substantielle militärische Ergebnisse gezeitigt hätte. Die spärlichen Quellen (Liv. Per. 20; Zon. 8,18,2. 7. 10-1; weitere s. Broughton MRR 1 unter den Jahren) deuten auf einen Kleinkrieg hin – im Wesentlichen Raub- und Beutezüge sowie Belagerungen und Gegenbelagerungen (so ja auch der Kontext des Fragments). Triumphe *de Liguribus* feierten denn auch nur P. Cornelius Lentulus Caudinus (236) und Q. Fabius Maximus (233): Inscr. It. 13,1,77. 549. Ob Fabius Pictor i.J. 233 unter dem Kommando seines berühmten Verwandten Q. Fabius Maximus 'Cunctator' (so Frier, Libri 234) oder möglicherweise erst 229 (Verbrugghe [1980] 2161) bzw. 223 (Münzer, RE 6.2 [1909] 1837) in Ligurien diente, ist nicht definitiv zu entscheiden. Die Angabe – im Referat des Plinius stark verkürzt – lässt die militärische Sachkenntnis Pictors durchscheinen, hier im Bereich der Nachrichtentechnik (vgl. zu einem ähnlichen Vorgang Plin. 10,110; Front. strat. 3,13,7-8; s. Kolb, DNP 8 [2000] 668 s.v. Nachrichtenwesen).

30a Eutr. 3,5 (F ./. Peter = F 19b Jacoby)

L. Aemilio consule ingentes Gallorum copiae Alpes transierunt. Sed pro Romanis tota Italia consensit traditumque est a Fabio historico, qui ei bello interfuit, DCCC milia hominum parata ad id bellum fuisse.

Übers.: Im Konsulat des Lucius Aemilius überquerte eine ungeheure Anzahl gallischer Truppen die Alpen. Aber ganz Italien stellte sich auf die Seite der Römer, und der Historiker Fabius, der an diesem Krieg teilnahm, berichtet, es seien 800000 Mann für diesen Krieg aufgeboten worden.

30b Oros. 4,13,6-7 (F 23 Peter = F 19c Jacoby)

Itaque permoti consules totius Italiae ad praesidium imperii contraxere vires. Quo facto in utriusque consulis exercitu octingenta milia armatorum fuisse referuntur, sicut Fabius historicus, qui eidem bello interfuit scripsit. (7) *Ex quibus Romanorum et Campanorum fuerunt peditum CCXLVIII milia ducenti, equitum vero XXIII milia sescenti; cetera multitudo sociorum fuit.*

Übers.: Hierdurch beunruhigt, zogen die Konsuln aus ganz Italien die Truppen zum Schutz des Staates zusammen. Nachdem sie dies unternommen hatten, soll das Heer der beiden Konsuln 800000 Mann stark gewesen sein, wie der Historiker Fabius schrieb, der selbst an diesem Krieg teilnahm. (7) Von diesen waren 248200 Mann Infanterie und 23600 Reiter Römer und Kampaner. Der Rest bestand aus Bundesgenossen.

Komm. 30a-b: Eine weitere autobiographische Notiz aus den Keltenkriegen. Das strategische Interesse am oberitalischen Raum hatte seit der Mitte des 3. Jh.s zur Gründung erster Bürgerkolonien an der Nordgrenze des römischen Gebietes geführt (vgl. Cornell, Beginnings 382-3; L. Oebel, C. Flaminius und die Anfänge der römischen Kolonisation im *ager Gallicus* [1993]). I.J. 232 setzte Flaminius per Volksbeschluss durch, dass der *ager Gallicus Picenus* an römische Siedler als Eigentum verteilt wurde (Pol. 2,21,7-8; weitere Broughton MRR 1,225). Diese umfangreichen Viritanassignationen führten nicht nur zu schweren innenpolitischen Spannungen (in den Quellen wird einhellig der Widerstand des Senats gegen das Gesetz betont: Liv. 21,63,2; Cic. de inv. 2,52; Brut. 57. 77), sondern sollen auch nachhaltig das römischgallische Verhältnis belastet haben. Pol. 2,21,7-9 sah in der *lex Flaminia* gar die eigentliche Ursache des *tumultus* der Gallier i.J. 225 (s. jedoch Oebel [wie eben] 41-2; vgl. Walbank HCP I z. St.). Wenngleich die Flaminius-feindliche Überlieferung dessen individuelle Schuld überzeichnete (vgl. F 32), dürfte die Ansiedlung römischer Veteranen nahe des Keltenlandes durchaus als Bedrohung empfunden worden sein. Der schwelende Konflikt entlud sich in einer großangelegten Invasion der Stämme der Boier und Insubrer (225). Wie schon beim Galliersturm d.J. 390/87 (F 23) drangen die Kelten blitzartig nach Etrurien vor und fügten einem Heer der römischen *socii* bei Clusium (heute Chiusi) eine schwere Niederlage zu. Auf ihrem Rückmarsch nach Norden gerieten die gallischen Kontingente jedoch bei Telamon in die Zange zweier konsularischer Heere und wurden aufgerieben (Pol. 2,22-31; Plin. nat. 3,138; App. Kelt. 2; weitere Broughton MRR 1,230; s. J.M. Nap, Die römische Republik [1935] passim; Heftner, Aufstieg 189-92; Feig Vishnia [1996] 17-25).

Pictor hat die Passage sorgfältig ausgearbeitet und seinen Bericht zusätzlich mit reichem Detailwissen ausgestattet: Erstens wurde mit **L. Aemilius** Papus (RE 108) erstmals im überlieferten Textbestand namentlich der Konsul genannt, der die Operationen geleitet hatte, und wurden die Ereignisse auch nach diesem datiert. Zweitens konnte Fabius (möglicherweise mit Hilfe censorischer Aufzeichnungen zur Musterung von 225: Frier, Libri 268 mit Anm. 40) die exakte Größe der römischen Kontingente benennen, und zwar nach Römern, Kampanern und *socii* sowie nach Fußtruppen und Kavallerie untergliedert (vgl. Liv. Per. 20 sowie die Angaben Pol. 2,14,16; Diod. 15,13; Plin. [wie eben]: 700000 Fußsoldaten und 80000 bzw. 70000 Reiter; grundlegend Brunt [1971] 44-60). Mit dieser imposanten (natürlich nach oben gerundeten) Angabe ließ sich drittens die Geschlossenheit der italischen Wehrgemeinschaft beschwören. Zwar stammt die Aussage, dass **sich ganz Italien auf die Seite der Römer stellte**, von Eutrop und nicht von Fabius, doch wurden die Kelten bei Letzterem wohl als (unrechtmäßige) Eindringlinge im römischen Herrschaftsbereich hingestellt. Wenn Pictor die römische Politik generell als defensiv rechtfertigte (vgl. F 27. 31) und dabei das Treueverhältnis (*fides*) zwischen Rom und seinen Bundesgenossen betonte, dann wird dieses Leitmotiv hier besonders augenfällig. Sein Bericht zeichnete Italien als Herrschaftsraum, in dem die politischen und militärischen Interessen Roms und seiner Bundesgenossen aufs Engste miteinander verquickt waren. Bei der Wahrung dieser Interessen kam es, wie die Ereignisse des Gallierkrieges in Oberitalien i.J. 225 lehren mochten, auf gegenseitige Loyalität und bedingungslosen Zusammenhalt an: Obwohl die Leidtragenden der Schlacht von Clusium nicht die Römer selbst, sondern ihre etrurischen Bundesgenossen waren, setzten die Römer den keltischen Feinden nach und stellten sie bei Telamon zur Schlacht (vgl. Frier, Libri 243-4; Harris [1979] 171-2; sowie Gelzer [1933/1964] 72-6). Die politische und moralische Botschaft dieses Lehrstücks römischer *fides* war in Anbetracht der hannibalischen Freiheits-Propaganda im 2. Punischen Krieg (dazu A. Erskine, Hannibal and the Freedom of the Italians, Hermes 121 [1993] 58-62) unmissverständlich.

---

31 Pol. 3,8,1-8 (F 25 Peter = F 21 Jacoby)

Φάβιος δέ φησιν ὁ Ῥωμαϊκὸς συγγραφεὺς ἅμα τῷ κατὰ Ζακανθαίους ἀδικήματι καὶ τὴν Ἀσδρούβου πλεονεξίαν καὶ φιλαρχίαν αἰτίαν γίνεσθαι τοῦ κατ' Ἀννίβαν πολέμου. (2) ἐκεῖνον γὰρ μεγάλην ἀνειληφότα τὴν δυναστείαν ἐν τοῖς κατ' Ἰβηρίαν τόποις, μετὰ ταῦτα παραγενόμενον ἐπὶ Λιβύην ἐπιβαλέσθαι καταλύσαντα τοὺς νόμους εἰς μοναρχίαν περιστῆσαι τὸ πολίτευμα τῶν Καρχηδονίων· (3) τοὺς δὲ πρώτους ἄνδρας ἐπὶ τοῦ πολιτεύματος προϊδομένους αὐτοῦ τὴν ἐπιβολὴν συμφρονῆσαι καὶ διαστῆναι πρὸς αὐτόν· (4) τὸν δ' Ἀσδρούβαν ὑπιδόμενον, ἀναχωρήσαντ' ἐκ τῆς Λιβύης τὸ λοιπὸν ἤδη τὰ κατὰ τὴν Ἰβηρίαν χειρίζειν κατὰ τὴν αὐτοῦ προαίρεσιν, οὐ προσέχοντα τῷ συνεδρίῳ τῶν Καρχηδονίων. (5) Ἀννίβαν δὲ κοινωνὸν καὶ ζηλωτὴν ἐκ μειρακίου γεγονότα τῆς ἐκείνου προαιρέσεως, καὶ τότε διαδεξάμενον τὰ κατὰ τὴν Ἰβηρίαν τὴν αὐτὴν ἀγωγὴν Ἀσδρούβᾳ ποιεῖσθαι τῶν πραγμάτων. (6) διὸ καὶ νῦν τὸν πόλεμον τοῦτον ἐξενηνοχέναι κατὰ τὴν αὐτοῦ προαίρεσιν Ῥωμαίοις παρὰ τὴν Καρχηδονίων γνώμην. (7) οὐδένα γὰρ εὐδοκεῖν τῶν ἀξιολόγων ἀνδρῶν ἐν Καρχηδόνι τοῖς ὑπ' Ἀννίβου περὶ τὴν Ζακανθαίων πόλιν πραχθεῖσιν. (8) ταῦτα δ' εἰπὼν φησιν μετὰ τὴν τῆς προειρημένης πόλεως ἅλωσιν παραγενέσθαι τοὺς Ῥωμαίους, οἰομένους δεῖν ἢ τὸν Ἀννίβαν ἐκδιδόναι σφίσι τοὺς Καρχηδονίους ἢ τὸν πόλεμον ἀναλαμβάνειν.

Übers.: Der römische Geschichtsschreiber Fabius sagt, dass neben dem Unrecht gegen die Saguntiner die Habgier und Herrschsucht Hasdrubals Ursache des Hannibalischen Krieges gewesen seien. (2) Denn nachdem sich dieser in Iberien eine breite Machtbasis geschaffen hatte, sei er nach Libyen gegangen, in der Absicht, die Gesetze aufzuheben und Karthago in eine Monarchie umzuwandeln. (3) Die ersten Männer im Staat hätten dies aber durchschaut und sich zum Widerstand gegen ihn verbündet. (4) Hasdrubal scheute sich deshalb, seinen Plan in die Tat umzusetzen, und zog wieder aus Libyen ab. Hernach handhabte er die Dinge in Iberien ganz nach seinem Belieben, ohne sich um den Rat in Karthago zu kümmern. (5) Hannibal, der von Jugend an ein Teilnehmer und Nacheiferer seiner Ambitionen gewesen und jetzt sein Nachfolger in Iberien geworden war, habe die Dinge ganz im Sinne Hasdrubals fortgeführt. (6) Deshalb begann er nun auch auf eigene Faust und gegen den Willen der Karthager den Krieg gegen die Römer. (7) Denn keiner der angesehenen Männer in Karthago war mit Hannibals Vorgehen gegen Sagunt einverstanden. (8) Dies berichtet Fabius, und weiterhin, dass die Römer nach der Eroberung der besagten Stadt (in Karthago) vorstellig wurden und forderten, dass die Karthager entweder Hannibal auslieferten oder einen Krieg in Kauf nehmen müssten.

Komm.: Die Anlässe und Ursachen des 2. Punischen Krieges werden bis heute kontrovers diskutiert (zur ersten Orientierung Bleicken GRR[5] 155-61 [mit Lit.]; grundlegend K.-H. Schwarte, Der Ausbruch des Zweiten Punischen Krieges [1983]; Hoyos [1998]; sowie zuletzt K.-E. Petzold, Die Debatte zur Schuld am Zweiten Punischen Krieg, in: ders., Geschichtsdenken und Geschichtsschreibung [1999] 538-63). Problematisch ist dabei, dass die Quellenlage (fast) vollständig von der pro-römischen Version dominiert wird. Am Anfang dieser moralisch motivierten Apologetik steht Fabius Pictor, der an den entscheidenden Senatsdebatten d.J. 219/8 selbst teilgenommen hatte (vgl. Pol. 3,9,4): In Pictors Version lag der erste Kriegsgrund in **Hannibals Vorgehen gegen Sagunt** – eine Stadt ca. 150 km südlich der Ebromündung und nach dem Ebrovertrag (dazu gleich) somit im karthagischen Interessengebiet Iberiens, die seit kurzer Zeit freundschaftliche Beziehungen zu Rom pflegte. Hannibal, seit 221 Oberbefehlshaber der karthagischen Streitkräfte in

Spanien, legte im Frühjahr 219 einen Belagerungsring um Sagunt; nach acht Monaten brach der Widerstand zusammen (Pol. 3,17; Liv. 21,7,1-9,2. 11,3-15; weitere Seibert [1993] 136-9; s. Heftner, Aufstieg 201-5). Fabius stempelte dieses Vorgehen pauschal als **Unrecht** (*ἀδικία*) ab, doch bleibt im erhaltenen Fragment unklar, gegen welche Rechtsbestimmungen Hannibal verstoßen haben soll; s. Cato FRH 3 F 4,9, der angebliche punische Vertragsbrüche auflistet, die die grundsätzliche Treulosigkeit der Karthager zeigen sollten (dazu G. Waldherr, Punica fides. Das Bild der Karthager in Rom, Gymnasium 107 [2000] 193-222).

Der Charakter der Beziehungen zwischen Rom und Sagunt wurde in der späteren, von Fabius Pictor vorgezeichneten Überlieferung sorgfältig verschleiert und so die Tatsache überspielt, dass zwischen beiden kein *foedus*, sondern bestenfalls eine formlose *amicitia* bestand: Schwarte (wie eben) 48-51. Die römische Untätigkeit während der Belagerung Sagunts (K.-W. Welwei, Die Belagerung Sagunts und die römische Passivität im Westen 219 v.Chr., Talanta 8/9 [1977] 156-173) wurde geflissentlich übergangen und mithin sogar suggeriert, dass Rom ohne Zögern seiner Bündnisverpflichtung nachgekommen war (s. Liv. 21,15,1-6, der die Eroberung Sagunts und den Alpenübergang Hannibals in ein und dasselbe Jahr [218] datiert: U. Händl-Sagawe, Der Beginn des Zweiten Punischen Krieges [1995] 92-6). Möglicherweise ging diese chronologische Manipulation ebenfalls auf Fabius zurück (vgl. Walsh [1961] 118).

Vielmehr lenkte Fabius Pictor die Aufmerksamkeit seiner Leser auf einen zweiten Kriegsgrund, der breit ausgeführt wurde und – nach dem thukydideischen Denkmuster einer Unterscheidung zwischen äußeren Anlässen (*αἰτίαι*) und tieferliegender Ursache (*πρόφασις*) – als eigentliche Ursache gelten konnte: **die Habgier und Herrschsucht Hasdrubals** respektive Hannibals (zu Fabius und Thukydides s. Frier, Libri 264, Anm. 25). Hamilkar Barkas (zu ihm F 28) hatte für Karthago im erz- und edelmetallreichen Südspanien seit 237 eine direkte Herrschaft errichtet, die helfen sollte, die materiellen und militärischen Verluste des 1. Punischen Krieges zu kompensieren. Nach seinem Tod (229) wurde sein Schwiegersohn Hasdrubal von den Truppen in Spanien zum Nachfolger gewählt (Geus [1994] 133-6), eine Wahl, die von den Institutionen in der Heimat *haud sane voluntate principum* gebilligt worden sein soll (Liv. 21,2,4; vgl. App. Ib. 6,22). Vermutlich i.J. 226 hatten sich Hasdrubal und die Römer darauf verständigt, den Ebro als Demarkationslinie ihrer jeweiligen Interessensphären anzuerkennen (Pol. 2,13,7; StV III 503; s. Schwarte [wie eben] 38-42 u. passim; Seibert [1993] 130-5 [nach diesem eine römische Erfindung]). Bei der Ausweitung seiner Machtbasis agierte Hasdrubal mit voranschreitender Zeit zusehends unabhängig von Karthago; die Herrschaft der Barkiden nahm faktisch monarchisches Profil an (P. Barcelo, Beobachtungen zur Entstehung der barkidischen

Herrschaft in Hispanien, in: Studia Phoenicia 10 [1989] 167-84). Fabius Pictor hat diesen Prozess erkannt, jedoch zu der historisch unhaltbaren (Günther, DNP 5 [1998] 172 s.v. Hasdrubal [2]; Geus [1994] 135) Behauptung zugespitzt, Hasdrubal habe einen Staatsstreich geplant und **Karthago in eine Monarchie umzuwandeln** versucht. Freilich waren laut Pictor mit dem Scheitern des Umsturzversuches alle Taue zur Regierung in der Heimat gekappt; Raffgier und Herrschaftsdurst führten schließlich dazu, dass Hannibal – ganz in der Tradition Hasdrubals – **auf eigene Faust und gegen den Willen der Karthager** einen Krieg gegen die Römer vom Zaun brach (die spätere Überlieferung hat dieses Motiv auf Hamilkar ausgeweitet: Pol. 3,11; Walbank HCP I 312-3). Da Fabius Pictor die Ursachen des bis dahin verheerendsten Krieges in der römischen Geschichte zu einem guten Teil auf die Machtgier zweier Karthager zurückführte, musste die Sache der wohlgeordneten *res publica* umso mehr moralisch legitimiert erscheinen (vgl. F 18). Auf der anderen Seite wird deutlich, dass Fabius in diesem Konflikt „keinen Gegensatz zweier weltgeschichtlicher Potenzen" (Timpe [1972] 955) gesehen hat, sondern eine in ihrem Ausmaß zwar gewaltige, in ihrem machtpolitischen Horizont aber letztlich doch begrenzte Auseindersetzung zweier Staaten im westlichen Mittelmeerbecken (vgl. Chassignet [1998] 58). Diese Sicht, wie übrigens die stark apologetische Tendenz des Fragments insgesamt, sind ein weiteres Indiz dafür, dass das Geschichtswerk des Fabius wohl noch während des 2. Punischen Krieges verfasst wurde, und zwar zu einer Zeit, in der Rechtfertigungsstrategien der senatorischen Elite besonders gefragt waren.

---

32 Liv. 22,7,1-4 (F 26 Peter = F 22 Jacoby)

Haec est nobilis ad Trasumennum pugna atque inter paucas memorata populi Romani clades. (2) *Quindecim milia Romanorum in acie caesa sunt; decem milia sparsa fuga per omnem Etruriam aversis itineribus urbem petiere;* (3) *duo milia quingenti hostium in acie, multi postea [utrimque] ex vulneribus periere. multiplex caedes utrimque facta traditur ab aliis;* (4) *ego praeterquam quod nihil auctum ex vano velim, quo nimis inclinant ferme scribentium animi, Fabium, aequalem temporibus huiusce belli, potissimum auctorem habui.*

Übers.: Dies ist die denkwürdige Schlacht am Trasimenischen See, die als eine der wenigen Niederlagen des römischen Volkes in die Überlieferung eingegangen ist. (2) 15000 Römer fielen im Kampf; 10000 wurden auf der Flucht über ganz Etrurien zerstreut und versuchten, Rom auf entlegenen

Wegen zu erreichen. (3) Von den Feinden fielen 2500 in der Schlacht, viele erlagen nachher noch ihren Verwundungen. Andere berichten, dass die Verluste auf beiden Seiten noch um ein Vielfaches höher gewesen seien. (4) Abgesehen davon, dass ich grundlose Übertreibungen – eine weit verbreitete Tendenz unter Historikern – ablehne, hielt ich Fabius, einen Zeitgenossen dieses Krieges, für die zuverlässigste Quelle.

Komm.: Die Schlacht am Trasimenischen See im April 217. Nach den ersten Niederlagen gegen Hannibal am Ticinus und der Trebia wurde das römische Heer im Winter 218/7 erheblich aufgestockt. Angeblich standen i.J. 217 13 Legionen unter Waffen (App. Hann. 8,31; Seibert [1993] 389-92), die im Frühjahr auf zwei konsularische Heere verteilt wurden: Während Cn. Servilius Geminus bei Ariminum Stellung bezog, marschierte C. Flaminius nach Arretium, um die Straßenverbindungen nach Mittelitalien abzusichern. Auf römischer Seite rechneten alle mit einer großen Feldschlacht, doch durchkreuzte Hannibal abermals diese Strategie. Er brach Anfang März sein Winterlager in der Poebene ab, zog in einem Eilmarsch über Pistoria nach Faesulae und von dort an Flaminius vorbei; zwischen ihm und Latium stand jetzt keine römische Einheit mehr. Von dieser Entwicklung alarmiert heftete sich Flaminius an die Fersen der Karthager, geriet aber in Etrurien am Nordufer des Trasimenischen Sees in einen Hinterhalt – scheinbar hatte Flaminius in der Eile auf Aufklärer verzichtet, und zu allem Unglück soll dichter Nebel eine Sondierung des Geländes geradezu unmöglich gemacht haben. Die Niederlage war vollständig. Neben dem bis zu seinem Ende tapfer kämpfenden Konsul fielen 15000 Römer. Pol. 3,82,1-85,6; Liv. 22,3,4-7,5; App. Hann. 9,37-10,44; Plut. Fab. 3 (weitere Broughton MRR 1,242); s. Walbank HCP I 415-418 (mit Karte); Lazenby (1978) 60-7; Schmitt (1991) 93-126; Seibert (1993) 220-2 (mit viel Lit.).

Die spätere Überlieferung hat Flaminius als Sündenbock stilisiert und stigmatisiert. Der *homo novus*, Heißsporn und Haudrauf soll seit jeher im Gegensatz zu seiner politischen Klasse gestanden haben (instruktiv Cic. de inv. 2,52; vgl. Münzer, RE 6.2 [1909] 2497 s.v. Flaminius [2]), was aufgrund seiner erfolgreichen Karriere vor 217 kaum vorstellbar ist. Militärische Schlamperei und *neglegentia caerimoniarum* ('mangelnde religiöse Observanz': Liv. 22,9,7; vgl. Cic. de div. 1,77-8) stempelten ihn dennoch zum allein Verantwortlichen für das Debakel in Etrurien ab (s. B. Meißner, C. Flaminius – Aufsteiger, Tatmensch, Sündenbock, in: Hölkeskamp/Stein-Hölkeskamp, Große Römer 92-106). Ob dieses Negativbild seinen Ursprung im Werk des Fabius Pictor besitzt, lässt sich weder im vorliegenden (laut Frier, Libri 236: autobiographischen) Fragment noch sonst an einer Stelle des überlieferten Textes positiv zeigen. Jedoch haben Münzer (wie eben), Gelzer (1933/1964) 76-7 und Frier,

Libri 281-2 angenommen, dass Fabius Pictor in starkem politischen Gegensatz zu Flaminius gestanden und in diesem eine Kontrastfigur zum verantwortungsbewussten Patrizier Q. Fabius Maximus Cunctator entworfen haben soll, um so den Ruhm der eigenen *gens Fabia* hochzustilisieren (so auch Alföldi, Frühes Rom 159-66; s. dagegen aber o. zu F 24). In Anbetracht der Intentionen Pictors muss hier differenziert werden: Eine innenpolitische Attacke auf Flaminius mochte insofern nahe liegen, als dadurch der Beschluss des Senats, die offene Feldschlacht mit Hannibal zu suchen, prinzipiell nicht in Frage gestellt wurde. Flaminius' Versagen als Feldherr konnte vorgeschützt werden, um diese gravierende Fehlentscheidung zu überspielen – ganz ähnlich erging es dem Konsul Terentius Varro nach Cannae (vgl. Liv. 22,25,18-26,4). Die Legitimierungsstrategie, die sich hinter solchen Schuldzuweisungen verbarg, zielte jedoch nicht auf eine einseitige Überhöhung der Fabier, sondern auf die Entlastung der Senatsaristokratie insgesamt (vgl. i.d.S. Timpe [1972] 955-8).

Lucius Cincius Alimentus (FRH 2)

Der plebejische Senator Cincius Alimentus war nach Fabius Pictor der älteste römische Historiker.[1] Über seinen familiären Hintergrund ist kaum etwas bekannt. Die Cincii scheinen überhaupt erst im Zweiten Punischen Krieg in den Senat aufgerückt zu sein; ihre Spuren verlieren sich gleich nach Kriegsende.[2] Als Prätor d.J. 210 wurde Cincius die *provincia* Sizilien übertragen, ein Kriegsschauplatz, auf dem die Rückeroberung von Syrakus durch Marcellus i.J. 212 den Wendepunkt für die Römer markiert hatte. Nach der Prorogation seines *imperium* für 209 wurde Cincius damit beauftragt, Syrakus gegen karthagische Überfälle zu schützen.[3] Im darauf folgenden Jahr belagerte er das von den Karthagern besetzte unteritalische Lokroi, musste seine Seeblockade jedoch nach dem Eintreffen Hannibals aufheben.[4] Cincius kehrte nach Rom zurück, wurde aber noch im selben Jahr erneut nach Süditalien geschickt, um dem schwer verwundeten Konsul T. Quinctius Crispinus Anweisungen des Senats zu überbringen.[5] Alimentus berichtet in seinem Geschichtswerk, in karthagische Kriegsgefangenschaft geraten zu sein, wobei er bei dieser Gelegenheit von Hannibal selbst Einzelheiten der karthagischen Kriegführung erfahren haben will (s. zu F 10). Ob sich die Gefangennahme des Cincius Alimentus während seiner Mission d.J. 208 oder zu einem späteren Zeitpunkt ereignete, ist unklar.[6]

Cincius' Geschichtswerk in griechischer Sprache folgte methodisch und inhaltlich über weite Strecken der Gesamtgeschichte des Fabius Pictor.[7] Abfassungs- und Veröffentlichungszeit sind unbekannt. Der Bogen des Werkes spannte sich von der Frühzeit bis in die Gegenwart, wobei sich

---

[1] Testimonien: FGrH 810 p. 876-7. Literatur: HRR I p. CI-CXVI; Münzer/Cichorius, RE 3.2 (1899) 2556-7 s.v. Cincius (5); Frier, Libri 206-7. 238-9; Verbrugghe (1982); v. Albrecht GRL 302 ; Meister (1990) 148; Chassignet, AR 1 p. LXXIII-LXXIX; zum Cognomen ferner Forsythe (2000) 1. Dion. Hal. ant. 1,74,1 (= F 6) bezeichnet ihn als Senator. Im Ganzen gilt das Urteil von Badian (1966) 6: „a very shadowy figure".
[2] Außer Cincius ist nur M. Cincius Alimentus, trib. pl. 204 (RE 6), bekannt.
[3] Prätur: Liv. 26,23,1. 28,3. 28,11. Prorogation: Liv. 27,7,12. 16,8.
[4] Liv. 27,26,3.
[5] Liv. 27,29,1-6; dazu Münzer (Anm. 1) 2556.
[6] Kierdorf, DNP 2 (1997) s.v., 1205; Chassignet (1998) 56 mit Anm. 8.
[7] S. etwa F 1: Erfindung der Schrift (= FRH 1 F 2); F 3-4: Aeneassage und Alba Longa; F 5: Romulus und Remus (= FRH 1 F 7); F 7: Tarpeia-Geschichte (= FRH 1 F 10).

Cincius (auch hier mit Fabius vergleichbar) wiederholt auf etymologische und aitiologische Deutungsvarianten zurückgriff, um die römische Urgeschichte zu erhellen.[8] Bei aller Nähe zu Fabius war Cincius aber ansatzweise um eigene Akzente bemüht. So setzte er sich in der Frage nach dem Gründungsdatum Roms deutlich von seinem Vorgänger ab (s. zu F 6). Wenngleich die Geschichte des Tyrannis-Aspiranten Sp. Maelius sicher noch nicht so politisch aufgeladen war wie später im Werk des Piso,[9] zeugt die Episode vom Sinn für eine lebendige und dramatische Darstellung. Für die Zeit zwischen Ktisis und Gegenwart des Hannibalkrieges sind keine Notizen erhalten. Die mangelnde Rezeption, gerade bei Polybios, ist „particulièrement étonnant".[10] Das Werk konnte offenbar kaum aus dem Windschatten Fabius Pictors heraustreten und eigenständiges Profil gewinnen.

---

[8] F 2. 4. 12-3. Die beiden Letzteren (sowie F 9 u. 11) wurden seit M. Hertz, De Luciis Cinciis (1842), dem spätrepublikanischen Grammatiker L. Cincius Alimentus (RE 3) zugeschrieben; so auch Peter HRR I p. CIII-CXVI; Frier, Libri 51 mit Anm. 3; anders aber Verbrugghe (1982; grundlegend); Chassignet, AR 1 p. LXXV-LXXVIII.

[9] Calpurnius Piso FRH 7 F 24; s. Forsythe (2000) 3: „a pre-Gracchan version of the story (...)"; vgl. insg. Verbrugghe (1982) 323, der gegenüber Fabius deutlichere Differenzen zu erkennen meint.

[10] Chassignet, AR 1 p. LXXVIII.

1 Mar. Victor., Ars gramm. 1 p. 23 K (F 1 Peter = F 6 Jacoby)

Repertores litterarum Cadmus ex Phoenice in Graeciam et Euander ad nos transtulerunt A B C D E [h] I K <L> M N O P [q] R S T <V> litteris numero XVI. postea quasdam a Palamede et alias a Simonide adiectas implesse numerum XXIV (...) grammatici, praeterea Demetrius Phalereus, Hermocrates, ex nostris autem Cincius, Fabius, Gellius tradiderunt.

Übers./Komm.: s. zu Fabius Pictor FRH 1 F 2.

2 Serv. auct. ad Verg. Georg. 1,10 (F 2 Peter = F 7 Jacoby)

Cincius et Cassius aiunt ab Euandro Faunum deum appellatum ideoque aedes sacras 'faunas' primo appellatas, postea 'fana' dicta, et ex eo qui futura praecinerent, 'fanaticos' dici.

Übers.: Cincius Alimentus und Cassius Hemina sagen, Euander hätte Faunus einen Gott genannt, und deshalb hätten heilige Gebäude zunächst 'faunae' und später 'fana' geheißen; und aus diesem Grund nenne man Weissager auch 'fanatici'.

Komm.: In der euhemeristischen Tradition figurierte **Faunus** als Urkönig der Aboriginer (zu ihnen s. zu Cato FRH 3 F 1,5). Er nahm den aus seiner Heimat Arkadien vertriebenen **Euander** freundlich in Italien auf und schenkte ihm einen der sieben späteren Hügel Roms, den Palatin (benannt nach Euanders Heimatpolis Pallantion), auf dem die älteste Siedlung Roms angelegt worden sein soll. Aus Dankbarkeit wirkte Euander als Zivilisationsheros (vgl. Fabius Pictor FRH 1 F 2): Er richtete einen Kult ein, in dem Faunus, fortan der römische Gott der urwüchsigen Natur, der mit dem Wald, Gebirgen, aber auch mit Schafen und Ziegen verbunden wurde, als italischer Gegenpart des Pan Lykaios in Euanders Heimat verehrt wurde (Schwegler RG 1,351-2 [mit Quellen]; M. Jost, Sanctuaires et Cultes d'Arcadie [1985] 197-9. 456-76). Aug. civ. 4,23 schrieb später die Gründung des Faunus-Kultes Romulus zu, offensichtlich wegen der engen Verbindung des Faunus mit den Gefährten des Romulus, den *luperci* (s. Acilius FRH 5 F 3); s. Graf, DNP 4 (1998) 440-2 s.v. Faunus. Geläufiger als die Etymologie des Alimentus war die Ableitung des Wortes *fanum* von *fari* (Varr. ling. 6,54: *hinc fana nominata, quod pontifices in sacrando fati sint finem*; „hiernach wurden die Heiligtümer benannt, weil die Priester bei der

Weihung ihre Grenzen verkündeten"). Ein zum *fanum* gehöriger Gegenstand wurde demnach als *res fanatica* bezeichnet (Marquardt RStV 3,148-51).

3   Origo Gentis Romanae 17,3 (F./. Peter = F 9 Jacoby dub.)

Itaque tertio nemo ausus est amovere ea, ut scriptum est in annalium pontificum quarto libro, Cincii et Caesaris secundo, Tuberonis primo.

Übers.: Deshalb wagte es niemand, die Standbilder der Penaten ein drittes Mal fortzuschaffen, wie im vierten Buch der Annalen der Priester, im zweiten des Cincius und Caesar und im ersten des Tubero steht.

Komm.: Aeneas hatte die **Penaten** einst aus Troja nach Lavinium mitgebracht (s. zu Hemina FRH 6 F 6). Als Ascanius sie von dort mitnehmen und in einem Tempel im neu gegründeten Alba Longa aufstellen wollte, sollen sie nachts auf wundersame Weise nach Lavinium zurückgekehrt sein; ein zweiter Versuch scheiterte ebenfalls (Dion. Hal. ant. 1,67,1-2; Val. Max. 1,8,7; vgl. Serv. ad Verg. Aen. 1,270), weshalb 600 Kolonisten aus Alba Longa nach Lavinium zurückgingen, um dort den Penatenkult zu pflegen (Dion. Hal. [wie eben] beschreibt den Siedlerzug im Stile einer griechischen Apoikie-Gründung; s. Hemina FRH 6 F 8 zur aitiologischen Bedeutung der Zahl 600). In der späteren Tradition wurden die Penaten von Lavinium als Ursprung des römischen Penatenkultes verehrt, weshalb ihnen Imperiumsträger (angeblich seit den ersten Jahren der *libera res publica*) bei Amtsantritt in Lavinium opferten: Dion. Hal. ant. 2,52,3; vgl. ausführlich Alföldi, Frühes Rom 218-56; Galinski (1969) 141-90; A. Dubourdieu, Les origines et le développement du culte des Pénates à Rome (1989); Linderski, DNP 9 (2000) 514-6 s.v. Penates.

Die in historischer Zeit bei Koloniegründungen übliche Praxis, die Götter der Mutterstadt mit in die neue Heimat zu nehmen (vgl. Hdt. 1,164 zu den Phokaiern), wurde in Analogie auch auf mythhistorische Wanderungszüge übertragen. Cincius unterstreicht mit seiner Erzählung die Pietät des Ascanius, eine Eigenschaft, die auch Aeneas und Anchises auszeichnete. Ferner konnte er seiner Version der Gründungsgeschichte Roms über Alba Longa und Lavinium durch die Kontinuität des Penatenkultes zusätzliche Plausibilität verleihen.

Caesar war der Verfasser von *libri auspiciorum* (od. *Auguralia*). Fragmente: Iurisprudentia antehadriana, vol. I: Liberae rei publicae iuris consulti, ed. F.P. Bremer [1898, Neudr. 1985]. Die Identifikation mit L. Iulius Caesar (cos. 64) ist nicht sicher (s. Chassignet, AR 1,1 mit Anm. 4).

| 4 | Origo Gentis Romanae 18,1 (F ./. Peter = F 10 Jacoby dub.) |

Post eum regnavit Tiberius Silvius, Silvii filius. qui cum adversus finitimos bellum inferentes copias eduxisset, inter proeliantes depulsus in Albulam flumen deperiit mutandique nominis exstitit causa, ut scribunt Lucius Cincius libro primo, Lutatius libro tertio.

Übers.: Nach ihm hat Tiberius Silvius, Sohn des Silvius, regiert. Dieser führte seine Truppen gegen die Nachbarstämme, da sie ihn bekriegten, wurde aber im Kampf in den Fluss Albula gedrängt und kam um, was den Anlass zur Umbennenung des Flusses gab, wie Lucius Cincius im ersten und Lutatius im dritten Buch schreiben.

Komm.: Nach übereinstimmender Auffassung der römischen Überlieferung war der frühere Name des Tibers **Albula**; durch den hier beschriebenen Tod des Albanerkönigs **Tiberius Siluvius** (od. Silvius) kam es zur Umbennung des Flusses (Varr. ling. 5,30; vgl. Liv. 1,3,5).

| 5 | Dion. Hal. ant. 1,79,7-83,3 (F 3 Peter = F 2 Jacoby) |

Περὶ δὲ τῶν ἐκ τῆς Ἰλίας γενομένων Κόιντος μὲν Φάβιος ὁ Πίκτωρ λεγόμενος, ᾧ Λεύκιός τε Κίγκιος καὶ Κάτων Πόρκιος καὶ Πείσων Καλπούρνιος καὶ τῶν ἄλλων συγγραφέων οἱ πλείους ἠκολούθησαν, γέγραφε· (...: s. Fabius Pictor FRH F 7b)

Übers./Komm.: s. zu Fabius Pictor FRH 1 F 7b/7a-f.

| 6 | Dion. Hal. ant. 1,74,1 (F 4 Peter = F 1 Jacoby) |

Τὸν δὲ τελευταῖον γενόμενον τῆς Ῥώμης οἰκισμὸν ἢ κτίσιν ἢ ὅτι δήποτε χρὴ καλεῖν (...) γενέσθαι φησὶν (...). Λεύκιος δὲ Κίγκιος ἀνὴρ τῶν ἐκ τοῦ βουλευτικοῦ συνεδρίου περὶ τὸ τέταρτον ἔτος τῆς δωδεκάτης ὀλυμπιάδος.

Übers.: Sie sagen, dass die endgültige Gründung Roms oder Ktisis oder wie man es sonst nennen soll (...) erfolgte. Lucius Cincius, Mitglied des Senats, setzt sie in etwa in das vierte Jahr der zwölften Olympiade.

Komm.: Cincius hat mit dieser Angabe Ol. 12,4 = 729/8 Fabius Pictors Datierung der Stadtgründung (FRH 1 F 8: Ol. 8,1 = 748/7) korrigiert, nach F. Mora, in: Rüpke RG 56-7, eine „polemische Änderung" der Chronologie Pictors. Da die Fragmente sonst keinerlei Angaben zum chronologischen Schema des Werkes enthalten, kann man nicht mehr erschließen, wie Cincius auf dieses Datum gekommen ist (zu verschiedenen Hypothesen s. Leuze [1909] 96-101 sowie die voraussetzungsreichen und am Text nicht überprüfbaren Angaben Moras [wie eben]; vgl. dens., Fasti e schemi cronologici [1999] 50-1). Nach Cincius wurde die Jahreszählung nach Olympiaden in der römischen Geschichtsschreibung aufgegeben (vgl. Frier, Libri 263).

7   Dion. Hal. ant. 2,38,3. 39,2 (F 5 Peter = F 3 Jacoby)

Καὶ αὐτήν, ὡς μὲν Φάβιός τε καὶ Κίγκιος γράφουσιν, ἔρως εἰσέρχεται τῶν ψελλίων, ἃ περὶ τοῖς ἀριστεροῖς βραχίοσιν ἐφόρουν, καὶ τῶν δακτυλίων· (...) (39,2) οἱ δὲ περὶ τὸν Φάβιόν τε καὶ Κίγκιον οὐδὲν τοιοῦτο γεγονέναι λέγουσιν, ἀλλὰ φυλάξαι τὴν κόρην διαβεβαιοῦνται τὰς περὶ τῆς προδοσίας συνθήκας.

Übers./Komm.: s. zu Fabius Pictor FRH 1 F 10.

8   Dion. Hal. ant. 12,4,2-5 (F 6 Peter = F 4 Jacoby)

Οἱ μὲν δὴ τὰ πιθανώτατά μοι δοκοῦντες γράφειν περὶ τῆς Μαιλίου τελευτῆς οὕτω παραδεδώκασι· λεγέσθω δὲ καὶ ὁ δοκῶν ἧττον εἶναί μοι πιθανὸς λόγος, ᾧ κέχρηται Κίγκιος καὶ Καλπούρνιος, ἐπιχώριοι συγγραφεῖς· οἵ φασιν οὔτε δικτάτορα ὑπὸ τῆς βουλῆς ἀποδειχθῆναι τὸν Κοίντιον οὔτε ἱππάρχην ὑπὸ τοῦ Κοιντίου τὸν Σερουίλιον. (3) γενομένης δὲ μηνύσεως ὑπὸ τοῦ Μηνυκίου τοὺς παρόντας ἐν τῷ συνεδρίῳ πιστεύσαντας ἀληθῆ τὰ λεγόμενα εἶναι, γνώμην ἀποδειξαμένου τῶν πρεσβυτέρων τινὸς ἄκριτον ἦ μὴν ἀποκτεῖναι τὸν ἄνδρα παραχρῆμα πεισθέντας, [καὶ] οὕτω τὸν Σερουίλιον ἐπὶ τοῦτο τάξαι τὸ ἔργον, νέον ὄντα καὶ κατὰ χεῖρα γενναῖον. (4) τοῦτον δέ φασι λαβόντα τὸ ξιφίδιον ὑπὸ μάλης ἐλθεῖν πρὸς τὸν Μαίλιον πορευόμενον ἐκ τῆς ἀγορᾶς καὶ προσελθόντα εἰπεῖν, ὅτι βούλεται περὶ πράγματος ἀπορρήτου καὶ μεγάλου διαλεχθῆναι πρὸς αὐτόν. κελεύσαντος δὲ τοῦ Μαιλίου μικρὸν ἀποχωρῆσαι τοὺς ἐγγὺς αὐτῷ παρόντας, ἐπειδὴ μονωθέντα τῆς φυλακῆς ἔλαβε, γυμνώσαντα τὸ ξίφος βάψαι κατὰ τῆς σφαγῆς· τοῦτο δὲ πράξαντα δρόμῳ χωρεῖν εἰς τὸ βουλευτήριον ἔτι συγκαθημένων τῶν συνέδρων, ἔχοντα τὸ ξίφος ἡμαγμένον κεκραγότα πρὸς τοὺς διώκοντας, ὅτι κελευσθεὶς ὑπὸ τῆς βουλῆς ἀνῄρηκε τὸν τύραννον. (5) ἀκούσαντας δὲ τὸ τῆς βουλῆς ὄνομα τοὺς ὡρμηκότας παίειν τε καὶ βάλλειν αὐτὸν ἀποτραπέσθαι καὶ μηδὲν εἰς αὐτὸν παρανομῆσαι. ἐκ τούτου καὶ τὴν ἐπωνυμίαν τὸν Ἄλαν αὐτῷ τεθῆναι λέγουσιν, ὅτι τὸ ξίφος ἔχων ὑπὸ μάλης ἦλθεν ἐπὶ τὸν ἄνδρα· ἄλας γὰρ καλοῦσι Ῥωμαῖοι τὰς μάλας.

Übers.: Die in meinen Augen hinsichtlich des Todes von Maelius glaubwürdigsten Autoren haben dies so überliefert. Es soll aber auch eine mir weniger glaubwürdige Version berichtet werden, die sich Cincius Alimentus und Calpurnius Piso zu Eigen gemacht haben, zwei einheimische Geschichtsschreiber. Sie sagen, dass weder Quintus vom Senat zum Dictator ernannt wurde noch Servilius von Quintus zum Reiteroberst. (3) Als nämlich Minucius die (betreffende) Information gegeben habe, hätten die anwesenden Senatoren dies für wahr gehalten, und als einer der älteren den Vorschlag gemacht habe, den Mann (Maelius) sofort und ohne Verfahren zu töten, ließen sie sich überzeugen und beauftragten Servilius mit dieser Tat, weil er jung und tatkräftig war. (4) Dieser soll dann mit dem Dolch unter der Achsel zu Maelius gegangen sein, als der gerade vom Forum kam, und gesagt haben, er wolle mit ihm über eine vertrauliche und bedeutende Angelegenheit sprechen. Maelius habe daraufhin sein Gefolge aufgefordert, sich ein wenig zu entfernen, worauf Servilius den Maelius, als er ohne Bewachung war, gepackt habe, den Dolch gezückt und ihm diesen in den Hals gestoßen habe. Nach der Tat sei er zum Senatsgebäude gerannt, wo die Senatoren immer noch tagten, habe den blutigen Dolch hochgehalten und den Verfolgern laut zugerufen, dass er den Tyrannen auf Befehl des Senats getötet habe. (5) Als sie den Namen des Senats hörten, hätten sie, die ja schon drauf und dran waren, ihn zu erschlagen und zu steinigen, von ihrer Tat abgelassen und nichts Gesetzwidriges mehr gegen ihn unternommen. Von daher soll ihm auch der Beiname Ala (Ahala) gegeben worden sein, weil er mit dem Dolch unter der Achsel zu dem Mann gegangen sei. 'Ala' heißt bei den Römern nämlich die Achsel.

Komm.: Obwohl Dionysios Cincius und Piso in einem Atemzug nennt, dürfte die Geschichte erst von Letzterem unter dem Eindruck der Gewalttakte in der Gracchenzeit zugespitzt worden sein; s. daher zu Piso FRH 7 F 26.

| 9 Liv. 7,3,7 (F ./. Peter = F 8 Jacoby) |

Volsiniis quoque clavos indices numeri annorum fixos in templo Nortiae, Etruscae deae, conparere diligens talium monumentorum auctor Cincius adfirmat.

Übers.: Cincius, ein gewissenhafter Gewährsmann solcher Denkmäler, bestätigt, dass in Volsinii ebenfalls Nägel am Tempel der Nortia, einer etruskischen Gottheit, angebracht seien, um die Zahl der Jahre anzuzeigen.

Komm.: Alimentus, von Livius als *diligens auctor* gelobt, hat mit dem Verweis auf die Kultpraxis in der etruskischen Metropole **Volsinii** den ursprünglichen Sinn der alten römischen Zeremonie erklärt, bei der der Prätor Maximus angeblich jedes Jahr am 13. September einen Nagel in die rechte Wand der *cella* des kapitolinischen Juppiter-Tempels schlug (*lex de clavo pangendo*: Liv. 7,3,5-8; vgl. Fest. p. 49 L s.v. 'clavus annalis'; dazu Oakley [1998] z. St.; Flach [1994] 45-50 [mit viel Lit.]; Heurgon, L. Cincius et la loi du 'clavus annalis', Athenaeum N. S. 42 [1964] 432-7; Alföldi, Frühes Rom 288 u.ö.; Bleicken GRR[5] 122). Der Kult für die Schicksalsgöttin **Nortia** ist nur für Volsinii bezeugt (Wissowa RKR 288), wie es auch sonst keine Parallelen für die angeblichen Jahresnägel gibt (allg. Cornell, Beginnings 220-1. 440 Anm. 22 u. 23).

| 10 Liv. 21,38,2-5 (F 7 Peter = F 5 Jacoby) |

Quantae copiae transgresso in Italiam Hannibali fuerint, nequaquam inter auctores constat. (...) (3) L. Cincius Alimentus, qui captum se ab Hannibale scribit, maxime auctor moveret, nisi confunderet numerum Gallis Liguribusque additis; (4) cum his octoginta milia peditum, decem equitum adducta; in Italia magis adfluxisse veri simile est, et ita quidam auctores sunt; (5) ex ipso autem audisse Hannibale, postquam Rhodanum transierit, triginta sex milia hominum ingentemque numerum equorum et aliorum iumentorum amisisse.

Übers.: Wie viele Truppen Hannibal nach dem Alpenübergang nach Italien geblieben sind, darüber herrscht Uneinigkeit zwischen den Autoren. (...) (3) Lucius Cincius Alimentus, der schreibt, er sei von Hannibal gefangen genommen worden, würde mir als zuverlässigste Quelle scheinen, wenn er die Zahl nicht verunklaren würde, indem er Gallier und Ligurer dazuzählt. (4) Diese hinzugerechnet habe Hannibal 80000 Fußsoldaten und 10000 Reiter mit sich geführt. Indes ist es wahrscheinlicher, dass ihm in Italien neue Truppenteile zugelaufen sind, wie auch einige Autoren bekräftigen. (5) Alimentus selbst habe aber von Hannibal gehört, dass dieser beim Übersetzen über die Rhone 36000 Menschen und eine ungeheuere Zahl an Pferden und anderen Lasttieren verloren habe.

Komm.: Pol. 3,35,1 berichtet, Hannibal sei i.J. 218 in Neukarthago mit 90000 Infanteristen und 12000 Mann Kavallerie aufgebrochen (dies ist identisch mit der Angabe Liv. 21,23,1 zum Übergang über den Ebro); schon an der Rhone sollen davon nur 38000 Fußsoldaten und 8000 Reiter (Pol. 3,60,5), bei der Ankunft in der Po-Ebene schließlich noch 20000 Mann Fußvolk und 6000 Reiter übrig geblieben sein (3,56,4: Inschrift von Lacinium). Walbank HCP I 336 hat gezeigt, dass die entsprechenden Angaben (teilweise erheblich) übertrieben sind. Das gilt wohl auch für die Angabe von Alimentus, wenngleich dieser sie während seiner Kriegsgefangenschaft (o. S. 137) von Hannibal selbst erfahren haben will. Seibert (1993) 182, Anm. 34 sieht immerhin die Möglichkeit, dass sich die Verlustangabe des Cincius auf die Strecke vom Ebro bis an die Rhone bezieht, da sie ungefähr der Summe der Stationierungen und Entlassungen durch Hannibal bis zur Rhone entspricht. Zu Hannibals Heer s. auch Lazenby (1978) 29-48 (passim); Seibert (1993) 179-83.

---

11 Fulgent., serm. ant. 8 p. 114 Helm (F ./. Peter = F 11 Jacoby dub.)

„*Qui dum iam silicernius finem sui temporis expectaret, etsi morti non potuit, tamen infirmitatibus exultavit.*"

Übers.: „Wer als Tattergreis das Ende seiner Tage herbeisehnen würde, der könnte, wenn schon nicht dem Tod, dennoch wenigstens den Gebrechlichkeiten entrinnen."

Komm.: Der Sophist Gorgias aus dem sizilischen Leontinoi wurde nach einhelliger Auffassung über 100 Jahre alt (ca. 480-380 v.Chr.; Cic. Cato m. 5: 107 Jahre), wobei er sich bis an sein Lebensende bester Gesundheit erfreute: Isokr. 15,155. I.J. 427 führte er eine Gesandtschaft seiner Heimatstadt nach Athen, die Hilfe gegen das benachbarte Syrakus einwerben sollte. Fulgentius, ein spätantiker Mythograph aus dem 5./6. Jh., entnahm das Diktum des Gorgias aus Cincius' Geschichtswerk, was insofern bemerkenswert ist, als Gorgias eine der ganz wenigen 'realhistorischen' griechischen Personen aus dem 5. Jh. ist, die im überlieferten Textbestand der frühen römischen Historiker namentlich genannt werden. Zugleich beginnt mit dieser Stelle, soweit erkennbar, die römische Reflexion über die Lasten des Alters (das nächste markante Zeugnis ist Lucil. F 332-3 Krenkel), die bei Juvenal (10,188-245) ihren Höhepunkt finden sollte. Zum antiken bzw. römischen Altersdiskurs generell s. Gnilka, RAC 12 (1983) 995-1094 s.v. Greisenalter; I. Mazzini, La geriatria di epoca romana, in: U. Mattioli (ed.), Senectus. La vecciaia nel mondo classico, vol. II: Roma (1995) 339-63; P. Soverini, Senectus e res publica: la storiografia romana, ebd., 239- 85; W. Suder, Geras. Old Age in Greco-Roman Antiquity. A Classified Bibliography (1991); H. Brandt, Wird auch silbern mein Haar. Eine Geschichte des Alters in der Antike (2002).

---

12 Arnob. 3,38-39 (F./. Peter = F./. Jacoby)

Novensiles (...). Cincius numina peregrina novitate ex ipsa appellata pronuntiat; nam solere Romanos re<li>giones urbium superatarum partim privatim per familias spargere, partim publice consecrare, ac ne aliqui deorum multitudine aut ignorantia praeterirentur, brevitatis et compendii causa uno pariter nomine cunctos Novensiles invocari. (...) (39) quodsi opinio Cornificii vera est, imprudens Cincius invenitur, qui urbium victarum deos potestate adficit Novensilium numinum.

Übers.: Novensiles (...). Cincius berichtet, dass fremde Gottheiten eben wegen ihrer Neuartigkeit so genannt wurden. Denn die Römer pflegten den Götterglauben der unterworfenen Städte teils privat in Familien zu verbreiten, teils zum Staatskult zu erheben; und damit nicht irgendeiner der Götter aufgrund der großen Zahl oder, weil er unbekannt wäre, übergangen würde, wurden sie kurz und bündig alle zusammengenommen mit dem einen gleichen Namen Novensiles bezeichnet. (...) (39) Richtig ist aber die Auffassung des Cornificius; Cincius entlarvt hingegen seine Unwissenheit, indem er die Götter der unterworfenen Städte mit der Macht der Novensiles in Zusammenhang bringt.

Komm.: Über die Herkunft der Novensiles (bzw. Novensides) waren sich die Römer uneins. Varr. ling. 5,74 und Calpurnius Piso FRH 7 F 47 (dazu Forsythe, Piso 330-5, bes. 334-5) führten sie auf neun Götter, Granius und Aelius Tubero auf neun Musen aus dem Sabinerland zurück (etym. Ableitung der Novensiles demnach von *novem*), während Cincius Alimentus sie von *novus* her erklärte. Mit Letzterem hat Wissowa RKR 18-23. 43-7 die *di Novensides* in Abgrenzung zu den *di Indigetes* als zweite Gruppe der Gesamtheit der römischen Staatsgötter verstanden, was sich aber nicht durchgesetzt hat; grundlegend Radke GA 150-1. 232-3. – Die Erläuterung des Arnobius, dass die Römer zuweilen führenden Adelsfamilien die Fürsorge für fremde Götter übertrugen und auch sonst streng darauf achteten, dass keine Gottheit vergessen wurde, war aus der Feder eines christlichen Apologeten freilich polemisch gemeint (zu Arnobius' Sicht der römischen Religion v. Haehling [2000] 194-201), doch entsprach dies durchaus der Realität, auch wenn es um stadtrömische Kulte ging. So soll die Aufsicht über den Herculeskult an der Ara Maxima (Cassius Hemina FRH 6 F 5) ursprünglich bei der *gens Potitia* gelegen haben, bis der Zensor Appius Claudius Caecus i.J. 312 die 'Verstaatlichung' anordnete: Liv. 9,29,9-11 mit Beard, North, Price (1998) 1,67-8 u. 2,18-9.

---

13 Serv. ad Verg. Aen. 2,225 (F ./. Peter = F ./. Jacoby)

Alii, ut Cincius, dicunt delubrum esse locum ante templum, ubi aqua currit, a diluendo.

Übers.: Andere, wie Cincius, sagen, dass ein 'delubrum' ein Platz vor dem Tempel sei, wo das Wasser fließt, vom Wort 'diluere'.

Komm.: Nach gängiger Auffasung war **delubrum** eine der Bezeichnungen für ein Heiligtum. Cincius' etymologische Ableitung von 'diluere' bzw. 'deluere' ('abwaschen', 'aufweichen') scheint die Sache durchaus getroffen zu haben: Der Zusammenhang ergab sich aus den Wasseranlagen vor Tempeln und Heiligtümern, an denen vor Opferhandlungen rituelle Waschungen stattfanden; s. allg. Graf, Frateantonio, DNP 3 (1997) 414-5 s.v.

Marcus Porcius Cato, *Origines* (FRH 3)

M. Porcius Cato Censorius (234-149)[1] ist der einzige frühe Geschichtsschreiber, von dem neben den historiographischen Überresten auch noch andere Texte in nennenswertem Umfang überliefert sind. 'Über den Landbau' (*De agri cultura*) ist die älteste vollständig erhaltene lateinische Prosaschrift; daneben gibt es von 79 seiner Reden zum Teil recht umfangreiche Fragmente sowie Überreste aus anderen Schriften.[2] Vor allem aber war Cato einer der profiliertesten Nobiles der Mittleren Republik, eine markante und streitbare Figur, die sich tief ins kulturelle Gedächtnis der Römer eingegraben hat und als *exemplum* für die angeblich 'altrömische' Strenge und Tugend selbst so etwas wie ein Gedächtnisort geworden ist.

Catos Karriere, seine Persönlichkeit und seine maßgebliche Rolle in den großen Debatten um die römische Außenpolitik und die politische Kultur der Aristokratie zwischen dem Hannibalkrieg und der Erringung der unangefochtenen Herrschaft über die Oikumene können im Rahmen einer kurzen Einleitung selbstverständlich nur in Stichworten umrissen werden.[3]

Geboren 234 in Tusculum, gehörte Cato einer wohlhabenden Familie des Ritterstandes an. Im Hannibalkrieg erhielt er die Chance zur militärischen Bewährung, die er bei der Einnahme von Tarent 209 und in der Schlacht von Sena Gallica 207 nutzte. Vor Gericht erwarb er sich durch juristische Kenntnisse und rhetorisches Talent weitere Anerkennung. Den Aufstieg in die Nobilität verdankte Cato der Protektion seiner Kommandeure, vor allem durch L. Valerius Flaccus. Rasch durchlief er den *cursus honorum*:[4] 204 war er Quästor, 199 plebejischer Ädil, 198 Prätor in Sardinien

---

[1] Testimonien: HRF 40-2. Literatur: HRR I p. CXXVII-CLXIV. 389-91; Leo GRL 290-300; Gelzer, Helm, RE 22.1 (1953) 108-65 s.v. Porcius (9) (zu den *Origines* 157-62); Badian (1966) 7-11; Timpe (1970-71); Garbarino, Filosofia 339-48; Astin (1978) 211-39; Kienast (1979) 107-16; Kierdorf (1980); Chassignet, Caton p. VII-XXX; v. Albrecht GRL 314-26; Kierdorf, DNP 2 (1997) 1033-5; Flach (1998) 68-74; Hantos (1998); U. Gotter, Die Vergangenheit als Kampfplatz der Gegenwart, in: Formen RG 115-34. Umfassender Forschungsbericht: W. Suerbaum, Cato Censorius in der Forschung des 20. Jahrhunderts (2004).

[2] Alles Überlieferte versammelt (ohne wissenschaftlichen Anspruch) O. Schönberger, Marcus Porcius Cato, Vom Landbau. Fragmente (1980; Neuausgabe 2000).

[3] Vgl. neben den Anm. 1 genannten Monographien von Kienast und Astin jetzt die vorzügliche Portraitskizze von H.-J. Gehrke, M. Porcius Cato – ein Bild von einem Römer, in: Hölkeskamp/Stein-Hölkeskamp, Große Römer 147-58.

[4] Die Belege bei Broughton MRR 1 unter den jeweiligen Jahren.

und 195 zusammen mit Flaccus Konsul. Das obligatorische Kommando versah er in der Provinz Hispania citerior (F 5,1) mit Erfolg; die *Origines*-Fragmente über dieses von den Römern ungeliebte Land zeugen von Interesse und Kenntnis. 194 folgte der Triumph. In weiteren Verwendungen erschloss Cato sich den Osten: als Militärtribun im Antiochos-Krieg, als Gesandter in Athen und als Legat bei der Schlacht an den Thermopylen i.J. 191. Die Ruhmredigkeit des *homo novus* über seine Verdienste hinterließ Spuren im Geschichtswerk (s. zu F 4,7a; 5,1).

Nachdem seine stärksten Widersacher in der Nobilität, Scipio Africanus und dessen Bruder, durch spektakuläre Prozesse politisch ausgeschaltet waren (s. Valerius Antias FRH 15 F 46), erreichte Cato 184 die bereits fünf Jahre zuvor vergeblich angestrebte Censur. Diesem Amt verlieh er durch Tatkraft und energisches Beharren auf dem senatorischen Standeskomment ein schärferes Profil; davon zeugt der Beiname 'Censorius'. Bis zu seinem Tod i.J. 149 ließ er keinen Streit mit Standesgenossen aus, wurde oft angeklagt, nie verurteilt, redete und schrieb rastlos. Er stand und stritt für das Bewährte, für eine verantwortungsvolle Behandlung der Bundesgenossen und provinzialer Untertanen, gegen Auswüchse der Nobilitätsherrschaft und traditionswidrigen Luxus. Unbefangen verband er seine Position in Grundsatzfragen mit persönlichen Fehden; eigene Interessen und Positionen waren für ihn mit dem Wohl der *res publica* identisch. Gerade dieses aber sah er durch bestimmte Entwicklungen gefährdet, die mit allen Mitteln bekämpft wurden: durch Gesetze, persönliche Attacken auf exponierte Vertreter der 'Gegenseite', Einsatz im Senat – etwa bei der Ausweisung der bekannten Philosophengesandtschaft 155[5] – sowie immer wieder auch durch Schriften, in denen richtiges Handeln vorgeführt wurde.[6] Exemplarischen Rang erhielt im Rückblick etwa der Streit um die Abschaffung der *lex Oppia* i.J. 195.[7]

Eine kardinale, auch in den Geschichtswerken immer wieder an markanten Ereignissen thematisierte Frage war die der Ausbreitung griechischer

---

[5] S. die Einleitung zu C. Acilius FRH 5. Dessen Onkel M'. Acilius Glabrio war als Konsul 191 Catos Kommandeur in Griechenland gewesen; 189 hintertrieb Cato Glabrios Kandidatur für die Censur erfolgreich; vgl. Kienast (1979) 52-4.

[6] Dies ist vielleicht der gemeinsame Grundzug von *De agri cultura*, den übrigen lehrhaften Texten und den *Origines*. Vgl. Kierdorf, DNP (Anm. 1) 1034: „Verbindende Elemente sind Catos erzieherische Absichten, der ausgeprägte Hang zur Selbstdarstellung und die natürliche Begabung zu wirkungsvollem sprachlichem Ausdruck."

[7] Vgl. zu FRH 1 F 11; FRH 3 F 7,8.

Geistes- und Lebenskultur in der römischen Oberschicht. Cato nahm trotz markiger Worte und Handlungen dazu eine ambivalente Haltung ein. Seine schroffe Ablehnung bestimmter Formen der 'Hellenisierung' war – genau wie ihre begeisterte Annahme durch einige 'Philhellenen' unter seinen Standesgenossen – Produkt genauer Kenntnis, nicht Ausdruck provinzieller Ignoranz. Wo diese in griechischer Rhetorik, Philosophie, Geschichtsschreibung[8] und Kunst ausschließlich eine Bereicherung ihres *otium* sahen, erkannte er die Probleme, die von einer solchen Entwicklung ausgingen, etwa die Gefahr der Erosion von Autoritätsverhältnissen und Gehorsamsmodalitäten zwischen Alten und Jungen im hierarchischen Gefüge der römischen Aristokratie.[9] Gleichzeitig ist seine Schriftstellerei, sind gerade die *Origines* formal wie stofflich von der griechischen Literatur stark geprägt.[10]

Als Cato um 170 anfing, als Erster in lateinischer Prosa „die Geschichte des römischen Volkes darzustellen" (F 1,1), reagierte er auf Orientierungsbedürfnisse, die in seinen Augen von den vorliegenden Geschichtswerken in griechischer Sprache oder den *Annales* des Ennius nicht erfüllt werden konnten. Es galt, mit der Autorität eines Nobilis die römische Kultur angemessen zu modernisieren, wozu gehörte, in der eigenen Sprache die notwendigen instruktiven beziehungsweise identitätsstiftenden Bücher zu schreiben. Ein Volk, das sich seiner Ursprünge nicht erinnern konnte und nicht in der Lage war, seine geschichtlichen Traditionen niederzuschreiben, hatte in Catos Augen keine Kultur und fiel damit auch unter ein moralisches Verdikt (F 2,1). Es galt, etwas Eigenes zu schaffen und auch auf dem Feld der Historiographie mit den Griechen gleichzuziehen, wo doch die Leistungen den Vergleich längst nicht mehr zu scheuen hatten (F 4,7).

Nach dem Zeugnis der Fragmente wie nach Cornelius Nepos' vieldiskutierter Charakteristik[11] erzählte Cato die römische Geschichte von den An-

---

8   S. die Einleitung zu Postumius Albinus (FRH 4) sowie zu FRH 4 F 1a/b.
9   Zum Thema 'Cato und die griechische Kultur' s. Kienast (1979) 101-16; Gruen (1992) 52-83; H.-J. Gehrke, Römischer *mos* und griechische Ethik, HZ 258 (1994) 593-624, v.a. 599-607; Jehne (1999); Garbarino, Filosofia 1,73-86; 313-48.
10 Vgl. v. Albrecht GRL 319; FRH 3 F 1,2; 1,4; 1,17; 4,3; 4,7a und öfter.
11 Nep. Cato 3,3-4: „Im Alter schrieb er ein Geschichtswerk in sieben Büchern. Das erste enthält die Geschichte der römischen Könige, das zweite und dritte den Ursprung der italischen Städte (*unde quaeque civitas orta sit Italica*); daher scheint er das Gesamtwerk 'Ursprünge' (*Origines*) genannt zu haben. Im vierten Buch ist vom 1. Punischen Krieg die Rede, im fünften vom 2., und diese Dinge sind summarisch mit sachlichen Akzentuierungen (*capitulatim*) beschrieben. Die

fängen bis in seine eigene Gegenwart in chronologischer Reihenfolge, wobei die Gründungsphase, die er wie Fabius Pictor erst Mitte des 5. Jh.s enden ließ,[12] einen breiten Raum einnahm, während die Darstellung für die Zeit danach bis etwa zum Pyrrhoskrieg sehr knapp gehalten (aber nicht etwa ausgelassen) war, um anschließend und vor allem bei der selbsterlebten jüngsten Vergangenheit breiter zu werden, auch durch eingefügte eigene Reden. Es gibt dabei keinen Hinweis darauf, dass Cato irgendeinen Teil der Geschichte jahrweise erzählt hätte, vielmehr schilderte er auch die Kriege des 3. und 2. Jh.s, die offenbar den hauptsächlichen Inhalt der Bücher 4 bis 7 ausmachten, summarisch mit sachlichen oder lokalen Akzentuierungen (*capitulatim*).[13] Dieses Prinzip schuf Raum für ausführliche Schilderungen (s. etwa F 4,7a) in einem ansonsten knappen Bericht. So war es wohl ihre Einförmigkeit, die Catos hartes Urteil über die Pontifikaltafel hervorgerufen hat (F 4,1). Solche Einförmigkeit vermied er auch, soweit wir sehen können, bei der zeitlichen Fixierung von Ereignissen durch ein eigenes chronologisches 'Netzwerk' (F 1,17). Ferner wusste Cato das Potential von Zeitangaben zur Wertung und Deutung zu nutzen (F 4,9). Offenbar betrachtete er – wie ja auch Polybios – die Schlacht von Pydna i.J. 168 als entscheidenden historischen Einschnitt, weil sich mit ihr nunmehr alle Staaten der Mittelmeerwelt dem römischen Willen zu beugen hatten.[14]

Nepos' Angaben zur Disposition werfen zugleich die Frage nach der Einheit der *Origines* auf.[15] Inhalt und Eigenart der einzelnen Werkteile sind

---

übrigen Kriege hat er in gleicher Weise behandelt bis zur Prätur von Servius Galba, der die Lusitanier ausraubte (s. F 7,1-4). Die Kommandeure in diesen Kriegen nannte er nicht namentlich, sondern er verzeichnete ihre Taten ohne die Namen. In seinem Werk berichtete er auch, was an Merkwürdigem in Italien und Spanien geschehen ist oder zu sehen war. Die Bücher verraten viel Fleiß und Sorgfalt, aber keinerlei theoretische Schulung (*multa industria et diligentia, nulla doctrina*)." Zur Interpretation s. Astin (1978) 212-4; Kierdorf (1980) 210-1; Flach (1998) 69-71; N. Horsfall, Cornelius Nepos. A Selection, including the Lives of Cato and Atticus (1989) 54-7; zur Ungenauigkeit der Angaben s.u. Anm. 20.

[12] F 1,26 (traditionell i.J. 460); vgl. Timpe (1970-71) 20-1; Kierdorf (1980), 212-3.
[13] Für *capitulatim* im Sinne des fabischen κεφαλαιωδῶς (s. oben S. 61) s. Leo GRL 294 Anm. 3; Helm, RE (Anm. 1) 160; Timpe (1970-71) 25; Kierdorf (1980) 219; Chassignet, Caton p. XV-XVII mit weiterer Literatur; Flach (1998) 71. 73.
[14] Gut begründet von Flach (1998) 72.
[15] Vgl. Chassignet, Caton p. VII-IX zu den Zeugnissen (außer Nepos Plin. nat. 3,114 [= Cato F 2,16]; Cic. Cato m. 38. Brut. 89) sowie XVIII-XXI. Der gemessen am Werkumfang lange Entstehungszeitraum führte zur Vermutung einer

einigermaßen zu erkennen. Im ersten Buch folgte Cato weitgehend den von Fabius Pictor vorgezeichneten Wegen,[16] auch methodisch.[17] Es verwundert ferner nicht, dass wundersame Details Eingang fanden (F 2,6; 2,8a; 2,20; 5,2; 7,6), gehörten doch *thaumasia* seit Herodot zum Motivinventar einer ethnographisch inspirierten Geschichtsschreibung.

Namengebend für die *Origines* war die breite Einbeziehung der italischen Völker und Landschaften im zweiten und dritten Buch. Abgesehen von der Bedeutung dieser Innovation für die Ausbildung einer eigenständigen kulturellen und politischen Identität musste es Cato aber auch deshalb besonders um deren 'Ursprünge' zu tun sein, weil er – auch dies gut griechisch – in den Anfängen der Völker und Städte ein Stück von deren Wesen und Stärke zu finden glaubte (F 2,22). In geographisch-topographischen, mythologischen, historischen und kulturgeschichtlichen Notizen teilte er mit, was er über die Geschichte der Landschaften und Städte in lokalen Traditionen und durch sorgfältige Nachforschungen[18] in Erfahrung gebracht hatte. Gründungsmythen und Genealogien spiegelten als 'intentionale Geschichte' das jeweilige Selbstverständnis und interessierten Cato deshalb besonders. In Namen, Städten, Landschaften und Bräuchen waren die Bewegungen und Veränderungen im vorrömischen Italien gleichsam sedimentiert.

Niederschrift in zwei Etappen, die damit begründet wird, dass der Titel des Werkes nur auf die ersten drei Bücher passe (so schon Fest. p. 216,20-23 L) und die restlichen Teile erst später 'angehängt' worden seien. Manche nahmen sogar zwei verschiedene Werke an: drei Bücher *Origines* aus den 160er Jahren, an die nach Catos Tod „von dem antiken Buchhandel höchst unberechtigter Weise" eine zeitgeschichtliche Monographie aus der Feder des gleichen Autors mit stark autobiographischem Einschlag angefügt worden sei (Rosenberg [1921] 164-5, ähnlich Helm, RE [Anm. 1] 160-1). Doch ist diese 'catonische Frage' zu fein gesponnen. Landeskundliche Abschnitte scheint es nicht nur im zweiten und dritten Buch gegeben zu haben; sie betreffen jeweils Völker, mit denen Rom im Krieg gestanden hat (F 2,1-4; 4,2; 4,3; 4,5; 7,5). Die konzeptionelle Einheit der *Origines* vertraten zuletzt mit guten Argumenten Timpe (1970-71) 13-4. 31-2 und Kierdorf (1980) 220; vgl. auch Flach (1998) 70-72 (Bücher 1-5 als Einheit, Einschnitt i.J. 168); ähnlich Astin (1978) 219; Doxographie: Chassignet, Caton p. XVIII-XXI mit der Annahme, „que Caton n'avait pas de plan préconçu au départ". Spätere Einschübe und Zusätze sind jedenfalls anzunehmen; s. F 7,1.

[16] Ausdrücklich bezeugt F 1,16; vgl. auch F 1,14 und 1,20.
[17] Etymologie: F 1,3; 1,15; 2,17; 2,23; 2,29; 2,30; Gigon (1954/1972) 153.
[18] Vgl. zu F 2,28 sowie Cic. de orat. 3,135; die Lektüre von Grabinschriften erwähnt Cic. Cato m. 21; weitere Belege HRR I, p. CXLIII. Zu den Quellen ausführlich Chassignet, Caton p. XXII-XXX mit weiterer Literatur.

Cato verfolgte mit dieser Akzentuierung aber wohl auch politische Ziele. An die Adresse der Nobiles konnte die Botschaft eines so angelegten Geschichtswerks nur lauten, nicht nur auf sich selbst und die – militärisch längst überwundenen, kulturell aber mehr denn je maßstabsetzenden – Griechen zu schauen, sondern zu erkennen, welchem Umstand sie die Weltherrschaft zum guten Teil verdankten. Catos nachdrückliches Erinnern an das Gewicht der italischen Völkerschaften ist im Kontext der gleichzeitigen Beispiele von Arroganz und Übergriffen römischer Magistrate wie gewöhnlicher Senatoren gegenüber Verbündeten zu sehen.[19] Hier wollte er offenbar gegensteuern und zudem – mit Blick auf die Mitglieder der italischen Führungsschichten, die sein Werk gewiss auch lesen sollten – um erneutes Vertrauen werben.

In welchem Ausmaß der Censorier in den *Origines* die Veränderungen in der römischen Oberschicht behandelt und als 'moralisches' Problem thematisiert hat, muss wegen der Überlieferungslage offen bleiben (s. F 7,9-12). Die eigenen Reden in den zeitgeschichtlichen Büchern waren natürlich stark von diesem Problem geprägt. Seine Vorstellungen von *virtus Romana* kleidete Cato erkennbar in exemplarische Erzählungen einzelner Taten (F 4,7).

Es gibt eine lange Kontroverse um die Frage, warum Cato in dieser Erzählung und laut Nepos auch sonst in den *Origines* die Namen der Feldherren nicht nannte (s. F 4,11). Man hat darauf hingewiesen, dass er die Anstrengungen vieler Menschen im Laufe der Generationen betont habe; Rom sei daher nie auf die Organisationsleistung einzelner Gründergestalten angewiesen gewesen. Aber dieses – nur von Cicero referierte – Argument (Cic. rep. 2,2. 37) bezieht sich dort allein auf Gesetzgeber und Verfassungsentwicklung. Cato dürfte kaum durchgängig auf die Nennung der Namen verzichtet haben: Für die Frühzeit war das weder nötig noch sinnvoll, und mindestens in den eingefügten eigenen Reden, also in den zeitgeschichtlichen Passagen, müssen sie ebenfalls gestanden haben.[20] Dass Hannibal niemals namentlich genannt wurde, erscheint ebenfalls ausgeschlossen.

Was Nepos über längere Passagen ins Auge fiel, war also kaum Ausfluss eines prinzipiellen 'Kollektivismus'. Cato setzte lediglich gegen den überhitzten Wettbewerb vieler hoher, sich selbst absolut setzender Herren um

---

[19] Hantos (1998) 326-7.
[20] Vgl. Timpe (1970-71) 24. Nepos' Behauptung dürfte auf einer oberflächlichen Lektüre beruhen, die ihm ja auch hinsichtlich der Disposition der *Origines* zu bescheinigen ist; vgl. Chassignet, Caton p. XI-XII; Flach (1998) 69; u. zu F 4,11.

den glänzendsten Kriegsruhm seine eigene Sicht: Krieg zu führen nicht als Instrument, um individuell *gloria* und *laus* zu gewinnen, sondern als Pflichterfüllung und Dienst an der *res publica*. Im Hinblick auf die Literatur hatte der *homo novus* hier wohl Ennius vor Augen, der in besonderem Maße – dabei natürlich der Gattungstradition verpflichtet – den Ruhm Einzelner feierte. So wollte Cato „die Geschichte des römischen Volkes" nicht geschrieben sehen und er zeigte sich bei seinem Gegenmodell, welches auffälligerweise genauso wenig wie Ennius eigentliche Nachfolger fand,[21] über weite Strecken sehr innovationsfreudig – wenn auch die Ambivalenz seiner Bemühungen nicht zu übersehen ist.[22]

Cato konnte sich diesen Mut zum Unkonventionellen leisten. Er besaß als Konsular und Censorier im Vergleich zu allen Vorgängern eine ungleich größere *auctoritas*, die er auch ausspielte. Eine zu starke Betonung der griechisch geprägten Rhetorik der Geschichtsschreibung, um durch sie Glaubwürdigkeit zu erzielen, hätte seiner Selbstdarstellung widersprochen, ja einen regelrechten Bruch bedeutet. Cato nahm griechische Traditions- und Formelemente beiläufig auf und präsentierte sich stattdessen als ein Autor, der auf vielerlei Feldern über eigene Erfahrung und Sachkenntnis verfügte, der nicht als Empfänger griechischer Gelehrsamkeit sprechen wollte (*nulla doctrina*), sondern als Landwirt, Offizier, Rechts- und Religionskundiger oder Redner – gehörte es doch zu den vorzüglichen Eigenschaften eines Nobilis, höchsten Sachverstand zu besitzen.[23] Damit kennzeichnete er die *Origines* als integralen Bestandteil seiner politischen Existenz.

---

[21] Umstritten ist der Einfluss der *Origines* auf Polybios; vgl. Garbarino, Filosofia 2,346-8; Kienast (1979) 112-5. Sallust (hist. 1,4 Maurenbrecher) hob Catos rhetorische Kraft und Kürze der Darstellung heraus (*Romani generis disertissimus paucis absolvit*); durch zahlreiche sprachliche Anleihen unterstrich er seinen Anspruch auf Nachfolge auch im Persönlichen; s. R. Syme, Sallust (1964) 267-8.

[22] Offenbar hat er sogar den zu seiner Zeit schon gängigen Ausdruck *mos maiorum* vermieden, weil in diesem zu sehr die Handlungsmuster, welche die ahnenstolzen Familien der alten Nobilität zum Kernbestandteil ihrer öffentlichen Selbstdarstellung gemacht hatten, hervorzuleuchten schienen. Nicht nur bei den Taten, sondern auch bei den *mores* rückte er dagegen den ganzen *populus Romanus* in den Vordergrund; vgl. W. Blösel, Die Geschichte des Begriffes *mos maiorum* von den Anfängen bis zu Cicero, in: Linke, Stemmler (2000) 25-97, hier 58-59.

[23] *Summa sapientia esse*: Plin. nat. 7,140 (aus der bekannten Leichenrede auf L. Caecilius Metellus; s. zu Piso FRH 7 F 33). Die Aufnahme eigener Reden gehört in diesen Zusammenhang (s. zu F 5,3). Vgl. auch Quint. inst. 12,11,23.

| **1,1** Pomp., Commentum Artis Donati 5 p. 208 K (F 1 Peter) |

„*Si ques homines sunt, quos delectat populi Romani gesta discribere (...)*"

Übers.: „Wenn es Leute gibt, denen es Freude macht, die Geschichte des römischen Volkes darzustellen (...)"

Komm.: Ob Cato zu Beginn nur von seinem Vorhaben sprach oder gegen Vorgänger polemisierte, ist dem Konditionalsatz nicht zu entnehmen; vgl. Schröder, Cato 47-51, der auf den ähnlichen Wortlaut von Sempronius Asellio hinweist (FRH 12 F 1: *qui res gestas populi Romani perscribere conati essent*); ähnlich auch Sall. hist. 1,1 Maurenbrecher *res populi Romani M. Lepido Q. Catulo consulibus ac deinde militiae et domi gestas composui.* – S. zur Einleitung insg. P. Cugusi, Il proemio delle *Origines* di Catone, Maia 46 (1994) 263-72 (mit einem eigenen Rekonstruktionsversuch).

| **1,1a** Excerpt. rhetor. Paris. p. 588 H (F 3 Peter = ./. Chassignet) |

Principiorum ad historiam pertinentium species sunt tres: de historia, de persona, de materia. aut enim historiae bonum generaliter commendamus, ut Cato, aut pro persona scribentis rationem eius, quod hoc officium adsumpserit, reddimus, ut Sallustius (...), aut eam rem, quam relaturi sumus, dignam quae et scribatur et legatur ostendimus, ut Livius ab urbe condita.

Übers.: Es gibt drei Arten von Einleitungstopik für Geschichtswerke: die Argumentation mit der Geschichte an sich, mit der Person des Autors, mit dem Stoff. Entweder wir betonen den Nutzen von Historie ganz allgemein, wie Cato, oder wir legen aus der Sicht des Autors die Gründe dar, warum er sich dieser Aufgabe unterzogen hat, wie Sallust (...), oder wir heben hervor, dass der Gegenstand unserer Darstellung es wert ist, niedergeschrieben und gelesen zu werden, wie Livius in seiner Gesamtgeschichte Roms.

Komm.: Den Nutzen der Historiographie im Proömium oder einer anderen programmatischen Passage ausdrücklich zu betonen war seit Thukydides üblich und nach rhetorischer Theorie und Praxis (Betonung des *utile*) auch naheliegend; vgl. z.B. Thuk. 1,22,4; Pol. 1,1,2. 12,25 d 2-5; Diod. 1,1,4; Sall. Iug. 4,1-6; Catil. 4,1-2; Liv. praef. 10; Tac. ann. 3,65,1; Schröder, Cato 55-6 mit weiterer Lit. Der Allgemeinheit des Gedankens entsprachen die vielen Möglichkeiten, diesen Nutzen zu definieren.

1,2 Cic. Planc. 66 (F 2 Peter)

Etenim M. Catonis illud quod in principio scripsit Originum suarum semper magnificum et praeclarum putavi, "clarorum hominum atque magnorum non minus otii quam negotii rationem exstare oportere".

Übers.: Auch den folgenden Satz des Marcus Cato, den er zu Beginn seiner *Origines* formulierte, habe ich stets für großartig und vortrefflich gehalten: „dass berühmte und bedeutende Personen für ihr privates Tun nicht weniger als für ihr öffentliches eine gute Bilanz vorweisen können sollten".

Komm.: Der bekannte und später vielfach zitierte Ausspruch (vgl. Schröder, Cato 51 mit den Belegen) zielt nicht allein auf die Rechtfertigung eines Nobilis für seine literarisch-historiographische Tätigkeit (dazu R. Till, Die Anerkennung literarischen Schaffens in Rom, Neue Jahrb. 3 [1940] 161-74) neben den traditionellen öffentlichen Rollen, sondern fordert umfassender die Einheit der aristokratischen Lebensführung. Cato lehnt sich an eine Formulierung zu Beginn von Xenophons 'Symposion' (1,1) an: „An schönen, vortrefflichen Menschen ist, finde ich, nicht immer nur der Ernst ihres bewussten Wirkens denkwürdig; man sollte auch die Erinnerung daran bewahren, wie sie sich in heiteren Stunden gegeben haben" (Ü.: G.P. Landmann); vgl. K. Münscher, Xenophon in der griechisch-römischen Literatur (1920) 70-4; Garbarino, Filosofia 2,340-1. Bemerkenswert sind in jedem Fall die Akzentunterschiede zwischen dem Selbstbild des griechischen und des römischen Aristokraten: Ruhmesideal und spielerische Leichtigkeit der Lebensführung stehen gegen eine rechenhafte Pflichtethik, die keine wirklich unterschiedlichen Lebensbereiche zu kennen scheint, sondern das *negotium* ebenso prägt wie das *otium*.

In der Muße des Alters ein Geschichtswerk zu verfassen, das Vorbilder vor Augen führte und zugleich der Selbstdarstellung diente (und sich nicht in dichterischer Tändelei, der Liebhaberei griechischer Kunst und dem Lebensgenuss zu verlieren), gehörte für Cato ebenso in die Bilanz eines erfolgreichen und anerkannten Senatorenlebens wie die Leistungen auf den klassischen Feldern von Krieg und Politik. Hingegen schreibt Cicero (off. 3,4) über den älteren Scipio Africanus, „von seiner geistigen Persönlichkeit gibt es nämlich kein literarisches Denkmal; kein Werk seiner Muße, kein Geschenk seiner Einsamkeit ist vorhanden" (Ü.: R. Till; *nulla enim eius ingenii monumenta mandata litteris, nullum opus otii, nullum solitudinis munus extat*); wenn das zutrifft, könnte die Bemerkung auch polemisch gemeint sein. – Zum Konzept des *otium* s. J.-M. André, L'otium dans la vie morale et intellectuelle romaine des origines à l'époque augustéenne (1966).

| **1,3** Scholia Vallicellania ad Isid. Etym. 14,4,18 (./. Peter) |

Italiam Cato appellatam ait ab Italo rege.

Übers.: Cato sagt, Italien sei nach König Italus benannt.

Komm.: Italus war der König und Gesetzgeber der Oinotrer auf der bruttischen Halbinsel; als Eponym von *Italia*, das ursprünglich nur dieses Gebiet bezeichnete, wurde er vielleicht eingeführt von Antiochos von Syrakus (FGrH 555 F 5). Er galt als Stifter der Syssitien und des Ackerbaus sowie als König der aus Italien vertriebenen Sikeler; vgl. Rottler, DNP 5 (1998) 1170 s.v.; Chassignet, Caton z. St. mit den Belegen und der Warnung, „la confusion de ces légendes est extrême". Zur weniger gängigen etymologischen Ableitung des Landesnamens von *vitulus* (Kalb) s. zu Calpurnius Piso FRH 7 F 1.

Zum Begriff von Italien im Altertum insg. s. Uggeri, DNP 5 (1998) 1153-9 s.v. Italia (I); ausführlich zu allen Aspekten der Landeskunde und politischen Organisation Pack, RAC 18 (1998) 1049-1202 s.v. Italia (I); S. Gely, Le nom de l'Italie. Mythe et histoire, d'Hellanicos à Virgile (1991).

| **1,4** Dion. Hal. ant. 1,11,1 (F 6 Peter) |

Οἱ δὲ λογιώτατοι τῶν Ῥωμαϊκῶν συγγραφέων, ἐν οἷς ἐστι Πόρκιός τε Κάτων ὁ τὰς γενεαλογίας τῶν ἐν Ἰταλίᾳ πόλεων ἐπιμελέστατα συναγαγὼν καὶ Γάιος Σεμπρώνιος καὶ ἄλλοι συχνοί, Ἕλληνας αὐτοὺς εἶναι λέγουσι τῶν ἐν Ἀχαΐᾳ ποτὲ οἰκησάντων, πολλαῖς γενεαῖς πρότερον τοῦ πολέμου τοῦ Τρωικοῦ μεταναστάντας. οὐκέτι μέντοι διορίζουσιν οὔτε φῦλον Ἑλληνικὸν οὗ μετεῖχον, οὔτε πόλιν ἐξ ἧς ἀπανέστησαν, οὔτε χρόνον οὐδ' ἡγεμόνα τῆς ἀποικίας οὐδ' ὁποίαις τύχαις χρησάμενοι τὴν μητρόπολιν ἀπέλιπον. Ἑλληνικῷ τε μύθῳ χρησάμενοι οὐδένα τῶν τὰ Ἑλληνικὰ γραψάντων βεβαιωτὴν παρέσχοντο.

Übers.: Die gelehrtesten römischen Autoren, unter ihnen Porcius Cato, der die Herkunftsgeschichten der italischen Städte überaus sorgfältig zusammengestellt hat, Gaius Sempronius und viele andere, sagen, dass die Aboriginer Hellenen seien, die einst in Achaia wohnten, aber viele Generationen vor dem Trojanischen Krieg ihre Wohnsitze wechselten. Freilich machen sie keine genaueren Angaben über den griechischen Stamm, dem diese angehörten, die Stadt, aus der sie auswanderten, den Zeitpunkt oder den Anführer der Kolonisten, auch nicht, unter welchen Umständen sie ihre Mutterstadt verließen. Obwohl sie eine griechische Mythentradition verwenden, zitieren sie keinen Autor zur griechischen Geschichte als Gewährsmann.

Komm.: Griechische Autoren bemühten sich, das mythische Urvolk Latiums bzw. ganz Italiens, die Aboriginer (s. F 1,5), auf griechische Abstammung zurückzuführen, weil die Geschichte der Etrusker und Römer in einen hellenischen Kontext eingebunden werden sollte. Dabei waren es meist die bereits bei Homer erwähnten, in historischer Zeit jedoch nicht mehr greifbaren, vielleicht einst in Thessalien zu lokalisierenden Pelasger, die als (zunehmend diffuse) Chiffre für die Urbevölkerung in vielen von Hellenen besiedelten Landschaften dienten und sich angeblich nach Vertreibung oder Auswanderung aus Griechenland (= **Achaia**) auch in Italien ansiedelten, wobei die gelehrten Autoren zahlreiche Varianten produzierten; vgl. Schwegler RG 1,156-62; Schröder, Cato 108-10 mit weiterer Lit.; D. Briquel, Les Pélasges en Italie (1984); allg. Gschnitzer, DNP 9 (2000) 490-1 s.v. Pelasgoi. – **keine genaueren Angaben** ist aus der Perspektive des Dionysios von Halikarnass gesagt, der Cato hier im Sinne seines eigenen Zieles, die Römer als Hellenen zu erweisen, anführt, während dieser auf allzu große Gelehrsamkeit (*doctrina* wie bei Nep. Cato 3,4) leicht verzichten konnte. Bemerkenswert gelassen hat Cato aber die große Bedeutung der Griechen für die Ursprünge der Städte und Völker Italiens zugestanden; vgl. F 2,15. 18. 22. 24. 26; 3,2. 3. Deren Frühgeschichte in den ersten drei Büchern ist insgesamt stark durchsetzt mit griechischen Sagen und Konstruktionen. Cato fand die griechisch gefärbte Überlieferung, die für ihn weder kontrolliert noch durch Urkunden ersetzt oder widerlegt werden konnte, fest eingesessen vor, ob bereits literarisch fixiert oder in Gestalt mündlicher Erzählungen. Er hat sie beibehalten und sich in diesen Ursprung und diese Verwandtschaft ruhig ergeben, nicht aus einer Affinität zum Griechentum, sondern weil sie problemlos Bestandteile der Tradition geworden waren und unrevidierbar zum Selbstverständnis der Römer und Italiker gehörten. Die *Origines* waren nach Inhalt, Titel und Struktur ohne die Aufnahme griechischer Formen, Traditionen und Fragestellungen nicht denkbar.

1,5 Prisc. Gramm. 5 p. 182 H (F 7 Peter)

„*Agrum quem Volsci habuerunt campestris plerus Aboriginum fuit.*"

Übers.: „Die ebene Ackerflur, welche (später) die Volsker besiedelten, gehörte zum größten Teil den Aboriginern."

Komm.: Ackerflur: Gemeint ist der *ager Pomptinus*, die sumpfige Ebene zwischen dem *mons Albanus* und der Küste zwischen Antium und Terracinae, welche die Volsker im 6. Jh. v. Chr. den Etruskern abnahmen und nach ihrer Niederlage gegen die Römer im 4. Jh. an diese verloren; vgl. Hofmann, RE Suppl. 8 (1956) 1135-1241 s.v. Pomptinae paludes, v.a. 1146; Beloch RG 356-8; Nissen ItL I 325-8. – Die **Aboriginer** (Etymologie unsicher) bezeichneten in der römischen Tradition die früheste Einwohnerschaft Latiums (oder ganz Italiens: Iust. 43,1,3, Weiteres bei Schröder, Cato 103); erst Aeneas habe den vereinigten Troern und Aboriginern den Namen Latiner gegeben (s. F 1,6). Die Aboriginer galten als Autochthone (*ab origine*) oder eingewanderte Ligurer oder Griechen (s.o. zu F 1,4); vgl. Sonnabend, DNP 1 (1996) 28 s.v.; Schwegler RG 1,198-202; Chassignet, Caton zu F 1,6. Der Name „ist nichts als eine abstracte Bezeichnung (...), kein ethnographischer, sondern ein rein chronologischer Begriff: ein gelehrter Kunstausdruck, wie er nur in einem schon reflectirenden Zeitalter aufkommen konnte" (Schwegler 201).

1,6 Serv. ad Verg. Aen. 1,6 (F 5 Peter)

Cato in Originibus hoc dicit, cuius auctoritatem Sallustius sequitur in bello Catilinae, primo Italiam tenuisse quosdam qui appellabantur Aborigines. hos postea adventu Aeneae Phrygibus iunctos Latinos uno nomine nuncupatos.

Übers.: Cato sagt in den *Origines* – und Sallust folgt diesem Vorbild in seinem *Catilina* –, dass anfangs so genannte Aboriginer Italien in Besitz gehabt hätten. Diese hätten sich später nach der Ankunft des Aeneas mit den Phrygern verbunden und seien (zusammen mit diesen) Latiner genannt worden.

Komm.: In einer Verknüpfung von römischer Gründungssage und mythhistorischer Ethnographie Italiens wurden die Aboriginer und ihr König Latinus (dieser schon bei Kallias von Syrakus FGrH 564 F 5a, um 300 v.Chr.) mit der Aeneas-Sage verknüpft, indem Aeneas sie mit den Trojanern (= **Phrygern**) vereinigt und das neue Volk **Latiner** genannt habe; vgl. Liv. 1,2,4; Schröder, Cato 104-5. – **Sallust:** Catil. 6,1-2 *Urbem Romam, sicuti ego accepi, condidere atque habuere initio Troiani, qui Aenea duce profugi sedibus incertis vagabantur, et cum his Aborigines, genus hominum agreste, sine legibus, sine imperio, liberum atque solutum. hi postquam in una moenia convenere, dispari genere, dissimili* *lingua, alius alio more viventes, incredibile memoratu est quam facile coaluerint.* („Die Stadt Rom haben, soweit ich weiß, anfänglich Trojaner gegründet und bewohnt, die unter Führung von Aeneas als Flüchtlinge längere Zeit ohne feste Wohnsitze umherzogen, und mit ihnen zusammen die Aboriginer, ein unzivilisierter Menschenschlag, ohne Gesetze, ohne zentrale Gewalt, frei und ungebunden. Nachdem diese [beiden Völker] in einer Stadt zusammengekommen waren, verschieden nach Herkunft, Sprache und Lebensführung, sind sie unglaublich leicht zusammengewachsen.") – **anfangs**: jedoch nicht als Autochthone, da auch die Aboriginer bei Cato Einwanderer sind; vgl. F 1,4.

1,7 Serv. ad Verg. Aen. 1,5 (F 4 Peter)

Troiam autem dici quam primum fecit Aeneas, et Livius in primo et Cato in Originibus testantur.

Übers.: Die erste von Aeneas begründete Siedlung habe 'Troja' geheißen, wie Livius im ersten Buch und Cato in den *Origines* bezeugen.

Komm.: Liv. 1,1,4; vgl. Dion. Hal. ant. 1,53,3; Schwegler RG 1,291-3; Schröder, Cato 95-102.

1,8 Serv. ad Verg. Aen. 11,316 (F 8 Peter)

Cato enim in Originibus dicit Troianos a Latino accepisse agrum, qui est inter Laurentum et castra Troiana. hic etiam modum agri commemorat et dicit eum habuisse iugera IIDCC.

Übers.: Cato sagt nämlich in den *Origines*, dass die Trojaner von Latinus ein Stück Land bekamen, das sich zwischen Laurentum und dem trojanischen Lager befand. Er erwähnt auch die Größe dieses Landes und sagt, es habe 2700 *iugera* (≈ 675 Hektar) umfasst.

Komm.: Latinus: die erste Nennung dieses Königs in der lateinischen Literatur. Nach griechischer genealogischer Konstruktion ein Sohn des Odysseus und der Kirke und (in einem Zweig der Überlieferung) der Gründer Roms, das nach seiner Schwester (oder Ehefrau) Rhome benannt wird (s. Schröder, Cato 83-4. 119), galt

Latinus bereits in der vorvergilischen römischen Tradition als Enkel des Picus, Sohn des Faunus und König der Aboriginer; vgl. Prayon, DNP 6 (1999) 1176. Nach der von Vergil kanonisierten Version nimmt Latinus den Aeneas, den er als den vom Orakel prophezeihten Schwiegersohn erkennt, gastlich auf und teilt die Herrschaft mit ihm (vgl. auch Hemina FRH 6 F 8), indem er ihm seine Tochter Lavinia zur Frau gibt. Der Rutulerkönig Turnus, dem Lavinia ursprünglich versprochen war, führt die italischen Völker daraufhin in den Krieg gegen die Trojaner, unterstützt von Latinus' Frau Amata (s. zu Fabius FRH 1 F 6). Die Rolle des Latinus in dem nun folgenden Kampf wird unterschiedlich gesehen; s. F 1,9a. Bei Vergil sucht Latinus den Kampf zu verhindern und nimmt nicht an ihm teil. Nach der Entscheidung erfolgt die Vereinigung der Trojaner mit den Aboriginern zu den Latinern (Verg. Aen. 12,821-8). – **Laurentum**: zur Identifizierung (= Lavinium?) s. Schröder, Cato 114-5. – **2700 iugera**: Hemina FRH 6 F 8 nennt 500 *iugera* = 125 Hektar (1 iugerum ≈ 2500 m²).

1,9a Serv. ad Verg. Aen. 1,267 (F 9 Peter)

Secundum Catonem historiae hoc habet fides: Aeneam cum patre ad Italiam venisse et propter invasos agros contra Latinum Turnumque pugnasse, in quo proelio periit Latinus. Turnum postea ad Mezentium confugisse eiusque fretum auxilio bella renovasse, quibus Aeneas Turnusque pariter rapti sunt. migrasse postea in Ascanium et Mezentium bella, sed eos singulari certamine dimicasse. et occiso Mezentio Ascanium Iulum coeptum vocari, a prima barbae lanugine quae ei tempore victoriae nascebatur.

Übers.: Nach Cato kann auch Folgendes geschichtliche Glaubwürdigkeit beanspruchen: Aeneas sei mit seinem Vater nach Italien gekommen und habe wegen seines Eindringens in deren Gebiet gegen Latinus und Turnus gekämpft, wobei Latinus zu Tode kam. Turnus habe sich danach zu Mezentius geflüchtet und mit dessen Unterstützung die Kämpfe wieder aufgenommen, in deren Verlauf sie beide, Aeneas und Turnus, aus dem Leben gerissen wurden. Die Kämpfe seien daraufhin von Ascanius und Mezentius weitergeführt worden, doch diese beiden hätten eine Entscheidung im Zweikampf herbeigeführt. Und mit dem Tod des Mezentius habe man angefangen, Ascanius Iulus zu nennen, gleichzeitig mit dem ersten Bartflaum, der zu dieser Zeit seines Sieges zu sprießen begann.

Komm.: In der catonischen Version (vgl. noch Liv. 1,1,5-7) kommt es durch Übergriffe einzelner (?) Trojaner zu einem Zerwürfnis zwischen Aeneas und Latinus und zum tödlichen Kampf der Trojaner gegen Aboriginer und Rutuler (s. F 1,10, ähnlich Verg. Aen. 7,572-640); vgl. ausführlich zur Rekonstruktion der catonischen Version der Aeneas-Sage Schröder, Cato 90-147. – **mit seinem Vater**: Anchises als schwacher Greis, der von Aeneas auf den Schultern aus dem brennenden Troja gerettet wird, stirbt bald unterwegs, so bei Verg. Aen. 5,759-61 (auf dem Eryx). In einem anderen Traditionsstrang, dem Naevius (F 25 Strzelecki) und Cato angehören, ist er ein noch rüstiger und heiligmächtiger (vgl. Hemina FRH 6 F 6) Mann. – Ob der Name **Turnus** von *Tyrrhenus*, *tyrannus* oder einer anderen Wurzel abzuleiten ist, ist unklar. – Über **Mezentius** s. zu Albinus FRH 4 F 3. Beide Gestalten wurden vielleicht erst von Cato ausdrücklich mit der Aeneas-Geschichte verknüpft, um die Sage von den trojanischen Urahnen der Römer mit lokalen Traditionen zu verbinden.

1,9b Origo Gentis Romanae 15,5 (./. Peter)

Igitur Latini Ascanium ob insignem virtutem non solum Iove ortum crediderunt, sed etiam per diminutionem declinato paululum nomine, primo Iolum, dein postea Iulum appellarunt. a quo Iulia familia manavit, ut scribunt Caesar libro secundo et Cato in Originibus.

Übers.: Deshalb glaubten die Latiner wegen seiner herausragenden Tapferkeit nicht nur, dass Ascanius von Juppiter abstammte, sondern sie nannten ihn mit einer verkleinernden und etwas veränderten Namensform zuerst Iolus, dann später Iulus. Von ihm ging die julische Familie aus, wie Caesar in seinem zweiten Buch und Cato in den *Origines* schreiben.

Komm.: Nur der aitiologisch erklärte Namenswechsel von Ascanius zu Iulus stammt von Cato, nicht aber die Zurückführung der (vor der Mitte des 2. Jh. v.Chr. unbedeutenden) *gens Iulia* auf diesen und damit auf Aeneas und Venus, für die er keinerlei Grund hatte; vgl. Chassignet, Caton 59-60 sowie allg. zur Konstruktion trojanischer Genealogien durch römische Nobiles Hölkeskamp (1999). Zu dem hier genannten Iulius **Caesar** s. Cincius Alimentus FRH 2 F 3. Zur etymologischen Diskussion s. J.C. Richard, Sur une triple étiologie du nom Iulus, REL 61 (1983) 108-21.

1,10 Serv. ad Verg. Aen. 4,620 (F 10 Peter)

Cato dicit iuxta Laurolavinium, cum Aeneae socii praedas agerent, proelium commissum, in quo Latinus occisus est, fugit Turnus et Mezentii auxilio comparato renovavit proelium, quo victus quidem est ab Aeneae; qui tamen in ipso proelio non comparuit. Ascanius vero postea Mezentium interemit.

Übers.: Nach Cato gab es, als Gefährten des Aeneas Beute zu machen suchten, nahe bei Laurolavinium einen Kampf, bei dem Latinus getötet wurde und Turnus floh. Nachdem er sich der Hilfe des Mezentius versichert hatte, nahm Turnus den Kampf wieder auf und wurde von Aeneas zwar geschlagen, doch verschwand dieser unmittelbar nach der Schlacht. Ascanius aber tötete später den Mezentius.

Komm.: Zur mysteriösen Entrückung des Aeneas vgl. vor allem Cassius Hemina FRH 6 F 8 mit dem Komm. z.St.; Diod. 7,5,2; Dion. Hal. ant. 1,64,4-5; Liv. 1,2,6; Zon. 7,1,4; weitere Belege und Doxographie bei Schröder, Cato 126-31. – **Laurolavinium** = Lavinium (s. F 2,25), die angeblich von Aeneas gegründete Stadt; vgl. zu Fabius Pictor FRH 1 F 5; Uggeri, DNP 6 (1999) 1200-1 s.v.; Chassignet, Caton 5 (zur Namensform).

1,11 Serv. ad Verg. Aen. 6,760 (F 11 Peter)

Aeneas, ut Cato dicit, simul ac venit ad Italiam, Laviniam accepit uxorem. propter quod Turnus iratus tam in Latinum quam in Aenean bella suscepit a Mezentio impetratis auxiliis. (...) sed, ut supra diximus, primo bello periit Latinus, secundo pariter Turnus et Aeneas, postea Mezentium interemit Ascanius et Laurolavinium tenuit. cuius Lavinia timens insidias gravida confugit ad silvas et latuit in casa pastoris Tyrrhi. (...) et illic enixa est Silvium. sed cum Ascanius flagraret invidia, evocavit novercam et ei concessit Laurolavinium, sibi vero Albam constituit. qui quoniam sine liberis periit, Silvio, qui et ipse Ascanius dictus est, suum reliquit imperium. (...) postea Albani omnes reges Silvii dicti sunt ab huius nomine.

Übers.: Nach Cato erhielt Aeneas gleich bei seiner Ankunft in Italien Lavinia zur Frau. Deshalb war Turnus erzürnt und begann Krieg sowohl gegen Latinus wie gegen Aeneas, nachdem er von Mezentius Hilfe erhalten hatte. (...) Aber wie oben erwähnt, starb im ersten Krieg Latinus, im zweiten Turnus wie auch Aeneas, später tötete Ascanius den Mezentius und besetzte Laurolavinium. Lavinia fürchtete sich vor seiner Hinterlist und flüchtete schwanger in die Wälder und verbarg sich in der Hütte des Hirten Tyrrhus. Und dort brachte sie den Silvius zur Welt. Ascanius rief aber, obwohl er vor

Neid brannte, seine Stiefmutter zurück und trat ihr Laurolavinium ab, für sich selbst jedoch gründete er Alba. Weil er kinderlos starb, hinterließ er Silvius, der (nun) auch selbst Ascanius genannt wurde, seine Herrschaft. Später dann hießen alle Könige von Alba nach seinem Namen 'Silvii'.

Komm.: Der Halbbruderkonflikt zwischen den beiden Söhnen des Aeneas bietet zugleich die Möglichkeit zur etymologischen Erklärung der Namen der (fiktiven) albanischen Könige (s. zu Piso FRH 7 F 28): Nach den dramatischen Verwicklungen wird Silvius ('der im Wald [*silva*] Geborene') von Ascanius als sein Nachfolger eingesetzt und damit zum Stammvater der Könige von Alba. In einer anderen Tradition **starb Ascanius** übrigens nicht **kinderlos**, sondern sein leiblicher Sohn Iulus wurde mit priesterlichen Ehren abgespeist; s. Schwegler RG 1,337 Anm. 4. **Lavinia**, die Tochter von Latinus und Amata und zweite Frau des Aeneas, wird hier erstmals in der antiken Literatur erwähnt; vgl. zu ihr Walde DNP 6 (1999) 1200 s.v. Lavinia (2). Als sie geflohen und unauffindbar war, geriet Ascanius sogar unter Mordverdacht; vgl. Gellius FRH 10 F 9.

Wegen der Widersprüche zu F 1,9 u. 1,10 ist unklar, wie viel des Fragmentes wirklich Cato gehört; dazu Schröder, Cato 131-6.

1,12 Macr. Sat. 3,5,10 (F 12 Peter)

Sed veram huius contumacissimi nominis causam in primo libro Originum Catonis diligens lector inveniet. ait enim Mezentium Rutulis imperasse, ut sibi offerrent, quas dis primitias offerebant, et Latinos omnes similis imperii metu ita vovisse: 'Iuppiter, si tibi magis cordi est nos ea tibi dare potius quam Mezentio, uti nos victores facias.'

Übers.: Aber den wirklichen Grund für diesen Beinamen eines höchst anmaßenden Menschen (scil. 'Mezentius, der Götterverächter') wird ein aufmerksamer Leser im ersten Buch von Catos *Origines* finden. Er sagt nämlich, Mezentius habe den Rutulern befohlen, dass sie ihm die Erstlingsopfer darbringen sollten, die sie sonst den Göttern zu opfern pflegten, und die Latiner hätten aus Furcht vor einem ähnlichen Befehl wie folgt gebetet: „Juppiter, wenn es dir mehr am Herzen liegt, dass wir dir diese Gaben geben als dem Mezentius, so mache uns zu Siegern!"

Komm.: Die Geschichte dient bei anderen Autoren als Aitiologie für den Brauch, an den Frühjahrs-Vinalia (23. April) den ersten Wein des Vorjahres Juppiter und Venus darzubringen; s.u. zu Postumius Albinus FRH 4 F 3. – An dieses Fragment hat Alföldi, Frühes Rom 195-6 weitreichende Annahmen einer konkreten Rückerinnerung an eine vormalige etruskische Herrschaft über Latium geknüpft, doch zumindest Cato sagt hier ausdrücklich nicht, dass das Erstlingsopfer von den Latinern auch tatsächlich dargebracht wurde. Berechtigter erscheint daher die vorsichtige Vermutung, dass in die 'historische' Aufladung der Aeneas-Sage (s.o. zu F 1,9a) das allgemeine Wissen um die langwierigen Auseinandersetzungen der Römer mit ihren Nachbarn in der frühen Republik bis zum Latinerkrieg 340-338 zurückprojiziert wurde.

1,13 Serv. ad Verg. Aen. 11,567 (F 62 Peter)

Licet Privernas esset, tamen quia in Tuscorum iure paene omnis Italia fuerat, generaliter in Metabum omnium odia ferebantur. nam pulsus fuerat a gente Volscorum, quae etiam ipsa Etruscorum potestate regebatur; quod Cato plenissime exsecutus est.

Übers.: Mochte Metabus auch aus Privernum stammen, so richtete sich doch der Hass aller allgemein auf ihn, weil (damals) fast ganz Italien im Machtbereich der Etrusker war. Denn er war vom Volk der Volsker vertrieben worden, das auch selbst unter der Macht der Etrusker stand. Darüber hat Cato sehr ausführlich berichtet.

Komm.: Die insgesamt unklare Formulierung legt die Vermutung nahe, dass im Kontext des Grammatiker-Referats Cato nur für die These von einer weiten Ausdehnung der Herrschaft der Etrusker, die sich sogar über die Volsker im ca. 75 km südöstlich von Rom gelegenen **Privernum** (h. Piperno, vgl. Nissen ItL II 2,646-7) erstreckt habe, in Anspruch genommen werden darf (s. das vorherige Fragment). Zum Volskerkönig **Metabus** s. ausführlicher Verg. Aen. 11,539-96; Münzer, RE 15.2 (1932) 1317.

1,14a Serv. auct. ad Verg. Aen. 1,269 (F 13 Peter)

Cato ait XXX annis expletis eum Albam condidisse.

Übers.: Cato sagt, dass Ascanius nach Ablauf von 30 Jahren Alba gegründet habe.

1,14b Origo Gentis Romanae 12,5 (./. Peter)

At Cato in Origine generis Romani ita docet: suem triginta porculos peperisse in eo loco, ubi nunc est Lavinium, cumque Aeneas urbem ibi condere constituisset propterque agri sterilitatem maereret, per quietem ei visa deorum penatium simulacra adhortantium, ut perseveraret in condenda urbe quam coeperat. Nam post annos totidem, quot fetus illius suis essent, Troianos in loca fertilia atque uberiorem agrum transmigraturos et urbem clarissimi nominis in Italia condituros.

Übers.: Aber Cato berichtet in seinem Werk 'Über den Ursprung des römischen Volkes' so: Eine Sau habe 30 Ferkel geworfen an der Stelle, wo jetzt Lavinium ist, und als Aeneas beschlossen hatte, dort eine Stadt zu gründen, und wegen der Unfruchtbarkeit des Ackers sich grämte, seien ihm im Schlaf Abbilder der Penaten erschienen und hätten ihn ermahnt, an der Begründung der Stadt, die er begonnen hatte, festzuhalten. Denn nach ebenso vielen Jahren, wie die Sau Ferkel geworfen habe, würden die Trojaner in fruchtbare Gebiete und reicheres Land übersiedeln und eine Stadt mit einem sehr berühmten Namen in Italien gründen.

Komm. 14a-b: Das bekannte Sauprodigium; s. zu Fabius Pictor FRH 1 F 5. Während Aeneas nach Fabius schlechthin an der Gründung einer neuen Heimstatt gehindert wird, hatte nach Cato Lavinium eine Platzhalterfunktion, bis Ascanius das Orakel erfüllen und nach 30 Jahren Alba Longa gründen durfte. Vgl. Schwegler RG 1, 322-3; W. Ehlers, Die Gründungsprodigien von Lavinium und Alba Longa, MH 6 (1949) 166-75; Schröder, Cato 140-5.

1,15 Serv. auct. ad Verg. Aen. 12,134 (F 14 Peter)

Catonem sequitur, qui Albanum montem ab Alba Longa putat dictum.

Übers.: Vergil folgt Cato, der glaubt, der Albanerberg sei nach Alba Longa benannt.

Komm.: „Bei Cato dient die Etymologie in der Hauptsache der Erklärung von Personen- und geographischen Namen. Darüber hinaus ist sie in der griechischen und römischen Historiographie ein geeignetes Mittel zur Rekonstruktion der Frühgeschichte." (Schröder, Cato 147); vgl. dazu auch die Fragmente 1,9; 2,17. 21. 23. 24. 30; 3,4.

| **1,16** Dion. Hal. ant. 1,79,4-83,3 (F 15 Peter) |

Περὶ δὲ τῶν ἐκ τῆς Ἰλίας γενομένων Κόιντος μὲν Φάβιος ὁ Πίκτωρ λεγόμενος, ᾧ Λεύκιός τε Κίγκιος καὶ Κάτων Πόρκιος καὶ Πείσων Καλπούρνιος καὶ τῶν ἄλλων συγγραφέων οἱ πλείους ἠκολούθησαν, γέγραφε· (... : s. Fabius Pictor FRH 1 F 7b).

Übers./Komm.: s. zu Fabius Pictor FRH 1 F 7b/7a-f.

| **1,17** Dion. Hal. ant. 1,74,2 (F 17 Peter) |

Κάτων δὲ Πόρκιος Ἑλληνικὸν μὲν οὐχ ὁρίζει χρόνον, ἐπιμελὴς δὲ γενόμενος, εἰ καί τις ἄλλος, περὶ τὴν συναγωγὴν τῆς ἀρχαιολογουμένης ἱστορίας ἔτεσιν ἀποφαίνει δυσὶ καὶ τριάκοντα καὶ τετρακοσίοις ὑστεροῦσαν τῶν Ἰλιακῶν.

Übers.: Porcius Cato datierte nicht nach einem griechischen chronologischen System, war aber bei der Rekonstruktion der ältesten Geschichte unvergleichlich sorgfältig und setzte die Gründung Roms 432 Jahre nach dem Trojanischen Krieg an.

Komm.: einem griechischen chronologischen System: die Olympiadenzählung. Es finden sich statt dessen Intervallangaben, bezogen auf markante Ereignisse: Roms Gründung 432 Jahre nach dem Trojanischen Krieg (wenn das nicht eine Berechnung durch Dionysios ist); der Perseuskrieg (2,16); die Einnahme Capuas (3,1), der Abstand zwischen 1. und 2. Punischen Krieg (4,7). Dieses chronologische 'Netzwerk' scheint Cato selbst geknüpft zu haben, enthielt es doch unterschiedliche, hellenistische Gelehrsamkeit mit aktueller Politik verbindende Eckpunkte. – Die zweite Angabe bereitet Probleme, weil unsicher ist, ob Cato die eratosthenische Fixierung der Zerstörung Trojas (1184/3) zu Grunde legte – wie meist angenommen – und ob Dionysios inklusiv oder exklusiv rechnete; Ersteres würde auf das Jahr 752/51, Letzteres auf 751/50 deuten. Vgl. Schröder, Cato 167-71; Timpe (1970-71) 11-2.

| **1,18a** Serv. ad Verg. Aen. 5,755 (F 18 Peter) |

'Urbem designat aratro': quem Cato in Originibus dicit morem fuisse. conditores enim civitatis taurum in dexteram, vaccam intrinsecus iungebant, et incincti ritu Gabino, id est *togae parte caput velati, parte succincti, tenebant stivam incurvam, ut glebae omnes intrinsecus caderent, et ita sulco ducto loca murorum designabant, aratrum suspendentes circa loca portarum.*

Übers.: 'Er bezeichnete die Stadt mit einem Pflug': Dies sei, so sagt Cato in den *Origines*, Brauch gewesen. Gründer einer Stadt spannten nämlich einen Stier auf der rechten Seite, eine Kuh nach innen an, und geschürzt nach Gabinischem Ritus, das heißt das Haupt mit einem Teil der Toga bedeckt, mit dem anderen Teil gegürtet, hielten sie die krumme Pflugsterz, so dass alle Schollen nach innen fielen, und so bezeichneten sie mit der Führung der Furche den Verlauf der Mauern, wobei sie an den Stellen der (künftigen) Tore den Pflug anhoben.

1,18b Isid. Etym. 15,2,3 (F 18 Peter [*sub linea*])

„*Qui urbem novam condet, tauro et vacca aret; ubi araverit, murum faciat; ubi portam vult esse, aratrum sustollat et portet, et portam vocet.*"

Übers.: „Wer eine neue Stadt gründen will, soll mit einem Stier und einer Kuh pflügen. Wo er gepflügt hat, soll er die Mauer errichten. Wo ein Tor sein soll, soll er den Pflug anheben und tragen (*portare*), und er soll die Stelle Tor (*porta*) nennen."

Komm. 1,18a-b: Der hier beschriebene Ritus bei der Gründung einer Stadt (vgl. ähnlich Varr. ling. 5,143) wurde schon in der Antike den Etruskern zugeschrieben. Die in peinlicher Beachtung dieser Regeln *rite* angelegte Stadt war als definierter Raum zugleich das geheiligte Zentrum der von den Göttern gefügten Welt, zentriert um die Mitte der Stadt, den *mundus*; vgl. O.-W. von Vacano, Die Etrusker in der Welt der Antike (1957) 27-9; Kolb, Rom 74-7. Die gesamte *disciplina Etrusca* (Thulin, RE 6.1 [1907] 725-30 s.v.) wurde von etruskischen Autoren wohl relativ spät (2./1. Jh.?) in Büchern zusammengestellt, die laut Fest. p. 358, 21-7 L Vorschriften „über die rituelle Art und Weise, wie Städte zu gründen, Altäre und Tempel zu weihen sind, ferner gesetzliche Verordnungen über die Mauern und Stadttore sowie über die Einrichtung von Tribus, Curien und Centurien, über die Bildung und Gliederung der Heere und alle staatsbürgerlichen Aktivitäten in Krieg und Frieden" enthielten; vgl. Aigner-Foresti, DNP 4 (1998) 192-4 s.v. Etrusci III D. – Ob der Einfluss der schon in der Antike rätselhaften Etrusker auf die italisch-römischen Institutionen tatsächlich so stark war, wie bereits römische Autoren glaubten, ist umstritten; dagegen etwa Cornell, Beginnings 151-72, aber auch schon Schwegler RG 1,446 Anm. 1. – Die Gründung Roms durch Romulus wird natürlich ganz ähnlich beschrieben (vgl. Plut. Rom. 11,1-5), doch ist wegen des Fehlens einer Buchangabe unsicher, von welcher Stadtgründung Cato hier spricht.

1,19 Lyd. mag. 1,5 (F 19 Peter)

Ὥστε τύραννος ἦν ὁ Ῥωμύλος, πρῶτον μὲν τὸν ἀδελφὸν ἀνελὼν καὶ τὸν μείζονα, καὶ πράττων ἀλόγως τὰ προσπίπτοντα ταύτῃ καὶ Κυρῖνος προσ-ηγορεύθη, οἷον εἰ κύριος, κἂν εἰ Διογενιανῷ τῷ λεξογράφῳ ἄλλως δοκῇ. οὐδὲ γὰρ ἀγνοήσας ὁ Ῥωμύλος, ἢ οἱ κατ' αὐτόν, δείκνυται κατ' ἐκεῖνο καιροῦ τὴν Ἑλλάδα φωνήν, τὴν Αἰολίδα λέγω, ὥς φασιν ὅ τε Κάτων ἐν τῷ περὶ Ῥωμαϊκῆς ἀρχαιότητος Βάρρων τε ὁ πολυμαθέστατος ἐν προ-οιμίοις τῶν πρὸς Πομπήϊον αὐτῷ γεγραμμένων, Εὐάνδρου καὶ τῶν ἄλλων Ἀρκάδων εἰς Ἰταλίαν ἐλθόντων ποτὲ καὶ τὴν Αἰολίδα τοῖς βαρβάροις ἐνσπειράντων φωνήν.

Übers.: Romulus war also ein Tyrann, der als erstes seinen Bruder beseitigte, den Erstgeborenen, und die auftretenden Probleme unvernünftig behandelte. Daher wurde er auch Quirinus genannt, das heißt 'Herr', auch wenn der Lexikograph Diogenianos anderer Meinung ist. Denn es ist erwiesen, dass Romulus und seine Gefährten in jener Zeit sehr wohl die griechische Sprache – ich meine das Aiolische – kannten. So sagen es Cato in seinem Werk über das römische Altertum und der hochgelehrte Varro im Vorwort zu seiner Schrift an Pompeius: dass nämlich Euander und die anderen Arkader einst nach Italien kamen und unter den Barbaren die aiolische Sprache ausstreuten.

Komm.: Zu Catos Ansicht über die griechischen Spuren im ältesten Italien s. zu F 1,4. Euander gehörte seit Fabius Pictor (FRH 1 F 2) für die römische Historiographie zum festen Bestand der griechischen Kulturheroen auf italischem Boden; vgl. auch Cato F 2,26.

1,20 Gell. 18,12,7 (F 20 Peter)

„Eodem convenae complures ex agro accessitavere. eo res eorum auxit."

Übers.: „Dorthin kamen wieder dauernd zahlreiche Zuwanderer vom Land. Dadurch wuchs ihr Gemeinwesen."

Komm.: Den verschiedenen Formen des Asyls in Griechenland war gemeinsam, dass der Zugriff auf Schutz suchende Personen innerhalb eines gehegten, tabuierten Raums verboten war. Aus dem sakralen Asyl in einem Heiligtum entwickelten sich die Rechtsformen des ausdrücklich verliehenen personalen und territorialen Asyls; vgl. als kurzen Überblick Chaniotis, DNP 2 (1997) 143-4 s.v. Asylon. Die Vorstellung des Asyls für **Zuwanderer** als Kern der ältesten römischen Bürgerschaft hängt nur insofern mit der griechischen Praxis zusammen, als auch die Flüchtlinge zu Romulus Leute mit zweifelhafter Vergangenheit waren, die u.U. Selbsthilfeakte Dritter zu befürchten hatten. Die römische Variante stellt strukturell einen aitiologischen Mythos für die Zusammensetzung und dezidierte Nicht-Autochthonie der römischen Bürgerschaft dar und verweist zugleich auf die Jungmännerbande von Romulus und Remus (s. zu Fabius Pictor FRH 1 F 7). Sie scheint schon Fabius Pictor geläufig gewesen zu sein, weil der Raub der Sabinerinnen (FRH 1 F 9) sie implizit voraussetzt; vgl. Schröder, Cato 180. In jedem Fall war sie in der römischen Tradition fest verankert; vgl. z. B. Calpurnius Piso FRH 7 F 6; Cic. de orat. 1,37; Q. Cic. comm. pet. 54; Sall. hist. 4,69,17 Maurenbrecher; Liv. 1,8,5-6; 2,1,4; weitere Belege bei Schwegler RG 1,459-60. 464-8; s. ferner (mit Lit.) Ogilvie (1970) 62-3; Schröder, Cato 179-81; Fugmann (1990) 103-5; P. Bruggisser, Romulus Servianus (1987) 163-83; Moatti (1997) 262-6; zur christlichen Sicht v. Haehling (2000) 192.

Die Römer erkannten in der mit Romulus verbundenen Sage vom Asyl an, dass sie ein gemischtes Volk waren, teils von unfreier oder fremder Abstammung. Es waren griechische Autoren wie Dionysios von Halikarnass, die Rom dagegen eine in ihrem Sinn 'ordentliche' Gründungsgeschichte und 'ordentliche' Stammväter wie Euander oder Aeneas zu geben suchten, und die frühen römischen Historiographen akzeptierten auch diesen Gedanken. Aber das Gewicht der Asylsage im Zusammenhang mit der eigentlichen Stadtgründung wirft die Frage auf, wie tief er zu wirken vermochte. Bezeichnenderweise blieben ja auch die mythischen Genealogien in die Vor-Gründungszeit der Stadt ohne Gewicht. Cicero beginnt seinen Abriss der Geschichte des *populus Romanus* dezidiert mit Romulus (rep. 2,2), der das Volk geradezu schafft, und an keiner Stelle in seinem Werk erscheint etwa Aeneas als Figur von irgendwelcher Bedeutung: die doppelte *origo* Roms bleibt unberücksichtigt. Einen griechischen Einfluss auf die römischen Institutionen leugnet er ebenso konsequent. Während also in der griechischen Tradition die gemeinsame Abstammung eine große Rolle spielt, erscheint Rom im Kern als ein Sammelbecken von Menschen verschiedenster Herkunft. Dies fand in der realhistorischen Entwicklung später strukturelle Äquivalente, etwa in der Rechtsfigur des *municipium*, im *ius migrationis* für die Bürger der Gemeinden latinischen Rechts, in der relativ leichten und raschen 'Einbürgerung' von Freigelassenen, dem überhaupt recht großzügigen Umgang mit dem Bürgerrecht und nicht zuletzt im eigentümlich römischen *census*, der die Bürgerschaft und damit den Staat in regelmäßigen Abständen immer wieder neu rekonstituierte. Die bedeutendste antike Reflexion über dieses Phänomen ist die Rede des altertumskundigen Kaisers Claudius für die Rangerhöhung der gallischen Aristokraten i.J. 48 n.Chr. (vgl. zu Fabius Pictor FRH 1 F 16).

Lokalisiert wurde das Asyl des Romulus auf dem Sattel des Kapitolhügels zwischen Arx und Kapitol, die in frühester Zeit nur je einen heiligen Hain beherbergten, daher die Bezeichnung *inter duos lucos*; vgl. Liv. 1,8,5-6; Dion. Hal. ant. 2,15,3-4; Plut. Rom. 9,3; Strab. 5,3,2; Vell. 1,8,5 u.a.; zur Lokalisierung Richardson TDAR 40; Wiseman, LTUR 1 (1993) 130. Der griechische Begriff Asyl diente bis in die Kaiserzeit freilich nur als glossierende Erklärung des eben genannten Toponyms. Der in Wirklichkeit also namenlose Flecken besaß auch keine besondere religiöse Qualität, er war weder *sacer* noch mit einer Gottheit verbunden, sondern ist eher aufzufassen als „a negative space, no-man's-land, subject to no law" (K.J. Rigsby, Asylia. Territorial Inviolability in the Hellenistic World [1996] 577). Die Verbindung mit dem griechischen Konzept führte dann zu einer Fehlwahrnehmung. Anders zwar Forsythe, Piso 132-6, der einen engen Zusammenhang zwischen dem Asyl als geschütztem Zufluchtsraum und den in Rom und Italien zahlreichen heiligen Hainen sieht und betont, dass das romulische Asyl und der 192 v.Chr. neben diesem geweihte Tempel des Veiovis für die Römer auch als Zufluchtsort und Hort der Sanktion gegen Verletzungen von *fides* und Billigkeit gegenüber Schwächeren wichtig gewesen sei. Aber Rechtsschutz durch das kapitolinische Asyl ist nirgendwo sicher belegt, und die Verbindung von Romulus' Sammlungsort mit dem Asylkonzept dürfte eine Rückprojektion aus der Verleihung des – faktisch nicht wirksam gewordenen – Asylrechtes an den Tempel des Divus Iulius i.J. 42 v.Chr. (Cass. Dio 47,19,2-3) sein; in diesem Sinn Rigsby (wie eben) 577-8. – Zur weiteren Entwicklung s. R. Gamauf, Ad statuam licet confugere. Untersuchungen zum Asylrecht im römischen Prinzipat (1999).

1,21 Prisc. Gramm. 6 p. 264 H (F 21 Peter)

„Antemna veterior est quam Roma."

Übers.: „Antemna ist älter als Rom."

Komm.: Antemna(e) lag als befestigte Siedlung auf einem Hügel am Zusammenfluss von Anio und Tiber, ca. 4,5 km vom Palatin entfernt. Angeblich schon unter Romulus zu Rom gekommen, sank es zu einem Dorf, später zu einer Villa herab; vgl. Nissen ItL II 2,544. Die Erinnerung an diesen Ort im Geiste Herodots wachzuhalten (vgl. Hdt. 1,5) musste für Cato gerade angesichts seines 'italischen' und gegenüber plumpen Altersbeweisen immunen Konzeptes (dazu Moatti [1997] 267) naheliegen.

1,22 Fest. p. 196,19-21 L (F 22 Peter)

„*Propter id bellum coepit. Cloelius praetor Albanus oratores misit Romam cum* (...). "

Übers.: „Deshalb begann er diesen Krieg. Cloelius, der albanische Prätor, schickte Gesandte nach Rom mit (...)."

Komm.: Zu diesem Krieg zwischen Alba Longa und Rom s. Dion. Hal. ant. 3,2,1-5,2; Liv. 1,22,2-23,4. – **Cloelius** (oder häufiger: C. Cluilius) herrschte in Alba zeitgleich mit Tullius Hostilius in Rom. Er starb schon zu Beginn des Krieges ohne besondere Taten, weswegen Schwegler RG 1,585-6 die Geschichte als aitiologische Erklärung der sog. *fossa Cluilia* bezeichnete; vgl. Schröder, Cato 183-7; E. Mensching, Tullus Hostilius, Alba Longa und Cluilius, Philologus 110 (1966) 102-18.

1,23 Macr. Sat. 1,10,16 (F 16 Peter)

Cato ait Larentiam meretricio quaestu locupletatam post excessum suum populo Romano agros Turacem, Semurium, Lintirium et Solinium reliquisse; et ideo sepulcri magnificentia et annuae parentationis honore dignatam.

Übers.: Cato sagt, die durch Prostitution reich gewordene Larentia habe nach ihrem Tod dem römischen Volk die turacische, semurische, lintirische und solinische Feldflur hinterlassen, und deshalb sei sie mit einem prachtvollen Grabmal und der Ehre eines jährlichen Totenfestes ausgezeichnet worden.

Komm.: Den aitiologischen Mythos zum Fest der *Larentalia* am 23. Dezember, an dem ein Totenopfer am Grab der Acca Larentia im Velabrum dargebracht wurde, gab es in zwei Grundversionen, wobei ältere und jüngere Konstruktionen zu einem kaum entwirrbaren Komplex geführt haben; vgl. zu Fabius Pictor FRH 1 F 7; Radke GA 164-6; Schröder, Cato 159-67; Walt, Macer 215-8; Graf, DNP 1 (1996) 46-7 s.v. Acca Larentia, alle mit weiterer Lit.; auszugehen ist noch immer von Mommsen RF 2,1-22. Cato dachte offensichtlich an die ältere Version, wonach die Prostituierte Acca im Hercules-Tempel träumt, mit dem Gott zu schlafen, und anschließend den reichen Etrusker Tarutius heiratet, dessen Vermögen sie später dem römischen Volk vermacht. Die jüngere (?) Version ist eine Rationalisierung der Sage von der Wölfin: Acca, eine ehemalige Prostituierte (*lupa*), ist die Frau des Hirten Faustulus; sie zieht die Zwillinge auf, heiratet nach dem Tod des Faustulus den Tarutius und macht Romulus zu ihrem Erben; in diesem Sinn etwa auch Licinius Macer FRH 17 F 2; Valerius Antias FRH 15 F 3. – Die Lage der vier Grundstücke in der **turacischen (...) Feldflur** ist unbekannt; es handelte sich in historischer Zeit jedenfalls um Staatsland, wie aus Cic. Phil. 6,14 hervorgeht.

1,24 Dion. Hal. ant. 4,15,1 (F 23 Peter)

Διεῖλε δὲ καὶ τὴν χώραν ἅπασαν, ὡς μὲν Φάβιός φησιν, εἰς μοίρας ἕξ τε καὶ εἴκοσιν, ἃς καὶ αὐτὰς καλεῖ φυλὰς καὶ τὰς ἀστικὰς προστιθεὶς αὐταῖς τέτταρας, τριάκοντα φυλὰς [ἀμφοτέρων Κάτων μέντοι τούτων] ἐπὶ Τυλλίου τὰς πάσας γενέσθαι λέγει· ὡς δὲ Οὐεννώνιος ἱστόρηκεν, εἰς μίαν τε καὶ τριάκοντα, ὥστε σὺν ταῖς κατὰ πόλιν οὔσαις ἐκπεπληρῶσθαι τὰς ἔτι καὶ εἰς ἡμᾶς ὑπαρχούσας τριάκοντα καὶ πέντε φυλὰς ⟨Κάτων μέντοι τούτων ἀμφοτέρων⟩ ἀξιοπιστότερος ὢν καὶ οὐχ ὁρίζει τῶν μοιρῶν τὸν ἀριθμόν.

Übers.: Servius Tullius teilte auch das ganze Landgebiet in 26 Teile, wie Fabius sagt, der diese auch Tribus nennt, und indem er die vier städtischen zu diesen hinzuzählt, sagt er, es habe unter Tullius insgesamt 30 Tribus (...) gegeben.Wie aber Vennonius berichtet, (teilte er es) in 31 Teile, so dass sich zusammen mit den vier in der Stadt die noch heute bestehenden 35 Tribus ergaben. Cato aber, der glaubwürdiger ist als die beiden anderen Autoren, gibt die Zahl der Teile nicht genau an.

Komm.: Die Textgestalt, vor allem die Positionierung von ἀμφοτέρων Κάτων μέντοι τούτων, und die sich daraus ergebenden inhaltlichen Implikationen diskutiert ausführlich Schröder, Cato 188-92; vgl. auch Gabba, Athenaeum 39 (1961) 98-121, insb. 102-7. – Zur Entwicklung der Zahl der Tribus s. zu Fabius Pictor FRH 1 F 13.

Cato erweist sich auch hier als unabhängiger Kopf: Wo seine Neugierde an Grenzen stieß und er etwas gar nicht oder nicht sicher in Erfahrung bringen konnte, gab er das offen zu; vgl. z.B. F 2,10; 2,15. Wo die Quellen es hergaben, machte er exakte Angaben, vor allem von Größen und Mengen, so etwa F 1,8; 2,8; 2,11; 2,13; 2,21.

1,25 Fest. p. 160,10-12 L (F 24 Peter)

„Fana in eo loco conpluria fuere. ea exauguravit, praeterquam quod Termino fanum fuit; id nequitum exaugurari."

Übers.: „Heiligtümer befanden sich an diesem Ort mehrere. Diesen entzog er ihren Status als sakrale Stätten, mit Ausnahme des Heiligtums für Terminus. Ihm konnte dieser Status nicht entzogen werden."

Komm.: Das Fragment bezieht sich auf die Errichtung des Juppiter-Tempels auf dem Kapitol durch Tarquinius Superbus. Dafür mussten ältere Heiligtümer rituell aufgehoben, exauguriert werden; vgl. Liv. 1,55,2-4. Das 'Heiligtum' des Terminus (Radke GA 299-300; Tagliamonte, LTUR 5 [1999] 27-8) war wahrscheinlich nur ein Stein. Die Unverrückbarkeit der Grenzsteine auch sakral zu bewehren, war in einer bäuerlichen Kleingesellschaft geboten; vgl. Fest. p. 505,21 L: „Wer einen Grenzstein herauspflügt, soll gemeinsam mit seinen Ochsen den Göttern verfallen (*sacer*) sein". S. auch Ogilvie (1970) 211.

1,26 Prisc. Gramm. 6 p. 227 H = p. 266 H (F 25 Peter)

„Nam de omni Tusculana civitate soli Lucii Mamilii beneficium gratum fuit."

Übers.: „Denn von der ganzen Stadt Tusculum war allein die Wohltat des Lucius Mamilius willkommen."

Komm.: Nach der römischen Tradition stand einzig der tusculanische Dictator **L. Mamilius** den Römern bei der Abwehr des gewaltsamen Usurpationsversuches des Sabiners Appius Herdonius (trad. i.J. 460) bei (Liv. 3,15-18) und wurde dafür mit dem Bürgerrecht belohnt (Liv. 3,29,6); vgl. Schröder, Cato 194-5. Nach Ogilvie (1970) 445 war diese Verleihung „part of the oldest historical tradition"; sie ist dennoch sehr zweifelhaft, weil Bürgerrechtsverleihungen an Einzelpersonen selten waren (Mommsen RStR 3,134) und überhaupt unklar ist, was man sich im 5. Jh. darunter vorstellen soll.

1,27 Non. p. 94 L (F 29 Peter)

„*veteres prosapia*"

Übers.: „alt von Abstammung"

1,28 Gell. 1,16,4 (F 26 Peter)

„*Inde est ferme mille passuum.*"

Übers.: „Von dort sind es ungefähr 1000 Schritte."

1,29 Non. p. 89 L (F 28 Peter)

„*Igitur tertio pedato bellum nobis facere.*"

Übers.: „Also machten sie im dritten Anlauf Krieg gegen uns."

1,30 Charis. 1 p. 91 B (F 27 Peter)

„*vehes ligni*"

Übers.: „eine Holzfuhre"

1,31 Prisc. Gramm. 4 p. 129 H = Prisc. Gramm. 7 p. 337 H (F 30 Peter)

„*sed lucus Capenatis*"

Übers.: „aber der Hain der Capena"

Komm.: Im Hain der Capena befand sich das Heiligtum der sabinischen (?) Göttin Feronia, südöstlich des heutigen Ortes Capena in Südetrurien, unterhalb des *mons Soracte* am linken Ufer des Gramiccia, eines Tibernebenflusses; vgl. Schröder, Cato

198 und die dortige Lit.; zur Gründung des *lucus Capenatis* od. *lucus Feroniae* s. Cato F 2,19; Varr. ling. 5,74; Strab. 5,2,9; Dion. Hal. ant. 3,32; Liv. 1,30,5; Radke GA 124-7; Frateantonio, DNP 4 (1998) 481-2 s.v. Feronia; Uggeri, DNP 7 (1999) 477 s.v. Lucus Feroniae.

2,1   Serv. auct. ad Verg. Aen. 11,715 (F 31 Peter)

„Sed ipsi, unde oriundi sunt, exacta memoria, inliterati mendacesque sunt et vera minus meminere."

Übers.: „Aber verloren ist die Erinnerung, woher die Ligurer stammen; sie sind Analphabeten, Lügner und behalten die Wahrheit weniger im Gedächtnis."

Komm.: Die vorindoeuropäischen, mit Kelten vermischten Ligurer besiedelten den Raum zwischen Alpen und Po; sie bildeten an der Küste Lebensformen aus, die sich von denen der Hinterlandbewohner stark unterschieden; vgl. insg. Angeli Bertinelli, DNP 7 (1999) 188-9 s.v. Ligures. Poseidonios hebt das altertümliche, arbeits- und entbehrungsreiche Leben der Ligurer hervor (Nissen ItL I 468-74, v.a. 470-1). Catos Bild von ihnen ist extrem negativ (s. auch F 2,2); positiver etwa Verg. Aen. 10,185-97. Die römisch-ligurischen Auseinandersetzungen fanden 238-225, 201-154 und 125-122 statt; die Unterwerfung war erst i.J. 14 abgeschlossen.

Wenn Cato die Ligurer als **illiterati** bezeichnet, trifft das insofern zu, als die Schriftlichkeit bei diesen wohl in der Tat nur schwach entwickelt war, was sich auch in der geringen Zahl erhaltener ligurischer Schriftzeugnisse spiegelt; vgl. Chassignet, Caton z. St. – Das Zeugnis zeigt auch, dass Catos Interesse an den Gemeinden und Städten Italiens nicht mit einer gemeinitalischen Solidarität oder einer durchgängig positiven Bewertung aller Bewohner gepaart war.

2,2   Serv. ad Verg. Aen. 11,700 (F 32 Peter)

Ligures autem omnes fallaces sunt, sicut ait Cato in secundo Originum libro.

Übers.: Die Ligurer aber sind allesamt Lügner, wie Cato im zweiten Buch der *Origines* sagt.

Komm.: s. zu F 2,1.

| **2,3**   Charis. 2 p. 263 B (F 34 Peter) |

„*Pleraque Gallia duas res industriosissime persequitur, rem militarem et argute loqui.*"

Übers.: „Der größere Teil von Gallien betreibt zwei Dinge am eifrigsten: das Kriegswesen und das spitzfindige Reden."

Komm.: **Gallia** meint das cisalpinische Keltenland. Allg. zur römischen Wahrnehmung der Region und ihrer Bewohner s. Kremer (1994). Zu Catos Darstellung s. insg. J. Heurgon, Caton et la Gaule cisalpine, in: Mélanges W. Seston (1974) 231-47; speziell A. Fo, L'*argute loqui* dei Galli in un frammento di Catone, Romanobarbarica 4 (1979) 13-30.

| **2,4**   Charis. 1 p. 105 B (F 35 Peter) |

„*papaver Gallicanus*"

Übers.: „gallischer Mohn"

| **2,5**   Gell. 17,13,4 (F 36 Peter) |

„*Neque satis habuit, quod eam in occulto vitiaverat, quin eius famam prostitueret.*"

Übers.: „Aber es reichte ihm nicht, dass er sie im Verborgenen vergewaltigt hatte, er musste auch noch ihren Ruf öffentlich in den Schmutz ziehen."

Komm.: Angeblich verführte der vornehme junge Lucumo die Frau seines Vormundes Arruns von Clusium; als dieser im anschließenden Prozess wegen Lucumos Reichtum und Einfluss unterlag, verließ er seine Heimatstadt und ging zu den Galliern, um sie zu einem Einfall nach Etrurien zu veranlassen; vgl. Liv. 5,33;3; Plut. Camillus 15,5-6; am ausführlichsten Dion. Hal. ant. 13,10: „Der junge Mann wurde ihr Liebhaber und verdarb ihren Körper ebenso wie ihren Geist, und er pflegte das Gespräch mit ihr schließlich nicht mehr heimlich, sondern ganz öffentlich." – Vgl. Alföldi, Frühes Rom 151-3; Ogilvie (1970), 699-700; Cornell, Beginnings 314-6; J. Gagé, Arruns de Clusium et l'appel aux Gaulois, RHR 143 (1953) 170-208. Die offenbar alte Legende (auch Pol. 2,17,3 scheint sie zu kennen) wurde mit der keltischen Migration ursächlich verbunden.

| 2,6   Non. p. 306 L (F 33 Peter) |

„*Libui qui aquatum ut lignatum videntur ire securim atque lorum ferunt, gelum crassum excidunt, eum loro conligatum auferunt.*"

Übers.: „Die Libuer, die man zum Wasserholen gehen sieht, als gingen sie zum Holzholen: sie tragen Beil und Riemen bei sich, hacken das dicke Eis heraus und tragen es, mit Riemen zusammengebunden, weg."

Komm.: **Libii** (auch Libii od. Libici): Der keltisch-ligurische Stamm gründete Vercellae (s.u. zu 2,10). – Vgl. insg. H. Homeyer, Zum Keltenexkurs in Livius' 5. Buch (33,4-35,5), Historia 9 (1960) 345-361 (zur Quellenfrage).

| 2,7   Plin. nat. 3,134 (F 37 Peter) |

Lepontios et Salassos Tauriscae gentis idem Cato arbitratur.

Übers.: Die Lepontier und Salasser gehören nach Cato zum Stamm der Tauriscer.

Komm.: Die keltischen **Lepontier** besiedelten das Gebiet zwischen dem St. Gotthard und dem Comer See; die **Salasser** das Gebiet um den Mt. Blanc, den Großen St. Bernhard und das Aosta-Tal; vgl. Nissen ItL I 478; Chassignet, Caton 69. Das keltische Wort für 'Hochgebirge' gab den **Taurisci** (od. Taurini) ihren Namen; vgl. ausführlicher Nissen ItL II 163.

| 2,8   Serv. ad Verg. Georg. 2,159 (F 38 Peter) |

Larius lacus est vicinus Alpibus, qui iuxta Catonem in Originibus per LX tenditur milia.

Übers.: Der Larius ist ein See in der Nähe der Alpen, der sich nach Cato über 60 Meilen erstreckt.

Komm.: Der **lacus Larius** (heute: Comer See) war in der Antike wesentlich ausgedehnter (90 km gegenüber 48 km heute), während später die Ablagerungen der in ihn mündenden Adda die Nordspitze abgeschnitten und einen selbständigen See, Lago di Mezzola, erzeugt haben; vgl. Nissen ItL I 180; II 187; P. Tozzi, I laghi dell'Italia settentrionale e le continuità lacustre-fluviali presso i Romani, in: Angera e il Verbano orientale nell'antichità. Atti della Giornata di Studio (1983) 131-7.

2,8a Paradoxographus Palatinus 21 Giannini (F ./. Peter = ./. Chassignet)

Κάτων φησίν ἐν ταῖς Κτίσεσιν ἐπὶ τῶν Ἄλπεων λευκοὺς μὲν λαγωοὺς γίνεσθαι, μῦς δ' ἐνδεκαλίτρους, ὗς δὲ μονοχήλους καὶ κύνας δασεῖς καὶ βόας ἀκεράτους.

Übers.: Cato sagt in den *Origines*, dass in den Alpen weiße Hasen existieren und Mäuse von elf Pfund Gewicht, ferner einhufige Schweine und dichtbehaarte Hunde und hörnerlose Rinder.

Komm.: Das seit 1903 bekannte, von Peter und Chassignet dennoch übersehene Fragment bietet Kurioses und Wundersames aus der Fauna der Alpenregion. Derlei θαυμάσια/*mirabilia* gehörten seit Herodot zum Motivinventar einer ethnographisch inspirierten Geschichtsschreibung, und auch Cato verschmähte sie nicht; vgl. Nep. Cato 3,4: In seinem Werk „berichtete er auch von merkwürdigen Ereignissen und Phänomen in Italien und Hispanien" (*exposuit, quae in Italia Hispaniisque aut fierent aut viderentur admiranda*); in diesem Sinn etwa F 2,20, aber auch 2,6, 2,9 und 5,2. Vgl. insg., auch zur Textkonstitution, A. Mazzarino, Ancora un altro frammento ignorato di Catone, Helikon 22-7 (1982-87) 457-66. – **weiße Hasen** in den Alpen: so auch Varr. rust. 3,12,6; Plin. nat. 8,217 – **Mäuse**: Die offenbar korrupte Stelle (die Handschriften haben μηδὲν δεκαλίτρους) wurde von A. Giannini, Paradoxographorum Graecorum reliquiae (1966) wie angeführt emendiert, weil auch Plinius (nat. 8,132) von übergroßen Alpenmäusen spricht (*Alpini* [scil. *mures*], *quibus magnitudo melium est*). – **Schweine**: Ungespaltene Hufe wurden auch für illyrische Schweine bezeugt; s. Mazzarino (wie eben) 466.

2,9 Varr. rust. 2,4,11 (F 39 Peter)

„*In Italia in scrobes terna atque quaterna milia [aulia] succidiarum vehere. sus usque adeo pinguitudine crescere solet, ut se ipsa stans sustinere non possit neque progredi usquam. itaque eas si quis quo traicere volet, in plostrum inponit.*"

Übers.: „In (Ober-)Italien legt man jedes Jahr 3000 oder 4000 Speckseiten in Gruben. Ein Schwein pflegt (bei ihnen) so fett zu werden, dass es aus eigenen Kräften nicht mehr stehen, geschweige denn irgendwohin laufen kann. Daher verlädt man sie zum Transport auf einen Wagen."

Komm.: Die zahlreichen Konjekturen zu diesem Fragment verzeichnet Chassignet, Caton 70. – In der Sache wurde Catos Information (vgl. auch Pol. 2,15,3; Strab. 5,1,12) durch Knochenfunde in Brescia bestätigt; vgl. P. Tozzi, Catone, fr. 39 Peter e Polibio II 15, Rendiconti dell'Istituto Lombardo 107 (1973) 499-501.

Die Quellen des Wohlstandes einer Region zu benennen, war für den Autor von *De agri cultura* nicht verwunderlich, im Kontext der antiken Geschichtsschreibung jedoch ein auffälliger Zug; vgl. noch F 2,14 (Weinertrag einer bestimmten Region mit genauen Zahlenangaben); 2,27 (Getreideanbau in Tibur); 2,36 (Salzgewinnung bei den Karthagern); 5,2 (Rohstoffreichtum Spaniens); 5,5 (Fischreichtum eines spanischen Flusses).

2,10 Plin. nat. 3,124-125 (F 40 Peter)

Vercellae Libiciorum ex Salvis ortae, Novaria ex Vertamocoris, Vocontiorum hodieque pago, non, ut Cato existimat, Ligurum, (...) Oromobiorum stirpis esse Comum atque Bergomum et Licini Forum aliquotque circa populos auctor est Cato, sed originem gentis ignorare se fatetur, (...) (125) in hoc situ interiit oppidum Oromobiorum Parra, unde Bergomates Cato dixit ortos, etiamnum prodente se altius quam fortunatius situm.

Übers.: Vercellae, (Stadt) der Libicier, gegründet von den Salviern, (und) Novaria, gegründet von den Vertamocorern, heute ein Gau der Vocontier, nicht – wie Cato glaubt – der Ligurer. (...) Dass vom Stamm der Oromobier Comum, Bergomum und Forum Licini sowie einige Völker rings herum hervorgingen, bezeugt Cato, muss aber bekennen, den Ursprung dieses Stammes selbst nicht zu kennen. (...) (125) An dieser Stelle ging die Oromobier-Siedlung Parra zu Grunde, von wo nach Cato die Bergomener stammen und die noch heute deutlich zeigt, dass ihre Lage eher hoch als günstig war.

Komm.: Vgl. zu den genannten Stämmen und Siedlungen ausführlich Chassignet, Caton 70-2 sowie den o. zu 2,3 genannten Aufsatz von Heurgon. **Vercellae** (heute Vercelli) lag an der Alpenstraße ins Tal der Salasser (s.o. zu 2,7). **Novaria**, ca. 50 km von Mailand entfernt, ist durch verhältnismäßig frühe Schriftzeugnisse bemerkenswert; vgl. Nissen ItL II 174. 177. **Comum**, seit Urzeiten Hauptort eines ligurischen Stammes, kam i.J. 196 unter römische Kontrolle (Liv. 33,36-37). **Bergamum**, von den Kelten den Etruskern abgenommen und später römisches Municipium, lag auf einem Hügel, doch verkehrsungünstig; vgl. Nissen ItL II 189. Die Lage von **Forum Licini** ist unbekannt. **Parra** wird in Talbert BA, Karte 39 F 2 unter Verweis auf R. Poggiani Keller (ed.), Carta archeologica della Lombardia. La Provincia di Bergamo. II (1992) am Oberlauf des Salius im Gebiet der Orumbovii lokalisiert.

2,11 Plin. nat. 3,133 (F 41 Peter)

Verso deinde Italiam pectore Alpium Latini iuris Euganeae gentes, quarum oppida XXXIIII enumerat Cato.

Übers.: Dann auf der nach Italien gewandten Seite der Alpen die euganeischen Stämme mit latinischem Recht, von denen Cato 34 Siedlungen aufzählt.

Komm.: Die schon für die antiken Gewährsleute nicht mehr recht greifbaren **Euganei** sollen einst die östl. Po-Ebene zwischen Alpen und Adria innegehabt haben. Später wurden sie von den Venetern verdrängt und gingen z.T. in den Raetern auf, mit denen sie dann oft verwechselt wurden; vgl. Sartori, DNP 4 (1998) 231-2 s.v. Nissen ItL I 486-7 bringt sie mit den Etruskern in Verbindung.

2,12 Plin. nat. 3,130 (F 42 Peter)

Venetos Troiana stirpe ortos auctor est Cato, Cenomanos iuxta Massiliam habitasse in Volcis.

Übers.: Dass die Veneter von Troja abstammen, bezeugt Cato, und dass die Cenomanen bei Massilia im Volskerland wohnten.

Komm.: Der Trojaner Antenor soll mit einer Schar führerlos gewordener Eneter aus Paphlagonien (Hom. Il. 2,852) in den östlichsten Teil der Gallia cisalpina gelangt und dort u.a. Patavium (Padua) gegründet haben; vgl. Liv. 1,1,2-3; weitere Belege bei Schwegler RG 1,310 Anm. 14; zu den **Cenomanes** und **Volci** s. Chassignet, Caton 72. Zu den Venetern s. Nissen ItL I 488-92.

2,13 Plin. nat. 3,116 (F 44 Peter)

In hoc tractu interierunt Boi, quorum tribus CXII fuisse auctor est Cato, item Senones, qui ceperunt Romam.

Übers.: In dieser Gegend (bei Ariminum) gingen die Boier zugrunde, die nach Cato 112 Stämme hatten, ebenso die Senonen, die Eroberer Roms.

Komm.: Nach einer Schlacht bei Mutina i.J. 193 verloren die nach 400 eingewanderten Boier den größeren Teil ihres Gebietes in der Po-Ebene und wurden anschließend rasch assimiliert; vgl. mit Belegen und Lit. Brizzi, DNP 2 (1997) 731-2.

2,14 Varr. rust. 1,2,7 (F 43 Peter)

„Ager Gallicus Romanus vocatur, qui viritim cis Ariminum datus est ultra agrum Picentium. in eo agro aliquotfariam in singula iugera dena cullea vini fiunt."

Übers.: „'Gallisch-römische Ackerflur' wird das Land genannt, das durch Viritanassignation diesseits von Ariminum und jenseits der picentischen Feldflur verteilt wurde. Auf diesem Land werden an einigen Stellen pro Morgen zehn *cullea* (= 5240 Liter) Wein produziert."

Komm.: Der Küstenstreifen zwischen Aesis und Utens war zunächst von Umbrern, ab dem späten 4. Jh. von Senonen besiedelt; nach der Eroberung durch Curius Dentatus wurde das Gebiet *ager publicus*. I.J. 232 wurde es auf Initiative des C. Flaminius an römische Bürger verteilt. Catos Formulierung deutet an, dass dabei auch ein Teil des picenischen Gebietes verteilt wurde. Vgl. insg. Brizzi, DNP 1 (1996) 249-50 s.v. ager Gallicus; L. Oebel, C. Flaminius und die Anfänge der römischen Kolonisation im *ager Gallicus* (1992). – Zur Weinertragsmenge vgl. Cato agr. 13,11; L.-M. Günther, Ein Stephanus-Wunder im Weinkeller, MBAH 15 (1996) 19-29, hier 23-5.

2,15 Serv. auct. ad Verg. Aen. 10,179 (F 45 Peter)

Cato Originum qui Pisas tenuerint ante adventum Etruscorum negat sibi compertum; sed inveniri Tarchonem, Tyrrheno oriundum, postquam eorundem sermonem ceperit, Pisas condidisse, cum ante regionem eandem Teutanes quidam, Graece loquentes, possederint.

Übers.: Cato sagt in den *Origines*, ihm sei nicht sicher bekannt, wer Pisa vor der Ankunft der Etrusker bewohnte, doch finde sich (in der Überlieferung), dass Tarcho, Sohn von Tyrrhenus, nachdem er deren Sprache angenommen habe, Pisa gründete, während vorher so genannte Teutaner, die Griechisch sprachen, diese Gegend besaßen.

Komm.: **Pisa** am nördlichen, 'ligurischen' Ufer der Arnomündung war eine alte Hafensiedlung, die vielleicht schon in der Bronzezeit Verbindungen nach Griechenland unterhielt; vgl. Musti, StorRom I 44. Verschiedenen Gründungsmythen verbinden die Stadt mit der Peloponnes, aber auch mit einem Kelten Pisus. Die von Cato genannten **Teutaner** scheinen in der antiken Tradition als Pelasger (s.o. zu 1,4) gegolten zu haben; vgl. Chassignet, Caton 73-4 mit den Belegen. Die ersten Bewohner waren vielleicht Ligurer; für eine etruskische Phase sprechen Funde aus dem 6. Jh.

2,16 Plin. nat. 3,114 (F 49 Peter)

Ameriam supra scriptam Cato ante Persei bellum conditam annis DCCCCLXIII prodit.

Übers.: Cato berichtet, dass das oben genannte Ameria 963 Jahre vor dem Perseuskrieg gegründet wurde.

Komm.: **Ameria** (heute Amelia): Bergstadt in Umbrien. – Die Abstandsdatierung mit Bezug auf den **Perseuskrieg** (171-168) ergäbe als Gründungsjahr 1134.

2,17 Serv. ad Verg. Aen. 10,184 (F 46 Peter)

Intempestas ergo Graviscas accipimus pestilentes secundum Plinium in Naturali Historia et Catonem in Originibus, ut intempestas intellegas sine temperie, id est tranquilitate. nam ut ait Cato, ideo Graviscae dictae sunt, quod gravem aerem sustinent.

Übers.: Aus Plinius in der *Naturalis Historia* und aus Cato in den *Origines* erfahren wir, dass die Stadt Graviscae ungesund und schädlich ist, wenn man 'un-gesund' als 'ohne milde Wärme' verstehen will, das heißt ohne ruhiges Wetter. Denn nach Cato wird der Ort Graviscae genannt, weil er 'schwere Luft' hat.

Komm.: Graviscae an der etrurischen Küste (heute Porto Clementino) wurde 181 als römische Bürgerkolonie gegründet (Liv. 40,29,1), war aber durch seine Lage malariaträchtig; weitere Belege und archäologische Funde bei Uggeri, DNP 4 (1998) 1211.

2,18 Plin. nat. 3,51 (F 47 Peter)

Intus coloniae Falisca, Argis orta, ut auctor est Cato, quae cognominatur Etruscorum (...)

Übers.: Landeinwärts liegen die Pflanzstädte: Falisca, von Argivern gegründet, wie Cato bezeugt, und mit dem Beinamen 'von den Etruskern' (...)

Komm.: **Falisca** (häufiger *Falerii* genannt) in Südetrurien war der Hauptort der Falisker, die eine eigene (mit dem Lateinischen jedoch eng verwandte) Sprache und Kultur besaßen, jedoch ab dem 7. Jh. so stark von den Etruskern beeinflusst wurden, dass man sie ganz mit diesen identifizierte. – Argos als Mutterstadt: Dion. Hal. ant. 1,21; Ov. fast. 4,73-4; vgl. Uggeri, DNP 4 (1998) 400-1 s.v. Falerii (1).

2,19 Serv. auct. ad Verg. Aen. 7,697 (F 48 Peter)

'Lucosque Capenos'. hos dicit Cato Veientum <iuvenes> condidisse auxilio regis Propertii, qui eos Capenam cum adolevissent, miserat.

Übers.: 'Die Haine der Capena': diese haben nach Cato junge Männer aus Veji begründet mit Hilfe des Königs Propertius, der sie nach Capena schickte, nachdem sie erwachsen geworden waren.

Komm.: Die südetrurische Stadt **Capena** (s.o. zu F 1,31) unterhielt enge Beziehungen zu Veji und Falerii (Liv. 5,8,10-12. 16-19. 24; Ogilvie [1970] 644), was zu der von Cato bezeugten Gründungslegende passt; vgl. Bianchetti, DNP 2 (1997) 969 (auch zur weiteren Geschichte des Orts). – Die Gründung scheint mit dem alten italischen Brauch des *ver sacrum* zusammenzuhängen: In Zeiten des Unglücks konnte dabei die Frucht eines ganzen Jahres im Frühjahr den Göttern – meistens Mars – geweiht werden; die jungen Männer wurden dann weggeschickt, um sich anderswo eine neue Lebensgrundlage aufzubauen; vgl. Schwegler RG 1,240-1 (mit den literarischen Belegen); J. Heurgon, Trois études sur le ver sacrum, Latomus 26 (1957) 11-9. Vor allem die Sabiner, zu denen wahrscheinlich die Göttin im Hain der Capena gehörte, haben von diesem 'heiligen Lenz' der Überlieferung nach oft Gebrauch gemacht. Zwar spricht die genaue Zielangabe zu einem nahe gelegenen Ort gegen diese Herleitung, doch könnte dieser indikativische Teil des Satzes ein Zusatz des Servius sein.

2,20 Varr. rust. 2,3,3 (F 52 Peter)

„*In Sauracti <et> Fiscello caprae ferae sunt, quae saliunt e saxo pedes plus sexagenos.*"

Übers.: „Auf den Bergen Sauracte und Fiscellus gibt es wilde Ziegen, die von einem Felsen mehr als 60 Fuß weit springen."

Komm.: **Sauracte** (meist Soracte geschrieben): sechszackiger Bergrücken bei Falerii nördlich von Rom, vom Appenningebirge durch den Tiber getrennt. – **Fiscellus**: Gebirgszug des Appennin zwischen Tronto und Atorno. Den Ziegenreichtum bestätigt Varr. rust. 2,1,5.

2,21 Dion. Hal. ant. 2,49,2-3 (F 50 Peter)

Κάτων δὲ Πόρκιος τὸ μὲν ὄνομα τῷ Σαβίνων ἔθνει τεθῆναί φησιν ἐπὶ Σάβου τοῦ Σάγκου δαίμονος ἐπιχωρίου, τοῦτον δὲ τὸν Σάγκον ὑπό τινων πίστιον καλεῖσθαι Δία. πρώτην δ' αὐτῶν οἴκησιν ἀποφαίνει γενέσθαι κώμην τινὰ καλουμένην Τεστροῦαν ἀγχοῦ πόλεως Ἀμιτέρνης κειμένην, ἐξ ἧς ὁρμηθέντας τότε Σαβίνους εἰς τὴν Ῥεατίνην ἐμβαλεῖν Ἀβοριγίνων ἅμα κατοικούντων καὶ πόλιν αὐτῶν τὴν ἐπιφανεστάτην Κοτυλίας πολέμῳ χειρωσαμένους κατασχεῖν. (3) ἐκ δὲ τῆς Ῥεατίνης ἀποικίας ἀποστείλαντας ἄλλας τε πόλεις κτίσαι πολλάς, ἐν αἷς οἰκεῖν ἀτειχίστοις, καὶ δὴ καὶ τὰς προσαγορευομένας Κύρεις· χώραν δὲ κατασχεῖν τῆς μὲν Ἀδριανῆς θαλάττης ἀπέχουσαν ἀμφὶ τοὺς ὀγδοήκοντα καὶ διακοσίους σταδίους, τῆς δὲ Τυρρηνικῆς τετταράκοντα πρὸς διακοσίοις· μῆκος δὲ αὐτῆς εἶναί φησιν ὀλίγῳ μεῖον σταδίων χιλίων.

Übers.: Porcius Cato sagt, der Name sei dem Volk der Sabiner gegeben worden nach Sabus, dem Sohn der einheimischen Gottheit Sancus, dieser Sancus aber werde von einigen Juppiter Fidius genannt. Er legt dar, dass ihre erste Siedlung ein Dorf mit Namen Testrina war, in der Nähe der Stadt

Amiternum gelegen. Von dort seien die Sabiner eines Tages aufgebrochen und in die Gegend von Reate eingefallen, wo auch die Aboriginer wohnten, und sie hätten deren bedeutendste Stadt, Cotylia, im Kampf in die Hand bekommen und besetzt. (3) Aus dem reatinischen Gebiet hätten sie Kolonisten ausgesandt und viele weitere Städte gegründet, in denen sie ohne Befestigungen lebten, vor allem das so genannte Cures. Sie hätten ein Gebiet besessen, das vom Adriatischen Meer etwa 280 Stadien (52 km) entfernt war und vom Tyrrhenischen 240 Stadien (44 km). Seine Länge aber habe etwas weniger als 1000 Stadien (185 km) betragen.

Komm.: Die beiden Referate 2,21 u. 22 bieten unterschiedliche Herleitungen des Sabinernamens aus dem Namen des 'Stammvaters', entweder des Halbgotts Sabinus oder des Spartaners Sabus. Sie zu harmonisieren ist wenig sinnvoll; vielleicht hat Cato zwei unterschiedliche Versionen nebeneinander gestellt: Dion. Hal. ant. 2,49,4 nennt neben der von F 2,21 noch eine weitere „in lokalgeschichtlichen Berichten", die ebenfalls von einer spartanischen Kolonie zur Zeit der lykurgischen Neuordnung spricht. Angesichts der Kürze der Notiz kann das Fehlen von Sabus nichts besagen. – Während Fabius Pictor FRH 1 F 10 (implizit auch F 26) und wohl auch noch andere Autoren (s. Frier, Libri 258 Anm. 7) den Reichtum der Sabiner unterstrichen, schrieb Cato ihnen eine sparsame Lebensführung zu, die mit ihrer Herkunft und der Natur der Landschaft, in erster Linie des Landesinneren, zusammenhing (*saxa Sabina*: Cato ORF[4] 8 F 128). Vgl. insg. C. Letta, I mores dei Romani e l'origine dei Sabini in Catone, in: Convegno di studio: Preistoria, storia e civiltà dei Sabini (1985), 15-34; D. Musti, I due volti della Sabina. Sulla rappresentazione dei Sabini in Varrone, Dionigi, Strabone e Plutarco, in: ebd. 75-98. – Ihre Verbindung mit dem alten Sparta durch Cato kann angesichts von F 4,7 nicht überraschen. Für Catos Unbefangenheit gegenüber Herleitungen italischer Völker und Städte auf Griechen s.o. zu F 1,4.

2,22 Serv. auct. ad Verg. Aen. 8,638 (F 51 Peter)

Cato autem et Gellius a Sabo Lacedaemonio trahere eos originem referunt. porro Lacedaemonios durissimos fuisse omnis lectio docet. Sabinorum etiam mores populum Romanum secutum idem Cato dicit: merito ergo 'severis', qui et a duris parentibus orti sunt et quorum disciplinam victores Romani in multis secuti sunt.

Übers.: Cato aber und Gellius berichten, dass die Sabiner ihren Ursprung von dem Lakedaimonier Sabus herleiten. Wie jede Lektüre lehrt, waren die

Lakedaimonier einst die härtesten Menschen. Derselbe Cato sagt auch, dass das römische Volk die Sitten der Sabiner übernahm. Mit Recht gelten diese, die von harten Eltern abstammten und deren Lebensführung die siegreichen Römer in vielem übernommen haben, also auch als 'streng'.

Komm.: s. zu F 2,21.

2,23 Prisc. Gramm. 9 p. 487 H (F 53 Peter)

„Marsus hostem occidit prius quam Paelignus, propterea Marrucini vocantur, de Marso detorsum nomen."

Übers.: „Der Marser tötete seinen Feind früher als der Päligner, daher nennen sie sich Marruciner, ein von Marsus abgeleiteter Name."

Komm.: Die drei Abruzzenstämme, oft zusammen genannt, gehen angeblich auf ein sabinisches *ver sacrum*, ein rituelles Kolonisationsunternehmen, zurück (zum Problem der Historizität s. generell zu Cornelius Sisenna FRH 16 F 91); vgl. Nissen ItL I 515-8; II 442-57. Catos Erklärung dürfte sich auf eine sonst nicht belegte Episode beziehen, in der Marser und Päligner bei einem gemeinsamen Unternehmen Feinde töteten (*occidere*), woraus der 'Siegesname' der neuen Gruppe abgeleitet wurde; vgl. Jordan (1860) proleg. p. XLI.

2,24 Serv. ad Verg. Aen. 5,564 (F 54 Peter)

'Polite progenies'. illum dicit quem supra a Pyrrho introduxerit occisum; de quo Cato in Originibus dicit, quod ad Italiam venerit et segregatus ab Aenea condiderit oppidum Politorium a suo nomine.

Übers.: 'Dein Sprößling, Polites': Vergil meint jenen, den er vorher als von Pyrrhos getötet eingeführt hat. Über ihn sagt Cato in den *Origines*, dass er nach Italien kam und getrennt von Aeneas die Stadt Politorium nach seinem eigenen Namen gründete.

Komm.: Polites: Sohn des Priamos; vgl. Hom. Il. 13,533-9; 15,339-40; sein Tod durch die Hand von Pyrrhus: Verg. Aen. 2,526-39. – **Dein Sprössling**: der Sohn des

Polites hieß nach dem Großvater Priamos; nach Verg. Aen. 5,564-5 gründete er die Stadt in Italien. – **Politorium**: ein ca. 18 km südlich von Rom gelegener Ort an der Via Pontina, heute Castel di Decima; zu seiner frühen Geschichte s. Liv. 1,33,1-3; Dion. Hal. ant. 3,37-8; 3,43,2. Aeneas galt einem Teil der Tradition nicht als der einzige Trojaflüchtling in Italien; Serv. ad Verg. Aen. 1,2 nennt neben Polites noch Capys, den Gründer Capuas.

2,25 Serv. auct. ad Verg. Aen. 10,541 (F 55 Peter)

Sane immolari proprie dicuntur hostiae, non cum caeduntur, sed cum accipiunt molem salsam. Cato in Originibus ita ait Lavini boves immolatos, prius quam caederentur, profugisse in silvam.

Übers.: Das Wort *immolare* bezieht sich eigentlich auf Opfertiere nicht in dem Moment, wenn sie getötet werden, sondern wenn sie das gesalzene Opferschrot empfangen. Cato sagt daher in den *Origines*, dass die Stiere in Lavinium 'mit Opferschrot (bestreut)' in den Wald geflüchtet seien, bevor sie geschlachtet werden konnten.

Komm.: **immolare** bedeutet in der Tat 'mit Opfermehl (*mola salsa*) bestreuen' und meint damit den Akt der rituellen Reinigung eines Opfertieres vor der Tötung. „Der Begriff zeigt, dass die Römer das Wesentliche am Opfer nicht in der Schlachtung, sondern in der Darbringung, der Weihung der Opfertiere, sahen" (Siebert, DNP 5 [1998] 949-51 s.v. immolatio, mit Lit.). – Das Entweichen eines Opfertieres konnte als äußerst schlechtes Vorzeichen gelten; bekannt ist die Flucht der heiligen Hühner beim Abgang des Konsuls C. Hostilius Mancinus nach Spanien i.J. 137 (Val. Max. 1,6,7), wo er auch prompt eine schmähliche Niederlage hinnehmen musste. – Auf welches Ereignis Cato anspielt, ist unsicher; Alföldi, Frühes Rom 235-6 spricht von einem jährlichen Staatsopfer an Vesta und die Penaten in Lavinium.

2,26 Solin. 2,7 (F 56 Peter)

Tibur, sicut Cato facit testimonium, a Catillo Arcade praefecto classis Euandri.

Übers.: Tibur wurde, wie Cato bezeugt, von dem Arkader Catilus, dem Führer der Flotte Euanders, gegründet.

Komm.: Die Tradition lässt **Tibur** (heute Tivoli) übereinstimmend mehrere Jahrhunderte vor Rom erbaut sein, wobei wie üblich Sikeler, Albaner oder Griechen bzw. Pelasger als Gründer genannt werden; vgl. Nissen ItL II 611-2. – Zu **Euander** s.o. zu Fabius Pictor FRH 1 F 2.

2,27 Prisc. Gramm. 10 p. 537 H (F 57 Peter)

„In campo Tiburti ubi hordeum demessuit, idem in montibus serit, ubi hordeum idem iterum metit."

Übers.: „Wenn er auf dem Feld von Tibur die Gerste abgemäht hat, sät er die Ernte in den Bergen aus, wo er dieselbe Gerste noch einmal erntet."

Komm.: **campus Tiburti**: das fruchtbare Tal des Anio. Wegen der kurzen Reifezeit (vgl. Plin. nat. 18,80) konnte Gerste unter günstigen Bedingungen zweimal pro Jahr geerntet werden.

2,28 Prisc. Gramm. 4 p. 129 H = Prisc. Gramm. 7 p. 337 H (F 58 Peter)

„Lucum Dianium in nemore Aricino Egerius Baebius Tusculanus dedicavit dictator Latinus. hi populi communiter: Tusculanus, Aricinus, Lanuvinus, Laurens, Coranus, Tiburtis, Pometinus, Ardeatis Rutulus."

Übers.: „Das Heiligtum der Diana im Hain bei Aricia weihte Egerius Baebius aus Tusculum als latinischer Dictator. Diese Gemeinden waren vereint: Tusculum, Aricia, Lanuvium, Lavinium, Cora, Tibur, Pometia, Ardea Rutulorum."

Komm.: Die alte, einst politisch bedeutsame Latinerstadt **Aricia**, gut 25 km von Rom entfernt an der Via Appia auf dem Albanerberg gelegen, wurde nach dem Latinerkrieg (338) in das römische Bürgergebiet inkorporiert; vgl. Nissen ItL II 591-2; Hantos (1983) 53. Eine alternative mythhistorische Tradition führt die Gründung Aricias auf Alba Longa zurück (Solin. 2,16). Generell spielte Aricia auch in der Pseudo-Geschichte der späten römischen Königszeit eine wesentliche Rolle (Widerstand gegen Tarquinius Superbus; Teilnahme an der Schlacht am Regillus-See i.J. 499 od. 496); weiteres s. Hülsen, RE 2.1 (1895) 822-3 s.v.; Salmon, OCD[3] 157 s.v. – Das

Heiligtum der **Diana** Nemorensis bildete einen zentralen Ort im alten Latinerbund spätestens seit dem 6. Jh.; vgl. Preller RM 1,314-6; Wissowa RKR 247-50; Nissen ItL II 557-62; Latte RRG 169; T.F.C. Blagg, The Cult and Sanctuary of Diana Nemorensis, in: M. Henig, A. King (eds.), Pagan Gods and Shrines of the Roman Empire (1986) 211-9. Eine Münze aus dem Jahr 43 v.Chr. zeigt wahrscheinlich das Kultbild in dreifacher Gestalt; s. Beard, North, Price (1998) 2,15. – Nach Alföldi, Frühes Rom 46-9 bezieht sich die Notiz über **Egerius Baebius** (oder Laevius; zur Namensform s. HRR und Chassignet, Caton im krit. Apparat) auf einen Bund latinischer Gemeinden, der im Heiligtum der Diana Nemorensis von Aricia sein Zentrum hatte, gegen Rom unter der Herrschaft des Lars Porsenna am Ende des 6. Jh.s; ähnlich auch Cornell, Beginnings 292-8. S. a. Münzer, RE 5.2 (1905) 1982 s.v. Egerius (2). Fest. p. 128,15 L nennt als Namen des Weihenden abweichend Manius Egerius. Wegen der genauen Aufzählung nimmt Rosenberg (1921) 164. 166 an, dass Cato hier die Weihinschrift wiedergibt.

2,29 Schol. Veron. ad Verg. Aen. 7,681 (F 59 Peter)

Cato in Originibus ait Caeculum virgines aquam petentes in foco invenisse ideoque Vulcani <filium eum ex>istimasse et, quod oculos exiguos heberet, Caeculum appellatum. hic collecticiis pastoribus <urbem Praene>ste fundavit.

Übers.: Cato sagt in den *Origines*, dass Jungfrauen beim Wasserholen Caeculus auf einem Herd gefunden und ihn deshalb für den Sohn des Vulcan gehalten und, weil er so kleine Augen gehabt habe, Caeculus genannt hätten. Dieser gründete mit zusammengesammelten Hirten die Stadt Praeneste.

Komm.: Der Mythos vom praenestinischen Gründungsheros **Caeculus** (s. auch Verg. Aen. 7,678-81 mit Serv. ad 7,678; Fest. p. 38,23-25 L) „verbindet geläufige Motive: Geburt aus dem Herd wie Tarquinius Priscus, Aussetzung, Erziehung durch die Mutterbrüder und Stadtgründung mit einer Gruppe Marginaler wie Romulus" (Graf, DNP 2 [1997] 899 s.v.); vgl. dazu ausführlich J. Bremmer, N. Horsfall, Caecus and the Foundation of Praeneste, in: dies., Roman Myth and Mythography (1987) 49-62. Cato bietet bereits die rationalisierte Form dieses Mythos; Caeculus soll ursprünglich von einem Funken im Herdfeuer gezeugt worden sein. – Die alte Appenninstadt **Praeneste** (heute Palestrina) lag ca. 36 km östl. von Rom und blieb auch nach dem Latinerkrieg 338 selbständiges Mitglied im römischen Bundesgenossensystem; vgl. Nissen ItL II 620-4; Hantos (1983) 55-8. Die Burg lag 752 m, die Stadt selbst 415 m hoch; vgl. Strab. 5,3,11; Urbanistica ed architettura dell'antica Praeneste, Atti del Conv. di studi archeologici (1989).

2,30 Serv. auct. ad Verg. Aen. 7,682 (F 60 Peter)

Cato dicit quia is locus montibus praestet, Praeneste oppido nomen dedit.

Übers.: Cato sagt, weil dieser Platz die Hügel dominiert (*praestare*), gab Caeculus der Stadt den Namen Praeneste.

Komm.: s. zu F 2,29.

2,31 Prisc. Gramm. 4 p. 129 H = 7 p. 337 H (F 61 Peter)

„*Si quis mortuus est Arpinatis, eius heredem sacra non secuntur.*"

Übers.: „Wenn in Arpinum einer stirbt, gehen die kultischen Gegenstände nicht auf den Erben über."

Komm.: Das volskische **Arpinum**, Heimatstadt von Marius und Cicero, wurde 303 als *civitas sine suffragio* in das römische Territorium inkorporiert (Liv. 10,1,3) und erhielt 188 das volle Bürgerrecht; vgl. insg. Nissen ItL II 671-2; Hantos (1983) 76-7.

2,32 Fest. p. 400,23-25 L (F 63 Peter)

„*In maximum decus atque in excelsissimam claritudinem sublimavit.*"

Übers.: „Zum größten Ruhm und in die allererhöchste Berühmtheit erhob er ihn."

2,33 Charis. 1 p. 115 B = Prisc. Gramm. 13 p. 9 H (F 64 Peter)

„*Quescumque Romae regnavissent,* (...) "

Übers.: „Welche Männer auch immer in Rom Könige waren, (...)"

| 2,34 Non. p. 223 L (F 65 Peter) |

„Si inde in navis putidas atque sentinosas commeatum ponere volebant (...)."

Übers.: „Wenn sie von dort in verfaulte Schiffe voller Bilgenwasser Proviant laden wollten (...)."

| 2,35 Prisc. Gramm. 5 p. 152 H (F 66 Peter) |

„Itaque res uber fuit, antequam legiones (...)."

Übers.: „Daher herrschte Wohlstand, bevor die Legionen (...)."

| 2,36 Prisc. Gramm. 5 p. 171 H = Alcuin. Gramm. p. 2091 P (F 67 Peter) |

„ex sale, qui apud Carthaginienses fit (...)"

Übers.: „Von dem Salz, das bei den Karthagern gewonnen wird (...)"

Komm.: Cato hat sich in agr. 88 zur Herstellung von **Salz** geäußert; zur 'Salzgeschichte' Italiens in republikanischer Zeit s. Th. Hantos, Cum grano salis, in: R.S. Elkar u.a. (Hgg.), Vom rechten Maß der Dinge (Fs. H. Witthöft) (1996) 211-25.

| 3,1 Vell. Pat. 1,7,2-4 (F 69 Peter) |

Quidam huius temporis tractu aiunt a Tuscis Capuam Nolamque conditam ante annos fere DCCCXXX. (3) quibus equidem adsenserim; sed M. Cato quantum differt! qui dicat Capuam ab eisdem Tuscis conditam ac subinde Nolam; stetisse autem Capuam, antequam a Romanis caperetur, annis circiter CCLX. (4) quod si ita est, cum sint a Capua capta anni CCXL, ut condita est, anni sunt fere D. ego, pace diligentiae Catonis dixerim, vix crediderim tam mature tantam urbem creuisse, floruisse, concidisse, resurrexisse.

Übers.: Einige sagen, dass in Hesiods Zeitalter von den Etruskern Capua und Nola gegründet wurden, vor etwa 830 Jahren. (3) Ihnen möchte ich zustimmen. Aber wie viel anders Cato! Er sagt, dass Capua von den gleichen Etruskern gegründet wurde wie später Nola, Capua aber habe, bevor es von den Römern eingenommen wurde, ungefähr 260 Jahre lang bestanden. (4) Wenn das stimmt, dann liegt, weil seit der Einnahme Capuas 240 Jahre vergangen sind, die Gründung erst ungefähr 500 Jahre zurück. Bei allem Respekt vor der Sorgfalt Catos kann ich doch kaum glauben, dass eine so große Stadt so schnell anwuchs, erblühte, unterging und wieder erstand.

Komm.: Velleius Paterculus vollendete sein Geschichtswerk i.J. 29 n.Chr.; er datierte Hesiod also in die Zeit um 800 v.Chr. Die **Einnahme Capuas**, das im Hannibalkrieg von Rom abgefallen war, erfolgte i.J. 211, was nach Catos Rechnung die Gründung ins Jahr 471 datiert – wenn man nicht an die Bürgerrechtsverleihung an Capua (als *civitas sine suffragio*) i.J. 338 (Hantos [1983] 111) oder die Eroberung der Stadt durch die Samniten (angebl. 424; Liv. 4,37,1) denken möchte; vgl. Alföldi, Frühes Rom 172-5 und Cornell, Beginnings 154-5 mit Doxographien. Doch sind solche Harmonisierungsversuche verfehlt, weil Cato nicht den heutigen Forschungsstand zur Urbanisierung Kampaniens im 6. Jh. vor Augen hatte und das Konzept der 'Gründung' ein antikes, kein modernes ist. Zur Geschichte der kampanischen Metropole Capua s. als erste Orientierung Pappalardo, DNP 2 (1997) 977-9 mit weiterer Lit., vor allem J. Heurgon, Recherches sur l'histoire, la religion et la civilisation de Capoue préromaine des origines à la deuxième guerre punique (1942).

anwuchs (...) **unterging**: i.J. 471 (s.o.) und 424. Aber das Argument greift nicht, denn in der bei Livius greifbaren historiographischen Tradition (s.o.), die Cato kannte, ist von einem Untergang gar keine Rede; vielmehr haben lediglich die Samniten, die bereits in Capua lebten, die bis dahin herrschenden Etrusker massakriert und die Stadt umbenannt. Es sind eher die Begriffe und Kategorien des Velleius als Catos gewiss auf sorgfältigen Recherchen beruhende Datierung, wodurch der Sachverhalt noch weiter verunklart wird (so mit Recht auch Nissen ItL II 697). Man kann durchaus etwa an eine 471 beginnende Eponymenliste als Grundlage der Berechnung denken.

3,2 Plin. nat. 3,98 (F 68 Peter)

Praeterea interisse Thebas Lucanas Cato auctor est.

Übers.: Cato berichtet, dass außerdem in Lukanien eine Stadt Theben unterging.

| 3,3 Serv. auct. ad Verg. Aen. 3,402 (F 70 Peter) |

Nam ait Cato a Philocteta condita iam pridem civitate murum tantum factum.

Übers.: Denn Cato sagt, dass lange nach der Gründung der Stadt Petilia lediglich die Mauern von Philoktet errichtet worden seien.

Komm.: In **Petilia** (od. Petelia) im nördlichen Bruttium wurde bis ins 1. Jh. v.Chr. überwiegend Griechisch gesprochen; vgl. Nissen ItL II 936-7. – Der im trojanischen Sagenkreis beheimatete **Philoktet** soll – wie auch sonst nicht wenige Achaier – auf dem Weg nach Hause in Unteritalien mehrere Städte gegründet haben; vgl. Strab. 6,1,3; Verg. Aen. 3,402; Solin. 2,10.

| 3,4 Prob. praef. in Verg. Buc. p. 326 H (F 71 Peter) |

„*Thesunti Tauriani vocantur de fluvio, qui propter fluit. id oppidum Aurunci primo possederunt, inde Achaei Troia domum redeuntes. in eorum agro fluvii sunt sex; septimus finem Rheginum atque Taurinum dispescit: fluvii nomen est Pecoli. eo Orestem cum Iphigenia atque Pylade dicunt maternam necem expiatum venisse, et non longinqua memoria est, cum in arbore ensem viderint, quem Orestes abiens reliquisse dicitur.*"

Übers.: „Die taurianischen Thesuntier werden nach dem Fluss genannt, der vorbeifließt. Diese Stadt hatten zuerst die Auruncer in Besitz, dann Achaier, die von Troja nach Hause zurückkehrten. Auf ihrem Gebiet gibt es sechs Flüsse, ein siebter trennt das Gebiet von Rhegion und das von Taurinum. Der Name des Flusses ist Pecoli. Dorthin soll Orest mit Iphigenie und Pylas gekommen sein, um den Muttermord zu sühnen, und bis vor nicht allzu langer Zeit konnte man an einem Baum den Dolch sehen, den Orest beim Weggang zurückgelassen haben soll."

Komm.: Die Ähnlichkeit des Namens **Taurianum** mit Tauris schuf die Möglichkeit, den Ort in Bruttium durch eine etymologische Brücke mit der Orest-Sage zu verbinden: Orest hatte seine Mutter Klytem(n)estra als Rache für den Mord an seinem Vater Agamemnon getötet und konnte für diesen Muttermord nur in einem Fluss, der durch die Vereinigung von sieben anderen Flüssen entsteht, von der Befleckung entsühnt werden; vgl. Nissen ItL II 961. Plin. nat. 3,73 nennt einen *portus Orestis* in der Nähe von Taurianum. – In dem Text lassen sich wesentliche Elemente von

Catos Geschichtsschreibung exemplarisch fassen: das Interesse am Anfang, die Verflechtung des frühen Italien mit dem Griechentum, die Sensibilität für Veränderungen von Kultur, Siedlung und Herrschaft im Lauf der Zeit, ein ausgeprägtes Streben nach Genauigkeit und das Nennen prominenter Einzelner als Gründer von Städten. Der Dolch des Orest, dieser zuletzt nur noch gewusste Überrest, hat keine erkennbare größere 'Bedeutung', er weist, wie trotz des Fehlens eines Kontextes zu vermuten ist, nicht über sich hinaus. Cato hat ihn trotzdem durch seinen Bericht bewahrt und so einen Gedächtnisort geschaffen, der ohne Aufzeichnung wohl bald untergegangen wäre.

3,5 Fest. p. 198,4-5 L (F 72 Peter)

„Equos respondit: 'oreas mihi inde, tibi cape flagellum'."

Übers.: „Das Pferd antwortete: 'Lege mir das Gebiss an, und du, nimm die Geißel!'"

Komm.: Cato referiert offensichtlich eine von Aristoteles (Rhet. 1393 b 8-22) dem Chorlyriker Stesichoros (um 600) zugeschriebene Geschichte über Phalaris von Akragas, den ersten bedeutenden Tyrannen auf Sizilien im 6. Jh., im Zusammenhang mit der Geschichte Himeras, doch wird sie auch auf Gelon bezogen; vgl. Hans (1983) 34-6.

3,6 Charis. 1 p. 92 B = Beda, De orthogonia 7 p. 285 K (F 74 Peter)

„Laserpitium pro pulmentario habet."

Übers.: „Er hat 'Silphionmilch' als Zukost."

Komm.: Das Wort **laserpitium** ist wahrscheinlich aus *lac* (Milch) und *sirpe*, der Lehnübersetzung von σίλφιον zusammengesetzt (Chassignet, Caton 83). Die ausgestorbene und botanisch nicht zu bestimmende Silphionpflanze stellte die Grundlage für den Reichtum der Stadt Kyrene in Libyen dar; ihr Extrakt wurde als Heilmittel verwendet; s. O. Murray, Das frühe Griechenland (1982) 155-7 mit einer Abbildung der sog. Arkesilas-Schale, auf der wahrscheinlich das Wiegen und Einlagern des begehrten Exportartikels dargestellt ist.

| 3,7 Charis. 1 p. 92 B = Beda, De orthogonia 7 p. 285 K (F 75 Peter) |

„multo pulmento usi"

Übers.: „sie nahmen viel Zukost"

| 3,8 Gell. 17,13,3 (F 73 Peter) |

„Haut eos eo postremum scribo, quin populi et boni et strenui sient."

Übers.: „Diese beschreibe ich nicht zuletzt deshalb, weil sie etwa nicht gute und tüchtige Leute sind."

| 3,9 Serv. ad Verg. Aen. 9,600 (F 76 Peter) |

Italiae disciplina et vita laudatur. quam et Cato in Originibus et Varro in Gente populi Romani commemorat.

Übers.: Italiens Sitte und Lebensführung findet Lob. Sie haben sowohl Cato in den *Origines* als auch Varro in *De gente populi Romani* gewürdigt.

Komm.: Varros (verlorene) Schrift 'Über die Herkunft des römischen Volkes' in vier Büchern bildete den mythhistorischen Vorspann zu seinem Werk 'Über das Leben des römischen Volkes'. Zur 'italischen' Perspektive Catos s.o. S. 152.

| 4,1 Gell. 2,28,4 (F 77 Peter) |

„Non lubet scribere, quod in tabula apud pontificem maximum est, quotiens annona cara, quotiens lunae aut solis lumine caligo aut quid obstiterit."

Übers.: „Ich mag nicht schreiben, was auf der Tafel beim Pontifex Maximus steht: wie oft das Getreide teuer war, wie oft dem Licht von Mond oder Sonne Finsternis oder etwas Anderes entgegenstand."

Komm.: Cato lehnt es ab, in buchhalterischer Manier die Überlieferung ohne Rücksicht auf Inhalt und Bedeutung aufzuzeichnen; seine Weigerung, die auf der Pontifikaltafel festgehaltenen Getreideteuerungen und Sonnen- oder Mondfinsternisse zu reproduzieren, bedeutet aber nicht, dass er die *tabulae* nicht als Quelle herangezogen hätte. Von dieser Form der Vergegenwärtigung vergangenen Geschehens vermochten lediglich keine handlungsleitenden Impulse auszugehen, konnte sich das *historiae bonum* (o. F 1,1a) nicht widerspiegeln. Eher unwahrscheinlich ist hingegen, dass sich Cato gegen Ennius wandte; so jedoch Forsythe, Piso 70 unter Verweis auf *Nonis Iuniis soli luna obstitit et nox* (Enn. Ann. 153 Skutsch).

Das Fragment spielt naturgemäß in der Diskussion um die ursprüngliche Gestalt der *tabulae apud pontificem* vor der Buchausgabe des Scaevola, wenn es sie denn gegeben hat, eine wichtige Rolle; zur Gestalt der vorliterarischen offiziellen Geschichtsaufzeichnungen s.o. S. 32-5.

4,2 Fest. p. 132,11-13 L = Serv. auct. ad Verg. Aen. 1,421 (F 78 Peter)

„*Mapalia vocantur ubi habitant: ea quasi cohortes rotundae sunt.*"

Übers.: „'Mapalia' werden die Behausungen der Karthager genannt; sie sind fast wie runde Gehege."

Komm.: Zu den **mapalia** s. zu Cassius Hemina FRH 6 F 41.

4,3 Serv. auct. ad Verg. Aen. 4,682 (F 80 Peter)

'*Exstinxti te meque, soror, populumque patresque Sidonios urbemque tuam*' (...). *quidam hoc loco volunt tres partes politiae comprehensas, populi, optimatium, regiae potestatis. Cato enim ait de tribus istis partibus ordinatam fuisse Carthaginem.*

Übers.: 'Du hast dich, Schwester, und mich ausgelöscht, und das Volk und den sidonischen Senat und deine Heimatstadt.' (...) Manche wollen das so interpretieren, dass in dieser Stelle (von Vergils *Aeneis*) die drei Teile der Verfassung zusammengefasst seien, nämlich die Gewalt des Volkes, der Adligen und die königliche. Cato nämlich sagt, dass Karthago eine Verfassungsordnung aus eben diesen drei Teilen besessen habe.

Komm.: Wenn Cato feststellt, dass es in Karthago ein Verfassungsordnung aus *populus*, *optimates* und *reges* gegeben habe, so ist dies als eine Verständlichmachung mit dem Mittel einer *interpretatio Romana* zu verstehen, die zugleich signalisiert, dass er die zentralen Phänomene der außerrömischen Welt selbstbewusst mit römischen Augen sehen, mit gängigen römischen Begriffen bezeichnen will. Ihm darüber hinausgehend die Ansicht zuzuschreiben, Karthago habe eine Mischverfassung gehabt, ist weder zwingend noch nahe liegend; vgl. in diesem Sinn Astin (1978) 226 gegen z. B. Kienast (1979) 110-11; Flach (1998) 73. – Als Mischverfassung wurde die staatliche Ordnung Karthagos in der antiken Staatsphilosophie mehrfach beschrieben; vgl. Aristot. Pol. 1272 b 24 - 1274 a 21; Pol. 6,51; Cic. rep. 2,42. Mit *regia potestas* sind die beiden Oberbeamten, die Sufeten (*špṭm*), gemeint, mit *optimates* der mehrhundertköpfige aristokratische Rat (*h'drm*) und mit *populus* die Volksversammlung (*'m*). Diese Charakterisierung ist freilich ähnlich schematisch und daher unzutreffend wie im Falle von Rom; vgl. zur 'Verfassung' Karthagos jüngst Ameling (1993), ders., Das Problem des karthagischen Staates, HZ 257 (1993) 109-31; Huss (1986), v.a. 458-66; für den Vergleich mit Rom s. den einflussreichen Aufsatz von A. Heuss, Die Gestaltung des römischen und des karthagischen Staates bis zum Pyrrhos-Kriege (1943), in: Gesammelte Schriften II (1995) 1010-65; speziell zum Fragment P. Catalano, La divisione del potere in Roma (a proposito di Polibio e di Catone), in: Studi in onore di Giuseppe Grosso VI (1974) 665-691.

4,4 Prisc. Gramm. 6 p. 254 H (F 81 Peter)

„Si quis membrum rupit aut os fregit, talione proximus cognatus ulciscitur."

Übers.: „Wenn jemand ein Körperglied gebrochen oder einen Knochen zerschmettert hat, rächt es der nächste Verwandte durch Talion."

Komm.: Die kontextlose Bestimmung deckt sich nicht exakt mit den entsprechenden Sätzen des XII-Tafel-Gesetzes: Zwar wird tab. 8,2 (*si membrum rup<s>it, ni cum eo pacit, talio esto*; „Wenn jemand [einem anderen] ein Körperglied gebrochen hat und sich mit diesem nicht gütlich vergleicht, dann soll Talion stattfinden") für ein gebrochenes Körperglied Talion (Zufügung des Gleichen) festgesetzt, aber tab. 8,3 ordnet für ein zerschlagenes Gesicht eine Bußleistung in Geldwert an. Man hat daher an eine ältere, noch weniger differenzierte Regelung aus der Vor-XII-Tafel-Zeit gedacht (so Mommsen, Strafrecht 802) oder an eine Notiz zum karthagischen Recht. Da die Buchzahl IV überliefert ist, müsste ein römischer Kontext konstruiert werden (etwa in einem Exkurs zur älteren Rechtsgeschichte?), ein karthagischer hingegen nicht.

4,5   Gell. 5,21,15 = Non. p. 124 L (F 79 Peter)

„*Compluriens eorum milites mercennarii inter se multi alteri alteros <in castris> occidere, compluriens multi simul ad hostis transfugere, compluriens in imperatorem impetum facere.*"

Übers.: „Oftmals haben ihre Söldnertruppen einander gegenseitig im Lager massakriert, oftmals gingen viele gleichzeitig zum Feind über, oftmals griffen sie ihren Feldherren tätlich an."

Komm.: In der Zeit der Punischen Kriege bestand das karthagische Heer aus einem Bürgeraufgebot, Kontingenten von Verbündeten und Söldnerntruppen; vgl. Huss (1986) 475-80 mit Quellen und Lit.; Ameling (1993) 183-226. Revolten der Söldner, meist wegen ausbleibender Bezahlung, waren nicht selten; der größte von ihnen stürzte Karthago nach dem Ende des 1. Punischen Krieges in eine existenzbedrohende Krise (in d.J. 241-238; vgl. Huss [1986] 252-66). – Zu Gewaltakten von karthagischen Söldnern untereinander und gegen ihre Anführer s. Pol. 1,69,10-11; 80,8-10. – Desertion: Pol. 1,77,5; 2,7,9. – Meuterei gegen die Befehlshaber: Pol. 1,79,2-3. 11-3.

4,6   Gell. 11,1,6 (F 82 Peter)

„*Imperator noster, si quis extra ordinem depugnatum ivit, ei multam facit.*"

Übers.: „Unser Feldherr legte, wenn einer außer der Reihe zum Zweikampf vortrat, ihm eine Buße auf."

Komm.: Die strikte römische *disciplina militaris* kontrastiert auch Polybios mit den karthagischen Verhältnissen; vgl. Pol. 6,52,2-5. Die unerbittliche Gültigkeit des militärischen Befehls bildet den Kern einschlägiger *exempla*, wobei ein Feldherr seinen eigenen Sohn wegen Verstoßes gegen den Befehl zur Passivität trotz eines errungenen Sieges bestrafte; bekannt sind etwa das *triste exemplum sed in posterum salubre iuventuti* des T. Manlius Torquatus (Liv. 8,7; vgl. Enn. Ann. 156 Skutsch) sowie A. Postumius, der seinen gleichnamigen Sohn ebenfalls hinrichten ließ (i.J. 431; Liv. 4,29,5-6; Val. Max. 2,7,6). Nach Liv. 34,15,4 ging Cato bei der Schlacht von Emporion (s.u. zu 5,1) ebenfalls gegen Soldaten vor, die nicht in der Schlachtreihe zu halten waren.

4,7a Gell. 3,7,1-19 (F 83 Peter)

Pulcrum, dii boni, facinus Graecarumque facundiarum magniloquentia condignum M. Cato libris Originum de Q. Caedicio tribuno militum scriptum reliquit. (2) *id profecto est ad hanc ferme sententiam:*

(3) *imperator Poenus in terra Sicilia bello Carthaginiensi primo obviam Romano exercitu progreditur, colles locosque idoneos prior occupat.* (4) *milites Romani, uti res nata est, in locum insinuant fraudi et perniciei obnoxium.* (5) *tribunus ad consulem venit, ostendit exitium de loci importunitate et hostium circumstantia maturum.* (6) *'censeo,' inquit 'si rem servare vis, faciundum, ut quadringentos aliquos milites ad verrucam illam* (*sic enim Cato locum editum asperumque appellat*) *ire iubeas, eamque uti occupent, imperes horterisque; hostes profecto ubi id uiderint, fortissimus quisque et promptissimus ad occursandum pugnandumque in eos praevertentur unoque illo negotio sese alligabunt, atque illi omnes quadringenti procul dubio obtruncabuntur.* (7) *tunc interea occupatis in ea caede hostibus tempus exercitus ex hoc loco educendi habebis.* (8) *alia nisi haec salutis uia nulla est.' consul tribuno respondit consilium quidem istud aeque providens sibi viderier; 'sed istos' inquit 'milites quadringentos ad eum locum in hostium cuneos quisnam erit qui ducat?* (9) *si alium' inquit tribunus 'neminem reperis, me licet ad hoc periculum utare; ego hanc tibi et rei publicae animam do.'* (10) *consul tribuno gratias laudesque agit.* (11) *tribunus et quadringenti ad moriendum proficiscuntur.* (12) *hostes eorum audaciam demirantur; quorsum ire pergant, in expectando sunt.* (13) *sed ubi apparuit ad eam verrucam occupandam iter intendere, mittit adversum illos imperator Carthaginiensis peditatum equitatumque quos in exercitu viros habuit strenuissimos.* (14) *Romani milites circumveniuntur, circumventi repugnant;* (15) *fit proelium diu anceps.* (16) *tandem superat multitudo. quadringenti omnes cum uno perfossi gladiis aut missilibus operti cadunt.* (17) *consul interim, dum ibi pugnatur, se in locos tutos atque editos subducit.* (18) *sed quod illi tribuno, duci militum quadringentorum, divinitus in eo proelio usu venit, non iam nostris, sed ipsius Catonis verbis subiecimus:*

(19) *„dii immortales tribuno militum fortunam ex virtute eius dedere. nam ita evenit: cum saucius multifariam ibi factus esset, tamen vulnus capitis nullum evenit, eumque inter mortuos defetigatum vulneribus atque quod sanguen eius defluxerat, cognovere. eum sustulere isque convaluit saepeque postilla operam rei publicae fortem atque strenuam perhibuit; illoque facto, quod illos milites subduxit, exercitum ceterum servavit. sed idem benefactum quo in loco ponas, nimium interest. Leonides Laco quidem simile apud Thermopylas fecit, propter eius virtutes omnis Graecia gloriam atque gratiam praecipuam claritudinis inclitissimae decoravere monumentis: signis, statuis, elogiis, historiis aliisque rebus gratissimum id eius factum habuere; at tribuno militum parva laus pro factis relicta, qui idem fecerat atque rem servaverat."*

Übers.: Eine herrliche Tat, ihr guten Götter, völlig ebenbürtig dem, was griechische Rhetoren pathetisch rühmen, hat Marcus Cato in seinen *Origines* schriftlich bewahrt, und zwar von dem Militärtribunen Quintus Caedicius. (2) Das liest sich etwa so: (3) Der punische Feldherr marschiert im Lande Sizilien im 1. Punischen Krieg einem römischen Heer entgegen; er besetzt als Erster die Hügel und günstigen Stellen. (4) Die römischen Soldaten, wie es in der Natur der Sache liegt, dringen in das Gelände vor, wo sie Hinterhalt und Verderben ausgesetzt sind. (5) Ein Tribun kommt zum Konsul und macht deutlich, dass wegen der ungünstigen Örtlichkeiten und der Umzingelung durch die Feinde der Untergang unmittelbar bevorstehe. (6) „Ich denke", sagt er, „wenn du die Lage retten willst, musst du etwa vierhundert Soldaten zu dieser Warze (so nämlich bezeichnet Cato diese schroffe Anhöhe) schicken und ihnen dringend einschärfen, dass sie sie besetzen müssen. Wenn die Feinde das sehen, werden auf alle Fälle die Tapfersten und Eifrigsten von ihnen ihre ganze Aufmerksamkeit auf diese (unsere Leute) richten, um sie anzugreifen und zu kämpfen, und sie werden sich allein dieser einen Aufgabe zuwenden, und diese vierhundert werden zweifellos allesamt niedergemacht werden. (7) Dann wirst du in der Zwischenzeit, wenn die Feinde mit dieser Metzelei beschäftigt sind, Zeit haben, das Heer aus der augenblicklichen Stellung herauszuführen. (8) Einen anderen Weg der Rettung gibt es nicht." Der Konsul antwortet dem Tribunen, dieser Vorschlag erscheine zwar auch ihm sehr weitsichtig, „aber", sagt er, „diese vierhundert Soldaten, wer soll sie dorthin, mitten in die Formationen der Feinde, führen?" (9) „Wenn du keinen anderen findest", erwidert der Tribun, „kannst du für dieses Himmelfahrtskommando auf mich zählen. Ich gebe dir und dem Gemeinwesen mein Leben." (10) Der Konsul spricht dem Tribunen Dank und Lob aus. (11) Der Tribun und die vierhundert Mann ziehen in den Tod. (12) Die Feinde sind sehr verwundert über deren Kühnheit und beobachten erwartungsvoll, wohin sie weiter vorrücken. (13) Als sich aber zeigte, dass das Ziel ihres Weges die Besetzung dieser Warze war, schickt der karthagische Feldherr gegen sie Fußvolk und Reiterei, und zwar die tüchtigsten von seinen Männern. (14) Die römischen Soldaten werden umzingelt, eingeschlossen wehren sie sich. (15) Es entwickelt sich ein lange unentschiedener Kampf. (16) Endlich obsiegt die größere Zahl. Alle vierhundert fallen bis zum letzten Mann, durchbohrt von Schwertern oder gespickt mit Geschossen. (17) Der Konsul kann sich inzwischen, während dort gekämpft wird, in sicheres und hoch gelegenes Gelände zurückziehen. (18) Aber was jenem Tribunen, dem

Anführer der vierhundert Soldaten, durch göttliche Fügung in dieser Schlacht widerfuhr, habe ich nicht in meinen Worten, sondern in denen von Cato selbst angefügt:

(19) „Die unsterblichen Götter schenkten dem Militärtribunen ein glückliches Geschick für seine Tapferkeit. Denn Folgendes geschah: Obwohl er dort vielfach verwundet wurde, erhielt er doch keine tödliche Verletzung, und man fand ihn zwischen den Toten, entkräftet durch die Wunden und weil er viel Blut verloren hatte. Man hob ihn auf, und er wurde wieder gesund, und danach leistete er für das Gemeinwesen noch oft tapferen und tüchtigen Dienst. Durch diese Tat, weil er seine Soldaten (dort) hinführte, hat er das übrige Heer gerettet. Aber es macht einen großen Unterschied, wo man die gleiche Großtat (jeweils) plaziert. Der Spartaner Leonidas vollbrachte Ähnliches bei den Thermopylen, und wegen seiner Leistungen hat ganz Griechenland seinen Ruhm und seine herausragende Beliebtheit mit Denkmälern erlauchtester Berühmtheit verherrlicht. Mit Bildnissen, Statuen, Versinschriften, Geschichtswerken und anderen Mitteln haben sie diese seine Tat in höchstem Ansehen gehalten. Aber dem Militärtribunen blieb nur ein schmales Lob für seine Taten übrig, wo er doch das Gleiche getan und die Situation gerettet hatte."

Komm.: Seine Vorstellungen von *virtus Romana* kleidete Cato auch in exemplarische Erzählungen einzelner Taten. In der von Gellius teils textnah paraphrasierten, teils wörtlich wiedergegebenen Schilderung, wie der **Tribun** Q. Caedicius im 1. Punischen Krieg 258 bei Kamarina auf Sizilien ein römisches Heer in ungünstiger Lage aus der Umklammerung durch karthagische Truppen befreite, indem er mit einer Kohorte einen Ablenkungsangriff unternahm und so dem Feldherrn und dem Rest des Heeres den Rückzug ermöglichte, ist ein deutliches Bewusstsein für die Notwendigkeit erkennbar, für die Vergegenwärtigung der eigenen Geschichte etwas Eigenes zu schaffen (s.o. S. 150). Seine Reflexion über dieses Problem ist nüchtern, aber deutlich, indem er die Schilderung der todesmutigen Pflichterfüllung des namenlosen Militärtribunen mit dem Leonidas-Vergleich abschließt. Die Römer hatten wahrlich Geschichte genug, aber ihre Erinnerung erschien Cato unzureichend entwickelt.

Der Gedanke wurde später von Sallust (Catil. 8,2-4) aufgenommen (s.u. zu Gellius FRH 10 F 1). Der Verweis auf Leonidas – hier erstmals in der lateinischen Literatur erwähnt – lag durchaus nahe, war es doch Cato selbst, der in der Schlacht an den Thermopylen 191 einen entscheidenden Beitrag zum römischen Sieg leistete und dies auch gebührend herausstrich; vgl. Kienast (1979) 49-50; Chassignet, Caton 89 mit den Belegen, v.a. Plut. Cato 14,2.

Die Pointe der Geschichte liegt darin, dass die von dem Tribunen selbst vorgeschlagene Operation zwar offensichtlich ein Himmelfahrtskommando war und den 400 als Preis für die Rettung des Heeres der sichere Tod bevorstand, weswegen sich der Tribun dem Feldherrn auch mit einer Formulierung anbot, die entfernt an eine *devotio* erinnern mochte (vgl. etwa Liv. 8,10,11), aber wider Erwarten der Tribun als Einziger (!) den Kampf überlebte und dem Gemeinwesen noch oft dienen konnte.

Die lebendige Art, wie Cato die Geschichte erzählt (zu Sprache und Stil s. M. v. Albrecht, Meister römischer Prosa [³1995] 38-50; zuletzt Courtney [1999] 74-8), spricht dafür, dass er sie als Erster literarisch geformt hat. Sie scheint aber auf eine verbreitete (mündliche?) Tradition zurückzugehen, denn spätere Autoren bieten zusätzliche Informationen, die Cato nicht hat, die aber kaum einfach hinzuerfunden sein können. Den Schauplatz und den historischen Kontext wird er gewiss außerhalb der überlieferten Passage berichtet haben. Aber den – in der übrigen Tradition strittigen – Namen des Tribunen (s. Broughton MRR 1,207) nennt er nicht (s.o. S. 153), ebenso wenig den des kommandierenden **Konsuls** (es war A. Atilius Caiatinus); beide erscheinen nur als *tribunus* bzw. *consul*, desgleichen der *imperator Poenus* (Hasdrubal). Interessant ist die Zahl seiner Mitkämpfer, die Flor. 1,18,13 abweichend von Cato mit 300 angibt. Hier dürfte Cato mit 400 die ihm vorliegende Überlieferung getreu wiedergegeben haben, während der spätere Autor den catonischen Deutungshorizont – den Vergleich mit Leonidas – in die Sachdarstellung hineinprojiziert und die Zahl der Gefallenen den kanonisch gewordenen 300 Spartanern angeglichen hat: Der numerische Bedeutungsverlust wurde durch die Aufladung mit historischem 'Gewicht' mehr als aufgewogen. – Mit **Versinschriften** sind die z.T. dem Simonides zugeschriebenen Grabepigramme auf die Thermopylenkämpfer gemeint, darunter das berühmte, von Cicero übersetzte „Wanderer, kommst du nach Sparta, ...", zitiert Hdt. 7,228. Grabbauten von Nobiles trugen rühmende Versinschriften, sog. *elogia*, seit dem späten 3. Jh. (in ILS 1 auf L. Cornelius Scipio Barbatus, cos. 298, ist die Versinschrift späterer Zusatz (Till [1976] 33. 316); Cic. Cato m. 61; fin. 2,116 auf den genannten A. Atilius Caiatinus). Bei **Geschichtswerken** denkt Cato v.a. an Herodot (7,201-38), dem auch die ionische Namensform *Leonides* entnommen ist (vgl. Pol. 9,38,3), während Plautus (Asin. 58. 101. 265 u.ö.) das gängigere *Leonidas* benutzte. – Insg. s.a. G. Calboli, Die Episode des Tribunen Q. Caedicius, Maia 48 (1996) 1-32.

4,7b Cic. Cato 75 (F./. Peter)

Legiones nostras, quod scripsi in Originibus, in eum locum saepe profectas alacri animo et erecto, unde se redituras numquam arbitrarentur.

Übers.: Dass unsere Legionen, wie ich in den *Origines* schrieb, oft mit tapferem und aufrechtem Mut zu einem bestimmten Ort marschierten, in der Überzeugung, von dort niemals mehr zurückzukehren.

Komm.: s. zu F 4,7a.

4,8 Serv. auct. ad Verg. Aen. 3,707 (F 89 Peter)

Cato pluraliter haec Drepana dicit.

Übers.: Cato fasst dieses 'Drepana' als Plural auf.

Komm.: s. zu Fannius FRH 9 F 3.

4,9 Non. p. 142 L = Gell. 10,1,10 (F 84 Peter)

„Deinde duoetvicesimo anno post dimissum bellum, quod quattuor et viginti annos fuit, Carthaginienses sextum de foedere decessere."

Übers.: „Danach, im zweiundzwanzigsten Jahr nach Ende des Krieges, der 24 Jahre lang gedauert hatte, verletzten die Karthager zum sechsten Mal den Vertrag."

Komm.: Der Anschluss mit **danach** und die Formulierung insgesamt könnten dafür sprechen, dass dem Satz eine Auflistung der früheren Vertragsverstöße voranging, kulminierend in dem den Krieg auslösenden sechsten; vgl. G. Nenci, La testimonianza di Catone sulla 'decessio de foedere' saguntina, in: Accademia etrusca di Cortona, Annuario XII, N.S. 5 (1964) 71-81. Aus **im zweiundzwanzigsten Jahr** ergibt sich, dass Cato die Eroberung Sagunts im Herbst 219 (Pol. 3,17,9; Liv. 21,15,3; Heftner, Aufstieg 202), nicht die Überschreitung des Ebro im Frühsommer 218 als Beginn des 2. Punischen Krieges ansah. Auch an der Angabe **24 Jahre** ist die inklusive Rechnung (264-241) abzulesen. Zur Datierung und zu Catos Jahresrechnung s. Hoyos (1998) 221 mit Anm. 4; vgl. die Kontroverse zwischen B.L. Twyman, Cato, *Origines* 4, Fragment 84 Peter: 'Duovicesimo Anno', AHB 2.5 (1988) 99-106 und B.D. Hoyos, Cato's 'Duovicesimo Anno' and Punic Treaty-Breaches in the 230s B.C., AHB 4.2 (1990) 31-36; N. Mantel, Poeni Foedifragi (1988) 43-5. Vieles muss indes unsicher bleiben: Beziehen sich die fünf früheren Vertragsverletzungen nur auf die Zwischenkriegszeit seit 241 oder schließen sie auch frühere Verstöße ein? Der Singular *foedere* spricht für Ersteres, doch fällt es selbst aus prorömischer Sicht, auch angesichts der schlechten Überlieferungslage, schwer, eine solche Zahl von Verstößen zusammenzubekommen; vgl. Hoyos (1998) 144-9, der 147 von „a swathe of invented confrontations" spricht, die aus der Rückschau in die 230er (und 220er) Jahre hineinprojiziert werden konnten. – Historiographisch interessant ist, wie der Zeitgenosse des Hannibalkrieges und der römischen Weltherrschaft das Potential von Zeitangaben zur politischen Wertung sowie zur historischen Deutung und Überhöhung zu nutzen wusste. – Zur 'Kriegsschuldfrage' von 219/8 s. zu Fabius Pictor FRH 1 F 31.

4,10 Serv. ad Verg. Aen. 10,13 (F 85 Peter)

Alpes quae secundum Catonem et Livium muri vice tuebantur Italiam.

Übers.: Die Alpen, die nach Cato und Livius wie eine Mauer Italien schützten.

Komm.: Das Bild der Alpen als Schutzmauer Italiens findet sich z. B. noch Pol. 3,54,2; Cic. Pis. 81; Liv. 21,35,8-9. Walbank HCP I 390 hält Cato für den Urheber. Die Aussage geht, bezogen auf die Zeit des Hannibalkrieges, vom naturräumlichen Befund und der Militärgeographie aus, nicht von den politischen Verhältnissen. Vgl. ferner E. Doblhofer, Livius und andere 'Imperialisten', in: E. Lefèvre, E. Olshausen (Hgg.), Livius. Werk und Rezeption (Fs. Burck) (1983) 133-62.

4,11 Plin. nat. 8,11 (F 88 Peter)

Antipater auctor est duos Antiocho regi in bellicis usibus celebres etiam cognominibus fuisse; etenim novere ea. certe Cato, cum imperatorum nomina annalibus detraxerit, eum, qui fortissime proeliatus esset in Punica acie, Surum tradidit vocatum altero dente mutilato.

Übers.: Antipater berichtet, dass der König Antiochos zwei Elefanten für militärische Zwecke besaß, die sogar durch Namen berühmt waren, und in der Tat kannte man sie. Cato jedenfalls, während er in seinem Geschichtswerk die Namen der Feldherren wegließ, überliefert, dass der eine, der in der punischen Schlachtformation sehr tapfer gekämpft habe, Surus genannt worden sei, weil er einen verstümmelten Stoßzahn hatte.

Komm.: Antipater, ein vielleicht ins 2. Jh. v.Chr. zu datierender Autor (s. FGrH 507 mit Jacobys Komm.), diente Plinius als Informationsquelle über Elefanten (nat. 1,8). – **Antiochos** III. regierte 223-187 das Seleukidenreich und erlitt 190 in der Schlacht von Magnesia die entscheidende Niederlage gegen die Römer (188 Friede von Apameia). – Zum Einsatz von Elefanten im Krieg durch die Gegner Roms s.u. zu Piso FRH 7 F 33. Der hier genannte **Surus** war vielleicht nicht identisch mit dem Tier, das als einziges den Winter 218/7 überlebte und Hannibal durch die Sümpfe Etruriens trug; vgl. Seibert (1993) 18 Anm. 70 mit Lit.

4,12 Gell. 11,3,2 (F 91 Peter)

„Proelium factum depugnatumque pro castris."

Übers.: „Die Schlacht fand statt und wurde bis zum Ende durchgekämpft vor dem Lager."

4,13 Gell. 10,24,7 = Macr. Sat. 1,4,26 (F 86 Peter)

„Igitur dictatorem Carthaginiensium magister equitum monuit: 'mitte mecum Romam equitatum: diequinti in Capitolio tibi cena cocta erit'."

Übers.: „Danach forderte der Reiteroberst den karthagischen Dictator auf: ‚Schicke die Kavallerie mit mir nach Rom; am fünften Tag wird dir auf dem Kapitol eine Mahlzeit bereitet sein!'"

Komm.: s. zu F 4,14.

4,14 Gell. 2,19,9 (F 87 Peter)

„Deinde dictator iubet postridie magistrum equitum arcessi: 'mittam te, si vis, cum equitibus'. 'sero est', inquit magister equitum, 'iam rescivere'."

Übers.: „Danach ließ der Dictator am nächsten Tag den Reiteroberst holen: 'Ich will dich mit den Reitern schicken, wenn du willst.' 'Es ist zu spät', sagte der Reiteroberst, 'sie haben es schon bemerkt.' "

Komm.: Der berühmte Wortwechsel zwischen Hannibal und Maharbal (zu ihm s. Geus [1994] 194-6) wurde vor allem in der livianischen Version (22,51,1-2) durch Maharbals *vincere scis, Hannibal, victoria uti nescis* („Zu siegen verstehst du, Hannibal, den Sieg auszunutzen indes nicht") zur berühmten Anekdote; vgl. dann etwa Val. Max. 9,5 ext. 3; Flor. epit. 1,22,19-20; Amm. Marc. 18,5,6. Andere Gesprächspartner Hannibals sind bei Plut. Fab. 17,1-2 und Sil. It. 10,375-6 überliefert.

Zwischen den beiden Fragmenten ist Hannibals abschlägige erste Antwort ausgefallen; Livius zog die beiden Gespräche an aufeinander folgenden Tagen aus dramaturgischen Gründen zu einem Dialog zusammen und legte Hannibal keine militärische, sondern eine psychologische Begründung in den Mund: Es bedürfe gewisser Zeit, diesen Erfolg erst einmal mental zu fassen und eine vernünftige Entscheidung zu treffen. Vgl. zur Sache J.F. Lazenby, Was Maharbal right?, in: T.J. Cornell u.a. (eds.), The Second Punic War. A Reappraisal (1996) 39-48; J.F. Shean, Hannibal's mules: the logistical limitations of Hannibal's army and the battle of Cannae, 216 B.C., Historia 45 (1996) 159-187. – **dictator Carthaginiensium** und **magister equitum** sind hier entweder *interpretatio Romana* (o. zu 4,3) oder stilistische *variatio*; dass Cato etwa den Namen Hannibals konsequent nicht nannte, erscheint ganz ausgeschlossen.

4,15 Prisc. Gramm. 8 p. 382 H (F 90 Peter)

„duo exules lege publica execrari."

Übers.: „Zwei Verbannte werden nach öffentlichem Recht verflucht."

Komm.: Jordan (1860) proleg. p. LIV wollte das Fragment hypothetisch auf die Verurteilung und Exilierung zweier Männer wegen *latrocinium* i.J. 179 beziehen.

5,1 Liv. 34,15,9 (F 92 Peter)

Cato ipse, haud sane detractor laudum suarum, multos caesos ait, numerum non adscribit.

Übers.: Cato selbst, bestimmt kein Verkleinerer seines eigenen Lobpreises, sagt, dass viele getötet wurden, eine Zahl gibt er nicht an.

Komm.: Die Notiz bezieht sich auf die Schlacht von Emporion/Ampurias in Katalonien, in der Cato 195 als Konsul siegreich war. Möglicherweise geht Liv. 34,14-5 auf ihn zurück; in diesem Sinn H. Tränkle, Catos *Origines* im Geschichtswerk des Livius, in: Forschungen zur römischen Literatur (Fs. Karl Büchner) (1970) 274-85. Die Zahl der getöteten Feinde schwankt in der Tradition: 40000 nach Valerius Antias (FRH 15 F 37); die gleiche Zahl nennt Appian (Ib. 40), freilich als Gesamtzahl der hispanischen Kombattanten. Vgl. insg. Heftner, Aufstieg 356-7. 465 Anm. 17.

5,2   Gell. 2,22,28 = Apul. De mund. 321 (F 93 Peter)

„*Sed in his regionibus ferrareae, argentifodinae pulcherrimae, mons ex sale mero magnus, quantum demas, tantum adcrescit. ventus Cercius, cum loquare, buccam implet, armatum hominem, plaustrum oneratum percellit.*"

Übers.: „Aber in diesen Gegenden gibt es wunderbare Eisen- und Silbergruben und einen Berg aus purem Salz. Wie viel man wegnimmt, so viel wächst hinzu. Der Cercius-Wind, wenn man redet, füllt einem die Backe, wirft einen bewaffneten Mann, einen beladenen Wagen um."

Komm.: Spanien galt in der Antike als außerordentlich reich an Erzen (Strab. 3,2,8). Cato konnte nach dem Sieg jedem seiner Soldaten ein Pfund Silber schenken und bei seinem Triumph i.J. 194 allein an ungemünztem Silber 25000 Pfund in die Staatskasse einfahren (Plut. Cato 10,4; Liv. 34,46,2; Astin [1978] 53-4).

5,3   Gell. 6,3,14. 16. 26. 36-38. 50 (F 95a-g Peter)

„*Scio solere plerisque hominibus rebus secundis atque prolixis atque prosperis animum excellere atque superbiam atque ferociam augescere atque crescere. quo mihi nunc magnae curae est, quod haec res tam secunde processit, ne quid in consulendo advorsi eveniat, quod nostras secundas res confutet, neve haec laetitia nimis luxuriose eveniat. advorsae res saepe domant et docent, quid opus siet facto. secundae res laetitia transvorsum trudere solent a recte consulendo atque intellegendo. quo maiore opere dico suadeoque, uti haec res aliquot dies proferatur, dum ex tanto gaudio in potestatem nostram redeamus.*

(16/b) *Atque ego quidem arbitror Rhodienses noluisse nos ita depugnare, uti depugnatum est, neque regem Persen vinci. sed non Rhodienses modo id noluere, sed multos populos atque multas nationes idem noluisse arbitror. atque haut scio an partim eorum fuerint, qui non nostrae contumeliae causa id noluerint evenire. sed enim id metuere, <ne>, si nemo esset homo quem vereremur, quidquid luberet faceremus. ne sub solo imperio nostro in servitute nostra essent, libertatis suae causa in ea sententia fuisse arbitror. atque Rhodienses tamen Persen publice numquam adiuvere. cogitate, quanto nos inter nos privatim cautius facimus. nam unusquisque nostrum, si quis advorsus rem suam quid fieri arbitrantur, summa vi contra nititur, ne advorsus eam fiat; quod illi tamen perpessi.*

(26/c) *Ea nunc derepente tanta beneficia ultro citroque, tantam amicitiam relinquemus? quod illos dicimus voluisse facere, id nos priores facere occupabimus?*

(36/d) *Qui acerrime adversus eos dicit, ita dicit 'hostes voluisse fieri'. ecquis est tandem, qui vestrorum, quod ad sese attineat, aequum censeat poenas dare ob eam rem, quod arguatur male facere voluisse? nemo opinor. nam ego, quod ad me attinet, nolim.*

(37/e) *Quid nunc? ecqua tandem lex est tam acerba, quae dicat 'si quis illud facere voluerit, mille minus dimidium familiae multa esto; si quis plus quingenta iugera habere uoluerit, tanta poena esto; si quis maiorem pecuum numerum habere voluerit, tantum damnas esto'? atque nos omnia plura habere volumus, et id nobis impune est.*

(38/f) *Sed si honorem non aequum est haberi ob eam rem, quod bene facere voluisse quis dicit neque fecit tamen, Rhodiensibus oberit, quod non male fecerunt, sed quia voluisse dicuntur facere?*

(50/g) *Rhodiensis superbos esse aiunt id obiectantes, quod mihi et liberis meis minime dici velim. sint sane superbi. quid id ad nos attinet? idne irascimini, si quis superbior est quam nos?"*

Übers.: „Ich weiß, dass üblicherweise bei den meisten Menschen, wenn die Dinge für sie günstig, glücklich und nach Wunsch verlaufen, sich der Mut stolz erhebt und Hochmut und Dreistigkeit gewaltig wachsen. Da diese Angelegenheit (für uns) so günstig verlaufen ist, macht es mir jetzt große Sorgen, dass bei der Beratung etwas Schädliches herauskommt, was unseren Erfolg zunichte macht, und dass unsere Hochstimmung nicht allzu überschäumend gerät. Rückschläge zähmen und lehren stets, was zu tun nötig ist, Erfolge und Hochstimmung pflegen einen seitwärts abzudrängen von richtiger Überlegung und Einsicht. Mit umso größerem Nachdruck beantrage und rate ich, dass diese Sache um einige Tage aufgeschoben werden sollte, bis wir aus diesem gewaltigen Freudentaumel heraus und wieder Herren unserer selbst sind.

(16/b) Und ich glaube zwar, dass die Rhodier nicht wollten, dass wir so bis zum Ende kämpfen, wie dann wirklich gekämpft worden ist, und dass König Perseus besiegt wird. Aber nicht allein die Rhodier wollten das nicht, sondern viele Völker und viele Stämme wollten das meiner Meinung nach nicht. Ja, vielleicht sind manche unter ihnen gewesen, die nicht um unserer Schmach willen einen solchen Ausgang nicht wollten, sondern nämlich fürchteten, wenn es (sonst) keinen Menschen mehr gäbe, vor dem wir Respekt hätten, dass wir dann tun würden, was auch immer wir wollen. Damit sie nicht unter unserer alleinigen Macht (und so in Wahrheit) in unserer Knechtschaft stehen, haben sie, glaube ich, um ihrer Freiheit willen diese Ansicht vertreten. Und trotzdem haben die Rhodier Perseus niemals offiziell unterstützt. Bedenkt, um wie viel vorsichtiger wir untereinander im privaten Verkehr verfahren. Denn jeder von uns, wenn er glaubt, etwas geschieht gegen seine Interessen, hält mit aller Macht dagegen, damit es nicht gegen seine Interessen geschieht. Das haben jene aber geschehen lassen.

(26/c) Und da wollen wir nun urplötzlich so große Wohltaten auf beiden Seiten, eine so große Freundschaft aufgeben? Was sie unseren Vorwürfen nach tun wollten, darin werden wir ihnen zuvorkommen und es als Erste tun?

(36/d) Wer ganz scharf mit ihnen ins Gericht geht, sagt, sie wollten Feinde werden. Gibt es einen von euch, der, was ihn ganz persönlich angeht, es für gerecht hielte, bestraft zu werden für eine böse Tat, die vorbereitet zu haben man ihm vorwirft? Keiner, glaube ich. Denn ich, was mich angeht, will das nicht.

(37/e) Und nun? Gibt es denn eigentlich ein so grausames Gesetz, das besagt: 'Wenn jemand dies oder das tun wollte, soll die Strafe 1000 Asse weniger als die Hälfte seines Vermögens sein; wenn jemand mehr als 500 *iugera* haben wollte, soll die Strafe so und so groß sein; wenn jemand eine größere Stückzahl Vieh haben wollte, soll er zu einer so und so großen Buße verpflichtet sein?' Wir wollen doch alle mehr haben, und für uns bleibt das straflos.

(38/f) Aber wenn es nicht gerecht ist, dass jemand Anerkennung bekommt, der sagt, er habe eine Wohltat erweisen wollen, sie dann aber nicht erwiesen hat, so soll den Rhodiern zum Verhängnis werden, nicht etwa, dass sie schlecht gehandelt haben, sondern dass sie angeblich so handeln wollten?

(50/g) Man sagt, die Rhodier seien überheblich, ein Vorwurf, den ich gegen mich und meine Kinder keinesfalls zu hören bekommen möchte.

Mögen sie doch hochmütig sein! Seid ihr etwa darüber zornig, wenn jemand überheblicher ist als wir?"

Komm.: Die sogenannte Rhodierrede. Das militärisch schwache, jedoch handelsmächtige und reiche Rhodos gehörte als Mittelmacht und Gegengewicht zu den großen hellenistischen Monarchien ebenso wie Pergamon zu den ältesten und treuesten Verbündeten Roms im griechischen Osten. Die Rhodier begingen jedoch den Fehler, im finalen Konflikt zwischen Rom und Makedonien (171-168) vermitteln zu wollen. Als eine entsprechende Gesandtschaft in Rom weilte, kam gerade die Nachricht von der vernichtenden Niederlage des makedonischen Königs Perseus in der Schlacht von Pydna (Sommer 168). Obwohl die Gesandten improvisierten und ihre Friedensmission in eine Siegesgratulation umzubiegen suchten, betrachtete der Senat die rhodische Politik als feindselig und kündigte die bisherige Freundschaft offiziell auf. In einer Mischung aus Allmachtsgefühl, außenpolitischer Orientierungslosigkeit und begehrlichen Blicken auf den Reichtum der Insel kam sogar die Forderung auf, Rhodos den Krieg zu erklären. In dieser Situation ergriff Cato im Frühjahr 167 im Senat das Wort und trat energisch für eine Mäßigung ein – mit begrenztem Erfolg; Rhodos blieb zwar vom Krieg verschont, wurde aber durch Gebietsverluste und Privilegierung von Konkurrenten wirtschaftlich sehr hart getroffen. Zur Sache s. Pol. 28,2. 16-17; 29,3,7-9. 4,7. 19,1-11; 30,4,1-4; Liv. 44,14,5. 23,10. 29,6-7; 45,3,3-8. 20,7; 21,1-3. 25,2; H.H. Schmitt, Rom und Rhodos (1957) 150-72; R.M. Berthold, Rhodes in the Hellenistic Age (1984) 191-212; Gruen (1984) 570-2; H.-U. Wiemer, Krieg, Handel und Piraterie. Untersuchungen zur Geschichte des hellenistischen Rhodos (2002) 319-20.

Die Aufnahme der Rede in die *Origines* ist durch Liv. 45,25,3 und Gell. 6,3,7 bezeugt; vgl. auch u. F 7,1-4. So zu verfahren widersprach zwar allen Gattungskonventionen der Historiographie, war aber keine bloße Marotte Catos. Denn gerade in einer Rede und durch sie sprach Cato nicht primär als Autor eines Geschichtswerkes unter anderen Autoren, sondern als der zwar höchst umstrittene, doch hinsichtlich seiner *dignitas* und *auctoritas* respektierte Censorier. Mit anderen Worten: Von der Autorität des Redners, der sein Publikum auch ganz ungeschminkt zurechtwies und belehrte, sollte sich etwas auf den Autor des Geschichtswerkes, in das diese Rede Aufnahme fand, übertragen. Umgekehrt war in Catos Sicht wohl allein eine wirklich gehaltene Rede, die den Sprecher als politische Person deutlich kennzeichnete und ihn vor allem in den Kontext rückte, in dem er tatsächlich handelte, dazu geeignet, in einem Geschichtswerk zentrale Streitfragen römischer Politik darzustellen – und seine eigene Sicht der Dinge. Eine ausführliche monographische Behandlung mit Einleitung, Text, Übersetzung und Kommentar: G. Calboli, Marci Porci Catonis

Oratio pro Rhodiensibus. Catone, l'Oriente greco e gli impreditori romani (1978; vornehmlich zu den ökonomischen Aspekten); eine Analyse von Sprache und Stil bietet Courtney (1999) 78-85; für weitere Lit. s. W. Suerbaum, Cato Censorius in der Forschung des 20. Jahrhunderts (2004) 243.

a) **üblicherweise bei den meisten Menschen** ...: Dass allzu glückliches Ergehen zum Verlust von vernünftigen Maßstäben und Selbstkontrolle führen und in einen jähen Umschlag ins Unglück münden kann, gehört zu den Kernsätzen konventioneller Ethik in der Antike; vgl. etwa Isokr. Areopag. 3-7.

b) **wenn es (sonst) keinen Menschen mehr gäbe** ... stellt die früheste authentische Formulierung des später so ubiquitären *metus hostilis*-Motivs dar; vgl. App. Pun. 65; Sall. Iug. 41,3; hist. 1 F 11 Maurenbrecher (dort schon bezogen auf Karthago und das Epochenjahr 146: *optimis autem moribus et maxima concordia egit inter secundum atque postremum bellum Carthaginiense causaque* (...) *non amor iustitiae, sed stante Carthagine metus pacis infidae fuit. at discordia et avaritia atque ambitio et cetera secundis rebus oriri sueta mala post Carthaginis excidium maxime aucta sunt.* „Charakterstark und vollkommen einträchtig handelte Rom zwischen dem 2. und dem 3. Punischen Krieg, und der Grund dafür war nicht Gerechtigkeitsliebe, sondern – solange Karthago noch existierte – die Furcht angesichts eines unsicheren Friedenszustandes. Hingegen wuchsen Zwietracht, Habsucht, Ehrgeiz und alle anderen Untugenden, die üblicherweise aus gutem Wohlergehen erwachsen, nach der Auslöschung Karthagos mächtig an."); vgl. McGushin 1,76-9. Zu diesem Erklärungsmodell s. neben Bringmann (1977) v.a. H. Bellen, Metus Gallicus – Metus Punicus (1985). – **haben die Rhodier Perseus niemals offiziell unterstützt**: Es gab freilich eine starke Perseus-freundliche Gruppe.

e) **wenn jemand mehr als 500 *iugera* haben wollte**: Aus diesem beiläufigen Beispiel hat man geschlossen, dass es wenige Jahre zuvor eine *lex de modo agrorum* gegeben habe, welche die private Nutzung von Staatsland (*ager publicus*) auf 500 *iugera* (= 125 Hektar) für jeden Grundbesitzer begrenzte, jenes Gesetz, das Tiberius Gracchus dann 133 in großzügigerer Gestalt (500 *iugera* plus je 250 für maximal zwei Söhne) wieder aufgreifen sollte (Lit. u. zu Cassius Hemina FRH 6 F 20). Die historiographische Tradition, welche die Bestimmung mit den licinisch-sextischen Gesetzen von 367 (Liv. 6,35) verbindet, wird in der Forschung überwiegend als anachronistisch verworfen, weil es im 4. Jh. so große Flächen an Staatsland noch nicht gegeben habe. Zu den *leges Liciniae Sextiae* insg. s. zu Fabius Pictor FRH 1 F 23 mit weiterer Lit.; speziell zur agrarischen Komponente B. Niese, Das sogenannte Licinisch-sextische Ackergesetz, Hermes 23 (1888) 410-23 (begründet die Datierung des ersten historischen Ackergesetzes in die 180er Jahre; vgl. aber die schwerlich erfundene Notiz Liv. 10,13,14 zum J. 298); s. auch K. Bringmann, Das „Licinisch-Sextische" Ackergesetz und die gracchische Agrarreform, in: J. Bleicken (Hg.), Symposium für Alfred Heuss (1986) 51-66; B. Forsén, Lex Licinia Sextia de modo agrorum – fiction or reality? (1991). Auch das Jahr 196 erscheint erwägenswert; in ihm verzeichnet die Tradition einen Licinier als Volkstribun (C. Licinius Lucullus; Liv. 33,42,1) und aedilizische Prozesse gegen Nutzung von *ager publicus* durch zu viel Vieh (Liv. 33,42,10; vgl. App. civ. 1,8); auf die entsprechende Einschränkung durch das Gesetz bezieht sich Catos **wenn jemand eine größere Stückzahl Vieh haben wollte**. – **1000 Asse weniger als die Hälfte seines Vermögens**: Für ähnliche Bestimmungen in Gesetzestexten s. etwa Fest. p. 288,35 L; Fronto p. 93,5 van den Hout.

g) **hochmütig**: Die Rhodier galten gemeinhin als sehr stolz: s. Plaut. Epid. 300-1; Ter. Eun. 422-4.

5,4 Gell. 11,3,2 (F 96 Peter)

„*urbes insulasque omnis pro agro Illyrio esse.*"

Übers.: „Alle Städte und Inseln gälten als illyrisches Gebiet."

Komm.: s. zu F 5,5.

5,5 Non. p. 221 L (F 97 Peter)

„*fluvium Naronem, magnum, pulchrum, pisculentum*"

Übers.: „den Fluss Naro, groß, schön, fischreich"

Komm. 5,4-5: Die Fragmente könnten sich auf die – schlecht überlieferte – römische Neuordnung Illyriens i.J. 167 beziehen; vgl. P. Cabanes, Les Illyriens de Bardylis à Genthios (1988) 323-4. Der illyrische König Genthius wurde abgesetzt, sein Reich – wie schon vorher Makedonien – in drei formal unabhängige Gebiete geteilt. Danach bildete der Fluss **Nar** in Dalmatien die Grenze des direkten römischen Herrschaftsbereichs. Zum weiteren Kontext s. Gruen (1984) 399-436.

5,6 Prisc. Gramm. 10 p. 510 H (F 98 Peter)

„*Quod eorum nemo quisquam quicquam mihi ignoturus est.*"

Übers.: „(...) dass von ihnen kein einziger bereit sein wird, mir irgendetwas zu verzeihen."

5,7   Gell. 15,13,5 (F 101 Peter)

„Exercitum suum pransum, paratum, cohortatum eduxit foras atque instruxit."

Übers.: „Sein Heer führte er nach Frühstück, Rüstung und Ausgabe des Tagesbefehls nach draußen und formierte es."

5,8   Gell. 15,9,5 (F 99 Peter)

„Postridie signis conlatis aequo fronte peditatu, equitibus atque alis cum hostium legionibus pugnavit."

Übers.: „Am folgenden Tag, als sie handgemein geworden waren, kämpfte er in gleicher Frontlänge mit Fußtruppen, Reiterei und Hilfstruppen gegen die Verbände der Feinde."

5,9   Gell. 15,9,5 (F 100 Peter)

„recto fronte"

Übers.: „mit gerader Front"

5,10   Prisc. Gramm. 9 p. 475 H (F 104 Peter)

„Illi polliciti sese facturum omnia."

Übers.: „Sie versprachen, alles zu tun."

5,11   Non. p. 576 L (F 103 Peter)

„Sed protelo trini boves unum aratrum ducent."

Übers.: „Aber mit einem Zugseil werden je drei Ochsen einen Pflug ziehen."

5,12 Fest. p. 268,26-27 L (F 102 Peter)

„lapis candidior quam pelastes"

Übers.: „ein Stein, weißer als Bimsstein"

Komm.: pelastes oder *pilates* (zur Namensform s. Chassignet, Caton 102; Thes. Ling. Lat. X 1,994,72-5) meint wahrscheinlich eine Bimssteinart; ein Berg im Nordosten der Vulkaninsel Lipari, der heute noch zum Bimssteinabbau genutzt wird, trägt den Namen Monte Pilato.

6,1 Gell. 20,5,13 (F 105 Peter)

„Itaque ego cognobiliorem cognitionem esse arbitror."

Übers.: „Deshalb glaube ich, dass die Erkenntnis verständlicher ist."

7,1 Cic. Brut. 89-90 (F 106 Peter)

Quae quidem vis tum maxime cognita est, cum Lusitanis a Ser. Galba praetore contra interpositam, ut existimabatur, fidem interfectis, L. Libone tribuno plebis populum incitante et rogationem in Galbam privilegi similem ferente, summa senectute, ut ante dixi, M. Cato legem suadens in Galbam multa dixit; quam orationem in Origines suas rettulit, paucis antequam mortuus est diebus an mensibus. (90) *tum igitur <nihil> recusans Galba pro sese et populi Romani fidem implorans cum suos pueros tum C. Galli etiam filium flens commendabat, cuius orbitas et fletus mire miserabilis fuit propter recentem memoriam clarissimi patris; isque se tum eripuit flamma, propter pueros misericordia populi commota, sicut idem scriptum reliquit Cato.*

Übers.: Diese Energie freilich erwies sich ganz besonders, als die Lusitanier vom Prätor Servius Galba gegen seine gegebene Schutzgarantie, wie man glaubte, umgebracht worden waren, woraufhin der Volkstribun Lucius Libo deshalb das Volk aufhetzte und ein Gesetz gegen Galba beantragte, das sehr nach einem Ausnahmegesetz aussah. Da sprach Marcus Cato, wie oben erwähnt schon im höchsten Alter, für das Gesetz und richtete dabei zahlreiche Vorwürfe gegen Galba. Diese Rede fügte er noch in seine *Origines* ein, wenige Tage oder Monate vor seinem Tod. (90) Damals also legte Galba in der eigenen Sache keinerlei Einspruch ein, sondern flehte den Beistand des römischen Volkes an und empfahl unter Tränen sowohl seine eigenen Söhne als auch besonders den Sohn des Gaius Gallus. Dessen Status als Waise und sein Weinen erzeugten in erstaunlicher Weise Mitleid, (auch) wegen der noch frischen Erinnerung an den hochberühmten Vater. Und so rettete er sich damals aus dem Feuer, (nur) weil wegen der Söhne das Volk sich zum Mitleid bewegen ließ, wie Cato ebenfalls schrieb.

Komm. 7,1-4: Servius Sulpicius Galba (vgl. Broughton MRR 1,455. 456-7) sollte i.J. 151 die Lusitanier, die seit 154 in das Gebiet der beiden hispanischen Provinzen eingebrochen waren und den Römern mehrere schmachvolle Niederlagen beigebracht hatten, als Prätor bekämpfen, erlitt jedoch bereits im Frühjahr bei Carmo (östl. von Sevilla) eine schwere Schlappe. Im Winter 151/50 hatte er sein Heer so weit reorganisiert, dass er zusammen mit dem Konsul L. Licinius Lucullus einen erfolgreichen Gegenstoß unternehmen konnte, bei dem weite Teile des Lusitaniergebiets verwüstet wurden. Im Frühjahr 150 wandten sich daher mehrere Stämme mit einem Unterwerfungsangebot an Galba. Dieser ging zum Schein darauf ein und trug ihnen auf, sich an bestimmten Plätzen ohne Waffen zur Verteilung von Ackerland einzufinden. Als mehrere Tausend dem nachkamen, ließ Galba sie teils abschlachten, teils gefangen nehmen (App. Ib. 59-60; Liv. per. 49; Val. Max. 9,6,2; Oros. 4,21,10). „Schon die Zeitgenossen haben Galbas Untat als Schandfleck der römischen Kriegsgeschichte empfunden. (...) die kaltblütige Heimtücke des lusitanischen Massakers wirkte auch auf jene Gemüter abstoßend, denen offene Brutalität selbstverständlich gewesen wäre." (Heftner, Aufstieg 406). Der Volkstribun L. Scribonius **Libo** brachte daher ein Gesetz vor das Volk, welches zunächst die versklavten Lusitanier in Freiheit setzen sollte. Gegen den Urheber ihres Schicksals wurde eine Untersuchung mit dem Ziel seiner Verurteilung angestrengt. Galba wurde darin zwar nicht namentlich genannt, denn nach dem XII-Tafel-Gesetz (tab. 9,1) waren Personengesetze (*privilegia*) unzulässig. Indes konnte Galba, ein glänzender Redner, durch den Einsatz von reichlichen Gaben und einen tränenreichen Auftritt seiner noch unmündigen Kinder in Rom das prozessäquivalente Gesetz abwenden, obwohl sich der greise Cato vehement für eine Verurteilung eingesetzt hatte. Vgl. M.C. Alexander, Trials in the Roman Republic 149 to 50 BC (1990) 3 Nr. 1; J.S. Richardson, Hispaniae. Spain and the Development of Roman Imperialism (1986) 138-9 (Lit.). – **Gaius Gallus**: C.

Sulpicius Gallus (cos. 166) genoss wegen seiner Integrität hohes Ansehen; er war wohl nicht der Bruder des angeklagten Galba, sondern ein entfernter Verwandter.

7,2   Front. epist ad Caes. 3,21,4 (F 107 Peter)

Cato quid dicat de Galba absoluto, tu melius scis; ego memini propter fratris filios eum absolutum. τὸ δὲ ἀκριβὲς ipse inspice. Cato igitur dissuadet neve suos neve alienos quis liberos ad misericordiam conciliandam producat, neve uxores neve adfines vel ullas omnino feminas.

Übers.: Du weißt besser als ich, was Cato über den Freispruch Galbas sagt. Soweit ich mich erinnere, wurde er wegen der Söhne seines Bruders freigesprochen. Aber sieh lieber selbst noch einmal genau nach! Cato also rät davon ab, dass jemand seine eigenen oder fremde Kinder vorführt, um Mitleid zu erwecken, und auch nicht Ehefrauen, Verschwägerte oder überhaupt irgendwelche Frauen.

Komm.: s. zu F 7,1.

7,3   Gell. 13,25,15 (F 108 Peter)

„*Multa me dehortata sunt huc prodire, anni, aetas, vox, vires, senectus; verum enimvero cum tantam rem peragier arbitrarer (...).*"

Übers.: „Viele Umstände haben mir davon abgeraten, hier zu erscheinen: die Jahre, das Alter, die Stimme, die Kräfte, das Greisentum. Aber wahrlich, weil ich glaube, dass eine so bedeutende Sache verhandelt wird, (...)."

Komm.: s. zu F 7,1.

7,4   Gell. 1,12,17 (F 109 Peter)

„*Tamen dicunt deficere voluisse. ego me nunc volo ius pontificium optime scire: iamne ea causa pontifex capiar? si volo augurium optime tenere, ecquis me ob eam rem augurem capiat?*"

Übers.: „Dennoch wollten die Lusitanier, so heißt es, abfallen. Ich für meinen Teil beanspruche nun, das Pontifikalrecht sehr gut zu kennen, aber bin ich aus diesem Grund schon geeignet, Pontifex zu sein? Wenn ich das Auguralrecht perfekt zu beherrschen behaupte, wer will mich aus diesem Grund als Auguren vereinnahmen?"

Komm.: Möglicherweise bedeutet **so heißt es** in Verbindung mit F 7,1, dass die Rechtfertigung der Bluttat als Akt der Prävention gegen einen drohenden Abfall nicht von Galba selbst, sondern aus seinem Umfeld vorgetragen wurde. Der Rest des Fragments ist ohne weiteren Kontext unverständlich.

7,5 Non. p. 221 L (F 110 Peter)

„fluvium Hiberum; is oritur ex Cantabris, magnus atque pulcher, pisculentus."

Übers.: „den Fluss Ebro: Er entspringt in Cantabria, ist groß, schön und fischreich."

Komm.: Cato bezeugt, dass man in Rom im 2. Jh. unter **Hiberus** (was eigentlich nur 'Fluss in Iberien' bedeutet) tatsächlich den **großen**, heute **Ebro** genannten Fluss in Nordspanien verstand, nicht die südlich von Sagunt gelegenen kleineren Flüsse Jucar (so J. Carcopino) oder Segura; für diesen als tatsächliche Demarkationslinie des so genannten Ebrovertrages (um 226, s. zu Fabius Pictor FRH 1 F 31 [mit Lit.]) plädiert allerdings aus onomasiologischen und historischen Erwägungen D. Vollmer, Symploke (1990) 123-8; vgl. auch P. Barceló, Rom und Hispanien vor Ausbruch des 2. Punischen Krieges, Hermes 124 (1996) 45-57, hier 53; Seibert (1993) 129-30. Die Identifizierung ist für die Frage nach der Ausdehnung des barkidischen Machtbereichs in Hispanien bis ins J. 219 sowie für die Bewertung des Ebrovertrags und damit für die 'Kriegsschuldfrage' des Hannibalkrieges von zentraler Bedeutung. Zur Lage der verschiedenen Quellflüsse in **Cantabria** s. Talbert BA, Karte 24 und 25.

7,6 Prisc. Gramm. 7 p. 293 H (F 94 Peter)

„Dotes filiabus suis non dant."

Übers.: „Mitgiften geben sie ihren Töchtern nicht."

| **7,7** Fest. p. 128,6-8 L (F 111 Peter) |

„Qui magistratum curulem cepisset, calceos mulleos aluta vinctos, ceteri perones (...)."

Übers.: „Wer ein kurulisches Amt angetreten hat, (trägt) die 'Purpurschuhe', geschnürt mit einem Riemen, die anderen einfache Schuhe (...)."

Komm.: kurulisches Amt: jedes Amt, dessen Inhaber auf einer *sella curulis* sitzt, also alle Magistrate mit *imperium*, zusätzlich Censoren und kurulische Ädile. Die Bezeichnung dieses äußerlich einfachen Klappstuhls ohne Arm- und Rückenlehne leitet sich wahrscheinlich von *currus* ab, weil der König einst seine Richtertätigkeit von einen Stuhl auf einem Wagen aus wahrnahm; vgl. insg. Mommsen RStR 1,395-402. – **'Purpurschuh'** (*calceus mulleus*): Die Entwicklung des Schuhs als Teil der Amtstracht bzw. Standesabzeichen lässt sich für die ältere Zeit nur hypothetisch rekonstruieren. Nach Fest. p. 128,3-6 L trugen zuerst die albanischen Könige, dann die Patrizier den (*calceus*) *mulleus*, einen hohen, geschlossenen und mit Ösen versehenen Schuh. Cato verbindet ihn mit den kurulischen Magistraten, die ab 366 auch Plebejern offen standen; demnach trugen die plebejischen Senatoren ohne kurulisches Amt den einfachen *pero*. Aber auch sie erhielten später, um sie von den gewöhnlichen Bürgern abzusetzen, einen besonderen Schuh, den *calceus senatorius*. Vgl. F.X. Ryan, Rank and Participation in the Roman Senate (1998) 55-7 mit Belegen und Lit.; für die Ikonographie s. H.R. Goette, Mulleus – Embas – Calceus, JDAI 103 (1988) 449-64.

| **7,8** Plut. Quaest. Rom. 49 = Mor. 276 c (F 112 Peter) |

Διὰ τί τοὺς παραγγέλλοντας ἀρχὴν ἔθος ἦν ἐν ἱματίῳ τοῦτο ποιεῖν ἀχίτωνας, ὡς Κάτων ἱστόρηκε;

Übers.: Weshalb war es Brauch, dass die Amtsbewerber dies in der Toga, aber ohne Tunica taten, wie Cato erzählt?

Komm.: Dieses und die folgenden Fragmente gehören in den Kontext des Luxus- und Dekadenzdiskurses im 2. Jh., an dem Cato intensiv teilnahm, etwa in der bekannten Rede aus dem Jahr 195 für die Beibehaltung der 215 beschlossenen *lex Oppia* gegen den angeblich verderblichen Kleiderluxus von Frauen und das demonstrative Zurschaustellen ihres Reichtums (Liv. 34,1-4; s. zu Fabius Pictor FRH 1 F 11). Zur Kritik an den langärmeligen Untergewändern s. prägnant Gell. 6,12,1-5, der die

Invektive des Jüngeren Scipio gegen einen Standesgenossen überliefert (4-5): „Ein Mensch, der sich täglich einsalbt und vor dem Spiegel herausputzen und die Augenbrauen zupfen lässt, der mit ausgezupftem Bart und glattrasierten Beinen umherstolziert, der bei Gastmählern (*in conviviis*) als ganz junger Mensch in einem langärmeligen Untergewand bei seinem Liebhaber auf dem Ehrenplatz gelagert liegt, der nicht nur weinselig (*vinosus*), sondern auch mannstoll (*virosus*) ist: Wer wird daran zweifeln, dass so einer das tut, was männliche Huren (*cinaedi*) ansonsten üblicherweise zu tun pflegen?"

Zum römischen Luxusdiskurs s. Corbier, DNP 7 (1999) 534-6 s.v. Luxus mit Lit.; ausf. E. Dubois-Pelerin, Le luxe à Rome et en Italie au Ier siècle après J.-C. Étude sociale et morale (thèse, Université de Paris-Sorbonne Paris 4) 1997; zum Einfluss dieses Gedankens auf die Historiographie s. im größeren Kontext etwa Bringmann (1977); Pöschl (1956), zu den gesetzlichen Gegenmaßnahmen s. umfassend Baltrusch (1989).

7,9 Fest. p. 320,21-23 L (F 113 Peter)

„*mulieres opertae auro purpuraque; arsinea, rete, diadema, coronas aureas, rusceas fascias, galbeos, lineas, pelles, redimicula* (...) "

Übers.: „die Frauen bedeckt mit Gold und Purpur; Kopfschmuck, Haarnetz, Diadem, goldene Kränze, rote Brustbinden, Armbinden, Halsketten, Pelzwerk, Stirnbänder (...)"

Komm.: vgl. zu F 7,8.

7,10 Charis. 1 p. 128 B (F 114 Peter)

„*Mulieres nostrae capillum cinere unguitabant, ut rutilus esset crinis.*"

Übers.: „Unsere Frauen färben ihre Haare mit Asche, damit das Haar rötlich wird."

Komm.: Über Haarfärbemittel in dieser Zeit ist wenig bekannt; die Notizen (Asche, Hennapulver, *Germanae herbae*, 'batavischer Schaum' oder ein Gemisch aus Ziegentalg und Buchenholzasche) stammen aus der Kaiserzeit; vgl. Weeber, Alltag 165.

7,11 Serv. auct. ad Verg. Aen. 3,64 (F 115 Peter)

Cato ait deposita veste purpurea feminas usas caerulea, cum lugerent.

Übers.: Cato sagt, die Frauen legten ihr Purpurgewand ab und trugen danach ein dunkleres, weil sie in Trauer waren.

7,12 Serv. ad Verg. Aen. 1,726 (F 119 Peter)

Nam, ut ait Cato, et in atrio et duobus ferculis epulabantur antiqui.

Übers.: Denn, wie Cato sagt, die Vorfahren speisten im Atrium und mit (nur) zwei Gängen.

Komm.: Während in alter Zeit das Mahl nach Cato **im Atrium** stattfand, hatten luxuriösere und größere Häuser später einen speziell für das Gastmahl ausgestatteten Raum, das *triclinium*; s. K.M.T. Dunbabin, Convivial spaces: dining and entertainment in the Roman villa, JRA 9 (1996) 66-80. Der römische Luxusdiskurs im 2. Jh. (s.o. zu F 7,8 sowie zu Cassius Hemina FRH 6 F 15 und 16) verband sich auch mit dem Problem der Hellenisierung, wobei die idealisierte 'altrömische' *frugalitas* gegen griechische 'Üppigkeit' (τρυφή) gestellt wurde. Cato scheint auch vorauszusetzen, dass 'früher' Gastmähler viel seltener waren und meist im Kreise der Familie gegessen wurde; dazu K. Bradley, The Roman Family at Dinner, in: I. u. H.S. Nielsen (edd.), Meals in a Social Context (1998) 36-55. S. ferner Marquardt-Mau 289-340 sowie jetzt E. Stein-Hölkeskamp, Das römische Gastmahl. Eine Kulturgeschichte (2005).

7,13 Cic. Tusc. 4,3 (F 118 Peter)

Gravissimus auctor in Originibus dixit Cato morem apud maiores hunc epularum fuisse, ut deinceps qui accubarent canerent ad tibiam clarorum virorum laudes atque virtutes.

Übers.: Cato, der höchst angesehene Autor, sagt in seinen *Origines*, es habe bei den Vorfahren die Speisesitte gegeben, dass die Gäste reihum zur Flötenbegleitung die Verdienste und Tugenden berühmter Männer besingen.

Komm.: (vgl. ebenso Cic. Tusc. 1,3; Brut. 75) Seit Niebuhrs 'Heldenliedertheorie' (dazu A. Momigliano, Perizonius, Niebuhr und der Charakter der frühen römischen

Tradition [1957], in: Pöschl RG 312-339) ist umstritten, ob es in Rom neben den –
meist ja sehr kurzen und eher enumerativen als narrativen – Leichenreden auch
soziale Orte ausführlicherer und kohärenter mündlicher Vergegenwärtigung von
Geschichte gab. Das Fragment legt nahe, die Frage zu verneinen, kannte doch selbst
Cato den angeblichen Brauch nur noch als Kunde aus einer entfernten Vergangenheit. Optimistischer ist freilich neuerdings J. Rüpke, Räume literarischer Kommunikation in der Formierungsphase römischer Literatur, in: Braun u.a. (2000) 31-52 (35).
– Grundlegend zum ganzen Thema sind: Timpe (1988) und v. Ungern-Sternberg
(1988); s. auch speziell H. Dahlmann, Zur Überlieferung über die „altrömischen
Tafellieder", in: ders., Kleine Schriften (1970) 23-34 (zuerst 1950); N. Zorzetti, Die
Carmina Convivalia, in: O. Murray (ed.), Sympotica (1990) 289-307. Zu beachten ist
auch, dass Cato als Inhalt der Lieder *laudes atque virtutes* nennt, nicht etwa *res gestas*. Sie
können also kaum narrativ strukturiert und von größerem Umfang gewesen sein,
sondern ähnelten allenfalls den spätarchaischen *skolia* in Griechenland; das ist auch
aus Varr., *De vita populi Romani* F 84 zu schließen (soweit dieser nicht ohnehin Cato
referiert): „So waren bei den Gastmählern anständige Knaben zugegen, um alte
Lieder mit dem Lobpreis der Vorfahren zu singen, sowohl rein vokal als auch zur
Flöte."; ungenau und ohne selbstständigen Wert: Val. Max. 2,1,10 *egregia superiorum
opera*; Laus Pisonis 24 (ca. 60 n. Chr.?) *atque illos* (scil. *veteres Quirites*) *cecinere sui per
carmina vates*. Unklar bleibt, wie viel Gewicht Dionysios' Bemerkung in seinem Referat von Fabius Pictor (FRH 1 F 7b) zukommt, das eindruckvolle Erscheinungsbild
von Romulus und Remus werde „in den altertümlichen Gesängen der Römer bis
zum heutigen Tag berichtet", und auf welche Texte er sich bezieht. – Möglicherweise
gehört das Fragment auch in die Einleitung des Werkes; s. dazu J. Bradford
Churchill, On the Content of the Prologue in Cato's *Origines*, ICS 20 (1995) 91-106.

7,14 Charis. 1 p. 119 B = p. 171 B (F 116 Peter)

„iurum legumque cultores"

Übers.: „Verehrer von Recht und Gesetzen"

7,15 Fest. p. 374,14-17 L (F 117 Peter)

„<ob im>mensam ti<miditatem et socordiam causa erat> ne quid neg<oti publici (...)
gere>retur."

Übers.: „Wegen seiner unglaublichen Furchtsamkeit und Beschränktheit gab es Grund, dass er sich nicht öffentlich betätigte."

Inc. 1 Charis. 1 p. 113 B = p. 167 B (F 120 Peter)

„*glis*"

Übers.: „Haselmaus"

Inc. 2 Charis. 1 p. 158 B (F 121 Peter)

„*biber*"

Übers.: „trinken"

Komm.: J. Briscoe, JRS 93 (2003) 355 verdient Dank für den wichtigen Hinweis, dass *biber* kein Substantiv, sondern eine Infinitivform ist. Über die weitreichenden Folgerungen aus dieser Einsicht wird künftig zu diskutieren sein.

Inc. 3 Serv. ad Verg. Georg. 1,75 (F 122 Peter)

„*alae ex lupino lug (...)* "

Übers.: „Flügel von Lupine (...)"

Inc. 4 Serv. auct. ad Verg. Aen. 3,637 (F 123 Peter)

'*Argolici clipei*'. *quia Graecorum clipei rotundi, ut Cato Originum ait.*

Übers.: 'Argolische' Schilde. Da die Schilde der Griechen rund sind, wie Cato in den *Origines* sagt.

Inc. 5 Macr. Sat. 1,14,5 (F 124 Peter)

„*arator an terminum*"

Übers.: „Pflüger oder Grenze (?)"

Inc. 6 Non. p. 339 L (125 Peter)

„Ne praedia in lubricum derigerentur, cum tributus exigeretur (...)."

Übers.: „Damit die Bauernhöfe nicht auf eine abschüssige Bahn geraten, weil die Kriegssteuer eingefordert wird (...) ."

Komm.: Das *tributum civium Romanorum* (so die gängige Form) war eine vermögensabhängige Sonderabgabe, die bei Bedarf von allen römischen Bürgern erhoben und meist für Kriegskosten und Truppensold verwendet wurde, weswegen es die Quellen nicht selten regelrecht als **Kriegssteuer** verstehen; s. Marquardt RStV 2,162 Anm. 4 mit den Belegen. Nach dem Sieg und Triumph des Aemilius Paullus über Makedonien i.J. 167, durch den gewaltige Beutegelder in die Staatskasse flossen (s. Tuditanus FRH 8 F 6), wurde das *tributum* nicht mehr eingetrieben. S. insg. C. Nicolet, Tributum. Recherches sur la fiscalité directe sous la république romaine (1976). Das Fragment könnte aus einer Rede stammen und eine aktuelle Diskussion spiegeln.

Aulus Postumius Albinus (FRH 4)

Die patrizische *gens* der Postumii Albini führte ihre Familientradition auf A. Postumius Albus zurück, der als Dictator i.J. 496 die Latiner in der Schlacht am See Regillus besiegt hatte (s. zu FRH 1 F 19; FRH 7 F 23). Der Historiker A. Postumius Albinus gehörte somit zu einer der vornehmsten Familien der Nobilität, die gerade in der Zeit der Makedonischen Kriege mehrere Imperiumsträger stellte.[1] Vielleicht wurde dem um d.J. 195 geborenen Albinus am Ende des Perseuskrieges (171-168) bereits eine wichtige diplomatische Mission übertragen.[2] Um 159 dürfte er die kurulische Ädilität verwaltet haben, 155 folgte die Stadtprätur, 151 das Konsulat.[3] Dies war eine steile Karriere, und das Auftreten des Postumius während seiner Ämterlaufbahn war von großem Selbstbewusstsein bestimmt. In seinem Konsulat legten er und sein Amtskollege L. Licinius Lucullus eine solche Strenge bei der Aushebung neuer Truppen an den Tag, dass beide von den Volkstribunen kurzerhand abgeführt und ins Gefängnis geworfen wurden.[4]

In Abwesenheit der Konsuln war dem *praetor urbanus* Albinus die Aufgabe zugefallen, die athenische Philosophengesandtschaft zu empfangen und in den Senat einzuführen.[5] Zur gleichen Zeit traf eine Delegation des Achaiischen Bundes in Rom ein und bat um die Entlassung der nach 168 nach Italien deportierten Geiseln. Während das Anliegen der Philosophen um Karneades grundsätzlich die Unterstützung des Albinus fand, soll der Antrag der achaiischen Gesandten – so Polybios – an Verfahrensregeln gescheitert sein, die Postumius (angeblich eigenmächtig) aufgestellt hatte.[6] Unmittelbar nach Ablauf seiner Prätur wurde Albinus beauftragt, einen Friedensvertrag zwischen Attalos II. und Prusias II. zu vermitteln.[7] Nach der Eroberung

---

[1] Testimonien: FGrH 812 p. 881-2. Literatur: HRR I p. CXXIV-CXXVI; Münzer, RE 22.1 (1953) 902-8 s.v. Postumius (31); Frier, Libri 207-8; Badian (1966) 6-7; v. Albrecht GRL 303; Meister (1990) 149; Chassignet, AR 1 p. LXXIX-LXXXV. Vgl. Pol. 39,1,2 zur vornehmen Herkunft.

[2] Liv. 45,4,7; akzeptiert von Forsythe (2000) 1. Aus der Stelle geht indes nicht eindeutig hervor, ob der Historiker Postumius oder sein Vater, A. Postumius Albinus (Luscus) mit der Mission betraut wurde: Broughton MRR 1,430.

[3] Broughton MRR 1 unter den Jahren; zur Ädilität Münzer (Anm. 1) 903.

[4] Liv. per. 48.

[5] Für alle Zeugnisse s. Garbarino, Filosofia 1,80-6.

[6] Pol. 33,1,3-8 mit Walbank HCP III 543.

[7] Pol. 33,13,4-10.

Korinths durch L. Mummius i.J. 146 führte er eine Zehnmänner-Kommission an, die die administrative Angliederung Achaias an die Provinz Macedonia regelte. Die Prominenz des Albinus wird durch die vielen Ehrungen dokumentiert, die Albinus für diese Mission in Griechenland zuteil wurden: In Olympia und am Isthmos wurden ihm Statuen geweiht, in Delphi sogar sein Reiterstandbild aufgestellt.[8]

Postumius entwickelte seit Beginn seiner Karriere einen engen Bezug zu Hellas, der sich auch in einer gründlichen sprachlichen, rhetorischen und philosophischen Ausbildung niedergeschlagen hatte.[9] Diese Neigung war mit ausschlaggebend dafür, dass er sein Werk in Griechisch verfasste. Ob darin eine „regelrechte Graecophilie"[10] zum Ausdruck kam, lässt sich weder an seinem politischen Wirken noch in den Fragmenten des Geschichtswerkes in dieser Eindeutigkeit zeigen. Verbindliches Handlungsmuster war für Postumius das eines römischen Nobilis, auf dessen 'griechische Expertise' der Senat bei verschiedenen Gelegenheiten rekurrierte.[11]

Aus seiner Gesamtgeschichte sind nur vier Fragmente überliefert, alle aus dem ersten Buch; der Zeitpunkt der Veröffentlichung ist unbekannt.[12] Die wenigen Notizen behandeln die Frühgeschichte bis zum Sturz der Tarquinier und den Anfängen der *libera res publica*. Einen Schwerpunkt bildete die Aeneas-Geschichte, über die Postumius auch ein eigenes Gedicht *de adventu Aeneae* verfasst haben soll (F 1a mit F 2 u. 3). Möglicherweise konnten aber auch die breiten und in sich geschlossenen Abschnitte des Geschichtswerkes zur Ankunft der Trojaner von den Lesern als eigenständige Aeneas-Passage verstanden werden. Über das Verhältnis des 'wissenschaftlichen' Werkes (s. zu F 1a-b) zum Gedicht *de adventu Aeneae* (falls dieses

---

[8] Cic. Att. 13,30,2 (Nr.303 Shackleton-Bailey); vgl. 13,4,1. 5,1 (Nr.311-2) u.ö.; Pol. 39,3,4. 5,1. 6.1 (bezeichnenderweise ohne Nennung des Postumius, obwohl Polybios während der sechsmonatigen Tätigkeit der Kommission eng mit diesem zusammengearbeitet hatte). Ehrenbeschlüsse: Cic. Att. 13,32,3 (Nr.305); IvO 322; SEG 1.152; vgl. Münzer (Anm. 1) 906.

[9] Pol. 39,1,1; vgl. zu F 1a-b. Mit Karneades soll Albinus über römische Rechtsinstitutionen debattiert haben, in offensichtlicher Kenntnis der berühmten Vorlesungen des Karneades über Recht und Gerechtigkeit: Cic. Acad. 2,137; vgl. Frier, Libri 207 mit Anm. 20.

[10] Meister (1990) 149.

[11] Vgl. Frier, Diss. 261-2; Chassignet, AR 1 p. LXXXV; anders Gruen (1984) 240.

[12] Wenigstens auszugsweise muss das Werk vor 149, dem Tod Catos, zugänglich gewesen sein. Münzer (Anm. 1) 907, bezweifelt, ob das Geschichtswerk über die Frühgeschichte hinausreichte.

überhaupt mit dem von Polybios genannten ποίημα identisch ist) kann letztlich nur spekuliert werden.[13]

Für Cato waren rhetorische Kabinettstücke wie die der Philosophengesandtschaft nichts als Spiegelfechtereien, und dementsprechend fiel auch sein Urteil über Postumius aus.[14] Genauso schädlich war die persönliche und völlig überzogene Feindschaft des Polybios, der in ihm den Hauptschuldigen für die Verlängerung seines römischen Exils um fünf Jahre sah.[15] Unter solchen Umständen lässt die geringe Nachwirkung des Postumius nicht zwangsläufig auf die mindere Qualität seines Werkes schließen, zumal die Wertschätzung durch Cicero das einseitige Bild Catos und Polybios' deutlich korrigiert.[16]

---

[13] F 4 bezeichnet die Gesamtgeschichte als *annales*, F 1b *res Romana* und *historia*; s.o. S. 44; zum Verhältnis Geschichtswerk/Gedicht ferner Chassignet, AR 1 p. LXXXI-LXXXII mit Lit. Anm. 335. Die Identität des ποίημα mit einer Schrift 'Über die Ankunft des Aeneas' hat bereits Peter HRR I p. CXXV bezweifelt. Auf eine Einzeledition der Aeneasgeschichte deutet vielleicht die Formulierung F 3 hin: *in eo volumine quod de adventu Aeneae conscripsit et edidit.*

[14] Gell. 2,8,4: „Du bist wahrhaftig ein allzu arger Schwätzer, Aulus, wenn du lieber für einen Fehler um Nachsicht flehen als ihn unterlassen wolltest. Denn um Verzeihung pflegen wir doch zu bitten, wenn wir entweder aus Versehen geirrt oder unter Druck gefehlt haben. (...) Wer aber (...) hat dich genötigt, das zu begehen, für das du, bevor du es tatest, um Entschuldigung batest?" (Ü.: D. Flach).

[15] S. insb. Pol. 39,1, wo sich der Hass auf Postumius bündelt; dazu und zum Verhältnis des Polybios zu Postumius insg. s. G.A. Lehmann, Untersuchungen zur historischen Glaubwürdigkeit des Polybios (1967) 374-7.

[16] Cic. Acad. 2,137; vgl. v. Albrecht GRL 303.

| 1a   Pol. 39,1,4 (F./. Peter = F 1a Jacoby) |

Τέλος δὲ καὶ ποίημα γράφειν καὶ πραγματικὴν ἱστορίαν ἐνεχείρησεν, ἐν ᾗ διὰ τοῦ προοιμίου παρεκάλει τοὺς ἐντυγχάνοντας συγγνώμην ἔχειν, ἐὰν Ῥωμαῖος ὢν μὴ δύνηται κατακρατεῖν τῆς Ἑλληνικῆς διαλέκτου καὶ τῆς κατὰ τὸν χειρισμὸν οἰκονομίας.

Übers.: Schließlich machte sich Postumius Albinus sogar daran, ein Gedicht und ein wissenschaftliches Geschichtswerk zu verfassen, in dessen Einleitung er seine Leser um Nachsicht bat, wenn er als Römer die griechische Sprache nicht vollends beherrsche und bei der Darstellung nicht immer die angemessene Form finde.

| 1b   Gell. 11,8,2-3 (F 1 Peter = F 1b Jacoby) |

Albinus, qui cum L. Lucullo consul fuit, res Romanas oratione Graeca scriptitavit. (3) *in eius historiae principio scriptum est ad hanc sententiam: neminem suscensere sibi convenire, si quid in his libris parum composite aut minus eleganter tum scriptum foret; 'nam sum' inquit 'homo Romanus natus in Latio, Graeca oratio a nobis alienissima est', ideoque veniam gratiamque malae existimationis, si quid esset erratum, postulavit.*

Übers.: Albinus, der mit L. Lucullus Konsul war, hat eine römische Geschichte in griechischer Sprache verfasst. (3) Am Anfang seines Geschichtswerks steht sinngemäß, dass niemand es ihm übelnehmen dürfe, wenn sein Stil unbeholfen oder irgendetwas ungeschliffen formuliert sei. „Denn", fährt er fort, „ich bin Römer, geboren in Latium, und die griechische Sprache ist uns sehr fremd." Und deswegen bat er um Nachsicht und um Unterlassung ablehnender Kritik, wenn er irgendeinen Fehler begangen hätte.

Komm. 1a-b: Postumius' Bitte an seine Leser (vgl. auch Macr. Sat. Praef. 14) war mehr als bloße *captatio benevolentiae*. Da er von klein auf eine umfassende griechische Bildung erhalten hatte (Pol. 39,1,1), waren gravierende sprachliche Defizite nicht wirklich zu erwarten. Betonte Postumius auf der einen Seite somit die Andersartigkeit des Griechischen, hob er andererseits prononciert den Stellenwert des römisch-lateinischen Kontextes seines Geschichtswerkes hervor (programmatisch: *homo Romanus sum, natus in Latio*). Cato und Polybios nahmen die Bitte des Postumius zum

Anlass, um Häme und Spott über ihren Kollegen auszugießen, da er – so ihr Urteil – den notwendigen Anforderungen eines Historikers nicht Genüge leistete (Plut. Cato 12; Pol. 39,1-6; vgl. Gell. 11,8,4). Polybios' Klassifizierung des Geschichtswerkes als πραγματικὴ ἱστορία, also als diskursive Ereignisgeschichte, hieß denn auch lediglich, dass Postumius Albinus *versuchte*, eine wissenschaftliche Abhandlung zu verfassen, in den Augen des Polybios dabei aber freilich scheiterte: F.W. Walbank, Polybios, Philinus, and the First Punic War, CQ 39 (1945) 15-6.

---

2   Serv. auct. ad Verg. Aen. 9,707 (F 3 Peter = F 2 Jacoby)

Postumius de adventu Aeneae et Lutatius communium historiarum Boiam Euximi comitis Aeneae nutricem, et ab eius nomine Boias vocatas dicunt.

Übers.: Postumius, in seiner Schrift von der Ankunft des Aeneas, und Lutatius, in seiner Allgemeingeschichte, sagen, dass Boia die Amme des Euximus war, eines Gefährten des Aeneas, und dass Boiae nach ihr benannt ist.

Komm.: Zum Titel *de adventu Aeneae* (so auch F 3) s.o. S. 226. – **Euximus**: Bei Acilius FRH 5 F 2 und Piso FRH 7 F 3 ist die Namensform Euxinus überliefert. Nach beiden Autoren soll Baia (**Boia**) die Mutter des Euximus gewesen sein, nicht seine Amme. Solche Verwechslungen waren nicht ungewöhnlich. So galt etwa Prochyta als Amme oder Verwandte des Aeneas: Acilius FRH 5 F 2; zu **Baiae** s. ebenda.

---

3   Origo Gentis Romanae 15,1-4 (F ./. Peter = F 4 Jacoby dub.)

Igitur summam imperii Latinorum adeptus Ascanius cum continuis proeliis Mezentium persequi instituisset, filius eius Lausus collem Laviniae arcis occupavit. cumque id oppidum circumfusis omnibus copiis regis teneretur, Latini legatos ad Mezentium miserunt sciscitatum, qua condicione in deditionem eos accipere vellet; (2) cumque ille inter alia onerosa illud quoque adiiceret, ut omne vinum agri Latini aliquot annis sibi inferretur, consilio atque auctoritate Ascanii placuit ob libertatem mori potius quam illo modo servitutem subire. (3) itaque vino ex omni vindemia Iovi publice voto consecratoque Latini urbe eruperunt fusoque praesidio interfectoque Lauso Mezentium fugam facere coegerunt. (4) is postea per legatos amicitiam societatemque Latinorum impetravit, ut docet Lucius Caesar libro primo itemque Aulus Postumius in eo volumine quod de adventu Aeneae conscripsit atque edidit.

Übers.: Als er die Oberherrschaft über die Latiner erlangt hatte, beharrte Ascanius darauf, den Krieg gegen Mezentius mit Angriffen fortzusetzen. Dessen Sohn Lausus besetzte indes den Hügel, auf dem die Burg von Lavinium gelegen war, und als diese Stadt, ringsum von den Truppen des Königs umgeben, eingeschlossen war, schickten die Latiner Gesandte zu Mezentius, um zu erfragen, unter welcher Bedingung er ihre Kapitulation annehmen wolle. (2) Als er zu anderen harten Auflagen auch noch hinzufügte, dass der gesamte Wein aus dem Latinergebiet auf unbestimmte Zeit an ihn abgeliefert werden solle, beschlossen die Latiner auf Anraten und Veranlassung des Ascanius, lieber für die Freiheit zu sterben als sich auf diese Weise der Sklaverei zu unterwerfen. (3) Deshalb brachen sie, nachdem sie den Wein aus der gesamten Ernte auf allgemeinen Beschluss dem Juppiter gelobt und geweiht hatten, aus der Stadt aus, vertrieben die Besatzung, töteten den Lausus und zwangen Mezentius zur Flucht. (4) Dieser erlangte später durch Gesandte die Freundschaft und ein Bündnis mit den Latinern, wie L. Caesar im ersten Buch meint und genauso Aulus Postumius in seinem Band, den er über die Ankunft des Aeneas geschrieben und publiziert hat.

Komm.: Nach dem Tod seines Vaters Aeneas übernahm **Ascanius** die Königsherrschaft über die Latinerstädte (vgl. Fabius Pictor FRH 1 F 1); er soll den Krieg gegen **Mezentius**, den Etruskerkönig von Caere (Cerveteri, ca. 35 km nordwestl. von Rom) mit unverminderter Härte fortgeführt haben. Alföldi, Frühes Rom 175-93 hat versucht, einen historischen Kern aus diesem legendären Krieg herauszulösen (im Sinne einer etruskischen Eroberung Latiums im 6. Jh.; s. auch Cornell, Beginnings 293-8). Mezentius' Name ist im 7. Jh. inschriftlich in Caere belegt: D. Briquel, A propos d'une inscription redécouverte au Louvre. Remarques sur la tradition relative à Mézence, REL 67 (1989) 78-92; Aigner-Foresti, DNP 8 [2000] 148-9 s.v.

Die Version des Postumius, nach der **Lausus** beim Ausbruch der Latiner umkam, sein Vater aber später mit den Latinern ein Bündnis einging, hat sich auch bei Dion. Hal. ant. 1,65,3-5 erhalten. Cato FRH 3 F 1,9a-12 berichtet von einer entsprechenden Schlacht um Laurolavinium (Lavinium), doch soll Ascanius den Mezentius im Zweikampf getötet haben (s. dort). Ferner forderte Mezentius nach Cato von den Rutulern die Erstlingsopfer, die sonst den Göttern geweiht wurden, während der Etruskerkönig bei Postumius auf unbestimmte Zeit den gesamten Wein aus dem Latinergebiet verlangte. Zusammengenommen dienten beide Versionen in der späteren Tradition als Aitiologie für den Brauch, an den Frühjahrs-Vinalia (nach dem Festkalender der 23. April) den ersten Wein des Vorjahres Juppiter und Venus darzubringen; vgl. Ov. fast. 4,877-95; Wissowa RKR 289 (mit den weiteren Belegen).

| **4**   Macr. Sat. 3,20,5 (F 2 Peter = F 3 Jacoby) |

Postumius Albinus annali primo de Bruto: ea causa sese stultum brutumque faciebat, grossulos ex melle edebat.

Übers.: Postumius Albinus sagt im ersten Buch seines Geschichtswerkes, dass Brutus sich dumm und plump stellte und kleine unreife Feigen mit Honig aß.

Komm.: L. Iunius **Brutus** galt als legendärer Begründer der Republik. Nach der Tradition (bes. Liv. 1,56,2-7; ferner Broughton MRR 1,1-3; Schwegler RG 1,775-6) war er der Sohn der Tarquinia, der Schwester des letzten Königs Tarquinius Superbus. Als dieser den Vater und den Bruder des Brutus ermorden ließ, stellte sich Brutus **dumm und plump** (so ja das Cognomen 'Dummkopf', aus dem die Geschichte teilweise herausgesponnen sein dürfte), um einem ähnlichen Schicksal zu entrinnen. Auf einer Reise nach Delphi deutete er als Einziger den Orakelspruch der Pythia richtig, dass derjenige herrschen werde, der als Erster die Mutter küsse: Er fiel bei der Rückkehr nach Italien zu Boden und küsste die Erde – für die Herumstehenden nur ein weiterer Beweis dafür, dass er nicht ganz bei Sinnen war. Brutus und Tarquinius Collatinus wurden die beiden ersten Konsuln der Republik (varron. i.J. 509). Zur Brutus-Legende s. allg. A. Mastrocinque, Lucio Iunio Bruto (1988); Elvers, DNP 6 (1999) 58-9 s.v. Iunius (I 4); K.-W. Welwei, L. Iunius Brutus: Zur Ausgestaltung und politischen Wirkung einer Legende, Gymnasium 108 (2001) 123-35.

Gaius Acilius (FRH 5)

C. Acilius[1] entstammte einer plebejischen *gens*, die im 2. Punischen Krieg aufgestiegen war, als die Niederlagen vom Trasimenischen See und Cannae große Lücken in die Reihen des Senats gerissen hatten. Eine einschlägige Karriere gelang jedoch erst M'. Acilius Glabrio, einem Anhänger des Scipio Africanus, der es 191 zum Konsulat gebracht und bei den Thermopylen einen entscheidenden Sieg über Antiochos III. errungen hatte. Die *gens Acilia* hatte damit ihren festen Platz in der Nobilität, doch schaffte sie es im 2. Jh. nur noch ein einziges Mal bis zum Konsulat.[2]

Acilius war höchstwahrscheinlich ein Neffe des Glabrio.[3] Spätestens seit Mitte der 150er Jahre gehörte er dem Senat an. Acilius muss demnach irgendwann zuvor die kurulische Ädilität bekleidet haben, die gleichzeitig den Endpunkt seiner Karriere markierte. I.J. 155 führte er die berühmte Philosophengesandtschaft in den Senat ein und tat sich in der betreffenden Sitzung als Dolmetscher hervor. Angeblich soll er sich bei dieser Gelegenheit durch sein prätentiöses und affektiertes Verhalten in den Vordergrund gedrängt haben, was insbesondere den Zorn Catos erregte.[4] Wenngleich diese Episode in der Überlieferung zugespitzt wurde, um den Kontrast zwischen Cato und notorischen 'Philhellenen' wie Acilius deutlicher hervortreten zu lassen, kann an den griechischen Affinitäten des Acilius kein Zweifel bestehen. Das zeigt sich schon daran, dass er für sein Geschichtswerk erneut auf das Griechische zurückgriff. Hatten Fabius Pictor und Cincius Alimentus noch wie selbstverständlich Griechisch geschrieben, weil dies die

---

[1] Testimonien: FGrH 813 p. 813-4. Literatur: HRR I p. CXXI-CXXIII; Klebs, RE 1.1 (1893) 250-1 s.v.; Frier, Libri 208-9. 249-50; v. Albrecht GRL 302; Meister (1990) 148-9; Chassignet, AR 1 p. LXXXVI-LXXXVIII.

[2] Elvers, DNP 1 (1996) 87 s.v. Acilius [I 10]; sowie grundlegend Dondin-Payre (1993). Der Sohn des Glabrio, M'. Acilius Glabrio (RE 36), bekleidete 154 das Suffektkonsulat: Broughton MRR 1,449.

[3] Dondin-Payre (1993) 285; skeptisch Chassignet, AR 1, p. LXXXVI, contra HRR, p. CXXI-CXXII. Forsythe (2000) 2 mit Anm. 5 hält ihn für einen Sohn des Glabrio.

[4] Gell. 6,14,9; Macr. Sat. 1,5,15; vgl. Plut. Cato 22,5: „Als das Ansehen der (athenischen) Philosophen in Rom immer weiter anstieg und C. Acilius, ein vornehmer Mann, sich mit höchstem Eifer anschickte, bei ihren ersten Reden vor dem Senat als Dolmetscher zu fungieren, beschloss Cato, sämtliche Philosophen aus der Stadt hinauszukomplimentieren." S. dazu Gruen (1992) 73. 81; Jehne (1999) 119-26.

gängige Sprache ihrer Literaturgattung gewesen war, so lag in Acilius' Wahl die bewusste Entscheidung, sich von der Alltagssprache Latein abzuheben.[5] Die Gesamtgeschichte des Acilius wurde um d.J. 141 veröffentlicht.[6] Das Werk spannte sich von der Ankunft des Herakles und der Trojaner im Westen (F 1 u. 2) vermutlich bis ins Epochenjahr 146, dessen Ereignisse nachhaltig auf die Abfassung eingewirkt haben müssen. Aus Sicht der Philhellenen konnte die politische Neuordnung Griechenlands als Endpunkt eines zyklischen Geschichtsverlaufes gesehen werden, mit dem die bis in die mythhistorische Frühzeit zurückreichende, einheitliche Kulturökumene Griechenlands und Italiens nun eine politische Klammer erhielt. Immerhin hatte Acilius Rom zu einer griechischen Kolonie erklärt – eine Behauptung, die vor allem kultaitiologisch begründet wurde (F 1; vgl. F 3 u. 4 zur Prominenz von Etymologien und Aitiologien). Besonderes Gewicht lag freilich auf dem 2. Punischen Krieg (F 5 u. 6), der aus der zeitlichen Distanz des Acilius als Beginn der römischen Weltherrschaft galt. Bei der Ausarbeitung der Unterredung Scipios und Hannibals (F 7) kam es daher primär nicht darauf an, ob diese so je stattgefunden hatte. Wichtiger waren – auch dies ein 'hellenistischer' Zug der Historiographie des Acilius – die Dramaturgie des Augenblicks, die sich mit der Episode einfangen ließ, der Sinn für das gesprochene Wort und die Feldherrnkunst des großen Hannibalbezwingers.

Das Werk das Acilius wurde nur begrenzt rezipiert. In der zweiten Hälfte des 2. Jh.s wirkte es gestelzt, Griechisch zu schreiben; Acilius' Ansatz war in dieser Hinsicht bereits anachronistisch.[7]

---

[5] F 5; vgl. F 6; Liv. per 53; s. Dondin-Payre (1993) 285-6.
[6] Liv. per. 53; s. Kierdorf, DNP 1 (1996) 86 s.v. In F 6 ist der Begriff *annales* bezeugt; anders F 5: *historia*. Zur Frage der Werktitel s.o. S. 44.
[7] Vgl. Frier, Diss. 272: „The possibility of a (...) Greek historiography at Rome was by the middle of the second cent. B.C. a dead issue". Immerhin scheint eine Wirkungslinie zu Claudius Quadrigarius (FRH 14) geführt zu haben, der offenbar eine lateinische Bearbeitung des Werkes angefertigt hat: s.u. F 6 und 7 = Liv. 25,39,12 und 35,14,5 (anders aber Frier, Libri 249-50). Zur Rezeption des Acilius s. auch Chassignet, AR 1 p. LXXXVII-LXXXVIII.

1 Strab. 5,3,3 (F 1 Peter = F 1 Jacoby)

καὶ ὅ γε ⟨Ἀ⟩κύλιος, ὁ τῶν Ῥωμαίων συγγραφεύς, τοῦτο τίθεται σημεῖον τοῦ Ἑλληνικὸν εἶναι κτίσμα τὴν Ῥώμην, τὸ παρ' αὐτῇ τὴν πάτριον θυσίαν Ἑλληνικὴν εἶναι τῷ Ἡρακλεῖ.

Übers.: Und der römische Historiker Acilius sieht darin, dass in Rom das traditionelle Opferfest für Herakles nach griechischem Ritus erfolge, einen Hinweis dafür, dass Rom eine griechische Gründung sei.

Komm.: Die bei Strabon unmittelbar zuvor erzählte Variante der römischen Gründungsgeschichte um Herakles und Euander bettet die Entstehung der Stadt in einen weiteren, Griechenland, Italien und Sizilien vernetzenden Sagenzyklus ein. Acilius hat dies zu der These zugespitzt, dass Rom eine genuin **griechische Gründung** sei. Cassius Hemina FRH 6 F 5 überliefert eine aitiologische Erklärung des Kultes sowie zeremonielle Details des Opferfestes für Herakles an der Ara Maxima (s. dort). Zum Herakles/Hercules-Kult in Rom und seinen griechischen Wurzeln s. allg. Radke GA 140-2; R.E.A. Palmer, Cults of Hercules, Apollo Caelispex and Fortuna in and around the Roman Cattle Market, JRA 3 (1990) 235-244 sowie C. Bonnet, C. Jourdain-Annequin (éds.), Héraclès d'une rive à l'autre de la Méditerranée. Bilan et perspectives (1992). – Der in den Handschriften verderbt überlieferte Autorenname (ὅ γε κύλιος oder κεκύλιος) wird von Schwegler, Peter, Jacoby, Frier zu ⟨Ἀ⟩κύλιος verbessert; s. die kritischen Apparate bei Peter, HRR, und Chassignet, AR 1.

2 Origo Gentis Romanae 10,1-2 (F ./. Peter = F 8 Jacoby dub.)

Addunt praeterea quidam Aeneam in eo litore Euxini cuiusdam comitis matrem ⟨Baiam⟩ ultimo aetatis affectam circa stagnum, quod est inter Misenon Avernumque, extulisse atque inde loco nomen inditum (...). cumque comperisset ibidem Sibyllam mortalibus futura praecinere in oppido quod vocatur Cimmerium, venisse eo sciscitatum de statu fortunarum suarum aditisque fatis vetitum, ne is cognatam in Italia sepeliret. (2) et postquam ad classem rediit repperitque mortuam Prochytam, cognatione sibi coniunctam, quam incolumem reliquerat, in insula proxima sepelisse, quae nunc quoque eodem est nomine, ut scribunt Lutatius et Acilius ⟨et⟩ Piso.

Übers.: Gewisse Autoren berichten zusätzlich, dass Aeneas an dieser Küste, bei dem Gewässer zwischen Misenum und dem Averner See, die an Altersschwäche verstorbene Mutter eines Gefährten namens Euxinus bestattete und dass die Stelle nach ihr Baiae genannt wurde (...). Als er erfuhr, dass dort die Sibylle in einem Ort namens Kimmerium den Menschen die Zukunft vorhersagt, sei er dorthin gegangen, um etwas über sein Schicksal zu erfahren, und die Weissagung habe ihm verboten, Prochyta, die mit ihm durch Blutsverwandtschaft verbunden war, in Italien zu bestatten. Diese war (freilich) bei seinem Weggang noch wohlauf gewesen. (2) Als er aber zur Flotte zurückkehrte und sie tot vorfand, habe er sie auf einer nahen Insel bestattet, die auch jetzt noch den gleichen Namen trägt, wie Lutatius, Acilius und Piso schreiben.

Komm.: Der alte Hafen von Kyme, **Baiae**, war der zentrale Ort an der Küste Nordkampaniens (sog. *Campi Phlegraei*); vgl. Postumius Albinus FRH 4 F 2; Nissen ItL II 733-5. Die Region hatte eine komplexe Kult- und Orakeltopographie. Über den *Lacus Avernus* bestand Zugang zum Hades, von hier trat Aeneas in die Unterwelt ein (Verg. Aen. 3,442; 6,126; Ov. met. 14,101-57 u. passim). Naevius Frg. 12 Strzlecki kennt eine Kimmerische Sibylle, deren Orakel nach Acilius und Piso bei **Kimmerium** (Chassignet liest *Cimmerium*, während Forsythe, Piso 430 das überlieferte *Cimbarionis* zu verteidigen sucht) gewesen sein soll. Das Epitheton 'Kimmerisch' war v.a. eine Allusion auf das am Eingang zur Totenwelt hausende Volk der Kimmerer (Hom. Od. 11,13-9). Acilius hat die Aeneas-Sage demnach nicht nur einfach in den weiteren Referenzrahmen der homerischen Epen gestellt, sondern durch das Toponym 'Cimmerium' in einer 'Parallel-Topographie' inszeniert. Bekannter als die nur in diesem Zusammenhang erwähnte 'Kimmerische' war die Sibylle im nahegelegenen Kyme (Ps. Aristot. mir. 838 a 5-14; Lykophr. Alexandra 1278-80 u.ö.). Zu den Identifizierungs- und Lokalisierungsversuchen der verschiedenen Sibyllen wie auch zur religiösen Topographie der *Campi Phlegraei* s. Forsythe, Piso 102-9; Muggia, DNP 6 (1999) 966-7 s.v. Kyme (2) mit archäolog. Lit.; vgl. H. W. Parke, Sibyls and Sibylline Prophecy (1989). – **Prochyta** war eine Verwandte des Aeneas (vgl. Serv. ad Verg. Aen. 9,712; Dion. Hal. ant. 1,53). Die in der Überlieferung nach ihr benannte kleine Insel (heute Procida) liegt 2,5 km vor der Küste zwischen Kyme und Ischia.

| 3 | Plut. Rom. 21,9 (F 2 Peter = F 2 Jacoby) |

Γάιος δ' Ἀκίλιος ἱστορεῖ πρὸ τῆς κτίσεως τὰ θρέμματα τῶν περὶ τὸν Ῥωμύλον ἀφανῆ γενέσθαι· τοὺς δὲ τῷ Φαύνῳ προσευξαμένους ἐκδραμεῖν γυμνοὺς ἐπὶ τὴν ζήτησιν, ὅπως ὑπὸ τοῦ ἱδρῶτος μὴ ἐνοχλοῖντο· καὶ διὰ τοῦτο γυμνοὺς περιτρέχειν τοὺς Λουπέρκους.

Übers.: Gaius Acilius berichtet aber, dass vor der Gründung Roms den Gefährten des Romulus die Viehherden verloren gegangen seien. Und nachdem sie daraufhin ein Gebet an Faunus gerichtet hatten, machten sie sich nackt auf (damit sie nicht vom Schweiß geplagt würden), um sie zu suchen; und deswegen führten die *luperci* ihren Lauf nackt durch.

Komm.: Acilius erklärt das ungewöhnliche Auftreten der *luperci* beim Luperkalienfest (15. Februar). Der Luperkalienlauf, ein Umgangsritus, wurde von jungen Männern abgehalten, die mit *nudus* bzw. γυμνός beschrieben werden (Liv. 1,5,2; Dion. Hal. ant. 1,80,1; Ov. fast. 2,267. 283-4; Plut. mor. 208b). Das schließt nicht aus, dass die *luperci* – eine wild und vorzivilisatorisch auftretende Bruderschaft (Cic. Cael. 26) – einen Lendenschurz aus Fell trugen, das den Opfertieren vor dem Lauf abgezogen wurde (Dion. Hal. ant. [wie eben]; vgl. Val. Max. 2,2,9). Das rauschende Luperkalienfest hatte karnevaleske Züge: s. C. Ulf, Das römische Lupercalienfest (1982; grundlegend); A.W.J. Hollemann, Lupercalia, Lupa, Latomus 44 (1985) 609-14; P.M.W. Tennant, The Lupercalia and the Romulus and Remus Legend, AClass 31 (1988) 81-93; T.P. Wiseman, The God of the Lupercal, JRS 85 (1995) 1-22; ders., Remus 80-8. – Zum Hirtengott **Faunus** s.o. zu Cincius Alimentus FRH 2 F 2.

---

4   Paradoxogr. Vatic. Rohdii 39 Giannini (F 2a Peter = F 3 Jacoby)

Ἀκύλιος ὁ Ῥωμαῖος ἱστορικός φησι τὴν Σικελίαν πρὸ τοῦ κατακλυσμοῦ μὴ νῆσον εἶναι ὡς σήμερον, ἀλλ' ἤπειρον γενέσθαι συνημμένην τῇ ὕστερον Ἰταλίᾳ· ἐκ δὲ τῆς ἐπικλύσεως τῶν ῥευμάτων τῶν ῥιζῶν ἀποσπασθεῖσαν τοῦ Ἀπεννίνου, κατὰ τὸ Σκύλλαιον ῥαγείσης τῆς ἠπείρου, νῆσον ἀποκαταστῆναι καὶ διὰ τοῦτο Ῥήγιον κληθῆναι τὸ πλευρὸν τῆς Ἰταλίας ἐκεῖνο.

Übers.: Der römische Historiker Acilius sagt, dass Sizilien vor der großen Flut keine Insel wie heutzutage gewesen sei, sondern Festland zusammen mit Italien. Durch die Flutwelle wurden beide von den Wurzeln des Apennin abgetrennt, und infolge des Festlandbruchs in der Gegend von Scyllaeum sei dann eine Insel entstanden; und aus diesem Grund wird diese Küste Italiens heute Rhegion genannt.

Komm.: Zu der in der Antike weit verbreiteten etymologischen Ableitung Rhegions von ῥηγνύναι ('zerbrechen', hier ῥάγεισα), die sich aus dem geomorphologischen

Erscheinungsbild der beiden Küsten an der Straße von Messina ergab, vgl. Strab. 6,1,6; Diod. 4,85,3; Plin. nat. 3,86; Dion. Hal. ant. 19,2,2. Nach der griechischen Tradition trieben hier Skylla und Charybdis in den Grotten der gegenüberliegenden Steilklippen ihr Unwesen (Thuk. 4,24,5; Schol. Apoll. Rhod. 4,825-31). Während die Argonauten von der Seegöttin Thetis sicher an ihnen vorbeigeleitet wurden (Apoll. Rhod. 4,825-32), verlor Odysseus sechs seiner Männer (Hom. Od. 12). Bei der Ankunft der Trojaner im Westen (dies wird der Kontext der Notiz des Acilius gewesen sein) mied Aeneas den Ort, indem er Sizilien umsegelte: Verg. Aen. 3,420-1. Das nach dem Ungeheuer benannte **Scyllaeum**, ein kleiner Ort (heute Scilla) und ein gleichnamiges Vorgebirge, lag an der Straße von Messina (ca. 15 km nördl. von Rhegion): Philipp, RE 1 A 1 (1914) 487-502 s.v. Regium (3).

---

5   Cic. off. 3,115 (F 3 Peter = F 4 Jacoby)

Acilius autem, qui Graece scripsit historiam, plures ait fuisse, qui in castra revertissent eadem fraude, ut iure iurando liberarentur eosque a censoribus omnibus ignominiis notatos.

Übers.: Acilius, der sein Werk auf Griechisch verfasst hat, sagt indes, dass es mehrere gewesen wären, die unter derselben List ins Lager zurückkehrten, um von ihrem Eid entbunden zu sein, und dass sie von den Censoren mit Schimpf und Schande bedacht wurden.

Komm.: Nach der Einnahme des römischen Lagers nach der Schlacht bei Cannae ließ Hannibal unter den Römern zehn *nobilissimi* wählen, die dem Senat die Bedingungen für den Freikauf der 8000 Gefangenen übermitteln sollten. Sie verpflichteten sich unter Eid, wieder zu Hannibal zurückzukehren. Einer von ihnen kam jedoch kurz nach der Abreise unter dem Vorwand zurück, etwas vergessen zu haben, in der Meinung, durch diesen Trick von seinem Eid entbunden zu sein: Cic. off. 3,113-4, auf der Grundlage von Pol. 6,58,2-12; vgl. Liv. 22,58,6-61,4 (der Deserteur freilich ein *minime Romani ingenii homo*: 22,58,8). Doch kennt Liv. 22,61,5-10 auch die Version des Acilius, nach der mehrere mit diesem Trick davonkommen wollten. Von zwei Eidesbrechern berichtet Gell. 7,18,1-10; vgl. auch Val. Max. 2,9,8; Zon. 9,2; ganz nüchtern ist App. Hann. 28. Der Senat lehnte den Gefangenenfreikauf auf Betreiben des T. Manlius Torquatus ab, und die zehn Gesandten wurden entweder zu Hannibal zurückgeschickt (Cic.; Pol. [beide wie eben]; Liv. 22,61,4) oder sie verblieben in Rom (Acilius), wo einige aufgrund ihrer Entehrung durch die Censoren Selbstmord begingen (Liv. 22,61,9-10; vgl. Cic. off. 1,40). Bei Cicero wird das unehrenhafte Verhalten der römischen Gesandten in den Kontrast zur weithin gepriesenen *fides* des M. Atilius Regulus gestellt, der seinem Eide treu in die karthagische Gefangenschaft zurückgekehrt sein soll, obwohl ihn dort schrecklichste Marter erwartete (s. zu Tuditanus FRH 8 F 5); zur Traditionsgenese s. jetzt Walter (2001a) 276-8.

---

6 Liv. 25,39,11-3. 16-7 (F 4 Peter = F 5 Jacoby)

Ita nocte ac die bina castra hostium oppugnata ductu L. Marcii. (12) *ad triginta septem milia hostium caesa auctor est Claudius, qui annales Acilianos ex Graeco in Latinum sermonem vertit, captos ad mille octingentos triginta, praedam ingentem partam;* (13) *in ea fuisse clipeum argenteum pondo centum triginta septem cum imagine Barcini Hasdrubalis.* (...) (16) *apud omnes magnum nomen Marcii ducis est. et verae gloriae eius etiam miracula addunt: flammam ei contionanti fusam e capite sine ipsius sensu cum magno pavore circumstantium militum;* (17) *monumentumque victoriae eius de Poenis usque ad incensum Capitolium fuisse in templo clipeum Marcium appellatum cum imagine Hasdrubalis.*

Übers.: So wurden Tag und Nacht zwei feindliche Lager unter Führung von Lucius Marcius berannt. (12) Nach Claudius, der die Annales des Acilius ins Lateinische übersetzt hat, wurden dabei ungefähr 37000 Feinde getötet und etwa 1830 gefangen genommen; die Beute war gewaltig. (13) Darunter sei auch ein silberner Schild von 137 Pfund mit dem Bild des Barkiden Hasdrubal gewesen. (...) (16) Bei allen kommt der Name des Anführers Marcius groß heraus. Und seinem tatsächlichen Ruhm fügen sie auch noch Wundergeschichten bei, dass, während er gerade eine Ansprache hielt, eine Flamme aus seinem Haupt aufgestiegen sei, ohne dass er es bemerkte, während die umstehenden Soldaten in große Furcht gerieten. (17) Und als Denkmal seines Sieges über die Karthager habe bis zum Brand des Kapitols im Tempel ein Schild mit einem Bild Hasdrubals gehangen, der 'Marcius' genannt wurde.

Komm.: (= **Claudius** Quadrigarius FRH 14 F 57) Der Militärtribun L. **Marcius** Septimus übernahm nach dem Tod der Brüder P. Cornelius Scipio (cos. 218; RE 330) und Cn. Cornelius Scipio Calvus (cos 222; RE 345) i.J. 211 auf dem spanischen Kriegsschauplatz das Kommando über das führungslose römische Heer. Als gewählter Anführer erachtete er sich dem Legaten Ti. Fonteius übergeordnet (Liv.

25,37,6) und korrespondierte mit dem Senat, wobei er sich selbst als Proprätor bezeichnete (was später als *malum exemplum* empfunden wurde: 26,2,1-4). 210 übergab er das Heer dem Proprätor C. Claudius Nero. Seine Taten als eigenverantwortlicher Feldherr wurden in der 'annalistischen' Tradition geradezu heroisiert (s. Liv. 25,37-39; dazu Jaeger [1997] 107-24; Walter [2001a] 272-6).

Die beiden bei Acilius genannten Lager sollen wohl die des Mago und des Hasdrubal, Sohn des Hamilkar, gewesen sein (Forsythe, Piso 373), doch steckte dahinter vielleicht auch nur eine kompensatorische 'annalistische' Erfindung. Piso FRH 7 F 35 beziffert die gefallenen Feinde auf 5000, „als Mago unsere weichenden Truppen ungeordnet verfolgte". Valerius Antias FRH 15 F 24 berichtet von 17000 Toten und 4330 Gefangenen in zwei getrennten Operationen gegen Mago und Hamilkar, Sohn des Giskon (vgl. Forsythe [wie eben]).

Das 'illuminierte Haupt' des Marcius (vgl. Val. Max. 1,6,2; Plin. nat. 2,241) entspricht einem Motiv der Servius Tullius-Sage (Dion. Hal. ant. 4,2,4; Cic. de div. 1,121; Ov. fast. 6,636; Plin. nat. 2,241; Serv. ad Verg. Aen. 2,683). Zum **Schild des Marcius**, der bis zum Brand des Kapitols i.J. 84 zu sehen war, vgl. Plin. 35,14; Jaeger (1997) 124-31.

---

7   Liv. 35,14,5-12 (F 5 Peter = F 6 Jacoby)

Claudius, secutus Graecos Acilianos libros, P. Africanum in ea fuisse legatione tradit eumque Ephesi conlocutum cum Hannibale, et sermonem unum etiam refert: (6) *quaerenti Africano quem fuisse maximum imperatorem Hannibal crederet, respondisse Alexandrum Macedonum regem,* (7) *quod parva manu innumerabiles exercitus fudisset, quod ultimas oras, quas visere supra spem humanam esset, peragrasset.* (8) *quaerenti deinde quem secundum poneret, Pyrrhum dixisse:* (9) *castra metari primum docuisse, ad hoc neminem elegantius loca cepisse, praesidia disposuisse; artem etiam conciliandi sibi homines eam habuisse ut Italicae gentes regis externi quam populi Romani, tam diu principis in ea terra, imperium esse mallent.* (10) *exsequenti quem tertium duceret, haud dubie semet ipsum dixisse. tum risum obortum Scipioni et subiecisse* (11) *'quidnam tu diceres, si me vicisses?' 'tum vero me' inquit 'et ante Alexandrum et ante Pyrrhum et ante alios omnes imperatores esse'.* (12) *et perplexum Punico astu responsum et improvisum adsentationis genus Scipionem movisse, quod e grege se imperatorum velut inaestimabilem secrevisset.*

Übers.: Claudius, dem griechischen Werk des Acilius folgend, berichtet, dass Publius Cornelius Scipio Africanus sich in jener Gesandtschaft befand und in Ephesos eine Unterredung mit Hannibal hatte, und er überliefert auch ein entsprechendes Gespräch: (6) Auf die Frage des Africanus, wen Hannibal für den größten Feldherrn hielte, habe dieser Alexander, den König der Makedonen genannt, (7) weil er mit einer kleinen Schar zahllose Heere geschlagen und weit entlegene Küstenregionen durchstreift habe, die zu sehen jede menschliche Hoffnung übersteige. (8) Als Scipio hierauf fragte, wen er an die zweite Stelle setze, habe er Pyrrhos genannt. (9) Dieser habe als Erster gezeigt, wie ein Lager abzustecken sei, und dazu hätte keiner geschickter die Stellung ausgemacht und die Wachposten verteilt. Ferner habe er die Fähigkeit besessen, die Menschen für sich zu gewinnen, so dass die italischen Stämme lieber die Herrschaft bei einem fremden König als beim römischen Volk suchten, welches so lange in diesem Land führend war. (10) Als Scipio dann wissen wollte, wen er denn als dritten Feldherrn anführte, habe er ohne Zögern sich selbst genannt. Daraufhin begann Scipio zu lachen und entgegnete: (11) „Wen würdest du nennen, wenn du mich besiegt hättest?" „Sicher würde ich dann mich", sagte er, „sowohl vor Alexander als auch vor Pyrrhos und vor allen anderen Feldherren nennen." (12) Diese in ihrer punischen List ganz zweideutige Antwort und die unerwartete Schmeichelei beeindruckten Scipio, weil Hannibal ihn ja aus dem Kreis der anderen Feldherren wie einen Unvergleichlichen heraushob.

Komm.: (= **Claudius** Quadrigarius FRH 14 F 65) Nach Acilius soll **P. Cornelius Scipio** (RE 336) an der Gesandtschaft des P. Sulpicius Galba Maximus, P. Villius Tappulus und P. Aelius Paetus zu Antiochos III. i.J. 193 beteiligt gewesen sein (Liv. 34,59,8; 35,13-17); in Ephesos fand dann die berühmte Unterredung statt (vgl. Liv. Per. 35; Plut. Pyrr. 8,2; Flam. 21,3; App. Syr. 9-10; Oros. 4,20,18; Zon. 9,18). M. Holleaux, Etudes d'épigraphie et d'histoire grecques V (1952) 184-207 hat der Episode ihre Authentizität abgesprochen. Scipio unternahm im selben Jahr eine diplomatische Mission nach Africa (Liv. 34,62,16-18; MRR I 348), was Anlass für die 'annalistische Verdrehung' gewesen sein dürfte; vgl. Briscoe (1981) 166 mit Lit.

8 Dion. Hal. ant. 3,67,5 (F 6 Peter = F 7 Jacoby)

(...) Γάιον Ἀκίλλιον ποιησάμενος τοῦ μέλλοντος λέγεσθαι βεβαιωτήν, ὅς φησιν ἀμεληθεισῶν ποτε τῶν τάφρων καὶ μηκέτι διαρρεομένων τοὺς τιμητὰς τὴν ἀνακάθαρσιν αὐτῶν καὶ τὴν ἐπισκευὴν χιλίων μισθῶσαι ταλάντων.

Übers.: (...) wenn man sich auf die Autorität des Gaius Acilius stützt, der sagt, dass einst, als man sich nicht um die Abwasserkanäle gekümmert habe und sich das Wasser staute, die Censoren ihre Reinigung und Ausbesserung für 1000 Talente in Auftrag gaben.

Komm.: Die Maßnahmen werden mit der Censur Catos und des L. Valerius Flaccus i.J. 184 in Verbindung gebracht; s. Kienast (1979); Astin (1967) 84. Der Betrag von 1000 Talenten (≈ 6 Millionen Denare) entspricht wohl eher der Summe aller Ausgaben, die während der Censur für die Liv. 39,44,5-7 genannten Projekte insgesamt getätigt wurden.

Lucius Cassius Hemina (FRH 6)

Über die Person von L. Cassius Hemina[1] ist nichts Gesichertes bekannt. Eine von manchen Gelehrten postulierte Verbindung zur plebejischen *gens* der Cassii Longini, die zwischen 171 und 73 sieben Konsulate und zwei Censuren erreichten, unter ihnen vor allem C. Cassius Longinus (cos. 171, cens. 154), bleibt Spekulation, ebenso die daraus abgeleitete plebs-freundliche Tendenz des Werkes.[2] Von einem öffentlichen Amt ist nichts überliefert.[3]

Zeitlich steht Hemina zwischen Cato und Calpurnius Piso. Nach F 42 Zeitgenosse der Säkularspiele 146, wird er von Plinius als „sehr früher Gewährsmann" bezeichnet (F 40. 29), Piso hingegen nicht. Eben diese Spiele sind auch das späteste eindeutig datierte Ereignis im Werk; dennoch sprechen einige Beobachtungen für eine spätere Vollendung.[4] Aus dem angeblichen Titel des vierten Buches, *Bellum Punicum posterior* (sic), lässt sich nämlich keineswegs ableiten, dass zum Zeitpunkt der Abfassung der 3. Punische Krieg noch nicht begonnen hatte (s. zu F 34); zudem ist die Notiz des Grammatikers Priscian auch ungenau, denn das vierte Buch reichte mindestens bis zum Jahr 181 (s. F 40).[5] Das vieltraktierte *plebitas*-Fragment (F 20) scheint die Aufladung der politisch-propagandistischen Auseinandersetzungen, die mit dem Volkstribunat des Ti. Sempronius Gracchus begann, vorauszusetzen, was zumindest den Abschluss des Werkes erst nach 133 impliziert. Gewissheit ist in keinem Fall zu gewinnen.

Heminas Gesamtgeschichte bestand aus mindestens vier, wahrscheinlich jedoch fünf Büchern; die Annahme, sie habe wie die Werke von Naevius, Cato, Calpurnius Piso und Coelius Antipater sieben Bücher umfasst, bleibt

---

[1] Testimonien: HRF 68. Literatur: HRR I, p. CLXV-CLXXIII; Cichorius, RE 3.2 (1899) 1723-5; Leo GRL 329-30; Rosenberg (1921) 127-8; Rawson (1976/1991) 690-702; D'Anna, Enciclopedia Virgiliana 1, 1984, 691-2 s.v. Cassio Hemina; Scholz (1989); Forsythe (1990); v. Albrecht GRL 304-5; Santini, Emina 11-70; Kierdorf, DNP 2 (1997) 1016-7; Chassignet, AR 2 p. IX-XVI.

[2] Trotz Forsythe (1990) 326-7; Rawson (1976/1991) 255-6; Santini, Emina 23-6.

[3] Etruskische Herkunft erwägt Santini, Emina 28-9. – Das Cognomen Severus (F 1) ist ein Irrtum des Sekundärautors; von dem Redner dieses Namens (ca. 40 v. bis 32 n.Chr.) sind keine historiographischen Schriften bekannt.

[4] Die Spätdatierung (133/132?) sucht v.a. Forsythe (1990) 327-33 zu begründen; vorsichtiger Santini, Emina 11-20, ablehnend Chassignet, AR 2 p. IX-X.

[5] Es sei denn, man ändert mit Scholz (1989) 172 in F 40 *quarto* zu *quinto libro*, was aber gewaltsam und willkürlich ist.

Vermutung. [6] In jedem Fall gliederte Hemina eigentümlich: Auf eine breite Schilderung der vorrömischen Zeit (Fragmente 1-12: Urgeschichte Latiums, älteste Stämme, Urkönige, Aeneas-Geschichte, albanische Könige) folgten in Buch zwei die Gründung Roms, die Königszeit und die frühe Republik bis mindestens zum Pyrrhos-Krieg (F 24). Buch drei umfasste die Zeit von etwa 280 bis 216, Buch vier den Hannibalkrieg und die Zeit danach bis mindestens 181 (s.o.), Buch fünf die Zeitgeschichte. Angesichts der dürftigen Informationen fehlen selbstverständlich auch gelehrte Hypothesen zu einer schrittweisen Publikation nicht.

Mit Cato und Piso teilte Hemina die Aufmerksamkeit für censorische Politikfelder, mit Ersterem, auf dessen Werk er in Fragment 32 deutlich anspielt und dem er in einer zentralen Periodisierungsentscheidung folgt, hatte er auch das Interesse an *ktiseis* von Städten (F 2. 3) und karthagischen Behausungen (F 41) gemeinsam.[7] Bei der politischen Geschichte im engeren Sinn ließ Hemina wohl eher Kürze walten (F 37) und gab dafür den Verbindungen zwischen Italien und Griechenland sowie überhaupt kultur- und religionsgeschichtlichen Nachrichten relativ breiten Raum – der Religion vielleicht auch deshalb, weil sie zum einen als zentrales Element der Tradition Stabilität über die Umbrüche der eigenen Gegenwart hinweg zu versprechen, zum anderen aber auch der Traditionssicherung in besonderem Maße zu bedürfen schien. Von daher ist es vielleicht auch kein Zufall, dass zwei Fragmente die religiöse Ausnahmesituation der Jahre 217 und 216 spiegeln (F 28. 35). Dass Hemina ferner Methoden wie die Etymologie zur Gewinnung von historischem Wissen und Konzepte wie den Euhemerismus zur Erklärung heranzog und auch rationalistische Begründungen für sakrale Vorschriften nicht verschmähte, kann an sich nicht überraschen, eher schon

---

[6] Sie wird von fünf Sekundärautoren 14 mal als *annales* bezeichnet; drei Bezeugungen nennen sie *historiae*. Daraus ist über das Werk nichts zu ersehen; s.o. S. 44. Wenn Ch.W. Fornara, The Nature of History in Ancient Greece and Rome (1983) 25 mit Hemina „the series of annalists" beginnen lässt, so beruht dies auf einer nicht zwingenden Übersetzung des plinianischen *vetustissimus auctor annalium* (F 40) mit „the oldest annalist".

[7] Cato, Hemina und Polybios lassen ein Buch ihrer Werke mit Cannae enden (wie später Livius: Buch 22); vgl. Scholz (1989) 171. Dagegen setzen Fabius Pictor und die ihm folgende Tradition den Fall Sagunts und die Kriegserklärung 218 als Einschnitt. Cato und Hemina folgten nicht formalen äußeren Kriterien, sondern periodisierten erfahrungsgeschichtlich, wie gerade durch den Akzent auf der säkularen Katastrophe 216 deutlich hervortritt. – Für die unübersehbaren Unterschiede zwischen Cato und Hemina s. Rawson (1976/1991) 247-8.

das Ausmaß, in dem er dies tat.[8] Zur antiquarisch-'kulturgeschichtlichen' Ausrichtung des Werkes gehören auch die darin erwähnten und erklärten Örtlichkeiten, Heiligtümer und Tempel – Bausteine zu einer Gedächtnistopographie Roms – sowie das Interesse für den Kalender.[9]

Solche Bausteine zu sammeln mochte für Hemina auch deshalb von besonderem Interesse gewesen sein, weil er für den Wandel der Lebensformen in Rom sensibel gewesen zu sein scheint. Wahrscheinlich stammt die Notiz, wonach die *cloaca maxima* breit genug für einen Heuwagen war, aus seinem Werk,[10] und er wußte auch, dass das aus einer Hirtenschar erwachsene Rom (F 14) einst das merkantile Zentrum einer auf dem Lande lebenden Bauernbevölkerung war (F 17). Unstreitig hat Hemina die spektakulären Ereignisse, die seit dem Hannibalkrieg für das Unbehagen weiter Teile zumal der Führungsschicht gegenüber den möglichen Folgen von neuen Formen der religiösen, kulturellen und politischen Kommunikation standen, in seinem Werk reflektiert. Für den Bacchanalienskandal ist das sehr wahrscheinlich (F 39), ausdrücklich belegt für die Auffindung der sog. Numa-Bücher i.J. 181 (F 40) und für eine der censorischen Statuenräumungen (F 26).

Im übrigen fällt bei markanten 'politischen' Themen der Nachdruck auf, mit dem Hemina einvernehmliche Lösungen und Rücksichtnahme hervorhebt, so bei der gemeinsamen Regierung von Romulus und Remus (F 14). Doch auch für innere Konfliktlagen zeigte er Interesse, wie das bereits genannte *plebitas*-Fragment (F 20) und die Warnung eines Patriziers vor einem unzufriedenen Volk, das einem Monarchen in den Sattel verhelfen könne (F 25), zeigen. Der letzte König in Rom wird sehr negativ gezeichnet (F 18).

Hemina ist für die Entwicklung der römischen Geschichtsschreibung wichtig, weil sich in ihm schon bei Fabius Pictor erkennbare Akzente zu einer Art von 'Kulturgeschichte' verdichteten. Es gibt jedoch keine Anzei-

---

[8] Natürlich ist zu berücksichtigen, dass die Hemina-Fragmente in erster Linie durch Varro vermittelt wurden; dessen Interessen haben gewiss keine gleichmäßige Auswahl bewirkt; vgl. Leo GRL 329². – Etymologie: F 2-4; Euhemerismus: HRR I p. CLXVI; F 1. 4. 5; Rationalismus: F 15. 16; dazu M. Chassignet, Étiologie, étymologie et éponymie chez Cassius Hémina: mécanismes et fonction, Les Études Classiques 66 (1998) 321-35.

[9] Bauten und Orte: F 5. 14. 18. 26. 29; Kalender: F 17. 21. 23. Bezeichnenderweise bezieht sich das einzige Fragment, in dem das Decemvirat vorkommt, auf die Einfügung eines Schaltmonats (F 21).

[10] Plin. nat. 36,107, der sich an dieser Stelle eng mit Hemina F 18 berührt; vgl. Rawson (1976/1991) 254.

chen, dass dieser Ansatz schon durch ihn so einseitig im Vordergrund stand, wie das dann bei Cn. Gellius der Fall sein sollte (s.u.) – mit dem er ansonsten aber auch manche Gemeinsamkeit hatte.

Heminas Werk fand wenig Aufmerksamkeit,[11] anders als das von Calpurnius Piso, von dem er sich in erster Linie durch mangelnde Prominenz und dadurch auch weit geringere Autorität unterschied. Ein *gravis auctor* vermochte er trotz seiner Gelehrsamkeit und trotz neuer Akzente, zu denen auch die Demonstration einer gewissen abgeklärten Intellektualität gehört zu haben scheint, nicht zu werden, weil methodische und inhaltliche Innovationen allein in der zweiten Hälfte des 2. Jahrhunderts die Autorität eines historiographischen Werkes nicht zu begünden vermochten – zumal im Umkreis von Autoren wie Cato und Piso.[12]

Das Werk zeigt aber auch, wie wenig *die* römische Geschichtsschreibung auch noch nach der Mitte des 2. Jahrhunderts, zwei Generationen nach Fabius Pictor, eine klar konturierte Gattung war, wie sehr die Autoren umgekehrt hinsichtlich der inhaltlichen Schwerpunkte und der formalen Gestaltung noch experimentierten, obwohl das Gerüst der Ereignisse stand und auch im Detail vieles schon kanonisiert war.

---

[11] Plinius ist der früheste Autor, der ihn zitiert; vorher hat ihn allenfalls noch Varro gekannt (Cichorius, RE [Anm. 1] 1724; Santini, Emina 39), und er fehlt sogar in der Autorenliste des sammelfleißigen Dionysios von Halikarnass (ant. 1,16). Forsythe (1990) 344 muss angesichts dieses Befundes die schwer greifbare „tralatizische Tradition" bemühen, um einen (indirekten) Einfluss Heminas auf Livius postulieren zu können. Die Benutzung und Weitervermittlung durch Varro mit seinen besonderen Interessen dürfte für das Übergewicht der 'kulturgeschichtlichen' Fragmente mitverantwortlich sein; unter diesem gewichtigen Vorbehalt hat jedes generelle Urteil über Hemina zu stehen. Santini, Emina 43 spricht in diesem Sinne von einer „obliterazione della parte storica di Cassio Hemina".

[12] Scholz (1989) 181 bezeichnet Heminas historiographische Schriftstellerei – freilich etwas kühn – als einen „an griechischen Maßstäben orientierte(n) Akt der Selbstfindung": „Alles sollte den Geist von Aufgeklärtheit und Wissenschaftlichkeit, auch von Interessiertheit für kulturpolitische Fakten ausstrahlen, um Roms Geschichtsschreibung vom Odium bloßer Legendensammlungen oder politischer Pamphletistik zu befreien." Vgl. dazu auch Santini, Emina 60-1.

| 1   Tert. apol. 10,7 (F 1 Peter = F 1a Santini) |

Saturnum itaque, quantum litterae, neque Diodorus Graecus aut Thallus neque Cassius Severus aut Cornelius Nepos neque ullus commentator eiusmodi antiquitatum aliud quam hominem promulgaverunt.

Übers.: Soweit es die schriftlichen Quellen angeht, haben weder der Grieche Diodor oder Thallus noch Cassius Severus oder Cornelius Nepos oder ein anderer Bearbeiter von solcherlei Altertümern den Saturnus anders denn als Menschen deklariert.

Komm.: Saturnus war ein alter italisch-römischer Saat- und Fruchtbarkeitsgott, der bereits im altertümlichen Salierlied genannt wurde (Fest. p. 432,20 L). Vielleicht unter dem Einfluss von Ennius' *Euhemerus* (Überreste: ROL 1,416-431; Garbarino, Filosofia 1,72-3. 133-7; 2,289-301; Courtney [1999] 27-39) gab es eine rationalisierende Umdeutung zum Urkönig und Zivilisationsheros, die sich freilich nicht völlig durchsetzen konnte. Nach ihr herrschte zuerst Janus als König über Italien; sein Wohnsitz war das nach ihm benannte Janiculum. Er nahm den von Juppiter vertriebenen Saturnus gastfreundlich auf. Dieser lehrte die Bewohner den Ackerbau. Janus teilte die Herrschaft mit ihm – das Motiv sollte bei Faunus und Euander (Alimentus FRH 2 F 2), Latinus und Aeneas sowie Romulus und Titus Tatius (s. zu Fabius Pictor FRH 1 F 9) wiederkehren –, und Saturnus baute auf dem 'saturnischen Hügel' (Varr. ling. 5,42) seine eigene Burg und Stadt. Seine Regierungszeit galt als Goldenes Zeitalter, in dem Friede, Ordnung und Gerechtigkeit herrschten und es weder Sklaven noch überhaupt Eigentum gab. Dieser glücklichen Zeit gedachten die Römer – wohl seit der grundlegenden Reform des Festes i.J. 217 – alljährlich an den Saturnalien (in ciceron. Zeit am 17. Dez.); vgl. Schwegler RG 1,212-4; Preller RM 10-20; Wissowa RKR 204-8. Die kanonische Darstellung der Saturnsage findet sich in der Erzählung Euanders (Verg. Aen. 8,306-36); vgl. insg. M. Wifstrand Schiebe, Vergil und die Tradition von den römischen Urkönigen (1997), v.a. 19-28, die freilich die ganze Konstruktion erst für eine Erfindung Vergils hält und gegen das unklare Referat Tertullians schwere Bedenken hat. – Zu **Cassius Severus** s. S. 242 Anm. 3.

| 2   Solin. 2,10 (F 2 Peter = F 2 Santini) |

Notum est (...) constitutam (...) Ariciam ab Archilocho Siculo, unde et nomen, ut Heminae placet, tractum.

Übers.: Bekanntlich (...) wurde Aricia (...) von dem Sikuler Archilochos gegründet, von dem auch nach Ansicht von Hemina der Name abgeleitet ist.

Komm.: Zu **Aricia** und dem Heiligtum der Diana Nemorensis s.o. zu Cato FRH 3 F 2,28. – Die originäre Verbindung Mittelitaliens mit Sizilien bzw. den Sikulern (dazu v.a. Antiochos von Syrakus FGrH 555 F 6; Varr. ling. 5,101; Weiteres bei Schwegler RG 1,202-05) sowie die Methode, die Benennung einer Stadt durch Metonomasie aus dem Namen ihres Gründers abzuleiten, konnte Hemina schon bei Fabius Pictor finden (FRH 1 F 22); das Interesse an den Gründungsgeschichten der Städte Italiens verbindet ihn mit Cato.

---

3 Serv. auct. ad Verg. Aen. 7,631 (F 3 Peter = F 3 Santini)

Cassius Hemina tradidit Siculum quendam nomine uxoris suae Clytemestrae condidisse Clytemestrum, mox corrupto nomine Crustumerium dictum.

Übers.: Cassius Hemina hat überliefert, dass ein bestimmter Sikuler nach dem Namen seiner Frau Clytemestra (die Stadt) Clytemestrum gegründet habe, die dann durch eine Verballhornung Crustumerium genannt wurde.

Komm.: Die nach der Tradition einst große und bedeutende latinische Stadt (Verg. Aen. 7,629-31) an der Salzstraße wird auch auf Alba Longa, Trojaner, Sabiner oder Etrusker zurückgeführt (Nissen ItL II 562). Nach der frühen Unterwerfung und Inkorporierung durch Rom wurde die *tribus Crustumeia* (od. *Clustumina*) nach ihr benannt; vgl. auch Varr. ling. 5,81; Plin. nat. 3,68. Möglicherweise knüpfte Hemina mit den Gründungstraditionen der alten latinischen Städte an Catos *Origines* an (die dann gar nicht so 'folgenlos' geblieben wären), unterschied sich aber von diesem durch eine extravagante Betonung der Verbindungen zum griechischen Kulturraum auf Sizilien. Die Hemina-Fragmente 1-3 und 5 bilden Bruchstücke einer weiträumigen, Griechenland, Latium und Sizilien verbindenden mythhistorischen und kultaitiologischen Rekonstruktion, die den aus Griechenland vertriebenen Saturnus, Orest, den Sohn (und Mörder) der bekannten Klytemestra, ferner Diana, die beiden Zivilisationsheroen Hercules und Euander und die latinischen Städte Rom, Crustumerium und Aricia einbezogen zu haben scheint: Danach brachte Orest ein Kultbild der Artemis/Diana nach Aricia. Seine eigenen Gebeine wurden später von dort nach Rom überführt und vor dem Saturn-Tempel bestattet (Serv. ad Verg. Aen. 2,116). Dessen kultische Verehrung durch Menschenopfer wurde durch Hercules, der mit der Herde des Geryoneus nach Italien zurückkehrte und dort Euander traf (F 5), in einen unblutigen Kult umgewandelt (Macr. Sat. 1,7,31). Auch methodisch gehören die Fragmente eng zusammen (Ortsnamenableitung aus verballhornten griechischen Eigennamen; euhemeristische Deutung von Göttern und Heroen).

---

4 Serv. auct. ad Verg. Georg. 1,10 (F 4 Peter = F 4 Santini)

Cincius et Cassius aiunt ab Euandro Faunum deum appellatum ideoque aedes sacras 'faunas' primo appellatas, postea 'fana' dicta, et ex eo qui futura praecinerent, 'fanaticos' dici.

Übers./Komm.: s. Cincius Alimentus FRH 2 F 2.

---

5 Origo Gentis Romanae 6,1-7 (F ./. Peter = F 5 Santini)

Eo regnante forte Trecaranus quidam, Graecae originis, ingentis corporis et magnarum virium pastor, qui erat forma et virtute ceteris antecellens, Hercules appellatus, venit eodem. (2) *cumque armenta eius circa flumen Albulam pascerentur, Cacus, Euandri servus, nequitiae versutus et praeter cetera furacissimus, Trecarani hospitis boves surripuit ac, ne quod esset indicium, cau<dis a>versas in speluncam attraxit.* (3) *cumque Trecaranus vicinis regionibus peragratis scrutatisque omnibus huiuscemodi latebris desperasset inventurum, utcumque aequo animo dispendium ferens, excedere his finibus constituerat.* (4) *at vero Euander, excellentissimae iustitiae vir, postquam rem uti acta erat comperit, servum noxae dedit bovesque restitui fecit.* (5) *tum Trecaranus sub Aventino Inventori Patri aram dedicavit appellavitque Maximam et apud eam decimam sui pecoris profanavit.* (6) *cumque ante moris esset uti homines decimam fructuum regibus suis praestarent, aequius sibi ait videri deos potius illo honore impartiendos esse quam reges.* (...) (7) *consecrata igitur Ara Maxima profanataque apud eam decima Trecaranus, eo quod Carmentis invitata ad id sacrum non affuisset, sanxit ne cui feminae fas esset vesci ex eo quod eidem arae sacratum esset: atque ab ea re divina feminae in totum remotae. haec Cassius libro primo.*

Übers.: Während Euanders Regierung kam ein gewisser Trecaranus dorthin, ein griechischstämmiger Hirte von ungeheurer Körpergröße und gewaltiger Kraft, der Hercules genannt wurde und an Gestalt und Tüchtigkeit die anderen überragte. (2) Als dessen Herde auf beiden Seiten des Flusses Albula weidete, stahl Cacus, ein mit allen Wassern gewaschener und vor allem überaus räuberischer Sklave Euanders, heimlich die Rinder von (dessen) Gastfreund Trecaranus und zog sie, damit es keine Spuren gäbe, rückwärts an den Schwänzen in eine Höhle. (3) Als Trecaranus die benachbarten Gegenden durchstreift hatte und nach der Suche in allen Verstecken dieser Art schon daran verzweifelt war, sie noch zu finden, trug er, so gut es ging, den Verlust mit Fassung und beschloss, dieses Gebiet zu verlassen. (4) Aber Euander, ein Mann von außergewöhnlichem Rechtssinn, bekam Kenntnis von der Sache, wie sie sich zugetragen hatte, bestrafte seinen Sklaven und sorgte für die Rückgabe der Rinder. (5) Daraufhin weihte Trecaranus am Fuß des Aventin dem Pater Inventor ('Vater Finder') einen Altar und nannte diesen (Altar) 'den Größten' und weihte bei ihm ein Zehntel seines Viehs. (6) Denn während es vorher Brauch war, dass die Menschen den zehnten Teil ihrer Erträge ihren Königen darbrachten, schiene es ihm, wie er sagte, gerechter, die Götter mit dieser Ehrung zu bedenken als die Könige. (...) (7) Nach der Stiftung des Großen Altars und der Zehntweihung an ihm ordnete Trecaranus deshalb, weil Carmentis trotz Einladung zu diesem Opfer nicht erschienen war, (zusätzlich) an, dass es keiner Frau erlaubt sei, von dem Opferfleisch zu essen, was diesem Altar geweiht worden sei. Und die Frauen wurden insgesamt von dieser Art von Kulthandlung ausgeschlossen. Das berichtet Cassius im ersten Buch.

Komm.: Zu Herakles/**Hercules** im Kontext der italischen Mythentradition vgl. zu Fabius Pictor FRH 1 F 1. Hemina erzählt die Geschichte von der Ankunft des Hercules mit den Rindern des Geryoneus in der palatischen Siedlung Euanders und den Rinderdiebstahl des Cacus als mythhistorischen Ursprung des 'Größten Altars des unbesiegten Hercules' (*Ara Maxima Herculis Invicti*) in konsequenter euhemeristischer Reduzierung auf einen menschlichen Erfahrungshorizont. Die Ara Maxima befand sich auf dem Forum Boarium am Circus Maximus, schon innerhalb des ältesten Pomeriums; vgl. Richardson TDAR 186-7; Coarelli, LTUR 3 (1996) 15-7 und die zu C. Acilius FRH 5 F 1 genannte Lit. Später wurde dort ein Tempel des Hercules Victor errichtet, zu dessen Kult Frauen nicht zugelassen waren; dafür gibt die Geschichte eine Aitiologie. Zehntweihungen – häufig von Kaufleuten – an Hercules zur Erfüllung von Gelübden gab es auch außerhalb Roms; s. etwa CIL I² 1531 (aus Sora), Hercules-Kulte sind für Tibur, Praeneste, Lanuvium, Ostia und Tusculum belegt.

Der (verderbt überlieferte) Name **Trecaranus** weist auf einen in apulischen Inschriften belegten Hercules Tricornis, abgeleitet von τριχάρανος/*tricaranus*; s.

Chassignet, AR 2,92 mit der Speziallit. Der nur lokal geläufige Beiname war in verballhornter Form bald Spielball gelehrter Spekulation. So soll ein starker Hirte namens Garanus (Boehm, RE 7.1 [1910] 752-4 s.v.) den Räuber Cacus getötet habe (Verrius Flaccus bei Serv. ad Verg. Aen. 8,203, ähnlich Varro bei Serv. ad Verg. Aen. 8,564). Die Antiquare erklärten Hercules dann eigenartig als Sammelnamen für alle starken und tapferen Männer der Urzeit. Auch eine Verbindung mit dem Herakliden Karanos wurde versucht; vgl. Preller RM 2,283 Anm. 4; Wissowa RKR 283.

Es fällt auf, wie Hemina die Geschichte 'jurifiziert': Cacus ist ein Sklave Euanders (s. Liv. 1,7,3; Dion. Hal. ant. 1,39,2) und wird von Hercules nicht mit der Keule erschlagen, sondern von seinem Herren seiner gerechten Strafe zugeführt (die juristische Formel *servum noxae dare* deutet auf die Verantwortlichkeit des Herren für die Bestrafung seines Sklaven). Hercules wird ganz und gar als Mensch vorgestellt, aber die durch ihn veranlasste Übertragung des Opferzehnten für den König (vgl. Cato FRH 3 F 1,12) auf die Götter „throws some light on the way that Cassius thought early kings came to be worshipped as divine" (Rawson [1976/1991] 250). – Zu der in jedem Fall alten Figur des **Cacus** s. Wissowa, RE 3.1 (1897) 1165-9; F. Münzer, Cacus der Rinderdieb (1911), der 103-8 das Referat der *Origo Gentis Romanae* für ein Konglomerat aus spätrepublikanischen Antiquaren und kaiserzeitlichen Vergilkommentaren hält, in denen ein Hemina-Zitat dem Kompilator „den Anlass bot, seiner ganzen ersten Version der Cacuserzählung den Schein hohen Alters zu geben" (108); Radke GA 75-6; Graf, DNP 2 (1997) 879-80 s.v. sowie u. zu Gellius FRH 10 F 6. – Juppiter **Inventor** hatte einen Altar am Abhang des Aventin zum Tiber, in unmittelbarer Nähe eines zweiten Tempels für Hercules Victor. – **Carmentis** (oder Carmenta), eine alte, in ihrem Wesen schon zu Zeiten Varros unbekannte Göttin (Wissowa RKR 220-1; Radke GA 81-3), dient hier in ihrer Vermenschlichung als arkadische Mutter (oder Schwester) Euanders der aitiologischen Erklärung des Ausschlusses von Frauen vom Hercules-Kult; dazu auch Prop. 4,9,67-70. – Vgl. insg. Santini, Emina 123-8; eine ausführliche Analyse der dichterischen Verarbeitungen in augusteischer Zeit (Verg. Aen. 8,190-279; Prop. 4,9; Ov. fast. 1,543-88) bei Münzer (wie eben) 8-70; zu den 'annalistischen' Versionen (Liv. 1,7,5-7; Dion. Hal. ant. 1,39) ebd. 71-91.

---

6 Schol. Veron. ad Verg. Aen. 2,717 (F 5 Peter = F 6 Santini)

Varro secundo historiarum refert Aenean capta Troia arcem cum plurimis occupasse magnaque hostium <gratia obtinuisse a>beundi potestatem. itaque <concessum ei quod> vellet auferre; cumque circa aur<um> opesque alias ceteri morarentur, Aenean patrem *suum collo <tulisse mirantibus>que Achivis hanc pietatem redeundi Ilium copiam datam, ac deos penates ligneis sigillis vel lapideis, terrenis quoque Aenean <umeris extulisse>. quam rem Graecos stupentes omnia sua auferendi potestatem dedisse eaque <ratione saepius redeuntem omnia e Troia abstulisse et in navibus posuisse. A>tticus de patre consentit, de dis penatibus negat, sed ex Samothracia in Italiam devectos, contra quam opinionem refertur <fuisse simulacr>a Vestae incensis deae eius aris ex ruinis Troicis liberata. additur etiam ab L. Cassio † Censorio † miraculo magis Aenean patris <dignitate sanctio>rem inter hostes intactum properavisse concessisque ei navibus in Italiam navigasse. idem historiarum libro I ait Ilio capto <Aenean cum dis pena>tibus umeris inpositis erupisse duosque filios Ascanium et Eurybaten bracchio eius innixos ante ora hostium prae<tergressos. dat>as etiam ei naves concessumque, ut quas vellet de navibus securus veheret.*

Übers.: Varro berichtet im zweiten Buch der 'Historien', dass Aeneas nach der Eroberung Trojas zusammen mit einer großen Zahl von Menschen die Burg besetzt und wegen seines großen Ansehens bei den Feinden die Chance zum Abzug erhalten habe. Dabei sei ihm zugestanden worden (zusätzlich) wegzutragen, was ihm beliebe. Und während die anderen sich mit Gold und anderen materiellen Gütern aufhielten, habe Aeneas seinen Vater auf den Schultern getragen, und weil die Achäer einen so frommen Sinn bewunderten, sei ihm (zusätzlich) die Möglichkeit der Rückkehr nach Ilion gewährt worden, und er habe die Penaten in Gestalt von Statuetten aus Holz, Stein und auch Terrakotta auf den Schultern herausgetragen. Voller Staunen über diesen Vorgang hätten ihm die Griechen erlaubt, seinen ganzen Besitz wegzutragen, und auf diese Weise sei er mehrmals zurückgekehrt und habe dabei alles aus Troja weggetragen und in die Schiffe gelegt. Atticus stimmt hinsichtlich des Vaters damit überein, nicht aber hinsichtlich der Penaten; diese seien vielmehr aus Samothrake nach Italien gebracht worden. Gegen diese Ansicht wird angeführt, bei den samothrakischen Kultbildern habe es sich um Kultbilder von Vesta gehandelt, die aus den Trümmern Trojas gerettet wurden, als die Altäre dieser Göttin in Flammen aufgingen. Es wird auch durch Lucius Cassius überliefert, dass eher durch ein Wunder Aeneas, der (auch) durch die Würde seines Vaters unantastbarer (als andere) war, zwischen den Feinden unversehrt hindurchgeeilt und auf Schiffen, die man ihm zugestand, nach Italien gesegelt sei. Derselbe sagt im ersten Buch seines Geschichtswerkes, nach dem Fall Trojas sei Aeneas mit den Penaten auf den Schultern ausgebrochen, und seine beiden Söhne, Ascanius und Eurybates, seien auf seinen Armen an den Augen der Feinde vorbeigezogen.

Es seien ihm auch Schiffe gegeben worden und dazu die Erlaubnis, in einem Schiff seiner Wahl sicher abzufahren.

Komm.: Aus dem nachlässig verfassten und schlecht überlieferten Exzerpt zu den verschiedenen Ansichten über Aeneas' Entkommen aus Troja ist für Hemina nur zu entnehmen, dass er die heiligmächtige Ausstrahlung des Anchises hervorhob; einen ähnlichen Tabu-Effekt hatte der Auftritt des Dorsuo in F 22. Das Bild des *pius Anchises* war Hemina gewiss aus Naevius' *Bellum Punicum* bekannt; vgl. F 10 Strzelecki *senex fretus pietatei deum adlocutus*.

Denn ob mit **Derselbe sagt** ebenfalls Hemina gemeint ist, bleibt unsicher; s. die Doxographie bei Chassignet, AR 2,94. – Skepsis bleibt auch gegenüber der Rekonstruktion von Forsythe, Piso 91-102 (vgl. auch schon dens. [1990] 335-8) geboten, wonach der Scholiast nach einem Referat der varronischen Version und zwei Einschüben zu Sondervoten von Atticus und Cassius Hemina eine Alternativversion Pisos paraphrasiert habe, die nicht weniger als eine „innovation whose primary function must have been to dispell any lingering doubts concerning the hero's integrity by enveloping him in an aura of *pietas*" darstelle (99). Zwar gibt es Anzeichen, dass zur Zeit Pisos auch eine Aeneas-feindliche Tradition bekannt war (Q. Lutatius Catulus, zit. in der Origo Gentis Romanae 9,2), doch die abweichenden Akzente der 'pisonischen' Version gegenüber der varronischen sind kaum stark genug, um eine so komplizierte Rekonstruktion der Textverderbnis wahrscheinlich zu machen wie *Additur etiam ab L. Cassio* < (Lücke unbekannter Länge) ... *traditur autem a L. Calpurnio> Censorio miraculo magis* usw. Die älteren Heilungsversuche verfuhren pragmatischer (s. die krit. Apparate z.St.): Ritschl liest *L. Cassio <et Pisone> Censorio*, während Scholz (1989) 174 *Censorio* als Glossem streicht und das Fragment so Piso abspricht, wohl zu Recht. Zur Textkonstitution und Interpretation s. Scholz (1989) 173-6; Forsythe (1990) 335-40; Santini, Emina 128-35 und Chassignet, AR 2,95; in den Kontext des Fragments gehört auch die Frage nach der Herkunft der Penaten (s. F 7).

---

7 Serv. auct. ad Verg. Aen. 1,378 (F 6 Peter = F 7a Santini)

Alii autem, ut Cassius Hemina, dicunt deos penates ex Samothraca appellatos θεοὺς μεγάλους, θεοὺς δυνατούς, θεοὺς χρηστούς.

Übers.: Andere aber, wie Cassius Hemina, sagen, dass die Penaten aus Samothrake 'große Götter, mächtige Götter, hilfreiche Götter' genannt wurden.

Komm.: (gleiche Formulierung bei Macr. Sat. 3,4,9 = Hemina F 7b Santini) Die Penaten (s.o. zu Cincius Alimentus FRH 2 F 3) wurden auch als „große Götter" (*di magni*) bezeichnet, was Hemina oder seinen Gewährsmann inspiriert haben mochte, sie in hellenisierender Umdeutung mit den Großen Göttern von Samothrake zu identifizieren. Der Mysterienkult der samothrakischen Kabiren war in Rom seit dem Ende des 3. Jh. zumindest bekannt (Plut. Marc. 30,6). Heminas Deutung mochte sich nicht nur aus der Bezeichnung, sondern auch aus anderen Gemeinsamkeiten wie dem anikonischen Kult und dem Schwanken der Zahl speisen; sie war offenbar immerhin so wirkmächtig, dass sich Varro veranlasst sah, sie mit der (wohl älteren) Herleitung der Penaten aus Troja zu harmonisieren (Macr. Sat. 3,4,7). Diese wurde erst z. Zt. des Augustus die allein gültige und fand in der Aeneis ihre eindrucksvolle Kanonisierung; vgl. Wissowa RKR 161-6. – Vgl. insg. Santini, Emina 135-8; Chassignet, AR 2,95-6.

---

8   Solin. 2,14 (F 7 Peter = F 8 Santini)

Nec omissum sit Aenean aestate ab Ilio capto secunda Italicis litoribus adpulsum, ut Hemina tradit, sociis non amplius sescentis, in agro Laurenti posuisse castra; ubi dum simulacrum, quod secum ex Sicilia advexerat, dedicat Veneri matri quae Frutis dicitur, a Diomede Palladium suscepit tribusque mox annis cum Latino regnavit socia potestate quingentis iugeribus ab eo acceptis. quo defuncto summam biennio adeptus apud Numicium parere desiit anno septimo. Patris Indigetis ei nomen datum.

Übers.: Und es soll nicht übergangen werden, dass Aeneas im zweiten Sommer nach dem Fall Trojas an der Küste Italiens landete, wie Hemina berichtet, mit nicht mehr als 600 Gefährten, und auf laurentinischem Gebiet ein Lager errichtete. Während er dort das Kultbild, welches er aus Sizilien mit sich gebracht hatte, seiner Mutter Venus mit dem Beinamen Frutis weihte, erhielt er von Diomedes das Palladium. Anschließend regierte er drei Jahre lang in gemeinsamer Machtausübung mit Latinus, nachdem er von ihm 500 *iugera* (125 Hektar) Land erhalten hatte. Nach Latinus' Tod erlangte er für zwei Jahre die (alleinige) höchste Gewalt und entschwand am Numicius den Blicken, im siebten Jahr (nach dem Verlassen Trojas). Er erhielt (daraufhin als Gott) den Namen 'Pater Indiges' ('Stammvater').

Komm.: Offenbar recht ausführlich hat Hemina die letzten sieben Jahre im Leben des Aeneas (Irrfahrt, gemeinsame Herrschaft mit Latinus, Alleinherrschaft und Vergöttlichung) geschildert; dazu Suerbaum (1986). Ob der bei Cato (FRH 3 F 1,9) ausdrücklich erwähnte und später von Vergil breit ausgemalte Kampf mit Turnus ausgelassen wurde oder sein Fehlen der Knappheit und Willkür des Referates zuzurechnen ist, muss offen bleiben. Heminas Bericht berührt sich in manchen Details mit Dion. Hal. ant. 1,63-65. Die dicht versammelten Zahlen-, Zeit- und Ortsangaben dienen sichtlich der Authentifizierung des Berichtes und der Harmonisierung mit den späteren Passagen. Die republikanischen Historiographen produzierten immer mehr exaktes 'Wissen' über die Vor-Gründungszeit; vgl. aber Livius' ausdrückliche Skepsis praef. 6: *quae ante conditam condendamve urbem poeticis magis decora fabulis quam incorruptis rerum gestarum monumentis traduntur, ea nec adfirmare nec refellere in animo est* („Was vor der Gründung der Stadt oder dem Plan zu ihrer Gründung mehr mit dichterischen Erzählungen ausgeschmückt als in unverfälschten Zeugnissen der Ereignisse überliefert wird, das möchte ich weder als richtig hinstellen noch zurückweisen." [Ü.: H.J. Hillen]). Erklärungen für die aitiologische Zahl 600 diskutiert Rawson (1976/1991) 253-4; allein dieses Detail will Scholz (1989) 176-7 Hemina zuweisen, die restlichen Angaben der von Solinus exzerpierten Hauptquelle; anders Suerbaum (1986) 275-6; vgl. auch zu Cincius Alimentus FRH 1 F 3. – **Venus Frutis**: Die Römer betrachteten das Heiligtum der Aphrodite am Berg Eryx auf Sizilien (s. zu Fabius FRH 1 F 4 und 28) als „die Mutterstätte ihres Venuskultes" (Wissowa RKR 290); nach Galinsky (1969) 118 wurde der Kult der latinischen Göttin Frutis durch den neuen für Venus überformt; die Verbindung mochte wegen der phonetischen Ähnlichkeit zwischen Frutis und Aphrodite naheliegen; andere Ableitungen referiert Chassignet, AR 2,97.

Der (nicht lokalisierbare) Kultort der Venus Frutis hieß *Frutinal* (Fest. p. 80,18 L). Das von Aeneas aus Sizilien mitgebrachte *simulacrum* war nach Serv. auct. ad Verg. Aen. 1,720 das der Venus Erycina; ein Aphrodite-Heiligtum in Lavinium bezeugt Strab. 5,3,5. – Am **Palladium**, dem Idol der 'kleinen Pallas' (Athena), hing dem Mythos zufolge Trojas Schicksal: Die Stadt konnte erst erobert werden, als Odysseus und Diomedes es raubten. Mehrere Städte, darunter Athen und Argos, behaupteten, die neue Heimstätte des Palladion geworden zu sein. Selbstverständlich musste auch das an die trojanische Tradition anknüpfende Rom das Palladium besitzen; aufbewahrt im Innersten des Vesta-Tempels sicherte es zusammen mit dem Heiligen Feuer (s. zu Calpurnius Piso FRH 7 F 48) Wohlergehen und Macht Roms (Belege bei Wissowa RKR 159 Anm. 5). Die Übergabe durch Diomedes an Aeneas beleuchtet ausführlicher Serv. ad Verg. Aen. 2,166. – Die **500 *iugera*** Land, die Aeneas von Latinus erhält, stehen im Widerspruch zu der von Cato FRH 3 F 1,8 genannten Zahl von 2700 *iugera*; dazu Schröder, Cato 115. Möglich erscheint eine Verbindung zu den 500 *iugera*, die in der Debatte um den *ager publicus* (s. zu Cato FRH 3 F 5,3 sowie u. F 20) vielleicht schon vor 133 so etwas wie eine magische Zahl darstellten; das (implizite oder explizite) Argument könnte etwa lauten: 'Was damals für alle Ankömmlinge reichte, soll jetzt für einen einzelnen Grundbesitzer zuwenig sein?' – **Numic(i)us**: Ein jährliches Opfer der Konsuln an diesem Küstenfluss in Latium (Nissen ItL II 571; Uggeri, DNP 8 [2000] 1056) galt einem Juppiter Indiges; die Identifizierung dieses Gottes (s. Radke GA 149-50) mit Aeneas gehört aber erst in die augusteische Zeit (Eisenhut, KlP 2 [1967] 1394 s.v. Indiges), weswegen der letzte Satz des Fragments nicht zu Hemina gehört. S. auch R. Schilling, Le culte de l' 'Indiges' à Lavinium, REL 57 (1979) 49-68.

---

9 Non. p. 510 L (F 9 Peter = F 10 Santini)

Hemina historiarum libro I: „et tum quo irent nesciebant, ilico manserunt."

Übers.: Hemina im ersten Buch seines Geschichtswerks: „Und dann wussten sie nicht, wohin sie gehen sollten, und blieben an Ort und Stelle."

Komm. 9-11: Für einen Rekonstruktionsversuch s. Suerbaum (1986) 272-4; 284.

---

10 Non. p. 510 L (F 9 Peter = F 11 Santini)

„His persuadetur, ilico manerent."

Übers.: „Sie werden überzeugt, an Ort und Stelle zu bleiben."

---

11 Non. p. 510 L (F 9 Peter = F 12 Santini)

„Pars ilico manent."

Übers.: „Ein Teil bleibt an Ort und Stelle."

---

12 Gell. 17,21,3 (F 8 Peter = F 9 Santini)

(...) de Homero et Hesiodo inter omnes fere scriptores constitit (...) utrumque tamen ante Romam conditam vixisse Silviis Albae regnantibus annis post bellum Troianum, ut

Cassius in primo annalium de Homero atque Hesiodo scriptum reliquit, plus centum atque sexaginta, ante Romam autem conditam, ut Cornelius Nepos in primo chronicorum de Homero dixit, annis circiter centum et sexaginta.

Übers.: Über Homer und Hesiod sind sich fast alle Schriftsteller einig (...), dass beide vor der Gründung Roms lebten, während der Regierungszeit der Silvii in Alba, mehr als 160 Jahre nach dem Trojanischen Krieg, wie Cassius im ersten Buch seiner 'Annalen' über Homer und Hesiod schriftlich überliefert, (und zugleich) etwa 160 Jahre vor der Gründung Roms, wie Cornelius Nepos im ersten Buch seiner 'Chronik' hinsichtlich Homers sagt.

Komm.: In der ausführlichen Behandlung der Vor-Gründungsgeschichte Roms hat sich Hemina um chronologische Genauigkeit und eine Verankerung in vorliegenden griechischen Zeitrechnungen bemüht. Im Detail bereitet der Text Schwierigkeiten. Nach der von Eratosthenes etablierten Chronologie wurde Troja i.J. 1184/3 zerstört, während Rom nach der von Hemina wahrscheinlich übernommenen Datierung Catos 752/1 gegründet wurde (Hemina F 23). Das Intervall von 432 Jahren (oder 108 Olympiaden) passt aber nicht zu der von Gellius vorgetragenen Rechnung. Wenn man nicht mit J. Lipsius den Text ändern will (*plus ducentis atque sexaginta*) oder Hemina lediglich den Zeitabstand zwischen Trojas Fall und den beiden Dichtern zuschreiben möchte, müsste Hemina ein wesentlich späteres Datum für den Fall Trojas angenommen haben; i.d.S. G. d'Anna, Cassio Emina e Virgilio, RCCM 17 (1975) 211-20 mit Hinweis auf die Prophezeihung Juppiters bei Vergil, wo in der Tat von einem Intervall von nur etwa 300 Jahren die Rede ist; anders Scholz (1989) 167-8. Vielleicht hat Hemina zumindest für den Zeitraum vor der Gründung Roms eine Rechnung nach Olympiaden angewandt, während die kontinuierliche Chronologie der Königszeit nach einer (bei Dynastien nahe liegenden) Generationenrechnung aufgebaut war.

Dass Homer und Hesiod (ungefähr) Zeitgenossen waren, nahm auch Varro (bei Gell. 3,11,3) an; vgl. weiterführend Santini, Emina 144-9.

---

13 Non. p. 828 L (F 10 Peter = F 13 Santini)

Hemina historiarum libro I: „prudens perplexim [σκοτεινῶς] *scribit."*

Übers.: Hemina im ersten Buch seines Geschichtswerks: „Er (Sie?) schreibt bedacht und verschlungen."

Komm.: Eine Übersicht zu den (spekulativen) Kontextualisierungsversuchen gibt Chassignet, AR 2,100.

14 Diom. 1 p. 384 K (F 11 Peter = F 14 Santini)

Haec ita esse hoc modo adfirmat Cassius Hemina in secundo historiarum: pastorum vulgus sine contentione consentiendo praefecerunt aequaliter imperio Remum et Romulum, ita ut de regno pararent inter se. monstrum fit: sus parit porcos triginta, cuius rei fanum fecerunt Laribus Grundilibus.

Übers.: Die etymologische Ableitung der Lares Grundiles von 'grundire' (grunzen) begründet Cassius Hemina im zweiten Buch seines Geschichtswerks. Die Hirtenschar stellte ohne Streit einvernehmlich Remus und Romulus gleichberechtigt an die Spitze, so, dass sie sich über die Herrschaft untereinander vergleichen sollten. Ein Wunderzeichen ereignete sich: Eine Sau warf 30 Ferkel. Aus diesem Anlass errichteten sie ein Heiligtum für die Lares Grundiles.

Komm.: Hemina verbindet das Sauprodigium (s. Fabius Pictor FRH 1 F 5; Cato FRH 3 F 1,14b) mit Romulus und Remus statt mit Aeneas und deutet es mit Hilfe der Etymologie (*Grundilis* angeblich abzuleiten von *grundire*, 'grunzen') aitiologisch als Ursprung der Lares Grundiles (dazu Wissowa RKR 174 Anm. 4; R. Schilling, Les Lares Grundiles, in: L'Italie préromaine et la Rome républicaine, [Fs. Heurgon] [1976] 947-60), nicht chronologisch als Begründung für die Verzögerung der Gründung von Alba Longa. Ob die 30 Ferkel bei Hemina auch die Binnengliederung der römischen Bürgerschaft in 30 Curien erklären sollten (Schwegler RG 1,323), muss sehr unsicher bleiben. Allg. zur Bedeutung der Zahl Drei und ihrer geraden Vielfachen vgl. R. Merkelbach, Die Gliederung des Volkes in Zweier- und Dreiergruppen, in: W. Eck u.a. (Hgg.), Studien zur antiken Sozialgeschichte (Fs. Vittinghoff) (1980) 87-99.

Auffällig ist der pleonastisch unterstrichene Grundtenor des Konsenses und der Balance: Der Entschluss der Hirten ist unstrittig, die Zwillinge sollen gleichberechtigte Anführer sein und in Eintracht handeln (*parare* = sich bei den Amtsgeschäften auf der Basis der Gleichheit einigen; s. Mommsen RStR 1,41); damit ist zugleich die Antithese zu dem von Ennius als Agon gestalteten Auguralstreit unter den Augen der künftigen Bürger Roms formuliert (Ann. 72-91, v.a. 77-8 Skutsch). Wie in F 5 fällt auch hier das juristisch-staatsrechtliche Vokabular ins Auge; die Hirtenschar verleiht

„einvernehmlich das *imperium* gleichermaßen an Remus und Romulus, die sich dann kollegial über die Ausübung der Königsherrschaft zu verständigen haben" (v. Ungern-Sternberg [1993] 88-108; das Zitat 97). Das Königtum weist voraus auf das Konsulat (s. Classen [1963] 447), die Rolle des Volkes ist stark hervorgehoben. Vgl. insg. Rawson (1976/1991) 252-4; Wiseman, Remus 5-6.

---

15 Plin. nat. 18,7 (F 12 Peter = F 16 Santini)

Numa instituit deos fruge colere et mola salsa supplicare atque, ut auctor est Hemina, far torrere, quoniam tostum cibo salubrius esset; id uno modo consecutus, statuendo non esse purum ad rem divinam nisi tostum.

Übers.: Numa gebot, die Götter mit Feldfrüchten zu verehren und die Gebete unter Ausstreuen gesalzenen Mehls zu verrichten und, wie Hemina bezeugt, den Spelt zu rösten, weil er geröstet als Speise bekömmlicher sei; er erreichte dies jedoch nur durch die Anordnung, dass allein gerösteter Spelt für die heilige Handlung rein (genug) sei.

Komm.: Gesetzgebung mit der Erziehung des Volkes zu verbinden ist ein topischer Gedanke. Platon (leg. 722d-723a u.ö.) forderte, Gesetzeskodifikationen wie auch einzelne Gesetze durch allgemeine, den ethischen Zweck erläuternde und belehrende Präambeln einzuleiten. Gesetzgebern und 'guten Königen' sei es sogar erlaubt, das dem Volk Nützliche zur Not durch „heilsame Täuschungen" im Bereich der Religion (*pia fraus*) durchzusetzen (rep. 389 b-c; 414 b8-c2); vgl. Kritias frg. 19; im historiographischen Kontext dann Pol. 16,12,9. Plut. Numa 4,8 referiert zudem die Ansicht, dass die Gesetzgeber, „da sie mit schwer zu bändigenden, unlenksamen Massen fertig zu werden hätten und große Veränderungen im Staat vornehmen wollten, den göttlichen Auftrag vorgeschützt hätten, womit eben den Leuten, denen sie dies vorspiegelten, der größte Dienst erwiesen wurde". (Ü.: K. Ziegler); vgl. insg. K. Döring, Antike Theorien über die staatspolitische Notwendigkeit der Götterfurcht, A & A 24 (1978) 43-58.

Stehen hier diätetische Überlegungen im Vordergrund, so sind es im nachfolgenden Fragment 16 ökonomische. Die Frugalität der von Numa eingeführten Kultpraktiken wird auch sonst betont; vgl. Schwegler RG 1,541 Anm. 4. Numa die Einführung unblutiger Opfer für die Götter zuzuschreiben mochte sich aus der populären Ansicht ergeben, die Numa zu einem Zeitgenossen und Schüler des Pythagoras machen wollte (F 40).

| **16** Plin. nat. 32,20 (F 13 Peter = F 17 Santini) |

Pisces marinos in usu fuisse protinus a condita Roma auctor est Cassius Hemina, cuius verba de ea re subiciam: „Numa constituit ut pisces, qui squamosi non essent, ni pollucerent, parsimonia commentus, ut convivia publica et privata cenaeque ad pulvinaria facilius compararentur, ni qui ad polluctum emerent pretio minus parcerent eaque praemercarentur."

Übers.: Dass Meerwasserfische gleich nach der Gründung Roms zur Nahrung gehörten, bezeugt Cassius Hemina, dessen eigene Worte hierüber ich hier anfügen will: „Numa gebot, dass unbeschuppte Fische nicht als Opfergaben dargebracht werden dürften. Dabei besann er sich auf die Sparsamkeit, damit die öffentlichen wie die häuslichen Mahlzeiten und die (Götter-) Mahle bei den Speisepolstern sich leichter ausrichten ließen und diejenigen, welche für eine Bewirtung kauften, die Preise nicht in die Höhe treiben und alles vorwegkaufen könnten."

Komm.: Erst in einem voll ausgebildeten Luxusdiskurs (s. zu Cato FRH 3 F 7,8) ließ sich die gute alte, frugale Mahlzeit der Römer als eine fischlose gegen die neumodische und teure Liebhaberei exquisiter Fischgenüsse absetzen (i.d.S. etwa Ov. fast. 6,173; Varro bei Non. 319 L), galten doch die Fischzuchtbecken der spätrepublikanischen und kaiserzeitlichen Magnaten geradezu als Symbol von *luxuria* (Belege bei Marquardt-Mau 432-3). Aber schon Ennius hatte um d.J. 189 in den *Hedyphagetica*, einer bearbeiteten Übersetzung des parodistischen Epos' *Hedypatheia* aus dem 4. Jh., den Römern ein „Schlemmerbrevier" (Lesky) vermittelt, in dem Fischleckerbissen eine zentrale Rolle spielten. Heminas Pointe konnte also nicht darin liegen, den Fischgenuss in der älteren Zeit zu leugnen. Stattdessen projizierte er eine der Weisheit und Pfiffigkeit Numas adäquat erscheinende Form der Luxusgesetzgebung in die Anfänge Roms zurück. Für Praxis und Diskurs des Fischessens in Athen s. J. Davidson, Kurtisanen und Meeresfrüchte. Die verzehrenden Leidenschaften im klassischen Athen (1999) 25-57. – Zur sprachlichen Gestalt des originalen Hemina-Zitats s. Scholz (1989) 178-9.

| **17** Macr. Sat. 1,16,33 (F 14 Peter = F 18 Santini) |

Sed Cassius Servium Tullium fecisse nundinas dicit, ut in urbem ex agris convenirent urbanas rusticasque res ordinaturi.

Übers.: Aber Cassius sagt, Servius Tullius habe die Markttage eingerichtet, damit die Menschen von ihren Feldern in der Stadt zusammenkämen, um die Angelegenheiten von Stadt und Land zu regeln.

Komm.: Nundinae („neun Tage") bezeichnet den römischen Markttag und zugleich den Anfangs- oder Endtag der römischen (und etruskischen), vom Monatskalender unabhängig durchlaufenden Achttagewoche (Varr. rust. 2 praef. 1: sieben Tage Arbeit, am achten Tag Markt; bei der üblichen inklusiven Zählung also jeder neunte Tag); vgl. Dion. Hal. ant. 7,58,4; Schwegler RG 2,564 Anm. 2; Kroll, RE 17.2 (1937) 1467-72 s.v. – Hemina bietet die älteste Quelle für diese – anders als bei Tag, Monat und Jahr – von der Natur unabhängige Ordnung der bürgerlichen Zeit; er erklärt sie als Mittel der Integration von Stadt- und Landbevölkerung. Rutilius Rufus (FRH 13 F 1) greift diese Erklärung auf und ergänzt sie: Um die Bürgerbeteiligung bei Gesetzesabstimmungen zu erhöhen, müssten die Vorlagen jeweils bis zu den übernächsten *nundinae* (*trinundinum*) öffentlich angeschlagen bleiben. Dagegen betont Varr. rust. 2 praef. 1 eher moralisierend die unterschiedlichen Lebenshaltungen von Städtern und Landbewohnern. Zur Sache jetzt vor allem Rüpke (1995) 226-8; Humm (2000) 101. 115 mit weiterer Lit.; J.M. Frayn, Markets and Fairs in Roman Italy (1993). – Sempronius Tuditanus (FRH 8 F 3) nannte Romulus als Urheber, während Varro und der Mathematiker Geminus (bei Macr. Sat. 1,16,33-4) die interessante Theorie vertraten, die *nundinae* seien erst nach dem Sturz des Königtums gefeiert worden, wobei die Mehrheit des Volkes sich des guten Königs Servius Tullius erinnerte und ihm die Einrichtung zuschrieb.

---

18 Serv. auct. ad Verg. Aen. 12,603 (F 15 Peter = F 19 Santini)

Cassius autem Hemina ait Tarquinium Superbum, cum cloacas populum facere coegisset et ob hanc iniuriam multi se suspendio necarent, iussisse corpora eorum cruci affigi. tunc primum turpe habitum est mortem sibi consciscere.

Übers.: Nach Cassius Hemina hatte Tarquinius Superbus das Volk gezwungen, Entwässerungskanäle zu bauen, und wegen dieses Unrechts gaben sich viele durch Erhängen den Tod. Da habe er befohlen, ihre Leichname ans Kreuz zu nageln. Seit dieser Zeit gelte Selbstmord als Schande.

Komm.: Diese merkwürdige Nachricht, durch das typische abschließende *tunc primum* ausgewiesen als aitiologische Erklärung einer ethischen Praxis, nämlich der

Verdammung des Selbstmordes (der aber nur in bestimmten Fällen bestraft wurde), findet sich ausführlicher bei Plin. nat. 36,107; dort ist es freilich Tarquinius Priscus, und die Selbsttötungen erfolgen aus Überdruss an der Zwangsarbeit ohne absehbares Ende. Die spätere Historiographie tilgte den Widerspruch, indem sie beiden Königen den Bau zuschrieb (Liv. 1,38,6; 56,2) oder den älteren ihn lediglich beginnen ließ (Dion. Hal. ant. 3,67,5; 4,44,1).

Seine Handlungsweise entlarvt den Tarquinier als Tyrannen, der den verzweifelten Widerstandsakt zur öffentlichen Schande umzudeuten sucht, indem er die zu Sklaven erniedrigten Bürger auch nach ihrer Flucht aus diesem Leben noch einmal demonstrativ den Tod der Sklaven und Verbrecher sterben lässt. Vgl. speziell Y. Grisé, Le suicide dans la Rome antique (1982) 127-41. – Allg. zum Selbstmord s. Griffin, OCD³ 1453 s.v. suicide; A.J.L. Hooff, From *autothanasia* to suicide. Selfkilling in classical antiquity (1990); Y. Grisé, De la fréquence du suicide chez les Romains, Latomus 39 (1980) 17-46; A. Wacke, Der Selbstmord im römischen Recht und in der Rechtsentwicklung, ZRG 97 (1980) 26-77. Zu den frühesten Entwässerungsbauten in Rom s. Kolb, Rom 77. 88; Schneider, DNP 3 (1997) 1051-2 s.v. Entwässerung. – Vgl. insg. auch Rawson (1976/1991) 254-5.

19 Non. p. 408 L (F 16 Peter = F 20 Santini)

Cassius Hemina historiarum libro II: „censuit sese regem Porsennam occidere."

Übers.: Cassius Hemina im zweiten Buch seines Geschichtswerks: „Er glaubte, er bringe König Porsenna um."

Komm.: Lars **Porsenna**, der König des etruskischen Clusium (Nissen ItL II 323-5), unternahm nach der römischen Tradition 508 oder 507 einen Angriff auf die Stadt, um dem vertriebenen Tarquinius Superbus die Rückkehr zu ermöglichen. Der heldenhafte Widerstand und die anschließende Belagerung, die schließlich mit einem Kompromiss und dem Abzug des Königs unter Verzicht auf die Wiedereinsetzung des Tarquinius endete, bot den Rahmen für drei der exemplarischen römischen Heldengestalten (*illa tria Romani nominis prodigia atque miracula*, Flor. epit. 1,10,3) der frühen Republik, nämlich Horatius Cocles, Cloelia (s. Calpurnius Piso FRH 7 F 22) und den hier bei Hemina gemeinten Mucius Scaevola; vgl. Schwegler RG 2,52-7. Anders als diese war Porsenna eine unzweifelhaft historische Figur; er gehörte in den Kreis der italischen *warlords* des 6. und 5. Jh.s (s. zu Fabius Pictor FRH 1 F 16). Möglicherweise gelang es ihm tatsächlich, sich in Rom durchzusetzen (*dedita urbe* Tac.

hist. 3,72,1; Plin. nat. 34,139; vgl. dazu Alföldi, Frühes Rom 71-81; Cornell, Beginnings 217-8), doch nur für kurze Zeit; der spätere Versuch eines Appius Herdonius, sich durch Besetzung des Kapitols zum Stadtherrscher aufzuschwingen, scheiterte bereits im Ansatz. Die brachiale Variante der aristokratischen Mobilität hatte keine Chance mehr; insofern bedeutet die Begründung der Republik für Rom auch eine Konsolidierung der Staatlichkeit. Porsenna aber wurde in der römischen Tradition zum etruskischen Aggressor (s. zu Fabius Pictor FRH 1 F 21). – Der (gescheiterte) Versuch des C. Mucius Cordus Scaevola, Porsenna zu töten, war im römischen Geschichtsbewusstsein fest verankert (z. B. Cic. Sest. 48; Liv. 2,12 u. Ogilvie [1970] z. St.; Val. Max. 3,3,1; Flor. epit. 1,10,5; Mart. 1,21; Plut. Poplic. 17); vgl. die Analyse der breiten Tradition bei Münzer, RE 16.1 (1933) 416-23.

---

20 Non. p. 217 L (F 17 Peter = F 21 Santini)

Hemina in annalibus: „quicumque propter plebitatem agro publico eiecti sunt, (...)."

Übers.: Cassius Hemina in den 'Annalen': „alle, die wegen ihres Plebejer-Seins vom Staatsland vertrieben wurden, (...)."

Komm.: Ohne Buchzahl und Kontext ist es müßig darüber zu spekulieren, ob das Fragment in die Erzählung der Ständekämpfe gehört (wofür der Begriff *plebitas* sprechen könnte) oder in die unmittelbare Zeitgeschichte der gracchischen Agrarpolitik (so etwa Forsythe [1990] 334, der Heminas Werk in die 120er Jahre datiert). Die Formulierung ist jedenfalls unverkennbar polemisch und politisch aufgeladen (vielleicht stammt sie aus einer Rede?); sie scheint die Polarisierung des Jahres 133 und die Aktualisierung des Gegensatzes zwischen Plebs und Gesamtstaat bzw. Oberschicht gedanklich vorauszusetzen, welche in der Reformdiskussion vor Tiberius wohl kaum eine Rolle spielte. Ganz ähnlich Plut. Tib. Gracch. 8,2 (in der Vorgeschichte zur gracchischen Agraragitation): „Als die Reichen anfingen, (...) die Armen zu vertreiben"; vgl. auch App. civ. 1,7. Sallust hingegen gebrauchte eine analoge Formulierung in einem Exkurs zum Beginn der Ständekämpfe (hist. 1,10 Maurenbrecher): Nach dem Wegfall der Furcht vor einer Rückkehr der Tarquinier und einem Etruskerkrieg hätten sich die Mächtigen Übergriffe erlaubt (*iniuriae validiorum*); die Plebejer seien von den Patriziern wie Sklaven behandelt und von ihrem Grund und Boden vertrieben worden (*agro pellere*). Doch Sallust sucht damit seine These zu untermauern, die Spaltung der Bürgerschaft sei ein Grundphänomen der römischen Geschichte von Anfang an gewesen. Zu dieser Zuspitzung der *metus hostilis*-Theorie im Spätwerk des Zeitgenossen der Bürgerkriege s. McGushin, Sallust 1,78-9; ähnlich dann auch Liv. 2,21,6.

Ob ein ähnlich weiter Brückenschlag schon Hemina zugeschrieben werden kann, muss sehr fraglich bleiben, zumal die 'Ständekämpfe' für Cato, dem Hemina in vielem folgte, keine besondere Rolle gespielt zu haben scheinen. – Zur Sache s. Crawford, DNP 1 (1996) 251-2 s.v. ager publicus; ebd. 277-81 s.v. Agrargesetze; Bleicken GRR[5] 61-3. 189-197; A. Lintott, CAH[2] IX 62-77. 621-3 mit weiterer Lit. – Das Wort *plebitas* findet sich sonst nur noch in einer Rede Catos gegen L. Veturius (Non. 149 = Cato ORF[4] 8 F 82 *propter tenuitatem et plebitatem*). – Vgl. auch Rawson (1976/1991) 256-7.

---

21 Macr. Sat. 1,13,20-21 (F 18 Peter = F 22 Santini)

Quando autem primum intercalatum sit varie refertur. (...) (21) *Tuditanus refert libro tertio Magistratuum decem viros, qui decem tabulis duas addiderunt, de intercalando populum rogasse. Cassius eosdem scribit auctores.*

Übers.: Wann zum ersten Mal Schalttage eingeführt wurden, ist in der Überlieferung strittig. (...) (21) Tuditanus berichtet im dritten Buch 'Über die Amtsträger', das (zweite) Decemvirat, das zu den zehn Tafeln zwei hinzufügte, habe über die Schaltung einen Antrag vor das Volk gebracht. Cassius benennt sie (die Decemvirn) ebenfalls als Urheber.

Komm.: Da der römische Kalender vor 46 v.Chr. auf einem um einen Tag auf 355 Tage verlängerten Mondjahr beruhte, welches gegenüber dem für die Landwirtschaft maßgeblichen Sonnenjahr um ca. 10,25 Tage zu kurz war, wurde (so die aus einer schlecht überlieferten und gewiss unregelmäßigen Praxis abgeleitete Theorie) alle zwei Jahre am 23. Februar ein Schaltmonat (*intercalaris*) von 22 oder 23 Tagen eingefügt, um beide Jahresrechnungen in Übereinstimmung zu bringen und die jahreszeitlich gebundenen Festtermine einzuhalten. Die so gewonnene Vierjahresperiode von 1465 Tagen (355+377+355+378) ergab ein lunisolares Durchschnittsjahr von 366,25 Tagen, das gegenüber dem Sonnenjahr wiederum einen Tag zu lang war. Kompensierende Eingriffe durch die dafür (seit 191?) zuständigen *pontifices* wurden willkürlich gehandhabt, vielfach fiel die Schaltung auch ganz aus, und es gab Zeiten, in denen Kalender und Jahreszeit/Sonnenjahr um 117 Tage differierten; vgl. einführend E. Bickermann, Chronologie (Einleitung in die Altertumswissenschaft 3,5 [1933]) 16-9; Rüpke, DNP 6 (1999) 156-69 s.v. Kalender. – Über den Zeitpunkt der Einführung ihres voriulianischen Kalenders, der den Monatslauf endgültig von den Mondphasen ablöste, hatten die Römer keine sichere Kunde. Licinius Macer (FRH 17 F 6) schrieb die Interkalation Romulus zu, Valerius Antias (FRH 15 F 7) nannte Numa; so auch Cic. leg. 2,29; Liv. 1,19,6; Plut. Num. 18,3. Hemina (und Tuditanus) bieten mit dem Decemvirat (trad. i.J. 450) die späteste Datierung, die auch von der modernen Forschung weitgehend akzeptiert wird. Grundlegend zum Thema ist jetzt Rüpke (1995); eine pointierte Analyse der weitreichenden historischen Konsequenzen aus dieser Studie ist E. Flaig, Kampf um die soziale Zeit – in der römischen Antike, Historische Anthropologie 4 (1996) 280-5. Für eine Spätdatierung des voriulianischen Kalenders, der durch seine Festlegung überhaupt erst verschriftlicht und damit als Ordnung der bürgerlichen Zeit transparent wurde (zur früheren Arkanpraxis der Ansage durch den *Rex Sacrorum* s. Macr. Sat. 1,15,5-6. 9-12), ins späte 4. Jh. plädiert neuerdings mit quellenkritischen und historischen Gründen Humm (2000); seine Thesen bleiben freilich problematisch.

22 App. Celt. fr. 6 (F 19 Peter = F 23 Santini)

Κελτοὶ μηδεμιᾷ μηχανῇ δυνηθέντες ἐπιβῆναι τῆς ἀκροπόλεως ἠρέμουν ὡς λιμῷ τοὺς ἔνδον παραστησόμενοι. καί τις ἀπὸ τοῦ Καπιτωλίου κατέβαινεν ἱερεύς, ὄνομα Δόρσων, ἐπὶ ἐτήσιον δή τινα ἱερουργίαν ἐς τὸν τῆς Ἑστίας νεὼν στέλλων τὰ ἱερὰ διὰ τῶν πολεμίων εὐσταθῶς· τὸν δὲ νεὼν ἐμπεπρησμένον ἰδὼν ἔθυσεν ἐπὶ τοῦ συνήθους τόπου καὶ ἐπανῆλθεν αὖθις διὰ τῶν πολεμίων αἰδεσθέντων ἢ καταπλαγέντων αὐτοῦ τὴν τόλμαν ἢ τὴν εὐσέβειαν ἢ τὴν ὄψιν ἱερὰν οὖσαν. ὃ μὲν δὴ κινδυνεύειν ὑπὲρ τῶν ἱερῶν ἑλόμενος ὑπ' αὐτῶν ἐσώζετο τῶν ἱερῶν. καὶ τόδε φησὶν ὧδε γενέσθαι Κάσσιος ὁ Ῥωμαῖος.

Übers.: Die Gallier konnten auf keinem Wege auf das Kapitol gelangen und blieben deshalb ruhig, um die Eingeschlossenen durch Hunger zur Kapitulation zu zwingen. Ein Priester namens Dorsuo stieg vom Kapitol hinab, um ein bestimmtes jährliches Opfer im Vestatempel zu vollziehen, und brachte die heiligen Gerätschaften dabei in aller Ruhe mitten durch die Feinde. Als er sah, dass der Tempel in Brand gesteckt war, opferte er an der gewohnten Stelle und kehrte wieder durch die Reihen der Feinde zurück, die entweder von einem heiligen Schauer erfasst oder durch seine Tollkühnheit oder Frömmigkeit oder auch den heiligen Anblick an sich verdattert waren. Jedenfalls wurde er, der Gefahr um seiner heiligen Handlungen willen auf sich genommen hatte, von eben diesen heiligen Handlungen auch gerettet. Dass dies so geschehen ist, berichtet der römische Autor Cassius.

Komm.: Frömmigkeit (*pietas*) war eine der stereotypen Eigenschaften der Fabier; sie musste in diesem Fall besonders bedeutsam erscheinen, weil vorher drei Vertreter dieser *gens* durch rechtswidriges Verhalten als Gesandte den Angriff der Gallier auf Rom provoziert hatten.

Die Zuweisung dieses nur in einem byzantinischen Appian-Exzerpt aus dem 10. Jh. überlieferten Fragments wurde von Forsythe (1990) 342-3 angezweifelt, da der handschriftliche Befund auch die Emendation in Claudius Quadrigarius zulasse und zudem Cassius Dio nicht ausgeschlossen werden dürfe, während anderenfalls Appian als einziger griechischer Autor Heminas später kaum bekannte und hauptsächlich von Antiquaren und Grammatikern ausgebeutete Darstellung zitiert hätte. Doch Dios Bericht (7,25,5-6) verzeichnet andere Umstände und einen Kaeso Fabius als Protagonisten; zudem ist die Geschichte strukturell sehr ähnlich mit F 6 (s.o.). Appian dürfte Hemina auch nur über eine Zwischenquelle benutzt haben, wofür die bloße Nennung des Gentilnomen spricht.

Bei Livius (5,46,1-3; 52,3; vgl. Val. Max. 1,1,11) versieht C. Fabius Dorsuo (nach Cass. Dio fr. 25,5-6 lautete der Vorname Kaeso) den Gentilkult der Fabier; dies war vielleicht die ursprüngliche, von Hemina durch die Einsetzung Vestas 'aufgewertete' (Familien-?) Tradition; das umgekehrte Abhängigkeitsverhältnis sucht J. v. Ungern-Sternberg, Eine Katastrophe wird verarbeitet: Die Gallier in Rom, in: Bruun (2000) 207-22 zu erweisen. Falls Hemina die Evakuierung der Vestalinnen samt der heiligen Geräte nach Caere durch L. Albinus (Liv. 5,40,9-10; vgl. Val. Max. 1,1,10; Plut. Cam. 21,1; Flor. epit. 1,7; Degrassi, Inscr. It. 13,3,11) bekannt war, hatte er in seiner Version zu erklären, welche Kulthandlungen Fabius überhaupt für Vesta vollzog und wie er das bewerkstelligte; vgl. R.E.A. Palmer, The Archaic Community of the Romans (1970) 164. – Vgl. auch Rawson (1976/1991) 256; Santini, Emina 171-3. Die klassische quellenkritische Studie zum Galliersturm insg. (trad. i.J. 390/387) ist Th. Mommsen, Die Gallische Katastrophe, Hermes 13 (1878) 515-55.

---

23 Macr. Sat. 1,16,21-24 (F 20 Peter = F 24 Santini)

Horum causam Gellius annalium libro quinto decimo et Cassius Hemina historiarum libro secundo referunt. (22) anno ab urbe condita trecentesimo sexagesimo tertio a tribunis militum Virginio, Manlio, Aemilio, Postumio collegisque eorum in senatu tractatum, quid esset propter quod totiens intra paucos annos male esset afflicta res publica; et ex praecepto patrum L. Aquinium haruspicem in senatum venire iussum (23) *religionum requirendarum gratia dixisse Q. Sulpicium tribunum militum ad Alliam adversum Gallos pugnaturum rem divinam dimicandi gratia fecisse postridie idus Quintiles, item apud Cremeram multisque aliis temporibus et locis post sacrificium die postero celebratum male cessisse conflictum.* (24) *tunc patres iussisse ut ad collegium pontificum de his religionibus referretur, pontificesque statuisse postridie omnes kalendas nonas idus atros dies habendos, ut hi dies neque proeliares neque puri neque comitiales essent.*

Übers.: Den Grund für diese 'Tage danach' berichten Gellius im 15. Buch seiner 'Annalen' und Cassius Hemina im zweiten Buch seines Geschichtswerks: (22) Im 363. Jahr seit der Stadtgründung wurde auf Initiative der Militärtribunen Virginius, Manlius, Aemilius, Postumius und ihrer Kollegen im Senat die Frage erörtert, weshalb der Staat binnen weniger Jahre so oft übel gebeutelt worden sei. Auf Beschluss der Väter wurde der Haruspex Lucius Aquinius in den Senat befohlen, (23) um die religiösen Verstöße herauszufinden. Er sagte, der Militärtribun Quintus Sulpicius habe, als er an der Allia gegen die Gallier kämpfen wollte, den religiösen Ritus zur Schlacht am Tage nach den Iden des Quintilis (= 16. Juli) vollzogen. Ebenso sei an der Cremera und bei vielen anderen Gelegenheiten und an anderen Orten nach einem Opfer, das an einem 'Tag danach' vollzogen worden war, das Gefecht übel ausgegangen. (24) Daraufhin ordneten die Väter an, dass über diese religiösen Verstöße dem Kollegium der Pontifices Bericht erstattet werden solle, und die Pontifices setzten fest, dass alle Tage nach den Kalenden, Nonen und Iden als Unglückstage gelten sollten, auf dass sie weder Kampftage noch trauerfreie noch Versammlungstage seien.

Komm.: Auch dieser aitiologische Bericht zum Jahr 389 (= Cn. Gellius FRH 10 F 24) zeigt Cassius Heminas Interesse an religionspolitischen Fragen und priesterlicher Tätigkeit. Spätere Erörterungen: Verrius Flaccus (bei Gell. 5,17,2-3) und Liv. 6,1,11-12 (s. Oakley [1997] z. St.); vgl. Varr. ling. 6,29; Wissowa RKR 443-4. Das Fragment unterstreicht die für die Zeit Heminas noch weitgehend unangefochtene Herrschaft der im Senat tonangebenden Führungsschicht, der Nobilität, auf allen drei, hier eng miteinander verbunden dargestellten Feldern: Kommunikation mit den Göttern, Verfügung über den sozialen Rhythmus der Zeit und Gestaltung der periodischen Erinnerung an einschneidende kollektive Erfahrungen. Strittig ist, ob die von Hemina u.a. gegebene Erklärung lediglich die nachträgliche Rationalisierung (im Sinne der *theologia civilis*) eines älteren, in seiner Begründung nicht mehr zu klärenden religiösen Brauches war.

24 Non. p. 93 L (F 21 Peter = F 25 Santini)

Cassius Hemina annali libro II: "Tunc Marcius † praeco primum proletarios armavit."

Übers.: Cassius Hemina im zweiten Buch seiner 'Annalen': „Damals hat der Prokonsul Marcius erstmals Proletarier bewaffnet."

Komm.: Zur Sache s. Oros. 4,1,2-4: „Aus diesen Gründen entstand ein gewaltiger Krieg (gegen den Epirotenkönig Pyrrhos und die Stadt Tarent). Die Römer, die ermaßen, welche und wie viele Feinde sie umlärmten, veranlasste äußerste Notwendigkeit dazu, auch die Proletarier zu den Waffen zu zwingen, also die Leute zum Militärdienst einzuziehen, die in der Stadt immer frei waren, um für Nachkommenschaft zu sorgen (!) [...] So fiel das römische Heer unter dem Konsul Aemilius in das gesamte Gebiet der Tarentiner ein, verwüstete alles mit Feuer und Schwert, eroberte die meisten Städte, rächte über Gebühr empfangenes Unrecht grausam." (Ü.: A. Lippold). Ebenfalls auf Livius (Buch 12) zurückgehen dürfte die ähnliche Darstellung Aug. civ. 3,17.

Q. Marcius Philippus war i.J. 281 Konsul, zusammen mit dem eben genannten L. Aemilius Barbula (Broughton MRR I 190). Wahrscheinlich bezieht sich Orosius' stark zusammengeraffter Bericht über die Zwangsrekrutierung von Proletariern aber auf das Jahr 280, denn erst die Ankunft des Pyrrhos in Tarent brachte die Römer in größte Bedrängnis. Bei Hemina wäre dann an Stelle des verderbten *praeco* entweder *praetor* (so Lipsius, Broughton und Chassignet) oder (sachlich wahrscheinlicher) *proconsul* (so Peter, HRR und Santini, Emina 176) zu lesen; die Textentstellung aus einem dem Abschreiber unverständlichen *proco* ist leichter nachzuvollziehen als aus *praetor*.

Nach Gell. 16,10,10-13 wurden die **proletarii** (Vermögen geringer als 1500 Asse) nur im Falle einer Generalmobilmachung (*tumultus maximus*) zum Militärdienst herangezogen, dienten dann aber nicht im Feldheer, sondern bewachten die Stadt, wie Enn. Ann. 170-172 Skutsch bezeugt: *Proletarius publicitus scutisque feroque / ornatur ferro. muros urbemque forumque / excubiis curant* („Der Proletarier wird auf öffentliche Kosten mit Schilden und dem grimmigen Eisen ausgerüstet, und sie sorgen durch Wachen um Mauern und die Stadt und das Forum."). Vgl. v. Geisau, RE 23.1 (1957) 631-2 s.v.; J.-C. Richard, Proletarius: quelques remarques sur l'organisation servienne, AC 47 (1978) 438-47; B. Albanese, Osservazioni su XII tab. 1.4: il „vindex" per „adsidui" e „proletarii", Index 26 (1998) 15-40. Herkunft und ursprüngliche Bedeutung der Bezeichnung sind unklar, sie taucht aber bereits im XII-Tafel-Gesetz als Gegensatz zum *adsiduus* auf (tab. 1,4; vgl. Flach [1994] 116).

> **25** Serv. auct. ad Verg. Aen. 1,56 (F 22 Peter = F 15 Santini)

Ut apud Cassium in annalium secundo: „ne quis regnum occuparet, si plebs nostra fremere imperia coepisset."

Übers.: Wie (es auch) bei Cassius Hemina im zweiten Annalenbuch heißt: „Damit keiner die Königswürde einnehme, wenn die Plebs anfängt, sich gegen unsere Befehlsgewalt aufzulehnen (...)."

Komm.: Es spricht viel dafür, das Zitat aus einer Rede mit Forsythe (1990) 334-5 auf das (legendenhaft konstruierte) *interregnum* zwischen den Regierungszeiten von Romulus und Numa zu beziehen; vgl. Liv. 1,17,7: *fremere deinde plebs multiplicatam servitutem, centum pro uno dominos factos: nec ultra nisi regem et ab ipsis creatum videbantur passuri* („Die Plebs begann zu murren: Die Knechtschaft sei vervielfacht, statt eines einzigen Herren gebe es nun Hunderte. Sie aber würden künftig nur noch einen König, und zwar einen von ihnen selbst bestimmten, dulden."); anders Rawson (1976/1991) 256.

> **26** Non. p. 548 L (F 23 Peter = F 42 Santini)

Cassius Hemina libro II de censoribus: „et in area in Capitolio signa quae erant demoliunt."

Übers.: Cassius Hemina sagt im zweiten Buch über die Censoren: „Auch auf dem Platz auf dem Kapitol zerstören sie die vorhandenen Trophäen."

Komm.: Die erste Aufsehen erregende Räumung von Beuteweihungen fand 179 durch den Censor M. Aemilius Lepidus (cos. 187, 175) statt; vgl. Liv. 40,51,3 *et ab his columnis, quae incommode opposita videbantur, signa amovit clipeaque de columnis et signa militaria adfixa omnis generis dempsit* („Er ließ an diesen Säulen [am Tempel des kapitolinischen Juppiter] die *signa* entfernen, die ihm unpassend angebracht zu sein schienen, und die Rundschilde und die Feldzeichen jeder Art, die an den Säulen befestigt waren, herabnehmen." [Ü.: H.J. Hillen]). Mit *signa* sind kaum regelrechte Bildnisstatuen gemeint, sondern eher erbeutete Gegenstände ('Trophäen'), die man an den vorhandenen Säulen anbringen konnte; vgl. Sehlmeyer (1999) 159-60. – Zur censorischen Räumung von Ehrenstatuen i.J. 158 s. Calpurnius Piso FRH 7 F 40. Sowohl das repräsentative Anbringen von Beutestücken an Tempeln und anderen öffentlichen Gebäuden als auch das Aufstellen von Ehrenstatuen für siegreiche Feldherren diente dazu, den zentralen Praktiken der Selbstdarstellung der Nobilität und ihres Wettstreits um *gloria, honos* und *dignitas,* nämlich dem Triumphzug und dem Leichenbegräbnis (*pompa funebris*), ihren ephemeren Charakter zu nehmen und ihre Wirkung auf Dauer zu stellen. Dazu jetzt umfassend Sehlmeyer (1999); zu den beiden Räumungen, die zusammen gesehen werden müssen, ebd., 152-163.

Das Zitat ist ohne Annahmen oder Eingriffe nicht verständlich: Stammt es aus dem zweiten Buch des Geschichtswerkes, muss es sich auf eine – sonst nicht belegte – frührepublikanische Statuenräumung beziehen (so Rawson [1976/1991] 255); der Zusatz 'über die Censoren' wäre dann ein Irrtum des Exzerptors oder der Hinweis darauf, dass es in der Notiz aus dem Geschichtswerk um eine censorische Handlung geht. Von einer Spezialabhandlung Heminas über die Censoren wissen wir nichts, obwohl ihre Existenz nicht ausgeschlossen ist; dafür etwa Santini, Emina 197, skeptisch Peter HRR I p. CLXXIII und Chassignet, AR 2 p. XIII (mit weiterer Lit.). Es erscheint aber auch möglich, das Zitat auf eine der bekannten und in der Historiographie beachteten (Piso; s.o.) Räumungen im 2. Jh. zu beziehen; eine Verschreibung der Buchzahl (II statt VI oder <V>II) konnte leicht geschehen.

---

27 Non. p. 144 L (F 24 Peter = F 26 Santini)

Cassius Hemina libro II annali: „quae nata sunt, ea omnia denasci aiunt."

Übers.: Cassius Hemina im zweiten Annalenbuch: „'Alles was hervorgegangen ist, vergeht', so sagt man."

Komm.: J.E. Schmitter, Cassii Heminae *Annalium fragmenta* (1861) 34 dachte an das Referat einer philosophischen Lehrmeinung (ähnlich Rawson [1976/1991] 246); trifft das zu, so könnte das Zitat in den Kontext von Numa gehören; vgl. i.d.S. auch Scholz (1989) 177-8. Ähnliche Gedanken wurden von Panaitios (bei Cic. Tusc. 1,79), Karneades (bei Cic. nat. 3,32) und Epikur (bei Lucr. 3,455-59; 5,240-43) formuliert und in der Geschichtsschreibung aufgenommen (Pol. 6,51,4; Sall. Iug. 2,3). Aber die genaueste griechische Entsprechung findet sich in der Tragödie: Eurip. Alk. 782 βροτοῖς ἅπασι κατθανεῖν ὀφείλεται; unbekannter Tragiker (Fragmenta adespota, TrGF F 327a Kannicht/Snell) τό τοι γενόμενον κατθανεῖν ὀφείλεται. Schmitters Annahme erscheint also keineswegs zwingend, ja, nicht einmal sehr wahrscheinlich, denn alltagstaugliche Tragikerweisheit war in der Historiographie seit Herodot weit fester eingewurzelt als philosophische Theorien.

> **28** Prisc. Gramm. 9 p. 482 H (F 25 Peter = F 27 Santini)

L. *Cassius Emina in secundo annalium: „idque admiratum esse gavisi."*

Übers.: Lucius Cassius Hemina im zweiten Buch seiner 'Annalen': „Ich freute mich, dass dies bewundert wurde."

> **29** Plin. nat. 29,12-13 (F 26 Peter = F 28 Santini)

Cassius Hemina ex antiquissimis auctor est primum e medicis venisse Romam Peloponneso Archagathum Lysaniae filium L. Aemilio M. Livio cos. anno urbis DXXXV, eique ius Quiritium datum et tabernam in compito Acilio emptam ob id publice. (13) *volnerarium eum fuisse <eg>reg<i>u<m>, mireque gratum adventum eius initio, mox a saevitia secandi urendique transisse nomen in carnificem et in taedium artem omnesque medicos.*

Übers.: Cassius Hemina gehört zu den ältesten Gewährsleuten, (die berichten,) dass als erster Arzt Archagathos, Sohn des Lysanias, von der Peloponnes nach Rom gekommen sei, unter dem Konsulat von Lucius Aemilius und Marcus Livius im 535. Jahr der Stadt. Man habe ihm das Bürgerrecht verliehen und auf Staatskosten eine Arbeitsstätte am acilischen Kreuzweg gekauft. (13) Als 'Wundarzt' sei er berühmt gewesen, und seine Ankunft sei anfangs überaus willkommen gewesen. Bald aber sei daraus wegen seiner Brutalität beim Schneiden und Brennen die Bezeichnung 'Henker' geworden, und es habe sich Abscheu gegen seine Kunst und alle Ärzte eingestellt.

Komm.: Mit großem Aufwand stilisiert Hemina die Niederlassung des griechischen Arztes Archagathos in Rom i.J. 219 ('der Anfang des Guten') (über ihn s. Nutton, DNP 1 [1996] 978-9) zum Epochenjahr; die Datierung mit den beiden Konsuln belegt daher nicht die Behauptung, Hemina sei ein 'Annalist' gewesen. Der Bericht stellt ein bemerkenswertes Zeugnis dar, weil er nicht nur die Ankunft der griechischen Medizin in Rom kanonisch festlegt, sondern auch die Voraussetzungen eines Werturteils über den sozialen Status des Arztes ins Licht rückt, ein Werturteil, in dem sich die folgenden ideologischen und kulturellen Kontroversen spiegelten; vgl. Santini, Emina 180. Der Text gehört ebenso in den komplexen Hellenisierungsdiskurs, der in der römischen Nobilität im 2. Jh. besonders intensiv geführt wurde, wie Catos bekannter Ausspruch zeigt, die Griechen hätten einen Eid geleistet, alle Barbaren –

unter die sie auch die Römer gezählt hätten – durch Medizin zu töten – und dafür auch noch Bezahlung zu verlangen (ad Marcum filium F 1 Jordan = Plin. nat. 29,14-15; Plut. Cato 23,3-4). Cassius Hemina bezeugt aber, dass der Senat sich ganz im Stil einer griechischen Ratsversammlung um die Anstellung eines Arztes auf Staatskosten bemühte.

Zum Stand der modernen Diskussion, die um das Stichwort 'Akkulturation' kreist, vgl. etwa Astin (1978) 157-81; Gruen (1992); ders. (1990); H.-J. Gehrke, Römischer *mos* und griechische Ethik. Überlegungen zum Zusammenhang von Akkulturation und politischer Ordnung im Hellenismus, HZ 258 (1994) 593-624; Vogt-Spira, Rommel (1999), darin v.a. die Beiträge von E. Flaig und M. Jehne; Gerber, DNP 5 (1998) 301-9 s.v. Hellenisierung. I: Geschichte.

Wahrscheinlich praktizierten schon früher griechische Ärzte in Rom; nach Dion. Hal. ant. 10,53,1 gab es sie dort sogar schon i.J. 451. Spätestens im Zuge der Übertragung des Asklepios-Kultes nach Rom i.J. 293 (Val. Max. 1,8,2; Ov. met. 15,622-744) dürften Ärzte in die Stadt gekommen sein, doch die offizielle Einladung eines wissenschaftlich ausgebildeten Experten bedeutete eine neue Qualität. In der Zeit Heminas gehörten Arztpraxen (*medicinae*) zum Stadtbild, wie Plaut. Amph. 1011-3 bezeugt. Zur Medizin in Rom s. Weeber, Alltag 27-31. 83-4. 253-5, jew. mit weiterer Lit.; J. André, Etre médecin à Rome (1987) 15-21; Nutton, DNP 7 (1999) 1112-3 s.v. Medizin.

Gegen die Verbesserung des verderbten Wortes hinter *fuisse* in § 13 in *egregium* (Mayhoff) will Santini, Emina 94. 178 an der Lesart einiger Handschriften *credunt* festhalten. Chassignet, AR 2 emendiert mit früheren Konjektoren zu *e re dictum*.

---

30 Non. p. 129 L (F 27 Peter = F 29 Santini)

Cassius Hemina libro III: „mulier cantabat tibiis Phrygiis et altera cymbalissabat."

Übers.: Cassius Hemina im dritten Buch: „Eine Frau blies auf einer phrygischen Flöte und eine andere schlug immer wieder die Zimbel."

Komm.: Das Fragment gehört wohl in den Kontext der Einführung des Kultes der altanatolischen 'Großen Mutter der Götter' (*Mater Magna*) nach Rom i.J. 204 (so schon A. Popma, Fragmenta historicorum veterum Latinorum, Amsterdam 1620; referiert HRR I p. 107 z. St.). Kultidol war ein schwarzer Meteorstein, der seit 191 im neu errichteten Tempel der Mater Magna auf dem Palatin verehrt wurde. Ihr Festtag, die *ludi Megalenses*, war der 4. April. Den orgiastischen Kult beschreibt anschaulich

Lucr. 2,618-42; einschlägig ist 618-20: *tympana tenta tonant palmis et cymbala circum / concava, raucisono que minantur cornua cantu, / et Phrygio stimulat numero cava tibia mentis* („Unter den trommelnden Fäusten erdröhnen Pauken, laut schrillen Zimbeln, in dumpfem Klange erschallen die Hörner, und Flöten stacheln mit phrygischen Rhythmen die Sinne zu höchster Erregung" [Ü.: E.G. Schmidt]). Zum Mater Magna-Kult in Rom s. Wissowa RKR 317-27; Beard, North, Price (1998) 1,96-8. 164-6; Takacs, DNP 7 (1999) 998-1000; Th. Köves, Zum Empfang der Magna Mater in Rom, Historia 12 (1963) 321-47; E.S. Gruen, The Advent of the Magna Mater, in: ders. (1990) 5-33.

Falls die Zuschreibung des Fragments zutrifft, müsste die Buchzahl in IIII geändert werden (Roth; Rawson [1976/1991] 251), oder Hemina hätte sich einen Vorgriff geleistet und die Kulteinrichtung in den Zusammenhang mit dem religionsgeschichtlichen Epochenjahr 217 gestellt (so Scholz [1989] 168-9), als nach der Niederlage am Trasimenischen See und der Befragung der Sibyllinischen Bücher in Rom eine regelrechte religiöse Hysterie herrschte.

31 Non. p. 193 L (F 28 Peter = F 30 Santini)

Cassius Hemina annalium libro III: „*homo mere litterosus*"

Übers.: Cassius Hemina im dritten Buch der 'Annalen': „ein wirklicher *homme des lettres*"

32 Prisc. Gramm. 10 p. 537 H (F 29 Peter = F 31 Santini)

Cassius Emina in III annalium: „*in campo Tiburte ubi hordeum demessuerunt* (...).*"*

Übers.: Cassius Hemina im dritten Annalenbuch: „In der Ebene von Tibur, sobald sie die Ernte abgemäht haben (...)."

Komm.: Was bei Cato (FRH 3 F 2,27) eine agrargeographische Notiz war, scheint Hemina in bewusster Reverenz gegenüber dem Tusculaner zu einer jahreszeitlichen Datierung umgestaltet zu haben. Ort und Zeit passen, wie Scholz (1989) 169-70 gezeigt hat, nur zur Heeresversammlung durch den Dictator Q. Fabius Maximus im Mai/Juni 217, also nach der ersten Aberntung des Getreides, in der tiburtinischen Ebene (Liv. 22,11,3).

33 Prisc. Gramm. 12 p. 587 H (F 30 Peter = F 32 Santini)

Cassius Hemina in III annalium: „hos libros si quis nostratis sapiens (...)."

Übers.: Cassius Hemina im dritten Annalenbuch: „Diese Bücher, wenn ein Weiser aus unserem Land (...)."

Komm.: Eine Deutung ist nicht möglich, doch bezeugt das Zitat Interesse an Kultur und Literatur in Rom (Scholz [1989] 181; Santini, Emina 182); vgl. F 29. 31. 38.

34 Prisc. Gramm. 7 p. 347 H (F 31 Peter = F 33 Santini)

Cassius Emina annalem suum quartum hoc titulo inscripsit: „bellum Punicum posterior".

Übers.: Cassius Hemina hat sein viertes Annalenbuch mit dieser Überschrift bezeichnet: „Der spätere Punische Krieg".

Komm.: Nach lateinischer Regelgrammatik bezeichnet der Komparativ den höheren Grad einer Eigenschaft, wenn von zwei verglichenen Gegenständen die Rede ist, woraus die Mehrheit der Forscher den Schluss gezogen hat, dass zumindest das vierte Buch seinen Titel erhielt, als es erst zwei Punische Kriege gab, also vor 149. Wie Forsythe (1990) 327-8 jedoch gezeigt hat, gab es Ausnahmen von dieser Regel; außerdem wissen wir nicht, ob die *inscriptio*, die Priscian gelesen hat, von Hemina selbst stammt oder nicht etwa der regestartige Zusatz eines Bibliothekars ist; vgl. Santini, Emina 14-5 mit weiteren Verweisen. Es ist auch keineswegs sicher, dass die Römer bereits zu Heminas Zeit die Kriege gegen Karthago durchgezählt haben.

35 Prisc. Gramm. 7 p. 294 H (F 32 Peter = F 34 Santini)

'Eabus' etiam pro 'eis' differentiae causa in feminino Emina protulit in IV annalium: „scriba pontificius, qui cum eabus stuprum fecerat." (...) dicit enim de Vestalibus.

Übers.: 'Eabus' anstatt 'eis' im weiblichen Geschlecht, um den Unterschied (zum Maskulinum) hervorzuheben, hat Cassius Hemina im vierten Buch der Annalen vorgeschlagen: „der Priesterschreiber, der mit ihnen Sex hatte"; (...) denn er spricht über die Vestalinnen.

Komm.: Die rituelle Hinrichtung einer Vestalin und der Selbstmord einer zweiten wegen sexueller Handlungen mit einem Priesterschreiber (vgl. Liv. 22,57,2-6) fiel in d.J. 216, als nach der Katastrophe von Cannae in Rom eine große religiöse Hysterie herrschte und sogar Menschenopfer dargebracht wurden (Heftner, Aufstieg 242; J. Scheid, DNP 7 [1999] 1255-7); s. ferner M. Beard, Re-reading (Vestal) virginity, in: R. Hawley, B.M. Levick (eds.), Women in Antiquity (1995) 166-77; s. zu Piso FRH 7 F 48.

---

36 Non. p. 87 L (F 33 Peter = F 35 Santini)

Cassius Hemina annalium libro IV: „*nemo vicinus consedo.*"

Übers.: Cassius Hemina im vierten Annalenbuch: „Kein Nachbar sitzt nur herum."

Komm.: Nachbarschaftshilfe in der bäuerlichen Kleingesellschaft thematisierte schon Hesiod (erg. 342-60); dazu jetzt W. Schmitz, Nachbarschaft und Dorfgemeinschaft im archaischen und klassischen Griechenland (2004).

---

37 Non. p. 269 L (F 34 Peter = F 36 Santini)

Hemina historiarum libro IV: „*in Hispania pugnatum bis. utrasque nostri loco moti.*"

Übers.: Hemina im vierten Buch seines Geschichtswerks: „In Spanien wurde zweimal gekämpft. Beide Male mussten unsere (Truppen) das Feld räumen."

Komm.: Die knappe Notiz – die einzige erhaltene aus Heminas Werk über einen Krieg im engeren Sinn – kann sich auf die beiden Niederlagen i.J. 211 beziehen, bei denen Publius Cornelius Scipio (cos. 218; RE Nr. 330) und sein Bruder Gnaeus Cornelius Scipio Calvus (cos. 222; RE Nr. 345) ums Leben kamen (vgl. Liv. 25,34-6).

---

38 Non. p. 302 L (F 35 Peter = F 37a Santini)

Cassius Hemina historiarum libro IV: „*qua fine omnis res atque omnis artis humanitus [quae] aguntur?*"

Übers.: Cassius Hemina im vierten Buch seines Geschichtswerks: „Bis zu welchem Ziel lassen sich alle Dinge und alle Fertigkeiten, wie es die menschliche Natur erlaubt, vorantreiben?"

Komm.: Ohne Kontext ist der (philosophische?) Sinn dieser Frage nicht eindeutig zu klären. Chassignet übersetzt: „Dans quel but toutes les choses et toutes les activités, conformément à la nature humaine, sont-elles faites?"

---

39 Non. p. 775 L (F 36 Peter = F 38 Santini)

Hemina annalium libro IV: „*ex Tiberi lacte aurire* (...) "

Übers.: Hemina im vierten Annalenbuch: „aus dem Tiber Milch schöpfen (...)"

Komm.: Die Formulierung macht wahrscheinlich, dass Hemina den Bacchanalienskandal i.J. 186 thematisiert hat, was angesichts seines religionspolitischen Interesses [F 14-16. 21-23] nicht überrascht: Anhänger des Bacchus hätten in ganz Italien und auch in Rom an geheimen Kultstätten Mysterienfeiern abgehalten, die zum Hort von Promiskuität, Verbrechen und religiösem Delirium geworden seien. Ihre wachsende Zahl habe sogar eine Bedrohung für den römischen Staat gebildet. Nach der Aufdeckung durch eine Sklavin wurden diese Umtriebe durch einen Senatsbeschluss und eine Reihe von Prozessen unterdrückt. Die Vorgänge sind durch Liv. 39,8-18 und das inschriftlich erhaltene *senatusconsultum de Bacchanalibus* (ILS 18; ILLRP 511; Übers. mit Komm. in: Till [1976] 27-31. 314-6) überliefert; vgl. einführend Frateantonio, DNP 2 (1997) 389-90 s.v. Bacchanalia; W. Nippel, Orgien, Ritualmorde und Verschwörung?, in: U. Manthe, J. v. Ungern-Sternberg (Hgg.), Große Prozesse der römischen Antike (1997) 65-73; Gruen (1990) 34-78; umfassend J.-M. Pailler, Bacchanalia. La répression de 186 av. J. C. à Rome et en Italie (1988); ferner R.A. Bauman, The Suppression of the Bacchanals: Five Questions, Historia 39 (1990) 334-48; B. Linke, *Religio* und *res publica*. Religiöser Glaube und gesellschaftliches Handeln im republikanischen Rom, in: Linke, Stemmler (2000) 269-98 (269-73). L. Havet hat auf Plat. Ion 534a aufmerksam gemacht, wo es von den Komponisten heißt, sie würden beim Schreiben ihrer Lieder „den Bakchen ähnlich und begeistert, wie diese aus den Strömen Milch und Honig, nur wenn sie begeistert sind, schöpfen, wenn aber ihres Bewusstseins mächtig, dann nicht" (Ü.: F. Schleiermacher); vgl. Eurip. Bacch. 142. 708-11.

| 40 Plin. nat. 13,84-86. 88 (F 37 Peter = F 39 Santini) |

Cassius Hemina, vetustissimus auctor annalium, quarto eorum libro prodidit Cn. Terentium scribam agrum suum in Ianiculo repastinantem effodisse arcam, in qua Numa, qui Romae regnavit, situs fuisset. (85) *in eadem libros eius repertos P. Cornelio L. filio Cethego, M. Baebio Q. filio <T>amphilo cos., ad quos a regno Numae colliguntur anni DXXXV. hos fuisse e charta, maiore etiamnum miraculo, quod infossi duraverint. quapropter in re tanta ipsius Heminae verba ponam:* (86) *„Mirabantur alii, quomodo illi libri durare possent; ille ita rationem reddebat: lapidem fuisse quadratum circiter in media arca evinctum candelis quoquoversus. in eo lapide insuper libros insitos fuisse; propterea arbitrarier non computuisse. et libros citratos fuisse; propterea arbitrarier tineas non tetigisse." in his libris scripta erant philosophiae Pythagoricae. „eosque combustos a Q. Petilio praetore, quia philosophiae scripta essent."* (...) (88) *inter omnes vero convenit Sibyllam ad Tarquinium Superbum tres libros adtulisse, ex quibus sint duo cremati ab ipsa, tertius cum Capitolio Sullanis temporibus.*

Übers.: Cassius Hemina, ein sehr früher Autor von Annalen, hat im vierten Buch dieses Werkes berichtet, dass der Schreiber Gnaeus Terentius beim Umgraben seines Ackers auf dem Janiculus einen Sarg gefunden habe, in dem Numa, der einst in Rom als König herrschte, begraben lag. (85) In ihm habe man seine Bücher gefunden, im Konsulatsjahr von Publius Cornelius Cethegus, Sohn des Lucius, und Marcus Baebius Tamphilus, Sohn des Quintus, 535 Jahre nach der Regierung Numas. Diese seien aus Papyrus gewesen; man muss sich also umso mehr wundern, dass sie sich so lange Zeit in der Erde erhalten haben. Deshalb will ich bei einem so wichtigen Sachverhalt den originalen Wortlaut Heminas anführen: (86) „Einige wunderten sich, wie diese Bücher so lange überdauern konnten. Jener aber gab folgende Erklärung ab: Ungefähr in der Mitte des Sarges habe ein viereckiger Stein gelegen, der auf allen Seiten mit Wachsschnüren umwickelt gewesen sei. Auf der oberen Seite des Steines hätten in einer Vertiefung Bücher gelegen, und seiner Meinung nach seien sie deswegen nicht vermodert. Auch seien diese Bücher mit Zitronenöl getränkt gewesen und deshalb, wie er glaube, nicht von den Motten aufgefressen worden." Diese Bücher enthielten Schriften zur pythagoreischen Philosophie. „Sie seien auf Anordnung des Prätors Quintus Petilius verbrannt worden, weil es Schriften zur Philosophie waren." (...) (88) Alle stimmen jedoch darin überein, dass die Sibylle drei Bücher zu Tarquinius Superbus brachte, deren zwei von ihr selbst verbrannt wurden, während das dritte in sullanischer Zeit zusammen mit dem Kapitol (vernichtet wurde).

Komm.: Die Auffindung von Schriften, die angeblich von König Numa verfasst wurden, i.J. 181 zählte zusammen mit dem Bacchanalienskandal (s. zum vorigen Fragment), den Scipionenprozessen und Catos Censur 184 für die Nobilität zu den innenpolitischen Schlüsselereignissen in der Generation nach dem 2. Punischen Krieg. Sie alle waren durch die handelnden Personen und die zentralen Probleme miteinander vernetzt – im Kern ging es dabei immer um die Kohärenz und Regierungsfähigkeit der senatorischen Aristokratie sowie um die Kontrolle über geistige und religiöse Strömungen griechischer Herkunft, deren Auswirkungen nur schwer abschätzbar waren.

Für die Numa-Bücher sind die Zusammenhänge erhellt durch Rosen (1985) und (mit anderen Schlussfolgerungen) Gruen (1990) 163-70, der eine abgekartete 'antihellenistische' Aktion einiger Nobiles annimmt (und nicht etwa den Versuch einer 'pythagoreischen Bewegung' in Rom zur Modernisierung der Religion): Erst musste man die hellenische Durchwirkung Numas und damit der römischen religiösen Institutionen in den Schriften im Wortsinn materiell werden lassen, um sich durch das spektakuläre Autodafé demonstrativ von ihnen distanzieren zu können. Einen Teilaspekt beleuchtet W. Speyer, Bücherfunde in der Glaubenswerbung der Antike (1970). Bereits Schwegler RG 1,568 verwies auf Ennius' *Euhemerus* und die Ausweisung der epikureischen Philosophen Alkios und Philiskos i.J. 173.

Nicht zu unterschätzen ist, dass das Auftauchen von Büchern religiös-kultischen Inhalts auch deshalb in seinen Folgen unabsehbar erscheinen mochte, weil es auf diesem Feld in Gestalt der priesterlichen Amtshandbücher (*commentarii pontificum*) und anderer Aufzeichnungen zwar bereits Schriftlichkeit gab, diese aber der Konkurrenz mit Schriften des Stifters der römischen Religion schlechthin kaum standhalten konnte. Dass Numa das Regelwerk der römischen Staatsreligion schriftlich niederlegte, war in der späteren Tradition geläufig; s. z.B. Liv. 1,20,5: *sacra omnia exscripta exsignataque*. – Zu Numa als angeblichem Schüler des Pythagoras s. Piso FRH 7 F 13.

Dieser Fund hat in der frühen römischen Geschichtsschreibung eine breite Spur hinterlassen; vgl. Piso FRH 7 F 13; Tuditanus FRH 8 F 7; Antias FRH 15 F 9-10; ferner Liv. 40,29,3-14; Val. Max. 1,1,12; Plut. Numa 22,2-8; Fest. p. 178,19-22 L; Lact. Div. Inst. 1,22,5; Aug. civ. 7,34; Garbarino, Filosofia 1,64-9; 2,244-58. Zwei wesentliche Details kennzeichnen die von Hemina geprägte Tradition (der Varro [bei Aug. civ. 7,34] und Plinius weitgehend folgen): Der *scriba* hieß Terentius, und es wurde (nur) *ein* Sarg gefunden. Dem steht die wahrscheinlich von Piso geprägte und ausführlich bei Livius referierte, politisch ungleich brisantere Version gegenüber.

Das Zitat aus Hemina muss aus einer Diskussion über die Authentizität der Rollen stammen, die, wie es im ausführlichen Bericht des Livius heißt, nicht nur unversehrt waren, sondern auch ganz neu aussahen (*libros non integros modo, sed recentissima specie*). Mit **jener** ist der 'Finder' gemeint, Cn. Terentius, der auch der Verfasser der Schriften gewesen sein dürfte (*scriba* meint hier entsprechend dem älteren, weiteren Sprachgebrauch den '**Schreiber**' in einem allgemeinen Sinn, also nicht nur den subalternen Sekretär, sondern auch den Autor oder Dichter; vgl. Oxford Latin Dictionary (³1984) s.v., 1). Der Satz „Diese Bücher enthielten ..." entlarvt sich durch den Indikativ als erklärender Zusatz ('Fußnote') des Plinius, während das Hemina-Referat anschließend in indirekter Rede weitergeht. Hemina hat also strenggenommen nicht behauptet, dass die philosophischen Schriften pythagoreischen Inhalts waren, scheint es aber angenommen zu haben (Gruen [1990] 167 mit Anm. 137). Das Referat von Varros auf Hemina zurückgehender Version durch Augustinus (wie eben) erlaubt eine vorsichtige Kontextualisierung des wörtlichen Zitats. Danach hat Terentius die Rollen 'gefunden' und den Fund zunächst mit seinen Freunden diskutiert, um sie dann dem **Prätor Q. Petillius** Spurinus (cos. 176; s. Broughton MRR 1,384) vorzulegen, weil sie offensichtlich religiösen Inhalts waren. „Als die vornehmsten Senatoren (*primores*) aber (darin) einige Begründungen (Numas) dafür gelesen hatten, warum bestimmte Kultvorschriften eingeführt worden waren, stimmte der Senat dem verstorbenen Numa zu (scil. in der Überzeugung, die Bücher dürften nicht an die Öffentlichkeit gelangen), und die Senatoren beschlossen gleichsam aus religiösem Respekt (*tamquam religiosi*), der Prätor möge für die Verbrennung der Bücher sorgen." Heminas Darstellung trifft sicher zu; seine Angabe, der 'Finder' selbst habe den Prätor aufgesucht, ist durch einen Rückgriff auf den erst fünf Jahre zurückliegenden Senatsbeschluss über die Bacchanalien zu erklären. „Der Scriba verhält sich so, wie es das Senatusconsultum von allen verlangt, die dem alten Bacchuskult nach dem Verbot der neuen orgiastischen Riten treu bleiben wollen. Sie haben sich beim Prätor zu melden, der aber nicht selbst entscheiden darf. Er muss den Dispens des Senats einholen, zu dessen Beschlussfähigkeit ein Quorum von 100 Senatoren erforderlich ist. Auch als i.J. 213 ein Edikt des *praetor urbanus* befahl, wer Bücher mit Weissagungen, Gebets- und Opferformeln besitze, habe sie vor dem ersten April bei ihm abzuliefern, ging ein Senatusconsultum voraus, das die Beamten zur Konfiskation ermächtigte" (Rosen [1985] 72). Die Sache erschien offenbar brisant, denn zunächst nahm ein engerer Kreis von Nobiles die Prüfung vor; der Senat folgte dann deren *auctoritas*. – Die genaue Angabe über das Alter der Bücher kann nicht von Hemina stammen, weil sie zum varronischen Gründungsjahr Roms (753) führt, während Hemina höchstwahrscheinlich das catonische Jahr 752/1 zu Grunde legte (s.o. zu F 12; Rosen [1985] 73-4).

Vgl. insg. auch Santini, Emina 185-95; Forsythe, Piso 207-15 (v.a. zur Entstehung der verschiedenen Versionen); J. Linderski, The Libri Reconditi, HSCP 89 (1985) 207-34 (Schriften zur geheimen Auguraldisziplin); A. Grilli, Numa, Pitagora e la politica antiscipionica, Contributi dell' Istituto di Storia antica dell' Univ. del Sacro Cuore 8 (1982) 186-97 (zum möglichen politischen Kontext); über die weitere Beurteilung bis in die christliche Spätantike s. A. Willi, Numa's Dangerous Books, MH 55 (2000) 139-72. – Die Öffnung der beiden Särge ist auf einem anonymen Fresko von ca. 1525 dramatisch dargestellt (Palazzo Zuccari, Rom; Umschlagbild von Bruun [2000]).

41 Serv. auct. ad Verg. Aen. 1,421 (F 38 Peter = F 40 Santini)

Et alibi Cassius Hemina docet ita: „Sinuessae magalia addenda murumque circum ea (...)."

Übers.: Cassius Hemina formuliert so: „In Sinuessa mussten Hütten hinzugebaut werden und eine Mauer um sie herum (...)."

Komm.: Aus Liv. 41,27,11-13 ergibt sich, dass hier von den Baumaßnahmen des Censors Q. Fulvius Flaccus i.J. 174 die Rede ist; der an dieser Stelle stark verderbte Livius-Text kann mit Hilfe Heminas verbessert werden (vgl. HRR I p. 110 z. St.). – **Sinuessa**, 296/95 als Bürgerkolonie gegründet, lag an der Via Appia, ca. 160 km von Rom entfernt, und war die südlichste Stadt Latiums. – Das punische Wort **magalia** (oder mapalia) bezeichnet die auch bei Cato FRH 3 F 4,2 erwähnten Strohhütten der Numider; vgl. Huss, DNP 7 (1999) 842; vielleicht gab es in Sinuessa eine größere Zahl von karthagischen Geiseln oder Gefangenen. Weitere punische Fremdwörter im Lateinischen sind *ave* und *tunica*; s. allg. W. Röllig, Das Punische im Römischen Reich, in: G. Neumann, J. Untermann (Hgg.), Die Sprachen im römischen Reich der Kaiserzeit (1980) 285-299. – Falls Hemina noch eine Spezialabhandlung über die Censoren verfasst haben sollte (s. zu F 26), mag der Satz aus dieser stammen.

42 Cens. 17,11 (F 39 Peter = F 41 Santini)

At Piso Censorius et Cn. Gellius, sed et Cassius Hemina, qui illo tempore vivebat, post annum factos tertium adfirmant Cn. Cornelio Lentulo Lucio Mummio Achaico consulibus, id est anno DC<V>III.

Übers.: Aber Piso Censorius und Gnaeus Gellius, aber auch Cassius Hemina, der in jener Zeit lebte, behaupten, dass die Säkularspiele drei Jahre später stattfanden, im Konsulat von Gnaeus Cornelius Lentulus und Lucius Mummius Achaicus, das heißt im Jahr 608.

Komm.: Die historischen *ludi saeculares* wurden erstmals 249, nach einigen ungünstigen Vorzeichen im Kontext der militärischen Katastrophen bei Drepana und Kamarina und der Befragung der Sibyllinischen Bücher, unter dem Titel *ludi Tarentini* als Sühnfest gefeiert, um die Unterweltgötter Dis Pater und Proserpina zu besänftigen und für das Wohlergehen der *res publica* zu bitten, wobei es sich wohl um die 'Verstaatlichung' eines schon bestehenden Gentilkultes der Valerier handelte (dazu auch Alimentus FRH 2 F 12). Die zweiten, hier gemeinten fanden – wiederum während eines Krieges gegen Karthago – i.J. 146 statt, wie neben Hemina auch noch Calpurnius Piso (FRH 7 F 42) und Cn. Gellius (FRH 10 F 29) bezeugen. Vielleicht durch Valerius Antias (FRH 15 F 56; vgl. zu F 19) verbanden sich zeitgenössische, aus dem etruskischen Raum stammende Vorstellungen von einem *saeculum* als der längsten möglichen Lebensdauer eines Menschen, die dann auf genau 100 Jahren berechnet wurde (Varr. ling. 6,11; Dig. 7,1,56), mit der Überlieferung zu den *ludi Tarentini*. Die Spiele von 146 konnten leicht um drei Jahre hinaufdatiert, ältere hinzukonstruiert werden. Censorinus vermag daher im Kontext des Fragments von den vierten Spielen (nach 509, 348 und 249) zu sprechen und die Angabe der drei Zeitgenossen als Variante gegenüber dem benötigten Jahr 149 zu bezeichnen. Für abweichende Rekonstruktionen, die mit der Emendierung des überlieferten **anno** DCIII (= 151 v.Chr.) in **DCVIII** (146) zusammenhängen, s. die Doxographie bei Chassignet, AR 2,112.

Die Säkularspiele der Kaiserzeit, beginnend mit denen i.J. 17 v.Chr., hatten mit der alten Besänftigung der Totengötter dem Sinne und der Kultpraxis nach nichts mehr zu tun, die Bitte an die himmlischen Götter und die Sorge um die Dauerhaftigkeit von Roms Wohlergehen standen nunmehr im Vordergrund. – Vgl. Le Bonniec, LAW 2685 s.v. Säkularspiele; Nilsson, RE 1 A 2 (1920) 1696-1720 s.v. Saeculares ludi; Bernstein (1998) 129-42 (beide mit breiter Dokumentation); B. Gladigow, Aetas, aevum und saeclorum ordo, in: D. Hellholm (Hg.), Apocalypticism in the Mediterranean World and the Near East (1983) 255-71; P. Weiss, Die „Säkularspiele" der Republik – eine 'annalistische' Fiktion. Ein Beitrag zum Verständnis der kaiserzeitlichen Ludi saeculares, in: MDAI (R) 80 (1973) 205-17; H. Kloft, Die Säcularspiele des Augustus und die Tradition der Herrscherfeste in der Antike. Soziale und kommunikative Aspekte, in: G. Binder, K. Ehlich (Hgg.), Kommunikation in politischen und kultischen Gemeinschaften (1996) 51-74.

43 Prisc. Gramm. 8 p. 380 H (F 40 Peter = F 43 Santini)

Cassius similiter: „adulatique erant ab amicis et adhortati."

Übers.: Ähnlich Cassius: „Ihnen wurden von den Freunden Schmeicheleien und Ansporn zuteil."

Lucius Calpurnius Piso Frugi (FRH 7)

L. Calpurnius Piso Frugi,[1] geboren um 180, gehörte zu einer im 2. Jh. erfolgreichen plebejischen Nobilitätsfamilie. Binnen einer Generation stellten die Calpurnii Pisones fünf Konsuln.[2] Seine eigene politische Laufbahn begann der Enkel des Prätors von 211 und Neffe des Konsuls von 180 i.J. 149 als Volkstribun. Auf seine Initiative wurde mit der *lex Calpurnia* das erste Repetundengesetz und die Einsetzung eines permanenten Gerichtshofes beschlossen. Ganz gewiss agierte der junge Tribun dabei im Auftrag oder mindestens mit Billigung der Senatsmehrheit, die eine gewisse Kontrolle über Provinzstatthalter institutionell verankert sehen wollte.[3]

Die Prätur versah Piso auf Sizilien (139?) während des ersten Sklavenkrieges, ebenso das Konsulat i.J. 133, wo er gegen die Aufständischen mit der üblichen Härte vorging und die Disziplin seiner Truppen durch demonstrative Schandstrafen sicherte. Sein 'Image' war offenbar schon früh nicht so sehr von spektakulären militärischen Leistungen und Erfolgen geprägt, sondern ruhte auf einem tadellosen Verhalten. Gewiss nahm Piso einschlägige Episoden später in sein Geschichtswerk auf. Er war insgesamt ein Politiker, der sich dem Senat unterordnete, seine Pflichten vor Gericht und bei der Diskussion von Gesetzesvorlagen versah und den mäßigenden, nichtkompetitiven Teil der kollektiven Regeln und Normen demonstrativ mit seinem Selbstbild verknüpfte. Nicht primär Kriegsruhm oder große Popularität brachten ihn ins höchste Amt, sondern ein von Disziplin, Selbstbeherrschung und Abscheu gegen aristokratische Arroganz und Extravaganz bestimmter Habitus.[4] Dieses Profil führte ihn nicht zufällig i.J. 123 auf die Seite der Gegner des C. Gracchus, obwohl er wie dieser im Laufe seiner bisherigen Karriere mit einer Repetundengesetzgebung und der Sicherung der

---

[1] Testimonien: HRF 76-7; Forsythe, Piso 409-26. Literatur: Cichorius, RE 3.1 (1897) 1392-5 s.v. Calpurnius (96); HRR I p. CLXXXI-CXCII; Leo GRL 330-1; Latte (1960/1968); Rawson (1976/1991) 257-67; Berti (1989); v. Albrecht GRL 305; Forsythe, Piso; Kierdorf, DNP 2 (1997) 948-9 s.v. Calpurnius Piso (III 1); Flach (1998) 74-9; Chassignet, AR 2 p. XIX-XXVIII; Mutschler (2000) 112-5.

[2] 148, 139, 135, 133, 112, danach noch 67 und 58; vgl. Broughton MRR 1 zu den einzelnen Jahren sowie I. Hofmann-Löbl, Die Calpurnii (1996).

[3] Belege bei Broughton MRR 1,459; vgl. J.S. Richardson, The purpose of the lex Calpurnia de repetundis, JRS 77 (1987) 1-12.

[4] Zu seinen Reden s. Cic. Brut. 106; politisches Profil: Latte (1960/1968) 838; Rawson (1976/1991) 266.

Getreideversorgung befasst war. Wohl nicht ohne Grund hebt die Überlieferung gerade seine fundamentale Kritik am Getreidegesetz hervor; gegen einen Volkstribunen, der eine unabhängige Stellung gegenüber dem Senat auch durch großzügiges Ausgeben öffentlicher Mittel zu erreichen suchte, konnte er besonders glaubwürdig auftreten. Dass dies mit harten Bandagen geschah, unterliegt keinem Zweifel, nannte ihn C. Gracchus doch in einer Rede unter scharfen Angriffen seinen *inimicus* (ORF[4] 48 F 39), während Piso auch nach der Verabschiedung des Gesetzes demonstrativ seine Missbilligung kundtat und die Konfrontation mit dem Gegner suchte. In seinem Geschichtswerk war denn auch mehrfach von Konflikten einzelner Magistrate mit dem Senat die Rede; Piso schenkte also dieser für das politische System zentralen Frage große Aufmerksamkeit. Die Konfrontation zwischen Senat und Volk reflektierte er in seiner Darstellung der 'Ständekämpfe' (F 24 und 25); die Bedrohung des Kollektivs durch den verdächtigen Einzelnen wurde ebenso thematisiert (F 21) wie das Problem der politisch motivierten Gewalt (F 26). Von der Censur, die Piso wohl i.J. 120 als Krönung seiner politischen Laufbahn erreichte, ist nur die Tatsache überliefert.[5]

Eine censorische Attitüde und dezidierte Kritik an Verhaltensweisen seiner Zeitgenossen prägten auch das Geschichtswerk, das vielleicht erst nach dem letzten Amt, sicher aber lange nach dem Konsulat entstand.[6] Es muss sich über weite Stecken wie eine Illustration des verbreiteten Unbehagens über den 'Sittenverfall' in der römischen Oberschicht gelesen haben und war der altersgemäße Beitrag des Konsulars bzw. Censoriers zu einer aktuellen Debatte;[7] dabei scheute er eine bisweilen drastische Ausdrucksweise nicht (F 43). Im übrigen bot er Beispiele von *probe dicta et facta* aus der ferneren und näheren, in der Gegenwartsperspektive jedoch nicht weiter differenzierten Vergangenheit (F 10. 27. 30. 36).

Die Schilderung der Zeitgeschichte enthielt Bemerkungen zu Ereignissen, die als Peripetien betrachtet wurden. Piso erweiterte die in verschiedenen Kontexten seit langem etablierten Frage nach dem *primus inventor* (dazu Gellius FRH 10 F 3), die bei ihm sonst in konventioneller Form erscheint (F 23. 34), indem die als Verfall betrachtete Gegenwart einen markanten Anfangspunkt erhielt (F 37). Solche Feststellungen hinterließen als Periodisierungsangebote im historiographischen Dekadenzdiskurs tiefe Spuren, und

---

[5] S. Forsythe, Piso, Test. 18; für das Jahr 120 Broughton MRR 1,523.
[6] Wahrscheinlich gemacht von Forsythe, Piso, 34-5.
[7] Dazu insg. wichtig: Berti (1989); ferner allg. Bringmann (1977).

Gleiches galt für die politisch strittige Deutung von Prodigien, zumal wenn ihnen große Symbolkraft innezuwohnen schien (F 41). Der Censorier notierte freilich in Gestalt der Statuenräumung von 158 (F 40) auch eine Gegenmaßnahme der Nobilität. Das Einschreiten gegen die Bacchanalien-Mysterien dürfte er ebenfalls ausführlich behandelt haben (s. zu F 37). Diese Eigenheiten des pisonischen Werkes deuten auf eine gewisse Forciertheit. Selbstverständlich ruhte Piso aber in vielerlei Hinsicht auf der bis dahin herausgebildeten historiographischen Tradition. Es war üblich geworden, die Geschichte Roms als Einheit zu betrachten, Romulus einen prominenten Platz einzuräumen, aber auch Aeneas zu berücksichtigen. Ein griechischer kultureller Horizont und die Kenntnis griechischer Texte zum frühen Rom sind erkennbar, wenn auch weniger ausgeprägt als bei anderen Autoren wie etwa Postumius Albinus oder Cassius Hemina.

Das Werk umfasste mindestens sieben, möglicherweise aber acht Bücher.[8] Bei der Gründungsgeschichte (F 5) folgte Piso der Autorität des Fabius. Aus der Implementierung des Aeneas-Mythos ergab sich die Vorstellung eines nicht-autochthonen Ursprungs der Römer als logische Folge, wurde aber durch das Bild des frühesten Rom als Asyl noch zugespitzt; Piso baute an diesem Modell mit (F 6). Die Königszeit im Umfang von einem Buch zu behandeln sollte später auch für Livius verbindlich sein, doch wusste Piso offenbar auch vom Leben und Sterben einzelner Könige zu erzählen (F 10; 14). Die frühe Republik wurde wohl kaum ausführlicher behandelt als bei Fabius Pictor oder Cato; das dritte Buch scheint bis zum Pyrrhoskrieg oder bis zum 1. Punischen Krieg geführt zu haben, während die übrigen vier oder fünf Bücher den Zeitraum mindestens bis 146 (F 42), wahrscheinlich jedoch bis 133, das ja auch für den Autor ein Epochenjahr war, schilderten. Die Fragmente 29 und 39 deuten darauf hin, dass Piso eine nach Jahren geordnete, 'annalistische' Darstellung gab, dies allerdings kaum schon für die frühe Republik.[9] Auffallend oft finden sich bei ihm Namen römischer Magistrate, und zwar nicht nur von Censoren und Konsuln, sondern auch von kurulischen Ädilen (F 30. 31. 36) und Volkstribunen (F 25). Mit der Nennung von Triumphen, *ovationes*, Teuerungen und Vorzeichen fanden auch

---

[8] Vgl. zum Folgenden L. Cardinali, Quanti libri scrisse L. Calpurnio Piso Frugi?, Maia 40 (1988) 45-55; Forsythe, Piso 38-53.
[9] Vgl. Wiseman (1979) 12-3. 16-8; Forsythe, Piso 38-42; skeptisch Rawson (1976/1991) 259. Die Sekundärautoren nennen das Werk fast durchweg *annales*; vgl. HRR I p. CLXXXIII-CLXXXIV; Chassignet, AR 2 p. XXII.

andere typisch 'annalistische' Informationen breite Aufmerksamkeit. Auf welcher Grundlage Piso diese Angaben macht, ist nicht zu bestimmen; wichtiger erscheint, dass er mit dieser (Pseudo-)Exaktheit den nahe liegenden Methoden der Beglaubigung folgt. Dazu zählen exakte Zahlenangaben, etwa der Kosten für den Bau eines Tempels (F 18), der Bauzeit und Größe einer Flotte (F 32) oder der Zahl gefallener Gegner in einer Schlacht ebenso wie etymologisch-antiquarische Informationen und die Erörterung chronologischer Fragen. In diesen Kontext gehören ferner die Exkurse und Bemerkungen, die sich auf religiöse Riten, Lokalitäten und Monumente in Rom beziehen. Über solche an sich vertrauten und 'wahren' Dinge immer wieder erklärend zu berichten vermochte das Vertrauen der Leser in die 'Wirklichkeitshaltigkeit' des gesamten Werks gewiss zu bestärken.

Abweichungen von den Berichten anderer Autoren oder die kritischpolemische Auseinandersetzung mit ihnen finden sich in historiographischen Werken häufig; sie gehören seit Herodot und Thukydides zum Diskursinventar der Geschichtsschreibung. Piso bildet keine Ausnahme, zumal bei Traditionsbausteinen, die in ihren Grundzügen bereits vorlagen. Manche lange Erörterung war in erster Linie Bestandteil des historiographischen Wahrheitsspiels und sollte den kritischen Sinn des Autors unter Beweis stellen, wenn er nach dem Kriterium der Plausibilität Details der Überlieferung korrigierte oder Lücken füllte. Piso zeigte diese Kompetenz am Beispiel der Generationenfolge der Tarquinier (F 17). Ganz rationalistisch ist seine Aitiologie des Names *lacus Curtius* (F 8). In anderen Fällen hatte die Richtigstellung auch erhebliche inhaltliche Konsequenzen, wie die moralisierend umgedeutete Tarpeia-Geschichte zeigt (F 7).

Piso präsentierte sich als ein Aristokrat, dem die Traditionen, Regeln und Kommets des Kollektivs wichtig waren und zugleich bedroht erschienen. Diese Normen ließ er in exemplarischen Szenen lebendig werden. Doch sein Geschichtswerk bot mehr als nur „a sense of simple grandeur and austere patriotism",[10] es spiegelte bereits die Erschütterungen der Gracchenzeit und die nachfolgende Polarisierung in Optimaten und Populare und wies insofern voraus auf die politische Aufladung der Historiographie im 1. Jh.

---

[10] Forsythe, Piso 52. Livius, Dionysios von Halikarnass und Plutarch haben das Werk benutzt; Gellius schätzte Pisos Schlichtheit und Feinheit (F 30). Zu den sehr unterschiedlichen modernen Wertungen s. Chassignet, AR 2 p. XXVI-XXVIII; besonders negativ: Rosenberg (1921) 129-31; Latte (1960/1968).

| 1 | Varr. rust. 2,1,9 (F 1 Peter = F 2 Forsythe) |

Denique non Italia a vitulis, ut scribit Piso?

Übers.: Leitet sich schließlich 'Italia' nicht von 'vituli' (Kälber) ab, wie Piso schreibt?

Komm.: Piso bietet für die Erklärung von *Italia* die gegenüber der Ableitung von einem eponymen Gründerkönig Italus (s. zu Cato FRH 3 F 1,3; dort auch Lit.) gängigere, etymologische Variante, der auch Varro zustimmt (s.a. ling. 5,96; rust. 2,5,3). Bereits Hellanikos von Lesbos, ein Zeitgenosse Herodots, brachte *Italia* mit *vitulus* und der Sage vom einem dem Herakles entflohenen Kalb des Geryoneus in Verbindung (FGrH 4 F 111); der sizilische Historiker Timaios hingegen rationalisierend mit dem Rinderreichtum in Bruttium (FGrH 566 F 42). Wahrscheinlich gehörte das Piso-Fragment in den Kontext von Herakles' Ankunft in Italien, die als aitiologische Erklärung des Kultes an der Ara Maxima (s. zu Cassius Hemina FRH 6 F 5) ein Standardthema der römischen Geschichtsschreibung von Anfang an bildete (s. zu Fabius Pictor FRH 1 F 1). Unsicher ist, ob Calpurnius Piso die Herleitung von Timaios übernahm oder eine ohnehin gängige Ansicht verschriftlichte. Für letztere Ansicht spricht, dass das Kalb bzw. der Stier (oskisch *viteliu*) den aufständischen Italikern im Bundesgenossenkrieg (91-89) auf Münzen als Symbol für 'ihr' Italien diente (E.A. Sydenham, The Coinage of the Roman Republic [1952] nos. 617-24 [Italia] und 625-28 [Viteliu]; ein bekanntes Münzbild [ebd. no. 618] zeigt den sabellischen Stier, wie er die römische Wölfin niederwirft) die Identifikation muss also völlig selbstverständlich gewesen sein. Insg. s. A. Baudou, ΙΤΑΛΙΑ, ITALIA. La position d'un annaliste sur un probléme étymologique de deux mille cinq cents ans, LEC 65 (1997) 211-23.

| 2 | Varro ap. Lact. Inst. Div. 1,6,9 (F 41 Peter = F 4 Forsythe) |

Quartam Cimmeriam in Italia, quam Naevius in libris Belli Punici, Piso in annalibus nominat.

Übers.: Die vierte (Sibylle) sei Cimmeria in Italien gewesen, die Naevius in seinen Büchern über den Punischen Krieg, Piso in den 'Annalen' nennt.

Komm.: s. zu Acilius FRH 5 F 2.

3 Origo Gentis Romanae 10,1-2 (F./. Peter = F 5 Forsythe)

Addunt praeterea quidam Aeneam in eo litore Euxini cuiusdam comitis matrem <Baiam> ultimo aetatis affectam circa stagnum, quod est inter Misenon Avernumque, extulisse atque inde loco nomen inditum (...). cumque comperisset ibidem Sibyllam mortalibus futura praecinere in oppido quod vocatur Cimmerium, venisse eo sciscitatum de statu fortunarum suarum aditisque fatis vetitum, ne is cognatam in Italia sepeliret. (2) et postquam ad classem rediit repperitque mortuam Prochytam, cognatione sibi coniunctam, quam incolumem reliquerat, in insula proxima sepelisse, quae nunc quoque eodem est nomine, ut scribunt Lutatius et Acilius <et> Piso.

Übers./Komm.: s. zu Acilius FRH 5 F 2.

4 Origo Gentis Romanae 13,8 (F./. Peter = F 6 Forsythe)

Piso quidem Turnum matruelem Amatae fuisse tradit interfectoque Latino mortem ipsam sibimet conscivisse.

Übers.: Piso überliefert, dass Turnus Amatas Cousin mütterlicherseits war und diese nach dem Tode des Latinus Selbstmord beging.

Komm.: s. zu Fabius Pictor FRH 1 F 6.

5 Dion. Hal. ant. 1,79,4-83,3 (F 3 Peter = F 7 Forsythe)

Περὶ δὲ τῶν ἐκ τῆς Ἰλίας γενομένων Κόιντος μὲν Φάβιος ὁ Πίκτωρ λεγόμενος, ᾧ Λεύκιός τε Κίγκιος καὶ Κάτων Πόρκιος καὶ Πείσων Καλπούρνιος καὶ τῶν ἄλλων συγγραφέων οἱ πλείους ἠκολούθησαν, γέγραφε· (...: s. Fabius Pictor FRH 1 F 7b).

Übers./Komm.: s. zu Fabius Pictor FRH 1 F 7b/7a-f.

6 Serv. auct. ad Verg. Aen. 2,761 (F 4 Peter = F 9 Forsythe)

Primo autem apud Athenienses statutum est ab Herculis filiis, quos insequebantur hi, qui erant a patre oppressi. (...) hoc asylum etiam Romulus imitatus est, unde est: 'quem

Romulus acer asylum rettulit', non statuit. quem locum deus Lycoris, sicut Piso ait, dicitur.

Übers.: Zuerst aber wurde ein Asyl bei den Athenern eingerichtet von den Söhnen des Herakles, die von Leuten verfolgt wurden, welchen der Vater Gewalt angetan hatte. (...) Dieses Asyl übernahm auch Romulus, weswegen es heißt: „Dieses Asyl brachte der hitzige Romulus zurück", nicht „begründete er". Um diesen Ort kümmert sich angeblich der Gott Lycoris, wie Piso sagt.

Komm.: Das Asyl als Kristallisationskern der ältesten Bevölkerung Roms war in der historiographischen Tradition fest verankert; s. zu Cato FRH 3 F 1,20 mit weiteren Details. **Lycoris** war ein seltenes Epitheton des delphischen Apollon, das die Verbindung des Gottes mit dem Wolf in verschiedenen Mythen signalisiert; wahrscheinlich wurde eine selbständige, im Parnassos-Gebiet verehrte Gottheit Lykoreus mit dem delphischen Schutzgott des Asyls verschmolzen; s. Ganszyiniec, RE 13.2 (1927) 2384-5 s.v. In Delphi stand sogar eine bronzene Wölfin (Paus. 10,14,7). Außerdem soll Deukalion nach der großen Flut auf dem Parnassos dem 'Zeus der Zuflucht' (Ζεὺς Φύξιος) ein Opfer gebracht haben. Alle Ingredienzien für einen komplexen Mythentransfer nach Rom waren damit vorhanden: der Wolf, das Asyl als Zuflucht und das Motiv der (Wieder-)Bevölkerung einer menschenleeren Landschaft. Die Verbindung zum besonderen Asyl des **Romulus** – die Zwillinge werden von einer Wölfin (λύκος) genährt, der Hain in der Nähe des Asyls heißt lateinisch *lucus* – waren damit ebenso gegeben wie zu Veiovis, dem Juppiter der Unterwelt, der von den Schutzsuchenden angerufen wurde, um Übergriffe abzuwenden (s.o. zu Cato FRH 3 F 1,20). Hier den Kult eines wölfischen Apollon einzurichten, lag umso näher, als Apollon auch in zahlreichen griechischen Gründungssagen, zumal von Koloniestädten, eine zentrale Rolle spielte. Vgl. insg. Forsythe, Piso 136-8. Obwohl das romulische Asyl in seiner spezifisch römischen Lesart etwas ganz Anderes war als ein griechisches Tempelasyl – dieses schützte den Zuflucht Suchenden nur innerhalb des Heiligtums, was das kapitolinische Asyl für die Absicht des Romulus ganz sinnlos gemacht hätte: Latte (1960/1968) 839 –, gab es in der Sprache und in der Struktur der mythischen Geschichten genug Berührungspunkte für eine gelehrte Konstruktion (oder „antiquarische Klügelei": Schwegler RG 1,467 Anm. 8), die Forsythe, Piso 138-9 auf Fabius Pictor zurückführt (Gesandtschaft nach Delphi; *luperci Fabiani*), die aber ebenso gut Piso gehören kann. Sie blieb jedenfalls ohne Resonanz; Dionysios und Plutarch erwähnen sie nicht; in der Praxis blieb der Ort wohl ohne Gott; die Zugehörigkeit des Veiovis-Tempels ist mindestens ungesichert.

7 Dion. Hal. ant. 2,38,3. 39,1. 40,1-3 (F 5 Peter = F 11 Forsythe)

Ὡς δὲ Πείσων Λεύκιος ὁ τιμητικὸς ἱστορεῖ, καλοῦ πράγματος ἐπιθυμία γυμνοὺς τῶν σκεπαστηρίων ὅπλων παραδοῦναι τοῖς πολίταις τοὺς πολεμίους. ὁπότερον δὲ τούτων ἀληθέστερόν ἐστιν ἐκ τῶν ὕστερον γενομένων ἔξεστιν εἰκάζειν. (...) (39,1) (...) Πείσων γὰρ ὁ τιμητικός, οὗ καὶ πρότερον ἐμνήσθην, ἄγγελόν φησιν ὑπὸ τῆς Ταρπείας ἀποσταλῆναι νύκτωρ ἐκ τοῦ χωρίου δηλώσοντα τῷ Ῥωμύλῳ τὰς γενομένας τῇ κόρῃ πρὸς τοὺς Σαβίνους ὁμολογίας, ὅτι μέλλοι τὰ σκεπαστήρια παρ' αὐτῶν αἰτεῖν ὅπλα διὰ τῆς κοινότητος τῶν ὁμολογιῶν παρακρουσαμένη, δύναμίν τε ἀξιώσοντα πέμπειν ἐπὶ τὸ φρούριον ἑτέραν νυκτός, ὡς αὐτῷ στρατηλάτῃ παραληψόμενον τοὺς πολεμίους γυμνοὺς τῶν ὅπλων· τὸν δὲ ἄγγελον αὐτομολήσαντα πρὸς τὸν ἡγεμόνα τῶν Σαβίνων κατήγορον γενέσθαι τῶν τῆς Ταρπείας βουλευμάτων. (...)

(40,1) Ἔπειτα πάλιν ὁ μὲν Πείσων φησὶ τῶν Σαβίνων τὸν χρυσὸν ἑτοίμων ὄντων διδόναι τῇ κόρῃ τὸν περὶ τοῖς ἀριστεροῖς βραχίοσι τὴν Ταρπείαν οὐ τὸν κόσμον ἀλλὰ τοὺς θυρεοὺς παρ' αὐτῶν αἰτεῖν. Τατίῳ δὲ θυμόν τε εἰσελθεῖν ἐπὶ τῇ ἐξαπάτῃ καὶ λογισμὸν τοῦ μὴ παραβῆναι τὰς ὁμολογίας. δόξαι δ' οὖν αὐτῷ δοῦναι μὲν τὰ ὅπλα, ὥσπερ ἡ παῖς ἠξίωσε, ποιῆσαι δ' ὅπως αὐτοῖς μηδὲν λαβοῦσα χρήσεται, καὶ αὐτίκα διατεινάμενον ὡς μάλιστα ἰσχύος εἶχε ῥῖψαι τὸν θυρεὸν κατὰ τῆς κόρης καὶ τοῖς ἄλλοις παρακελεύσασθαι ταὐτὸ ποιεῖν. οὕτω δὴ βαλλομένην πάντοθεν τὴν Ταρπείαν ὑπὸ πλήθους τε καὶ ἰσχύος τῶν πληγῶν πεσεῖν καὶ περισωρευθεῖσαν ὑπὸ τῶν θυρεῶν ἀποθανεῖν. (2) (...) ἔοικε δὲ τὰ μετὰ ταῦτα γενόμενα τὴν Πείσωνος ἀληθεστέραν ποιεῖν [ἀπόκρισιν]. (3) τάφου τε γὰρ ἔνθα ἔπεσεν ἠξίωται τὸν ἱερώτατον τῆς πόλεως κατέχουσα λόφον, καὶ χοὰς αὐτῇ Ῥωμαῖοι καθ' ἕκαστον ἐνιαυτὸν ἐπιτελοῦσι, (λέγω δὲ ἃ Πείσων γράφει) ὧν οὐδενὸς εἰκὸς αὐτήν, εἰ προδιδοῦσα τὴν πατρίδα τοῖς πολεμίοις ἀπέθανεν, οὔτε παρὰ τῶν προδοθέντων οὔτε παρὰ τῶν ἀποκτεινάντων τυχεῖν, ἀλλὰ καὶ εἴ τι λείψανον αὐτῆς ἦν τοῦ σώματος ἀνασκαφὲν ἔξω ῥιφῆναι σὺν χρόνῳ φόβου τε καὶ ἀποτροπῆς ἕνεκα τῶν μελλόντων τὰ ὅμοια δρᾶν.

Übers.: Nach dem Bericht von Lucius Piso, dem ehemaligen Censor, (veranlasste) Tarpeia das Begehren nach einer ehrenvollen Tat zu dem Plan, die Feinde ihrer Schutzwaffen zu berauben und sie so ihren Mitbürgern zu überantworten. Welche von beiden Versionen die am meisten wahre ist, kann aus den anschließenden Ereignissen erschlossen werden. (...) (39,1) (...)

Der ehemalige Censor Piso (...) sagt, dass nachts von dieser Stelle ein Bote von Tarpeia geschickt wurde, der Romulus von der Übereinkunft berichten sollte, die die Jungfrau mit den Sabinern geschlossen hatte, dass sie nämlich beabsichtigte, die Schutzwaffen von diesen zu verlangen, indem sie aus der Mehrdeutigkeit der Vereinbarung einen Vorteil zog, und der ihn auffordern sollte, nachts seinerseits eine Truppe zu der Festung zu schicken, welche die ihrer Schutzwaffen beraubten Feinde zusammen mit ihrem Kommandeur gefangen nehmen sollte. Der Bote sei aber zum Anführer der Sabiner übergelaufen und habe die Absichten Tarpeias verraten. (...)

(40,1) Hier sagt nun wieder Piso, dass die Sabiner bereit waren, der Jungfrau das Gold zu geben, das sie am rechten Arm trugen, dass aber Tarpeia nicht den Schmuck, sondern die Schilde von ihnen gefordert habe. Tatius sei über den Betrug zornig geworden, habe aber eine Möglichkeit überlegt, die Übereinkunft nicht zu verletzen. Er habe beschlossen, die Waffen tatsächlich auszuliefern, wie das Mädchen es forderte, dies aber so zu tun, dass sie aus ihrem Empfang keinen Vorteil ziehen konnte, und sofort habe er mit aller Kraft, so fest er konnte, seinen Schild auf die Jungfrau geworfen und den anderen befohlen, dasselbe zu tun. So sei Tarpeia von allen Seiten getroffen und unter der Masse und Wucht der Schläge zu Boden gestürzt und habe, begraben unter den Schilden, ihr Leben ausgehaucht. (2) (...) Die anschließenden Ereignisse verleihen Pisos Bericht die größte Glaubwürdigkeit. (3) Denn sie wurde dort, wo sie fiel, eines Grabes für würdig befunden, und so liegt sie auf dem heiligsten Hügel der Stadt, und die Römer bringen ihr jedes Jahr ein Trankopfer dar (ich berichte, was Piso schreibt). Es ist nicht wahrscheinlich, dass ihr diese Ehrungen zuteil geworden wären, wenn sie als Vaterlandsverräterin den Tod gefunden hätte, weder vonseiten der Verratenen noch vonseiten derer, die sie getötet haben, sondern wenn etwas von ihrem Leichnam übrig geblieben wäre, hätte man ihn nach einiger Zeit ausgegraben und nach draußen geworfen, um bei möglichen Nachahmungstätern Furcht und Abschreckung zu erzeugen.

Komm.: Pisos Umdeutung der in der römischen historiographischen Tradition wohletablierten **Tarpeia**-Geschichte (s. zu Fabius Pictor FRH 1 F 10; dort auch der Kontext der einhellig berichteten Vorgeschichte) war zunächst eine nach der Forderung der sachlichen Wahrscheinlichkeit (τὸ εἰκός) rationalisierende Korrektur, die den kritischen Verstand des Autors beweisen, seine Autorität und seinen patriotischen Stolz erhöhen sollte, sie hatte aber auch inhaltliche Konsequenzen. Piso nahm Anstoß daran, dass die Römer Tarpeia offenbar ein ehrendes Andenken bewahrten, und schloss daraus, sie habe sich in Wahrheit von edlen patriotischen Motiven leiten lassen und durch ihren nur vorgetäuschten Verrat und eine bewusst doppeldeutige Formulierung der eidlich bekräftigten Verabredung mit den Sabinern von Anfang an die Entwaffnung der Gegner geplant; der Plan sei nur deshalb gescheitert, weil der von ihr zu Romulus entsandte Bote dem Feind alles verraten habe, woraufhin Tatius nun seinerseits die Vereinbarung so auslegte, dass sie für Tarpeia tödlich endete. Mit dieser Umdeutung hatte Piso nicht nur die Überlieferung von einem logischen Widerspruch 'befreit', sondern auch der römischen Geschichte eine weitere untadelige, wenn auch tragisch gescheiterte Frauengestalt zurückgegeben, die in eine Reihe mit Lucretia (F 20) und Cloelia (F 22) passte. Seine These suchte er dadurch zu untermauern, dass er die Begründung der kapitolinischen Spiele nicht nur – wie schon Ennius – dem Romulus zuschrieb (sie mussten daher dem Juppiter Feretrius gelten), sondern sie als *ludi Capitolini* oder *Tarpeii* bezeichnete; (F 9; vgl. Latte [1960/1968] 840; Forsythe, Piso 178-83). Unsicher ist der zeitliche und kausale Zusammenhang mit der Aufstellung einer Tarpeia-Statue im Tempel des Juppiter Stator, den Q. Caecilius Metellus Macedonicus nach 146 hatte errichten lassen; vgl. Fest. p. 496,22-7 L; Forsythe, Piso 156-7. Indes fand Pisos Aufhellung der Tarpeia-Gestalt mit historiographischen Mitteln in der späteren Tradition, außer bei Dionysios, wenig Anklang; Livius (1,11,9) erwähnt sie nur knapp als abweichende Tradition und ohne Namensnennung; s. auch Flor. epit. 1,1,12. Vgl. insg. A. Baudou, Tarpéïa, traîtresse indo-européenne, héroïne pisonienne, CEA 29 (1995) 81-9.

8 Varr. ling. 5, 148-149 (F 6 Peter = F 12 Forsythe)

In foro lacum Curtium a Curtio dictum constat, et de eo triceps historia: nam et Procilius non idem prodidit quod Piso nec quod is Cornelius secutus. (...) (149) *Piso in annalibus scribit Sabino bello, quod fuit Romulo et Tatio, virum fortissimum Mettium Curtium Sabinum, cum Romulus cum suis ex superiore parte impressionem fecisset, [Curtium] in locum palustrem, qui tum fuit in foro antequam cloacae sunt factae, secessisse atque ad suos in Capitolium recepisse; ab eo lacum invenisse nomen.*

Übers.: Es steht fest, dass der curtische Teich auf dem Forum nach Curtius benannt ist, und über ihn gibt es eine Geschichte in drei Versionen, denn Procilius überliefert nicht dasselbe wie Piso, und dem, was dieser erzählt, folgt Cornelius nicht. (...) (149) Piso schreibt in seinen 'Annalen', dass im Sabinerkrieg zwischen Romulus und Tatius ein überaus tapferer Mann, Mettius Curtius Sabinus, als Romulus mit seinen Männern von einer Anhöhe herab einen Angriff unternahm, zu einer sumpfigen Stelle, die es damals auf dem Forum gab, bevor der Entwässerungskanal gebaut wurde, ausgewichen sei und sich zu seinen Leuten auf dem Kapitol zurückgezogen habe; daher habe der Teich seinen Namen erhalten.

Komm.: Der *lacus Curtius* auf dem Forum gehört zu den bekannten und lange gehegten Gedächtnisorten der römischen Frühzeit, zu dem Varro (ling. 5,148-50) neben der pisonischen noch zwei weitere aitiologische Geschichten referiert: als gängigste Version die „echte und alte Volkssage" (Münzer) von der Devotion eines Mettius Curtius i.J. 362, um eine plötzlich aufgetretene Erdspalte durch ein Selbstopfer zu schließen, und die Einzäunung einer vom Blitz getroffenen Stelle durch den (wohl unhistorischen) Konsul C. Curtius Chilo i.J. 445; vgl. (mit den weiteren Belegen) u.a. Hülsen, RE 4.2 (1901) 1892-3 s.v. Curtius lacus; Münzer, ebd. 1864-6 s.v. Curtius (Nr. 7. 9. 15); Richardson TDAR 229-30; Giuliani, LTUR 3 (1996) 166-7; Ogilvie (1970) 75-7; J. Poucet, Recherches sur la légende sabine des origines de Rome (1967) 241-63; A. Aakerström, Der Lacus Curtius und seine Sagen (1932); Forsythe, Piso 157-70.

Ob die (später überbaute und zum Denkmal gestaltete: Höcker, DNP 6 [1999] 1048-9) Vertiefung an der Stelle des *lacus Curtius* tatsächlich in der Frühzeit einen Teich oder Sumpf beherbergte, ist unsicher, aber eine Verbindung zur Unterwelt hat man offenbar durchgängig angenommen; bekanntlich diente das Forum in vorurbaner Zeit vor seiner Trockenlegung ja als Begräbnisstätte. R. Bloch, The Origins of Rome (1960) 111 hält den *lacus Curtius* für einen Kultplatz, an dem einst möglicherweise sogar Menschenopfer dargebracht worden seien.

Calpurnius Piso sucht die Aitiologie des *lacus Curtius* – ebenso wie später Livius – in der 'Schlacht auf dem Forum' zwischen Römern und Sabinern, deren zweiter prominenter Ort durch den Tempel des Juppiter Stator (s. zu Fabius Pictor FRH 1 F 25) bezeichnet wurde, jenes Gottes, der in der Zeit des 'Annalisten' mit Tarpeia in Verbindung gebracht wurde (s. zu F 7). Nimmt man noch hinzu, dass die *gens Calpurnia* ihre Abstammung auf den Sabiner Numa zurückführten, erscheint der Schluss erlaubt, dass Piso die gemeinsame Geschichte von Römern und Sabinern besonders nachdrücklich in die mythhistorische Topographie Roms einzuschreiben suchte – durchaus mit Erfolg, wie die entsprechenden Berichte von Livius zeigen (v.a. 1,9-13; dazu wichtig Jaeger [1997] 30-56). Zugleich entbehrt Pisos Version, welche die Kenntnis der Devotion voraussetzt, aller mirakulösen Elemente (vgl. Schwegler RG 1,484 Anm. 2). Pisos ausgeprägter Rationalismus zeigt sich auch in der Überlegung, dass es *nach* der Anlage der *cloaca maxima* durch die Tarquinier keine mit Wasser gefüllte Vertiefung geben konnte, die den Namen *lacus Curtius* rechtfertigte.

9 Tert. spect. 5,8 (F 7 Peter = F 14 Forsythe)

De<hinc idem Ro>mulus Iovi Feretrio ludos instituit in Tarpeio, <quos Tarpe>ios dictos et Capitolinos Piso tradit.

Übers.: Nach dem Consualien-Fest begründete derselbe Romulus für Juppiter Feretrius Spiele auf dem Tarpeischen Felsen; dass diese (Spiele) Tarpeische hießen, überliefert auch Calpurnius Piso.

Komm.: Die kleine Kapelle des Juppiter **Feretrius** auf dem Kapitol galt als der älteste römische Tempel überhaupt (angeblich von Romulus erbaut); in ihm wurden die Kultgeräte der Fetialpriester und die geweihten *spolia opima* aufbewahrt; vgl. Richardson TDAR 219; Coarelli, LTUR 3 (1996) 135-6. Zum Kult des Juppiter Feretrius s. Wissowa RKR 117-9; für seine Begründung durch Romulus s. auch Enn. Ann. 51 Skutsch. – Pisos Notiz steht im Zusammenhang mit den gelehrten Spekulationen über den Namen des Kapitols (Varr. ling. 5,41-2), das zuerst Mons Saturnus, dann Mons Tarpeius geheißen habe, bevor es durch den rätselhaften Fund des *caput Oli* (Fabius Pictor FRH 1 F 16) seine endgültige Bezeichnung bekam; vgl. Forsythe, Piso 178-83 (zum ganzen Fragment).

Zu den *ludi Capitolini* (am 15. Okt.) s. Bernstein (1998) 103-6 (Erneuerung und Reformierung älterer Spiele durch Camillus).

10 Gell. 11,14,1-2 (F 8 Peter = F 13 Forsythe)

Simplicissima suavitate et rei et orationis L. Piso Frugi usus est in primo annali, cum de Romuli regis vita atque victu scriberet. (2) ea verba, quae scripsit, haec sunt: „Eundem Romulum dicunt ad cenam vocatum ibi non multum bibisse, quia postridie negotium haberet. ei dicunt: 'Romule, si istuc omnes homines faciant, vinum vilius sit.' his respondit: 'immo vero carum, si quantum quisque volet bibat; nam ego bibi quantum volui.'"

Übers.: Schlichte Anmut sowohl in der Sache als auch im Stil zeigt Lucius Piso Frugi im ersten Buch seiner 'Annalen', wenn er über das Leben und die Lebensführung des Königs Romulus berichtet. (2) Dabei gebraucht er folgende Formulierungen: „Eben dieser Romulus soll anlässlich einer Einladung zum Gastmahl dort nicht viel getrunken haben, weil er nach eigener Auskunft am nächsten Tag Geschäfte zu erledigen hatte. Zu ihm sagen sie: 'Romulus, wenn das alle Menschen täten, wäre der Wein billiger.' Ihnen antwortet er: 'Nein, im Gegenteil, teuer, wenn jeder so viel tränke, wie er will, denn ich habe so viel getrunken, wie ich wollte'."

Komm.: Im Diskurs des 2. Jh.s über Sittenverfall und Luxusgesetze vermochte Piso scharfe, 'censorische' Töne anzuschlagen (s. F 27. 43), aber auch das 'richtige' Verhalten durch Szenen wie diese zu veranschaulichen. Das Thema war auch in der konkreten Situierung aktuell: In einer Rede des C. Titius (aus gracchischer Zeit?) werden junge Nobiles angegriffen, die sich nach durchzechter Nacht mühsam zu ihren Patronatspflichten auf das Comitium schleppen und dort eine sehr schlechte Figur machen; vgl. ORF[4] 51 F 2 und u. zu F 43. Mit Recht sieht Forsythe, Piso 178 die im pisonischen Wortlaut überlieferte Episode als „the historicized moral antithesis of the men described by C. Titius, and the tale must have been intended to offer contemporaries a model of conduct for the dinner parties that were carefully regulated by the sumptuary laws of the day". Romulus stellte in dieser Zeit vielleicht geradezu ein Vehikel des Sittendiskurses dar, wie ihm ja auch ein Gesetz zugeschrieben wurde, das Frauen das Weintrinken generell verbot; dazu s. Fabius Pictor FRH 1 F 11. Die Kritik an fremdländischen Luxusgütern bei Lucilius († ca. 102 v.Chr.) scheint jedenfalls ihm in den Mund gelegt zu sein (F 6-21 Krenkel). In der späten Republik wurde der Stadtgründer dann eine zentrale Figur in der Debatte über monarchische Herrschaft; vgl. G. Zecchini, Die staatstheoretische Debatte der caesarischen Zeit, in: W. Schuller (Hg.), Politische Theorie und Praxis im Altertum (1998) 149-65. Vgl. zum historischen Kontext auch die zu Cato FRH 3 F 7,8 genannte Lit.

---

11 Varr. ling. 5,165 (F 9 Peter = F 15 Forsythe)

Tertia est Ianualis, dicta ab Iano, et ideo ibi positum Iani signum et ius institutum a Pompilio, ut scribit in annalibus Piso, ut sit aperta semper, nisi cum bellum sit nusquam.

Übers.: Das dritte Stadttor ist das janualische, benannt nach Janus, und daher sei eine Statue des Janus dort aufgestellt und die Vorschrift gegeben worden von Pompilius, wie Piso in den 'Annalen' schreibt, dass es immer offen sei, es sei denn, es gebe nirgendwo Krieg.

Komm.: Varro berichtet über die drei Torbauten Roms, die nichts mit der Stadtmauer zu tun haben; zu ihnen gehörte das bekannte Tor des **Janus** Geminus im nördlichen Teil des Forum, am Fuß des Argiletum; vgl. Wissowa RKR 103-13; Radke GA 147-9; Richardson TDAR 207-8; Graf, DNP 5 (1998) 858-61 s.v. Janus, alle mit weiterer Lit. Janus war der Schirmherr aller öffentlichen Tore und Durchgänge, aber auch der Gott allen Anfangs. Er zählte zu den alten Gottheiten Roms mit einer Kultstätte am Oppiushügel, die vielleicht bei Initiationsriten oder Sühneriten verwendet wurde; einen Tempel erhielt er erst i.J. 260. Sein charakteristischer Kopf mit den zwei Gesichtern zierte die ältesten römischen As-Münzen aus derselben Zeit (Crawford RRC Nr. 14). – **Statue** meint die zwei Meter hohe, altertümliche (Plin. nat. 34,33) Bronzefigur mit zwei Gesichtern, die von Numa geweiht worden sein soll. – **immer offen**: Die auch sonst gewöhnlich Numa Pompilius zugeschriebene Satzung über die Schließung des Janus-Tores (Liv. 1,19,2) wurde wahrscheinlich erst zur Zeit von Oktavian/Augustus 'wiederentdeckt'; die Belege in der Tradition für den einzigen früheren Fall weisen auf T. Manlius Torquatus, cos. 235 (Broughton MRR 1,223), der im gleichen Jahr über Sardinien triumphiert hatte (Varr. ling. 5,165; vgl. Vell. 2,38,2-3; Flor. epit. 2,3,1; Eutr. 3,3; Oros. 4,12,2-4). Vielleicht suchte er sich das Verdienst zuzuschreiben, den Krieg gegen Karthago erst damit wirklich beendet zu haben; eine bis dahin nie dagewesene Zeremonie wie die Schließung des Tores mit einer entsprechenden sakralen Begründung – Manlius war Pontifex – wirkte gewiss spektakulär. Jedenfalls gibt es keinen zureichenden Grund, mit Schmitt, DNP 7 (1999) 826 s.v. Manlius (I 19) umstandslos eine Verwechslung mit A. Manlius Torquatus Atticus (cos. I 244; DNP-Nr. I 21) anzunehmen, die dann sehr früh in die Überlieferung hätte eindringen müssen. Nach Oros. 4,11,5-9 wurde das Forum i.J. 241 durch Überschwemmung und Feuer stark in Mitleidenschaft gezogen, so dass eine Schließung im selben Jahr auch aus diesem Grund eher unwahrscheinlich erscheint; für eine Beibehaltung von 235 daher überzeugend Forsythe, Piso 190-1. Die drei Schließungen durch Numa, Manlius und Augustus wurden bald nach 30 v.Chr. kanonisch, wobei für die beiden zuerst genannten Varro eine wichtige Rolle gespielt haben dürfte.

12 Plin. nat. 2,140 (F 10 Peter = F 17 Forsythe)

Exstat annalium memoria sacris quibusdam et precationibus vel cogi fulmina vel impetrari. vetus fama Etruriae est (...) evocatum a Porsina suo rege. et ante eum a Numa saepius hoc factitatum in primo annalium suorum tradit L. Piso, gravis auctor, quod imitatum parum rite Tullium Hostilium ictum fulmine.

Übers.: Es gibt in Geschichtswerken die Nachricht, dass mittels gewisser Kulthandlungen und Gebete Blitze herbeigezwungen oder herbeigeführt werden können. Eine alte Sage in Etrurien erzählt (...), dass (ein Blitz) herausbeschworen wurde von ihrem König Porsina. Und dass dies Numa vor ihm öfter getan habe, berichtet Lucius Piso im ersten Buch seiner 'Annalen', ein zuverlässiger Gewährsmann. Tullius Hostilius habe das nicht regelgerecht nachgeahmt und sei dabei von einem Blitz getroffen worden.

Komm.: Die Herbeiziehung, Deutung und Sühnung von Blitzeinschlägen gehörte zur etruskischen *disciplina* (s.o. zu Cato FRH 3 F 1,18) und war in speziellen Büchern beschrieben; vgl. S. Weinstock, *Libri Fulgurales*, PBSR 19 (1951) 122-53. Hauptstellen in der antiken Literatur sind Plin. nat. 2,137-48 und Sen. nat. 2,31-49. – **Porsina**, König von Volsinii (gegen seine Identifizierung mit Lars Porsenna von Clusium [zu diesem Cassius Hemina FRH 6 F 19] s. Forsythe, Piso 196-7), soll mit einem Blitz das Monster Olta getötet haben; die grammatische Konstruktion legt nahe, dass Plinius nur die Information zu Numa und Tullius Hostilius aus Piso entnahm. Der Tod des römischen Königs **Tullius Hostilius** durch unsachgemäßen Umgang mit Blitzen (s.u. F 15) ist vielfach berichtet; s. Liv. 1,31,5-32,2; Dion. Hal. ant. 3,35-6; weitere Stellen bei Schwegler RG 1,578 Anm. 2; Fugmann (1990) 186-8.

---

13 Plin. nat. 13,84. 87-88 (F 11 Peter = F 19 Forsythe)

Cassius Hemina, vetustissimus auctor annalium, quarto eorum libro prodidit Cn. Terentium scribam agrum suum in Ianiculo repastinantem effodisse arcam, in qua Numa, qui Romae regnavit, situs fuisset. (...: s. Cassius Hemina FRH 6 F 40). (87) *hoc idem tradit Piso Censorius primo commentariorum, sed libros septem iuris pontificii, totidem Pythagoricos fuisse.* (...) (88) *inter omnes vero convenit Sibyllam ad Tarquinium Superbum tres libros adtulisse, ex quibus sint duo cremati ab ipsa, tertius cum Capitolio Sullanis temporibus.*

Übers.: Cassius Hemina, ein sehr früher Autor von Annalen, hat im vierten Buch dieses Werkes berichtet, dass der Schreiber Gnaeus Terentius beim Umgraben seines Ackers auf dem Janiculus einen Sarg gefunden habe, in dem Numa, der einst in Rom als König herrschte, begraben lag. (...: s. Cassius Hemina FRH 6 F 40). (87) Das Gleiche berichtet der Censorier Piso im ersten Buch seines Geschichtswerkes, doch habe es sich um sieben Bücher sakralrechtlichen Inhalts und ebenso viele pythagoreische gehandelt. (...) (88) Alle sind sich aber darin einig, dass die Sibylle drei Bücher zu Tarquinius Superbus brachte, deren zwei von ihr selbst verbrannt wurden, während das dritte in sullanischer Zeit zusammen mit dem Kapitol (vernichtet wurde).

Komm.: Hemina: FRH 6 F 40 – Die offenbar populäre Verbindung Numas mit Pythagoras wurde vielfach als chronologisch unmöglich abgelehnt (Cic. rep. 2,28-9; Tusc. 1,38; 4,3; Varr. ant. div. p. 36 F IV; Liv. 1,18,2-4; Dion. Hal. ant. 2,59,1-2) – ohne durchschlagenden Erfolg (s. etwa Ov. fast. 3,151-4; met. 15,1-8. 60-72. 479-82); vgl. Schwegler RG 1,560-4; Forsythe, Piso 213-4; P. Panitschek, Numa Pompilius als Schüler des Pythagoras, GB 17 (1990) 49-65; Gruen (1990) 158-62, M. Humm, Les origines du pythagorisme romain: problèmes historiques et philosophiques, LEC 64 (1996) 339-53; 65 (1997) 25-42; Garbarino, Filosofia 1,53-62; 2,221-44. Während die Bücher zum Pontifikalrecht als Texte für Staatspriester religionspolitisch unproblematisch waren und zudem leicht mit Numa verbunden werden konnten, bargen pythagoreische Schriften wegen der geheimbündlerischen Assoziationen und der Verbindungen nach Unteritalien, also in das gerade erst von den Bacchanalien 'gereinigte' Gebiet (s. zu Hemina FRH 6 F 39), evidenten Sprengstoff.

14 Plut. Num. 21,4 (F 12 Peter = F 18 Forsythe)

Τοῦτον, ὡς λέγεται, πενταετῆ καταλιπὼν ὁ Νομᾶς ἐτελεύτησεν, οὐ
ταχείας οὐδ᾿ αἰφνιδίου γενομένης αὐτῷ τῆς τελευτῆς, ἀλλὰ κατὰ μικρὸν
ὑπὸ γήρως καὶ νόσου μαλακῆς ἀπομαραινόμενος, ὡς ἱστόρηκε Πείσων,
ἐτελεύτησε δὲ χρόνον οὐ πολὺν τοῖς ὀγδοήκοντα προσβιώσας.

Übers.: Numa ließ Tullius Hostilius, wie es heißt, als Fünfjährigen zurück, als er starb, wobei ihm kein schneller und plötzlicher Tod zuteil wurde, sondern er durch Alter und eine schleichende Krankheit allmählich dahinwelkte, wie Piso berichtet. Er starb nicht lange nach seinem achtzigsten Lebensjahr.

Komm.: Zur Diskussion über Numas Familienverhältnisse s. Plut. Num. 21,1-4; vgl. Forsythe, Piso 202-7; Gellius FRH 10 F 17. Nach der römischen Pseudochronologie regierte Numa 715-673, Tullius Hostilius 672-641; vgl. auch Th. Köves-Zulauf, Die Herrschaftsdauer der römischen Könige, AAntHung 30 (1982-4) 191-203.

15 Plin. nat. 28,14 (F 13 Peter = F 20 Forsythe)

L. Piso primo annalium auctor est Tullum Hostilium regem ex Numae libris eodem, quo illum, sacrificio Iovem caelo devocare conatum, quoniam parum rite quaedam fecisset, fulmine ictum.

Übers.: Piso berichtet im ersten Buch seiner Annalen, dass König Tullius Hostilius nach den Büchern Numas an der gleichen Stelle wie dieser Juppiter mit einem Opfer vom Himmel herabzurufen versuchte und dabei, weil er irgendetwas nicht regelgerecht vollzogen habe, vom Blitz getroffen wurde.

Komm.: s. zu F 12.

---

16 Dion. Hal. ant. 4,15,5 (F 14 Peter = F 21 Forsythe)

Ὡς δὲ Πείσων Λεύκιος ἐν τῇ πρώτῃ τῶν ἐνιαυσίων ἀναγραφῶν ἱστορεῖ, βουλόμενος καὶ τῶν ἐν ἄστει διατριβόντων τὸ πλῆθος εἰδέναι, τῶν τε γεννωμένων καὶ τῶν ἀπογινομένων καὶ τῶν εἰς ἄνδρας ἐγγραφομένων, ἔταξεν ὅσον ἔδει νόμισμα καταφέρειν ὑπὲρ ἑκάστου τοὺς προσήκοντας, εἰς μὲν τὸν τῆς Εἰλειθυίας θησαυρόν, ἣν Ῥωμαῖοι καλοῦσιν Ἥραν φωσφόρον, ὑπὲρ τῶν γεννωμένων, εἰς δὲ τὸν τῆς Ἀφροδίτης ⟨τῆς⟩ ἐν ἄλσει καθιδρυμένης, ἣν προσαγορεύουσι Λιβιτίνην, ὑπὲρ τῶν ἀπογινομένων, εἰς δὲ τὸν τῆς Νεότητος, ὑπὲρ τῶν εἰς ἄνδρας ἀρχομένων συντελεῖν· ἐξ ὧν ἤμελλε διαγνώσεσθαι καθ᾽ ἕκαστον ἐνιαυτόν, ὅσοι τε οἱ σύμπαντες ἦσαν καὶ τίνες ἐξ αὐτῶν τὴν στρατεύσιμον ἡλικίαν εἶχον.

Übers.: Wie Lucius Piso im ersten Buch seiner 'Annalen' berichtet, wollte Servius Tullius die Zahl der Einwohner in der Stadt wissen, (und besonders) von denen, die geboren oder (kürzlich) verstorben waren oder das Erwachsenenalter erreicht hatten. Er ordnete an, welche Münzgröße die Angehörigen für jeden jeweils abgeben sollten: in den Schatz der Eileithuia, die die Römer Juno Lucina nennen, für die Neugeborenen, in den der Venus, die in einem Hain verehrt wurde (von ihnen Libitina genannt), für die Verstorbenen, in den der Juventus für die, die ins Erwachsenenalter eingetreten waren. Aus diesen Zahlen wollte er in jedem Jahr die Gesamtzahl der Einwohner erfahren und welche von ihnen im wehrfähigen Alter standen.

Komm.: Sachliche Grundlage des Berichts sind Abgaben oder Weihungen an die genannten Göttinnen aus Anlass von Geburt, Mündigkeit und Tod, die seit einem unbekannten Zeitpunkt üblich waren. Wenn Piso sie als bevölkerungsstatistische Methode im Zusammenhang mit dem ersten Census durch Servius Tullius, den zweiten der großen, Institutionen begründenden Könige Roms (s. zu Fabius Pictor FRH 1 F 13), vorstellt, sind die Bemühen um Detailgenauigkeit und Rationalismus eine kühne Verbindung eingegangen (Forsythe, Piso 223 hält das geschilderte Verfahren für vielleicht historisch!). Als Piso schrieb, war die Verbindung der 'Servianischen' Centurienordnung auf timokratischer Basis mit dem vorletzten römischen König bereits Gemeingut: s.o. zu Fabius Pictor FRH 1 F 13; Cato FRH 3 F 1,24 (aus dem gleichen Referatkontext bei Dion. Hal. ant. 4,15). Die Deponierung je eines zählbaren Gegenstandes an einem bestimmten Platz zur Volkszählung ist u.a. durch Herodot (4,81. 92) und den Atthidographen Philochoros (FGrH 328 F 95) belegt. Zu den drei genannten Göttinnen s. Forsythe, Piso 224-7; Chassignet, AR 2,119.

---

17 Dion. Hal. ant. 4,7,1-3. 5 (F 15 Peter = F 22a Forsythe)

Ἔχει δὲ καὶ ἄλλας τινὰς τὸ πρᾶγμα ἀτοπίας, ἃς ἅπαντες ἠγνόησαν οἱ τὰ Ῥωμαϊκὰ συνταξάμενοι πλὴν ἑνός, οὗ μετὰ μικρὸν ἐρῶ τοὔνομα. ὡμολόγηται γάρ, ὅτι μετὰ τὴν Ταρκυνίου τελευτὴν παραλαβὼν τὴν βασιλείαν Τύλλιος ἐπ' ἔτη τετταράκοντα καὶ τέτταρα κατέσχεν, ὥστ' εἰ κατ' ἐκεῖνον τὸν χρόνον ἑπτακαιεικοσαέτης ἦν, ὅτ' ἀπεστερεῖτο τῆς ἀρχῆς ὁ πρεσβύτερος τῶν Ταρκυνίων, ὑπὲρ ἑβδομήκοντα ἔτη γεγονὼς ἂν ἦν, ὅτε τὸν Τύλλιον ἀπέκτεινεν. (2) ἐν κρατίστῃ δέ γ' αὐτὸν ἡλικίᾳ τότ' ὄντα παραδεδώκασιν οἱ συγγραφεῖς καί φασιν, ὅτι Τύλλιον αὐτὸς ἀράμενος ἐκ τοῦ βουλευτηρίου καὶ φέρων ἔξω κατὰ τῶν κρηπίδων ἐξέχεεν. ἥ τ' ἐκ τῆς ἀρχῆς ἔκπτωσις αὐτοῦ γίνεται πέμπτῳ καὶ εἰκοστῷ μετὰ ταῦτ' ἔτει, καὶ τούτῳ τῷ ἔτει στρατευόμενος ἐν τῷ πρὸς Ἀρδεάτας εἰσάγεται πολέμῳ καὶ πάντα τὰ ἔργα δι' ἑαυτοῦ τελῶν· οὐκ εἶχε δὲ λόγον ἐν πολέμοις ἐξετάζεσθαι ἓξ καὶ ἐνενήκοντα βεβιωκὼς ἔτη. (3) ἐκπεσών τε τῆς ἀρχῆς ἔτι πολεμεῖ Ῥωμαίοις οὐκ ἐλάττω τεττάρων καὶ δέκα ἐτῶν, αὐτὸς ἐν τοῖς πράγμασιν ἐξεταζόμενος, ὥς φασι, παρὰ τὰς κοινὰς ἁπάντων ἐστὶ δόξας, καὶ ὁ τοῦ βίου χρόνος αὐτῷ πλείων ἀναφαίνεται τῶν ἑκατὸν καὶ δέκα γεγονὼς ἐτῶν· τοῦτο δὲ τὸ μῆκος τῶν βίων οὐ φέρουσιν οἱ καθ' ἡμᾶς τόποι. (...) (5) τούτων δὴ τῶν ἀδυνάτων τε καὶ ἀτόπων ἕκαστα ἐπιλογιζόμενος οὐχ υἱοὺς εἶναι Ταρκυνίου γράφω τοὺς παῖδας, ἀλλ' υἱωνούς, Λευκίῳ Πείσωνι τῷ Φρυγὶ συγκαταθέμενος. ἐκεῖνος γὰρ ἐν ταῖς ἐνιαυσίοις πραγματείαις τοῦτ' ἱστόρηκε μόνος.

Übers.: Diese Konstruktion (dass Arruns und Lucius Tarquinius [Superbus] Söhne von Tarquinius Priscus seien) hat aber noch andere Ungereimtheiten, die alle römischen Geschichtsschreiber verkannt haben außer einem, dessen Namen ich gleich nennen werde. Es besteht nämlich Übereinstimmung, dass nach dem Tod des Tarquinius (Priscus) Tullius die Königsherrschaft übernahm und sie 44 Jahre lang innehatte, so dass, wenn der älteste (überlebende Bruder) der Tarquinier 27 Jahre alt war, als Tarquinius Priscus der Herrschaft beraubt wurde, er über 70 Jahre gewesen wäre, als er Tullius tötete. (2) Die Geschichtsschreiber überliefern aber, dass er damals im kräftigsten Jugendalter stand, und sagen, dass er persönlich Tullius hochhob, aus dem Senatsgebäude trug und die Treppen hinunterwarf. Und seine eigene Vertreibung aus der Königsmacht geschah 24 Jahre danach, und in dem gleichen Jahr soll er noch Krieg gegen Ardea geführt und dabei alle Führungsaufgaben noch persönlich wahrgenommen haben. Es widerspricht aber jeder vernünftigen Überlegung, dass ein Mann von 96 Jahren physisch noch an einem Krieg teilnehmen kann. (3) Und nach seiner Vertreibung von der Macht führte er gegen die Römer nicht weniger als 14 Jahre lang noch Krieg, wobei er alle Aufgaben noch persönlich wahrgenommen haben soll, wie es heißt. Das widerspricht jedem gesunden Menschenverstand. Seine Lebenszeit müsste mehr als 110 Jahre betragen haben, aber eine solche Lebensspanne erreichen Menschen in unseren Breiten nicht. (...) (5) Wenn ich jede einzelne dieser Unmöglichkeiten und Ungereimtheiten bedenke, muss ich zu dem Schluss kommen, dass die beiden nicht Söhne von Tarquinius waren, sondern seine Enkel, wobei ich mit Lucius Piso Frugi übereinstimme. Dieser nämlich berichtet in seinem annalistischen Geschichtswerk dieses als Einziger so.

Komm.: Aus dem Referat geht zwar nicht hervor, dass Piso exakt die gleichen Berechnungen angestellt hat; dennoch bleibt die von ihm für nötig gehaltene Verlängerung der tarquinischen Familie um eine Zwischengeneration „the most striking instance of historical revision based on logic that has survived from the annalistic tradition" (Forsythe, Piso 227). Fabius Pictor (FRH 1 F 12a), Cicero (rep. 2,37), Livius (1,46,4) und die von ihm abhängigen Autoren akzeptierten das Vater-Sohn-Verhältnis; unentschieden Kaiser Claudius ILS 212 col. 1,16-7 und Plut. Poplic. 14,1. Eine historische Erörterung erübrigt sich, weil Anzahl, Namen und Regierungszeiten der kanonischen sieben Könige auf späterer Konstruktion beruhen und das wenige vielleicht Tatsächliche nicht mit hinreichender Sicherheit von Erfundenem und Ausgeklügeltem zu trennen ist. Pisos und Dionysios' Argumentation beruht auf Wahrscheinlichkeitserwägungen, nicht auf zuverlässigen Daten; sie stellt daher auch keine unabhängige Überlieferung dar. Gegen die kanonische Siebenzahl der Könige mit ihren verdächtig langen Regierungszeiten von im Schnitt knapp 35 Jahren (dazu kritisch bereits Schwegler RG 1,806-8) müssen wir wohl in jedem Fall damit rechnen,

„dass das Rom des 6. Jh.s eine raschere Abfolge von Herrschern erlebt hat als die Überlieferung wahrhaben will" (Kolb, Rom 91); für einen Rekonstruktionsversuch, der seinerseits notwendig hypothetisch bleiben muss, s. T.N. Gantz, The Tarquin dynasty, Historia 24 (1975) 539-54; die Skizze eines allgemeineren alternativen Modells in Walter (2001b) 140-3. – Der **Tod des Tarquinius** (Priscus) durch die Söhne des Ancus Marcius (nach der Tradition König 640-617) fiel angeblich ins J. 579; die Mörder vermochten aber keine Dynastie zu gründen, sondern mussten Servius Tullius (578-535) Platz machen. – Der **älteste der Tarquinier** war L. Tarquinius Superbus, der angeblich bis 510 regierte und 499 od. 496 in der Schlacht am Regillus-See starb. – **in unseren Breiten**: Nach Hdt. 3,23 erreichten die Aithiopen ein Lebensalter von 120 Jahren.

---

18 Liv. 1,55,7-9 (F 16 Peter = F 24 Forsythe)

Augebatur ad impensas regis animus; itaque Pometinae manubiae, quae perducendo ad culmen operi destinatae erant, vix in fundamenta suppeditavere. (8) *eo magis Fabio, praeterquam quod antiquior est, crediderim quadraginta ea sola talenta fuisse, quam Pisoni,* (9) *qui quadraginta milia pondo argenti seposita in eam rem scribit.*

Übers./Komm.: s. zu Fabius Pictor FRH 1 F 15.

---

19 Prisc. Gramm. 10 p. 497 H (F 17 Peter = F 23 Forsythe)

Piso historiarum I: „*Cuius unius praemio multorum allicuit animos.*"

Übers.: Piso im ersten Buch seines Geschichtswerkes: „Durch die Belohnung von diesem Einen stachelte er die Gemüter von Vielen an."

Komm.: Das wörtliche Zitat bezieht sich auf die Verheiratung von Tarquinius' Tochter mit dem Tusculaner Octavus Mamilius im Stile klassischer aristokratischtyrannischer Familienpolitik; vgl. Liv. 1,49,8-9; Dion. Hal. ant. 4,45,1-2. Sachlich wäre eine solche Politik unauffällig (vgl. z. B. Hdt. 3,50; 6,39. 126-30), wenn auch die spätere Verleihung des Bürgerrechts an einen L. Mamilius (s. Cato FRH 3 F 1,26) problematisch bleibt. Die Mamilii waren im 3. und frühen 2. Jh. eine prominente Nobilitätsfamilie; die Konstruktion einer Eheverbindung mit dem Tyrannen durch sie ist sehr unwahrscheinlich. Vgl. Forsythe, Piso 234-8, der auf die engen Verbindungen zwischen dem Piso-Satz und der zitierten Notiz Catos hinweist und eine Dublette vermutet, zumal Tarquinius die Allianz gegen einen (fiktiven) Turnus Herdonius nutzte, während Mamilius angeblich für seinen Beistand gegen den Usurpationsversuch des (sicher historischen) Ap. Herdonius geehrt wurde.

---

20 Prisc. Gramm. 10 p. 510 H (F 18 Peter = F 25 Forsythe)

Piso Frugi in II annalium: „Quodcumque deliquisset, ignosciturum adfirmabat."

Übers.: Piso Frugi im zweiten Buch seiner 'Annalen': „Was auch immer sie begangen habe, er bekräftigte, ihr zu verzeihen."

Komm.: Den Satz spricht L. Tarquinius Collatinus, der Ehemann von Lucretia, um sie nach ihrer Vergewaltigung durch Sextus Tarquinius, den ältesten Sohn des Königs, zu beruhigen; vgl. Fabius Pictor FRH 1 F 17; Liv. 1,58,9 und Forsythe, Piso 245-6, der den Wortlaut allerdings wohl überinterpretiert. A. Baudou (referiert bei Chassignet, AR 2,120) möchte das Zitat auf Liv. 2,18,10 beziehen.

---

21 Gell. 15,29 (F 19 Peter = F 26 Forsythe)

Duae istae in loquendo figurae notae satis usitataeque sunt: 'mihi nomen est Iulius' et 'mihi nomen est Iulio'; tertiam figuram novam hercle repperi apud Pisonem in secundo annalium. verba Pisonis haec sunt: „L. Tarquinium, collegam suum, quia Tarquinio nomine esset, metuere; eumque orat, uti sua voluntate Roma concedat."

Übers.: Diese beiden Formulierungen sind im Sprachgebrauch hinreichend bekannt und geläufig: 'Ich heiße Julius' und 'Mein Name ist Julius'. Eine dritte und neue Formulierung fand ich, fürwahr, bei Piso im zweiten Buch der 'Annalen'. Seine Worte lauten: „Den Lucius Tarquinius, seinen Kollegen, weil er des Namens Tarquinius sei, fürchtete er und bat ihn, dass er freiwillig Rom verlasse."

Komm.: Liv. 2,2,3-7 gibt die Worte des Brutus an seinen Kollegen L. Tarquinius Collatinus so wieder (5-6): „Das römische Volk glaube nicht, dass die Freiheit schon fester Besitz sei. Das königliche Geschlecht und der königliche Name befänden sich nicht nur im Gemeinwesen, sondern sogar in der Regierung. Dies verletze und verhindere die Freiheit. 'Diese Furcht', so sagte er, 'beseitige sie aus deinem eigenen Willen, Lucius Tarquinius' (*'hunc tu' inquit 'tua voluntate, L. Tarquini, remove metum'* [...])." Dieser dankte als Konsul ab und verließ die Stadt tatsächlich, auf ihn folgte im ersten Jahr der Republik, das angeblich fünf Konsuln sah, P. Valerius Poplicola. Vgl. Schwegler RG 2,43-4 mit allen Belegen; R.A. Bauman, The Abdication of Collatinus, Acta Classica 9 (1966) 129-41; Forsythe, Piso 246-52 sowie (für die griechische Prägung) o. Einl. S. 23 Anm. 10.

Das kognitive Muster für den Bericht bildete die Bedrohung der Freiheit von Aristokratie und Volk durch den verdächtigen Einzelnen, eine in den 120er Jahren gängige politische Münze. Aus dem Gleichklang der Berichte auch zu Valerius Poplicola bei Liv. 2,7,5-12 und Cic. rep. 2,53 in diesem Sinn hat daher S. Boscherini (Una fonte annalistica su Valerio Publicola, in: Atti Urb. 141-50) Piso als Quelle von beiden identifizieren wollen.

22 Plin. nat. 34,29 (F 20 Peter = F 27 Forsythe)

Hanc primam cum Coclitis publice dicatam crediderim (...), nisi Cloeliae quoque Piso traderet ab iis positam, qui una opsides fuissent, redditis a Porsina in honorem eius.

Übers.: Diese Statue der Cloelia wurde, wie ich glauben möchte, zusammen mit der des Cocles als erste aus öffentlichen Mitteln geweiht, (...) aber Piso berichtet, sie wurde von denen aufgestellt, die zusammen mit ihr Geiseln waren und von Porsenna freigelassen wurden, um Cloelia zu ehren.

Komm.: **Cloelia** gehört zu den durch Tugend und Mut vorbildhaften mythischen Gestalten in der Frühgeschichte Roms, „die heute als Märchengestalten erscheinen müssten, wenn sie nicht in der geschichtlichen Überlieferung stünden" (Flor. 1,4 (10),3. Sie wurde i.J. 507 mit anderen vornehmen römischen Jungfrauen dem **Porsenna** (s.o. zu Cassius Hemina FRH 6 F 19) als Geisel übergeben, konnte aber entkommen, den Tiber durchschwimmen und sich nach Rom retten. Der König setzte zwar ihre Auslieferung durch, ließ sie dann aber aus Bewunderung für ihren Heldenmut frei und übergab ihr dazu noch einen Teil der Geiseln. Die Römer ehrten sie für ihren exemplarischen Mut durch ein Standbild an der *Sacra Via*; vgl. Münzer, RE 4.1 (1900) 110-1 mit allen Belegen und Überlegungen zur Traditionsgenese; ferner Richardson TDAR 369-70. Über die Identifizierung und die Stifter der Statue bieten die antiken Autoren abweichende Angaben; auch Alter und Ikonographie (reitende Frau?) sind unklar, weil die Statue am Ende der Republik durch Feuer zerstört

(Dion. Hal. ant. 5,35,2) und wohl in augusteischer Zeit durch eine neue ersetzt wurde; vgl. Papi, LTUR 2 (1995) 226 s.v. Equus: Cloelia sowie ausführlich Sehlmeyer (1999) 98-101. Vielleicht wurde schon früh eine alte Götterstatue mit dem Cloelia-Mythos verbunden und umgedeutet. – Forsythe, Piso 252-7 rückt die Stelle in den Kontext der 'censorischen' Rhetorik gegen Sittenverfall und Regelverstoß im 2. Jh.: Wenn Cato sich erregte über Statuen, die privat von Ausländern für römische Frauen (Plin. nat. 34,31) oder von Römern für griechische Köche (Fronto p. 226 v.d. Hout) gesetzt wurden, konnte der Censorier Piso die ebenfalls private Statue für Cloelia – hier wich Piso von der Tradition ab, er war ihm also offenbar wichtig – ausdrücklich loben, weil sie verdient war. S. auch u. zu F 40.

---

23 Plin. nat. 33,38 (F 21 Peter = F 28 Forsythe)

Quis primus donatus sit ea, non inveni equidem; quis primus donaverit, a L. Pisone traditur: A. Postumius dictator apud lacum Regillum castris Latinorum expugnatis eum, cuius maxime opera capta essent. hanc coronam ex praeda is dedit l(ibralem).

Übers.: Wer als Erster mit einer Goldkrone ausgezeichnet wurde, konnte ich nicht ermitteln. Wer sie als Erster verliehen hat, wird von Lucius Piso überliefert: Der Dictator Aulus Postumius hat am Regillischen See nach der Eroberung des Lagers der Latiner dem, der am meisten mit seinem Einsatz zur Eroberung beigetragen habe, diese ein Pfund schwere Krone aus Beutemitteln verliehen.

Komm.: Für Polybios (6,39) waren öffentliche Belobigungen und Auszeichnungen von Soldaten durch ihre Kommandeure ein wesentlicher Grund für den militärischen Erfolg Roms. Am wichtigsten waren die verschiedenen Kränze (*coronae*) aus Naturmaterialien oder Edelmetall, u.a. für die Rettung der Armee aus Gefahr (*corona graminea* aus Gras, aber am ehrenvollsten), die Rettung eines Bürgers (*corona civica*), für das Ersteigen der feindlichen Stadtmauer als Erster (*corona muralis*) usw. Die von Piso genannte **Goldkrone** (*corona aurea*) zeichnete jede Heldentat aus, die nicht mit einer der anderen Kronen belohnt werden konnte; vgl. Le Bonniec, DNP 2 (1997) 341-43; umfassender Fiebiger, RE 4.2 (1901) 1636-42 s.v. Corona; V. Maxfield, The Military Donations of the Roman Army (1981). – Zu der mythenüberwucherten Schlacht am **Regillischen See**, in der sich die Römer angeblich gegen die Latiner unter Octavus Mamilius (o. zu F 19) behaupten und die Gefahr einer Restauration der Monarchie endgültig bannen konnten (499 od. 496), s. Schwegler RG 2,198-202 (mit berechtigter Skepsis hinsichtlich der Historizität). Dem Befehlshaber in der Schlacht, dem Dictator A. **Postumius** Albus Regillensis, wurde u.a. die Weihung des Tempels für Ceres, Liber und Libera auf dem Aventin zugeschrieben.

24 Liv. 2,32,3 (F 22 Peter = F 29 Forsythe)

Ea frequentior fama est quam cuius Piso auctor est, in Aventinum secessionem factam esse.

Übers.: Diese Tradition wird häufiger genannt als die Angabe Pisos, wonach der Auszug (der Plebs) auf den Aventin erfolgte.

Komm.: Der nach allen Seiten recht schroff abfallende, etwa 33 Hektar große **Aventin** (*mons Aventinus*) bildete die ganze Republik hindurch wegen seiner Bewohnerschaft und der dort gelegenen Heiligtümer eine Bastion der Plebs; vgl. Hülsen/Rossbach, RE 2.2 (1896) 2282-5 s.v. Aventinus; Andreussi, LTUR 1 (1993) 147-50; A. Merlin, L'Aventine dans l'antiquité (1906). In das sakral- und wegetopographisch abgesonderte Areal waren auch wesentliche Stationen der plebejischen Sondergeschichte und ihrer Vertreter eingeschrieben, welche den Aventin zu einem Gedächtnisort der städtischen Plebs machten. Piso lokalisiert gegen den Tenor der Überlieferung den ersten **Auszug der Plebs** (*secessio plebis*) auf dem Aventin, nicht auf dem *Mons Sacer*; dieser Gedanke war offenbar so wenig anstößig, dass spätere Autoren die beiden Versionen zu harmonisieren suchten: Cic. rep. 2,58; leg. 3,19 (anders freilich Brut. 54); Sall. Iug. 31; hist. 1,11 Maurenbrecher; auch Liv. 2,28 spricht schon im Kontext der ersten *secessio* von nächtlichen Zusammenkünften auf dem Aventin; vgl. insg. Schwegler RG 2,235-6. Die zweite *secessio* im Zusammenhang mit dem Widerstand gegen das zweite Decemvirat fand ebenfalls auf dem Aventin statt: Liv. 3,50,13; 51,10; Dion. Hal. ant. 11,43-44; Cic. rep. 2,63. Vgl. insg. o. zu F 22 und zu Pisos Darstellung der ersten Phase der sog. Ständekämpfe Forsythe, Piso 264-96.

25 Liv. 2,58,1 (F 23 Peter = F 30 Forsythe)

Tum primum tributis comitiis creati tribuni sunt. numero etiam additos tres, perinde ac duo antea fuerint, Piso auctor est. nominat quoque tribunos, Cn. Siccium, L. Numitorium, M. Duillium, Sp. Icilium, L. Maecilium.

Übers.: Damals wurden die Tribunen erstmals in den Tributcomitien gewählt. Es seien auch drei an Zahl hinzugefügt worden, während es vorher zwei waren, wie Piso berichtet. Er nennt die Tribunen auch: Gnaeus Siccius, Lucius Numitorius, Marcus Duillius, Spurius Icilius, Lucius Maecilius.

Komm.: Es überrascht nicht, dass bei einem Autor der Gracchenzeit die Frühgeschichte des Volkstribunats besondere Aufmerksamkeit fand, war es doch die Reaktivierung dieses einst revolutionären und auch nach Ende der 'Ständekämpfe' niemals juristisch-formell domestizierten Amtes, das ungeahnte Möglichkeiten zum Austrag von Konflikten sowohl zwischen Nobilität und Volk wie auch innerhalb der Elite eröffnete. In der Überlieferung sind Schematisierungen und das Bemühen um eine frühzeitige Jurifizierung dieses Konfliktamtes unverkennbar, beginnend mit seiner angeblichen, historisch ganz abwegigen Anerkennung durch die Patrizier nach der Beilegung der ersten *secessio* (trad. 494). Wege zur kaum noch zu überschauenden Forschungsliteratur eröffnen R. Urban, Zur Entstehung des Volkstribunats, Historia 22 (1973) 761-4; W. Eder, Zwischen Monarchie und Republik: Das Volkstribunat in der frühen römischen Republik, in: Bilancio Critico su Roma Arcaica fra Monarchia e Repubblica [Gedenkschr. F. Castagnoli] (1993) 97-127; Wittmann, in: Kunkel/Wittmann (1995) 552-664, v.a. 554-9; Cornell, Beginnings 258-71; Bleicken GRR[5] 20-2. 126-7. Als sicher kann gelten, dass nach der Mitte des 5. Jh.s die plebejische Organisation mit zehn Volkstribunen an der Spitze weitgehend ausgebildet war; wenn die römische Tradition diese Zeit als Zerfall in zwei Staaten bezeichnete (Liv. 2,44,9), so hat sie die zumindest periodische Schwere des Konfliktes gewiss richtig gesehen; s. auch o. zu F 24. – **Damals:** i.J. 471/70 (Diod. 11,68,8). Die strittige ursprüngliche (d.h. i.J. 494) Anzahl der Volkstribunen (zwei, drei oder vier) hängt mit ihrer möglichen Verankerung in bestehenden Institutionen zusammen: Gegeninstanz zum Konsulat (wenn es das schon gab), Analogie zu den drei Militärtribunen oder Vorsteher der vier Stadttribus; ein Konsens ist in der Forschung nicht erkennbar. – **Er nennt:** Diod. 11,68,8 gibt vier Namen, L. Maecilius fehlt; vgl. Broughton MRR 1,31. Pisos sachlich unwahrscheinliche Fünfzahl mag aus einer konstruierten Verbindung mit den fünf servianischen Klassen erwachsen sein. Vgl. insg. Ogilvie (1970) 380-3; Forsythe, Piso 264-96 (zur Traditionsgenese) sowie u. Tuditanus FRH 8 F 4.

---

26 Dion. Hal. ant. 12,4,2-5 (F 24 Peter = F 31 Forsythe)

Οἱ μὲν δὴ τὰ πιϑανώτατά μοι δοκοῦντες γράφειν περὶ τῆς Μαιλίου τελευτῆς οὕτω παραδεδώκασι· λεγέσϑω δὲ καὶ ὁ δοκῶν ἧττον εἶναί μοι πιθανός λόγος, ᾧ κέχρηται Κίγκιος καὶ Καλπούρνιος, ἐπιχώριοι συγγραφεῖς· οἵ φασιν οὔτε δικτάτορα ὑπὸ τῆς βουλῆς ἀποδειχθῆναι τὸν Κοίντιον οὔτε ἱππάρχην ὑπὸ τοῦ Κοιντίου τὸν Σερουίλιον. (3) γενομένης δὲ μηνύσεως ὑπὸ τοῦ Μηνυκίου τοὺς παρόντας ἐν τῷ συνεδρίῳ πιστεύσαντας ἀληθῆ τὰ λεγόμενα εἶναι ⟨καὶ⟩ γνώμην ἀποδειξαμένου τῶν πρεσβυτέρων τινὸς ἄκριτον ἦ μὴν ἀποκτεῖναι τὸν ἄνδρα παραχρῆμα πεισθέντας, [καὶ] οὕτω τὸν Σερουίλιον ἐπὶ τοῦτο τάξαι τὸ ἔργον, νέον ὄντα καὶ κατὰ χεῖρα γενναῖον. (4) τοῦτον δέ φασι λαβόντα τὸ ξιφίδιον ὑπὸ μάλης ἐλθεῖν πρὸς τὸν Μαίλιον πορευόμενον ἐκ τῆς ἀγορᾶς καὶ προσελθόντα εἰπεῖν, ὅτι βούλεται περὶ πράγματος ἀπορρήτου καὶ μεγάλου διαλεχθῆναι πρὸς αὐτόν. κελεύσαντος δὲ τοῦ Μαιλίου μικρὸν ἀποχωρῆσαι τοὺς ἐγγὺς αὐτῷ παρόντας, ἐπειδὴ μονωθέντα τῆς φυλακῆς ἔλαβε, γυμνώσαντα τὸ ξίφος βάψαι κατὰ τῆς σφαγῆς· τοῦτο δὲ πράξαντα δρόμῳ χωρεῖν εἰς τὸ βουλευτήριον ἔτι συγκαθημένων τῶν συνέδρων, ἔχοντα τὸ ξίφος ἡμαγμένον ⟨καὶ⟩ κεκραγότα πρὸς τοὺς διώκοντας, ὅτι κελευσθεὶς ὑπὸ τῆς βουλῆς ἀνῄρηκε τὸν τύραννον. (5) ἀκούσαντας δὲ τὸ τῆς βουλῆς ὄνομα τοὺς ὡρμηκότας παίειν τε καὶ βάλλειν αὐτὸν ἀποτραπέσθαι καὶ μηδὲν εἰς αὐτὸν παρανομῆσαι. ἐκ τούτου καὶ τὴν ἐπωνυμίαν τὸν Ἄλαν αὐτῷ τεθῆναι λέγουσιν, ὅτι τὸ ξίφος ἔχων ὑπὸ μάλης ἦλθεν ἐπὶ τὸν ἄνδρα· ἄλας γὰρ καλοῦσι Ῥωμαῖοι τὰς μάλας.

Übers.: s. zu Cincius Alimentus FRH 2 F 8.

Komm.: Deutliche politische Akzente setzte Piso in seinem Bericht über einen der drei großen 'Demagogen' der frühen Republik, **Sp. Maelius**, und dessen Tötung durch **C. Servilius Ahala** i.J. 439. Zur Diskussion über die im Detail nicht zu klärende Herkunft der drei *exempla* (neben Maelius noch Sp. Cassius und M. Manlius Capitolinus), ihre chronologische Verankerung und ihre Verwendung in der Rhetorik und Geschichtsschreibung der ausgehenden Republik s. Mommsen RF 2, 153-220; E. Pais, Ancient Legends of Roman History (1906) 204-23; P. Panitschek, Sp. Cassius, Sp. Maelius, M. Manlius als *exempla maiorum*, Philologus 133 (1989) 231-45; M. Chassignet, La 'construction' des aspirants à la tyrannie, in: M. Coudry, Th. Späth (Hgg.), L'invention des grands hommes de la Rome antique (2001) 83-96.

Alle drei Figuren erhielten im Kontext des politischen Streits um *libertas, regnum, vis* und das *senatus consultum ultimum* nach d.J. 133 ihre Brisanz. Sie waren *mala exempla* für das Streben skrupelloser Demagogen nach königlicher Macht, ihre jeweiligen Überwinder Vorbilder für die Selbstbehauptung der *res publica*, vertreten in ihren Magistraten, den Gerichten, dem Senat oder tatkräftigen Einzelpersonen, die den zeitweise gelähmten Staat allein schulterten. Der Zusammenhang mit den Konflikten in der Gracchenzeit wird aus Piso F 40 (s.u.) sofort klar: Einer der beiden Censoren, die 158 das Bildnis des Sp. Cassius einschmelzen ließen, war kein anderer als der Vater jenes Nasica Sarapio, der an der Spitze einer Bande von Senatoren Ti. Gracchus im Tumult erschlug.

Der reiche Plebejer Maelius gewann durch Abgabe von verbilligtem Getreide eine große Anhängerschaft und schien nach der Königskrone zu greifen. Dion. Hal. ant. 12,1-4,1 referiert zunächst die später kanonische Form der Geschichte (s. auch Liv. 4,12-16), wonach Ahala als *magister equitum* des Dictators L. Quinctius Cincinnatus den aufrührerischen Maelius tötete, als dieser sich seiner Verhaftung widersetzen wollte. Bei Livius erscheint der Senat eher ohnmächtig; er rügt die regulären Magistrate ob ihrer Untätigkeit, muss sich aber von T. Quinctius Capitolinus Barbatus (cos. VI 439) sagen lassen, nun bedürfe es eines Mannes, der „frei und losgelöst von den Fesseln der Gesetze" - gemeint ist das Provocationsrecht - agieren könne (4,13,11), woraufhin der Dictator ernannt wird. Diese Version setzt voraus, dass die Dictatur als innenpolitisches Kampfmittel im Kontext gewalttätiger Auseinandersetzungen gesehen und erfahren werden konnte; sie entstand also frühestens in sullanischer Zeit. Die politische Akzentuierung der pisonischen Version - Ermordung eines Getreide verteilenden Agitators durch einen Privatmann auf Weisung des Senats - kann so kaum schon bei Cincius Alimentus gestanden haben. Erst Piso hat die Überlieferung im Lichte der Ereignisse und Kontroversen der Gracchenzeit um ein Notstandsrecht des Senats (dazu J. von Ungern-Sternberg, Untersuchungen zum spätrepublikanischen Notstandsrecht [1970]) und die Ausübung physischer Gewalt zugespitzt. Es ist dabei unerheblich, wie weit die narrative Gestaltung der Geschichte durch Piso und ihre Auffüllung mit Details gegenüber Alimentus ging, entscheidend dagegen, dass sie im Lichte der Erfahrungen des Jahres 133 neu und brisant gelesen werden musste. Piso leistete sich eine doppelte, kühne Zuspitzung, indem er die Tat als einen kühl geplanten Meuchelmord schildert und die traditionellen Autoritätsstrukturen trotzdem funktionieren lässt: Ahala flieht zunächst vor der aufgebrachten Volksmenge zum Senatsgebäude, wo die Väter gerade tagen, hebt den blutbeschmierten Dolch und ruft, dies sei auf Befehl des Senats geschehen, woraufhin die Verfolger ihm nichts antun. Zum realhistorischen Kontext s. Müller, DNP 7 (1999) 639 s.v. Maelius (2) mit weiterer Lit.; zur Stelle noch Forsythe, Piso 296-310.

Ti. Gracchus wurde von einem senatorischen Mob mit Stuhlbeinen erschlagen. Spätere Historiographen haben die Bedeutung dieses traumatischen Ereignisses als Beginn einer Kette sich verschärfender Gewaltakte unterstrichen (besonders instruktiv ist App. civ. 1,1,1-2,8). Zu Unrecht notierte indes Plutarch (Ti. Gracc. 20,1), dies sei der Überlieferung nach der erste Bürgerzwist in Rom seit dem Sturz des Königtums gewesen, der durch Blutvergießen und die Ermordung von Bürgern entschieden worden sei. Denn schon Piso projizierte mit dem vorliegenden Stück ein *exemplum* für 'gerechtfertigten' Senatsterrorismus in die ferne Vergangenheit und verdeutlichte zustimmend, wie viel sich die *patres* seiner Ansicht nach erlauben durften, ohne dass ihre Autorität in Frage gestellt wurde. Das Medium Historiographie und ihre partielle Distanz zum Gegenwärtigen erlaubten ihm die Zuspitzung des Konfliktes und der Lösung zu einer Konsequenz, die in der 'Wirklichkeit' seiner Zeit (noch) nicht möglich war. Die Nähe der Geschichte zur Gegenwart ermöglichte es aber auch, dass Pisos überschießende historiographische Reflexion der Ereignisse von 133 in den Raum der politisch-juristischen Konfrontation zurückkehrte und dort als Rechtfertigung oder gar Forderung von Handlungen diente, die als vergleichbar konstruiert wurden.

27 Dion. Hal. ant. 12,9,1-3 (F 25 Peter = F 32 Forsythe)

Ἑορτὰς ἦγον οἱ Ῥωμαῖοι τὰς καλουμένας τῇ ἐπιχωρίῳ γλώττῃ στρωμνὰς ὑπὸ τῶν Σιβυλλείων κελευσθέντες χρησμῶν. νόσος γάρ τις λοιμώδης γενομένη θεόπεμπτός τε καὶ ὑπὸ τέχνης ἀνθρωπίνης ἀνίατος εἰς ζήτησιν αὐτοὺς ἤγαγε τῶν χρησμῶν. (2) ἐκόσμησάν τε στρωμνὰς τρεῖς, ὡς ἐκέλευον οἱ χρησμοί, μίαν μὲν Ἀπόλλωνι καὶ Λητοῖ, ἑτέραν δὲ Ἡρακλεῖ καὶ Ἀρτέμιδι, τρίτην δὲ Ἑρμῇ καὶ Ποσειδῶνι· καὶ διετέλουν ἐφ' ἡμέρας ἑπτὰ δημοσίᾳ τε καταθύοντες καὶ ἰδίᾳ κατ' οἰκείαν δύναμιν ἅπαντες τοῖς θεοῖς ἀπαρχόμενοι, ἑστιάσεις τε λαμπροτάτας ἐπιτελοῦντες καὶ ξένων τοὺς παρεπιδημοῦντας ὑποδεχόμενοι. (3) Πείσων δὲ ὁ τιμητικὸς ἐν ταῖς ἐνιαυσίοις ἀναγραφαῖς καὶ ταῦτ' ἔτι προστίθησιν, ὅτι λελυμένων μὲν τῶν θεραπόντων ὅσους πρότερον ἐν τοῖς δεσμοῖς εἶχον οἱ δεσπόται, πληθυούσης ὄχλου ξενικοῦ τῆς πόλεως, ἀναπεπταμένων τῶν οἰκιῶν διὰ ἡμέρας τε καὶ νυκτός, καὶ δίχα κωλύσεως εἰσιόντων εἰς αὐτὰς τῶν βουλομένων, οὔτε χρῆμα οὐδὲν ἀπολωλεκέναι τις ᾐτιάσατο οὔτε ἠδικῆσθαί τινα ὑπ' οὐδενός, καίτοι πολλὰ φέρειν εἰωθότων πλημμελῆ καὶ παράνομα τῶν ἑορταίων καιρῶν διὰ τὰς μέθας.

Übers.: Die Römer feierten das Fest, das in ihrer Sprache *lectisternium* heißt, auf Geheiß der Sibyllinischen Orakel. Denn eine pestartige Krankheit, die von den Göttern geschickt und mit menschlicher Kunst nicht zu heilen war, hatte sie zur Befragung der Orakel veranlasst. (2) Sie statteten drei Speisesofas aus, wie die Orakel angeordnet hatten, eines für Apollo und Latona, ein anderes für Hercules und Diana, das dritte aber für Merkur und Neptun. Und für eine Dauer von sieben Tagen vollzogen sie öffentlich und privat Opfer, wobei jeder nach seiner Möglichkeit den Göttern Erstlingsopfer darbrachte, und sie gaben andauernd prächtigste Gastmähler und luden die Fremden ein, die gerade auch in der Stadt waren. (3) Piso aber, der ehemalige Censor, fügt in seinen 'Annalen' noch dieses hinzu: dass – obwohl die Sklaven, die ihre Herren vorher in Ketten gehalten hatten, nun losgemacht wurden und obwohl sich die Stadt mit einer Masse von Fremden füllte und obwohl die Häuser Tag und Nacht offen standen und jeder, der wollte, ungehindert eintreten konnte – niemand über den Verlust von Eigentum oder über von irgendjemandem erlittenes Unrecht klagte, wo doch solche festlichen Gelegenheiten sonst üblicherweise viele frevelhafte und gesetzwidrige Taten mit sich bringen wegen der Trunkenheit.

Komm.: Lectisternium bedeutet „der Gottheit ein Bett ausbreiten" und sie dann bewirten. In Etrurien bereits im 5. Jh. bekannt, wurden *lectisternia* offenbar immer in Zeiten besonderer Krisen veranstaltet, zuletzt mehrfach im Hannibalkrieg; vgl. Wissowa RKR 421-3; Siebert, DNP 6 (1999) 1217 s.v.; M. Nouilhan, Les lectisternes républicains, in: A.-F. Laurens (éd.), Entre hommes et dieux. Le convive, le héros, le prophète (1989) 27-41. – Argumentativ weit konsequenter als in der Romulus-Episode (F 10) erscheint das Lob der 'guten alten Zeit' in dieser Schilderung kollektiver Selbstdisziplin während der 'saturnalischen' Situation des ersten *lectisternium* i.J. 399. Die aufgezählten Handlungen hätten an sich als Auslöser oder Begleiterscheinungen von Dekadenz und Auflösung aller Ordnung gelten müssen; trotzdem gab es kein delinquentes Ausnutzen der weit reichenden Möglichkeiten. Piso spitzt damit in bemerkenswerter moralischer wie intellektueller Konsequenz die Frage nach den Ursachen für den zeitgenössischen Sittenverfall ganz auf die handelnden bzw. versagenden Personen zu, ohne wie in F 37 äußere Einflüsse ins Spiel zu bringen. – Die livianische Schilderung (5,13,4-8) berührt sich vielfach mit der vorliegenden, ohne indes Piso als Gewährsmann zu nennen.

28 Origo Gentis Romanae 18,2-3 (F ./. Peter = F 33 Forsythe)

Post eum regnavit Aremulus Silvius, qui tantae superbiae non adversum homines modo, sed etiam deos fuisse traditur, ut praedicaret superiorem se esse ipso Iove ac tonante caelo militibus imperaret, ut telis clipeos quaterent, dictitaretque clariorem sonum se facere. (3) qui tamen praesenti affectus est poena: nam fulmine ictus raptusque turbine in Albanum lacum praecipitatus est, ut scriptum est annalium libro quarto et epitomarum Pisonis secundo.

Übers.: Nach Tiberius Silvius regierte (in Alba Longa) Aremulus Silvius. Er soll nicht nur gegen Menschen, sondern auch gegen Götter so arrogant gewesen sein, dass er sich rühmte, Juppiter überlegen zu sein, und während eines Gewitters seinen Soldaten befahl, mit ihren Waffen gegen die Schilde zu schlagen, und dabei immer wieder sagte, er erzeuge den stärkeren Klang. (3) Die Strafe für ihn folgte freilich unmittelbar: Er wurde von einem Blitz getroffen, zugleich von einem Luftwirbel erfasst und in den Albaner See gestürzt, wie es im vierten Buch der Priesterannalen und im zweiten Buch der Zusammenfassung von Pisos Werk geschrieben steht.

Komm.: Wenn die Buchangabe korrekt ist, dürfte Piso einen Rückblick auf die Reihe der albanischen Könige eingeschoben haben, als er von der langwierigen Belagerung der Stadt Veji berichtete, die aus religiösen Gründen bekanntlich erst erobert werden konnte, nachdem der Albaner See trockengefallen war. Dies führten die Römer dann schließlich durch das Anlegen eines Kanals herbei (i.J. 396; vgl. Liv. 5,15. 16,8-11. 19,1; Dion. Hal. 12,10-13). Vgl. dazu auch Forsythe, Piso 314-9 mit weitreichenden Kombinationen.

Aremulus Silvius: Der mythische Gründerkönig von Alba Longa hieß Silvius, alle seine fiktiven Nachfolger trugen seinen und einen individuellen Beinamen. Vgl. auch o. zu Cato FRH 3 F 1,11; zur albanischen Königsliste Schwegler RG 1,342-5; R.A. Laroche, The Alban King-List in Dionysius I,70-71: A Numerical Analysis, Historia 31 (1982) 112-20.

29 Liv. 9,44,2-4 (F 26 Peter = F 36 Forsythe)

Creati consules L. Postumius, Ti. Minucius. (3) hos consules Piso Q. Fabio et P. Decio suggerit, biennio exempto quo Claudium Volumniumque et Cornelium cum Marcio consules factos tradidimus. (4) memoriane fugerit in annalibus digerendis an consulto binos consules, falsos ratus, transcenderit, incertum est.

Übers.: Zu Konsuln wurden Lucius Postumius und Tiberius Minucius gewählt. (3) Diese Konsuln lässt Lucius Piso auf Quintus Fabius und Publius Decius folgen, wobei er zwei Jahre ausgelassen hat, in denen Claudius und Volumnius sowie Cornelius mit Marcius zu Konsuln gewählt wurden, wie wir berichteten. (4) Ob ihn das Gedächtnis beim Auflisten der Beamten im Stich gelassen hat oder ob er die beiden Konsulpaare bewusst übergangen hat, weil er sie für interpoliert hielt, ist unsicher.

Komm.: Lucius Postumius und Tiberius Minucius: Konsuln i.J. 305 (Broughton MRR 1,166); bei Piso folgten sie auf die Konsuln von 308 (309 ist ein interpoliertes Dictatorenjahr: Beloch RG 44-5; Cornell, Beginnings 399-400). Rawson (1976/1991) 267 weist zu Recht darauf hin, dass zu den von Piso ausgelassenen Jahren das Konsulatsjahr des Appius Claudius Caecus (307) gehört. Livius' Bemerkung macht es wahrscheinlich, dass Pisos Werk zumindest für diese Epoche 'annalistisch' strukturiert war. Vgl. Forsythe, Piso 336-9, v.a. zu den Unregelmäßigkeiten in den Fasti bis etwa 300, die schon Livius bewusst waren. Für die Historizität der beiden Konsuljahre (trotz einiger Indizien für Dubletten zu 296 und 288) s. Beloch RG 32-4.

---

30 Gell. 7,9,1-6 (F 27 Peter = F 37 Forsythe)

Quod res videbatur memoratu digna, quam fecisse Cn. Flavium Anni filium aedilem curulem, L. Piso in tertio annali scripsit, eaque res perquam pure et venuste narrata a Pisone, locum istum totum huc ex Pisonis annali transposuimus. (2) „Cn.," inquit, „Flavius patre libertino natus scriptum faciebat, isque in eo tempore aedili curuli apparebat, quo tempore aediles subrogantur, eumque pro tribu aedilem curulem renuntiaverunt. (3) aedilem qui comitia habebat negat accipere, neque sibi placere, qui scriptum faceret, eum aedilem fieri. (4) Cn. Flavius Anni filius dicitur tabulas posuisse, scriptu sese abdicasse, isque aedilis curulis factus est. (5) idem Cn. Flavius Anni filius dicitur ad collegam venisse visere aegrotum. eo in conclave postquam introivit, adulescentes ibi complures nobiles sedebant. hi contemnentes eum, assurgere ei nemo voluit. (6) Cn. Flavius Anni filius aedilis id arrisit, sellam curulem iussit sibi afferri, eam in limine apposuit, ne quis illorum exire posset utique hi omnes inviti viderent sese in sella curuli sedentem."

Übers.: Da das, was Gnaeus Flavius, Sohn des Annius und kurulischer Ädil, nach dem Bericht von Lucius Piso im dritten Buch seiner 'Annalen' getan hat, der Erwähnung wert schien und die ganze Geschichte von Piso überaus schlicht und fein erzählt wurde, haben wir die ganze Passage aus Pisos 'Annalen' hier eingefügt: (2) „Gnaeus Flavius", so sagt er, „Sohn eines Freigelassenen, betrieb das Handwerk eines Schreibers und arbeitete gerade zu der Zeit für einen kurulischen Ädilen, als neue Ädilen gewählt wurden, und die Befrager gaben Tribus für Tribus die Abgabe des Votums für ihn als kurulischen Ädilen bekannt. (3) Der Wahlleiter weigerte sich, ihn als Ädilen zu akzeptieren, (denn) er finde es nicht richtig, dass jemand, der das Schreiberhandwerk betreibe, Ädil werde. (4) Gnaeus Flavius, Sohn des Annius, soll daraufhin seine Schreibtafeln hingelegt und sich von der Schreibertätigkeit losgesagt haben. Und er wurde zum kurulischen Ädilen gewählt. (5) Derselbe Gnaeus Flavius, Sohn des Annius, soll zu einem Kollegen gekommen sein, um einen Krankenbesuch zu machen. Als er dort in das Zimmer eintrat, saßen da einige vornehme junge Leute. Die verachteten ihn, und keiner wollte sich vor ihm erheben. (6) Der Ädil Gnaeus Flavius, Sohn des Annius, lächelte darüber und ließ sich seinen kurulischen Stuhl bringen, stellte ihn auf die Türschwelle, damit keiner von denen hinausgehen konnte und sie ihn alle auf jeden Fall, auch wenn sie nicht wollten, auf dem kurulischen Stuhl sitzen sehen mussten.

Komm.: Gewiss konnte ein 'popularer' Leser Pisos Darstellung von Maelius' Auslöschung (o. F 26) als einen dreisten historiographischen Anschlag auf die *libertas populi Romani* und ihr Palladium, das Provocationsrecht, betrachten und verurteilen. Eine Analyse der beiden Episoden um Cn. **Flavius**, den kurulischen Ädilen von 304, zeigt aber die grundsätzliche Offenheit und Ambivalenz der geschichtlichen Erinnerung in vorlivianischer Zeit. In den resümierenden Bericht des Livius (9,46) sind die beiden pisonischen Anekdoten eingegangen. Flavius (zu ihm Münzer, RE 6.2 [1909] 2526-8 s.v. Flavius [15]; Broughton MRR 1,168; 3,92; Forsythe, Piso 339-47; Walt, Macer 331-4) machte den Gerichtskalender (*dies fasti*) allen Bürgern zugänglich und veröffentlichte die prozessualen Spruchformeln (*legis actiones*; dazu Wieacker [1988] 524-27; R.A. Bauman, Lawyers in Roman Republican Politics [1983] 22-45), stiftete einen Concordia-Schrein auf dem Volcanal und zwang mit Unterstützung des Volkes den Oberpriester Cornelius Barbatus dazu, die Weiheformel zu sprechen, obwohl dieser ihm vorher das Recht bestritten hatte, überhaupt einen Tempel zu stiften. Möglicherweise wurde der voriulianische Kalender überhaupt erst durch Flavius aufgestellt und damit allen Römern die bürgerliche Zeit zugänglich gemacht; dazu M. Humm, Spazio e tempo civici: riforma delle tribù e riforma del calendario alla fine del quarto seculo a. C., in: Bruun (2000) 91-119 mit einer umfassenden, freilich sehr kühnen Rekonstruktion des Zusammenhanges zwischen der Neuordnung des Kalenders und der Tribusreform des Ap. Claudius Caecus.

Die historiographische Tradition hebt hervor, dass die Nobilität Flavius fast kollektiv und demonstrativ den Respekt verweigert und sogar ihre Standesinsignien aus Protest gegen seine Wahl abgelegt habe. Livius rückt ihn in den Kontext der Auseinandersetzungen um die Censur von Ap. Claudius Caecus i.J. 312 – Flavius soll dessen Schreiber gewesen sein: Plin. nat. 33,17 –, namentlich um die Einschreibung von Neubürgern und Teilen der ärmeren Stadtbevölkerung (*humiliores*) in alle 35 Abstimmungstribus, also auch die bis dahin von den besitzenden Bauern dominierten ländlichen Bezirke; seit dieser Zeit sei die Bürgerschaft in zwei Parteien zerfallen. Auch die übrigen Quellen (neben Liv. 9,46 noch Val. Max. 2,5,2 und Plin. nat. 33,18) heben fast unisono den Widerstand und Hass der Nobilität gegen Flavius hervor. 304 wurde die Neuerung insoweit wieder rückgängig gemacht, als man Bürger ohne Grundbesitz nur noch in die vier städtischen Tribus einschrieb; s. Mommsen RStR 2,402-4; E. Meyer, Römischer Staat und Staatsgedanke (⁴1975) 83-4. 495.

Hätte Piso aber Flavius wirklich als „anmaßenden und demagogischen Emporkömmling" geschildert (Wieacker [1988] 525; ähnlich schon Latte [1960/1968] 842-3), müsste Livius den „Hass des Optimaten der Gracchenzeit" (Latte) gänzlich übersehen bzw. in sein Gegenteil verkehrt haben, als er ein sehr genaues, wegen der zahlreichen Übereinstimmungen zweifellos aus Piso stammendes Referat des zweiten, an sich kaum erwähnenswerten *exemplum* damit begründete, dies sei ein „Beleg für die Freiheit des Volkes gegen aristokratische Arroganz" (*documentum ... adversus superbiam nobilium plebeiae libertatis*: 9,46,8). – Piso lässt für beide Berichte, wie schon bei der Romulus-Anekdote (F 10), erkennen, dass er gängige Traditionen, vielleicht aus mündlicher Überlieferung, wiedergibt (*dicunt*; *dicitur*). Ohne ersichtliche Gehässigkeit referiert er lediglich die Umstände der Wahl (übrigens nicht ganz klar), um Flavius dann als einen pragmatisch handelnden Mann von raschem Entschluss zu zeigen. Auch im zweiten *exemplum* geht es nicht um Parteistandpunkte, sondern um individuelles Verhalten, genauer: um die Spielregeln der politischen Kultur. Sie werden von den jungen Nobiles missachtet, indem sie aus Verachtung gegenüber der Person des Flavius den Respekt gegenüber seinem Amt vergessen und sich nicht von ihren Sitzen erheben. Dass aber Amt und Person nicht getrennt werden können, macht dieser ihnen rasch klar. Piso unterstreicht damit lediglich die Autorität der Magistratur, hinter der die Person und politische Position zu verschwinden habe, und er kritisiert das pflichtvergessene Verhalten einiger arroganter Nobiles gegenüber einem unbequemen *homo novus*. 'Politisch' liegen das Maelius- und das Flavius-Fragment durch die kompromisslose Staatsorientierung auf einer Linie.

Das **Handwerk eines Schreibers** auszuüben ließ die Bekleidung einer Magistratur i.d.R. nicht zu; vgl. Kunkel, in: Kunkel/Wittmann (1995) 5 Anm. 4. 55.

Pisos Darstellung blieb nicht unwidersprochen: Nach Licinius Macer hatte Flavius schon früher sein Gewerbe aufgegeben und vor der Ädilität bereits andere Ämter bekleidet; s. zu FRH 17 F 19; Walt, Macer 277-80. **Die Befrager** (lat. *rogatores*) melden (*renuntiare* hier im untechnischen Sinn) dem Wahlleiter die Voten der einzelnen Abstimmungskörper (hier: der 35 Tribus); da das Verb im Plural steht und jeder Stimmkörper einen *rogator* hatte, kann es sich kaum nur um „the vote of a tribe" (Forsythe) gehandelt haben; daher die Übersetzung mit **Tribus für Tribus**; zum Verständnis dieser schwierigen Stelle s. Kunkel (wie eben) 74-5; Courtney (1999) 142. Als **Wahlleiter** bei den Wahlen zur kurulischen Ädilität fungierte ein Konsul, weswegen das überlieferte *aedilis* emendiert werden muss; vgl. Kunkel (wie eben) 473 mit Anm. 4. – **kurulischer Stuhl**: s. Flower (1996) 77-9; Th. Schäfer, Imperii insignia: *sella curulis* und *fasces* (1989). – Eine Analyse von Sprache und Stil im Vergleich mit Livius' Bearbeitung (9,46,1-2. 9) bietet Courtney (1999) 141-3.

31 Liv. 10,9,12 (F 28 Peter = F 38 Forsythe)

Id ne pro certo ponerem, vetustior annalium auctor Piso effecit, qui eo anno aediles curules fuisse tradit Cn. Domitium Cn. f. Calvinum et Sp. Carvilium Q. f. Maximum.

Übers.: Dass ich dies nicht als völlig sicher hinstellen möchte, hat ein älterer Autor von 'Annales', Piso, bewirkt, der für dieses Jahr Gnaeus Domitius Calvinus, Sohn des Gnaeus, und Spurius Carvilius Maximus, Sohn des Quintus, als kurulische Ädile überliefert.

Komm.: Piso überliefert für d.J. 299 die beiden genannten Männer als kurulische Ädile, Macer FRH 17 F 20 und Tubero FRH 18 F 8 dagegen Q. Fabius Maximus Rullianus (RE 114) und L. Papirius Cursor (RE 53). Livius scheint Macers Version zu favorisieren, hegt aber auch Zweifel. Macers Angabe ist jedoch höchstwahrscheinlich richtig, denn 299 dürfte ein patrizisches Jahr der Kurulädilität gewesen sein (ohne oder mit Zählung der Dictatorenjahre 309 und 301). Gegen Domitius Calvinus (cos. 283) spricht ferner, dass dieser bereits bei der Wahl zum kurulischen Ädil für d.J. 304 durchgefallen war und sich kaum von Neuem beworben haben dürfte, zumal die Ädilität zu Beginn des 3. Jh.s (noch) keine zwingende Vorbedingung für die Bekleidung des Konsulats war; vgl. J. Seidel, Fasti aedilicii (1908) 14-5; Broughton MRR 1,172-3 mit Anm. 3; unentschieden Forsythe, Piso 347-9; Walt, Macer 281-4.

32 Plin. nat. 16,192 (F 29 Peter = F 39 Forsythe)

Mirum apud antiquos primo Punico bello classem Duilii imperatoris ab arbore LX die navigavisse, contra vero Hieronem regem CCXX naves effectas diebus XLV tradit L. Piso.

Übers.: Es ist bemerkenswert, dass bei unseren Vorfahren im 1. Punischen Krieg die Flotte des Feldherren Duillius vom Fällen der Bäume an nach 60 Tagen in See stechen konnte. Gegen König Hieron aber sollen nach der Angabe von Lucius Piso 220 Schiffe in 45 Tagen erbaut worden sein.

Komm.: C. **Duilius** errang 260 als Konsul nach schweren Rückschlägen für die Römer bei Mylae vor der Nordküste Siziliens den ersten Sieg über eine karthagische Flotte, nachdem er die eigenen Schiffe mit der bekannten Enterbrücke versehen hatte, was die römische Überlegenheit im Landkrieg auch auf See zum Tragen brachte; vgl. Pol. 1,21-4; Scullard, CAH² VII 2 (1989) 550-3; Heftner, Aufstieg 122-5. Der erste *triumphus navalis* war sein Lohn; das Andenken an den Sieg hielt die mit erbeuteten Schiffsschnäbeln geschmückte Duilius-Säule (*columna rostrata*) auf dem Forum wach (ILS 65, eine kaiserzeitliche Neufassung der Inschrift; zu Säule und Inschrift jetzt Sehlmeyer [1999] 117-9; Chioffi, LTUR 1 [1993] 309); Weiteres bei Elvers, DNP 3 (1997) 834 s.v. Duilius (1); Broughton MRR 1,205. – Nach Forsythe, Piso 361-2 sind die Zahlen für den ersten römischen Flottenbau überhaupt, den M. Valerius Messalla (cos. 263) kurz vorher gegen den kurzzeitigen Verbündeten der Karthager **Hieron** von Syrakus (306-215/4) veranlasste, weit übertrieben, um den verdienten Ruhm des Aufsteigers Duilius in den Schatten zu stellen. Piso habe diese Glorifizierung durch Valerius' Sohn (cos. 226; Befehlshaber einer Flotte vor Sizilien 210-09) von Cincius Alimentus übernommen; in dessen Fragmenten findet sich ein solcher Hinweis freilich nicht. – Zur maritimen Präsenz der Römer seit dem 1. Punischen Krieg s. R. Schulz, Roms Griff nach dem Meer, in: Th. Hantos, G.A. Lehmann (Hgg.), Althistorisches Kolloquium für J. Bleicken (1998) 121-34.

---

33 Plin. nat. 8,16-7 (F 30 Peter = F 40 Forsythe)

Elephantos Italia primum vidit Pyrrhi regis bello et boves Lucas appellavit in Lucanis visos anno urbis CCCCLXXII, Roma autem in triumpho VII annis ad superiorem numerum additis, eadem plurimos anno DII victoria L. Metelli pontificis in Sicilia de Poenis captos. CXLII fuere aut, ut quidam, CXL travecti ratibus quas doliorum consertis ordinibus inposuerat. (17) (...) *L. Piso inductos dumtaxat in circum atque, ut contemptus eorum incresceret, ab operariis hastas praepilatas habentibus per circum totum actos.*

Übers.: Elefanten sah Italien erstmals im Pyrrhoskrieg und nannte sie 'lukanische Ochsen', weil sie in Lukanien gesehen wurden, i.J. 472 der Stadt. Rom aber (sah sie) in einem Triumphzug sieben Jahre später. Eine größere Zahl sah Rom im Jahre 502, die durch den Sieg von Lucius Metellus, dem Pontifex, auf Sizilien von den Karthagern erbeutet worden waren. Es waren 142 oder, wie einige meinen, 140, die auf Flößen übergesetzt wurden, welche er auf Reihen von aneinandergebundenen Fässern hatte bauen lassen. (...) (17) Lucius Piso berichtet, dass sie einfach in den Circus geführt und, damit die Geringschätzung gegenüber ihnen anwachse, von Handlangern mit abgestumpften Lanzen durch den ganzen Circus getrieben wurden.

Komm.: Die Notiz bezieht sich auf den Sieg des L. Caecilius **Metellus** (cos. 251 und 247) über die Karthager bei Panormos (h. Palermo) in der wohl größten Landschlacht des Krieges (s. Heftner, Aufstieg 145-6; zur Datierung der Schlacht – 251 oder 250 – Walbank HCP I 102). Die erbeuteten Elefanten werden auch in der bekannten *laudatio funebris* auf Metellus (Plin. nat. 7,139-40) rühmend erwähnt: *qui plurimos elephantos ex primo Punico bello duxit in triumpho*. Vgl. (auch zur Traditionsgenese) Forsythe, Piso 362-6.

Fast alle Gegner Roms in hellenistischer Zeit benutzten Kriegselefanten, so auch Pyrrhos (s.a. Plut. Pyrrh. 16-7; Iust. 18,1). Der erste Kontakt mit den Tieren i.J. 280 (oben im Text) hat offenbar solchen Eindruck gemacht, dass er ebenso festgehalten wurde wie die erste Zurschaustellung gefangener Exemplare im Triumph des Konsuls C. Claudius Canina über die Lukaner und Samniten i.J. 273. Auch im seleukidischen Heer taten Elefanten Dienst; s. Cato FRH 3 F 4,11 sowie allgemein Lazenby, OCD[3] 520 s.v. elephants; J. Seibert, Der Einsatz von Kriegselefanten, Gymnasium 80 (1973) 348-62 sowie H.H. Scullard, The elephant in the Greek and Roman world (1974).

Ein notorisches Problem in der Textüberlieferung stellen Zahlen dar, weil in jedem Einzelfall zu entscheiden ist, ob der Text aus sachkritischen Erwägungen oder wegen einer überwiegenden Parallelüberlieferung geändert werden oder ein Irrtum des Autors angenommen werden muss. Aber warum soll Piso, der auch sonst gängige Traditionen – meist erfolglos – zu korrigieren suchte, nicht **140** geschrieben haben, auch wenn Liv. epit. 19 und anderswo von 120 die Rede ist; vgl. HRR I p. 134 im Apparat (120) und Forsythe, Piso 483 Anm. 3.

---

34 Plin. nat. 15,126 (F 31 Peter = F 41 Forsythe)

L. Piso tradit Papirium Masonem, qui primus in monte Albano triumphavit de Corsis, myrto coronatum ludos Circenses spectare solitum.

Übers.: Lucius Piso berichtet, dass Papirius Maso, der als Erster einen Triumph auf dem Albanerberg über die Korsen feierte, den Circusspielen üblicherweise mit Myrte bekränzt zusah.

Komm.: C. **Papirius Maso** kämpfte als Konsul 231 mit wechselndem Glück auf Korsika. Als der Senat dem ahnenstolzen Patrizier den beantragten Triumph verweigerte, feierte Papirius ohne Genehmigung als Erster einen Triumph zum Tempel des Juppiter Latiaris auf dem Albanerberg; vgl. Val. Max. 3,6,5; Lippold (1963) 313-4 mit den übrigen Belegen. Für diesen Zug außerhalb des *pomerium* bedurfte er nicht der Ausnahmeerlaubnis, das *imperium* für einen Tag auch im Bereich *domi* innehaben zu dürfen. Der **Myrtenkranz** (s. Fest. p. 131,7-8 L), den er dabei und später demonstrativ in der Öffentlichkeit trug, sollte als Äquivalent zum Lorbeer des vollwertigen Triumphators gelten; regulär zierte er das Haupt des siegreichen Feldherren bei der *ovatio*, dem 'kleinen' Triumph; s. Hünemörder, DNP 8 (2000) 605 s.v. Myrte. – Diese Form des Triumphes *sine publica auctoritate* (Liv. 42,21,7) erfolgte *iure consularis imperii* und war anerkannt, wie die Aufnahme in die Triumphalfasten zeigt (InscrIt 13,1,78-9); vgl. Mommsen RStR 1,134; Marquardt RStV 2,590; J.S. Richardson, Triumphs, Praetors, and the Senate in the Early Second Century B.C., JRS 65 (1975) 50-63; R. Develin, Tradition and the Development of Triumphal Regulations, Klio 60 (1978) 429-38; T.C. Brennan, Triumphus in Monte Albano, in: R.W. Wallace, E.M. Harris (eds.), Transitions to empire (1996) 315-37. Belegt sind solche Triumphe noch für M. Claudius Marcellus (211), Minucius Rufus (197) und C. Cicceius (172). Nach Forsythe, Piso 370 bezog Piso vielleicht als Erster durchgängig Nachrichten über Triumphe in sein 'annalistisches' Werk ein. Speziell z.St. s. A. Baudou, Note sur Papirius Maso, le triomphe, le laurier et le myrte, EMC 41 (1997) 293-304.

---

35 Liv. 25,39,11. 15-6 (F 32 Peter = F 42 Forsythe)

Ita nocte ac die bina castra hostium oppugnata ductu L. Marci. (...) (15) *Piso quinque milia hominum, cum Mago cedentes nostros effuse sequeretur, caesa ex insidiis scribit.* (16) *apud omnes magnum nomen Marci ducis est;* (...).

Übers.: So wurden Tag und Nacht zwei feindliche Lager unter Führung von Lucius Marcius berannt. (...) (15) Piso schreibt, dass 5000 Mann aus dem Hinterhalt niedergehauen worden seien, als Mago unsere weichenden Truppen ungeordnet verfolgte. (16) Bei allen kommt der Name des Anführers Marcius groß heraus (...: s. Acilius FRH 5 F 6).

Komm.: s. zu Acilius FRH 5 F 6; zur Traditionsgenese und Pisos Beitrag in ihr Forsythe, Piso 371-6.

36 Plin. nat. 18,41-43 (F 33 Peter = F 43 Forsythe)

C. Furius Cresimus e servitute liberatus, cum in parvo admodum agello largiores multo fructus perciperet quam ex amplissimis vicinitas, in invidia erat magna, ceu fruges alienas perliceret veneficiis. (42) *quamobrem ab Spurio Albino <aedile> curuli die dicta metuens damnationem, cum in suffragium tribus oporteret ire, instrumentum rusticum omne in forum attulit et adduxit familiam suam validam atque, ut ait Piso, bene curatam ac vestitam, ferramenta egregie facta, graves ligones, vomeres ponderosos, boves saturos.* (43) *postea dixit: 'Veneficia mea, Quirites, haec sunt, nec possum vobis ostendere aut in forum adducere lucubrationes meas vigiliasque et sudores.' omnium sententiis absolutus itaque est.*

Übers.: Da Gaius Furius Cresimus, ein Freigelassener, auf seinem ziemlich kleinen Äckerchen viel größere Erträge erzielte als die Nachbarn aus den allergrößten (Äckern), stand er in großer Missgunst, als ob er fremde Früchte mit Zauberei (zu sich) gelockt habe. (42) Als er deswegen von dem kurulischen Ädilen Spurius Albinus vorgeladen wurde, fürchtete er eine Verurteilung und trug deshalb, als es zur Abstimmung der Tribus kommen musste, sein gesamtes Ackergerät auf das Forum herbei und brachte seine *familia* mit, die, wie Piso sagt, kräftig und gut versorgt und gekleidet war, (ferner) ausgezeichnet gefertigtes Eisengerät, schwere Hacken, wuchtige Pflüge, fette Ochsen. (43) Später sagte er: „Das sind meine Zauberinstrumente, Quiriten; was ich euch aber nicht zeigen oder aufs Forum mitbringen kann, sind die durchgearbeiteten und durchwachten Nächte und der Schweiß." Einstimmig wurde er deshalb freigesprochen.

Komm.: Ein **Furius Cresimus** ist sonst nicht bekannt; vgl. Münzer, RE 7.1 (1910) 351 s.v. Furius (53). – Juristisch ist der von Piso so moralisierend ausgemalte Sachverhalt nicht ganz eindeutig, weil das XII-Tafel-Gesetz Feldzauber mit dem Tode bestrafte (Aug. civ. 8,19; Flach [1994] 171), während ein Ädil lediglich ein Mult (Geldstrafe) auferlegen konnte; deswegen hält Latte (1960/1968) 840 – generell sehr kritisch gegenüber Piso – die Erzählung für eine Erfindung; andere Möglichkeiten erwägt Kunkel, in: Kunkel/Wittmann (1995) 502. – **Spurius Albinus**: In Frage kommen Sp. Postumius Albinus, der spätere Konsul von 186 (Kunkel), der Konsul von 174 oder der Konsul von 148 (Münzer), doch begegnet diese Familie in den Fasten seit dem 4. Jh. – Zur politischen Interpretation im Kontext von F 27 und F 30 s. Forsythe, Piso 383-4.

---

37 Plin. nat. 34,14 (F 34 Peter = F 44 Forsythe)

Nam triclinia aerata abacosque et monopodia Cn. Manlium Asia devicta primum invexisse triumpho suo quem duxit anno urbis DLXVII L. Piso auctor est.

Übers.: Speisesofas mit Bronzegestellen, getäfelte Anrichten und einfüßige Tische brachte zuerst Gnaeus Manlius nach seinem Sieg über Asien in seinem Triumphzug mit, den er im Jahre 567 der Stadt abhielt, wie Lucius Piso berichtet.

Komm.: Piso dehnte die etablierte Frage nach dem *primus inventor* (s. Fabius Pictor FRH 1 F 2; Gellius FRH 10 F 3), die er mehrfach aufgriff (s. F 11. 23. 34), auf ein brisantes Gebiet aus, indem er auch dem Sittenverfall einen Anfang gab; s. auch F 41 und Berti (1989) 45-7. **Cn. Manlius** Vulso (cos. 189; vgl. Schmitt, DNP 7 [1999] 827-8 s.v. Manlius [I 24]) habe, wie der an dieser Stelle wohl aus Piso schöpfende Livius (39,6,7) später unterstrich, den Keim fremdländischer Verschwendung nach Rom geschleppt. Aus dem Fortgang des livianischen Berichts lässt sich erschließen, dass schon Piso mit dem so apostrophierten Triumph Vulsos i.J. 187 zur Bacchanalien-Affäre überleitete und damit den Zusammenhang zwischen übermäßigem Weingenuss, griechischem Luxusmobiliar und den mit beidem verknüpften symposiastischen und religiösen Praktiken – auch von Frauen – herstellte, die als Bedrohung der römischen Ordnung betrachtet wurden; vgl. für die Zusammenhänge Forsythe, Piso 385-96. Mochten Vorwürfe wie die gegen Vulso und sein Heer auch aus tagespolitischen Auseinandersetzungen erwachsen sein, in deren Zentrum M. Porcius Cato und L. Cornelius Scipio Asiaticus standen (vgl. Bringmann [1977] 34), so hinterließen sie als Periodisierungsangebote im rückblickenden historiographischen Dekadenzdiskurs doch tiefe Spuren. Als Epochenjahre einer moralischen Peripetie wurden später 168 (Polybios), 146 (Sallust), die Zeit nach dem Kimbernkrieg (Poseidonios) oder 63 (Nikolaos von Damaskos) genannt. Plinius leitet mit dem bezeichnenden Satz: „Indes machte dieser Sieg des Pompeius erstmals Geschmack und sittliches Bewusstsein geneigt für den Besitz von Perlen und geschnittenen Schmucksteinen" (*victoria tamen illa Pompei primum ad margaritas gemmasque mores inclinavit*) einen materialreichen Überblick zum Import 'asiatischer' Luxusgüter im Gefolge römischer

Siege ein (Plin. nat. 37,12-20). Vgl. insg. zu dieser Frage F. Hampl, Römische Politik in republikanischer Zeit und das Problem des 'Sittenverfalls', HZ 188 (1959) 497-525, hier: 500-1; Bringmann (1977); Baltrusch (1989) 1 (Lit.), Anm. 4; Flach (1998) 115-22.

38 Plin. nat. 3,131 (F 35 Peter = F 45 Forsythe)

Et ab Aquileia ad XII lapidem deletum oppidum etiam invito senatu a M. Claudio Marcello L. Piso auctor est.

Übers.: Ein Dorf, zwölf Meilen von Aquileia entfernt, wurde sogar gegen den Willen des Senats von Marcus Claudius Marcellus zerstört, wie Lucius Piso berichtet.

Komm.: Livius berichtet über eine Gruppe von transalpinen Galliern, die i.J. 186 in der Nähe des späteren Aquileia neuen Siedlungsraum zu finden hofften. Der Senat suchte sie zunächst durch die Entsendung eines Prätors zum Abzug zu bewegen, schickte dann aber i.J. 183 den Konsul **M. Claudius Marcellus**, der den Eindringlingen ein Ultimatum stellte, 12000 von ihnen entwaffnete und ihres beweglichen Besitzes beraubte. Die Gallier wehrten sich nicht, sondern schickten in der Hoffnung auf eine friedliche Lösung Gesandte an den Senat, der sie jedoch erneut zur Rückkehr über die Alpen aufforderte. Zugleich diente der Vorfall als Anlass, allen Galliern unmissverständlich klarzumachen, dass das von Rom beanspruchte Gebiet bis zu den Alpen reiche. Die Gründung der Kolonie **Aquileia** i.J. 181 unterstrich diese Auffassung (Liv. 39,22,6-7; 45,3. 6-7; 54-55,6; M. Buora, F. Maselli Scotti (eds.), Aquileia romana [1991]).

Obwohl Livius die von Piso erwähnte Zerstörung eines Dorfes nicht berichtet (ebensowenig wie Zon. 9,21), ist es nicht unbedingt nötig, eine Flüchtigkeit des exzerpierenden Plinius anzunehmen (so allerdings Forsythe, Piso 398), denn die Eigenmächtigkeit des ehrgeizigen Marcellus geht auch aus Livius' Version hervor. Außerdem hatte Piso für Konflikte zwischen Senat und Imperiumsträgern offensichtlich ein waches Sensorium (s. F 34). Vgl. zur Sache ferner Münzer, RE 3.2 (1899) 2757-8 s.v. Claudius (223 u. 224); zum Verhältnis von Senat und Magistratur in dieser Zeit allg. Eckstein (1987); Feig Vishnia (1996); zur römischen Norditalienpolitik S.L. Dyson, The Creation of the Roman Frontier (1985) 35-41. 62-71. 87-125 sowie Eckstein (wie eben) 3-70; weitere Lit. nennt Uggeri, DNP 4 (1998) 767-70 s.v. Gallia cisalpina.

39 Cens. 17,13 (F 36 Peter = F 46 Forsythe)

Testis est Piso, in cuius annali septimo scriptum est sic: „Roma condita anno D<C> septimum saeculum occipit his consulibus, qui proximi sunt consules: M. Aemilius M. f. Lepidus, C. Popilius II absens."

Übers.: Zeuge ist Piso; im siebten Buch seiner 'Annalen' steht: „Im 600. Jahr nach der Gründung begann das siebte Saeculum unter den Konsuln, die die nächsten waren: die Konsuln Marcus Aemilius Lepidus, Sohn des Marcus und (in Abwesenheit) Gaius Popilius, zum zweiten Male Konsul."

Komm.: Saeculum: s. zu Cassius Hemina FRH 6 F 42 – Die genannten **Konsuln** amtierten i.J. 158 (Broughton MRR I 446); Popilius hatte das Amt schon 172 einmal innegehabt (ebd. 410). – Nach Forsythe, Piso 399-401 begann in der vorausgesetzten Rechnung das **siebte** *saeculum* im 601. Jahr nach der Stadtgründung, weil Piso eine solche Periode mit genau 100 Jahren ansetzte; Rom wäre demzufolge i.J. 758 gegründet worden. S. ferner A. Baudou, Censorinus et le *saeculum* pisonien, RPh 69 (1995) 15-37 mit einem neuen Vorschlag. Letztlich hängt das Verständnis an der Lesung bzw. Verbesserung der Zahl; das sinnlose *D septimo* der Handschriften emendierte Lachmann zu *D<C> septimum* (akzeptiert von Peter, HRR), Forsythe zu *D<CI>*. S.a. Chassignet, AR 2,126-7.

40 Plin. nat. 34,30 (F 37 Peter = F 47 Forsythe)

L. Piso prodidit M. Aemilio C. Popilio iterum cos. a censoribus P. Cornelio Scipione M. Popilio statuas circa forum eorum qui magistratum gesserant sublatas omnis praeter eas quae populi aut senatus sententia statutae essent, eam vero, quam apud aedem Telluris statuisset sibi Sp. Cassius, qui regnum adfectaverat, etiam conflatam a censoribus.

Übers.: Lucius Piso hat überliefert, dass im Konsulat von Marcus Aemilius und Gaius Popilius (Konsul zum zweiten Mal) von den Censoren Publius Cornelius Scipio und Marcus Popilius rings um das Forum alle Statuen von Männern, die Ämter innegehabt hatten, entfernt worden seien, außer denjenigen, die auf Beschluss des Volkes oder des Senats errichtet worden seien; die (Statue) aber, welche Spurius Cassius, der nach der Königswürde gegriffen hatte, beim Tellus-Tempel hatte aufstellen lassen, sei von den Censoren sogar eingeschmolzen worden.

Komm.: Das Fragment berichtet wie das vorige vom Jahr 158. P. **Cornelius Scipio Nasica Corculum**, cos. 162 und 155, wurde später v.a. durch seinen Widerspruch gegen die Zerstörung Karthagos bekannt. M. **Popilius Laenas** war 173 Konsul. Beider Amtszeit als **Censoren** begann 159. – **entfernt worden seien:** Diese Statuenräumung (für einen Vorläufer i.J. 179 s. Cassius Hemina FRH 6 F 26) sollte die Kontrolle der Nobilität über die Vergabe von Ehrenmonumenten wieder herstellen; beide Maßnahmen sind im Kontext von Gesetzen gegen regelwidriges Konkurrenzverhalten (*ambitio/ambitus*) zu sehen, die jeweils kurz zuvor (181; 159) beschlossen worden waren; vgl. Sehlmeyer (1999) 152-9.

Der Patrizier und dreimalige Konsul (502, 493, 486) **Spurius Cassius** Vecellinus gehört wegen seiner Siege über Sabiner und Herniker, der Weihung eines Ceres-Tempels, eines Bundesvertrags mit den Latinern (*foedus Cassianum*), v.a. aber wegen eines Ackergesetzes (486) und weiterer volksfreundlicher Maßnahmen, die ihn schließlich 485 ins Verderben stürzen ließen, zu den markanten Gestalten der römischen Frühgeschichte. Höchstwahrscheinlich handelt es sich jedoch um eine mythische Figur, die früh mit dem (wohl sicher historischen) *foedus* verbunden, jedoch erst in gracchisch-sullanischer Zeit nach dem Muster des demagogischen Volkstribunen breit ausgemalt wurde (dazu Berti [1989] 57; Flach [1994] 83-5 mit weiterer Lit.). Vgl. Münzer, RE 3.2 (1899) 1749-53 s.v. Cassius (91) mit einer Rekonstruktion der Traditionsgenese; Eder, DNP 2 (1997) 1011 s.v. Cassius (I 19), der indes die Historizität der Figur annimmt; zu Cassius' Ausgestaltung als *exemplum* für die gefährliche Verbindung von Demagogie und Tyrannis s. die zu F 26 genannte Lit.

Wer die Statue **hatte aufstellen lassen**, ist unsicher. Nach Plinius 34,15 (aus ungenannter Quelle) hat der Vater des Sp. Cassius seinen Sohn wegen des Tyrannisverdachts eigenhändig mit dem Recht der *patria potestas* getötet und aus dem Eigenvermögen des Sohnes (*peculium*) die Statue gestiftet; ähnlich Liv. 2,41,10; Val. Max. 5,8,2. Nach Dion. Hal. ant. 8,79,3 ließ jedoch der römische Staat aus dem beschlagnahmten Vermögen die Statue errichten. Vgl. die Diskussion bei Sehlmeyer (1999) 79-81, der, wie schon bei der Cloelia-Statue (F 22), die Fehlinterpretation eines Götterbildes (der Ceres?) annimmt, sowie konzise Forsythe, Piso 297-301.

---

41 Plin. nat. 17,244 (F 38 Peter = F 48 Forsythe)

Nec non et Romae in Capitolio in ara Iovis bello Persei enata palma victoriam triumphosque portendit. hac tempestatibus prostrata eodem loco ficus enata est M. Messalae C. Cassii censorum lustro, a quo tempore pudicitiam subversam Piso gravis auctor prodidit.

Übers.: Und gewiss ist auch in Rom auf dem Kapitol am Altar Juppiters während des Perseuskrieges eine Palme emporgewachsen und hat Sieg und Triumphe angekündigt. Als sie durch ein Unwetter umgestürzt war, wuchs an derselben Stelle ein Feigenbaum empor in der Amtszeit der Censoren Marcus Messala und Gaius Cassius. Seit dieser Zeit sei das Schamgefühl zugrunde gegangen, wie der verlässliche Autor Lucius Piso berichtet hat.

Komm.: Piso zog dieses Vorzeichen heran, um den Anfang des 'Sittenverfalls' (s.o. zu F 37) zeitlich zu bestimmen: Wo eine Palme gestanden hatte, die einst die **Triumphe** des L. Aemilius Paullus und Cn. Octavius im Zuge des **Perseuskrieges** (171-168) angekündigt hatte, wuchs nun ein Symbol der Üppigkeit. – **In der Amtszeit der Censoren Marcus** Valerius **Messala und Gaius Cassius** Longinus (154) sollen der eine Konsul, L. Postumius Albinus, sowie ein Claudius Asellus von ihren Frauen vergiftet worden sein (Liv. Per. 48; Val. Max. 6,3,8; Iul. Obs. 17). Nach etruskischer Lehre standen der schwarze Feigenbaum und alle Bäume mit schwarzen Früchten unter dem Schutz der Unterweltgottheiten und galten daher als Unheil verkündend. Zugleich war die Feige ein Symbol von Zügellosigkeit, besonders im Sexuellen. Vgl. Forsythe, Piso 404-8, der das Omen für eine nachträgliche 'Entdeckung' im Kontext der beiden Morde hält und auf den größeren Zusammenhang, von den bacchanalischen Umtrieben (die von Albinus' Vater 186 energisch bekämpft worden waren!) bis hin zur Philosophengesandtschaft 155 und Ausweisung zweier Epikureer, wohl im nämlichen Jahr 154, hinweist. Heftig umstritten war v.a. die von den Censoren veranlasste Errichtung des ersten steinernen Theaterbaus in Rom (Liv. Per. 48; Val. Max. 2,4,1-2; Vell. 1,15,3; Oros. 4,21,4; Aug. civ. 1,31-3), der indes nach einem Senatsbeschluss auf Betreiben von P. Cornelius Scipio Nasica Corculum (s. F 40) wieder abgerissen wurde, weil es nutzlos und schädlich für die öffentliche Moral sei. Piso muss das prominent thematisiert haben, denn der neue Baum stellte ja nur ein Symbol dar, nicht die Sache selbst. Zu dieser s. M. Sordi, La decadenza della repubblica e il teatro del 154 a.C., InvLuc 10 (1988) 327-41; Berti (1989) 147-8. Die Verantwortung der beiden Censoren, die „ohne jede Rücksicht auf das Schamgefühl (*sine> ullo pudicitiae respe<ctu*) waren" s.a. Varro bei Fest. p. 358,32. 360,19-25 L.

---

42 Cens. 17,11 (F 39 Peter = F 49 Forsythe)

At Piso Censorius et Cn. Gellius, sed et Cassius Hemina, qui illo tempore vivebat, post annum factos tertium adfirmant Cn. Cornelio Lentulo Lucio Mummio Achaico consulibus, id est anno DC<V>III.

Übers./Komm.: s. Cassius Hemina FRH 6 F 42.

---
43 Cic. fam. 9,22,2 (F 40 Peter = F 1 Forsythe)

At vero Piso ille Frugi in annalibus suis queritur adulescentis 'peni deditos' esse.

Übers.: Aber der bekannte Piso Frugi klagt fürwahr in seinen 'Annalen', dass die jungen Leute dem Schwanz ergeben seien.

Komm.: Sein Unbehagen über den Normenverfall drückte Piso aus, indem er den mitunter drastischen Stil der direkten politischen Auseinandersetzung auf dem Forum in die Geschichtsschreibung hineintrug. Ein solcher, die Mittel der Schmährede nicht scheuender Stil war ihm ja aus seinen Kontroversen zumal mit C. Gracchus wohlvertraut. Ansonsten bringt er seine Zeitkritik in historiographischer Form vor (F 37. 41. 42). Im Ton mit F 43 vergleichbar ist die o. zu F 10 erwähnte Rede des C. Titius gegen die Abrogation der *lex Fannia* von 161 (s. zu Gellius FRH 10 F 28), die wohl in gracchische Zeit (123?) zu datieren ist und von zockenden, gestylten Exemplaren der aristokratischen *jeunesse dorée* in Gesellschaft von Callgirls spricht (*Ludunt alea studiose, delibuti unguentis, scortis stipati*). Sallust muss die Härte des Ausdrucks gespürt haben, als er zwar Pisos Gedanken in das Iugurtha-Proömium einfügte, jedoch sprachlich abschwächte (Iug. 2,4 *qui dediti corporis gaudiis per luxum et ignaviam aetatem agunt*, deutlicher Iug. 85 *dediti ventri et turpissimae parte corporis*). – Für die Plazierung des Piso-Fragments in das Proömium plädiert Forsythe, Piso 76-82; anders z.B. Bömer (1953) 206; Rawson (1976/1991) 261; Berti (1989) 48.

---
44 Macr. Sat. 1,12,18 (F 42 Peter = F 10 Forsythe)

Sed Piso uxorem Vulcani Maiestam, non Maiam dicit vocari.

Übers.: Aber Piso sagt, die Frau von Vulcanus habe Maiesta geheißen, nicht Maia.

Komm.: Die kurze Notiz findet sich bei Macrobius (1,12,18-9) in einer Diskussion über den Ursprung römischer Monatsnamen; vgl. noch Ov. fast. 5,81-106, dazu knapp Trümpy, DNP 8 (2000) 358-9 s.v. Monatsnamen (Rom); zur Göttin **Maia** Radke GA 192-3; Waldner, DNP 7 (1999) 708 s.v. – Vgl. Forsythe, Piso 144-50, der das Fragment in den Kontext des romulischen Kalenders rückt und der pisonischen Ableitung des Monatsnamens von einem italischen Wort für 'groß' gegenüber der (alten) gräzisierenden Verbindung mit der griechischen Göttin Maia den Vorzug gibt.

45 Macr. Sat. 3,2,14 (F 43 Peter = F 34 Forsythe)

Piso ait vitulam victoriam nominari. cuius rei hoc argumentum profert quod postridie nonas Iulias re bene gesta, cum pridie populus a Tuscis in fugam versus sit – unde Populifugia vocantur – post victoriam certis sacrificiis fiat vitulatio.

Übers.: Piso behauptet, dass mit dem Wort *vitula* der Sieg bezeichnet werde. Dafür gibt er als Begründung an, dass an einem Tag nach den Nonen des Juli (8. Juli), als eine Schlacht gut ausgegangen war – während noch am Tage zuvor das Volk von den Etruskern in die Flucht geschlagen worden sei, woher die 'Populifugia' ihren Namen haben – nach dem Sieg bei bestimmten Opfern eine *vitulatio* stattfand.

Komm.: Den Kontext der Notiz bildet eine Reflexion des Macrobius (Sat. 3,2,10-15) über die Bedeutung des Wortes *vitulari*, das 'frohlocken' oder (über einen Sieg) 'jubeln' bedeutet und von antiken Erklärern von *voce laetari* abgeleitet wurde; entsprechend heißt die Göttin des Jubels über den Sieg Vitula (Varr. ling. 7,107); vgl. die Erörterung von Radke GA 341-2. In der Sache bedeutet **vitulatio** das Opfer eines Kalbes (*vitulus*) aus Anlass eines Sieges. – Die antiken Erklärungen leiten das Fest **Pop(u)lifugia** entweder von der bestürzten Flucht des Volkes nach der Entrückung des Romulus während der rituellen Reinigung (*lustratio*) des Volkes (Dion. Hal. ant. 2,56,5) oder Ereignissen nach dem Galliersturm (Flucht vor angreifenden Etruskern mit anschließendem Sieg über sie: Varr. ling. 6,18; in diesem Kontext wohl auch bei Piso) ab; weitere Belege bei Schwegler RG 1,532-7. Nach N. Robertson, The Nones of July and Roman weather magic, MH 54 (1987) 8-41 handelte es sich um einen Wetterzauber, doch auch an eine *lustratio* des Heeres (*populus*) Anfang Juli, die später in einen Ereignishorizont gestellt wurde, hat man gedacht; eine solche in der Mitte der üblichen Kriegführungsperiode anzusetzen, fällt freilich nicht leicht, auch wenn die Überlieferung für die Jahre 391 und 329 den 1. Juli als Beginn der Amtszeit der Konsuln bzw. Konsulartribunen nennt (dazu ausführlich Oakley [1998] 612-4 mit weiterer Lit). Unsicher ist auch, ob das Fest, das die inschriftlichen Kalender auf den 5. Juli datieren, identisch war mit den *Nonae Caprotinae* am 7. Juli; dazu Forsythe, Piso 323-30; Sehlmeyer, DNP 10 (2001) 148-9 s.v. Poplifugia mit weiterer Lit.

46 Serv. auct. ad Verg. Aen. 10,76 (F 44 Peter = F 8 Forsythe)

Varro Pilumnum et Pitumnum infantium deos esse ait, eisque pro puerpera lectum in atrio sterni, dum exploretur an vitalis sit qui natus sit. Piso Pilumnum dictum, quia pellat mala infantiae.

Übers.: Varro sagt, seien Pilumnus und Pitumnus Götter der Säuglinge und dass für sie vor der Niederkunft ein Bett im Atrium bereitet wird, solange bis sich herausgestellt hat, ob das Neugeborene lebensfähig ist. Piso sagt, (einer der beiden) heiße Pilumnus, weil er von der Kindheit Übel abwehre.

Komm.: **Pilumnus** leitet sich nicht von *pellere*, sondern von *pinsere* (zerstoßen, kleinstampfen) ab; vgl. Radke GA 255-6; Forsythe, Piso 130-1. Nach Varro (bei Aug. civ. 6,9) sorgten in der ersten Nacht nach der Geburt drei Männer für den Schutz von Mutter und Kind vor bösen Mächten. Sie schlugen zunächst die Schwelle mit einem Beil, dann mit einer Mörserkeule *(pilum*; s.o.) und fegten sie schließlich mit einem Besen sauber. Nach diesen drei Handlungen seien drei Schutzgottheiten der Geburt benannt worden: Intercidona, Pilumnus und Deverra; s. D. Briquel, Le Pilon de Pilumnus, la hache d'Intercidona, le balai de Deverra, Latomus 42 (1983) 265-76. Für Pilumnus und seine Doppelung Picumnus wurde auch ein *lectisternium* (s.o. zu F 27) bereitet. Vgl. insg. Englhofer, DNP 4 (1998) 835-42 s.v. Geburt, v.a. 840-1; ferner ausführlich Th. Köves-Zulauf, Römische Geburtsriten (1990) 95-219.

47 Arnob. 3,38 (F 45 Peter = F 35 Forsythe)

Novensiles Piso deos esse credit novem in Sabinis apud Trebiam constitutos.

Übers.: Piso glaubt, dass die Novensiles neun Götter sind, die im Sabinerland an der Trebia ihren Kult haben.

Komm.: s. zu Cincius Alimentus FRH 2 F 12.

48 Lyd. mens. 168 p. 179-80 Wünsch (F./. Peter = F 16 Forsythe)

Ὅτι ὁ Νουμᾶς δέκα παρθένους ἀνέθηκε τῇ Ἑστίᾳ εἰς φυλακὴν τοῦ παρ' αὐτῇ ἀθανάτου πυρός, καθάπερ ἐν Ἀθήναις ποτὲ ἐν τῷ τῆς Πολιάδος

'Ἀθηνᾶς ἀδύτῳ ὑπὸ Δευκαλίωνος λέγεται ἀθάνατον πῦρ ἀνατεθῆναι. εἰ οὖν συνέβη τὸ πῦρ ἄφνω ἀποσβεσθῆναι, ὁ μὲν ἀρχιερεὺς ῥάβδοις ἠμφιεσμέναις ἔπαιε τὰς παρθένους, συνθλίψει δὲ ξύλων ἀειθαλῶν ἀλλ' οὐ πυρὶ αὖθις ἀνήπτετο μετά τινων ἐπιλόγων τὸ πῦρ. κεῖνται δὲ τοῖς βουλομένοις τὰ λόγια παρὰ Τάγητι καὶ Καπίτωνι καὶ Πίσωνι.

Übers.: Numa bestimmte zehn Jungfrauen für Vesta, um das Ewige Feuer in ihrem Tempel zu bewahren, so wie einst in Athen im Adyton des Tempels der Athena Polias ein Ewiges Feuer eingerichtet wurde. Wenn aber das Feuer unversehens verlosch, schlug der Pontifex Maximus die Jungfrauen mit umwickelten Ruten. Durch Zusammendrücken von immergrünem Holz, jedoch ohne (fremdes) Feuer entfachte er unter bestimmten magischen Formeln das Feuer (erneut). Diese Formeln sind Interessierten bei Tages, Capito und Piso zugänglich.

Komm.: Das **Ewige Feuer** im Tempel der **Vesta**, die etymologisch mit der griechischen Herdgöttin Hestia verbunden wurde, stand für die dauerhafte Existenz Roms. Seine Bedeutung wurde auch dadurch unterstrichen, dass der Vesta-Tempel auf dem Forum kein Kultbild barg, sondern nur das Feuer; sein Verlöschen stellte dementsprechend eine schwere Erschütterung des guten Verhältnisses zu den Göttern (*pax deorum*) überhaupt dar und wurde meist als ein Anzeichen für die schwerste Verfehlung einer Vestalin, den Verlust ihrer sexuellen Unberührtheit, angesehen. Die Verhaltensregeln für die Vestalinnen fanden gewiss auch deshalb die Aufmerksamkeit von Geschichtsschreibern und Publikum, weil die Strafen bei Verstoß so sinnfällig, ja spektakulär waren: Prügel wie hier oder gar Einmauern bei lebendigem Leibe wegen Verletzung des Keuschheitsgelübdes; s. Cassius Hemina FRH 6 F 35; Dion. Hal. ant. 2,66-69; Plut. Num. 9,5-11,2. Ein Erlöschen des Feuers am Vesta-Herd ist für 206 (Liv. 28,11,6-7; Val. Max. 1,1,6) und 178 (Liv. Per. 41; Iul. Obsequ. 8) bezeugt. Mindestens zweimal in republikanischer Zeit, nämlich 216 und 113, reagierten die Römer auf eingetretene oder drohende Katastrophen mit der Opferung von Gefangenen und der gleichzeitigen Hinrichtung von Vestalinnen wegen Unkeuschheit – eine bezeichnende Koinzidenz; s. dazu Beard, North, Price (1998) 1,80-1; 2,158 mit den Nachweisen. Noch in der Kaiserzeit wurden Vestalinnen lebendig eingemauert (Plin. ep. 4,11). Zu diesen Priesterinnen s. allg. Beard, North, Price (1998) 1,51-8. 189-91 mit weiterer Lit.

Nach Dion. Hal. ant. 2,67,1 und 3,67,2 sowie Plut. Num 10,1 bestellte Numa nur vier Vestalinnen (später gab es sechs); sie standen unter der Aufsicht des **Pontifex Maximus**. Pisos korrekte Angabe wurde später vielleicht mit dem griechischen

Zahlzeichen δ = 'vier' wiedergegeben, was dann als Abkürzung für δέκα = 'zehn' missverstanden wurde; i.d.S. Forsythe, Piso 454. Ebenfalls auf einem Missverständnis des Exzerptors beruht wahrscheinlich die Behauptung, das Feuer sei **mit immergrünem** Holz wiederentzündet worden. Piso sprach wohl vom Holz eines gute Früchte tragenden Baumes (*felix arbor*), der auch sonst im römischen Kultus eine Rolle spielte; s. Fest. p. 94,1-4 L; Forsythe, Piso 194. 454.

Neben Piso erscheinen in der Liste der Autoren noch die mythologische Figur des **Tages**, der die etruskischen Kultrituale (*disciplina Etrusca*; s. zu Cato FRH 3 F 1,18) enthüllt und in den *libri Tagetici* schriftlich niedergelegt haben soll. Zu C. Fonteius **Capito** s. Chassignet, AR 2,130.

Gaius Sempronius Tuditanus (FRH 8)

C. Sempronius Tuditanus[1] gehörte zu einer plebejischen Nobilitätsfamilie, die zwischen 240 und 185 mehrmals Imperiumsträger gestellt hatte.[2] Gaius knüpfte an diese Tradition an und absolvierte die Ämterlaufbahn. Als Militärtribun begleitete er L. Mummius i.J. 146 nach Griechenland; 145 war der politische Gefolgsmann des Jüngeren Scipio Quästor, 136 oder 135 Ädil, 132 Prätor und 129 Konsul.[3] Nachdem der Senat auf Initiative Scipios in diesem Jahr der gracchischen Dreimännerkommission ihre rechtlichen Befugnisse zur verbindlichen Scheidung von Staatsland und Privatbesitz hatte entziehen und auf die jeweiligen Konsuln übertragen lassen, legte Tuditanus die weitere Arbeit der Kommission sogleich dadurch lahm, dass er nach Illyrien ging, um dort Krieg zu führen (App. civ. 1,19). Mit Hilfe seines Legaten D. Iunius Brutus besiegte er nach einer anfänglichen Schlappe die Japygen und feierte noch 129 einen Triumph; der bescheidenen Leistung folgte eine umso größere Ruhmredigkeit.[4] Cicero lobte die *elegantia* des Tuditanus als Redner (Brut. 95).

Tuditanus verfasste ein Werk über die Amtsträger (*Liber magistratuum*) in mindestens 13 Büchern, das sich offenbar gegen den *Liber de potestatibus* des gracchenfreundlichen M. Iunius Gracchanus richtete. Zwei Bruchstücke sind überliefert (s. F 8). Die übrigen mit Tuditanus' Namen verbundenen Fragmente müssen ihrem Inhalt nach aus einem Geschichtswerk stammen, obwohl kein einschlägiger Titel genannt wird. Das Werk, das ebenfalls aus mindestens 13 Büchern bestand (F 7), dürfte nach 129 und wohl auch später als das pisonische niedergeschrieben worden sein; es wirkte kaum nach. Aus den wenigen Bruchstücken lässt sich kein besonderes Profil erkennen.

---

[1] Testimonien: HRF 89-90. Literatur: HRR I p. CCI-CCIII. 392; Münzer, RE 2 A 2 (1923) 1441-3 s.v. Sempronius (92); Chassignet, AR 2 p. XXVIII-XXXIII; Forsythe (2000) 10-1.

[2] Vgl. Münzer, RE 2 A 2 (1923) 1440-5: M. Sempronius Tuditanus, cos. 240 (Nr. 93); P. Sempronius Tuditanus, cos. 204 (Nr. 96); C. Sempronius Tuditanus, praet. 197 (Nr. 90); M. Sempronius Tuditanus, cos. 185 (Nr. 95).

[3] S. Broughton MRR 1,470. 489-90 mit Anm. 4. 498. 504; Astin (1967) 239-40.

[4] In der Nähe von Aquileia ließ er sich eine Statue errichten (Plin. nat. 3,129; zu deren Basis gehört vielleicht die Inschrift ILLRP 334); von einem Lobpreis durch den Dichter Hostius, der auch ein rühmendes Epos mit dem Titel *Bellum Histricum* verfasste, haben sich zwei Bruchstücke inschriftlich erhalten (ILLRP 335 mit Degrassis Kommentar; M.G. Morgan, Philologus 117 [1973] 29-48).

1 Dion. Hal. ant. 1,11,1 (F 1 Peter)

Οἱ δὲ λογιώτατοι τῶν Ῥωμαικῶν συγγραφέων, ἐν οἷς ἐστι Πόρκιός τε Κάτων ὁ τὰς γενεαλογίας τῶν ἐν Ἰταλίᾳ πόλεων ἐπιμελέστατα συναγαγὼν καὶ Γάιος Σεμπρώνιος καὶ ἄλλοι συχνοί, Ἕλληνας αὐτοὺς εἶναι λέγουσι τῶν ἐν Ἀχαΐᾳ ποτὲ οἰκησάντων, πολλαῖς γενεαῖς πρότερον τοῦ πολέμου τοῦ Τρωικοῦ μεταναστάντας. οὐκέτι μέντοι διορίζουσιν οὔτε φῦλον Ἑλληνικὸν οὗ μετεῖχον, οὔτε πόλιν ἐξ ἧς ἀπανέστησαν, οὔτε χρόνον οὔθ᾽ ἡγεμόνα τῆς ἀποικίας οὔθ᾽ ὁποίαις τύχαις χρησάμενοι τὴν μητρόπολιν ἀπέλιπον· Ἑλληνικῷ τε μύθῳ χρησάμενοι οὐδένα τῶν τὰ Ἑλληνικὰ γραψάντων βεβαιωτὴν παρέσχοντο.

Übers. / Komm.: s. zu Cato FRH 3 F 1,4.

2 Origo Gentis Romanae 10,3-4 (F ./. Peter)

Inde profectum pervenisse in eum locum, qui nunc portus Caietae appellatur ex nomine nutricis eius, quam ibidem amissam sepeliit. (4) *At vero Caesar et Sempronius aiunt Caietae cognomen fuisse, non nomen, ex eo scilicet inditum quod eius consilio impulsuque matres Troianae taedio longi navigii classem ibidem incenderint, Graeca scilicet appellatione* ἀπὸ τοῦ καῦσαι, *quod est incendere.*

Übers.: Von dort aufgebrochen soll Aeneas an den Ort gekommen sein, der jetzt Caiete-Hafen heißt nach dem Namen seiner Amme, die er nach ihrem Tod dort begraben hat. (4) Caesar und Sempronius jedoch sagen, Caieta sei nicht ihr Name gewesen, sondern ihr Beiname, den sie deshalb bekam, weil sie die planende und treibende Kraft war, als die trojanischen Frauen aus Überdruss gegen die lange Seereise die Flotte eben an dieser Stelle in Brand setzten. (Der Beiname) wurde offensichtlich abgeleitet vom griechischen Wort καῦσαι, was 'verbrennen' heißt.

Komm.: Caieta oder **Caiete-Hafen**, h. Gaeta, Schauplatz von Ciceros Ermordung, lag südlich von Formiae (Nissen, ItL 2,660-1; Uggeri, DNP 2 [1997] 930 s.v. Caieta; F. Coarelli, Guide archeologiche Laterza: Lazio [1992] 354-9) und war in römischer Zeit ein beliebter Kurort. Die Erklärungsversuche für den Ortsnamen zeigen fast geometrisch verschiedene Werkzeuge antiker Gelehrsamkeit: Es gibt im griechischen und im römischen Kontext je eine Ableitung von einem Personennamen (griechisch:

von Medeas Vater Aietes [Timaios FGrH 566 F 85]; römisch: von Aeneas' Amme [dies die gängigste Version: Verg. Aen. 7,1-4; Dion. Hal. ant. 1,53,3; Strab. 5,3,6 u.a.]) und je eine rationalisierende Etymologie: von dem dorischen Wort καιέτα (= κοῖλον; Bucht) oder eben in der tuditanischen Variante von καῦσαι (nach einer anderen Lesart καίειν; so auch Serv. ad Verg. Aen. 7,1). – L. **Caesar**: s. zu Cincius Alimentus FRH 2 F 3; E. Bickel, Lucius Caesar cos. 64 in der Origo gentis Romanae, RhM 100 (1957) 201-36.

---

3 Macr. Sat. 1,16,32 (F 2 Peter)

Harum originem quidam Romulo adsignant, quem communicato regno cum T. Tatio sacrificiis et sodalitatibus institutis nundinas quoque adiecisse commemorant, sicut Tuditanus adfirmat.

Übers.: Den Ursprung dieser Markttage schreibt man Romulus zu. Er soll nach der Teilung der Königsherrschaft mit Titus Tatius und der Einrichtung von Opfern und Priesterkollegien auch die Markttage hinzugefügt haben, wie Tuditanus betont.

Komm.: Zu den **Markttagen** s. Cassius Hemina FRH 6 F 17. Möglicherweise manifestiert sich in diesen Zuschreibungen die Tendenz, Romulus nach griechischem Muster als universalen Gründerkönig zu sehen und die an sich von den Römern in Anspruch genommene Verteilung auf mehrere fundierende Gestalten wie Numa, Servius Tullius oder das Decemvirat zurückzunehmen; vgl. Cic. rep. 2,2 (angeblich eine Aussage von Cato d. Ä.): „Unser Gemeinwesen jedoch existiere nicht durch die schöpferische Tatkraft (*ingenio*) eines einzelnen, sondern vieler Männer, und es sei nicht in der Lebensspanne eines Menschen, sondern in mehreren Jahrhunderten und Menschenaltern begründet worden." – Zum Sabinerkönig **Titus Tatius** s. zu Fabius Pictor FRH 1 F 10.

---

4 Ascon. in Cic. Cornel. p. 60 Stangl (F 4 Peter)

Ceterum quidam non duo tribunos plebis, ut Cicero dicit, sed quinque tradunt creatos tum esse singulos ex singulis classibus. sunt tamen qui eundem illum duorum numerum quem Cicero ponant; inter quos Tuditanus et Pomponius Atticus, Livius quoque noster. idem hic et Tuditanus adiciunt tres praeterea ab illis duobus qui collegae <essent ex lege>

creatos esse. nomina duorum qui primi creati sunt haec traduntur: L. Sicinius L. f.
Velutus, L. Albinius C. f. Paterculus.

Übers.: Übrigens berichten einige, dass damals nicht zwei Volkstribune, wie Cicero sagt, sondern fünf gewählt wurden, jeweils einer aus jeder Vermögensabteilung. Es gibt aber auch solche, die die gleiche Zweizahl wie Cicero ansetzen, unter ihnen Tuditanus, Pomponius Atticus und unser Livius. Letzterer sowie Tuditanus ergänzen, dass von diesen beiden drei weitere, die gesetzmäßig Kollegen sein sollten, kooptiert wurden. Als Namen der beiden zuerst Gewählten werden die folgenden überliefert: Lucius Sicinius Velutus, Sohn des Lucius, und Lucius Albinius Paterculus, Sohn des Gaius.

Komm.: Zur Entstehung des Volkstribunats i.J. 494 und der umstrittenen anfänglichen Zahl der Tribune s. zu Calpurnius Piso FRH 7 F 25. **Cicero** (rep. 2,59), **Livius** (2,33,2), **Atticus** (FRH 19 F 3) und Tuditanus gehen von der anfänglichen Zweizahl aus; der Zusatz von Tuditanus und Livius über die Ergänzung des Kollegiums zeigt, dass über den ursprünglichen Charakter dieses zunächst ja revolutionären Amtes, dessen Träger allein durch die eidlich bekundete Solidarität der Plebejer geschützt und handlungsfähig waren, keine rechte Klarheit mehr bestand, sonst wäre für die Entstehungsphase eine Vermehrung der Tribunen durch Kooptation allzu widersinnig erschienen. Wenn eine solche für eine etwas spätere Zeit überliefert ist, so nur zur Ergänzung unvollständiger Kollegien; vgl. Mommsen RStR 1,218-20; Wittmann, in: Kunkel/Wittmann (1995) 562. Doch unterliegt selbst die Tradition dazu (Liv. 3,64,10; *lex Trebonia*: Liv. 3,65,4 mit Ogilvie [1970] z. St.) schweren Bedenken; vgl. Flach (1994) 227-8 mit weiterer Lit.; zu unkritisch in diesem Punkt Gizewski, DNP 3 (1997) 159 s.v. cooptatio. Zu den in der Überlieferung z.T. abweichenden Namen der ersten Volkstribune s. Broughton MRR 1,16 Anm. 1.

5 Gell. 7,4,1-2. 4 (F 5 Peter)

Quod satis celebre est de Atilio Regulo, id nuperrime legimus scriptum in Tuditani libris: Regulum captum ad ea, quae in senatu Romae dixit suadens, ne captivi cum Carthaginiensibus permutarentur, id quoque addidisse venenum sibi Carthaginienses dedisse, non praesentarium, sed eiusmodi quod mortem in diem proferret, eo consilio, ut viveret quidem tantisper quoad fieret permutatio, post autem grassante sensim veneno contabesceret. (2) eundem Regulum Tubero in historiis redisse Carthaginem novisque exemplorum modis excruciatum a Poenis dicit. (...) (4) Tuditanus autem somno diu prohibitum atque ita vita privatum refert, idque ubi Romae cognitum est, nobilissimos Poenorum captivos liberis Reguli a senatu deditos et ab his in armario muricibus praefixo destitutos eademque insomnia cruciatos interisse.

Übers.: Was hinreichend allgemein bekannt ist über Atilius Regulus, das konnten wir neulich in den Schriften von Tuditanus (noch einmal) nachlesen: Der gefangene Regulus habe im Senat gesprochen und dabei den Rat gegeben, den Gefangenenaustausch mit den Karthagern nicht zu vollziehen, und hinzugefügt, die Karthager hätten ihm ein Gift verabreicht, kein schnell wirkendes, sondern von solcher Art, dass es den Tod auf den (nächsten) Tag aufschiebt, in der Absicht, dass er noch so lange leben solle, bis der Austausch vollzogen sei, anschließend aber bei allmählicher Ausbreitung des Giftes zugrunde gehe. (2) Tubero sagt in seinem Geschichtswerk, Regulus sei nach Karthago zurückgekehrt und von den Puniern mit beispiellosen Martern gequält worden. (...) (4) Nach Tuditanus jedoch wurde er durch dauernden Schlafentzug ums Leben gebracht. Als das in Rom bekannt wurde, seien die vornehmsten punischen Gefangenen vom Senat den Kindern des Regulus überstellt worden und von diesen in einem Schrank, in dem (Gehäuse von) Purpurschnecken befestigt waren, zurückgelassen worden und schließlich von der gleichen Schlaflosigkeit gemartert zugrunde gegangen.

Komm.: Die freiwillige Rückkehr in die Gefangenschaft war in der römischen Geschichtsschreibung ein bekanntes Motiv; neben der vorliegenden Geschichte gab es noch eine aus dem Pyrrhoskrieg (s. Eutr. 2,13,2; Kienast, RE 24 [1963] 139-40 s.v. Pyrrhos von Epeiros) und den Bericht über die zehn auf Ehrenwort entlassenen Gefangenen im Hannibalkrieg (s.o. Acilius FRH 5 F 5).

M. Atilius **Regulus** (cos. 267. 256; vgl. Klebs, RE 2.2 [1896] 2085-93 s.v. M. Atilius [51] Regulus; Elvers, DNP 2 [1997] 212 s.v. Atilius [I 21]) gehörte im 1. Punischen Krieg zu den bedeutenden römischen Feldherren; am wichtigsten war sein i.J. 256 zusammen mit seinem Kollegen errungener Sieg in der großen Seeschlacht von Eknomos (Pol. 1,25,7-28,14). Nach weiteren Erfolgen auf afrikanischem Boden verspielte er jedoch durch zu harte Bedingungen einen möglichen Frieden und geriet nach einer vernichtenden Niederlage gegen die Karthager in Gefangenschaft (Pol. 1,29-36; Heftner, Aufstieg 133-9; M.F. Fantar, Régulus en Afrique, in: H. Devijver, E. Lipinski [eds.], Studia Phoenicia X: Punic Wars [1989] 75-84). Polybios berichtet danach nichts mehr von ihm, und er wird in karthagischer Gefangenschaft verstorben sein. In der römischen Tradition machten ihn jedoch eine Entsendung nach

Rom und ein spektakulärer Tod zu einem der meistzitierten *exempla* für *fides* und *constantia*; vgl. Cic. off. 1,39; 3,99-101; fin. 5,82; Pis. 43; Liv. Per. 18; 28,43,1; 30,30,23; App. Lib. 11-15; Val. Max. 1,1,14; 9,2 ext. 1; Sil. Pun. 6,62-139; Oros. 4,10,1; Zon. 8,15; P. Blaettler, Studien zur Regulusgeschichte (1945); H. Kornhardt, Regulus und die Cannaegefangenen, Hermes 82 (1954) 85-123; F. Vallançon, Images romaines de morale et de droit. Devotio et fides, Archives de philosophie du droit 34 (1989) 305-33; E.R. Mix, Marcus Atilius Regulus. Exemplum historicum (1970); Hölkeskamp (1996) 313-4; M. Gendre, C. Loutsch, C. Duilius et M. Atilius Regulus, in: M. Coudry, Th. Späth (Hgg.), L'invention des grandes hommes de la Rome antique (2001) 131-72. Demnach wurde Regulus i.J. 250 nach der karthagischen Niederlage von Panormos mit einer Gesandtschaft nach Rom geschickt, um für einen Gefangenenaustausch und einen Friedensschluss zu werben, riet jedoch im Senat von beidem ab. Dem Flehen seiner Angehörigen widerstand er ebenso wie der Geneigtheit vieler Senatoren, auf den karthagischen Vorschlag einzugehen. Seinem Eid treu kehrte er nach Karthago zurück und wurde dort unter entsetzlichen Martern zu Tode gequält.

Dieser Bericht ist in seiner moralischen Aufladung als legendär anzusehen; vgl. Klebs, RE (wie eben) 2088-92; die Geschichte wurde „invented by annalists to cover up the well-founded tradition that after Regulus' (natural) death in captivity, his widow tortured two Punic prisoners held in the custody of the Atilii, so that one died." (Walbank HCP I 94; ähnlich auch schon W. Ihne, Römische Geschichte 2 [1870] 68-71). Allenfalls die Tatsache der – vielleicht aus ganz prosaischen Gründen erfolglosen – Regulus-Gesandtschaft selbst könnte historisch sein, denn kurze Zeit später kam es tatsächlich zu einem größeren Gefangenenaustausch (Liv. Per. 19). Daran anknüpfend hat indes wahrscheinlich schon Naevius in seinem Epos über den Punischen Krieg die Ereignisse zu einem tragischen Wettstreit edler Gefühle zwischen Regulus und dem Senat gestaltet, wenn die Verse: „Sie wollen lieber von seiner Hand an Ort und Stelle umkommen als mit Schmach zu ihren Landsleuten zurückzukehren" (*seseque ei perire mavolunt ibidem / quam cum stupro redire ad suos popularis*: F 46 Strzelecki) tatsächlich auf die Rede des Regulus im Senat zu beziehen ist und der Satz: „Wenn sie diese so außerordentlich tapferen Männer im Stich ließen, dann (erst) entstünde dem Volk eine große Schmach unter allen Völkern" (*sin illos deserant fortissimos viros, / magnum stuprum populo fieri per gentis*: F 47 Strzelecki) aus der Antwort der zunächst austauschwilligen Senatoren stammt; i.d.S. mit guten Argumenten B. Bleckmann, Regulus bei Naevius: zu Frg. 50 und 51 Blänsdorf, Philologus 142 (1998) 61-70. Die Regulus-Legende wäre dann schon sehr früh, eine Generation nach den Ereignissen, in ihrem Kern präsent gewesen.

Bei Tuditanus (und Tubero?) werden die karthagischen Gefangenen anders als in der von Diodor (24,12,1-3) repräsentierten Tradition nicht gegen den Willen des

Senats von der Familie des Regulus gemartert, sondern dieser sogar erst zum Vollzug der Privatrache überstellt; die institutionelle Frage scheint den Autor auch hier (wie in den Fragmenten 4 und 8) interessiert zu haben. Aelius **Tubero** (FRH 18 F 10) bietet lediglich eine Variante über die Art der Marterung. Interessant ist, dass Tuditanus die Behauptung des Regulus, ihm sei ein letales Gift mit verzögerter Wirkung verabreicht worden, offensichtlich als Finte betrachtete.

6 Plut. Flam. 14,2-3 (F 6 Peter)

Τό τε τῶν χρημάτων πλῆθος οὐκ ὀλίγον ἦν, ὡς ἀναγράφουσιν οἱ περὶ τὸν Τουδιτανὸν ἐν τῷ θριάμβῳ κομισθῆναι χρυσίου μὲν συγκεχωνευμένου λίτρας τρισχιλίας ἑπτακοσίας δεκατρεῖς, ἀργύρου δὲ τετρακισμυρίας τρισχιλίας διακοσίας ἑβδομήκοντα, Φιλιππείους δὲ χρυσοῦς μυρίους τετρακισχιλίους πεντακοσίους δεκατέσσαρας· (3) χωρὶς δὲ τούτων τὰ χίλια τάλαντα Φίλιππος ὤφειλεν.

Übers.: Die Menge an Geld war (ebenfalls) nicht gering. Tuditanus und andere schreiben, im Triumphzug seien 3713 Pfund eingeschmolzenes Gold mitgeführt worden sowie 43270 Pfund Silber und 14514 'Philippoi' – (3) die 1000 Talente, die Philipp noch schuldete, nicht mitgerechnet.

Komm.: Nach dem Sieg über Philipp V. von Makedonien in der Schlacht von Kynoskephalai und der Reorganisation Griechenlands (197-195) feierte T. Quinctius Flamininus 194 einen prunkvollen Triumph über drei Tage; vgl. L.-M. Günther, T. Quinctius Flamininus – Griechenfreund aus Gefühl oder Kalkül, in: Hölkeskamp/Stein-Hölkeskamp, Große Römer, 120-30, hier bes. 120-2. Die Angaben zur mitgeführten Beute bei Liv. 34,52,4-7 sind fast identisch: 18270 Pfund ungemünztes Silber, ferner silberne Gefäße und Schilde, 84000 Tetradrachmen (etwa 252000 Denare), 3714 Pfund Gold, einen massivgoldenen Schild und 14514 'Philippoi' (Goldstatere nach attischem Münzfuß). **1000 Talente** (ca. 26000 kg Silber) entsprachen der Kriegsentschädigung, die Philipp auferlegt worden war (Plut. Tit. Flam. 9,8); für weitere Belege s. Broughton MRR 1,344.

Das Geschichtswerk des Tuditanus lag Plutarch höchstwahrscheinlich nur indirekt im Referat seiner unmittelbaren Quelle vor, wie aus der Formulierung οἱ περὶ τὸν Τουδιτανὸν hervorgeht; zu einer möglichen Traditionsbildung bei Livius und Plutarch s. J. Briscoe, A Commentary on Livy. Books XXXIV-XXXVII (1981) 128-30.

7 Plin. nat. 13,87-88 (F 3 Peter)

(Tradit) Tuditanus tertio decimo Numae decretorum fuisse. (...) (88) inter omnes vero convenit Sibyllam ad Tarquinium Superbum tres libros adtulisse, ex quibus sint duo cremati ab ipsa, tertius cum Capitolio Sullanis temporibus.

Übers.: Tuditanus überliefert im 13. Buch, es habe sich (bei den i.J. 181 gefundenen Schriftrollen) um Verordnungen Numas gehandelt. (...) (88) Alle stimmen jedoch darin überein, dass die Sibylle drei Bücher zu Tarquinius Superbus brachte, deren zwei von ihr selbst verbrannt wurden, während das dritte in sullanischer Zeit zusammen mit dem Kapitol (vernichtet wurde).

Komm.: Zum 'Fund' der Numabücher i.J. 181 s. zu Hemina FRH 6 F 40. **Verordnungen** *(decreta)* Numas entschärfen die Angelegenheit, da der Streitpunkt der subversiven Inhalte eliminiert ist. Wenn der Fund **im 13. Buch** berichtet wird, dann nicht im Zusammenhang mit Numa, sondern als zeitgeschichtliches Ereignis.

8 M. Messala augur ap. Gell. 13,15,4 (F 8 Peter = F ./. AR 2)

Praetor, etsi conlega consulis est, neque praetorem neque consulem iure rogare potest, ut quidem nos a superioribus accepimus aut ante haec tempora servatum est et, ut in commentario tertio decimo C. Tuditani patet, quia imperium minus praetor, maius habet consul, et a minore imperio maius aut maior <a minore> conlega rogari iure non potest.

Übers.: Ein Prätor kann, auch wenn er Kollege eines Konsuls ist, weder einen Prätor noch einen Konsul rechtmäßig zur Wahl vorschlagen, wie wir von den Vorfahren gelernt haben beziehungsweise wie es früher gehandhabt wurde und wie aus dem 13. Buch von Tuditanus' Amtshandbuch hervorgeht. Denn der Prätor hat eine untergeordnete, der Konsul eine übergeordnete Befehlsgewalt, und von einer untergeordneten Befehlsgewalt kann keine übergeordnete rechtmäßig zur Wahl gestellt werden oder von einem untergeordneten Kollegen ein übergeordneter.

Komm.: Obwohl das Fragment nicht aus dem Geschichtswerk, sondern dem antiquarischen *Liber magistratuum* stammt (daraus Macr. Sat. 1,13,21 = Tuditanus F 7 Peter = Hemina FRH 6 F 21), ist es hier aufgenommen, weil es sachlich von Interesse ist und über das intellektuelle Profil des Autors Auskunft gibt.

Die institutionenkundliche Literatur und die praktischen Zwecken dienenden Amtshandbücher und Leitfäden für römische Magistrate aus der republikanischen Zeit sind fast völlig verloren und können auch nicht ansatzweise rekonstruiert werden. Das Werk des Augurs M. Valerius Messalla (cos. 53 v.Chr.; Fragmente: Iurisprudentia antehadriana, vol. I: Liberae rei publicae iuris consulti, ed. F.P. Bremer [1898, Neudr. 1985]), der Tuditanus zitiert, erörterte die Rangverhältnisse höchstwahrscheinlich vom Auspikationsrecht der verschiedenen Magistrate her, welches ja auch bei den Wahlen ein Rolle spielte; vgl. Kunkel, in: Kunkel/Wittmann (1995) 36-8. Die Frage hatte durchaus praktische Bedeutung: Die Bestellung der Magistrate durch Ernennung (beim Dictator) oder durch Wahl und Renuntiation war generell ein Vorrecht des Konsuls (Mommsen RStR 2,125-6 mit Anm. 2 auf S. 126; vgl. ebd., 80-1), von notstandsbedingten Ausnahmen wie der Wahldictatur und dem *interregnum* abgesehen. Als i.J. 49 der in Rom verbliebene Stadtprätor – die beiden Konsuln waren geflohen – auf der Grundlage eines Gesetzes zuerst einen Dictator (Caesar) ernannte und dann auch noch die Prätorenwahlen für 48 durchführte, galt beides als regelwidrig (so zumindest Cic. Att. 9,9,3 ein gutes halbes Jahr vor der Wahl, der ein solches mögliches Procedere diskutiert und als unrechtmäßig verwirft).

Insofern der Prätor eine unabhängige Kommandogewalt (*imperium*) besaß, war er dem obersten Beamten gleichgeordnet und somit **Kollege eines Konsuls** (weswegen die einstellige Prätur zwischen 366 und ca. 242 nicht als Verstoß gegen das Kollegialitätsprinzip angesehen wurde; vgl. Kunkel [wie eben] 9 mit Anm. 16; Bunse [1998] 168. 171), stand aber zugleich rangmäßig unter ihm. Diese Paradoxie war Resultat der historischen Entwicklung: Ursprünglich Bestandteil der ein- bzw. dreistelligen Obermagistratur der frühen Republik, fiel die Prätur schon im Laufe des 4. Jh.s v.Chr. rangmäßig hinter das Konsulat zurück, und die Prätoren besaßen gegenüber den Konsuln eine *minor potestas*. In diesem Sinn sagt Cicero in dem genannten Brief: *nos autem in libris habemus non modo consules a praetore sed ne praetores quidem creari ius esse idque factum esse numquam; consules eo non esse ius quod maius imperium a minore rogari non sit ius, praetores autem cum ita rogentur ut collegae consulibus sint, quorum est maius imperium* („In unseren Schriften [für Auguren?] steht, dass es nicht nur nicht rechtens ist, wenn Konsuln, sondern auch wenn Prätoren durch einen Prätor gewählt werden, und dass Derartiges auch noch nie vorgekommen ist. Bei den Konsuln sei das deshalb nicht rechtens, weil es nicht erlaubt sei, dass die Wahl zu einem Amtsträger mit einer höheren Amtsvollmacht durch einen Beamten mit niedrigerer Amtsvollmacht vorgenommen werde; bei den Prätoren nicht, weil sie so gewählt werden, dass sie Kollegen der Konsuln sind, und die haben eine höhere Amtsvollmacht."). Für Tuditanus stand der brisante Präzedenzfall noch nicht zur Debatte, aber nach Kunkel (wie eben) 38 Anm. 1 war der Vergleich zwischen dem höheren Imperium des Konsuls und dem minderen des Prätors „angesichts der Gleichartigkeit beider Gewalten auch in einer rein deskriptiven Darstellung der Magistraturen naheliegend, ja unvermeidlich". Für die ganze Problematik grundlegend ist J. Bleicken, Zum Begriff der römischen Amtsgewalt: *auspicium – potestas – imperium*, in: Gesammelte Schriften (1998) 301-44 (zuerst 1981); speziell zur Prätur jetzt umfassend T.C. Brennan, The Praetorship in the Roman Republic (2000).

Gaius Fannius (FRH 9)

Die politische Karriere des Geschichtsschreibers C. Fannius[1] zu rekonstruieren bereitet Schwierigkeiten, weil Cicero im 46 verfassten Dialog *Brutus* (99-101) – gewiss zutreffend – zwei gleichaltrige C. Fannii nennt, nämlich den Sohn eines Marcus und den eines Gaius, wobei *Cai filius* Volkstribun und Konsul gewesen sein soll, *Marci filius* der Schwiegersohn von Laelius, Hörer von Panaitios und Verfasser eines Geschichtswerkes. Die Identifizierung des Geschichtsschreibers diskutierte Cicero in einem Briefwechsel mit Atticus, der für die Frage nach den Möglichkeiten prosopographischer Forschung über mäßig prominente Senatoren drei Generationen zuvor außergewöhnlich interessant ist, hier aber auf sich beruhen kann.[2] Die auch in der modernen Forschung immer wieder erörterte Verteilung der bezeugten Ämter auf die Namenszwillinge – ein C. Fannius war 142 Volkstribun, irgendwann zwischen 132 und 126 Prätor und agitierte in seinem Konsulat 122 scharf gegen die Bürgerrechtspolitik des C. Gracchus,[3] obwohl er mit dessen Hilfe ins Amt gekommen war – kann nicht mit letzter Sicherheit festgestellt werden.[4] Die Teilnahme des Historikers an der Eroberung Karthagos 146 lässt auf ein Geburtsjahr um 170 schließen. Zu den prominenten und altetablierten Familien der politischen Klasse gehörten die plebejischen Fannii übrigens nicht; ihre Nobilität begründete C. Fannius Strabo, der als Konsul 161 mit der *lex Fannia* zur Aufwandsbeschränkung bei Gastmählern hervortrat (s. zu Gellius FRH 10 F 28).

---

1 Testimonien: HRF 87. Literatur: HRR I p. CXCIII-CXCIX. 391. Münzer, RE 6.2 (1909) 1987-91 s.v. Fannius (7); Leo GRL 333-4; Rosenberg (1921) 169-71; Badian (1966) 14-5; Kierdorf, DNP 4 (1998) 424 s.v. Fannius (I 1); Chassignet, AR 2 p. XXXIII-XL.
2 S. Cic. Att. 12,5b (Nr. 316 Shackleton-Bailey) = Fannius F 9 Peter; dazu v.a. D.R. Shackleton Bailey, Cicero's Letters to Atticus 5 (1966) 400-3; ferner Cic. Att. 16,13a,2 (Nr. 424). Dem Briefwechsel lässt sich nicht entnehmen, ob Fannius in jedem Fall ein brauchbares Auskunftsmittel darstellte, wenn es um rangniedrige Amtsträger (unterhalb der Prätur) ging, die in keiner offiziellen Liste auftauchten.
3 Plut. C. Gracch. 8,2-3. 11,2-3. 29,3. 33,2 u. passim; Cic. Brut. 99; vgl. ORF[4] 32 F 1-5; Broughton MRR 1,516; Gabba, StorRom II 1,685-6.
4 S. aus der Spezialliteratur etwa F. Münzer, Die Fanniusfrage, Hermes 55 (1920) 427-42; F. Càssola, I Fanni in età repubblicana, Vichiana 12 (1983) 84-112. Manches spricht indes dafür, dass der Geschichtsschreiber der Sohn des Marcus war, Volkstribun 142 und Prätor zwischen 132 und 126; der Konsul von 122 wäre dann mit dem Sohn des Gaius zu identifizieren.

Mindestens zwei der sieben überlieferten Fragmente aus dem Geschichtswerk (6 und 7) zeigen ein bemerkenswertes Interesse des Verfassers an den politischen Spielregeln in der Nobilität. Der Autor muss ihr angehört haben und stand Scipio Aemilianus politisch nahe. Die wenigen Zeugnisse, in erster Linie die eben genannten sowie die interessante Reflexion in Fragment 1, Sallusts Lob der Wahrheitsliebe des Autors (hist. F 1,4 Maurenbrecher),[5] die Einbeziehung eigenen Erlebens (F 4) und das Einfügen von Reden nach catonischem Vorbild (F 5) haben Fannius einen prominenten Platz in der Reihe der Geschichtsschreiber des 2. Jh.s gesichert. Dass M. Iunius Brutus, der Caesarmörder, einen eigenen Auszug aus dem Werk herstellte, auf den sich Cicero in seiner Korrespondenz bezog, schien in die gleiche Richtung zu weisen. So verdichtete einst E. Kornemann scharfsinnige, aber doch kumulativ hypothetische Kombinationen zu der These, das Werk des Fannius habe auf die spätere Tradition zur Geschichte der Gracchen einen maßgeblichen Einfluss ausgeübt und sei daher vor allem aus den Viten Plutarchs beinahe rekonstruierbar.[6] Das muss Spekulation bleiben, ebenso die Annahme, Fannius habe die von Cato vorgeführte Privilegierung der zeitnahen Ereignisse durch Reden und persönliche politische Akzente konsequent weitergedacht und eine reine Zeitgeschichte verfasst.[7] In jedem Fall aber zeigt ein Vergleich zischen ihm und seinem Zeitgenossen Cn. Gellius (FRH 10), wie weit die mit Coelius Antipater (FRH 11) einsetzende Ausdifferenzierung der Gattungen, Themen und Perspektiven seit den 120er Jahren bereits vorbereitet war.

---

[5] Vgl. McGushin, Sallust 1,70. In Fragment 1,6 Maurenbrecher nimmt Sallust diese *veritas* für sich in Anspruch, obwohl er im Bürgerkrieg selbst Partei war; Ähnliches mag er Fannius zugebilligt haben.

[6] E. Kornemann, Zur Geschichte der Gracchenzeit (1903), 20-37, v.a. 30-7, weitgehend akzeptiert von Leo GRL 334; Rosenberg (1921) 169-70; Badian (1966) 14; Skepsis aber schon bei Münzer, RE (wie o. Anm. 1) 1991.

[7] So zuletzt Badian (1966) 14; in den Bezeugungen wird das Werk einmal (bei Cicero) *historia*, sonst stets *annales* genannt. Falls im 8. Buch vom Sizilischen Sklavenkrieg 132 die Rede war (s. zu F 3) und gleichzeitig szenische Schilderungen vorkamen, wie F 2 anzudeuten scheint, müsste eine Gesamtgeschichte in der Tat sehr ungleichmäßig disponiert gewesen sein, was aber keinesfalls abwegig erscheint; vgl. Chassignet, AR 2 p. XXXVIII.

1 Prisc. Gramm. 13 p. 8 H (F 1 Peter)

C. Fannius in I annalium: „*Cum in vita agenda didicimus, multa, quae impraesentiarum bona videntur, <turpia> post inventa et multa amplius aliusmodi atque ante visa essent.*"

Übers.: Gaius Fannius im ersten Buch der Annalen: „Wenn wir in der Lebensführung Erfahrungen gesammelt haben, dann stellen sich uns viele Dinge, die im ersten Moment gut zu sein scheinen, nachher als schändlich heraus und viele ganz anders, als sie vorher erschienen sind."

Komm.: Sallust lobte in seinen 'Historien' die Wahrheitsliebe (*veritas*) des Fannius (o. S. 341 Anm. 5) und verteidigte wie dieser das Recht auf Irrtum und Meinungswandel durch Erfahrungsgewinn im Alter (Catil. 3,3-5). Ungewiss bleibt, ob der Satz bei Fannius auf die politische Karriere des Autors zu beziehen ist (so wie bei Sallust) oder ob man ihn als einen kritischen Rückblick auf die römische Außenpolitik, vor allem die innerhalb der Nobilität umstrittene Zerstörung Karthagos i.J. 146, verstehen sollte. Schon der Gedanke verdient Beachtung. Denn was unspezifisch gebraucht lediglich als banale Lebensweisheit erscheint, bringt durch die Einfügung in eine historiographische Reflexion an prominenter Stelle (Proömium?) eine neue intellektuelle Möglichkeit hervor, nämlich die Ungleichzeitigkeit von Handeln und Einsicht. Damit ist zugleich ein genuin historisches Moment gegeben, das auch als ein Stück Emanzipation von den Handlungs- und Legitimationsmaximen der politischen Klasse verstanden werden kann, sofern diese auf einer autoritätsfixierten Traditionswahrnehmung ruhten.

2 Charis. 1 p. 158 B (F 2 Peter)

C. Fannius annalium VIII: „*Domina eius, ubi ad villam venerat, iubebat biber dari.*"

Übers.: Gaius Fannius im achten Annalenbuch: „Als seine Herrin zur Villa gekommen war, ließ sie sich ein Getränk bringen."

Komm.: Das wörtliche Zitat erlaubt den Schluss, dass Fannius' Darstellung auch Passagen mit ausführlichen szenischen Schilderungen enthielt. Da der Bezug von *eius* und das Subjekt von *venerat* offen sind, gibt es auch andere Übersetzungsmöglichkeiten.

3 Schol. Veron. ad Verg. Aen. 3,707 p. 430 H (F 3 Peter)

C. Fannius in VIII annali Dre<panum> modo, modo Drepana appellat.

Übers.: Gaius Fannius spricht im achten Annalenbuch mal von Drepanum, mal von Drepana.

Komm.: Die mehrfache Erwähnung der nordwestsizilischen Hafenstadt am Fuße des Eryx (vgl. Fabius Pictor FRH 1 F 4. 28) lässt zunächst an den 1. Punischen Krieg denken, als die Stadt ein karthagischer Kriegshafen und Schauplatz der Niederlage des P. Claudius Pulcher i.J. 249 war (dies wohl der Kontext bei Cato FRH 3 F 4,8), doch spricht die Verbindung mit F 2 aus demselben Buch eher für den Sklavenaufstand, der seit 136 auf Sizilien tobte (Diod. 34/35,2); so Münzer, RE 6.2 (1909) 1987-91 s.v. Fannius (7), v.a. 1990. Der in F 6 genannte Publius Rupilius schlug den Aufstand als Konsul i.J. 132 endgültig nieder und ordnete an der Spitze einer Senatskommission die Verhältnisse auf der Insel neu (*lex Rupilia*; vgl. Broughton MRR 1,498).

4 Plut. Tib. Gracch. 4,5-6 (F 4 Peter)

Ὁ δ' οὖν νεώτερος Τιβέριος στρατευόμενος ἐν Λιβύῃ μετὰ τοῦ δευτέρου Σκιπίωνος, ἔχοντος αὐτοῦ τὴν ἀδελφήν, ὁμοῦ συνδιαιτώμενος ὑπὸ σκηνὴν τῷ στρατηγῷ, ταχὺ μὲν αὐτοῦ τὴν φύσιν κατέμαθε, πολλὰ καὶ μεγάλα πρὸς ζῆλον ἀρετῆς καὶ μίμησιν ἐπὶ τῶν πράξεων ἐκφέρουσαν, ταχὺ δὲ τῶν νέων πάντων ἐπρώτευεν εὐταξίᾳ καὶ ἀνδρείᾳ· (6) καὶ τοῦ γε τείχους ἐπέβη τῶν πολεμίων πρῶτος, ὥς φησι Φάννιος, λέγων καὶ αὐτὸς τῷ Τιβερίῳ συνεπιβῆναι καὶ συμμετασχεῖν ἐκείνης τῆς ἀριστείας.

Übers.: Der junge Tiberius (Gracchus) machte in Libyen zusammen mit dem jüngeren Scipio, dem Ehemann seiner Schwester, den Feldzug mit. Er lebte im gleichen Zelt wie der Feldherr und lernte so rasch dessen Natur kennen, die ihn außerordentlich heftig zur Bewunderung seiner Tüchtigkeit und zur Nachahmung bei den Taten fortriss. So tat er sich rasch unter allen Gleichaltrigen an Disziplin und Tapferkeit hervor. (6) Die Mauer der Feinde erstieg er als Erster, wie Fannius berichtet, wobei er hinzufügt, er selbst sei zusammen mit Tiberius hinaufgeklettert und habe (daher) Anteil an dieser Heldentat.

Komm.: P. Cornelius **Scipio** Aemilianus Africanus Numantinus.(184-129; cos. I 147; s. F 7) war also zugleich Vetter und Schwager von **Tiberius** Sempronius **Gracchus**, der beim Sturm auf das nördliche Viertel Karthagos i.J. 147 erst im 16. Lebensjahr stand; vgl. Münzer, RE 2 A 1 (1921) 1409-26 s.v. Sempronius (54), hier 1411.

5	Cic. Brut. 81 (F 5 Peter)

Q. Metellus, is cuius quattuor filii consulares fuerunt, imprimis est habitus eloquens, qui pro L. Cotta dixit accusante Africano; cuius et aliae sunt orationes et contra Ti. Gracchum exposita est in C. Fanni annalibus.

Übers.: Der bekannte Quintus Metellus, dessen vier Söhne Konsulare waren, galt als besonders beredt. Er verteidigte Lucius Cotta gegen die Anklage des Africanus. Von ihm gibt es auch noch andere Reden, und eine gegen Tiberius Gracchus ist in den Annalen des Gaius Fannius vorgestellt.

Komm.: Q. Caecilius **Metellus** Macedonicus (cos. 143, cens. 131; vgl. Elvers, DNP 2 [1997] 889 s.v. Caecilius [I 27]; Broughton MRR 1,471-2. 500) gehörte zu den profiliertesten und erfolgreichsten Nobiles im 2. Jh. v. Chr.; seine vier Söhne waren 123, 117, 115 und 113 jeweils Konsuln. – Über Inhalt und Ausgang der Anklage des Jüngeren Scipio gegen L. Aurelius **Cotta** (cos. 144) i.J. 138 ist nichts Näheres bekannt; vgl. Astin (1967) 258 Nr. 30.

6	Cic. Tusc. 4,40 (F 6 Peter)

Aegre tulisse P. Rupilium fratris repulsam consulatus scriptum apud Fannium est. sed tamen transisse videtur modum, quippe qui ob eam causam a vita recesserit; moderatius igitur ferre debuit.

Übers.: Bei Fannius heißt es, Publius Rupilius habe die Niederlage seines Bruders bei den Konsulatswahlen sehr schwer genommen. Freilich scheint er das Maß überschritten zu haben, indem er deswegen aus dem Leben schied. Er hätte es mit mehr Augenmaß akzeptieren müssen.

Komm.: Nach Cic. Lael. 73 konnte Scipio Aemilianus dem *homo novus* Publius Rupilius (s.o. zu F 3 und Münzer, RE 1 A 1 [1914] 1229-30) zum Konsulat für 132 verhelfen (vgl. Astin 1967, 82-4); bei der Wahl mag neben den engen politischen Verbindungen auch die Vertrautheit des Kandidaten mit den Verhältnissen auf Sizilien eine Rolle gespielt haben; er bewährte sich dann ja auch tatsächlich. Sein Bruder Lucius aber, dessen Bewerbung zwischen 132 und 129 (Scipios Todesjahr) stattgefunden haben muss (Prätur also spätestens i.J. 133), fiel durch; vgl. zu dieser nicht seltenen Art von politischem Scheitern T.R.S. Broughton, Candidates defeated in Roman elections: some ancient roman 'also-rans' (1991).

Nur der erste Satz des Fragments gehört zu Fannius, der Rest ist eine Zuspitzung Ciceros, wie sich aus Plin. nat. 7,122 ergibt: *P. Rutilius morbo levi impeditus nuntiata fratris repulsa in consulatus petitione ilico expiravit* („Publius Rupilius war durch eine leichte Erkrankung gehandikapt, hauchte aber auf die Nachricht von der Niederlage seines Bruders bei der Konsulatswahl sogleich sein Leben aus."").

7 Cic. acad. 2,15 (F 7 Peter)

Quam ait etiam in Africano fuisse Fannius, idque propterea vitiosum in illo non putandum, quod idem fuerit in Socrate.

Übers.: Fannius sagt, diese von den Griechen Ironie genannte Hintergründigkeit sei auch in Africanus gewesen, und sie sei bei ihm nicht tadelnswert gewesen, weil sie bei Sokrates genauso gewesen sei.

Komm.: Das von Cicero mehrfach (vgl. de orat. 2,270; Brut. 299) herangezogene Fannius-Zeugnis ist bedeutsam, weil es zeigt, dass die Hellenisierung bei einzelnen Nobiles nicht nur schmückendes Beiwerk war und allenfalls oberflächliche Veränderungen durch Aneignung dinglicher Kulturgüter und Bildungselemente zeitigte, sondern dass sie in den Kern ihrer privaten und öffentlichen Existenz, nämlich ihren kommunikativen Habitus, hineinzuwirken vermochte. Sokratische Ironie musste dabei die Standesgenossen in besonderem Maße irritieren, weil sie ein auf Intellektualität, nicht auf Rangvorsprung, Autorität, Anciennität oder schlagende *exempla* gegründetes Überlegenheitsgefühl signalisieren konnte, den Gesprächspartner unter Umständen verunsicherte und die Grundlagen einer auf Ausgleich, Kompromiss und Berechenbarkeit bedachten Gesprächsführung zu untergraben drohte. Der Verweis auf Sokrates vermochte da den ohne Zweifel laut werdenden Vorwurf der kommunikativen Regelverletzung (*vitiosum*) wohl kaum zu kompensieren. Er ist auch deshalb auffällig, weil Cato den athenischen Philosophen scharf als Zerstörer der Tradition, Verführer der Jugend und Wegbereiter seiner eigenen Tyrannis über Athen gebrandmarkt hatte (Plut. Cato 23,1; dazu v.a. Jehne [1999]). Scipios Auftreten wirkte offenbar in der Tat vielfach verletzend; Astin (1967) 90 spricht allg. von seinem „all-too-ready wit, the sharp tongue, the self-assertion and arrogance which (...) must have hindered the healing of differences and made him more prone to embitter enmities than to win over opponents".

---

8 Prisc. Gramm. 8 p. 380 H (F 8 Peter)

Gaius Fannius: „*Haec apiscuntur.*"

Übers.: C. Fannius: „Diese Dinge werden erreicht."

Gnaeus Gellius (FRH 10)

Cn. Gellius[1] ist als Person kaum greifbar. Fest steht nur, dass er nicht der Nobilität angehörte.[2] Dieser Umstand und der Umfang seines Geschichtswerks lassen ihn als einen Vorläufer der 'jüngeren Annalistik' erscheinen, weshalb er hier zwischen seine wahrscheinlichen Zeitgenossen Fannius und Coelius Antipater, in die Zeit zwischen 120 und 100, plaziert ist.

Gellius' Werk repräsentierte eine Entwicklungsmöglichkeit, die in der römischen Historiographie seit Fabius Pictor und Cato zwar angelegt und von Cassius Hemina auf schmalem Grundriss auch schon vorgeführt worden war, aber in der Form, wie Gellius sie dann entfaltete, offenbar keine Zukunftsperspektive hatte. Gemeint ist die antiquarisch-kulturgeschichtliche Auffüllung der älteren Geschichte Roms und ihre Einbindung in einen denkbar weiten italischen und ostmediterranen Horizont (s. auch zu F 3).

Die in den Zeugnissen stets *annales* betitelte Darstellung reichte bis mindestens zum Jahr 146 (F 29) und übertraf an Umfang den entsprechenden Teil des livianischen Geschichtswerkes beträchtlich.[3] Allein die offenbar strenge annalistische Durchformung, die auch auf die Königszeit ausgedehnt wurde und sich in Spekulationen über die genaue zeitliche Fixierung von Ereignissen der frühesten Zeit äußerte (F 11. 18), musste den Text aufblähen. Die Regierungsperioden der einzelnen Könige wurden breit ausgemalt, auch durch Reden (F 12. 14), Motivationen und Handlungselemente, die nach den Regeln der Plausibilität konstruiert sind. Auch die euhemeristische

---

[1] Testimonien: HRF 92. Literatur: HRR I p. CCIV-CCX; Münzer, RE 7.1 (1910) 998-1000 s.v. Gellius (4); Rosenberg (1921) 131-2; H. Bardon, La littérature latine inconnue I (1952) 77-80; Rawson (1976/1991) 267-71; T.P. Wiseman, Clio's Cosmetics (1979) 20-3; Walt, Macer 85-7; v. Albrecht GRL 308; Kierdorf, DNP 4 (1998) 895 s.v. Gellius (2); Chassignet (1999); dies., AR 2 p. XLIX-LIV.

[2] Zur Identifizierung des Geschichtsschreibers mit dem gleichnamigen Münzmeister von 138 s. Crawford RRC I 232; vgl. Rawson (1976/1991) 267-8; Chassignet (1999) 85-6. Die manchmal vertretene Identifizierung mit einem Cn. Gellius, gegen den Cato eine Rede richtete (ORF⁴ 8 F 206), ist aus chronologischen Gründen unwahrscheinlich; es kann sich um dessen Sohn o.ä. gehandelt haben; vgl. Rawson (1976/1991) 268; Chassignet, AR 2 p. L.

[3] Raub der Sabinerinnen: Buch zwei und drei (Fragmente 11-14); ein Ereignis kurz nach dem Galliersturm: Buch 15 (F 24); eine Schlacht i.J. 216: Buch 33 (F 27). Bei Livius stehen diese Ereignisse im 1., 6. und 23. Buch. Die zu Gellius F 30 genannte Buchzahl XCVII ist aber vielleicht verderbt überliefert; es ist eher XLVII oder XXVII zu lesen; vgl. Chassignet, AR 2 p. LI mit Anm. 270 (Lit.).

Mythendeutung produzierte ganze Ereignisketten, wie das Cacus-Fragment (F 6) zeigt. Auffällig ist ferner – wie bei Hemina auch – eine Tendenz zur Verrechtlichung. Gellius suchte durch eine solche Einbindung der zeitlich fernen Ereignisse in einen dem Leser lebensweltlich vertrauten Kontext seinen gewaltigen Stoff zu harmonisieren und Nähe herzustellen.[4]

Wegen ihrer Anlage scheint diese ausladende, myth- und kulturhistorisch akzentuierte annalistische Gesamtgeschichte Roms ohne Resonanz geblieben zu sein. Licinius Macer benutzte das Werk wohl, Cicero kannte es offenbar bloß dem Namen nach, Livius erwähnt es gar nicht, nur Dionysios von Halikarnass scheint es bei seiner Suche nach Varianten in der ältesten Geschichte Roms konsultiert zu haben, wenn auch vielleicht nur indirekt.[5] So war das Werk, das zu schreiben einige Zeit in Anspruch genommen haben dürfte, wahrscheinlich die Arbeit eines Gelehrten für andere Gelehrte. Die Gesamtgeschichte mit so stark antiquarischem Akzent erwies sich als ein totes Gleis, weil sie etablierte Teilaspekte historiographischer Sinnbildung und sachlicher Authentifizierung wie Aitiologie, Etymologie, Mythenrationalisierung und reiche Detailexaktheit absolut setzte und dabei andere vernachlässigte. Offenbar erfüllte das Werk auch weder gehobene Ansprüche an Sprache und Darstellung, noch vermochte der Autor soziale Autorität oder besondere politische Akzente einzubringen. Wenn er kein Senator war, musste es ihm doppelt schwer fallen, über politische Themen im engeren Sinn kompetent zu schreiben, sowohl wegen des Informationsmonopols dieses Standes in vielen Bereichen als auch wegen seiner dann mangelnden Vertrautheit mit den Spielregeln und der politischen Kultur. Der einzige Ausweg aus diesem Defizit, die Ausbildung einer spezifisch 'popularen' Sicht, wie sie Licinius Macer versuchte, war dagegen sehr voraussetzungsreich. Im Falle von Gellius bestanden keine außertextuellen Gründe für eine breitere Wahrnehmung. Die Gesamtgeschichte als Gattung gestattete solche letztlich unpolitischen Experimente und Einseitigkeiten nicht.

---

[4] Vgl. Timpe (1979) 107: „Die Historiker des zweiten Jahrhunderts hatten gerade dem Pseudokontinuum der römischen Geschichte ihre Aufmerksamkeit zugewandt und die Geschichte Roms homogenisiert, indem sie mit dem annalistischen Darstellungsschema Mythisches und Politisches gleichmäßig durchdrangen." Wie die 'Gesandtschaft' der Hersilia (F 15) zeigt, gab es aber auch noch andere Möglichkeiten des 'Heranzoomens' der Vergangenheit.

[5] S. M. Fleck, Cicero als Historiker (1993) 145-6; Walt, Macer 85-6. Dion. Hal. ant. 6,11,2 nennt von seinen Quellen u.a. Licinius Macer „und Leute wie Gellius" (ähnlich schon 1,7,3), eine bezeichnende Differenzierung.

| 1 SHA Prob. 1,1 (F 1 Peter) |

Certum est, quod Sallustius Crispus quodque M. Cato et Gellius historici sententiae modo in litteras rettulerunt, omnes omnium virtutes tantas esse, quantas videri eas voluerint eorum ingenia, qui unius cuiusque facta descripserint.

Übers.: Unbezweifelbar ist die Aussage, die Sallustius Crispus und die Geschichtsschreiber Marcus Cato und Gellius in Form eines Merkspruches in ihre Werke aufnahmen, nämlich dass bei allen Menschen die Tugenden so groß sind, wie die Geschichtsschreiber bei der Beschreibung der Taten eines jeden Einzelnen von ihnen sie erscheinen lassen wollen.

Komm.: Sallust griff den catonischen Gedanken (Cato FRH 3 F 4,7) auf, die Taten von Griechen (bei Cato: der Spartaner; bei Sallust: der Athener) erschienen durch Schriftstellerlob größer, als sie es tatsächlich verdienten: „So wird die Tüchtigkeit der Handelnden genauso groß eingeschätzt wie herausragende Talente sie literarisch zu erhöhen vermochten" (*ita eorum qui fecere virtus tanta habetur, quantum eam verbis potuere extollere praeclara ingenia*; Cat. 8,4).

Da das zitierte Cato-Fragment bei Aulus Gellius erhalten und der Autor der Probus-Vita in der *Historia Augusta* den gleichnamigen 'Annalisten' schwerlich benutzt hat, dürfte das Fragment Letzterem abzusprechen sein; so schon Peter HRR I p. CCVIII, anders freilich Chassignet (1999) 86.

| 2a Plin. nat. 7,192 (F 2 Peter) |

Litteras semper arbitror Assyriis fuisse, sed alii apud Aegyptios a Mercurio, ut Gellius, alii apud Syros repertas volunt, utrique in Graeciam attulisse e Phoenice Cadmum sedecim numero, quibus Troiano bello Palameden adiecisse quattuor hac figura Η Υ Φ Ξ, *totidem post eum Simoniden melicum* Ψ Ξ Ω Θ, *quarum omnium vis in nostris recognoscitur.*

Übers.: Meiner Ansicht nach war die Schrift stets in Assyrien zu Hause, aber einige meinen (auch), sie sei bei den Ägyptern von Merkur – so Gellius –, andere sagen, bei den Syrern erfunden worden. Für beide steht (aber) fest, dass sie von Kadmos aus Phönizien nach Griechenland gebracht worden ist, (und zwar) mit sechzehn Buchstaben, denen während des Trojanischen Krieges Palamedes vier hinzugefügt haben soll, nämlich H, Υ, Φ und Ξ, und ebenso viele nach ihm der Lyriker Simonides, nämlich Ψ, Ξ, Ω und Θ. Der Lautwert von all diesen (Buchstaben) findet sich auch in unserer Sprache.

| 2b Mar. Victor., Ars gramm. 1 p. 23 K (F 3 Peter) |

Repertores litterarum Cadmus ex Phoenice in Graeciam et Euander ad nos transtulerunt A B C D E [h] I K <L> M N O P [q] R S T <V> litteras numero XVI. postea quasdam a Palamede et alias a Simonide adiectas implesse numerum XXIV (...) grammatici, praeterea Demetrius Phalereus, Hermocrates, ex nostris autem Cincius, Fabius, Gellius tradiderunt.

Übers.: s. zu Fabius Pictor FRH 1 F 2.

Komm. 2a-b: Vgl. zu Fabius Pictor FRH 1 F 2. Es musste naheliegen, **Merkur**, den Gott des Handels und der Kaufleute, mit einschlägigen Erfindungen zu verbinden; zur Bedeutung von Hermes/Merkur für das Alphabet s. Plat. Phaidr. 274d; Cic. nat. 3,56. Die genannten Schriftkulturen werden schon von Herodot genannt: 4,87 (assyrische Keilschrift); 2,106. 125 (ägyptische Hieroglyphen); 5,58 (Übernahme der phönizischen Buchstabenschrift durch die Hellenen).

| 3   Plin. nat. 7,194 (F 4 Peter) |

Gellio Toxius Caeli filius lutei aedificii inventor placet, exemplo sumpto ab hirundinum nidis.

Übers.: Für Gellius ist Toxius, der Sohn des Caelus, Erfinder des Lehmbaus, wobei er sich an den Nestern der Schwalben ein Vorbild genommen haben soll.

Komm.: Dieses und die folgenden Fragmente bezeugen die exzessive antiquarischkulturgeschichtliche Auffüllung der älteren Geschichte Roms und ihre mythologischaitiologische Einbindung in einen zeitlich und geographisch denkbar weiten Horizont durch Gellius. Die Grundfigur dieses zivilisationsgeschichtlichen Diskurses ist der 'Erste Erfinder' (πρῶτος εὑρετής/*primus inventor*) einer Errungenschaft; vgl. dazu A. Kleingünther, ΠΡΩΤΟΣ ΕΥΡΕΤΗΣ. Untersuchungen zur Geschichte einer Fragestellung (1933); Thraede, RAC 5 (1962) 1191-1278 s.v. Erfinder II (geistesgeschichtlich); Bremmer, OCD³ 412 s.v. culture-bringers. Eine Liste in der Tradition der Heuremata-Kataloge, wie sie zuerst in der Schule des Aristoteles entstanden (Theophrast) und von Autoren wie Philostephanos (3. Jh.) weiterentwickelt wurden, findet sich bei Plin. nat. 7,191-209. Gellius' Radius umfasst in diesem Zusammenhang den gesamten östlichen Mittelmeerraum bis nach Ägypten (F 2a) und Phrygien (F 6); er scheint auch eine Neigung zu abweichenden Ansichten gepflegt zu haben (F 5). Vgl. ausführlicher A. Novara, Les idées romaines sur le progrès d'après les écrivains de la République. Essai sur le sens latin du progrès, I (1982), zu Gellius 123-8, sowie Chassignet (1999).

Zu **Toxius** s. Fabricius, RE 6 A 2 (1937) 1846-7 s.v. Chassignet, AR 2,70 glaubt, dass der Toxius hier nichts mit der mythischen Figur zu tun hat, sondern eine etymologische Kreation (*tog- von *tegere*, 'bedecken') des Autors darstellt. – Der Name des in Rom nie heimisch gewordenen Gottes **Caelus** ('Himmel') ist die Übersetzung des griechischen Uranos; vgl. Bloch, DNP 2 (1997) 905 s.v. – **Lehmbau:** Mit Lehm armiertes Flechtwerk und (ungebrannte) Lehmziegel waren die ältesten und die ganze Antike hindurch gebräuchliche Baumaterialien im Mittelmeerraum.

4 Plin. nat. 7,197 (F 5 Peter)

Auri metalla et flaturam Cadmus Phoenix ad Pangaeum montem, ut alii, Thoas aut Aeac<u>s in Panchaia aut Sol Oceani filius, cui Gellius medicinae quoque inventionem ex met<a>llis assignat.

Übers.: Den Abbau und das Schmelzen von Golderz (erfand) der Phönizier Kadmos am Pangaion-Gebirge oder, wie andere meinen, Thoas oder Aiakos in Panchaia oder Sol, der Sohn von Okeanos, dem Gellius auch die erste Arznei aus Mineralien zuschreibt.

Komm.: Die antike Pharmakologie unterschied Heilmittel aus Pflanzen, Mineralien, tierischen Produkten und menschlichen Ausscheidungen; das einschlägige Lehrbuch des Dioskurides (1. Jh. n.Chr.) nannte mehr als 1000 Substanzen. Vgl. als ersten Überblick mit Lit. Scarborough, OCD³ 1154-5 s.v. pharmacology. – **Sohn des Okeanos** ist metaphorisch zu verstehen, weil Sol/Helios mit seinem Wagen am Morgen aus dem Meer auftauchte und abends wieder dorthin zurückkehrte. Genealogisch war Sol der Sohn des Hyperion und der Theia (Hom. Od. 12,176; Hes. Theog. 371-4). Gellius' Erklärung geht wie in F 2a/b letztlich auf ein euhemeristisches Modell zurück; vgl. Chassignet (1999) 88.

5 Plin. nat. 7,198 (F 6 Peter)

Mensuras et pondera Phidon Argivus aut Palamedes, ut maluit Gellius.

Übers.: Maße und Gewichte erfand Pheidon von Argos oder Palamedes, wie Gellius es vorzieht.

Komm.: **Pheidon von Argos** war ein mächtiger Aristokrat in archaischer Zeit, angeblich auch Tyrann seiner Heimatstadt; tatkräftig soll er Kriegszüge unternommen und ein neues Maß- und Gewichtssystem eingeführt haben; s. Hdt. 6,127,3 (neue Maßeinheiten); Ephoros FGrH 70 F 115. 176 (Gewichte und Münzprägung); zur strittigen Datierung (8., 7. oder 6. Jh.) s. H.-J. Gehrke, Herodot und die Tyrannenchronologie, in: W. Ax (Hg.), Memoria Rerum Veterum (Fs. Classen) (1990) 33-49, v.a. 38-41.

Palamedes, Sohn des Nauplios von Euboia und Thronerbe, bewährte sich im Trojanischen Krieg als weiser Ratgeber der Griechen; auch schrieb man ihm die Erfindung (oder Ergänzung) der Buchstabenschrift (s.o. F 2a), des Rechnens und Messens sowie des Würfelspiels zu (Schol. Eur. Or. 432). Er fiel einer bösartigen Intrige des Odysseus zum Opfer; vgl. H. Hunger, Lexikon der griechischen und römischen Mythologie [⁶1969] 299: „Persönlichkeitsbewusstsein, ionischer Forschertrieb und Entwicklung des historischen Denkens ließen die Hellenen alle kulturellen und zivilisatorischen Errungenschaften auf 'Erfinder' zurückführen. (...) Zu ihnen gehörte auch Palamedes, der mit seiner Erfindung der Maße und Gewichte gut in die Argolis des 7. Jh.s passt."

6 Solin. 1,7-9 (F 7 Peter)

Aram Hercules, quam voverat, si amissas boves reperisset, punito Caco patri Inventori dicavit. (8) qui Cacus habitavit locum, cui Salinae nomen est, ubi Trigemina nunc porta. hic, ut Gellius tradidit, cum a Tarchone Tyrrheno, ad quem legatus venerat missu Marsyae regis, socio Megale Phryge, custodiae foret datus, frustratus vincula et unde venerat redux, praesidiis amplioribus occupato circa Vulturnum et Campaniam regno, dum adtrectare etiam ea audet, quae concesserant in Arcadum iura, duce Hercule qui tunc forte aderat oppressus est. (9) Megalen Sabini receperunt, disciplinam augurandi ab eo docti.

Übers.: Hercules weihte den Altar, den er (zu errichten) gelobt hatte, falls er seine vermissten Rinder wiederfände, nach Bestrafung des Cacus dem 'Vater

Finder'. Dieser Cacus bewohnte einen Ort mit Namen Salinae, da wo jetzt das Trigeminische Tor steht. (8) Als dieser, wie Gellius berichtet, von dem Etrusker Tarcho, zu dem er mit einem Auftrag des Königs Marsyas in Begleitung des Phrygers Megales als Gesandter gekommen war, in Haft genommen worden war, entkam er den Fesseln und kehrte dorthin zurück, woher er gekommen war. Dann besetzte er mit stärkeren Truppen das Königsgebiet rings um (den Fluss) Vulturnus und Kampanien, aber als er auch nach dem Gebiet zu greifen wagte, welches man rechtmäßig den Arkadern übergeben hatte, wurde er unter Führung des Hercules, der damals gerade zugegen war, besiegt. (9) Den Megales nahmen die Sabiner auf und wurden von ihm in der Technik der Vogelschau unterrichtet.

Komm.: Für den Kontext des Fragments s. zu Cassius Hemina FRH 6 F 5 mit Lit.; Chassignet, AR 2,152-3; sowie L. Otis, La légende de Cacus dans le fragment 7 de Gellius, CEA 29 (1995) 75-80. Schon in früher Zeit wurde die Figur des Cacus, auf die indes Toponyme in Rom hinwiesen (*atrium Caci; scalae Caci*), nicht mehr richtig verstanden, was später zu verschiedenen Versuchen führte, sie in die vorrömische italische Mythhistorie einzufügen. Vergil (Stellen o. zu Hemina FRH 6 F 5) führt Cacus als mordendes Ungeheuer vor, das von Herakles/Hercules nach dem Rinderdiebstahl getötet wird. Bei Gellius erscheint Cacus in eine 'diplomatische' Urgeschichte der italischen Stämme integriert, zwar schon ein Gegner des Hercules (ähnlich auch bei Hemina; anders noch Timaios bei Diod. 4,21,2), doch noch ganz ohne monströse Züge. Auch Dion. Hal. ant. 1,42,2 nennt ihn lediglich einen „überaus barbarischen Häuptling und Herrscher über wilde Männer". Herakles als Zivilisationsheros und die etymologische Namensdeutung (κακός 'schlecht'; s. Serv. ad Verg. Aen. 8,190) prägten das Bild seines Antipoden Cacus.

In der etruskischen Legendentradition gab es einen offenbar bekannten Seher Cacu, den Alföldi, Frühes Rom 211-2 mit dem gellianischen Cacus identifiziert. Die Verbindung von Cacus mit **Phrygien** lässt sich erklären: Wenn T.P. Wiseman, Liber: Myth, Drama, and Ideology in Republican Rome, in: Bruun (2000) 265-99 recht hat, dass die dionysischen Motive, zu denen auch Marsyas-Darstellungen gehören (vgl. ebd., Fig. 15 u. 17), auf etruskischen Spiegeln und *cistae* als Zeugnisse für (vorliterarische) Theateraufführungen aufzufassen seien, dann ist anzunehmen, dass auch der – auf solchen Kunstwerken ebenfalls abgebildete – Cacus (Belege bei Alföldi, Frühes Rom 474 Anm. 200-2) eine Bühnenfigur war, die leicht mit dem Land des Dionysos, der Satyre und des Marsyas, wo Überfluss und Ausschweifungen zu Hause waren, zu verbinden war. Aus ihm konnte in einer narrativen Rekonstruktion dann ebenso der Gesandte des Marsyas werden wie der Länder- und Rinderdieb oder in letzter

Konsequenz das räuberische Ungeheuer der – mit Blick auf Marcus Antonius – antidionysischen Traditionsbildung in augusteischer Zeit. Zu diesen Zusammenhängen s. J.P. Small, Cacus and Marsyas in Etrusco-Roman legend (1982). Einem Teil der Tradition galt Marsyas auch als eponymer Heros der Marser.

7 Plin. nat. 3,108 (F 8 Peter)

Gellianus auctor est lacu Fucino haustum Marsorum oppidum Archippe, conditum a Marsya duce Lydorum.

Übers.: Gellius ist der Gewährsmann dafür, dass die marsische Stadt Archippe, eine Gründung des Lyderfürsten Marsyas, vom Fuciner-See verschlungen wurde.

Komm.: Der abflusslose Fuciner-See verursachte häufig Überschwemmungen (so i.J. 137: Obseq. 24), was zu mehreren Versuchen der Regulierung bzw. Trockenlegung führte; vgl. Bove, Olshausen, DNP 6 (1999) 1049 s.v. lacus Fucinus; Nissen ItL II 451-2. – **Gellianus** dürfte eine Nachlässigkeit des Plinius darstellen.

8 Solin. 2,28 (F 9 Peter)

Cn. Gellius Aeetae tres filias dicit, Angitiam Medeam Circen; Circen Circeios insedisse montes, carminum maleficiis varias imaginum facies mentientem; Angitiam vicina Fucino occupavisse ibique salubri scientia adversus morbos resistentem, cum dedisset homines vivere, deam habitam; Medeam ab Iasone Buthroti sepultam filiumque eius Marsis imperasse.

Übers.: Gnaeus Gellius schreibt dem Aietes drei Töchter zu: Angitia, Medea und Kirke. Kirke habe die kirkeischen Berge bewohnt und mit Zaubersprüchen verschiedene Gestalten angenommen. Angitia habe sich in der Nähe von Fucinum angesiedelt und dort mit heilsamer Kunstfertigkeit Krankheiten bekämpft, und weil sie Menschen das Leben ermöglicht habe, wurde sie für eine Göttin gehalten. Medea sei von Jason in Butrinth begraben worden, ihr Sohn habe über die Marser geherrscht.

Komm.: In der überwiegenden griechischen Mythentradition hatte **Aietes**, der König von Aia im Kolcherland, Sohn des Helios und der Perse, Bruder von Kirke,

Pasiphae und Perses, drei Kinder, nämlich Chalkiope und Medea (Apoll. Rhod. 9,1,23) und Phaëthon oder Absyrtos; eine abweichende Überlieferung nennt auch Kirke unter seinen Töchtern; vgl. Escher, RE 1.1 (1893) 942-4 s.v. – **Angitia** (paelignisch Anaceta, Anceta od. Anacta) war eine marsische Göttin, die dem *Lucus Angitiae* am Fuciner See ihren Namen gab. Dieser ist in verschiedenen Formen jedoch auch sonst in Mittelitalien inschriftlich belegt; s. die Stellen bei Chassignet, AR 2,154. Da die Marser als der Kräuterkunde und des Schlangenzaubers mächtig galten, schrieb vielleicht erst die römische Mythographie der Angitia diese Bereiche zu, untermauert durch etymologische Konstruktion (*anguis*, Schlange); vgl. Sil. It. 8,497- 501; Wissowa, RE 1.2 (1894) 2191; Radke GA 65-6. Um sie in den griechischen Mythos einzufügen, lag es nahe, sie mit der bekanntesten Zauberin, **Medea**, zu identifizieren (Serv. ad Verg. Aen. 7,750) oder – wie hier – familial zu verbinden. In euhemeristischer Weise kehrte Gellius also die Traditionsgenese um: Aus der Sterblichen wurde wegen ihrer Wohltaten für die Menschen eine Göttin.

Kirke: die aus der *Odyssee* bekannte und vielfach auch mit dem westlichen Mittelmeerraum und Italien verbundene (Hes. Theog. 1011-6) Zauberin; s. Dräger, DNP 6 (1999) 487-9 mit den Belegen. – Gellius sucht durch Angitia und Medea, die er als zwei verschiedene Personen betrachtet, die Marser doppelt in den griechischen Mythos um die kolchischen Zauberinnen einzuspinnen. Zu Kirke in diesem Kontext s. Plin. nat. 7,15 (Abstammung von Kirkes Sohn); vgl. auch ebd., 25,10.

9 Origo Gentis Romanae 16,3-4 (F./. Peter)

Tum Ascanius iureiurando se purgans, cum nihil apud eos proficeret, petita dilatione <ad> inquirendum, iram praesentem vulgi aliquantulum fregit pollicitusque est se ingentibus praemiis cumulaturum eum, qui sibi Laviniam investigasset. mox recuperatam cum filio in urbem Lavinium reduxit dilexitque honore materno. (4) *quae res ei rursum magnum favorem populi conciliavit, ut scribunt Caius Caesar et Cnaeus Gellius in Origine gentis Romanae.*

Übers.: Daraufhin versuchte Ascanius sich durch einen Eid zu reinigen, erreichte aber nichts bei ihnen. Nachdem er einen Aufschub für eine (weitere) Untersuchung erbeten hatte, gelang es ihm, den unmittelbaren Zorn des Volkes ein ganz klein wenig zu mindern, und er versprach, denjenigen mit gewaltigen Belohnungen zu überhäufen, der Lavinia für ihn ausfindig mache. Kurz danach brachte er sie nach ihrer Auffindung mit ihrem Sohn nach Lavinium und achtete sie hoch in aller Ehre, die einer Mutter gebührt.

(4) Dieses Verhalten trug ihm erneut die große Zuneigung des Volkes ein, wie Gaius Caesar und Gnaeus Gellius in 'Über den Ursprung des römischen Volkes' schreiben.

Komm.: Zum Kontext der Erzählung s. Cato FRH 3 F 1,11.

---

10 Serv. auct. ad Verg. Aen. 8,638 (F 10 Peter)

Cato autem et Gellius a Sabo Lacedaemonio trahere eos originem referunt.

Übers.: Cato aber und Gellius berichten, dass die Sabiner ihren Ursprung von dem Lakedaimonier Sabus herleiten.

Komm.: S. zu Cato FRH 3 F 2,22; Gellius steht hier in dessen Tradition (vgl. F 9).

---

11 Dion. Hal. ant. 2,31,1 (F 11 Peter)

Ταῦτα δὲ γενέσθαι τινὲς μὲν γράφουσι κατὰ τὸν πρῶτον ἐνιαυτὸν τῆς Ῥωμύλου ἀρχῆς, Γναῖος δὲ Γέλλιος κατὰ τὸν τέταρτον· ὃ καὶ μᾶλλον εἰκός. νέον γὰρ οἰκιζομένης πόλεως ἡγεμόνα πρὶν ἢ καταστήσασθαι τὴν πολιτείαν ἔργῳ τηλικούτῳ ἐπιχειρεῖν οὐκ ἔχει λόγον.

Übers.: Der Raub der Sabinerinnen soll nach einigen Autoren im ersten Jahr von Romulus' Herrschaft geschehen sein, nach Gnaeus Gellius aber im vierten. Das ist viel wahrscheinlicher. Dass sich nämlich nach der Neugründung einer Stadt der Anführer an so ein Unternehmen heranwagt, bevor er die staatliche Ordnung eingerichtet hat, ist ganz widersinnig.

Komm.: Entgegen der Datierung Fabius Pictors (siehe FRH 1 F 9) setzte Gellius den Raub der Sabinerinnen ins vierte Jahr der Herrschaft des Romulus, was Dionysios **viel wahrscheinlicher** erschien. Zu solchen Plausibilitätserwägungen s.o. zu Calpurnius Piso FRH 7 F 17.

---

12 Charis. 1 p. 67 B (F 12 Peter)

Gellius in II: „'Deabus', inquit, 'supplicans (...)'."

Übers.: Gellius im 2. Buch: „'Zu den Göttinnen', sagte er, 'flehentlich bittend (...)'."

Komm. 12-14: Die Fragmente dürften sich ebenfalls auf den Raub der Sabinerinnen beziehen; s. zum Kontext der mythischen Erzählung Cic. rep. 2,13-14; Dion. Hal. ant. 2,45; App. Reg. fr. 5.

---

13 Charis. 1 p. 67 B (F 13 Peter)

Gellius (...) in eodem [II]: „Multitudo puerorum iam erat ex raptabus."

Übers.: Gellius im gleichen Buch: „Eine Schar von Knaben war schon von den Geraubten" (geboren worden).

Komm.: Gellius muss zwischen dem Frauenraub und der Gesandtschaft, von der das nächste Fragment handelt, einen Zeitraum von mindestens acht Jahren angenommen haben, wenn er das Wort **Knabe** (*puer*) im üblichen Sinn gebrauchte: Mit sieben Jahren endete die *infantia* (Krenkel, LAW [1965] 130 s.v. Alter); die *pueritia* endete laut Aelius Tubero FRH 18 F 5 mit der Dienstfähigkeit zum Militär, also in der Regel mit 17 Jahren.

---

14 Charis. 1 p. 68 B (F 14 Peter)

Gellius (...) in tertio: „Capite cum aliis paucabus consilium."

Übers.: Gellius im 3. Buch: „Fasst mit den wenigen anderen Frauen einen Entschluss!"

---

15 Gell. 13,23,13 (F 15 Peter)

Sed id perite magis quam comice dictum intelleget, qui leget Cn. Gellii annalem tertium, in quo scriptum est Hersiliam, cum apud T. Tatium verba faceret pacemque oraret, ita precatam esse: „Neria Martis, te obsecro, pacem da, te uti liceat nuptiis propriis et prosperis uti, quod de tui coniugis consilio contigit, uti nos itidem integras raperent, unde liberos sibi et suis, posteros patriae pararent'." (...) Inibi autem animadvertendum est, quod Gellius 'Neria' dicit per 'a' litteram, non 'Nerio' neque 'Nerienes'.

Übers.: Aber jeder Leser des dritten Annalenbuches von Gnaeus Gellius wird darin (dass Neria die Ehefrau des Mars sei) eher einen sachkundigen als einen scherzhaften Kommentar (von Plautus) erkennen. Dort heißt es, Hersilia habe, als sie bei Titus Tatius vorsprach und um Frieden bat, folgendermaßen gefleht: „Neria (Gattin) des Mars, ich beschwöre dich, gib Frieden, (ich beschwöre dich), dass wir eine dauerhafte und gesegnete Ehe führen dürfen, weil nur auf deines Gatten Rat und durch seinen Beistand es glückte, dass sie uns und die Jungfrauen entführen konnten, um sich und den Ihrigen Kinder, ihrem Vaterland die nachkommenden Geschlechter zu schenken." (...) Dabei ist aber nicht zu übersehen, dass Gellius den Namen mit a auslauten lässt und Neria sagt, nicht aber Nerio oder Nerienes.

Komm.: Auffällig ist – wie auch bei Hemina (FRH 6 F 5) – eine Tendenz zur Verrechtlichung. Die Sabinerinnen werfen sich nicht zwischen die kämpfenden Schlachtreihen, wie es bei Livius geschildert wird (1,13,1-5; ähnlich Plut. Rom. 19,1-9; Ov. fast. 3,215-22; Flor. 1,1,14), sondern ihre Anführerin Hersilia – die hier erstmals in der erhaltenen lateinischen Literatur auftritt – spricht an der Spitze einer Gesandtschaft bei Titus Tatius vor, vielleicht nach einer Ermächtigung durch den Senat (Vermutungen zur Disposition dieser Erzählung bei Forsythe, Piso 163); so jedenfalls (aus Gellius?) Dion. Hal. ant. 2,45-47; vgl. auch Cic. rep. 2,13: „(Romulus) schloss mit dem Sabinerkönig Titus Tatius ein Abkommen, wobei die geraubten Frauen selbst die Gesandtschaft bildeten"; Varro bei Dion. Hal. ant. 2,47,4; Serv. ad Verg. Aen. 8,638.

Die religionsgeschichtliche Forschung hat in der Nachfolge von Gell. 13,23,10 **Nerio** oder **Neria** als unpersönliche Eigenschaft des Mars gedeutet, die erst unter griechischem Einfluss zur Gottheit und persönlichen Begleiterin des Mars geworden sei, was aber als evolutionistische Rekonstruktion unsicher bleiben muss; vgl. Radke GA 229-31; Bendlin, DNP 8 (2000) 848-9 s.v. Nerio mit weiteren Hinweisen. Die Identifizierung mit der Frau von Mars ist zuerst bei Plaut. Truc. 515 und dem Dichter Licinius Imbrex (bei Gell. 13,23,16) greifbar; die Anrufung durch Hersilia kannte Cn. Gellius aus Enn. Ann. 99-100 Skutsch; vgl. den Kommentar von Skutsch z. St.

---

16 Dion. Hal. ant. 2,72,1-3 (F 16 Peter)

Ἡ δὲ ἑβδόμη μοῖρα τῆς ἱερᾶς νομοθεσίας τῷ συστήματι προσετέθη τῶν καλουμένων φετιαλίων. (...) εἰσὶ δ' ἐκ τῶν ἀρίστων οἴκων ἄνδρες ἐπίλεκτοι διὰ παντὸς ἱερώμενοι τοῦ βίου, Νόμα τοῦ βασιλέως πρώτου καὶ τοῦτο Ῥωμαίοις τὸ ἱερὸν ἀρχεῖον καταστησαμένου· (2) εἰ μέντοι παρὰ τῶν καλουμένων Αἰκικλῶν τὸ παράδειγμα ἔλαβεν ὥσπερ οἴονταί τινες, ἢ παρὰ τῆς Ἀρδεατῶν πόλεως ὡς γράφει Γέλλιος οὐκ ἔχω λέγειν, ἀπόχρη δέ μοι τοσοῦτο μόνον επεῖν, ὅτι πρὸ τῆς Νόμα ἀρχῆς οὔπω τὸ τῶν εἰρηνοδικῶν σύστημα παρὰ Ῥωμαίοις ἦν. (3) κατεστήσατο δ' αὐτὸ Νόμας ὅτε Φιδηνάταις ἔμελλε πολεμεῖν.

Übers.: Der siebte Teil der Sakralgesetzgebung war dem Kollegium der so genannten Fetialen gewidmet. (...) (2) Diese sind ausgewählte Männer aus den vornehmsten Häusern, die ihr Leben lang Priesterdienst leisten; König Numa war auch in diesem Fall der Erste, der dieses sakrale Amt bei den Römern einrichtete. Ob er freilich sein Vorbild von den so genannten Aequicoli bezog, wie einige meinen, oder aus der Stadt Ardea, wie Gellius schreibt, vermag ich nicht zu sagen. Es genügt mir diese eine Feststellung, dass es vor der Herrschaft Numas das Kollegium der Fetialen noch nicht gab. (3) Numa richtete es ein, als er gegen Fidenae zu Felde ziehen wollte.

Komm.: Das Kollegium der 20 **Fetialen** war für das *ius fetiale*, den Vollzug des sakralen Rechtsverkehrs zwischen Rom und anderen Völkerrechtssubjekten, zuständig, dabei in erster Linie für die korrekte Ankündigung und Erklärung des Krieges (*bellum iustum*); vgl. Samter, RE 6.2 (1909) 2259-65 s.v. Fetiales; T. Wiedemann, The Fetiales. A reconsideration, CQ 36 (1986) 478-90; J. Rüpke, Domi militiae (1990) 97-117; A. Watson, International Law in Archaic Rome (1993); zusammenfassend mit weiterer Lit. Prescendi, DNP 4 (1998) 496-7 s.v. Fetiales; vgl. ferner Liv. 1,32,6-18 für eine ausführliche Schilderung der rituellen Handlungen und Serv. ad Verg. Aen. 9,52 für die späteren Änderungen. Neben Gellius' Zuschreibung an Numa (so auch Dion. Hal. ant. 2,72; Plut. Numa 12), der aber in der römischen Tradition als unkriegerisch galt, standen solche an Tullius Hostilius (Cic. rep. 2,31) oder Ancus Marcius (Liv., wie eben). – **Fidenae**: latin. Stadt an der Via Salaria, ca. 8 km von Rom entfernt.

Zu **Numa** als Stifter des Regelwerks der römischen Religion s. etwa Hemina FRH 6 F 15-16. 40 (Numabücher); weitere Belege bei Schwegler RG 1,540-6.

---

17 Dion. Hal. ant. 2,76,5 (F 17 Peter)

Ἐτελεύτησεν (...) βιώσας μὲν ὑπὲρ ὀγδοήκοντα ἔτη, βασιλεύσας δὲ τρία καὶ τετταράκοντα, γενεὰν δὲ καταλιπών, ὡς μὲν οἱ πλείους γράφουσιν, υἱοὺς τέτταρας καὶ θυγατέρα μίαν, ὧν ἔτι σώζεται τὰ γένη, ὡς δὲ

Γέλλιος Γναῖος ἱστορεῖ θυγατέρα μόνην, ἐξ ἧς ἐγένετο Ἄγκος Μάρκιος ὁ τρίτος ἀπ' ἐκείνου γενόμενος Ῥωμαίων βασιλεύς.

Übers.: (Numa starb) im Alter von über 80 Jahren, von denen er 43 Jahre lang König war. Er hinterließ Nachkommen, und zwar, wie die meisten schreiben, vier Söhne und eine Tochter, deren Geschlecht noch immer existiert, wie aber Gnaeus Gellius berichtet, allein eine Tochter, von der Ancus Marcius abstamme, der zweite König nach ihm.

Komm.: wie die meisten schreiben: Nach Plut. Numa 21,1-3 nannten einige Historiker neben der Tochter Pompilia noch vier Söhne, Pompo, Pinus, Calpus und Mamercus, von denen jeder Stammvater eines hochangesehenen Geschlechts geworden sei. Dagegen erhob sich der Vorwurf, dass diese Autoren aus Liebedienerei diesen Geschlechtern unechte Stammbäume von Numa her konstruiert hätten; s. dazu K. Buraselis, Numa Pompilius und die Gens Pomponia, Historia 25 (1976) 378-80. Zur (eingeschränkten) Bedeutung solcher Konstruktionen s. Hölkeskamp (1999) 3-21.

---

18 Dion. Hal. ant. 4,6,4 (F 18 Peter)

Παραγίνεται δ' εἴς Ῥώμην Ἄγκου Μαρκίου βασιλεύοντος, ὡς μὲν Γέλλιος ἱστορεῖ κατὰ τὸν πρῶτον ἐνιαυτὸν τῆς βασιλείας, ὡς δὲ Λικίννιος γράφει κατὰ τὸν ὄγδοον. ἔστω δὴ κατὰ τοῦτον ἐληλυθὼς τὸν ἐνιαυτόν, καθ' ὃν γράφει Λικίννιος, καὶ μὴ πρότερον· ἐν ὑστέρῳ μὲν γὰρ οὐκ ἂν εἴη χρόνῳ παραγεγονώς, εἴγε δὴ κατὰ τὸν ἔνατον ἐνιαυτὸν τῆς Ἄγκου δυναστείας ἱππέων ἡγούμενος ἐπὶ τὸν πρὸς Λατίνους πόλεμον ὑπὸ τοῦ βασιλέως πέμπεται, ὡς ἀμφότεροι λέγουσιν οἱ συγγραφεῖς.

Übers.: Tarquinius Priscus kam nach Rom, als Ancus Marcius König war, und zwar, wie Gellius berichtet, im ersten Jahr seiner Herrschaft, nach Licinius aber im achten. Er mag in diesem Jahr gekommen sein, das Licinius meint, und nicht früher. Zu einem späteren Zeitpunkt dürfte er aber nicht gekommen sein, weil er im neunten Jahr von Ancus' Herrschaft von diesem als Anführer der Reiter in den Krieg gegen die Latiner geschickt wurde, wie beide Geschichtsschreiber sagen.

Komm.: (= **Licinius** Macer FRH 17 F 10) Das Referat gehört in den Exkurs zur Korrektur der gängigen tarquinischen Genealogie nach Plausibilitätserwägungen durch Dionysios; vgl. zu Calpurnius Piso FRH 7 F 17. Piso, Gellius und Macer waren offenbar gleichermaßen bemüht, auch die römische Königszeit in ein festes chronologisches Jahresgerüst einzubeziehen, während Livius in seiner bewusst knappen Darstellung der Königszeit hier (1,34,1) wie auch sonst die Frage gar nicht erst aufwirft. Vgl. insg. Walt, Macer 234-5.

19 Dion. Hal. ant. 6,11,2 (F 19 Peter)

Λικίννιος μὲν γὰρ καὶ οἱ περὶ Γέλλιον οὐδὲν ἐξητακότες οὔτε τῶν εἰκότων οὔτε τῶν δυνατῶν αὐτὸν εἰσάγουσι τὸν βασιλέα Ταρκύνιον ἀγωνιζόμενον ἀφ' ἵππου καὶ τιτρωσκόμενον, ἄνδρα ἐνενήκοντα ἔτεσι προσάγοντα.

Übers.: Licinius und die Autoren um Gellius freilich fragen weder nach der Wahrscheinlichkeit noch nach dem Möglichen und lassen daher den König Tarquinius zu Pferd kämpfen und verwundet werden, einen Mann von beinahe 90 Jahren.

Komm.: (= **Licinius** Macer FRH 17 F 12) **vom Pferd herab kämpfen**: in der Schlacht am See Regillus 499 od. 496; im Übrigen s. zu Calpurnius Piso FRH 7 F 17 und o. zu F 18 sowie Walt, Macer 239-42 zur quellenkritischen Diskussion.

20 Dion. Hal. ant. 7,1,3-4 (F 20 Peter)

Ταῦθ' ἡ βουλὴ μαθοῦσα πρέσβεις διεπέμπετο πρὸς Τυρρηνοὺς καὶ Καμπανοὺς καὶ τὸ καλούμενον Πωμεντῖνον πεδίον σῖτον ὅσον ἂν δύναιντο πλεῖστον ὠνησομένους· Πόπλιος δὲ Οὐαλέριος καὶ Λεύκιος Γεγάνιος εἰς Σικελίαν ἀπεστάλησαν, Οὐαλέριος μὲν υἱὸς ὢν Ποπλικόλα, Γεγάνιος δὲ Θατέρου τῶν ὑπάτων ἀδελφός. (4) τύραννοι δὲ τότε κατὰ πόλεις μὲν ἦσαν, ἐπιφανέστατος δὲ Γέλων ὁ Δεινομένους νεωστὶ τὴν Ἱπποκράτους [τοῦ ἀδελφοῦ] τυραννίδα παρειληφώς, οὐχὶ Διονύσιος ὁ Συρακούσιος, ὡς Λικίννιος γέγραφε καὶ Γέλλιος καὶ ἄλλοι συχνοὶ τῶν Ῥωμαίων συγγραφέων οὐθὲν ἐξητακότες τῶν περὶ τοὺς χρόνους ἀκριβῶς, ὡς αὐτὸ δηλοῖ τοὔργον, ἀλλ' εἰκῇ τὸ προστυχὸν ἀποφαινόμενοι.

Übers.: Als der Senat dies erfahren hatte, schickte er Boten zu den Etruskern, Kampanern sowie in die so genannte Pomptinische Ebene, um möglichst viel Getreide aufzukaufen. Publius Valerius und Lucius Geganius wurden nach Sizilien geschickt; Valerius war der Sohn von Poplicola, Geganius Bruder des einen der beiden Konsuln. (4) Damals gab es in den Städten Tyrannen. Der berühmteste (von ihnen) war Gelon, Sohn des Deinomenes; er hatte gerade erst die Tyrannis von Hippokrates übernommen. Es war nicht Dionysios von Syrakus, wie Licinius geschrieben hat und Gellius und viele andere römische Geschichtsschreiber, weil sie die Chronologie nicht sorgfältig untersucht haben, wie sich aus den Tatsachen von selbst ergibt, sondern weil sie einfach der erstbesten Quelle folgten.

Komm.: (= **Licinius** Macer FRH 17 F 13) Die angebliche Hungersnot des Jahres 492 wird mit dem ersten Auszug der Plebs in Zusammenhang gebracht (Liv. 2,34,2). Ogilvie (1970) 321 hält den Bericht für authentisch; s. für den Zusammenhang F. Coarelli, StorRom I 317-39, v.a. 321-2. J. v. Ungern-Sternberg, Die politische und soziale Bedeutung der spätrepublikanischen *leges frumentariae*, in: A. Giovannini (Hg.), Nourrir la plèbe (1991) 19-42, bes. 25-6 betrachtet die mündlich überlieferte und daher zeitlich nicht fest verankerte Tradition von Hunger- und Teuerungskrisen im 5. Jh. als Kern der Geschichte (die Historiographie berichtet weitere für 433 und 411 [Liv. 4,25,4; 52]). Nachdem die Römer in historischer Zeit mehr als einmal tatsächlich von Hieron II. von Syrakus (reg. 275/4-215) auf der Basis einer *amicitia* unterstützt worden waren (dazu A. M. Eckstein, *Unicum subsidium populi Romani*: Hiero II and Rome, 263 B.C. - 215 B.C., Chiron 10 [1980] 183-203), habe man diese Hilfe ins 5. Jh. zurückprojiziert und auch für diese Zeit hilfreiche sizilische **Tyrannen** hypostasiert, selbst wenn es solche (wie 411) gar nicht gab. Dabei wurde die markante erste Teuerung mit dem bekanntesten Tyrannen, eben dem von Gellius und Licinius Macer genannten Dionysios I. von Syrakus, verbunden.

Die oberlehrerhafte 'Korrektur' des Dionysios von Halikarnass ist natürlich nicht weniger fiktiv als die Konstruktionen der römischen Historiographen. Vgl. insg. Schwegler RG 2,367; 3,179, der die Teuerung von 411 und die auch für sie berichtete Hilfe aus Sizilien (Liv. 4,52,6) für historisch hält; Walt, Macer 243-5 (v.a. zur Chronologie von Dionysios von Halikarnass). Unsicher ist, wie weit das von Cato (FRH 3 F 4,1) bezeugte Vermerken von Teuerungen (*cara annona*) in den vorliterarischen Aufzeichnungen authentisch hinaufreichte. Zur Sache s. im größeren Zusammenhang L. Virlouvet, Famines et émeutes à Rome des origines de la République à la mort de Néron (1985); P. Garnsey, Famine and Food Supply in the Graeco-Roman World (1988).

Publius Valerius P. f. Poplicola, cos. I 475, II 460, Sohn des bekannten Konsuls von 509 – **Lucius Geganius**, der Bruder des Konsuls von 492, erreichte keine weiteren Ämter. – **Gelon**, der mächtigste griechische Herrscher seiner Zeit, war seit 491 Tyrann von Gela, seit 485 auch in Syrakus; er wehrte 480 einen karthagischen Angriff ab (Schlacht bei Himera) und starb 478. – **Dionysios von Syrakus** herrschte zwischen 405 und 367 über weite Teile Siziliens. – **sorgfältig ... der erstbesten Quelle folgten**: ein seit der Selbststilisierung des Thukydides (1,21,1) zum einsamen Wahrheitsucher gegenüber der leichtgläubigen Masse geläufiger Topos in der griechischen Historiographie.

---

21 Cic. div. 1,55 (F 21 Peter)

Omnes hoc historici, Fabii, Gellii, sed maxume Coelius: cum bello Latino ludi votivi maxumi primum fierent, civitas ad arma repente est excitata, itaque ludis intermissis instaurativi constituti sunt. qui ante quam fierent, cumque iam populus consedisset, servus per circum, cum virgis caederetur, furcam ferens ductus est. exin cuidam rustico Romano dormienti visus est venire, qui diceret praesulem sibi non placuisse ludis, idque ab eodem iussum esse eum senatui nuntiare; illum non esse ausum. iterum esse idem iussum et monitum, ne vim suam experiri vellet: ne tum quidem esse ausum. exin filium eius esse mortuum, eandem in somnis admonitionem fuisse tertiam. tum illum etiam debilem factum rem ad amicos detulisse, quorum de sententia lecticula in curiam esse delatum, cumque senatui somnium enarravisset, pedibus suis salvum domum revertisse. itaque somnio comprobato a senatu ludos illos iterum instauratos memoriae proditum est.

Übers./Komm.: s. zu Fabius Pictor FRH 1 F 19.

---

22 Charis. 1 p. 68 B (F 22 Peter)

Gellius (...) in VI: „puellabus"

Übers.: Gellius im sechsten Buch: „den Mädelchen"

---

23 Charis. 1 p. 68 B (F 23 Peter)

Gellius (...) in VII: „pro duabus pudicabus"

Übers.: Gellius im siebten Buch: „für die beiden keuschen (Mädchen?)"

24 Macr. Sat. 1,16,21-24 (F 25 Peter)

Horum causam Gellius annalium libro quinto decimo et Cassius Hemina historiarum libro secundo referunt. (22) *anno ab urbe condita trecentesimo sexagesimo tertio a tribunis militum Virginio, Manlio, Aemilio, Postumio collegisque eorum in senatu tractatum, quid esset propter quod totiens intra paucos annos male esset afflicta res publica; et ex praecepto patrum L. Aquinium haruspicem in senatum venire iussum* (23) *religionum requirendarum gratia dixisse Q. Sulpicium tribunum militum ad Alliam adversum Gallos pugnaturum rem divinam dimicandi gratia fecisse postridie idus Quintiles, item apud Cremeram multisque aliis temporibus et locis post sacrificium die postero celebratum male cessisse conflictum.* (24) *tunc patres iussisse ut ad collegium pontificum de his religionibus referretur, pontificesque statuisse postridie omnes kalendas nonas idus atros dies habendos, ut hi dies neque proeliares neque puri neque comitiales essent.*

Übers./Komm.: s. zu Cassius Hemina FRH 6 F 23.

25 Macr. Sat. 1,8,1 (F 24 Peter)

Nec me fugit Gellium scribere senatum descresse, ut aedes Saturni fieret, eique rei L. Furium tribunum militum praefuisse.

Übers.: Ich weiß sehr wohl, dass Gellius schreibt, der Senat habe beschlossen, dass ein Saturn-Tempel errichtet werde, und dass ein Militärtribun Lucius Furius die Sache geleitet habe.

Komm.: Die Weihung des Saturn-Tempels am Abhang des kapitolinischen Hügels zum Forum hin wird in die ersten Jahre der Republik datiert, bei Varianten über den Weihenden; s. Coarelli, LTUR 4 (1999) 234-6. **L. Furius** ist aus der übrigen Tradition nicht bekannt; sollte er mit einem der gleichnamigen Militärtribunen aus dem 4. Jh. (s. Münzer, RE 7.1 (1910) 354-6 s.v. Furius [65. 66]) zu identifizieren sein, muss es sich bei dem in Rede stehenden Vorgang um eine Erneuerung des Tempels (nach 390/86?) gehandelt haben; so Ogilvie (1970) 290.

26 Gell. 18,12,6 (F 30 Peter)

Cn. Gellius in annalibus: „Postquam tempestas sedavit, Atherbal taurum immolavit."

Übers.: Gnaeus Gellius in den Annalen: „Nachdem sich das Unwetter gelegt hatte, opferte Adherbal einen Stier."

Komm.: Aus dem 1. Punischen Krieg ist ein **Adherbal** bekannt, der 249 P. Claudius Pulcher bei Drepanum (s. zu Fannius FRH 9 F 3) besiegte (Pol. 1,46. 49-51). Ein anderer Adherbal unterlag i.J. 206 bei Carteia dem C. Laelius (Liv. 28,30); vgl. Geus (1994) 9-11. Sollte der Erstere gemeint sein, kann sich die Notiz auch auf seine gefahrvolle Fahrt ins belagerte Lilybaeum i.J. 250 beziehen (Zon. 8,15).

---

27 Charis. 1 p. 69 B (F 26 Peter)

Quamvis <Gellius> libro XXXIII dixerit: „ (...) *calvariaeque eius ipsum ossum expurgarunt inauraveruntque.*"

Übers.: Dennoch sagt Gellius im 33. Buch: „(...) und den blanken Knochen seines Schädels haben sie gereinigt und mit Gold überzogen."

Komm.: Den Sinn erhellt Liv. 23,24,11: „Dort fand Postumius im heftigen Kampf, um nicht in Gefangenschaft zu geraten, den Tod. Die Rüstung und den abgeschnittenen Kopf des Befehlshabers überführten die Boier jubelnd in ihren heiligsten Tempel. Dort reinigten sie den Kopf und, wie es bei ihnen Sitte ist, verzierten die Hirnschale mit Blattgold; und er diente ihnen als heiliges Gefäß, aus dem sie bei Festen Trankopfer ausgossen. Er sollte auch von dem Priester und den Tempelvorstehern als Becher verwendet werden." Der Prätor L. Postumius Albinus (cos. I 234, II 229) war schon zum Konsul für 215 gewählt, als er Ende 216 in der Po-Gegend in einen Hinterhalt geriet (Frontin. Strat. 1,6,4) und mit seinem Heer den Tod fand.

---

28 Macr. Sat. 3,17,3 (F 27 Peter)

Cumque auctoritatem novae legis aucta necessitas imploraret, post annum vicesimum secundum legis Orchiae Fannia lex data est, anno post Romam conditam secundum Gellii opinionem quingentesimo octogesimo octavo.

Übers.: Als aber der vermehrte Regelungsbedarf die Autorität eines neuen Gesetzes erforderte, wurde 22 Jahre nach dem orchischen das fannische Gesetz erlassen, nach Gellius' Ansicht im 588. Jahr nach der Stadtgründung.

Komm.: Die *lex cibaria* des (sonst unauffälligen) Volkstribunen C. Orchius (182) schränkte erstmals die Zahl der Teilnehmer bei einem Gastmahl ein (Macr. Sat. 3,17,2-3; Baltrusch [1989] 77-81); offenbar wollte man dem Missbrauch von privaten Gelagen (*convivia*) für politische Zwecke, in erster Linie vor Wahlen, entgegenwirken. Die *lex Fannia sumptuaria* des Konsuls von 161 verbot gewisse besonders luxuriöse und ausgefallene Speisen und setzte eine Obergrenze für die Ausgaben zu Mahlzeiten an gewöhnlichen und besonderen Tagen fest (Gell. 2,24,3; Macr. Sat. 3,17,5; Plin. nat. 10,139; Athen. 6,108); vgl. Baltrusch (1989) 81-5; Gruen (1990) 170-3. In beiden Gesetzen ging es wohl darum, „den Gastmählern ihre Funktion als Mittel der Profilierung zu nehmen" (Baltrusch 84). – **22 Jahre**: bei inklusiver Zählung von 182 bis 161 – **im 588. Jahr**: Gellius datierte die Gründung Roms also auf 748.

29 Cens. 17,11 (F 28 Peter)

At Piso Censorius et Cn. Gellius, sed et Cassius Hemina, qui illo tempore vivebat, post annum factos tertium adfirmant Cn. Cornelio Lentulo Lucio Mummio Achaico consulibus, id est anno DC<V>III.

Übers./Komm: s. zu Cassius Hemina FRH 6 F 42.

30 Charis. 1 p. 68 B (F 29 Peter)

Gellius in XLVII: „portabus"

Übers.: Gellius (benutzt) im 47. Buch (die Form) 'portabus' (den Türen; statt 'portis').

Komm.: Zum Problem der Buchzahl s.o. die Einleitung, S. 347 mit Anm. 3.

31 Charis. 1 p. 68 B (F 29 Peter)

Gellius in XXVII: „oleabus"

Übers.: Gellius (benutzt) im 27. Buch (die Form) 'oleabus' (den Ölbäumen; statt 'oleis').

32 Charis. 1 p. 68 B (F 31 Peter)

Gellius vero: „regerum"

Übers.: Gellius jedoch (sagt) 'regerum' (der Könige; statt 'regum').

33 Charis. 1 p. 68 B (F 31 Peter)

et „lapiderum"

Übers.: und 'lapiderum' (der Steine; statt 'lapidum')

34 Charis. 1 p. 90 B (F 32 Peter)

Quamvis Gellius „fora navium" neutraliter dixerit.

Übers.: Obwohl Gellius (das Wort) 'fora navium' (= Schiffsgänge) als Neutrum gebraucht.

35 Serv. auct. ad Verg. Aen. 4,390 (F 33 Peter)

Gellius annalium „deliquium solis" et „deliquionem" dicit, quod Vergilius „defectus solis varios".

Übers.: Gellius spricht in den 'Annalen' von 'deliquium' und 'deliquio' (Finsternis) der Sonne, wofür Vergil 'verschiedene defectus der Sonne' sagt.

Konkordanz

Die Übersicht ermöglicht ein rasches Auffinden von Fragmenten, die nach der verbreiteten Numerierung von HRR I zitiert sind. Die eigenen Zählungen für Calpurnius Piso und Cassius Hemina von Forsythe und Santini können über die Peter-Konkordanzen in beiden Ausgaben leicht mit FRH abgeglichen werden.

Fabius Pictor FRH 1

HRR I	FRH
1	2
2	22
3	3
3a	4
4	5a/b
5a/b	7a/b
6	8
7	9
8	10
9	13
10	14
11a/b	12a/b
12	16
13	15
14	17
15	19
16	20
17	21
18	24
19	25
20	26
21	27
22	28
23	30b
24	29
25	31
26	32
27	11
28	18
1 Lat	6
2 Lat	7e
3 Lat	7f
4 Lat	7d
5 Lat	19
6 Lat	23

Cincius Alimentus FRH 2

HRR I	FRH
1	1
2	2
3	5
4	6
5	7
6	8
7	10

Cato, *Origines* FRH 3

HRR I	FRH
1	1,1
2	1,2
3	1,1a
4	1,7
5	1,6
6	1,4
7	1,5
8	1,8
9	1,9a
10	1,10
11	1,11
12	1,12
13	1,14a
14	1,15
15	1,16
16	1,23
17	1,17
18	1,18a
19	1,19
20	1,20
21	1,21
22	1,22
23	1,24
24	1,25
25	1,26
26	1,28
27	1,30
28	1,29
29	1,27
30	1,31
31	2,1
32	2,2
33	2,6
34	2,3

35	2,4	74	3,6	113	7,9
36	2,5	75	3,7	114	7,10
37	2,7	76	3,9	115	7,11
38	2,8	77	4,1	116	7,14
39	2,9	78	4,2	117	7,15
40	2,10	79	4,5	118	7,13
41	2,11	80	4,3	119	7,12
42	2,12	81	4,4	120	Inc. 1
43	2,14	82	4,6	121	Inc. 2
44	2,13	83	4,7a	122	Inc. 3
45	2,15	84	4,9	123	Inc. 4
46	2,17	85	4,10	124	Inc. 5
47	2,18	86	4,13	125	Inc. 6
48	2,19	87	4,14		
49	2,16	88	4,11		
50	2,21	89	4,8	**Postumius Albinus**	
51	2,22	90	4,15	**FRH 4**	
52	2,20	91	4,12		
53	2,23	92	5,1	HRR I	FRH
54	2,24	93	5,2	1	1b
55	2,25	94	7,6	2	4
56	2,26	95a-g	5,3a-g	3	2
57	2,27	96	5,4		
58	2,28	97	5,5		
59	2,29	98	5,6	**Acilius FRH 5**	
60	2,30	99	5,8		
61	2,31	100	5,9	HRR I	FRH
62	1,13	101	5,7	1	1
63	2,32	102	5,12	2	3
64	2,33	103	5,11	2a	4
65	2,34	104	5,10	3	5
66	2,35	105	6,1	4	6
67	2,36	106	7,1	5	7
68	3,2	107	7,2	6	8
69	3,1	108	7,3		
70	3,3	109	7,4		
71	3,4	110	7,5		
72	3,5	111	7,7		
73	3,8	112	7,8		

Cassius Hemina
FRH 6

HRR I	FRH
1	1
2	2
3	3
4	4
5	6
6	7
7	8
8	12
9	9-11
10	13
11	14
12	15
13	16
14	17
15	18
16	19
17	20
18	21
19	22
20	23
21	24
22	25
23	26
24	27
25	28
26	29
27	30
28	31
29	32
30	33
31	34
32	35
33	36
34	37
35	38
36	39
37	40
38	41
39	42
40	43

Calpurnius Piso
FRH 7

HRR I	FRH
1	1
2	–
3	5
4	6
5	7
6	8
7	9
8	10
9	11
10	12
11	13
12	14
13	15
14	16
15	17
16	18
17	19
18	20
19	21
20	22
21	23
22	24
23	25
24	26
25	28
26	29
27	30
28	31
29	32
30	33
31	34
32	35
33	36
34	37
35	38
36	39
37	40
38	41
39	42
40	43
41	2
42	44
43	45
44	46
45	47

Sempronius Tuditanus
FRH 8

HRR I	FRH
1	1
2	3
3	7
4	4
5	5
6	6
7	–
8	8

Fannius FRH 9

HRR I	FRH
1	1
2	2

3	3
4	4
5	5
6	6
7	7
8	8
9	–

Gellius FRH 10

HRR I	FRH
1	1
2	2a
3	2b
4	3
5	4
6	5
7	6
8	7
9	8
10	10
11	11
12	12
13	13
14	14
15	15
16	16
17	17
18	18
19	19
20	20
21	21
22	22
23	23
24	25
25	24
26	27
27	28
28	29
29	30/31
30	26
31	32/33

Register

1. Historische und mythische Personen; *gentes*

Acca Larentia	75, 91, 172-3
Acilius, C.	45, 59, **232-41**
Acilius Glabrio, M'.	232
Aelius Tubero, L.	46, 335-6
Aemilius Barbula, L.	267
Aemilius Lepidus, M. (cos. I 187)	268
Aemilius Papus, L.	129-30
Aemilius Paullus, L. (cos. I 219)	108
Aemilius Paullus, L. (cos. I 182)	324
Aeneas	24, 62-8, 72, 140, 159-63, 166, 170, 187, 230, 234-5, 237, 246, 251-5, 284
Akusilaos	20
Alexander d. Gr.	240
Amata	68, 161, 287
Amulius	28, 72-91
Anchises	162, 252
Ancus Marcius	47, 301, 360
Antiochos (Historiker)	22, 63, 157
Antiochos III.	206, 232, 240
Archagatos	270
Aristoteles	22, 24, 351
Arnobius	105, 147
Arruns v. Clusium	177
Ascanius	62-4, 140, 161-5, 230, 252, 355
Atilius Caiatinus, A.	203
Atilius Regulus, M. (cos. 294)	123-4
Atilius Regulus, M. (cos. I 267)	238, 334-6
Attalos II. v. Pergamon	225
Aurelius Cotta, L.	344
Cacus	249-50, 348, 353
Caecilius Metellus, L.	30, 154, 317
Caecilius Metellus Macedonicus, Q.	291, 344
Caedicius, Q.	201-2
Calpurnii (gens)	282, 292
Calpurnius Piso Frugi, L.	17, 20, 40, 46, 49, 81, 96, 106, 143, 242-3, 252, 280, **282-329**
Carvilius Maximus, Sp.	315
Cassius, Sp.	307, 322
Cassius Hemina, L.	28, 38, **242-281**, 284, 347, 358
Cassius Longinus, C.	242
Cincius Alimentus, L.	21, 23-4, 28, 41, 64, 67, 81, 92, 95-6, **137-47**, 232, 308
Claudius (Kaiser)	105, 171, 300
Claudius Caecus, Ap.	42, 147, 312
Claudius Marcellus, M. (cos. I 222)	31
Claudius Marcellus, M. (cos. 183)	321
Claudius Nero, C. (cos. 207)	239
Claudius Pulcher, P.	343, 365
Claudius Quadrigarius, Q.	46, 50, 265
Cloelia	261, 303-4, 323
Coelius Antipater, L.	45, 108-10, 242, 341, 347

Cornelius Lentulus		Fabii (gens)	55-6, 121,
Caudinus, P.	129	136, 265	
Cornelius Nepos	150, 153,	Fabius Dorsuo, C.	252, 264-5
246, 256		Fabius Maximus	
Cornelius Rufinus, P.	124-5	Rullianus, Q.	31, 55, 120-2,
Cornelius Scipio, P.		311, 315	
(cos. 218)	238, 274	Fabius Maximus	
Cornelius Scipio		Servilianus, Q.	51
Aemilianus, P.	220, 330,	Fabius Maximus Verru-	
341, 343-6		cosus 'Cunctator', Q.	17, 42-3,
Cornelius Scipio		49, 55, 57, 121-2, 129, 136, 272	
Africanus, P.	43, 149, 156,	Fabius Pictor, C.	56
232-3, 240		Fabius Pictor, C.	
Cornelius Scipio		(cos. 269)	56
Asiaticus, L.	320	Fabius Pictor, N.	
Cornelius Scipio		(cos. 266)	57
Calvus, Cn.	238, 274	Fabius Pictor, Q.	17-8, 20-8,
Cornelius Scipio		35, 37-8, 41-2, 45-6, 48, 51, **55-136**,	
Nasica, P.	322-4	137, 142, 151-2, 166, 169-70, 173,	
Curius Dentatus, M'.	42, 125	232, 243-5, 246, 284, 288, 347, 356	
Curtius Chilo, C.	292	Fabricius, C.	124
Decius Mus, P.	22, 311	Fannius, C.	28, 51, **340-6**,
Demetrios v. Phaleron	64-5	347	
Diokles v. Peparethos	22, 72, 76, 89	Faunus	139, 160, 236
Diomedes	64, 253-5	Faustulus	72-5, 82-7,
Dionysios I. v. Syrakus	92, 362-3	89-90, 173	
Dionysios v. Halikarnass	18, 89-90,	Flaminius, C.	130, 135-6,
106, 116, 170, 348		182	
Domitius Calvinus, Cn.	315	Flavius, Cn.	36, 312-4
Duilius, C.	316	Furius Camillus, M.	43, 108, 293
Duris	22, 24, 63	Gellius, Cn.	25, 64, 108,
Egerius Baebius	189-90	110, 245, 341, **347-367**	
Egnatius Maetennus	97	Gelon	195, 362-3
Ennius, Q.	21, 24-6, 31,	Geryoneus	248, 286
34, 37, 40-4, 46-7, 63, 153, 197, 291		Hamilkar Barkas	127-8, 133
Eratosthenes	26, 167, 256	Hannibal	17, 122, 128,
Euander	55, 63-4, 139,	131-7, 144-5, 153, 207, 233, 237, 240,	
169, 189, 234, 246-8, 249-50		274	

Harmodios und		Licinius Macer, C.	18, 46, 264,
Aristogeiton	23, 107	314-5, 348, 360-2	
Hasdrubal	108, 132-4,	Licinius Stolo, C.	119
238		Livius Salinator, M.	42, 108
Hellanikos	20-2, 63, 286	Livius, T.	18-20, 25, 46,
Hercules/Herakles	17, 55, 61-4,	49, 144, 160, 205, 348	
234, 247, 249-50, 309, 353		Lucretia	23, 107, 302
Herdonius, Ap.	174, 262, 302	Maelius, Sp.	49, 138, 143,
Hermokrates	64-5	307-8, 313-4	
Herodot	19, 21, 23,	Maharbal	207
25, 152, 172, 203, 269, 285-6		Mamilius, L.	174
Hesiod	193, 256	Mamilius, Octavus	301-2, 304
Hieron II. v. Syrakus	126, 316, 362	Manlius Capitolinus, M.	307
Homer	256	Manlius Imperiosus	
Horatius Cocles	261	Torquatus, T.	199
Horatius Pulvillus, M.	103	Manlius Torquatus, T.	237, 295
Hostilius Mancinus, C.	188	Manlius Vulso, Cn.	320
Ilia	24, 63, 72,	Marcius Coriolanus, Cn.	23, 108, 115,
76, 82		118	
Italus	157, 286	Marcius Philippus, Q.	267
Iulii (gens)	162	Marcius Septimus, L.	238, 318
Iulius Caesar, C.	19	Mars	88, 90, 358
Iulius Caesar, L. (cos. 64)	140, 162, 230	Marsyas	353-4
Iunius Brutus, L.		Mastarna	105
(cos. 509)	24, 231, 302	Mezentius	161-4, 230
Iunius Brutus, M.	341	Minucius, Ti.	311-2
Kadmos	64-5, 68, 349,	Minucius Rufus, M.	121-2
351		Mucius Cordus	
Kallias (Historiker)	159	Scaevola, C.	261-2
Kallimachos	26, 63, 65	Mucius Scaevola, P.	20, 33, 197
Kallisthenes	17, 62	Mummius, L.	226, 330
Karneades	225-6, 269	Naevius	17, 21, 24,
Lanoios	63-4	31, 37-9, 63, 242	
Latinus	68, 159-63,	Numa	100, 258-9,
246, 253-5, 287		264, 268-9, 276, 278, 292, 295-7, 328,	
Lavinia	68, 161, 163-	332, 337, 359-60	
4, 355		Numitor	28, 72-91
Leonidas	202-3	Octavius, Cn.	324
Licinius Lucullus, L.	216, 225, 228	Odysseus	237, 254

Ogulnius, Cn.	36	Propertius (König)	184
Ogulnius Gallus, Q.	36	Prusias II. v. Bithynien	225
Orchius, C.	366	Pyrrhos	240, 267, 317
Orest	194-5, 247	Pythagoras	258, 277, 297
Palamedes	64, 350, 352	Quinctius Capitolinus	
Papirius Cursor, L.	121, 315	Barbatus, T.	308
Papirius Maso, C.	318	Quinctius Cincinnatus, L.	308
Perseus	210-2	Quinctius Flamininus, T.	336
Petillius Spurinus, Q.	278	Remus	22-4, 58, 61, 67, 73-91, 257
Pheidon v. Argos	352		
Pherekydes	20	Romulus	17, 22-4, 38, 58, 61, 67, 73-91, 93, 100, 123-4, 169-72, 190, 236, 246, 257, 260, 264, 268, 288, 290-4, 332, 356, 358
Philinos	57, 125-6		
Philipp V. v. Makedonien	57, 336		
Philiskos	277	Rupilius, P.	343-4
Philistos	17, 62	Sabinus/Sabus	186-7, 292
Plinius	183, 245	Sallustius Crispus, C.	19, 20, 154, 159, 202, 262, 325, 341-2, 349
Plutarch	89, 308, 336		
Polybios	19, 37, 125, 138, 151, 153, 199, 225, 227, 229, 243, 304, 334	Sempronius Asellio	45
		Sempronius Gracchus, C.	282-3, 325, 340
Popilius Laenas, M.	322-3	Sempronius Gracchus, Ti.	242, 308, 343-4
Porcius Cato, M.	17, 20-1, 24, 28, 30, 34, 37-8, 40, 42-4, 48, 59, 67, 81, 98, **148-224**, 227, 229, 232, 241-3, 245, 247, 256, 263, 277, 284, 302, 320, 332, 341, 347, 349, 356		
		Sempronius Tuditanus, C.	51, 157, 263, **330-9**
		Servilius Ahala, C.	143, 307-8
		Servilius Geminus, Cn.	135
Porsenna, Lars	105, 118, 261-2, 296, 303	Servius	33
		Servius Tullius	99-101, 105, 117, 173, 239, 260, 298, 300, 332
Poseidonios	176		
Postumius Albinus, A.	45, 59, **225-31**, 284	Sextius Lateranus, L.	119-29
		Silenos	57
Postumius Albinus, L. (cos. I 234)	365	Silius Italicus	42
		Silvius/Silvii	89, 163-4, 256
Postumius Albus Regillensis, A.	109, 113, 225, 329	Silvius, Tiberius	141, 311
		Simonides	64, 203, 350
Postumius Megellus, L.	123-4, 311-2	Sophokles	91
Potitii (gens)	147	Sosylos	57

Sulpicius Galba, P.	240	Valerius Antias	18, 46, 104
Sulpicius Galba, Ser.	151, 216-7	Valerius Flaccus, L.	148-9, 241
Sulpicius Gallus, C.	216-7	Valerius Messalla, M.	
Tanaquil	99	(cos. 263)	316
Tarpeia	95-7, 289-91	Valerius Messalla, M.	
Tarquinia	231	(cos. 53)	338
Tarquinius, Arruns	99, 299	Valerius Poplicola, P.	
Tarquinius, Sextus	23, 106-7, 302	(cos. I 509)	118, 303, 363
		Vennonius	51, 88, 173
Tarquinius Collatinus, L.	23, 106-7, 231, 302-3	Vergilius Maro, P.	68, 160, 166, 187, 254
Tarquinius Egerius, Arruns	106	Verrius Flaccus, M.	33-4
Tarquinius Priscus	98-100, 102, 106, 190-1, 261, 299-300	Vibenna, Aulus	105
		Vibenna, Caeles	105
		Vulcentanus, Aulus	104-5
Tarquinius Superbus, L.	99-100, 102-3, 174, 231, 260-1, 277, 296, 299-302, 337, 360-1	Xenophon	156
Tatius, T.	93, 95-6, 246, 290-1, 332, 358	2. Orte, Stämme, Völker	
Terentius, Cn.	276, 278	Aboriginer	139, 157, 186
Terentius Varro, C.		Achaia	157-8, 194
(cos. 216)	136	ager Pomptinus	159
Terentius Varro, M.		Ägypten	349, 351
(Gelehrter)	48, 169, 196, 245, 250, 253, 260, 286, 327	Alba Longa	63-4, 67, 72, 83, 89, 140-1, 165-6, 172, 247, 256-7
Thukydides	19, 21, 23, 28, 133, 155, 285	Albula (Fluss)	249
		Ameria	183
Timaios	17, 24-5, 63, 100, 102, 286	Amiternum	186
		Antemna	171-2
Trecaranus	248-50	Aquileia	321
Tullius Cicero, M.	20-1, 33-5, 45, 47-8, 153, 156, 170, 203, 227, 238, 330-1, 340, 345, 348	Ardea	359
		Argiver/Argos	184
		Aricia	189, 247
Tullius Hostilius	47, 296-8, 359	Ariminum	182
		Arkader	63, 169
Turnus	161-3, 254, 287	Arpinum	191
		Athener/Athen	23, 103, 107, 288, 349
Valerii (gens)	280		

Averner See	234-5	Illyrer/Illyrien	57, 213, 330
Baiae	229, 235	Ischia	235
Bergamum	180	Italiker/Italia	63, 152, 157,
Boier	182	196, 205, 236, 246, 248, 275, 286, 316	
Bruttium	194, 286	Kamarina	202
Caere	230, 265	Kampanien	193, 353, 362
Caiete	331	Karthager/Karthago	38-9, 125,
Campi Phlegraei	235	128, 192, 197-9, 204, 238, 273, 295,	
Cantabria	218	317, 334, 344	
Capena	175, 184	Kelten s. Gallien/Gallier	
Capua	186, 193	Keltiberer	274
Cenomanen	181	Kimmerer	235
Clusium	130, 261	Korinth	226
Collatia	106	Korsika	318
Comum	180	Kyme	235
Cremera	266	Kyrene	195
Crustumerium	247	Laistrygonen	118
Cures	186	Lanuvium	64, 189, 249
Delphi	226, 231, 288	Larius (See)	178
Drepanum	204, 343, 365	Latiner/Latium	63, 159, 162,
Ebro	133, 218	225, 228, 279, 304	
Elymer	66	Laurentum	160-1
Ephesos	240	Lavinium	64, 67, 140,
Eryx	66, 127-8, 343	163, 166, 189, 230, 254	
		Lepontier	178
Etrusker/Etrurien	65, 105, 117, 130, 135, 165, 168, 184, 193, 295, 310, 326, 362	Libicier	180
		Libuer	178
		Ligurer	56, 128, 176, 183
Falisca	184		
Fidenae	359	Lilybaeum	365
Fiscellus	185	Luceria	123
Formiae	331	Lukanien/Lukaner	193, 316-7
Forum Licini	180	Lusitanier	216, 218, 274
Fuciner See	354	Macedonia (Provinz)	226
Gallier/Gallien	56, 119, 129, 177, 264-6, 321	Makedonien	211, 213
		Mamertiner	126
Himera	195	Marruciner	186
Hispanier/Hispania	132-4, 149, 208, 218	Marser	187
		Massilia	181

Messina	126		Sikuler	118, 247
Misenum	234		Sinuessa	279
Mylae	316		Sizilien	63, 66, 137, 201-2, 234, 236, 247, 253-4, 282, 316-7, 362
Naro (Fluss)	213			
Nola	193			
Novaria	180		Spartaner/Sparta	188-7, 202-3, 349
Numider	279			
Olympia	226		Syrakus	137
Oromobier	180		Syrer	349
Ostia	249		Tarent	267
Päligner	186		Taurinum	194
Panormos	317		Tauriscer	178
Parra	180		Tauromenion	17, 62
Pelasger	158, 183		Teutaner	183
Peloponnes	270		Theben (Boiotien)	68, 158
Pergamon	211		Thermopylen	149, 202-3
Phönizier/Phönikien	64-5, 349		Thessalien	15
Phrygien	351		Tiber	250, 275, 303
Pisa	183		Tibur	189, 249, 272
Politorium	187		Trebia	327
Pometia	103, 189		Trojaner/Troja	38, 63, 159-60, 181, 194, 237, 251-4, 256
Praeneste	190-1, 249			
Privernum	165		Tusculum	148, 174, 189, 249
Reate	186			
Rhegion	194, 236-7		Veji	184, 311
Rhodier/Rhodos	210-3		Veneter	181
Rutuler	230		Vercellae	180
Sabiner	95-7, 124-5, 186-7		Vocontier	180
			Volsinii	144
Saguntiner/Sagunt	132-4, 204, 218		Volsker	117-8, 158, 165, 181
Salasser	178			
Salvier	180			
Samniten/Samnium	121, 123, 317		3. Begriffe, Sachen, Motive	
Samothrake	253			
Sardinien	295		*ager Gallicus*	130
Sauracte (Berg)	185		*ager publicus*	173, 182, 213, 255
Scyllaeum	236-7			
Sikeler	187		Ahnenbilder	29

Aitiologie (Methode) 25, 90, 138, 164, 170, 172, 231, 233-4, 247, 250, 254, 257, 260, 266, 285, 292, 348
Allia, Schlacht an der 119, 266
Alpen 176, 178-9, 181, 205, 321
Alphabet 23, 64, 349-50
Altersdiskurs 23, 117-8, 145-6, 156
amicitia 133
Amtsgewalt 337-9
annales maximi 20-1, 33, 35
'Annalistik'/'annalistische Tradition' 46, 239-40, 270, 347
'annalistisches Schema' 40, 46, 61, 284-5, 312, 347
aristokratische Lebensführung 156
Arzneimittel/Ärzte 195, 270-1, 351, 354
Asyl 170-1, 284, 288
Auguren/Auguralrecht 36, 61, 140, 218, 257-8, 279, 353
Autochthonie 159, 170
Autopsie 28
Autor (Bedeutung) 18, 28, 49, 55
Autorität (des Werkes) 26, 41, 61, 113, 150, 154, 211
Aventin 249-50, 305
Bacchanalienskandal 244, 275, 277-8, 284, 297, 320
bäuerliche Gesellschaft 90
bellum iustum 359
Brautraub 93
Bucheinteilung 41, 60, 226, 243, 284, 330, 347

Bürgerrecht 175, 191
Bundesgenossen/-krieg 48, 60, 131, 149, 286
Cannae, Schlacht v. (216) 58-60, 122, 136, 232, 237, 274
caput Oli 105
casa Romuli 91
Censoren/Censur 101, 149, 219
Census 101, 171
Centurien(ordnung) 100-1, 113, 299
Chronologie (Methode) 24, 26, 47, 63, 91-2, 99, 106, 142, 167, 183, 256, 285
Circus Maximus 113
civitas sine suffragio 193
cloaca maxima 244, 292
Comitium 102
concordia 121
Consualia 93
corona civica 304
Decemvirat 263-4, 305, 332
Dekadenzdiskurs s. Moraldiskurs
delphisches Orakel 56, 68, 231, 288
devotio 22, 203
Dictator/Dictatur 121, 143
dignitas 211, 269
disciplina Etrusca 168
Elefanten 206, 316-7
Emporion Schlacht von (195) 199, 208
Etymologie (Methode) 25-6, 89, 118, 138-9, 166, 186-7, 233, 243, 257, 285-6, 348, 351
Euhemerismus 26, 118, 139, 243, 355

Register

exempla 27, 42-3, 61, 148, 199, 239, 306-7, 309, 314, 323, 335, 345
Familienarchive 30-1, 121
fasti (Magistratslisten) 37
Fetialrecht s. *bellum iustum*
ficus Ruminalis 91
fides 60, 131, 171
foedus Cassianum 323
Forum Boarium 249
Forum Romanum 102, 113, 294, 364
fossa Cluilia 172
Fragment (als Textart) 51
Frutinal 254
Galliersturm (390/87) 22, 36, 42, 130, 265, 326
Gattungen, historiograph. 19, 45
Gedächtnis, kollektives 17
Gedächtnisort 30, 48, 91, 96, 195, 292, 305
Genealogie, mythische 98-9, 152, 162, 170, 351
Gesamtgeschichte 17, 19, 22, 37, 40, 44-5, 137, 226, 348
Gesetzgeber/-gebung 157, 258
Glaubwürdigkeit s. Autorität
Gracchenzeit 242, 262, 283, 306-7, 314, 325
griech. Erzählmotive 22-3, 68, 91, 97, 107, 158
Gründungsdatum Roms 24, 141-2, 167, 256
'Heldenliedertheorie' 31, 222
Hellenisierung 150, 226, 232-3, 271, 345
Historisches Epos 37-44

Historisierung mythischer Stoffe 91
Höhle des Mars 90-1
homo novus 149, 154, 314, 344
imagines s. Ahnenbilder
Initiations-/Geburtsriten 295, 327
Inschriften 29, 37, 39, 190, 203, 250, 275, 316, 330, 355
Instauration 109-10
iugera, 500 161, 210, 212, 253, 255
ius migrationis 171
Jahresnagel 144
Jungmännerbanden/-bünde 90, 170
Kalender, röm. 34, 36, 244, 256, 260, 263-4, 266, 313, 325-6
Kapitol 104-5, 113, 171, 206, 239, 262, 264, 268, 277, 292-3, 296, 324, 337
karthagische Verfassung 197-8
Keltenkriege 130
κεφαλαιωδῶς 61, 151
Konsulartribune 119
Kriegslist 129
'Kriegsschuldfrage' 28, 57, 126, 205, 218
Ktisis (als Gattung) 22, 58, 63, 69, 89, 141
Kulturökumene, griechisch-römische 63, 65-6, 92, 103, 116
Kynoskephalai, Schlacht von (197) 336
lacus Curtius 285, 291-2
lacus Regillus (Schlacht) 109, 225, 301, 304, 361
Larentalia 172

Lares Grundiles	257	Mischverfassung	198
Latinerbund	104, 190	Moraldiskurs	27, 97-8, 124,
Latinerkrieg	108, 115,	220-1, 283, 294, 310, 324-5	
	165, 189	Motive, mythhistorische	49
latrocinium	207	- Aeneas-Geschichte	39, 63, 159,
lectisternium	309-10	226, 229-30, 235, 237, 243, 254, 284	
Leichenprozession	30, 269	- ausgesetzte Kinder	23, 90-91
Leichenrede	30, 39, 222	- Bruderkonflikt/-mord	42, 72, 164
Leserschaft historio-		- doppelte Origo	162, 170
graphischer Werke	40, 47, 58	- Entrückung	163
lex/leges		- Gründungsgeschichte	38, 49, 63,
- *Calpurnia* (149)	282	169	
- *de clavo pangendo*	144	- Raub der Sabinerinnen	47, 92-3, 170,
- *Fannia* (161)	325, 340, 366	356-8	
- *Flaminia* (232)	130	mündliche Tradition	31, 63, 106,
- *Liciniae Sextiae* (366)	119, 212-3	158	
- *Oppia* (195)	98, 149, 220	Münzgeld	100
Ligurerkriege	176	*municipium*	171
Lokalgeschichte	19	Mutina, Schlacht v. (193)	182
Luceria, Schlacht von	123	mythhistorisch (Defin.)	38
ludi Capitolini	291	Mythotopographie	28
ludi Megalenses	271	Nachbarschafts-	
ludi Romani	109	beziehungen	90, 274
ludi saeculares	109, 242, 280	Nobilität/Nobiles	17, 27, 29,
ludi votivi	109, 113-6	39, 43, 50, 120, 150, 225-6, 262, 266,	
luperci/Luperkalienfest	139, 236	269, 277, 279, 284, 313-4, 321, 323,	
lustrum/lustratio	101, 326	341	
Luxus(-güter)	97, 124, 149,	Nobilitätsdiskurs	59, 124, 149,
220-1, 259, 294, 320		153, 269, 345	
Mäuse	179, 223	Novensiles	146, 327
magister equitum	121, 143	Numa-Bücher	244, 277-9,
Magna Mater	271-2	296-7, 337	
Magnesia,		Opfer	164-5, 188
Schlacht von (190)	190	Orakel	67
maiores/mos maiorum	29	Orientierungsbedürfnis	58, 150
Makedonischer Krieg, 3.	183, 225	*otium*	150, 156
mapalia	197, 279	Palatin	88, 271
'Marcius-Schild'	238	*patria potestas*	323
metus Gallicus /hostilis	119, 212	*peculatus*	107

Peisistratiden	23, 107	Rückprojektion	165, 171, 259, 308, 362
Penaten	140, 251-3		
Periodisierung	283	*saeculum*	322
Philosophengesandtschaft (155)	149, 225	Salierlied	246
		Salz	208
pietas	42, 50, 59, 252	Samnitenkriege	55
		Saturnalien	246-7
Pomerium	168, 249, 318	Sauprodigium	67, 166, 257
pompa circensis	109, 115	*saxum Tarpeium*	96, 105, 293
Pontifex Maximus	20, 32-6, 196-7, 328	Schrift s. Alphabet	
		Schweine	67, 179-80
Pontificalrecht	218, 277, 297	*secessio plebis*	305, 362
Poplifugia	326	*sella curulis*	219, 315
pragmatische Geschichtsschreibung	19, 229	Senat	110, 266, 318, 321
Priesterschaften	36, 266	senator. Historiographie	55
primus inventor	64, 283, 320, 350	Servianische Ordnung s. Tribusordnung	
privilegia	216	Sibylle/Sibyllinische Bücher	56, 235, 271, 277, 286, 296, 309, 337
Prodigien s. Vorzeichen			
Proömium	45, 155, 325, 342		
		Silphion(pflanze)	195
Punica fides	240	Specht	90
Punischer Krieg, 1.	125-8, 201-2, 316, 343, 365	Speisesitten	31, 221-2, 259, 320
Punischer Krieg, 2.	38, 132-4, 148, 193, 204-5, 212, 232, 310	*spolia opima*	293
		Sprache historiographischer Werke	59, 137, 150, 232-3
Punischer Krieg, 3.	212, 242	Stadtgründungsritus	168
Purpur(-schnecken)	220-1, 334	Stadtname Roms	89
Pydna, Schlacht von (168)	151, 211	Stadtwerdung Roms	102
Pyrrhoskrieg	243, 284, 316, 334	Ständekämpfe	42, 119, 262-3, 283, 306
Pythagoras/Pythagoreïsmus	258, 277, 296	Stammbaum (im Atrium)	29
Quellenkritik	18	Statuenräumung	244, 268-9, 322-3
Regia	102		
rex sacrorum	264	*tabula apud pontificem*	32-6, 40, 45, 196-7
römisch-karthagischer Konflikt ('Aufladung')	38-9, 42, 134		

Tempel/Heiligtümer
- Capena (Hain) 176
- Diana Nemorensis 104, 189-90, 247
- Hercules (Ara Maxima) 147, 234, 249, 286
- Juppiter Indiges 255
- Juppiter Stator 123, 291-2
- kapitolin. Juppiter 102-3, 144, 174, 268
- kapitolin. Trias 104
- Saturn 364
- Veiovis 171
- Venus Erycina 128, 254
thaumasia 152, 179
Theater (bau) 31, 93, 324
Träume 64-5, 67, 110
Trasimenischer See, Schlacht beim 56, 135-6, 232, 272
Tribus(einteilung) 99-101, 173-4, 313-4, 319
Triumph(zug) 120, 123, 316-8, 336
Trojanischer Krieg 157, 167, 256, 352
Trojanischer Sagenkreis 194
Tyrann/Tyrannis 76, 169, 261, 301, 323, 346, 362
Tyrannenmord 23
Unterwelt 235, 280, 292
Verrechtlichung 28, 250, 358
ver sacrum 184-5
Verträge Rom-Karthago 126, 204-5, 218
Vestalinnen 72, 265, 274, 328
Vinalia 164
Viritanassignation 182

virtus 50, 59
Volcanal 102
'Volkscharakter' 176-7, 186
Volkstribunat 43, 306, 333
Vorzeichen 188, 280, 284
Wahlen/Wahlleiter 315
warlords 105, 117, 261
Wein(konsum/-anbau) 97, 180, 182, 293-4
Werktitel 44, 60
Wirtschaftsgeschichte 180, 182, 189, 192, 208
Wölfin 73, 82, 90, 173
Zahlenangaben, exakte 25, 37, 41, 145
Zauberei 319
Ziegen 185
Zivilisationsheroen 64, 169, 247
Zwölftafel-Gesetz 198, 216, 267, 319